Wolf (Hrsg.) · Antimodernismus und Modernismus in der katholischen Kirche

Programm und Wirkungsgeschichte des II. Vatikanums
Herausgegeben von Peter Hünermann und Hubert Wolf
unter Mitarbeit von Jan-Heiner Tück

Band 2

Hubert Wolf (Hrsg.)

Antimodernismus und Modernismus in der katholischen Kirche

Beiträge zum theologiegeschichtlichen Vorfeld des II. Vatikanums

Ferdinand Schöningh
Paderborn · München · Wien · Zürich

„Gefördert von der Volkswagen-Stiftung.“

Die Deutsche Bibliothek – CIP-Einheitsaufnahme

Antimodernismus und Modernismus in der katholischen Kirche: Beiträge zum theologiegeschichtlichen Vorfeld des II. Vatikanums / Hubert Wolf (Hrsg.). – Paderborn; München; Wien; Zürich: Schöningh, 1998
(Programm und Wirkungsgeschichte des II. Vatikanums; Bd. 2)
ISBN 3-506-73762-7

Umschlaggestaltung: INNOVA GmbH, D-33178 Borchen

Gedruckt auf umweltfreundlichem, chlorfrei gebleichtem
und alterungsbeständigem Papier ♾ ISO 9706

Printed in Germany. Herstellung: Ferdinand Schöningh, Paderborn

ISBN 3-506-73762-7

Inhaltsverzeichnis

Hubert Wolf
Vorwort des Herausgebers 9

Peter Hünermann
Die Modernismusthematik im Horizont des Forschungsprojekts "Globalkultur und christlicher Glaube" 11

Hubert Wolf
Einleitung: (Anti-) Modernismus und II. Vatikanum 15

I. Forschungsüberblick

Otto Weiß
"Sicut mortui. Et ecce vivimus."
Überlegungen zur heutigen Modernismusforschung 42

II. Grundsätzliche Reflexionen zur Fragestellung

Friedrich Wilhelm Graf
Moderne Modernisierer, modernitätskritische Traditionalisten oder reaktionäre Modernisten? 67

Otto Weiß
Der Katholische Modernismus
Begriff – Selbstverständnis – Ausprägungen – Weiterwirken 107

III. Internationale Perspektiven

Herman H. Schwedt
Alte Welt gegen Neue Welt
Der Papst und der katholische Amerikanismus (1899) 143

Manfred Weitlauff
"History or Apologetics"
Edmund Bishop (1846-1917): "a modernist of before modernism" 163

IV. (Anti-) Modernismus in Deutschland vor 1914

Anton Landersdorfer
Albert Maria Weiß OP (1844-1925)
Ein leidenschaftlicher Kämpfer wider den Modernismus 195

Karl Hausberger
"Reformistae quoad intellectum confusi sunt, quoad mores mendaces"
Zur antimodernistischen Protagonistenrolle des Rottenburger
Bischofs Paul Wilhelm von Keppler (1898-1926) 217

Claus Arnold
Frauen und "Modernisten"
Ein Kreis um Augusta von Eichthal 241

Thomas Ruster
Theologische Wahrnehmung von Kultur im ausgehenden Kaiserreich 267

V. (Anti-) Modernismus in Deutschland nach 1914

Markur Ries
Zwischen Literaturstreit und Osterstimmung
Katholische Belletristik nach der Modernismuskrise 283

Karl Hausberger
Der "Fall" Joseph Wittig (1879-1949) 299

Manfred Eder
"Eine modernere Gestalt des Christentums kann für uns nur eine
deutschere Gestalt sein ..."
Vom "artgemäßen" Christentum zum "deutschen Glauben" 323

Uwe Scharfenecker
Dr. Oskar Schroeder (1889-1974), Inspirator, Organisator und Destruktor
des Rheinischen Kreises der Reformfreunde 345

VI. Systematische Reflexion

Peter Hünermann
Antimodernismus und Modernismus. Eine kritische Nachlese 367

Autorenverzeichnis 377

Personenregister 381

Vorwort des Herausgebers

Die Beiträge dieses Bandes entstanden aus zwei (Anti-)Modernismussymposien des Arbeitskreises "Die deutsche Theologie zwischen den beiden Vatikanischen Konzilien vor den Herausforderungen durch die Moderne - ihr Beitrag zum Zweiten Vatikanischen Konzil", die im Oktober 1995 und 1996 in Mainz bzw. Wiesbaden-Naurod stattfanden. Sie gehören in den Kontext des Gesamtprojekts "Globalkultur und christlicher Glaube. Die Bedeutung des Zweiten Vatikanischen Konzils im kulturellen Transformationsprozeß der Gegenwart". Der von mir geleitete Arbeitskreis versucht dabei, die theologiegeschichtlichen Vorgaben für eine angemessene Hermeneutik der Texte des II. Vatikanums zu klären. Den Auseinandersetzungen um Antimodernismus und Modernismus kommt hier eine entscheidende Rolle zu, wie dieser Band - so glaube ich zumindest - belegen wird.

Es ist mir eine angenehme Pflicht, an dieser Stelle Dank abzustatten. Zunächst danke ich dem Leiter des Gesamtprojekts, Herrn Prof. Dr. Peter Hünermann, und seinem Mitarbeiter, Herrn Dipl.-Theol. Jan-Heiner Tück, dem neben der technischen auch die redaktionelle Betreuung des Bandes oblag, für die vertrauensvolle Zusammenarbeit, ebenso den Autoren, Mitgliedern des Arbeitskreises wie auch Gastreferenten, die alle ihre Beiträge zur Verfügung gestellt und dabei große Geduld bewiesen haben. Ich hoffe auf eine weitere fruchtbare Diskussion im Arbeitskreis. Meinem Assistenten, Herrn Dipl.-Theol. Claus Arnold, danke ich für seine Mitarbeit bei der inhaltlichen und organisatorischen Vorbereitung und Durchführung der Tagungen unseres Arbeitskreises. Dank gebührt der Volkswagen-Stiftung, die durch die Finanzierung der Anlaufphase des Gesamtprojekts die Durchführung unseres zweiten Symposiums und die Drucklegung dieses Bandes ermöglicht hat. Ein besonderer Dank gilt schließlich Herrn Akademiedirektor Gotthard Fuchs für die Gastfreundschaft der Katholischen Akademie Rabanus Maurus und die Unterstützung des Arbeitskreises während der langen Vorbereitungsphase. Frau Gunda Häring, Frankfurt am Main, hat gewissenhaft bei der Korrektur und der formalen Vereinheitlichung der Manuskripte mitgewirkt; Frau Elke Kirsten, Tübingen, danke ich für die Mithilfe bei der Erstellung des Personenregisters.

Frankfurt am Main, den 3. Juli 1997,
90 Jahre nach der Veröffentlichung des Dekrets *Lamentabili*

Hubert Wolf

Die Modernismusthematik im Horizont des Forschungsprojekts "Globalkultur und christlicher Glaube"

Von Peter Hünermann

"Globalkultur und christlicher Glaube - Die Bedeutung des Zweiten Vatikanischen Konzils im kulturellen Transformationsprozeß der Gegenwart" - unter diesem Titel ist ein Forschungsprojekt[1] angelaufen, das von der Volkswagen-Stiftung für eine erste Laufzeit finanziert wurde. Ziel dieses interdisziplinär angelegten Projektes, in dem Wissenschaftler unterschiedlicher Disziplinen und Kontinente zusammenwirken, ist es, einen Beitrag zur Auslegung der zentralen Konzilstexte und zur Wirkungsgeschichte dieses Konzils zu erarbeiten. Damit ist eine Ergänzung jenes Forschungsvorhabens intendiert, in dem unter der Leitung von Prof. Dr. Giuseppe Alberigo, Bologna, ein international zusammengesetzter Kreis an einer Aufarbeitung der Quellen des II. Vatikanischen Konzils und seiner geschichtlichen "Rekonstruktion" arbeitet[2].

Der Problemhorizont, in welchen Interpretation und Wirkungsgeschichte des II. Vatikanischen Konzils hineinführen, ist durch das Stichwort "Globalkultur" charakterisiert. Das Konzil hat versucht, die Identität des christlichen Glaubens und die Stellung der Kirche im kulturellen Umwandlungsprozeß der Gegenwart neu zu bestimmen. Die Einladung Johannes' XXIII. zum Konzil formulierte diese Absicht. Die Konzilsväter haben in ihrer *Botschaft an alle Menschen und alle Nationen* in den ersten Tagen des Konzils beteuert, daß alle "Lebensangst, die die Menschen quält", die "Nöte der Völker" und ihre "Schmerzen, Sehnsüchte und Hoffnungen" ihnen "auf der Seele brennen". Sie wollen sich bemühen, "den Menschen unserer Zeit die Wahrheit Gottes in ihrer Fülle und Reinheit so zu verkünden, daß sie von ihnen

---

* Lexika, Zeitschriften, Reihen und andere Publikationsorgane werden in allen Beiträgen durchgängig abgekürzt nach den Vorgaben von Siegfried M. Schwertner, Theologische Realenzyklopädie. Abkürzungsverzeichnis, 2. überarb. u. erw. Aufl., Berlin-New York 1994.

1 Zur Intention und den programmatischen Leitlinien des Forschungsprojekts vgl. den Band: Das II. Vatikanum – Christlicher Glaube im Horizont globaler Modernisierung. Einleitungsfragen (Programm und Wirkungsgeschichte des II. Vatikanums 1), hg. von Peter Hünermann unter Mitarbeit von Jan-Heiner Tück, Paderborn 1998.

2 Die ersten beiden einer auf fünf Bände geplanten Geschichte des Zweiten Vatikanischen Konzils liegen bereits vor: Giuseppe Alberigo/Alberto Melloni, Storia del concilio Vaticano II, Volume I: Il cattolicesimo verso una nuova stagione. L'annuncio e la preparazione (gennaio 1959 - settembre 1962), Bologna 1995 (dt.: Guiseppe Alberigo, Klaus Wittenstadt [Hg.], Geschichte des Zweiten Vatikanischen Konzils, Bd. I: Die Katholische Kirche auf dem Weg in ein neues Zeitalter. Die Ankündigung und Vorbereitung des Zweiten Vatikanischen Konzils (Januar 1959 bis Oktober 1962), Mainz-Leuven 1997); Storia del concilio, Volume II: La formazione della coscienza conciliare. Il primo periodo conciliare e la prima intersessione (ottobre 1962 - settembre 1963), Bologna 1996. Vgl. u.a. flankierend dazu folgende Dokumentationsbände: Jan Grootaers/Claude Soetens (Hg.), Sources Locales de Vatican II, Leuven 1990; Mathijs Lamberigts/Claude Soetens (Hg.), À la veille du Concile Vatican II. Vota et réactions en Europe et dans le Catholicisme orientale, Leuven 1992; Giuseppe Alberigo/Alberto Melloni (Hg.), Verso il Concilio Vaticano II (1960-1962). Passagi e problemi della preparazione conciliare, Genova 1993; Étienne Fouilloux (Hg.), Vatican II commence... Approches Francophones, Leuven 1993; Giuseppe Alberigo (Hg.), Il Vaticano II fra attese e celebrazione, Genova 1995; Claude Soetens (Hg.), Vatican II et la Belgique, Leuven 1996; Wim Verschooten/Klaus Wittstadt (Hg.), Der Beitrag der deutschsprachigen und osteuropäischen Länder zum Zweiten Vatikanischen Konzil, Leuven 1996.

verstanden und bereitwillig angenommen werde"[3]. Die Auslegung der Konzilsaussagen und eine Würdigung der Wirkungsgeschichte muß deswegen notwendigerweise die veränderte Daseins-Situation der Gegenwart, die Konturen der globalen Infrastruktur und die dialektisch damit verknüpften Aufwertungen eigentümlicher Traditionen der verschiedenen Kontinente und kulturellen Großräume in der Moderne einbeziehen. Es müssen die gesellschaftlichen und menschlichen Probleme, die Konfliktfelder bedacht werden. Das angemessene Verständnis des Konzils und seiner Auswirkungen kann nicht absehen von den Kämpfen, den Leiden, Erfolgen und Hoffnungen der unterschiedlichen Modernisierungspfade, die sich insbesondere nach dem Zweiten Weltkrieg herausgebildet haben.

Unter den Gruppen, die im Rahmen dieses Forschungsprojektes kooperieren, befindet sich ein Arbeitskreis "Die Deutsche Theologie zwischen den beiden vatikanischen Konzilien vor den Herausforderungen durch die Moderne - ihr Beitrag zum Zweiten Vatikanischen Konzil". Die Problematik, welche sich diesem Arbeitskreis stellt, ist komplex. Es ist unbestritten, daß die deutsche Theologie seit dem I. Vatikanischen Konzil eine Fülle von Impulsen zur Öffnung von Theologie und Kirche auf die Moderne hin gegeben hat. Entscheidende Anstöße für die Neubestimmungen des Glaubens in den Dokumenten des II. Vatikanischen Konzils gingen - neben der *Nouvelle Théologie* und amerikanischen Denkanstößen - von ihr aus. Schwierigkeiten bereitet das angemessene geschichtliche Verstehen und die Deutung dieses Prozesses. Vom *Syllabus* Pius' IX., über das Dekret *Lamentabili* Pius' X., bis hin zu *Humani Generis*, der kritischen Enzyklika Pius' XII., hat sich das römische Lehramt mit der Moderne auseinandergesetzt und eine Fülle von Verurteilungen ausgesprochen.

Die *sachlichen* Probleme, um welche es in diesen Verurteilungen geht, sind weit gestreut. Neben Fragen zum Verhältnis von Staat und Kirche, zur bürgerlichen Gesellschaft und ihren Freiheiten auf der einen Seite und der religiösen bzw. kirchlichen Autorität auf der anderen Seite, neben zahlreichen moraltheologischen Fragen, geht es um so grundlegende Problemfelder wie Wahrheit und Geschichte, Erfahrung und Reflexion, Subjektivität und Objektivität, kirchliche Praxis und theologische Theoriebildung[4]. Wenn die Enzyklika *Humani Generis* den "Evolutionismus" brandmarkt, ihn in Verbindung mit dem Existentialismus und dem Historizismus bringt, so erweist sich deutlich die Ungeklärtheit solcher Grundlagenfragen. Zur Beurteilung dieser Irrtümer und zur Beantwortung der gestellten Grundlagenfragen hat das Lehramt auf die neuscholastische Schultheologie zurückgegriffen. Diese Theologie war - gerade in bezug auf die hier anstehenden Probleme - nur von begrenzter begrifflicher Leistungsfähigkeit.

Die Verurteilungen einzelner Sachverhalte werden in den genannten Dokumenten in einer oftmals generellen, wenig differenzierenden Sprache vorgenommen. Hinzu kommt, daß diese lehramtlichen Äußerungen keine positive Würdigung der Moderne vorlegen, welche jene Aspekte der Neuzeit herausheben, in denen der Geist Gottes die Menschheit auf ihrem geschichtlichen Wege zu positiven neuen Momenten geleitet hat. So verbindet sich mit diesem Schreiben der Schein, die Kirche wende sich grundsätzlich gegen die Moderne und betreibe eine Restauration der Theologie und Philosophie der Vorzeit[5]. Einem solchen ideologischen

[3] Zitiert nach: HerKorr 17 (1962/63) 101-103; 102. - Zum Hintergrund vgl. André Duval, Le message au monde, in: Fouilloux (Hg.), Vatican II commence (wie Anm. 1), 105-118.

[4] Vgl. Richard Schaeffler, Der "Modernismus-Streit" als Herausforderung an das philosophisch-theologische Gespräch heute, in ThPh 55 (1980) 514-534.

[5] Eilert Herms hat aus evangelischer Sicht die Differenz beider Aspekte deutlich unterschieden: Theologischer "Modernismus" und lehramtlicher "Antimodernismus" in der römischen Kirche am Anfang des zwanzigsten

"Antimodernismus" - der auch einzelne Päpste und vatikanische Mitarbeiter in unterschiedlichem Maße tangierte - korrespondierte die Haltung einiger der verurteilten Theologen. George Tyrrell schreibt: "Pius X. [...] hat das zu einem bestimmten Bewußtsein seiner selbst gebracht, was vorher nur ein sehr unbestimmtes Streben nach einer verständigeren und auf tieferer Bildung begründeten Auslegung des Katholizismus gewesen war. In seinem Bemühen, ihn zu verdammen, hat er ihm [dem Modernismus] einen Namen gegeben, ihn zur Partei zusammengeschlossen und ihm viele Anhänger und Sympathien [...] gewonnen"[6]. Demgegenüber haben die deutschen Bischöfe und Theologen zu Beginn des 20. Jahrhunderts darauf bestanden, daß es die modernistischen Irrtümer in Deutschland nicht gebe.

In der jüngeren kirchengeschichtlichen Forschung hat sich z.T. ein "weiter" Modernismusbegriff eingebürgert, der als Kriterium die aspekthafte oder gesamthafte Distanzierung von Theologen gegenüber dem neuscholastischen Kanon benutzt und alle Öffnungsversuche der Theologie zur Moderne unter dem Stichwort des "Modernismus" subsumiert. Dieser Modernismusbegriff steht für einen ganz allgemein gefaßten, reformwilligen Katholizismus und ist somit wesentlich umfangreicher und undifferenzierter als der Modernismusbegriff, wie ihn etwa Tyrrell umreißt.

Wird dieser weite "Modernismus"-Begriff zur Bezeichnung des II. Vatikanischen Konzils gebraucht - wie es hier und dort geschieht -, so führt er aufgrund der mangelnden Profilschärfe eher zu Verunklärungen als zu einer Aufhellung.

Ein solcher Sprachgebrauch entspricht den Invektiven des schismatischen Erzbischofes Lefebvre. Er läßt die wichtigen Differenzierungen in bezug auf die Moderne übersehen, welche die Väter des II. Vatikanischen Konzils mit ihrer Scheidung von *Zeichen der Zeit* auf der einen Seite und grundlegenden Gefährdungen des Menschen durch die Moderne auf der anderen Seite vorgenommen haben. Johannes XXIII. wie die Konzilsväter haben - getragen von der christlichen Glaubensüberzeugung, daß Gott sich in seinem Heilswillen auch in der Gegenwart nicht unbezeugt gelassen habe - einen geistlichen Unterscheidungsprozeß im Blick auf die Zeit vollzogen. So wurden die Menschenrechte, insbesondere das Recht auf Religionsfreiheit, aus dem Geist des Evangeliums heraus positiv bewertet, ähnlich die Emanzipation der Frauen und andere Momente der modernen Entwicklung. Gegenüber diesen positiven Momenten wurden andere Entwicklungen negativ beurteilt. In bezug auf diese Differenzierungen ergibt sich - wissenschaftlich gesehen - selbstverständlich die Aufgabe eines kritischen und würdigenden Nachvollzuges.

Vergleicht man die Aussagen des Konzils mit theologischen Entwürfen, die zur notwendigen Öffnung der Kirche und der Theologie in bezug auf die Moderne auffordern, so fällt die Zielgerichtetheit und Bestimmtheit der konziliaren Lehren auf. Als *Zeichen der Zeit* werden wenige, klar umrissene Sachverhalte gewertet. Sie sind herausgelöst aus oftmals damit verbundenen weltanschaulichen, ideologischen Einbettungen. Man wird gerade in dieser zugleich geistlichen, und rationalen Diskretion eine der herausragenden Leistungen des Konzils sehen dürfen, die man in dieser Deutlichkeit in den theologischen Reformschriften vergeblich sucht.

Hinsichtlich der Vorgeschichte des Konzils in der deutschen Theologie resultieren aus dieser Sachlage verschiedene Aufgabenbündel. An die Sachverhalte und Lehren, die in den lehramtlichen Schreiben von Pius IX. bis zu Pius XII. verurteilt wurden, ist die differenzierende

---

Jahrhunderts, in: Horst Renz/Friedrich Wilhelm Graf (Hg.), Umstrittene Moderne. Die Zukunft der Neuzeit im Urteil der Epoche Ernst Troeltschs (Troeltsch-Studien 4), Gütersloh 1987, 13-55.

6 George Tyrrell, Through Scylla and Charybdis or the Old Theology and the New, New York u.a. 1907, vom Verfasser ins Deutsche übersetzt, Jena 1909, V.

Sonde des II. Vatikanums anzulegen. In bezug auf die einzelnen Theologen und ihre jeweiligen Modernisierungsbestrebungen ist zu fragen, worin sie die ins kirchliche Leben und die Theologie zu integrierenden Momente der Moderne sehen. Diese Optionen sind auf ihre Tragfähigkeit hin zu überprüfen und auf ihre Konsonanz oder Dissonanz mit der Beurteilung der Moderne von seiten des II. Vatikanischen Konzils hin zu werten. Dabei können sich ebenso Widersprüche wie Fortschreibungen und Ergänzungen im Hinblick auf die Rezeption der Moderne durch das II. Vatikanum ergeben.

Die Beantwortung solcher und ähnlicher Fragestellungen setzt im Grunde voraus, daß die Kirchengeschichtsschreibung wertend und urteilend zu den Modernisierungspfaden Stellung nimmt, die von den verschiedenen Theologen beschritten werden. Eine solche Aufgabe kann völlig zufriedenstellend nur gelöst werden, wenn sie aus einer Auseinandersetzung mit den jeweiligen Theorien der Moderne resultiert. Solche Fragen sind in der jüngeren katholischen Theologiegeschichte bislang ein Desiderat geblieben. Die Beiträge des vorliegenden Bandes suchen sich dieser Aufgabenstellung zu nähern und liefern erste, wichtige Ergebnisse, die in weiteren Arbeitsschritten weiter zu klären sind.

Einleitung: (Anti-)Modernismus und II. Vatikanum

Von Hubert Wolf

An *Wegbereitern heutiger Theologie*[1] sowie an *Propheten und Vorläufern*[2] des II. Vatikanischen Konzils herrscht kein Mangel. Fast jeder Theologe, der etwas auf sich hält bzw. auf den man etwas hält, wird mit diesen Epitheta geschmückt. Mit dem Etikett "Modernist" werden die "Vor-Denker" des Konzils dagegen kaum versehen. Überdies ist das Wortfeld "modern", zu dem der Terminus "Modernismus"[3] begriffsgeschichtlich gehört[4], im Hinblick auf das II. Vatikanum eindeutig belegt. Ausgehend von einer Analyse der gegenwärtigen, von Krisensymptomen geprägten Situation der katholischen Kirche in Deutschland und den übrigen Industriestaaten, die zumeist als Folge der "Modernisierung" interpretiert wird, gerät zusehends auch das Konzil in den Blick. Dabei bleibt die Frage, ob das II. Vatikanum die Kirchenkrise selbst hervorgerufen hat, indem es durch seine "Reformen" den Werten der Moderne in der *Catholica* Tor und Tür öffnete oder ob das Konzil als Kind seiner Zeit selbst Produkt bzw. Opfer der vielfältigen (außerkirchlichen) Modernisierungsprozesse wurde und insofern an der modernen Kirchenkrise "unschuldig" ist, zumeist offen. Die verständliche Konzentration auf die mit "Moderne" resp. "Modernisierung" verbundenen Probleme dürfte dafür verantwortlich sein, daß bei der wissenschaftlichen Betrachtung des II. Vatikanums die Frage nach seinem theologiegeschichtlichen Vorfeld und näherhin die besondere Bedeutung der "Modernismuskrise" bzw. des "Antimodernismus" bisher nicht im Mittelpunkt des Interesses standen. Der Schwerpunkt der aktuellen Forschungsdiskussion, die vorwiegend von Religionssoziologen und Sozialhistorikern wie Franz-Xaver Kaufmann, Karl Gabriel oder Urs Altermatt bestimmt wird, liegt demnach in einer Interpretation des Konzils im Kontext der übergreifenden Modernisierungsproblematik[5].

"Moderne" bzw. "Modernisierung" sind demnach gekennzeichnet durch Ausbildung funktionsorientierter gesellschaftlicher Teilsysteme, wobei Religion nur noch einen Teilbereich (Segment) neben Politik, Wirtschaft, Wissenschaft etc. darstellt und von einer "christlichen Durchdringung" der Gesellschaft keine Rede mehr sein kann; durch die "Emergenz unterschiedlicher Ebenen sozialer Wirklichkeit"; durch die Entwertung der Orientierungsfunktion der Tradition; schließlich durch einen starken Individualisierungsdruck[6]. So kann etwa Urs

---

[1] Vgl. etwa die Ende der sechziger Jahre bei Styria (Graz) erschienene und von Heinrich Fries und Johann Finsterhölzl herausgegebene Reihe "Wegbereiter heutiger Theologie", die allerdings Theologen des 19. Jahrhunderts behandelt.

[2] Vgl. Victor Conzemius, Propheten und Vorläufer. Wegbereiter des neuzeitlichen Katholizismus, Zürich 1972.

[3] Dazu vorläufig Bernard M.G. Reardon, Art. Modernismus, in: TRE XXIII 129-138; Norbert Trippen, Art. Modernismus, in: StL[7] III 1201-1204.

[4] Vgl. Franz Xaver Kaufmann, Katholizismus und Moderne als Aufgaben künftiger Forschung, in: ders. u. a. (Hg.), Moderne als Problem des Katholizismus (Eichstätter Beiträge 28), Regensburg 1995, 9-32; 10-12.

[5] Franz-Xaver Kaufmann/Arnold Zingerle (Hg.), Vatikanum II und Modernisierung. Historische, theologische und soziologische Perspektiven, Paderborn 1996.

[6] Vgl. Franz-Xaver Kaufmann, Zur Einführung: Probleme und Wege einer historischen Einschätzung des II. Vatikanischen Konzils, in: ders./Zingerle (Hg.), Vatikanum II (wie Anm. 5), 9-34; 21-23. - Grundsätzlich zur

Altermatt am Beispiel der Schweiz zeigen, wie der Katholizismus im Zuge von Moderne und Modernisierung in die Situation der Sub- bzw. Gegengesellschaft geriet und ein eigenes antimodernes katholisches Milieu[7] ausbilden mußte, um seine "Identität" bewahren zu können[8]. Im Kontext der Umbrüche im Schweizer Nachkriegskatholizismus - verstärkt seit Beginn der sechziger Jahre - steht das II. Vatikanum für den Versuch einer neuen kirchlichen Standortbestimmung im Kontext der Modernisierung. Für Deutschland hat Michael Klöcker die Entwicklung vom vorkonziliaren Katholizismus zum post-konziliaren Zustand unter der bezeichnenden Überschrift *Eine Lebensmacht im Zerfall?* deutlich ausgezogen[9].

Die historischen Auseinandersetzungen um den Modernismus werden dabei (allenfalls am Rande) als Motiv bzw. Symptom des übergreifenden Prozesses der Modernisierung wahrgenommen, während der kirchliche Antimodernismus für die Verweigerungshaltung und Ratlosigkeit des kirchlichen Amtes angesichts der Moderne steht. Erst das Ende des offiziellen Antimodernismus im Umkreis des Konzils habe die notwendige kirchliche Offenheit gegenüber den Problemüberhängen der Moderne gebracht. "Modernisierung" und "Modernismus" werden so - auf nicht ganz unproblematische Weise (wie etwa die Beiträge von F.W. Graf und O. Weiß in diesem Band zum Stichwort: "unmoderne Modernisten" kritisieren) - nicht selten vermischt[10]. Überdies hat die eher soziologisch dominierte Sichtweise bereits erste Auswirkungen auf die theologiegeschichtliche Arbeit gezeitigt[11].

Mit diesen Beobachtungen ist allerdings noch keine ausreichende Basis für die dem vorliegenden Band zugrundeliegende Arbeitshypothese gegeben: Die Auseinandersetzungen um den "Modernismus" sind der entscheidende Punkt für eine Klärung des theologiegeschichtlichen Vorfeldes des II. Vatikanums und damit ein bedeutsames historisches Datum für die Erarbeitung einer angemessenen Hermeneutik für die Texte des Konzils selber.

Als Argument *prima facie* gegen diese Ausgangsthese wurde in den interdisziplinären Diskussionen zwischen Soziologen, Theologen und Historikern im Kontext der Konstituierung

---

Problematik: Franz-Xaver Kaufmann, Religion und Modernität. Sozialwissenschaftliche Perspektiven, Tübingen 1989; Karl Gabriel, Christentum zwischen Tradition und Postmoderne, Freiburg i. Br. 1992.

7 Zum Milieubegriff: Arbeitskreis für kirchliche Zeitgeschichte (AKKZG), Münster, Katholiken zwischen Tradition und Moderne. Das katholische Milieu als Forschungsaufgabe, in: Westfälische Forschungen 43 (1993) 588-654; Michael Klöcker, Das katholische Milieu. Grundüberlegungen - in besonderer Hinsicht auf das Deutsche Kaiserreich von 1871, in: ZRGG 44 (1992) 241-262; ders., Religionen und Milieu. Perspektiven im Anschluß an die jüngere Erforschung des "Katholischen Milieus", in: Dialog der Religionen 2 (1995) 178-192.

8 Urs Altermatt, Katholizismus und Moderne. Zur Sozial- und Mentalitätsgeschichte der Schweizer Katholiken im 19. und 20. Jahrhundert, Zürich 1989.

9 Michael Klöcker, Katholisch - Von der Wiege bis zur Bahre. Eine Lebensmacht im Zerfall?, München 1991.

10 Vgl. Franz-Xaver Kaufmann, Zur Einführung: Probleme und Wege einer historischen Einschätzung des II. Vatikanischen Konzils, in: ders./Zingerle (Hg.), Vatikanum II (wie Anm. 5), 9-34; 19: "Diese späte Prominenz des Begriffs 'Modernisierung' ist beachtlich, hatte doch die katholische Kirche mit ihrem polemischen Begriff des Modernismus insbesondere liberale und rationalistische Auffassungen schon seit der Wende des 20. Jahrhunderts belegt. Dabei beschränkte sich der Wortgebrauch nicht auf die in der Enzyklika 'Pascendi' des Papstes Pius X. (1907) verurteilten Irrtümer, sondern wurde in der Folge bis ins Vorfeld des II. Vatikanums als diffamierender Begriff gegen immer weitere katholische Reformbestrebungen eingesetzt [...] Das etwa gleichzeitige Verschwinden des expliziten Antimodernismus und der Aufstieg des Begriffskomplexes Moderne/Modernisierung ist Symptom eines parallelen Bewußtseinswandels in Kirche und Gesellschaft während der Jahrzehnte nach dem Zweiten Weltkrieg: Es setzte sich nun offenbar die Überzeugung durch, daß der westliche Weg der Modernisierung einen tragfähigen, ja für viele sogar einen exemplarischen Entwicklungspfad darstelle."

11 Vgl. Hermann J. Pottmeyer, Modernisierung in der katholischen Kirche am Beispiel der Kirchenkonzeption des I. und II. Vatikanischen Konzils, in: Kaufmann/Zingerle (Hg.), Vatikanum II (wie Anm. 5), 131-146.

des Forschungsprojekts[12] immer wieder angeführt, der "Modernismus" komme in Konzilstexten weder *expressis verbis* noch der Sache nach vor[13]. Es wird zu zeigen sein, daß dieses "Beschweigen" nichts anderes war als eine stille Abkehr vom vorher dominierenden kirchlichen Antimodernismus. Aus theologischen und kirchenpolitischen Gründen war es damals einfach nicht opportun, vom "Modernismus" zu reden. Wegen der grundsätzlichen Bedeutung der Einwände gegen den hier vermuteten Zusammenhang zwischen "Modernismus" und "II. Vatikanum" ist es notwendig, diese Annahme ausführlicher zu begründen. Der Nachweis soll in zwei Schritten geschehen: Zunächst ist zu belegen, daß "Traditionalisten" und "Modernisten", "rechte" und "linke" Theologen, eher "konservative" und eher "fortschrittliche" Kirchenkreise das II. Vatikanum in seltener Übereinstimmung faktisch als "modernistisches Konzil" betrachten, wobei die ersteren den Modernismus der vatikanischen Synode als Fluch, die zweiten jedoch als Segen beurteilen. Dann muß der Frage nach Rolle und Bedeutung der Modernismus-Problematik bzw. des Antimodernismus für die unmittelbare Vorgeschichte des II. Vatikanums nachgegangen werden. Nach dieser Vergewisserung der Ausgangsthese wird die konkrete Arbeit der historischen Sektion vom ersten Exposé, über die Vorträge und Diskussionen der beiden Modernismus-Symposien bis hin zu den wesentlichen Ergebnissen und ihrer Vernetzung mit dem Gesamtprojekt dokumentiert.

I. Das Zweite Vatikanum als modernistisches Konzil?

1. Der Modernismus-Vorwurf der Traditionalisten[14]

"Treue zur Kirche bedingt Ungehorsam gegenüber einem von Protestantismus, Liberalismus und Modernismus verseuchten Konzil"[15] - mit diesen Worten bringt Daniele Menozzi die Vorwürfe traditionalistischer Kreise gegen das II. Vatikanum treffend auf den Punkt. Das Konzil hat nach Ansicht der Integralisten nach vier Jahrhunderten den wahren "tridentinischen" Katholizismus zerstört und die Kirche dem "modernistischen" Zeitgeist ausgeliefert. Das eigentlich und unterscheidend Katholische, wie es das Hl. Konzil von Trient festgelegt hat und das von den Päpsten - namentlich Pius X.[16] - unverbrüchlich festgehalten wurde, sei leichtfertig aufgegeben worden. Insbesondere die einheitliche, authentische lateinische Liturgie habe man durch die Einführung von Landessprache, Laienkelch und Handkommunion einem modernistischen Pluralismus geopfert.

---

[12] Zum Gesamtprojekt "Globalkultur und christlicher Glaube. Die Bedeutung des II. Vatikanischen Konzils im kulturellen Transformationsprozeß der Gegenwart" vgl. das Vorwort von Peter Hünermann in diesem Band.

[13] Vgl. den Index terminologicus in: $LThK^2$ Ergänzungsband II, 741 (kein Beleg für Modernismus).

[14] Vgl. zur Gesamtproblematik z. B. Józef Niewiadomski, "Wohl tobet um die Mauern ..." Fundamentalistische katholische Gruppierungen, in: Hermann Kochanek (Hg.), Die verdrängte Freiheit. Fundamentalismus in den Kirchen, Freiburg i. Br. 1991, 156-180.

[15] Daniele Menozzi, Das Antikonzil (1966-1984), in: Hermann J. Pottmeyer/Giuseppe Alberigo/Jean-Pierre Jossua (Hg.), Die Rezeption des Zweiten Vatikanischen Konzils, Düsseldorf 1986, 403-431; 419.

[16] Auf Biogramme wird im Folgenden verzichtet, da die genannten Personen bereits in den Beiträgen dieses Bandes nachgewiesen bzw. leicht in den einschlägigen Lexika (TRE, LThK) aufzufinden sind. Zu den Päpsten vgl. auch: Martin Greschat (Hg.), Gestalten der Kirchengeschichte, Bd. 11-12: Das Papsttum, Stuttgart 1984; Josef Gelmi, Die Päpste in Lebensbildern, Graz ^{2}1989.

Das einhellige Verdikt "traditionalistischer" Kreise gegen das "modernistische II. Vatikanum" soll anhand einschlägiger Aussagen von Erzbischof Marcel Lefebvre[17] illustriert werden. Er steht hier als ein - wenngleich äußerst prominentes - Beispiel für viele. Um zu zeigen, welche zentrale Bedeutung das "vom Modernismus verseuchte Konzil" in Lefebvres Argumentation über Jahre hinweg spielte und wie er selbst den Zusammenhang Modernismus-II. Vatikanum immer wieder direkt herstellte, soll Lefebvre zunächst selbst ausführlicher zu Wort kommen. Bereits während des Konzils zeigte sich Lefebvre wiederholt äußerst erbittert darüber, daß die vor Konzilsbeginn ausgearbeiteten, traditionellen Schemata, die einen eindeutig antimodernistischen Geist atmeten, durch die Intervention "modernistischer" Bischöfe nicht weiter beraten wurden, sondern im wahrsten Sinn des Wortes im Papierkorb landeten[18].

Am 20. Dezember 1966 schrieb der Erzbischof an den Präfekten des Hl. Offiziums, Alfredo Kardinal Ottaviani: "Dieses [sc. gegenwärtige] Übel ist aber nichts anderes als die logische Fortsetzung der Häresien und Irrtümer, welche die Kirche seit den letzten Jahrhunderten untergraben, besonders seit dem Liberalismus des vorigen Jahrhunderts, der sich bemüht hat, die Kirche mit den Ideen, die zur Revolution geführt haben, um jeden Preis zu versöhnen. Die Kirche ist in dem Maß erfolgreich vorangeschritten, als sie sich diesen Ideen, die der gesunden Philosophie und der Theologie zuwiderlaufen, entgegengestellt hat; hingegen hat jeder Kompromiß mit diesen subversiven Ideen eine Anpassung der Kirche an das allgemeine Recht zur Folge gehabt und damit die Gefahr, sie zu einer Sklavin der bürgerlichen Gesellschaft zu machen. Im übrigen haben die Päpste jedesmal, wenn sich Gruppen von Katholiken von diesen Mythen angezogen fühlten, sie mutig zur Ordnung gerufen, aufgeklärt und, wenn es nötig war, verurteilt. Der katholische Liberalismus ist von Pius IX.[19] verurteilt worden, der Modernismus von Leo XIII.[20], der Sillonismus[21] vom hl. Pius X., der Kommunismus von Pius XI.[22] und der Neomodernismus von Pius XII.[23] Dank dieser wunderbaren Wachsamkeit festigte und entwickelte sich die Kirche. Die Bekehrungen von Heiden und Protestanten waren sehr zahlreich. Die Häresien hatten eine vollständige Niederlage erlitten und die Staaten waren zu einer der katholischen Lehre mehr entsprechenden Gesetzgebung bereit"[24]. Lefebvre entwickelt eine Genealogie von Häresien, die unter immer neuen Namen firmierten, im Grunde jedoch immer dasselbe meinten. Aber im Unterschied zu früher ist die Häresie jetzt in die

---

17 Über ihn aus traditionalistischer Sicht: Priesterbruderschaft St. Pius X. (Hg.), Damit die Kirche fortbestehe. S.E. Erzbischof Marcel Lefebvre, der Verteidiger des Glaubens, der Kirche und des Papsttums. Dokumente, Predigten und Richtlinien. Eine historiographische Dokumentation, Stuttgart 1992; aus protestantischer Sicht: Walter Geppert, Marcel Lefebvre. Ankläger und Angeklagter Roms, Tübingen 1980.

18 Priesterbruderschaft, Damit die Kirche (wie Anm. 17), 33.

19 Gemeint ist der *Syllabus Errorum* von 1864; DH 2901-2980.

20 Interessant ist hier der anachronistische Gebrauch von "Modernismus". Tatsächlich gingen die Maßnahmen in der letzten Phase des Pontifikates von Leo XIII. in den Antimodernismus unter Pius X. fast nahtlos über; gedacht ist hier wohl vor allem an die Bibel-Enzyklika *Providentissimus Deus* von 1893 (DH 3280-3294), die Entscheidung des Heiligen Offiziums zur Authentizität des *Comma Johanneum* von 1897 (ASS 29 [1896/97] 637) und die Auseinandersetzung mit dem "Amerikanismus" im Breve *Testem benevolentiae* von 1899 (DH 3340-3346).

21 Zu Marc Sangnier (1873-1950), seiner Bewegung "Le Sillon" und ihrer Verurteilung vgl. Roger Aubert, Die modernistische Krise, in: HKG(J) 6/2, 435-500; 494-497.

22 Vgl. die Enzyklika *Divini Redemptoris* von 1937 (DH 3771-3774).

23 Gemeint ist die Enzyklika *Humani generis* von 1950 (DH 3875-3899); zur Enzyklika und ihren Auswirkungen auf Deutschland siehe Christoph Weber, Der Religionsphilosoph Johannes Hessen (1889-1971). Ein Gelehrtenleben zwischen Modernismus und Linkskatholizismus (Beiträge zur Kirchen- und Kulturgeschichte 1), Frankfurt 1994, 166-169 (Lit.).

24 Priesterbruderschaft, Damit die Kirche (wie Anm. 17), 36.

Kirche selbst eingedrungen, weil das Konzil ihre Wachsamkeit geschwächt und dadurch ihre Resistenz herabgesetzt hat.

Nach Beendigung des II. Vatikanums kam Lefebvre immer wieder, wenn auch teils eher indirekt, auf den Zusammenhang Modernismus-Konzil zurück[25]. Seine Grundsatzerklärung vom 21. November 1974 charakterisiert das II. Vatikanum sogar ausdrücklich als modernistisch: "Wir hängen mit ganzem Herzen und mit ganzer Seele am katholischen Rom, der Hüterin des katholischen Glaubens und der für die Erhaltung dieses Glaubens notwendigen Traditionen, am Ewigen Rom, der Leiterin der Weisheit und Wahrheit. Wir lehnen es hingegen ab, und haben es immer abgelehnt, dem Rom der neo-modernistischen Tendenz zu folgen, die klar im Zweiten Vatikanischen Konzil und nach dem Konzil in allen Reformen, die daraus hervorgingen, zum Durchbruch kam. Alle diese Reformen haben in der Tat dazu beigetragen und wirken weiter an der Zerstörung der Kirche, dem Ruin des Priestertums, an der Vernichtung des heiligen Meßopfers und der Sakramente, am Erlöschen des religiösen Lebens, am naturalistischen und teilhardistischen[26] Unterricht an den Universitäten und Priesterseminaren und in der Katechese, einem Unterricht, der aus dem Liberalismus und dem Protestantismus hervorgegangen ist und schon etliche Male vom Lehramt der Kirche feierlich verurteilt worden ist. [...] Da diese Reform vom Liberalismus und vom Modernismus ausgeht, ist sie völlig vergiftet. Sie stammt aus der Häresie und führt zur Häresie, selbst dann, wenn nicht alle ihre Akte direkt häretisch sind! [...] Daher halten wir an allem fest, was von der Kirche aller Zeiten und vor dem modernistischen Einfluß des Konzils geglaubt und im Glauben praktiziert wurde: in der Sittenlehre, im Kult, im Katechismusunterricht, in der Priesterausbildung, in den kirchlichen Institutionen und in allem, was in den Büchern kodifiziert niedergelegt wurde"[27].

Der Modernismus ist für Lefebvre im Grunde nichts anderes als Liberalismus unter anderem Etikett. "Mit zäher Ausdauer strebt der Liberalismus die unmögliche Vereinigung von Wahrheit und Irrtum, von Tugend und Laster, von Licht und Finsternis, die Vereinigung der katholischen Kirche mit der Welt und all ihren Entgleisungen an[28]. Bis zu Johannes XXIII. haben die Päpste das durchschaut, und wenn der eine oder andere gelegentlich dem Druck der Liberalen nachgegeben hat, wie beispielsweise Leo XIII. und Pius XI., so haben sie es sehr bald bereut, und ihre Nachfolger haben versucht, die begangenen Fehler wiedergutzumachen. Es unterliegt keinem Zweifel, daß das Zweite Vatikanische Konzil den liberalen Ideen in der Kirche Bürgerrecht verliehen hat. Die Ideen über die Freiheit, den Vorrang des Gewissens, über die Verbrüderung mit dem Irrtum des Ökumenismus, über die religiöse Freiheit und den

---

25 So heißt es etwa in einem Rundbrief des traditionalistischen Erzbischofs vom 1. Oktober 1974: "Wir sehen uns verpflichtet festzustellen, daß die lutherischen Reformen und die Irrlehren, die ihnen zugrunde lagen, immer mehr ins Innere der Kirche eindringen und hinfort das Denken und Handeln zahlreicher Bischöfe, Priester und Gläubiger bestimmen. Gegenüber diesem Neu-Protestantismus, dem Zerstörer der Kirche und 'wahrem Rauch Satans', sind wir mehr denn je entschlossen, den katholischen und römischen Glauben zu bekennen, wie er im Antimodernisteneid zum Ausdruck kommt. Mit Entschlossenheit stützen wir uns auf den Katechismus des Konzils von Trient. Wir weisen einen Ökumenismus zurück, der unseren Glauben und unsere heilige Religion verrät, der die Kirche mit den Irrtümern der Welt und den protestantischen Häresien vereinigen will". Mit anderen Worten: Der rechte Glaube findet sich im Tridentinum und im Antimodernisteneid, das Vatikanum II dagegen öffnet den Irrtümern der modernen Welt, des Protestantismus und Ökumenismus Tor und Tür. Ebd., 71.

26 Dazu zuletzt Karl Schmitz-Moormann, Pierre Teilhard de Chardin. Evolution - die Schöpfung Gottes (Theologische Profile), Mainz 1996.

27 Priesterbruderschaft, Damit die Kirche (wie Anm. 17), 74f.

28 Vgl. das "amerikanistische" Motto: "Church and Age unite!" Dazu den Beitrag von Herman H. Schwedt in diesem Band.

Laizismus der Staaten können sich auf den allgemeinen Geist des Konzils stützen" - so formulierte der Erzbischof in einem Sonderrundschreiben an seine Anhänger vom 19. Juli 1975[29].

Besonders wichtig in unserem Kontext ist die von Lefebvre im Vorwort seines 1977 erschienenen Buches mit dem bezeichnenden Titel *Ich klage das Konzil an* hergestellte Verbindung zwischen dem Modernisten-Konzil bzw. dem modernistischen Papst Paul VI. und Deutschland. Für Lefebvre wurde dem Modernismus von deutschen Konzilsvätern (und ihren Theologen) auf dem II. Vatikanum der Weg bereitet. Er glaubt nachweisen zu können, daß "dank eines wahren Komplotts der an den Ufern des Rheins residierenden Kardinäle[30] liberale und modernistische Richtungen, die unglücklicherweise von Papst Paul VI. unterstützt wurden, zum Durchbruch gekommen sind und auf dem Konzil einen entscheidenden Einfluß gewonnen haben [...]. Um die Schädlichkeit dieses Konzils richtig zu verstehen und einzuschätzen, muß man es im Licht der vorkonziliaren päpstlichen Dokumente betrachten, mit ihren Warnungen vor der Verschwörung der Feinde der Kirche, die ihrem Vorgehen den Liberalismus und Modernismus zu Grunde legen, und das seit bald zwei Jahrhunderten"[31].

Interessant ist auch die eindeutige Beurteilung Pauls VI. als Modernisten, wie sie sich etwa in den Richtlinien für die Seminaristen von Ecône vom 24. Februar 1977 findet[32]. Es mag auf den ersten Blick überraschen, daß der traditionalistische Erzbischof sich so stark mit dem von ihm als liberal und modernistisch beurteilten Konzilspapst beschäftigt. Neben der Begründung des eigenen Ungehorsams gegen den Hl. Vater, dürfte hier die römische Konzilsdoktrin im Hintergrund stehen, die als ökumenisches Konzil im Grunde nur ein monarchisches Konzil gelten lassen kann, wonach dieses vom Papst berufen, geleitet und bestätigt sein muß, um allgemeine Gültigkeit verlangen zu können. Ein häretischer Papst kann jedoch unmöglich ein gültiges Konzil leiten, ergo war das II. Vatikanum ungültig.

Lefebvre blieb seiner Position über Jahrzehnte hinweg treu: Papst und Konzil, Paul VI. und das II. Vatikanum waren von Liberalismus und Modernismus "verseucht". Zwei Beispiele für viele seien hierfür abschließend angeführt: 1. Eine Predigt am 27. Juni 1980 in Ecône: "Wir wollen die Kirche bleiben [...], nachdem man uns aus dieser offiziellen Kirche verbannt hat, aus dieser Kirche, die nicht mehr die wirkliche Kirche ist, sondern eine von Modernismus verseuchte offizielle Kirche. [...] Wir haben es für unsere Pflicht gehalten, diesen Kardinälen, die von uns verlangten, einen Teil der modernistischen Irrtümer anzunehmen, den Gehorsam zu verweigern [...]. Wir bleiben dem Antimodernisteneid treu, den abzulegen der hl. Pius X.

---

29 Priesterbruderschaft, Damit die Kirche (wie Anm. 17), 119.

30 Ob Lefebvre hiermit generell die deutschen Kardinäle, also vor allem Frings und Döpfner, meint oder ob auch etwa der Niederländer Alfrink (Utrecht) einbezogen sein soll, muß dahingestellt bleiben. Zu Frings, dessen Auftritt gegen die Praktiken des Hl. Offiziums besonderes Aufsehen erregte, vgl. Norbert Trippen, Josef Kardinal Frings (1887-1978), in: Jürgen Aretz u. a. (Hg.), Zeitgeschichte in Lebensbildern, Bd. 7, Mainz 1994, 143-160.

31 Priesterbruderschaft, Damit die Kirche (wie Anm. 17), 166.

32 "Sein Liberalismus hat seine Wurzeln in Luther, Jean-Jacques Rousseau, Lamennais und in Männern, die er selbst gekannt hat wie Marc Sangnier, Fogazzaro, den 'schlechten' Maritain, Teilhard de Chardin, La Pira etc. Geprägt vom Liberalismus, dessen Wesen 'in der Zusammenhanglosigkeit seiner Thesen und seines Handelns besteht', wie ihn Kardinal Billot definierte, verkörpert Paul VI. eine katholische oder sich katholisch gebende Lehre und eine Praxis, die auf den falschen Prinzipien des Liberalismus und der modernen Welt beruht, auf Prinzipien also, von denen die Feinde der Kirche durchdrungen sind, die Protestanten, die Freimaurer, die Marxisten. Es sind die Prinzipien einer Philosophie, die auf Hegel zurückgeht, einer subjektivistischen, irrealen, vom Entwicklungsgedanken beherrschten Philosophie, und auf der die Demokratie und der falsche Begriff der persönlichen Freiheit beruht; alles das ist beherrscht vom Trugbild des Fortschritts, der Veränderung, der Menschenwürde etc." Ebd., 220.

von uns verlangt"[33]. 2. Der Prolog zum *Geistlichen Wegweiser* vom 29. Januar 1990: "Am Abend eines langen Lebens [...] kann ich sagen, daß dieses Leben gekennzeichnet war durch außergewöhnliche, weltbewegende Erlebnisse: drei Weltkriege! Jener von 1914 bis 1918, jener von 1939 bis 1945 und jener des II. Vatikanischen Konzils von 1962 bis 1965. Die infolge dieser drei Kriege übereinander aufgehäuften Katastrophen, besonders jene des letzten, sind auf dem Gebiet der materiellen, aber noch mehr der geistigen Zusammenbrüche unabsehbar. Die beiden ersten haben den Krieg im Inneren der Kirche vorbereitet, indem sie den Verfall der christlichen Einrichtungen und die Herrschaft der Freimaurerei erleichtert haben, die so mächtig geworden ist, daß sie mit ihrer liberalen und modernistischen Lehre bis tief in die leitenden Stellen der Kirche eingedrungen ist"[34].

Die eindeutig antimodernistische Sichtweise Lefebvres und seiner traditionalistischen Anhänger ist evident[35]. Sie kann schon von ihren Prämissen her mit wesentlichen Intentionen des II. Vatikanums nicht kompatibel sein und läßt sich zusammenfassend so charakterisieren: Lefebvre lehnt die Moderne und ihre Werte grundsätzlich ab. Für ihn sind Aufklärung und Französische Revolution schuld am Niedergang in allen Bereichen - nicht nur des kirchlichen Lebens. Bis zum Pontifikat Pius' XII. ist es der Kirche jedoch erfolgreich gelungen, diese modernen Ideen als Häresien zu enttarnen und die Kirche davor zu bewahren. Die zeitlosen Wahrheiten der Neuscholastik machten Klerus und Volk immun gegen den "Liberalismus" und alle anderen ketzerischen "Ismen". Dies hat sich seit dem II. Vatikanum grundlegend geändert. Das Gift der Moderne ist in die Kirche selbst eingedrungen, Konzil und Papst (der Modernistenfreund Paul VI.) haben ihr selbst Tür und Tor geöffnet. Daher war das II. Vatikanum ein modernistisches Konzil, genauer: ein modernistisches Komplott, das maßgeblich von deutschen Konzilsvätern in Rom inszeniert wurde, um die bisherige Wachsamkeit der Kurie zu untergraben. (Schon vor dem Hintergrund dieser Vorwürfe dürfte sich eine Beschäftigung mit der deutschen Theologie zwischen den beiden vatikanischen Konzilien im Kontext des Gesamtprojekts als lohnend erweisen.) Allerdings vermischt Lefebvre Modernismus und Moderne, da er antimodern und antimodernistisch in einem ist. Zahlreiche Modernisten zur Zeit von *Pascendi* (1907)[36], an deren Modernismusbegriff ("Sammelbecken aller Häresien") sich Lefebvre genau hält, stehen nämlich mit ihrer Betonung von Erfahrung, Gemüt, Gemeinschaft und Mystik den rationalistisch-individualistischen Fortschrittswerten der Neuzeit oder Moderne diametral entgegen.

2. Der Jubel der "Reformkatholiken" über das modernistische Konzil

Genauso eindeutig wie "traditionalistische" Kreise das II. Vatikanum als modernistisches Konzil verdammen[37], genauso eindeutig feiern es "fortschrittliche" oder "liberale" Katholiken

---

[33] Ebd., 392f.

[34] Ebd., 815.

[35] Vgl. dazu zusammenfassend Marcel Levebvre, L'Eglise infiltrée par le modernisme. "Le ver est dans le fruit" (Collection Tradidi vobis quod et accepi), Eguelshardt 1993.

[36] Rundschreiben Unseres Heiligsten Vaters Pius X., durch die göttliche Vorsehung Papst, über die Lehren der Modernisten (8. September 1907: "Pascendi dominici gregis"). Autorisierte Ausgabe. (Lateinischer und deutscher Text), Freiburg i. Br. 1907; vgl. DH 3475-3500.

[37] Vgl. die Wertung Lefebvres von Peter Neuner, Modernismus und Antimodernismus. Der theologie- und kirchengeschichtliche Hintergrund der Bewegung um Erzbischof Lefebvre, in: HerKorr 31 (1977) 36-42; 42: "Diese [positive] Sicht von Mensch und Welt, der Versuch des Konzils, sich auf den Menschen und seine Wirklichkeit einzulassen und ihm die christliche Botschaft anzubieten, hat in der Konzeption des 'Anti-

als eben solches. Endlich habe man den vom kirchlichen Antimodernismus hervorgerufenen Reformstau beseitigt und so die Kirche den Werten der Moderne geöffnet (wobei auch hier die Begriffe "Moderne" und "Modernismus" nicht sauber genug getrennt werden). Entsprechend führen "liberale" Katholiken ihre Enttäuschung über die kuriale Restaurationspolitik der letzten Jahre auf einen Verrat am Konzil zurück[38]. "Fortschrittlichere" Kreise des Katholizismus waren unmittelbar nach dem Konzil von einer geradezu euphorischen Stimmung erfaßt worden, denn der Fortschrittsoptimismus der Nachkriegszeit - ein Hauptcharakteristikum der sogenannten Moderne - wurde endlich von Kirche und Konzil rezipiert, in einer Zeit freilich, als dieser in der "Welt" bereits in eine tiefe Krise geraten war. Die positive Beurteilung Johannes' XXIII. als Papst des *aggiornamento*[39], der dialogischen Beziehung von Kirche und Welt, dürfte auf diesem Hintergrund zu erklären sein. Nicht umsonst avancierte der deutsche Titel der Pastoralkonstitution *Gaudium et spes*[40], *Kirche in der Welt von heute*, zum Schlagwort. Zeitzeugen bringen mit dem II. Vatikanum immer wieder das Moment der Befreiung vom antimodernistischen Joch und einer neuscholastisch erstarrten Theologie in Verbindung. Sie vergleichen die Situation der Kirche am Vorabend des Konzils mit einem Kochtopf, der seit den antimodernistischen Maßnahmen Pius X. unter Überdruck gestanden habe. Das II. Vatikanum habe den nur noch mühsam draufgehaltenen Deckel entfernt und die Kirche so der frischen Luft der Moderne geöffnet. In den Reformen des Konzils seien zahlreiche Reformforderungen der Modernisten der Jahrhundertwende umgesetzt worden[41]. Auch die Forschung hat den positiven Zusammenhang zwischen Modernismus und Konzil mehrfach hergestellt; am nachdrücklichsten in dem 1995 erschienenen monumentalen Opus von Otto Weiß über den *Modernismus in Deutschland*[42], das schon jetzt als historisches Standardwerk zu bezeichnen sein dürfte[43], dem Verfasser jedoch zugleich den Vorwurf der teleologischen Geschichtsbetrachtung eingetragen hat[44]. Es geht hier freilich nicht nur um Historiographie, sondern

---

Modernismus' schlechterdings keinen Platz und muß ihm als 'modernistisch' erscheinen. So war es nur folgerichtig, daß Erzbischof Lefebvre den beiden genannten Konzilsdokumenten [Gaudium et spes; Über die Religionsfreiheit] seine Unterschrift verweigerte. Die Verurteilung der christlichen Parteien und der christlichen Gewerkschaften durch Papst Pius X. ist inhaltlich mit den Sozialenzykliken 'Populorum progressio' und 'Pacem in terris' nicht zu vereinen. Innerhalb seines Denkansatzes, innerhalb des 'Anti-Modernismus' Papst Pius' X., hat Lefebvre durchaus recht, wenn er der heutigen Kirche 'Modernismus' vorwirft; er kann sich auf die Texte und die Verurteilungen von 'Pascendi' und die Geschichte des Antimodernismus berufen. Über diese Feststellung hinaus kann auch eine Besinnung auf die geänderte geschichtliche Situation nicht hinweghelfen. Sicher stand 'Pascendi' vor anderen Fragen, als sie Theologie und Welt heute an die Kirche stellen [...] [aber im antimodernistischen Denksystem ist eine solche Relativierung bereits Modernismus]. Was sich heute vollzieht, ist eine Begegnung der Kirche mit ihrer eigenen Vergangenheit".

38 Norbert Greinacher/Hans Küng (Hg.), Katholische Kirche - wohin? Wider den Verrat am Konzil (Serie Piper 488), München 1986.

39 Vgl. Giuseppe Alberigo/Klaus Wittstadt (Hg.), Ein Blick zurück - nach vorn: Johannes XXIII. Spiritualität - Theologie - Wirken (SKNZ 2), Würzburg 1992; Giuseppe Alberigo, Aggiornamento, in: $LThK^3$ I 231.

40 DH 4301-4345.

41 Diese Sichtweise wurde im Arbeitskreis besonders von Christoph Weber vertreten; zur Problematik einer umfassenderen oral history, die in diesem Kontext dringend betrieben werden müßte, vgl. Alexander von Plato, Oral history als Erfahrungswissenschaft. Zum Stand der "mündlichen Geschichte" in Deutschland, in: Bios 4 (1991) 97-117.

42 Otto Weiß, Der Modernismus in Deutschland. Ein Beitrag zur Theologiegeschichte, Regensburg 1995.

43 Aus der Vielzahl der Rezensionen vgl. exemplarisch die Besprechung von Manfred Weitlauff, in: ZKG 107 (1996) 422-427.

44 So vor allem in der Rezension von Friedrich Wilhelm Graf "Gerechtigkeit für die Margarinekatholiken. Otto Weiß will die Modernisten zu Vorläufern des Zweiten Vatikanischen Konzils und zu Propheten einer besseren Kirche machen", in: FAZ Nr. 13 vom 16. Januar 1996, 31. Die Kontroverse Weiß-Graf wurde im Ar-

durchaus auch um *confessiones*. Weiß bekennt sich nämlich ausdrücklich als Theologe, der "innerhalb der katholischen Theologie [...] eine 'modernistische' Sichtweise vertritt"[45].

In einer Art "modernistischer Homilie" am Schluß seines Werkes unter der bezeichnenden Überschrift *Der Modernismus und das Zweite Vatikanische Konzil* stellt Weiß fest: "Am Ende [der Auseinandersetzungen um Modernismus und Antimodernismus] stand das II. Vatikanische Konzil". Viele (gerade auch deutsche) Konzilsväter und -theologen waren "Söhne und Enkel der Modernisten". Die Brückenbauer, Vorläufer, Wegbereiter des Konzils sind für Weiß von zentraler Bedeutung: "Ohne Menschen wie Josef Thomé wäre im Katholizismus nie ein geistiges Klima entstanden, in dem ein Vatikanum II möglich wurde". Der Modernismus eines Loisy u. a. habe nicht nur in Frankreich, sondern vor allem auch in Deutschland und Amerika als "geheimer Sauerteig" einer *Nouvelle Théologie* gewirkt. "Ohne die Anregungen der Modernismuskrise wäre die römische Kirche nicht zur Weite des II. Vatikanischen Konzils gereift". Freilich differenziert Weiß durchaus; er betrachtet es als "unzulässige Vereinfachung, würden wir nun einfach im Zweiten Vatikanischen Konzil die Erfüllung aller 'modernistischen' Hoffnungen sehen", da das Konzil nicht wenigen berechtigten "modernistischen" Forderungen nicht weit genug gefolgt sei. Andererseits seien berechtigte modernistische Anliegen auf dem Konzil ganz gezielt blockiert worden, weshalb die Modernismusthematik eine *quaestio disputanda* bleibe: "Das Zweite Vatikanische Konzil stellte nicht den Endpunkt der mit dem Wort 'Modernismus' umschriebenen Identitätskrise der Kirche dar. Das Modell eines alternativen neuzeitlichen [modernen] Katholizismus behält, trotz oder gerade wegen der heutigen neuen Zentralisierungsbestrebungen, seine Gültigkeit"[46]. Auch wenn die inhaltlichen Entsprechungen zwischen Modernismus und II. Vatikanum wenig konkret werden, so muß doch eine überraschende Übereinstimmung zwischen dem "Modernisten" Weiß und dem "Traditionalisten" Lefebvre konstatiert werden: das II. Vatikanum war modernistisch.

Weiß beruft sich auf den römischen Weihbischof Clemente Riva, der eine vorsichtig positive Aufnahme "modernistischer" Anliegen durch das II. Vatikanum konstatiert: "Die Kirche hat, das behauptet *Gaudium et Spes*, viel zu lernen von der Welt. In diesem Sinne bin ich überzeugt, daß das II. Vatikanum ein Ereignis gewesen wäre, das das Gewissen vieler getröstet hätte, die in jenen Jahren [der Modernismuskrise] viel wegen ihres Standpunktes zu leiden hatten"[47]. Dabei habe die Kirche aber nicht ihre Grenzen ausgeweitet, sondern entdeckt, daß sie schon immer viel weitere Grenzen hatte! Weiß und Riva stehen mit ihrer positiv modernistischen Beurteilung des Konzils nicht allein. So stellt etwa Klaus Wittstadt die These auf, Kardinal Döpfners Absichten auf dem II. Vatikanum seien mit dem Bestreben des Reformkatholiken (oder Modernisten) Herman Schell identisch gewesen[48]. Die deutschen Reformkatholiken der Jahrhundertwende werden so zu Vorläufern des Aggiornamento und zu Wegbereitern des Konzils, was auf ähnliche Konfliktlagen um 1900 wie um 1960 zurückgeführt

---

beitskreis aufgegriffen und auf dem letzten Symposion in wissenschaftlicher Weise ausgetragen. Sie ist im vorliegenden Band dokumentiert (vgl. den zweiten Beitrag von Weiß und den Beitrag von Graf).

45 Weiß, Modernismus (wie Anm. 42), 7f.

46 Ebd., 594-596.

47 Clemente Riva, Il modernismo, una crisi ecclesiale, in: Ricerche per la storia religiosa di Roma 8 (1990) 66-73; 73.

48 "Döpfners Anliegen läßt sich mit den programmatischen Sätzen Herman Schells aus seiner Schrift 'Die neue Zeit und der alte Glaube' zusammenfassen: 'Der Katholizismus kann dem ganzen Religionsideal gerecht werden - und dem ganzen Menschen, dem Innern und Äußern, dem Gesetz und der Freiheit, Gott und dem Geschöpf: wie der Vergangenheit, so auch der anspruchsvollen Gegenwart und der anspruchsvollsten Zukunft". Klaus Wittstadt, Julius Kardinal Döpfner und das Zweite Vatikanische Konzil, in: Würzburger Diözesangeschichtsblätter 53 (1991) 291-304; 304.

wird[49]. Ähnlich, wenn auch wesentlich zurückhaltender, argumentiert auch Peter Hünermann unter Hinweis auf die Erosion des neuscholastischen Monopols im Verlauf der Nachkriegszeit durch die Beschäftigung mit der "Tübinger Schule"[50]. Bernd J. Hilberath suggeriert eine direkte Verbindungslinie Modernismuskrise-II. Vatikanum bzw. zwischen den modernistischen Anliegen und der Theologie Karl Rahners[51]. Für Dan Donovan hat das II. Vatikanum zwar den integralen, antimodernistischen Katholizismus durch sein Aggiornamento verdrängt; damit habe jedoch der Modernismus längst nicht eindeutig gesiegt. Vielmehr müsse man die Komplexität der heutigen wie der damaligen Problemstellungen beachten. Eine allzu schnelle Polarisierung sei schädlich, das Verhältnis Katholizismus-Moderne jeweils neu zu klären[52]. *Cum grano salis*: Für "fortschrittliche" Katholiken und "liberale" Forschung war das II. Vatikanum ein modernistisches Konzil oder stand in mehr oder minder direkter Abhängigkeit von Modernismus und Modernisten.

3. (Anti-)modernistische Anhaltspunkte in der unmittelbaren Vorgeschichte des II. Vatikanums

Nachdem nachgewiesen sein dürfte, daß das II. Vatikanum von "rechts" und "links" gleichermaßen als modernistisches Konzil beurteilt wird, muß nach der Rolle von Modernismus bzw. Antimodernismus in der unmittelbaren Vorgeschichte des II. Vatikanums gefragt werden, da auch nach Ende der eigentlichen Modernismuskrise (1914) der Modernismus-Vorwurf "leitmotivisch" bis zum Konzilsbeginn immer wiederkehrte. In diesen Zusammenhang gehört auch die offizielle Heroisierung des Antimodernistenpapstes Pius X. durch Pius XII., die in der Seligsprechung 1951 und der Heiligsprechung 1954 beredten Ausdruck fand. "Mit seinem Adlerblick [...] sah er die Welt, wie sie war; er sah die Sendung der Kirche in der Welt; er sah mit den Augen eines heiligen Hirten, welche seine Aufgabe inmitten einer entchristlichten Gesellschaft war, einer Christenheit, die durch die Irrtümer der Zeit und die Verderbtheit des

49 Vgl. Josef Hasenfuß, Herman Schell als Wegbereiter zum Vatikanum II, Paderborn 1978. - Die Wiederentdeckung Schells nach dem II. Vatikanum hat sich vor allem auch in der Wiederherausgabe seiner Dogmatik durch Hasenfuß und Paul-Werner Scheele niedergeschlagen. Dazu aus historischer Perspektive Christoph Weber, Liberaler Katholizismus. Biographische und kirchenhistorische Essays von Franz Xaver Kraus (BDHIR 57), Tübingen 1983, 67. - Eine historische Gesamtwürdigung Schells wird von Karl Hausberger vorbereitet.

50 "Aus der Beschäftigung mit einzelnen wichtigen Theologen des 19. Jahrhunderts, insbesondere der Tübinger Schule, erwächst [Hünermann nennt vor allem Josef Rupert Geiselmann] - nach dem Zweiten Weltkrieg - in der deutschen Theologenschaft die Vertrautheit mit einem Typus von Begrifflichkeit, der die neuscholastische, verstandesmäßige Reflexionsbegrifflichkeit abzulösen beginnt. Diese Bewegung wird wesentlich unterstützt durch das Faktum, daß eine Reihe bedeutender deutscher Theologen sich in dieser Zeit intensiver mit neuzeitlicher Philosophie auseinandersetzen. Ich erinnere beispielsweise an Karl Rahner, Johannes Baptista Lotz, Bernhard Welte, die - alle aus der Auseinandersetzung mit Heidegger oder Jaspers herkommend - einen neuen, von den neuscholastischen Bahnen abweichenden Zugang zur Hochscholastik zu bahnen suchen und dabei wesentlich eine andere Begrifflichkeit nutzen und einsetzen, als sie in der Neuscholastik gang und gäbe war." Peter Hünermann, Deutsche Theologie auf dem Zweiten Vatikanum, in: Wilhelm Geerlings/Max Seckler (Hg.), Kirche sein. Nachkonziliare Theologie im Dienst der Kirchenreform (FS Hermann Josef Pottmeyer), Freiburg i. Br. 1994, 141-162; 155f.

51 Bernd Jochen Hilberath, Karl Rahner. Gottgeheimnis Mensch, Mainz 1995, 28f. - Eine ganz anders akzentuierte Verbindung Loisy-Küng bei Emile Poulat, L'inexorable endemie. Loisy, Küng et la suite, in: ders., Modernistica: Horizons, physionomies, débats, Paris 1982, 242-250.

52 Dan Donovan, Modernism and Vatican II, in: Grail. An ecumenical Journal 2 (1986) 57-68.

Zeitalters angesteckt oder zumindest bedroht war"[53] - so feierte ihn der Pacelli-Papst. Im Hinblick auf den antimodernistischen roten Faden der katholischen Kirchengeschichte zwischen den beiden vatikanischen Konzilien konstatiert Étienne Fouilloux treffend: "Diese 'antimodernistische' Besessenheit erklärt die vom kirchlichen Lehramt unternommenen Bemühungen. Mit zunehmender Intensität errichtet Rom ein System zum Schutz der Gläubigen gegen schädliche Einflüsse auf ihren Katholizismus, um dann damit die jeweiligen Breschen zu schließen. Dieses 'römische System', das sich als einziger Mittler zwischen der Kultur der Kirche und den äußeren Kultureinflüssen etablieren wollte, hat seine Perfektion in der Zeit zwischen der Verurteilung des Modernismus seit der Jahrhundertwende und dem Zweiten Vatikanischen Konzil erreicht"[54].

Die Modernismusfrage stand also am Ende der pianischen Epoche durchaus noch auf der Tagesordnung, und die prägende Wirkung des kirchlichen Antimodernismus im unmittelbaren Vorfeld des II. Vatikanums kann nicht hoch genug veranschlagt werden. So sollten nach Ansicht kurialer Kreise verschiedene nicht durchgeführte antimodernistische Vorhaben aus den zwanziger und dreißiger Jahren durch das Konzil endlich umgesetzt werden[55]. Auch die grundsätzliche Frage nach dem Charakter des II. Vatikanums wurde in diesem Zusammenhang gestellt: Falls das Konzil wie das Tridentinum seine Hauptaufgabe in der Verurteilung doktrinärer Irrtümer sehen sollte, dann müsse es direkt an *Humani generis* (1950)[56], also der klaren Verurteilung von Neo- oder Para-Modernismen, anknüpfen. Diesem eindeutig antimodernistischen Programm habe Johannes XXIII. sein *aggiornamento* entgegengestellt[57], das im Zusammenhang mit einer "minoritären pluriformen Strömung" im Katholizismus der 19. und 20. Jahrhunderts gesehen werden müsse, die vor allem unter Pius X. und Pius XII. gelitten habe[58].

Wie virulent die Modernismusthematik am Vorabend des Konzils war, zeigen verschiedene Voten des Weltepiskopats aus der Vorbereitungsphase. Nicht wenige Bischöfe gaben der Hoffnung Ausdruck, das kommende Konzil werde "vier Jahrhunderte Intransingenz bekrönen", mithin die Linie *Syllabus* (1864)[59] - *Pascendi* (1907) - *Humani generis* (1950) durch erneute Verurteilung von Modernismus und Neomodernismus konsequent weiterführen[60]. Die Mentalität der Konzilsväter läßt sich aus dem *Analyticus Conspectus* der Voten klar erkennen. Neunundsechzig Ismen von Agnostizismus bis Utilitarismus sollten vom Konzil verurteilt werden[61]. Spitzenreiter bei der Häufigkeit der Nennungen waren: Kommunismus, Situation-

---

[53] Zit. nach Étienne Fouilloux, Die Kultur der katholischen Kirche, in: Jean-Marie Mayeur u. a. (Hg.), Die Geschichte des Christentums. Religion, Politik, Kultur, Bd. 12: Ders./Kurt Meier (Hg.), Erster und Zweiter Weltkrieg - Demokratien und totalitäre Systeme (1914-1958), Freiburg i. Br. 1992, 175-216; 177.

[54] Ebd., 177f.

[55] Étienne Fouilloux, La fase ante-preparatoria (1959-1960). Il lento avvio dell'uscita dall'inerzia, in: Giuseppe Alberigo (Hg.), Storia del concilio Vaticano II, Bd. 1: Il cattolicesimo verso una nuova stagione. L'annuncio e la preparazione. Gennaio 1959-settembre 1962, Löwen/Mailand 1996, 71-176; 79. - Neben dieser grundlegenden Darstellung bietet nun auch Klaus Schatz einen exzellenten Durchblick zum II. Vatikanum und seinem theologischen Vorfeld: Klaus Schatz, Allgemeine Konzilien - Brennpunkte der Kirchengeschichte (UTB 1976), Paderborn 1997, 263-332.

[56] Text bei DH 3875-3899.

[57] Fouilloux, La fase (wie Anm. 55), 85-87.

[58] Ebd. 96-105; 104.

[59] DH 2901-2980; zur Entstehung vgl. Giacomo Martina, Pio IX 1851-1866 (MHP 51), Rom 1986, 287-356.

[60] Fouilloux, La fase (wie Anm. 55), 124-127.

[61] Acta et documenta Concilio Oecumenico Vaticano II apparando. Series I (antepraeparatoria), Appendix voluminis II, Pars I: Analyticus conspectus consiliorum et votorum quae ab Episcopis et Praelatis data sunt, Vatikanstadt 1961, 798-800 (De erroribus damnandis).

sethik, Evolutionismus, Laizismus, Liberalismus, Materialismus, Nationalismus, Protestantismus, dogmatischer Relativismus, Freimaurertum und nicht zuletzt der Modernismus, den immerhin 53 Votanden gerne erneut verurteilt wünschten. Die Väter sehen das modernistische Gespenst weiterhin in Form des Progressismus, in der neuen symbolischen und geistlichen Exegese, im Subjektivismus, der psychologischen Auflösung von Sünde, dem Relativismus in Glaubensfragen, der Dogmenentwicklung, im religiösen Synkretismus, unter dem Vorwand der Entwicklung des pastoralen Amtes usw. umgehen. Einzig der von der Propaganda fide abhängige Bischof von Georgetown in Britisch Guayana war der Ansicht, daß die Leistung des Antimodernisteneides zu bestimmten Gelegenheiten wegfallen könnte. Sonst wird der Eid von keinem der Konzilsväter in Frage gestellt[62].

Auch das Votum des Heiligen Offiziums vom 10. März 1960 verlangt eine erneuerte *Damnatio* der vom I. Vatikanum und zur Zeit des Modernismus verurteilten Irrtümer wie Naturalismus, atheistischer Humanismus, Evolutionismus, Relativismus, Indifferentismus, Marxismus, Laizismus, Immanentismus. Es fordert darüber hinaus eine neue Darlegung der Lehre des Vatikanum I über die natürliche Gotteserkenntnis und eine neue Fassung der *professio fidei*[63]. Daraus resultiert: Die Persistenz der antimodernistischen Mentalität in Teilen der römischen Kurie (und der katholischen Kirche insgesamt) ist ein Faktum, das bei aller berechtigten historischen Relativierung des "Modernismus" (F.W. Graf) zu berücksichtigen ist. Der Antimodernismus lebte (unverändert?) weiter.

Besonderes Interesse dürfte auch die Frage nach Modernisten unter den (deutschen) Konzilstheologen verdienen. In der Übersicht von Klaus Wittstadt über die deutschen Konzilsperiti[64] taucht im Gegensatz zu seiner Untersuchung der französischen Theologen der *Nouvelle Théologie*[65] der Begriff des Modernismus nicht auf. Wittstadt stellt den eindeutig scholastisch-römisch geprägten Theologen Franz Hürth und Heribert Schauf eine Gruppe deutscher Periti gegenüber, deren Standpunkt weniger leicht zu bestimmen sei, vermerkt allgemein, daß in Deutschland mit seinen unabhängigen, staatlichen Katholisch-Theologischen Fakultäten die Traditionen der katholischen Aufklärung, die zu Beginn des 20. Jahrhundert neue Nahrung bekommen hätten, lebendig geblieben seien[66]. Die Gruppe nicht streng neuscholastischer, eher "dialogisch" eingestellter Periti, die er in diesem Zusammenhang nennt, umfaßt u. a. Karl Adam und Romano Guardini sowie die Jesuiten Erich Przywara, Peter Lippert und besonders Karl Rahner. Von der Warte der Modernismus-Problematik her gesehen überrascht dieses friedliche Nebeneinander: Während etwa Karl Adam nicht nur starke nationalsozialistische, sondern auch deutliche modernistische Tendenzen besaß[67], hatte sich Rahner noch 1950 als Antimodernist profiliert[68]. Zahlreiche deutsche Jesuiten müssen zumindest bis in die fünfziger

---

62 Auf die Modernismus-Problematik in den Voten hat zuerst aufmerksam gemacht: Thomas Michael Loome, Liberal Catholicism, reform catholicism, modernism: a contribution to a new orientation in modernist research (TTS 14), Mainz 1979, 24f.

63 Joseph Komonchak, La lotta per il concilio durante la preparazione, in: Alberigo (Hg.), Storia (wie Anm. 55), 177-380; 243f.

64 Klaus Wittstadt, Alla vigilia del concilio, in: Alberigo (Hg.), Storia (wie Anm. 55), 429-518; 472-477.

65 Ebd., 477-482; 478.

66 Ebd., 473.

67 Vgl. dazu die neuen Belege im Beitrag von Uwe Scharfenecker in diesem Band, der erste Ergebnisse aus meinem von der Fritz Thyssen Stiftung geförderten Projekt zur Geschichte des rheinischen Reformkreises referiert. Eine umfassende Edition zum Wirken des Kreises, in der die Kontakte Adams zum Kreis gewürdigt werden, wird demnächst von mir herausgegeben werden.

68 Vgl. Weber, Hessen (wie Anm. 23), 181; Hubert Wolf (Hg.), Karl Rahner. Theologische und philosophische Zeitfragen im katholischen deutschen Raum (1943), Ostfildern 1994, 68f. - Rahner scheint auch zu den Kri-

Jahre als scharfe Kritiker einer "modernistischen" Universitätstheologie angesehen werden. Offensichtlich hatten sich die Fronten aber langsam verschoben, u. a. durch die Heidegger- und Maréchal-Rezeption bei Rahner. Es bleibt dennoch ein gewisser Erklärungsbedarf für diese theologiegeschichtlich verwirrenden Linien. Daß Rahner, der von einer extrem antimodernistischen - weil dezidiert neuscholastischen - theologischen Tradition herkam, im Umkreis des II. Vatikanums zum Reformtheologen par excellence heranwachsen konnte, muß auf den ersten (historischen) Blick zumindest überraschen. Eine Bewußtmachung der früheren Fronten innerhalb der deutschen Theologie tut hier wiederum not, um zu einem angemessenen Verständnis zu kommen.

II. Das Zweite Vatikanum und die Modernismusforschung - Oder von der Problematik des Modernismusbegriffes

Es läßt sich eine auffällige Koinzidenz konstatieren: Erst nach dem "modernistisch" apostrophierten II. Vatikanum wurde es möglich, im kirchenhistorischen Kontext die Modernismus-Krise unbefangener zu betrachten. Erst jetzt konnten die maßgeblichen Studien von Roger Aubert, Emile Poulat oder Norbert Trippen erscheinen, welche die bisherige weitgehend antimodernistisch geprägte katholische Historiographie überwanden[69]. Teilweise kam es im Kontext des Konzils sogar zu einer ausgesprochen revisionistischen Geschichtsschreibung: vorbildliche Modernisten (als Lichtgestalten) wurden jetzt finsteren Antimodernisten (als Dunkelmännern) gegenübergestellt, was einer Umwertung aller Werte gleichkam[70]. Im Gegensatz zu Frankreich, England und Italien blieb Deutschland jedoch forschungsmäßig im Hintergrund, was wesentlich mit der Problematik des Modernismusbegriffes und seiner Anwendbarkeit auf Deutschland zusammenhängen dürfte. Da es in unserem Rahmen im wesentlichem um die deutsche Theologie und ihre Bedeutung für das Konzil geht, soll zunächst dieser Aspekt des Modernismusbegriffs kurz beleuchtet werden, ohne einer umfassenden Definition, die derzeit kaum möglich scheint (vgl. Weiß), vorgreifen zu wollen. Die derzeit vertretenen Positionen lassen sich im wesentlichen auf vier Ansätze zurückführen:

1. Roger Aubert (1973): "Die modernistische Krise" ist ein komplexes historisches Phänomen; zahlreiche äußerst heterogene Strömungen wurden vorschnell unter dem Begriff "Modernismus" subsumiert. Gerade der deutsche Reformkatholizismus war "in hohem Maße unabhängig von den ausländischen Reformbewegungen der damaligen Zeit"[71].

---

tikern seiner Innsbrucker Mitbrüder Josef Santeler SJ und Albert Mitterer SJ gehört zu haben, die auf ihre Art versuchten, die Theologie des hl. Thomas zu relativieren; Weber, Hessen, 172-176; Wolf, Rahner, 162f.

69 Einen bibliographischen Überblick über den Stand der Forschung bis in die siebziger Jahre gibt Loome, Liberal Catholicism (wie Anm. 62). - Hier auch die bahnbrechenden Arbeiten von Emile Poulat, von denen außerdem noch genannt seien: Catholicisme, Démocratie et Socialisme. Le mouvement catholique et Mgr Benigni de la naissance du socialisme à la victoire du fascisme, Tournai 1977; Modernistica. Horizons, physionomies, débats, Paris 1982. - Vgl. nun auch den internationalen Forschungsüberblick von Otto Weiß in diesem Band.

70 Beispiel aus dem angelsächsischen Bereich: Lawrence F. Barmann, Baron Friedrich von Hügel and the Modernist Crisis in England, Cambridge 1972.

71 Roger Aubert, Die modernistische Krise, in: HKG(J) 6/2, 435-500; 439.

2. Norbert Trippen (1977): Ausgehend von einem strikten Verständnis der Enzyklika *Pascendi* und unter Aufnahme der deutschen Verteidigungsstrategie bzw. Schutzbehauptung von 1907/10 (Mausbach, Bischöfe), hat es in Deutschland gar keine Modernisten gegeben, allenfalls harmlose Reformkatholiken[72].
3. Thomas M. Loome (1979)[73]: Deutschland als Heimatland der Geschichte war zugleich und als solches das Heimatland des Modernismus. Es gibt eine historische Kontinuität von liberalem Katholizismus, Reformkatholizismus und Modernismus, mithin einen alternativen Katholizismus zum römisch-neuscholastischen. Die Begriffe ändern sich, die gemeinte Sache bleibt identisch.
4. Herman H. Schwedt (1978)[74]: Ausgangspunkt jeder Begriffsdefinition von Modernismus muß der päpstliche Antimodernismus (Ketzergeschichte) sein. Unter seinen Verstehensbedingungen war Deutschland voll von Modernisten. Definitionsversuche des Modernismus "an sich" sind dagegen völlig verfehlt[75]. Schwedt bringt die provozierende Analogie: So wenig man vom beliebig operierenden Anti-Semitismus auf einen "Semitismus" schließen kann, so wenig Verläßliches sagt der willkürlich agierende römische und internationale Antimodernismus über die "Modernisten" in Deutschland.

Verschiedene Einzelstudien konnten den Blick für die Bedeutung des Phänomens "Modernismus" auch in Deutschland schärfen. Hier sei nur auf die Arbeiten von Georg Schwaiger[76], Manfred Weitlauff[77] und Rudolf Reinhardt[78] verwiesen. Gerade diese Studien machen jedoch - genauso wie das Werk von Weiß - auf zahlreiche Forschungsdesiderate aufmerksam. Die deutsche modernistische Landschaft ist nicht im entferntesten so gut vermessen und kartogra-

---

[72] Norbert Trippen, Theologie und Lehramt im Konflikt, Freiburg i. Br. 1977.

[73] T.M. Loome, Liberal Catholicism (wie Anm. 62); vgl. auch ders., "Die Trümmer des liberalen Katholizismus" in Großbritannien und Deutschland am Ende des 19. Jahrhunderts (1893-1903): Die kirchenpolitische Grundlage der Modernismuskontroverse (1903-1914), in: Martin Schmidt/Georg Schwaiger (Hg.), Kirchen und Liberalismus im 19. Jahrhundert (SThGG 19), Göttingen 1976, 197-214.

[74] Herman H. Schwedt, Rez. Norbert Trippen, Theologie und Lehramt im Konflikt, Freiburg i. Br. 1977, in: RQ 73 (1978) 271-275.

[75] Eine Folgerung aus der Sichtweise Schwedts ist auch, daß Deutschland nach dem Sinn und der Intention der Enzyklika *Pascendi* tatsächlich als völlig modernistisch erscheinen mußte. (Gegen Trippen). Dazu die Antwort: N. Trippen, Gesellschaftliche und politische Auswirkungen der Modernismuskrise in Deutschland, in: Albrecht Langner (Hg.), Katholizismus und philosophische Strömungen in Deutschland (BKathF B), Paderborn 1982, 59-103; 65: "Bei dieser weiten Auslegung des Modernismusbegriffs bleibt allerdings die Frage, ob der Kampf Pius' X. gegen dieses Phänomen nicht noch problematischer erscheint, als es ohnehin schon aus heutiger Sicht ist". Die Sichtweise Schwedts wurde - nun in denunziatorischer Absicht gegen deutsche "Reformkatholiken" - aufgenommen von Wilhelm Imkamp, Die katholische Theologie in Bayern von der Jahrhundertwende bis zum Ende des Zweiten Weltkrieges, in: Walter Brandmüller (Hg.), Handbuch der Bayerischen Kirchengeschichte, Bd. 3: Vom Reichsdeputationshauptschluß bis zum Zweiten Vatikanischen Konzil, St. Ottilien 1991, 539-651; 561.

[76] Georg Schwaiger (Hg.), Aufbruch ins 20. Jahrhundert. Zum Streit um Reformkatholizismus und Modernismus (SThGG 23), Göttingen 1976.

[77] Manfred Weitlauff, "Modernismus" als Forschungsproblem. Ein Bericht, in: ZKG 93 (1982) 312-344.

[78] Rudolf Reinhardt, Zu den Auseinandersetzungen um den "Modernismus" an der Universität Tübingen, in: ders. (Hg.), Tübinger Theologen und ihre Theologie. Quellen und Forschungen zur Geschichte der Katholisch-Theologischen Fakultät Tübingen (Contubernium 16), Tübingen 1977, 271-352. Ders., Ein "Kulturkampf" an der Universität Freiburg. Beobachtungen zur Auseinandersetzung um den Modernismus in Baden, in: Schwaiger (Hg.), Aufbruch (wie Anm. 76), 90-138.

phiert wie etwa die italienische, französische oder amerikanische[79]. Insbesondere die theologiehistorische Situierung des Konzilsereignisses und seiner Auswirkungen auf Deutschland kann nur auf der Basis zukünftiger Forschungen erfolgen.

III. ZUR FRAGESTELLUNG DES ARBEITSKREISES

Den Ausgangspunkt der Überlegungen bildete die oben konstatierte Verbindung II. Vatikanum-Modernismus, näherhin die daraus resultierende theologiegeschichtliche Perspektive. Es geht somit nicht primär um die vorwiegend sozialgeschichtliche Frage nach der Rolle des Konzils im Prozeß der "Modernisierung", sondern um die Klärung des theologiegeschichtlichen Vorfeldes des II. Vatikanums in Deutschland im Spannungsfeld von Modernismus und Antimodernismus sowie um seine Rückwirkungen auf das Konzil selbst. Nach den beiden ersten Symposien soll hier eine Zwischenbilanz gezogen werden, die sich freilich auf eine knappe Nachzeichnung der wesentlichen Schritte des Erkenntnisprozesses im Arbeitskreis beschränken muß. Am Beginn der Überlegungen stand hier ein Exposé, das im Anschluß an die Konstituierung des Arbeitskreises im Juli 1994 erstellt wurde[80].

1. Ausgangspunkt: ein erstes Exposé

Das II. Vatikanum scheint wie ein erratischer Block in der kirchlichen Zeitgeschichte zu liegen. Das Konzil selbst und seine Wirkungsgeschichte lassen sich aber nicht ohne die Erhellung seiner theologischen "Vorgeschichte" verstehen. Letztere ist wesentlich geprägt durch das I. Vatikanische Konzil, mit dem zumindest in Deutschland und Europa eine bestimmte "ultramontane" Sicht der Kirche den Sieg davontrug und der andere, der "liberale" Katholizismus in Trümmer sank. Wenn immer wieder von dem "Reformstau" die Rede ist, den das II. Vatikanum beseitigt habe, so muß gefragt werden, wo denn vor diesem Konzil Reform eingefordert wurde, durch welche Personen und Kreise dies geschah und wie die Bischöfe und die Kurie darauf reagierten. Beispielhaft zeigt sich dies bei der sogenannten Modernismuskrise (1893-1914): Wir wissen heute viel über den päpstlichen Antimodernismus, über die großen "Modernisten" wie Loisy und Tyrrell, doch die Frage bleibt, welche Folgen die Modernismuskrise für die Theologie in Deutschland und darüber hinaus tatsächlich zeitigte: Stellte sie

---

79 Vgl. den Forschungsüberblick von Otto Weiß in diesem Band. Besonders hervorgehoben werden muß dabei die Arbeit des Centro Studi per la storia del modernismo an der Universität Urbino, das demnächst einen internationalen Modernismus-Kongreß veranstaltet. - Einen wichtigen Beitrag für Deutschland liefert jetzt Karl Hausberger, Thaddäus Engert (1875-1945). Leben und Streben eines deutschen "Modernisten" (Quellen und Studien zur neueren Theologiegeschichte 1), Regensburg 1996.

80 Die Konstituierung fand am 29./30. Juli 1994 in der Rabanus Maurus Akademie/Wiesbaden-Naurod statt. Mitglieder des Arbeitskreises sind: Akademiedirektor Dr. Gotthard Fuchs, Wiesbaden-Naurod, Professor Dr. Friedrich Wilhelm Graf, Hamburg/Augsburg, Professor Dr. Karl Hausberger, Regensburg, Professor Dr. Peter Hünermann, Tübingen, Professor Dr. Josef Pilvousek, Erfurt, Professor Dr. Arno Schilson, Mainz (bis 1996), Archivdirektor Dr. Herman H. Schwedt, Limburg, Domkapitular Prof. Dr. Norbert Trippen, Köln, Dr. Bernd Wacker, Hünfelden, Professor Dr. Peter Walter, Freiburg i. Br., Professor Dr. Christoph Weber, Düsseldorf, Professor Dr. Manfred Weitlauff, München, Professor Dr. Hubert Wolf, Frankfurt am Main (Leiter des Arbeitskreises).

das lähmende Trauma dar, das erst mit dem II. Vatikanum gebrochen wurde? Gab es Modernismus nach der Modernismuskrise, wer trug die Anliegen weiter? Wie reagierten die einzelnen theologischen Fächer auf die antimodernistischen Maßnahmen? Wie konnte die deutsche Theologie trotz der antimodernistischen Maßnahmen der Kurie, die vor allem gegen Deutschland gerichtet waren, zu ihrem großen Ansehen vor dem Konzil gelangen? Hat das Konzil, wie manche behaupten, "modernistische" Anliegen aufgenommen? Ist der katholische Fundamentalismus der 80er und 90er Jahre eine Antwort auf den "Modernismus" des Konzils? Oder bleibt das Konzil weit hinter dem zurück, was schon lange vorher an Reformen gefordert wurde?

Beim Thema "Modernismus" zeigt sich auch die gesellschaftliche und internationale Dimension theologischer Auseinandersetzungen: Obwohl die "Modernisten" der europäischen Länder und Nordamerikas miteinander in Kontakt standen, waren sie zugleich, vor allem in Deutschland, besonders national gesinnt, so daß mit dem Weltkrieg 1914-1918 auch der internationale "Modernismus" sein Ende fand. Wo liegen die Verbindungslinien zwischen theologischer Modernisierung und nationaler Einstellung?

Zu fragen ist auch, ob die deutsche Universitätstheologie in besonderer Weise zur Innovation und Auseinandersetzung mit der Moderne gezwungen war, weil sie sich innerhalb ihrer *scientific community* (den Hochschulen) nicht isolieren wollte. Im Blick auf ihr Verhältnis zur Kirche ergibt sich die interessante Beobachtung, daß der theologische Konservativismus der Bischöfe oft mit einer Modernität in Fragen der Organisation, der sozialen Wirksamkeit, der Nutzung der Medien einherging. Dieser "halbierten" Modernität entspricht auf der Seite der Theologen die Verbindung von theologischem Progressismus mit einem extremen politischen Konservativismus.

Neben diesen eher theologiegeschichtlichen Desideraten, bzw. der Betrachtung des spannungsreichen Verhältnisses von Theologie und pastoralem Lehramt, muß, wenn ein wirkliches Verständnis von deren Rolle im kulturellen Transformationsprozeß unseres Jahrhunderts erarbeitet werden soll, in einer dritten Dimension auch auf die Reperkussionen theologischer Auseinandersetzungen auf die konkrete Kirche und deren gesellschaftlichen Kontext als soziologische Größen reflektiert werden. Hier stellt sich die Frage nach der (Nicht)- Wirksamkeit theologischen Arbeitens, und von hier könnten entscheidende Impulse für die gegenwärtige Situation ausgehen.

Die oben aufgeworfenen Fragen machen deutlich, wie sehr eine Erhellung des theologischen Vorfeldes des II. Vatikanums und seiner Einbettung in den kirchlichen und gesellschaftlichen Kontext not tut. Der Arbeitskreis "Theologie zwischen den beiden Vatikanischen Konzilien vor den Herausforderungen durch die Moderne" möchte sie auf seinen Symposien angehen. Als *point de départ* soll dafür auf den ersten beiden Tagungen die Frage nach dem (Anti-)Modernismus dienen, und zwar sowohl in seiner "klassischen" Zeit vor dem Ersten Weltkrieg als auch in seinem Fortleben danach. Die Frage nach dem "Modernismus" ist dabei - so die Supposition - auch im Blick auf die Zielsetzung des Gesamtprojektes in besonderer Weise geeignet. In der "Modernismuskrise" wurde nämlich nicht einfach ein Theologenstreit ausgefochten; es ging vielmehr um die Frage, wie sich Theologie und Kirche zur gesellschaftlichen Entwicklung insgesamt stellen sollten. Als "modernistisch" galt es etwa, wenn sich katholische Arbeiter in überkonfessionellen Gewerkschaften organisieren wollten, wenn die Zentrumspartei endlich aus ihrem "Turm" herauswollte, oder wenn sich katholische Theologen weigerten, vom universitären Diskurs Abschied zu nehmen. Gerade im Hinblick auf die Frage, ob die Bedeutung des Zweiten Vatikanum nicht vor allem in einer Neudefinition der kirchlichen Einstellung zur "Welt" lag, ergibt sich hier die Möglichkeit, wirkungsgeschichtliche Linien auszuziehen.

2. Die wichtigsten Ergebnisse aus den Symposions-Beiträgen

Auf der Basis dieser ersten Projektskizze fanden 1995 und 1996 zwei Modernismus-Symposien[81] statt, deren wichtigste Resultate hier dokumentiert werden. In ihren Beiträgen gingen alle Referenten von einer strikt historischen Perspektive aus, d.h. Modernismus, Modernismen und Modernisten sowie ihre jeweiligen Antipoden wurden ausschließlich in ihrem konkreten historischen Kontext betrachtet. Eine gezielte Funktionalisierung im Hinblick auf das II. Vatikanum wurde methodisch apriori ausgeschlossen, um dieser teleologischen Falle zu entgehen. Nur wenn Bezüge zum Konzil sich direkt aufdrängten, wurden sie ausdrücklich thematisiert. Die einzelnen Beiträge stehen in sich und für sich; sie können durchaus als solche gelesen werden. Sie werden hier lediglich im Interesse der inneren Topik des vorliegenden Bandes kurz eingeführt. Dieser gliedert sich in sechs Teile mit zunehmender Fokussierung vom allgemeinen zum besonderen.

Das erste Kapitel beinhaltet einen wichtigen *Forschungsüberblick* von *Otto Weiß* über das Gesamtphänomen des Modernismus. Hier wird das Koordinatensystem gelegt, in das sich die weiteren Beiträge einschreiben. Modernismus erscheint als transatlantische (globale) Krise, als ständiger Begegnungsprozeß von Kirche und Welt, während Antimodernismus für die feste Kirchenburg steht, die sich - im Besitz der zeitlos-ewigen Wahrheit - von der Welt und ihren Häresien abschotten muß.

Das zweite Kapitel *Grundsätzliche Reflexionen zur Fragestellung* eröffnet *Friedrich Wilhelm Graf*, der in seinem Beitrag vor allem die vorschnelle Gleichsetzung von modernistisch und modern kritisiert. Nach seiner Ansicht haben gerade zahlreiche Modernisten unter der Moderne gelitten und sie bewußt überwinden wollen. Andererseits wendet sich Graf gegen falsche Kontinuitäten - wie er sie etwa im Modernismusbuch von Weiß festzustellen glaubt - und warnt vor einer teleologischen Funktionalisierung des Modernismus, mithin einer Identitäts- und Traditionskonstruktion im Blick auf das II. Vatikanum. Daran anschließend bemüht sich *Otto Weiß* in einem weiteren Beitrag auf dem Hintergrund verschiedener Modernismusbegriffe um eine angemessene und umfassende Beschreibung des Phänomens "Modernismus" - nicht zuletzt im Hinblick auf Deutschland. Als *opinio communis* seit den 70er Jahren läßt sich festhalten, daß es eine Verbindung von II. Vatikanum und Modernismus geben müsse. Eine bruchlose Kontinuität bzw. direkte Verbindungslinie Modernismus - II. Vatikanum besteht nach Weiß indes nicht - damit differenziert er seine im Modernismusbuch vorgetragene Auffassung -, es lassen sich jedoch eine Reihe formaler wie inhaltlicher Analogien festmachen. Andererseits waren zahlreiche Probleme der Modernisten auf dem Konzil bereits obsolet geworden, wenngleich dieselbe Mentalität des Aggiornamento Modernisten und Konzilsväter verbunden habe.

Das dritte Kapitel betrachtet das Phänomen Modernismus in *internationaler Perspektive*. *Herman H. Schwedt* legt eine grundlegende Neuinterpretation des Amerikanismus vor. Aus

---

[81] "Modernismus und Antimodernismus im ausgehenden Kaiserreich", 9.-11. Oktober 1995 in Mainz; "Reformkatholizismus und Modernismus", 9.-11. Oktober 1996 in Wiesbaden-Naurod. Beide Fachtagungen fanden gastfreundliche Aufnahme und Betreuung durch die Rabanus Maurus Akademie, deren Leiter, Herrn Dr. Gotthard Fuchs, an dieser Stelle herzlich gedankt sei.

der Sicht einer Ketzergeschichte geht er vom Anti-Amerikanismus Leos XIII. aus. Amerikanismus als real existierende Häresie (aus der Sicht Roms) wird zum Synonym für Liberalkatholizismus in Deutschland (F. X. Kraus) und Modernismus in Frankreich und England (Loisy und Tyrrell). Die Neue Welt (qualitativ, nicht geographisch gesehen!) dient als Vorbild für die Alte Welt. Damit klingt das Stichwort "Globalisierung" an, das im Kontext einer neuen Hermeneutik des II. Vatikanums innerhalb des Gesamtprojektes eine zentrale Rolle spielen soll. Den Modernismus als internationales Phänomen, das durchaus nicht auf den Pontifikat Pius' X. beschränkt war (Modernismus *avant la lettre*), stellt *Manfred Weitlauff* am Beispiel Edmund Bishops (1846-1917) vor. Damit wird der Kontext für die Auseinandersetzungen in Deutschland hergestellt und der Bezugsrahmen für die Frage nach der Vernetzung der nationalen Modernismen in ihrer gegenseitigen Rezeption bzw. Nichtwahrnehmung gelegt.

Das vierte Kapitel, das infolge der oben skizzierten Fragestellung den größten Raum einnimmt, wendet sich dem *(Anti-) Modernismus in Deutschland vor 1914* zu. Zunächst kommt die antimodernistische Perspektive zu ihrem Recht, da nur vom Anti bzw. Gegen her das Modernismusproblem überhaupt in den Griff zu bekommen sein dürfte. Mit Albert Maria Weiß OP (1844-1925) stellt *Anton Landersdorfer* einen ultramontanen Kritiker von Kultur und Zeitgeist vor, der typisch sein dürfte für die antimodernistische Mentalität weitester kirchlicher Kreise. *Karl Hausberger* schildert die Wandlung des Rottenburger Bischofs Paul Wilhelm von Keppler (1898-1926) vom "liberalen" Theologen und Kraus-Freund zum streng antimodernistischen Bischof, die einhergeht mit der Wandlung zum Kulturpessimisten und auf die Rezeption der konservativen, völkischen Kultur- und Zivilisationskritik eines Julius Langbehn zurückzuführen sein dürfte. Keppler repräsentiert für Hausberger einen spezifisch deutschen "Antimodernismus". *Claus Arnold* wendet sich unter dem Thema *Frauen und 'Modernisten'* einer bislang in der Modernismusforschung weitgehend ausgeblendeten Dimension zu. Über die rein theologiegeschichtliche Fragestellung hinaus geht es hier um die Betrachtung des gesellschaftlichen Hintergrunds von "Modernisten". Hier spielen nicht zuletzt auch Frauen, genauer: gebildete, meist adelige Damen eine nicht zu unterschätzende Rolle. Ohne ihre ideelle und finanzielle Förderung wären die Viten zahlreicher Modernisten wohl anders verlaufen. Die "elitäre" Haltung von Damen und Modernisten dürfte ein wesentlicher Grund für Verwerfungen in der "modernistischen" Landschaft sein. Zugleich kommt die internationale Einbindung des deutschen Modernismus noch einmal von anderer Seite in den Blick. *Thomas Ruster* macht sich für eine Theologiegeschichte stark, die sich dem Kontext der jeweiligen Zeitkultur verpflichtet weiß. Anhand der Theologen Ehrhard, Schell und Mausbach dekliniert er das Verhältnis zur Zeitkultur durch. Er stellt hier eine gewisse Kulturzugewandtheit trotz inhaltlich konservativer Positionen fest. Nach dem Ersten Weltkrieg hätten die Katholiken in Deutschland sogar eine gewisse kulturelle und politische Spitzenstellung erreicht, ein einfaches Gegenüber von Katholizismus und Kultur sei danach nicht mehr möglich. Damit sei der deutsche Katholizismus dem II. Vatikanum (Stichwort "Kirche in der Welt von heute") weit voraus gewesen. Hier herrschte eine ganz andere Situation als in den romanischen Ländern, wo kirchliche und säkulare Kultur geschieden blieben ("Freimaurer"). Nicht zuletzt daraus dürfte sich die vieldiskutierte Vorreiterrolle Deutschlands bzw. der deutschen Theologie auf dem Konzil erklären.

Der Modernismus war mit dem Ende des Pontifikats Pius X. keineswegs obsolet geworden. Deswegen wird im fünften Kapitel der *(Anti-) Modernismus in Deutschland nach 1918* thematisiert. Wie *Markus Ries* - anknüpfend an die von Manfred Weitlauff[82] aufgeworfene Frage nach dem *Modernismus litterarius* (Carl Muth und *Hochland*)[83] - für den Bereich der deutschsprachigen Literatur zeigt, stellt er eine Konstante der neueren Kirchengeschichte dar. Das *Hochland* initiierte auch nach 1918 durchaus Neues, nicht zuletzt durch Rezeption des französischen *Renouveau Catholique* in Deutschland. Aber war dies "moderne" Literatur im eigentlichen Sinne? Leon Bloy, Georges Bernanos und andere Autoren dürften eher in die Kategorie "antimodernistisch" einzuordnen sein. Hier wird deutlich, wie sehr sich die Fronten nach 1918 verändert hatten. Findet die kulturgeschichtliche Dimension Berücksichtigung, sind allzu einfache "modernistische" Genealogien kaum mehr möglich. Modernistische Kontinuitäten über den vorgeblichen Bruch 1914/18 hinaus kann auch *Karl Hausberger* anhand des Falles Joseph Wittig (1879-1949) namhaft machen. Einer der berühmtesten und folgenreichsten der Theologen-"Fälle" von Georg Hermes bis Hans Küng aus der Weimarer Republik kommt hier zur Sprache. War Wittig "ein verfemter Vorläufer des Konzils"? Oder handelte es sich "nur" um erfolgreiche "volkstümliche" Theologie, die als "Modernismus" verurteilt wurde, weil sie die Neuscholastik als spirituell steril kritisierte? Zumindest tritt hier ein deutlicher Gegensatz zum elitären Anspruch der Modernisten vor 1914 zutage. Zwar scheint Wittig an Tyrrell anzuknüpfen, andererseits argumentierte er als reiner Thomist. Sein erneuertes Glaubensverständnis und Kirchenbild (allgemeines Priestertum etc.) erinnern an das Konzil. Wittig steht als Exempel für den Zustand der katholischen Theologie in Deutschland im Zeitalter des Antimodernismus, als Beispiel für den zweifellos vorhandenen Problemüberhang, wie die begeisterte Aufnahme seiner *Erlösten* (1921) in weitesten Kreisen zeigt. Auf eine besondere Gefährdung einer "zeitgemäßen" katholischen deutschen Theologie, die sich den Erfordernissen der "Moderne" öffnet, macht *Manfred Eder* aufmerksam: die Rezeption deutschnationalen und nationalsozialistischen Gedankenguts. Hier werden die Grenzen zwischen Kultur und Kirche bewußt vermischt. Die katholischen Reformtheologen bzw. Modernisten wirken jedoch im von Eder gebotenen Überblick relativ harmlos. Dies belegt, daß gerade in diesem Bereich zahlreiche Forschungsdesiderate (z. B. eine Geschichte der Katholisch-Theologischen Fakultäten im Dritten Reich) bleiben. *Uwe Scharfenecker* zeigt mit Oskar Schroeder (1889-1974) ein Paradebeispiel für den nach Ende der eigentlichen Modernismuskrise gerade in Deutschland fortwirkenden Modernismus. Schroeder, die zentrale Gestalt des Niederrheinischen Reformkreises (seit 1941)[84] knüpfte bewußt an Modernisten vor 1914 an. Bezeichnenderweise endet die Arbeit der "Reformfreunde" mit Beginn des II. Vatikanums: Sah man die eigenen Reformvorstellungen, die Karl Rahner mit dem Modernismus-Epitheton versehen hatte, auf dem Konzil realisiert? Eine Frage, die erst die in Vorbereitung befindliche Edition der wichtigsten Dokumente des Kreises wird klären können[85].

Im sechsten und letzten Kapitel liefert *Peter Hünermann* vor dem Hintergrund der historischen Beiträge eine eher systematische Reflexion zur Modernismusthematik.

---

[82] Manfred Weitlauff, "Modernismus litterarius". Der "Katholische Literaturstreit", die Zeitschrift "Hochland" und die Enzyklika "Pascendi dominici gregis" Pius' X. vom 8. September 1907, in: BABKG 37 (1988) 97-175.

[83] Dazu jetzt auch Karl Hausberger, "Dolorosissimamente agitata nel mio cuore cattolico". Vatikanische Quellen zum "Fall" Handel-Mazzetti (1910) und zur Indizierung der Kulturzeitschrift "Hochland" (1911), in: Rudolf Zinnhobler u. a. (Hg.), Kirche in bewegter Zeit (FS Maximilian Liebmann), Graz 1994, 189-220.

[84] Vgl. oben Anm. 67.

[85] Der Beitrag von *Angelus Häussling* zur Liturgischen Bewegung wird im Rahmen des Symposiums zur Geschichte der theologischen Fächer dokumentiert werden (s. Anm. 88).

3. Tendenzen der Schlußdiskussion im Kontext des Gesamtprojekts

Erst in einem zweiten Arbeitsschritt, näherhin in der Besprechung der einzelnen historischen Beiträge und insbesondere in der Schlußdiskussion, wurde explizit nach der möglichen, tatsächlichen bzw. nicht vorhandenen Beziehung zum Konzil gefragt. Hier taten sich große Schwierigkeiten auf, die eine stärkere Vernetzung der einzelnen Arbeitskreise des Gesamtprojekts dringend angeraten erscheinen lassen. Denn um die Tragfähigkeit der Brücke zwischen Modernismus und II. Vatikanum wirklich prüfen zu können, müßte man sich methodisch korrekt der Statik beider Pfeiler in gleicher Weise versichern. In der historischen Sektion konnte dies nur für den ersten (den Modernismus) geschehen; die Untersuchung des zweiten (der Texte des Konzils selbst) dagegen wird von anderen Arbeitskreisen geleistet. Die Brücke selbst kann nur in der Zusammenarbeit aller untersucht werden. Daher werden ausgehend von der Untersuchung des historischen "Modernismus" einige Fragen für den Kontext des Gesamtprojektes formuliert.

1. Zum Modernismus und der Kontinuität des Antimodernismus
Die Auseinandersetzungen zwischen Modernismus und Antimodernismus gehören wesentlich zur Signatur der katholischen Kirchengeschichte des 20. Jahrhunderts. Beide Begriffe stehen stellvertretend für das Ringen zweier alternativer Katholizismen oder katholischer Mentalitäten, die als inkompatibel erscheinen - ein Ringen, das mit dem II. Vatikanum keineswegs beendet ist, sondern im Gegenwartskatholizismus - wenn auch zum Teil unter anderen Etiketten fortdauert. Schon hieraus wird evident, daß das Konzil nicht als Schlußpunkt der Kontroversen um den Modernismus gesehen werden darf.

Ein Konsens über einen allgemein akzeptierten positiven Modernismusbegriff konnte nicht hergestellt werden. Selbstbezeichnung und Selbstwahrnehmung der als "Modernisten" Titulierten und Fremdbezeichnung bzw. Verurteilung durch die Kurie als Häretiker sind nicht immer in Deckung zu bringen. Insofern bleibt der Begriff zumindest schillernd. Konsens wurde jedoch darin erzielt, daß ein erster Anweg vom Antimodernismus Pius' X. und seiner Nachfolger auszugehen habe, wobei aus dieser negativen Umschreibung der positive Begriff freilich nicht unbedingt zu erheben ist, so wenig wie man durch den Antisemitismus über das Judentum erfährt. Ein "Anti"-Begriff legt naturgemäß immer eine unscharfe, wenn nicht verzerrte Wahrnehmung der gemeinten Sache zugrunde.

Wie die Kontinuität des Antimodernismus zeigt, war der Katholizismus vor dem Konzil keineswegs die fest geschlossene Phalanx, als die traditionalistische Kreise ihn immer wieder feiern. Das Bild vom "Kessel unter Hochdruck", auf den Lehramt und Kurie durch Indizierung, Exkommunikation, Suspendierung, Ausgrenzung und andere Verfolgungsmaßnahmen den Deckel hielten, scheint die Situation der katholischen Kirche treffender zu charakterisieren. Die Geschichte des Antimodernismus und der betroffenen sogenannten Modernisten war zugleich eine Leidensgeschichte; die rücksichtslose Durchsetzung des neuscholastischen Monopols mit seinen ewigen Wahrheiten ließ zahllose Opfer an ihrem Weg zurück.

Wesentlich für die vom päpstlichen Antimodernismus Getroffenen war ein Ernstnehmen von Geschichte und Geschichtlichkeit. Nicht zeitlose Wahrheiten an sich, sondern Antworten auf die konkreten Fragen der Gegenwart standen für sie im Vordergrund. Kirche und Kultur, Kirche und Welt waren nicht mehr identisch, sondern standen einander gegenüber. Wer Säkularisation und Säkularisierung ernst nahm, konnte sich dieser Tatsache nicht mehr länger verschließen; "kontextuelle" Theologie war verlangt.

In diesem Sinn öffneten sich die "Modernisten" den Herausforderungen der "Moderne", obwohl ihr Verhältnis zu Moderne und Modernisierung ambivalent bleibt. Die Betonung des Gemeinschaftsgedankens gegen den modernen Individualismus, der Vorrang der Erfahrung vor dem kalten Rationalismus, die Priorität des religiösen vor dem politischen Katholizismus zeigen, wie "unmodern" Modernisten sein konnten. Andererseits rezipierten Antimodernisten durchaus moderne Vorstellungen; der Rationalismus der Neuscholastik steht hier als Beispiel für viele. (Insofern dürfte die Kontinuitätsthese von Loome[86], der dieselbe katholische Mentalität in Aufklärung, liberaler Theologie, Reformkatholizismus und schließlich Modernismus am Werk sieht, zumindest mit einem Fragezeichen zu versehen sein.) Modernismus und Moderne dürfen daher keinesfalls vorschnell gleich gesetzt werden; bei allen Berührungspunkten überwiegen doch die Divergenzen.

Der päpstliche Antimodernismus - auch darüber bestand Konsens - galt allen reformkatholischen Schutzbehauptungen zum Trotz vor allem Deutschland und der deutschen Theologie. Nicht nur auf dem I. Vatikanum hatten kuriale Kreise die an Staatsuniversitäten gebildeten deutschen Bischöfe gefürchtet wie der Teufel das Weihwasser, auch Pius X. glaubte - wie nicht zuletzt die berühmt-berüchtigte Borromäus-Enzyklika[87] zeigt - im Lande Luthers und der Reformation den Quellgrund aller Häresie ausmachen zu können. Levebvre steht somit in guter Tradition, wenn er von einem modernistischen Komplott deutscher Kardinäle auf dem II. Vatikanum ausgeht. Die deutsche Theologie wurde zwischen den beiden vatikanischen Konzilien von der neuscholastisch dominierten Kurie wie keine andere nationale Theologie als gefährlich eingeschätzt, da sie im Umfeld des Kulturprotestantismus gedieh. Die Frage nach eben dieser deutschen Theologie wird daher auf dem nächsten Symposion 1997[88] behandelt, wobei eine Geschichte der einzelnen theologischen Disziplinen erarbeitet werden soll. Erst so können konkrete modernistische und antimodernistische Abhängigkeiten und Verschränkungen erhoben werden, die für die Klärung der Rolle der deutschen Theologen und Bischöfe auf dem Konzil von zentraler Bedeutung ist. Denn sie wuchsen nicht im luftleeren Raum auf, sondern wurden von dieser Theologie maßgeblich geprägt.

2. Zum Verhältnis Modernismus - II. Vatikanum

Was die Verbindung zwischen Modernismus und II. Vatikanum angeht, ergaben die Diskussionen im Arbeitskreis ein äußerst differenziertes Bild. Der Vorschlag einer Historisierung des Modernismus - wonach er als abgeschlossene Epoche der Kirchengeschichte zu betrachten wäre - konnte sich genausowenig durchsetzen, wie die eindeutige Qualifizierung des II. Vatikanums als modernistisches Konzil bzw. der Modernisten als direkte Vorläufer des Konzils. Trotz aller Zurückhaltung einer einlinigen teleologischen Geschichtsbetrachtung sowie der

---

[86] Siehe oben Anm. 73.

[87] Dazu Guido Knopp, Die "Borromäusenzyklika" Pius' X. als Ursache einer kirchenpolitischen Auseinandersetzung in Preußen, in: Schwaiger (Hg.), Aufbruch (wie Anm. 76), 56-89.

[88] Für das 3. Symposium im Oktober 1997 zum Thema: "Die Geschichte der theologischen Disziplinen und der kulturelle Wandlungsprozeß in Deutschland vor dem Zweiten Vatikanum" konnten folgende Referenten gewonnen werden: Prof. Dr. Peter Walter, Freiburg i. Br. (Fundamentaltheologie und Dogmatik), Prof. Dr. Johannes Reiter, Mainz (Moraltheologie), Prof. Dr. Friedrich Wilhelm Graf, Hamburg (Sozialethik), Prof. Dr. Henning Graf Reventlow, Bochum (Altes Testament), Prof. Dr. Hans-Josef Klauck, Würzburg (Neues Testament), Prof. Dr. Walter Fürst, Bonn (Praktische Theologie), Prof. Dr. Giancarlo Collet, Münster (Missionswissenschaft), Prof. Dr. Hubert Wolf, Frankfurt (Kirchengeschichte), Dr. theol. Dr. iur. can. habil P. Stephan Haering OSB, München (Kanonistik).

"Erfindung von Traditionen" (*invention of tradition*) gegenüber, läßt sich zumindest die Kontinuität des römischen Antimodernismus, die mit der Identität einer Wagenburgmentalität einhergeht, bis zum Konzil nicht ernsthaft infrage stellen. Offiziell dominierte weiterhin die Neuscholastik, ihre Autoren waren Pflichtlektüre; selbst im Germanicum durfte ihr Studium aber - mit Billigung des Spirituals[89] - zugunsten der Lektüre von Kant und Hegel oder der Kirchenväter vernachlässigt werden (Hünermann). Ein junger Jesuit wie Peter Henrici konnte während seiner Studien in den fünfziger Jahren nicht nur in Deutschland eine geläuterte Neuscholastik und in Frankreich und Belgien eine offen praktizierte "neue", d.h. historisch-biblisch ausgerichtete Theologie erleben, sondern mußte auch feststellen, daß selbst in Rom nicht mehr alles "eindeutig" war[90]. Wie hohl das neuscholastische Lehrgebäude schon vor dem Konzil geworden war, zeigt sein rascher und völliger Zusammenbruch in den sechziger Jahren[91]. Mit anderen Worten: Der tridentinische Einheitskatholizismus existierte allenfalls äußerlich, das "modernistische" Konfliktpotential (bzw. was die Antimodernisten damit meinten) im Innern des Druckkessels wurde zusehends kritisch. Zu dieser modernistischen "Realkontinuität" traten als Zünder die Vorboten der modernen Revolution, für die gemeinhin das Jahr 1968 steht.

Für eine sachgerechte Hermeneutik der Konzilstexte dürfte ihre konkrete Entstehungssituation von zentraler Bedeutung sein. Historiker erarbeiten zwar keine Konzepte für heute, sondern allenfalls brauchbare Geschichtsbilder, denen notwendig eine kritische und positive Funktion für die richtige Auslegung der Dokumente des II. Vatikanums zukommt. Bis zum Konzilsbeginn herrschte - wie gezeigt - in der katholischen Kirche eine Mentalität der Verfolgung und Abgrenzung. Um so überraschender erscheint der allenthalben konstatierte Umschwung von der Antihaltung zum Dialog. Die Frage bleibt: Wer oder was hat die völlige Neuorientierung bewirkt bzw. wer trägt die Verantwortung für diese Wende? Und vor allem wie war diese letztlich motiviert? War es Johannes XXIII., der den Verzicht auf Verurteilung und Ausgrenzung anordnete? War es die deutsche modernistische Pressuregroup um Frings und Döpfner? Oder entwickelte das Konzil als Ereignis[92] eine derartige Eigendynamik, die aus dem dialogischen Charakter der Kollegialität der Konzilsväter im Gegensatz zum Dekretieren des monarchisch regierenden Papstes resultiert? Wollte man den Druck auf den Kessel wirklich reduzieren oder handelt es sich nur um eine taktisch motivierte Notlösung, welche das vorhandene kritische Potential in harmlose Reformmaterien (etwa Liturgie) umleiteten sollte, um von den eigentlich brisanten Themen (wie der Forderung nach Einführung einer unabhängigen Verwaltungsgerichtsbarkeit auf der Ebene von Bistum und römischer Kurie) abzulenken? In diesen Zusammenhang gehört auch der von Herman H. Schwedt erlebte bzw. in der Diskussion behauptete und vor allem in zeitgenössischen Pamphleten greifbare "roll-back-Versuch des römischen (italienischen) Weltklerus nach dem Tod von Pius XII.", der sich gegen die internationalistische Politik des Papstes und sein gegen die Kurie arbeitendes Geheimkabinett aus deutschen Jesuiten (P. Robert Leiber, P. Augustin Bea, P. Wilhelm Hentrich) - *Mater Pasqualina* nicht zu vergessen - richtete. Unter Johannes XXIII. wurden diese Nordländer, die nach Ansicht der Italiener *brume nordiche*, also Nebel von Kant bis Hegel in die klare mediterrane Luft des Aristoteles oder Thomas von Aquin gebracht hatten, entmachtet. Maßnahmen zur Hebung der Sittlichkeit in der Heiligen Stadt (etwa gegen Kino-

---

89 Über ihn: Franz-Josef Steinmetz, Wilhelm Klein SJ (1889-1996), in: GuL 69 (1996), 472-474.

90 Peter Henrici, Das Heranreifen des Konzils. Erlebte Vorkonzilstheologie, in: IkaZ 19 (1990) 482-496.

91 Dazu Weber, Hessen (wie Anm. 23), 169-188.

92 Vgl. Giuseppe Alberigo, Criteri ermeneutici per una storia del Concilio Vaticano II, in: Wolfgang Weiß (Hg.), Zeugnis und Dialog (FS Klaus Wittstadt), Würzburg 1996, 101-117.

besucher im Klerus) und die antimodernistische römische Diözesansynode bildeten das konkrete Vorfeld eines Konzils, das dann in ganz andere Bahnen geriet.

Den Texten des II. Vatikanums wird allgemein ein offener Charakter bescheinigt. Tatsächlich handelt es sich in der Mehrzahl weder um Rechtstexte (mit Sanktionsklauseln) noch um Dogmen (mit entsprechenden Anathemata), sondern um Dokumente in bewußt pastoraler Sprache. Diese "Offenheit" wird heute nicht selten dazu benutzt, die Konzildokumente "revisionistisch" umzudeuten. Zu fragen ist, ob dies der Entstehungssituation der Texte, ihrem "Sitz im Leben" gerecht wird. Denn falls der Charakter der Konzilsdokumente auf eine bewußte Ablehnung der negativen Ausgrenzungstendenzen des Antimodernismus zurückzuführen sein sollte, dann kann es nicht legitim sein, durch eine heutige antimodernistische Hermeneutik die Grundintentionen des Konzils in ihr Gegenteil zu verkehren.

Eine ähnliche Vorsicht ist auch hinsichtlich des vielzitierten Kompromißcharakters der Konzilsdokumente angeraten, wo verschiedene Aussagereihen unvermittelt nebeneinander zu stehen scheinen. Der Antimodernismus zeichnete sich gerade dadurch aus, daß er eine kirchliche Partei, eine Ausprägungsgestalt des Katholischen, mithin einen Katholizismus (den antimodernistisch-neuscholastischen) mit der katholischen Kirche selbst gleichsetzte bzw. verwechselte und alternative Verwirklichungen des Katholischen bzw. andere nicht-neuscholastische Katholizismen als häretisch aus der Kirche ausgrenzte. Wenn das II. Vatikanum den Antimodernismus beenden wollte, stellt sich die Frage, ob eine sachgemäße Hermeneutik der Konzilstexte nicht das gewollte Zusammenführen verschiedener Katholizismen berücksichtigen muß. Vielleicht liegt hier ein integrativer Wahrheitsbegriff[93] vor?

In Hinblick auf die Rezeption der Moderne durch das Konzil erscheint eine Differenzierung angebracht. Die katholische Sozialgeschichtsschreibung hat überzeugend nachgewiesen, daß das Konzil als Kind seiner Zeit Werte der Moderne durchaus rezipiert hat, etwa den Fortschrittsoptimismus, wie er sich in *Gaudium et spes* findet. Da die sogenannten Modernisten diesen nicht geteilt haben, war das Konzil hier zwar modern, aber durchaus nicht modernistisch. Über die Größe der Schnittmenge zwischen modern und modernistisch müßte im Kontext des Gesamtprojekts interdisziplinär gesprochen werden.

Schließlich zur Frage inhaltlicher Entsprechungen zwischen Modernismus und II. Vatikanum: Bei allen Unterschieden innerhalb des modernistischen Lagers ließen sich doch einige verbindende Gemeinsamkeiten festmachen. In formaler Hinsicht ging es den Modernisten in immer neuer Weise um eine Korrelation zwischen Kirche und Welt, mithin um ein dialogisches Geschehen. Die Frage stellt sich, ob sich hier nicht eine Entsprechung zum Formalprinzip des II. Vatikanums, dem Aggiornamento Johannes' XXIII. feststellen läßt. In inhaltlicher Hinsicht wußten sich die Modernisten in einem Ernstnehmen von Geschichte und Geschichtlichkeit (auch der Kirche), einem neuen dynamischen Bild von Kirche (als Sakrament und Gemeinschaft), in der Anwendung der historisch-kritischen Methode (auch in der Theologie) oder der Anwendung der Kategorie der Erfahrung (nicht zuletzt im Bereich der Offenbarung) einig. Erneut ist hier an die übrigen Arbeitskreise die Frage nach Entsprechungen zu stellen, auch wenn sich keine direkten Genealogien nachweisen lassen sollten. Hat das Konzil solche Gedanken direkt oder indirekt aufgenommen? Stellt - um nur ein Beispiel zu nennen - der kommunikationstheoretische Offenbarungsbegriff von *Dei Verbum* eine Überwindung des rationalistischen instruktionstheoretischen Verständnisses von Vatikanum I und Antimoder-

93 Dazu Max Seckler, Die schiefen Wände des Lehrhauses. Katholizität als Herausforderung, Freiburg i. Br. 1988, 201-206.

nismus dar[94]? Und hat so die modernistische Kategorie der Erfahrung in einem Konzilsdokument Eingang gefunden? Und wie steht es in diesem Zusammenhang mit dem "Kompromißcharakter" der Texte des II. Vatikanums? Lassen sich die verschiedenen, einander oft wiedersprechenden Aussagereihen in ihrer Genese eindeutig auf bestimmte Quellen zurückführen? Vielleicht wird das Konzil selbst zum Brennspiegel, zum *Speculum*, in dem sich die Auseinandersetzungen zwischen Antimodernismus und Modernismus verdichten? Solche und ähnliche Fragen müssen von "historischer" Seite im Kontext des Gesamtprojekts gestellt werden. Die Auslegung der Texte ist in erster Linie Aufgabe der "systematischen" Sektion. Kommen beide miteinander ins Gespräch, gelingt vielleicht der Brückenschlag zu einer sachgerechten Hermeneutik des II. Vatikanums. Das Forschungsprojekt "Globalkultur und christlicher Glaube" ist dazu auf dem richtigen Weg. Dieser Brückenschlag ist um so wichtiger, als die Frage der rechten Rezeption des Konzils ansteht, die sich - wie die Bestimmung des Verhältnisses II. Vatikanum - Modernismus - als kirchenpolitisch äußerst heikles Thema erweist. Vielleicht kommt ihm eine paradigmatische Funktion für die auch heute notwendige kirchliche Neuorientierung zu? Ein "kommunikatives Beschweigen"[95] dürfte jedenfalls nicht das Gebot der Stunde sein, denn Antimodernismus zeigt sich heute vor allem als Fundamentalismus[96] mit all seinen Gefahren. Wenn man die Modernismuskrise als Fundamentalismus-Krise begreift, dürfte ihre Aktualität auch über das II. Vatikanum hinaus feststehen und sich somit eine - nicht nur historische - Beschäftigung mit ihr allemal lohnen[97].

---

94 Bezeichnend ist in diesem Fall die Kritik von Kardinal Ruffini, der von einem traditionell-neuscholastischen (antimodernistischen) Standpunkt aus die dynamische Konzeption von Offenbarung im Schema zu "Dei Verbum" bekämpfte: "Er sah in der Konzeption des Schemas, besonders auch in dessen Betonung der geistlichen Erfahrung als eines Prinzips der voranschreitenden Offenbarungserkenntnis, den von Pius X. als Modernismus verurteilten theologischen Evolutionismus anklingen"; Joseph Ratzinger, Kommentar zum Prooemium, I. und II. Kapitel von Dei Verbum, in: LThK² Ergänzungsband II 504-528; 520f.

95 Vgl. Hermann Lübbe, Der Nationalsozialismus im deutschen Nachkriegsbewußtsein, in: HZ 236 (1983) 579-599.

96 Christoph Weber, Ultramontanismus als katholischer Fundamentalismus, in Wilfried Loth: (Hg.), Deutscher Katholizismus im Umbruch zur Moderne (Konfession und Gesellschaft 3), Stuttgart 1991, 20-45.

97 Interessant ist in diesem Kontext auch, daß Peter Hünermann die Auseinandersetzungen um die Sexualmoral, die u. a. zur "Kölner Erklärung" führten, als eine dritte "Modernismus-Krise" (nach dem *Syllabus* von 1864 und der Enzyklika *Pascendi* von 1907) diagnostizierte; Droht eine dritte Modernismuskrise? Ein offener Brief von Peter Hünermann an den Vorsitzenden der Deutschen Bischofskonferenz, Karl Lehmann, in: HerKorr 43 (1989) 130-135.

I. Forschungsüberblick

"Sicut mortui. Et ecce vivimus."
Überlegungen zur heutigen Modernismusforschung

Von Otto Weiß

"Die Modernisten haben nicht umsonst gelitten. Die Polizei Pius' X. konnte unerbittlich und skrupellos sein, aber es gelang ihr nicht, auf den Grund der Seelen hinabzusteigen [...]. Auch die Wirksamkeit der in der Kirche verbliebenen Modernisten war nicht erloschen. Es gibt keine Siege oder Niederlagen ohne ein Morgen, und es kann geschehen, daß schließlich die Besiegten Recht behalten"[1]. So Loisy 1931 in seinen Erinnerungen. Schon sieben Jahre zuvor hatte Joseph Schnitzer an Houtin geschrieben: "Wie vom Modernismus im allgemeinen, so gilt vom deutschen: *Sicut mortui, et ecce vivimus*. Die deutschen Blätter geben sich freilich den Anschein, als sei der Modernismus durch Pius X. völlig ausgerottet worden. Davon kann jedoch keine Rede sein. In Deutschland wird es stets einen Modernismus geben, solange es katholisch-theologische Fakultäten an den Universitäten geben wird"[2].

Was immer man von solchen Aussagen halten mag, richtig ist, daß das Interesse am katholischen Modernismus bis heute nicht erloschen ist, und zwar auch deswegen, weil nach der Ansicht nicht weniger Beobachter eine auffallende Ähnlichkeit mancher seiner Vorstellungen mit der Theologie des II. Vatikanischen Konzils bestehe[3].

I. Die neuere Modernismusforschung

"*Sicut mortui et ecce vivimus*". Dieser Satz gilt nicht nur, weil offenbar die Modernismuskrise noch immer Gegenwart ist, sondern auch, weil die Forschung - in Deutschland mit etwas Verspätung - sich dem Phänomen Modernismus in weitem Maße zugewandt hat. Und zweifellos besteht zwischen dem Interesse am Modernismus und der Aktualität vieler seiner Ideen ein Zusammenhang. Die Modernismusforschung setzte voll ein mit dem Zweiten Vatikanischen Konzil, oder genauer mit dem Wechsel von Pius XII., der aus der Umgebung um Benigni kam[4] und noch 1954 mit der Heiligsprechung Pius X. den Antimodernismus als kirchliche Lehre sanktionierte, zu Johannes XXIII., der als Kurskollege Buonaiutis im Römischen Semi-

---

1 Alfred Loisy, Mémoires pour servir à l'histoire religieuse de notre temps, 3 Bde., Paris 1930/31, Bd. 3, 252.

2 Joseph Schnitzer an Albert Houtin, 29. März 1924, Fonds Houtin, 15733: 146-147, Bibliothèque Nationale Paris.

3 Vgl. z. B. Michael Hurley, George Tyrrell. Some Post-Vatican II Impressions, in: Heythrop Journal 10 (July 1969) 243-255. Zusammenfassend: James C. Livingston (Hg.), Tradition and the Critical Spirit. Catholic Modernist Writings. George Tyrrell (Fortress Texts in Modern Theology), Minneapolis 1991, IX ff; XXXIV ff.

4 Vgl. Sergio Pagano, Il fondo di Mons. Umberto Benigni dell'archivio segreto vaticano. Inventario, in: Ricerche per la storia religiosa di Roma. Studi, documenti, inventari 8, Roma 1990, 348-402; 394 (Reg.).

nar und als Mitarbeiter und Biograph des Bischofs von Bergamo, Radini-Tedeschi[5], von den religiösen und theologischen Impulsen des römischen Modernismus der Jahrhundertwende nicht ganz unberührt geblieben war[6].

Mit dem Neubeginn der Forschung war aber auch eine neue Deutung des Phänomens Modernismus verbunden. Dieser erschien nicht mehr primär als eine verabscheuungswürdige Sekte,- so im Grunde noch immer die letzte große Gesamtschau von Jean Rivière aus dem Jahre 1929[7] und sogar noch die ersten Bände der 2. Auflage des *Lexikons für Theologie und Kirche*[8]. Er wurde aber auch nicht mehr, wie dies noch immer von Nichtkatholiken wie Alec Vidler[9] und den Mitarbeitern von *Religion in Geschichte und Gegenwart*[10] geschah, - gewiß mit viel Sympathie - als eine Art Ableger des Anglikanismus oder Protestantismus abgehandelt. Der Modernismus erscheint jetzt vielmehr in erster Linie als Teil einer fortdauernden Identitätskrise der katholischen Kirche und Theologie angesichts der Herausforderung durch die Moderne[11].

1. Die Erforschung des Amerikanismus

Bis zu einem gewissen Grad hat die Forschung im Abstand von etwa 60 Jahren die Krise der Jahrhundertwende in chronologischer Abfolge zu untersuchen begonnen. Was zuerst geschah, wurde zuerst erforscht. Am Anfang wandte man sich dem Amerikanismus zu, dem sogenannten Vorläufer des "eigentlichen" Modernismus. Das Signal hierzu bildete, sieht man einmal von den alsbald ins Englische übersetzten Erinnerungen Abbé Kleins aus dem Jahre 1949[12] ab, Thomas T. McAvoy, *The Great Crisis in American Catholic History 1895-1900*[13], ein Buch, das, wie der Verfasser einleitend feststellt, ein damals völlig vergessenes Kapitel amerikanischer Kirchengeschichte aktualisierte und das zugleich neue Maßstäbe für die Forschung setzte. Das Buch ist alles in allem eine objektive Untersuchung, die bei aller Sympathie für den genuin amerikanischen Katholizismus auch die verschiedenen, meist integralistischen nationalen Gruppierungen in Amerika zu verstehen suchte. Es stellt nach dem Urteil des letzten Biographen Isaac Thomas Heckers, O'Brien,[14] noch immer die beste Gesamtwürdigung der amerikanistischen Krise dar. Andere Schriften zum Amerikanismus folgten, vor allem die Biographien der führenden Männer, neben der Bischof Irelands[15] die des Vaters aller Neue-

5 Angelo Roncalli, Mons. Giacomo Radini Tedeschi. Vescovo di Bergamo, Roma ^{3}1963.

6 Vgl. Vincenzo Paglia, Gli studi al Seminario Romano negli anni della crisi modernista, in: Ricerche (wie Anm. 4), 203-220.

7 Jean Rivière, Le Modernisme dans l'Église. Étude d'histoire religieuse contemporaine, Paris 1929.

8 Vgl. die Artikel "Bremond" oder "Buonaiuti", in: $LThK^2$ II 668, 781f. - Jedoch $LThK^3$ II 671f, 796.

9 Vgl. Alec R. Vidler, The Modernist Movement in the Roman Church, Cambridge 1934; ders., A Variety of Catholic Modernists, London-Cambridge 1971.

10 Hier werden Gestalten abgehandelt, die man im LThK vergebens sucht, wie z. B. J. Schnitzer. Die Verfasser sind häufig aus dem Katholizismus konvertierte Theologen, wie Heiler, Fendt, Th. Engert.

11 Dies ist z. B. der Grundtenor des Modernismusbandes der Ricerche per la Storia di Roma, Bd. 8 (wie Anm. 4).

12 Félix Klein, Americanism. A Phantom Heresy, Atchison (Kansas) 1951 (Original: L'Américanisme. Une Hérésie Fantôme, Paris 1949).

13 Thomas T. McAvoy, The Great Crisis in American Catholic History, 1895-1900, Chicago 1957.

14 David J. O'Brien, Isaac Hecker. An American Catholic, New York-Mahwah, New Jersey 1992, 433, Anm. 9.

15 James J. Moynihan, The Life of Archbishop John Ireland, New York 1953.

rung, Isaac Thomas Heckers, dessen Orden ihn wohl noch zur Ehre der Altäre bringen möchte[16], gefolgt von seinem ehemaligen Orden, den Redemptoristen.

2. *Die neuere französische Modernismusforschung*

Ab 1960 setzte dann die neuere Modernismusforschung voll ein: in Frankreich, in Italien, in den angelsächsischen Ländern, zuletzt in Deutschland. An erster Stelle zu nennen ist Frankreich, und hier vor allem das wissenschaftliche Werk von *Émile Poulat*, beginnend mit der Edition der Loisybiographie von Houtin und Sartiaux aus dem Jahre 1960[17]. Unentbehrlich auch heute noch der Anhang dieses Werkes mit der Verifizierung anonymer Verfasser und mit informativen Kurzbiographien von Modernisten und Antimodernisten[18]. Es folgte 1962 (^{2}1979) das bahnbrechende Buch *Histoire, dogme et critique dans la crise moderniste*, das die erste ausgewogene, bis heute gültige Würdigung Loisys enthält[19]. Genau so bahnbrechend die Auseinandersetzung mit dem Antimodernismus in *Intégrisme et catholicisme intégral*[20] aus dem Jahre 1969. Das Buch - im wesentlichen ein hervorragend kommentierter Briefwechsel Monsignore Benignis und seiner Mitarbeiter -, bildet bis heute eine unersetzliche Fundgrube für jeden Antimodernismusforscher, ganz gleich, ob er sich mit Marc Sangnier und seinen *Sillon*, mit der Universität Freiburg im Uechtland oder mit dem deutschen Gewerkschaftstreit befaßt. In diesem Zusammenhang gehört auch die von Poulat besorgte dreibändige Edition der *Correspondance de Rome*[21], sodann die einer Schrift, die Bremond 1931 anläßlich des Erscheinens von Loisys Memoiren unter einem Pseudonym verfaßt hatte[22]. Sie weist nicht nur den Weg zu einer gerechten Beurteilung der Modernismuskrise, sie zeigt auch, wie sehr Bremond im Grunde noch immer von der modernistischen Bewegung geprägt war.

Doch zurück zu Poulat. Er ist bis heute dem Thema Kirche und Moderne treu geblieben. So ging er einzelnen kaum bekannten Gestalten des Modernismus wie Jean-Marie Grosjean nach[23] und befaßte sich mit theologischen Fragestellungen bei "modernistischen" Patristikern[24]. Allerdings geht es dem späten Poulat weniger um den Modernismus der Vergangenheit, drängender erscheinen ihm jetzt die Probleme, welche die sich wandelnde postchristliche Gesellschaft an Staat und Kirche stellen. Die spezifischen Themen des Modernismus treten dabei als heute nicht mehr aktuell in den Hintergrund. Was jedoch für Poulat Gültigkeit be-

---

16 John Farina, An American Experience of God. The Spirituality of Isaac Hecker, New York 1981; ders. (Hg.), Hecker Studies. Essays on the Thought of Isaac Hecker, New York 1983.

17 Albert Houtin/Félix Sartiaux, Alfred Loisy. Sa vie - son oeuvre, hg. von Émile Poulat, Paris 1960.

18 Ebd., 303-409.

19 Émile Poulat, Histoire, dogme et critique dans la crise moderniste, Paris 1962.

20 Ders., Intégrisme et catholicisme intégrale. Un réseau international antimoderniste. La "Sapinière" (1909-1921), Tournai 1969.

21 Ders. (Hg.), La Correspondance de Rome, 3 Bde., Mailand 1971.

22 Vgl. Une Œuvre clandestine d'Henri Bremond. Silvain Le Blanc. Un clerc qui n'a pas trahi. Alfred Loisy d'après ses mémoires 1931. Édition critique et dossier historique par Émile Poulat (Uomini e dottrine 18), Rom 1972.

23 Vgl. Émile Poulat, Une figure originale et cachée de prêtre moderniste, kantien, socialiste et mystique. Jean-Marie Grosjean (1868-1940), in: Studi in onore di Lorenzo Bedeschi I. Centro Studi per la Storia del modernismo (Fonti e documenti 13), Urbino 1984, 71-87.

24 Vgl. ders., Le renouveau des études patristiques en France et la crise moderniste, in: Jacques Fontaine u. a. (Hg.), Patristique et Antiquité tardive en Allemagne et en France de 1870 à 1930. Influences et échanges. Actes de Colloque franco-allemand de Chantilly, 25-27 octobre 1991 (Coll. des Études Augustiennes. Ser. Moyen âge - Temps Modernes 27), Paris 1993, 20-29.

hält, ist die Dynamik der damaligen Reformer[25]. Doch auch, wenn er sich jetzt mit der Stellung des Katholizismus zur Demokratie[26] oder mit dem Wandel in der heutigen Gesellschaft befaßt, so kommt er doch immer wieder auf den Modernismus zurück. Vor allem doch wohl deswegen, weil der Modernismus der Jahrhundertwende einen Modellfall für die Auseinandersetzung der Kirche mit der Moderne darstellte. Dies wird deutlich in dem Buch *Modernistica*[27] von 1982, einem reifen Ergebnis langjähriger Forschung, in dem der Modernismus zu Recht als Gegenpol zum Integralismus interpretiert wird. Auch das zwei Jahre später erschienene Werk *Critique et mystique*[28] kreist um die katholische Identitätskrise angesichts der Herausforderung durch die Moderne. Schon der Titel weist darauf hin, daß die modernistische Erneuerung nicht primär ein Eindringen eines alles erklärenden Rationalismus und Historismus in die Theologie darstellte, sondern eher dessen Überwindung, wie dies ja auch von der Enzyklika *Pascendi* mit ihrer antikantianischen und mystikfeindlichen Zielrichtung klar erkannt wurde. Der Bezug des Modernismus zur Moderne wird auch in dem Buch *Liberté-Laïcité. La guerre de deux France et le principe de la modernité*[29] von 1987 thematisiert.

Zu Poulat gesellte sich in Frankreich eine Anzahl weiterer Gelehrter, die den Modernismus zum Gegenstand ihrer Forschung machten. Wie in frühen Arbeiten Poulats liegt der Schwerpunkt einiger von Dominikanern edierter Werke bei den Vertretern der historisch-kritischen Methode in der Exegese. Zu nennen ist an erster Stelle die von Bernard Montagnes besorgte Veröffentlichung des Briefwechsels zwischen P. Lagrange und seinem Generalobern Cormier[30]. Montagnes hat aber auch eine vorzügliche Biographie von Lagrange verfaßt[31], dessen Erinnerungen, ergänzt durch biblische Studien, ebenfalls seit einiger Zeit im Druck vorliegen[32]. Einen Zugang zum Wirken von Lagrange bietet ferner die einfühlsame Studie des französischen Religionsphilosophen Jean Guitton[33]. Daneben seien die Studien und Dokumentationen von Dominique Barthélemy zum "Modernismus" an der Universität Freiburg/Schweiz[34] sowie ein Beitrag über den "Modernismus" in der *Revue thomiste*[35] erwähnt.

---

25 Émile Poulat, Modernistica. Horizons - Physionomies - Debats, Paris 1982, 237f.
26 Vgl. ders., Catholicisme, Démocratie et Socialisme, Paris 1977.
27 Ders., Modernistica (wie Anm. 25).
28 Ders., Critique et mystique. Autour de Loisy ou la conscience catholique et l'esprit moderne, Paris 1984.
29 Ders., Liberté, Laïcité. La guerre des deux France et la principe de la modernité, Paris 1987.
30 Bernard Montagnes (Hg.), Exégèse et obéissance. Correspondance Cormier-Lagrange (1904-1916), Paris 1989.
31 Bernard Montagnes, Le père Lagrange (1855-1938). L'exégèse catholique dans la crise moderniste, Paris 1995.
32 Le père Lagrange au service de la Bible. Souvenirs personnelles, Paris 1967; Marie-Joseph Lagrange, L'Écriture en Église. Choix de portraits et d'exégèse spirituelle, Paris 1990; ders., Exégète a Jérusalem. Nouveaux mélanges d'histoire religieuse (1890-1939), Paris 1991; Naissance de la méthode critique. Actes du colloque du centenaire de l'École biblique et archéologique française de Jérusalem, Paris 1991.
33 Jean Guitton, Portrait du père Lagrange. Celui qui a réconcilié la science et la foi, Paris 1992.
34 Dominique Barthélemy, Idéologie et fondation (Études et Documents sur l'histoire de l'Université de Fribourg/Suisse, Études 1), Fribourg 1991, 82-166; ders., I. Sur la préparation et les vingt-cinq premières années. II. Correspondance Schorderet-Python, 542 documents édités par D. Barthélemy O. P. (Études et Documents sur l'histoire de l'Université de Fribourg/Suisse, Documents 1), Fribourg 1990, 295-388; ders., Les rythmes d'un développement. Les fondements idéologiques et leur implications, in: Histoire de l'Université de Fribourg Suisse 1889-1989/Geschichte der Universität Freiburg Schweiz, Bd. 1: Fondation et développement/Entstehung und Entwicklung, Fribourg 1992, 138-150.
35 Henri Donneaud, La Revue thomiste et la crise moderniste, in: Saint Thomas au XXe siècle. Actes du colloque du Centenaire de la "Revue thomiste" 25-28 mars 1993 Toulouse sous la direction du Père Serge-Thomas Bonino O.P., Paris 1994, 76-94.

Doch auch der sogenannte philosophische Modernismus ist von französischen Autoren eingehend untersucht worden. So wurde der Frage nachgegangen, inwieweit Modernismus und Neukantianismus miteinander in Verbindung stehen[36]. Auffällig ist die umfangreiche Beschäftigung mit Blondel und seiner Philosophie[37]. Auch wenn dessen Beziehung zum Modernismus als ambivalent gesehen wird[38], so gewinnt man doch den Eindruck, daß er - mehr noch als Bergson - von den französischen Forschern nicht nur als der Vater des philosophischen Modernismus, sondern auch als der Vater der modernen Theologie betrachtet wird. Seine positive Darstellung mag dadurch begünstigt worden sein, daß er schon bald in die katholische Orthodoxie heimgeholt worden war, und zwar durch den Dominikaner Sertillanges, der Blondels Aktionismus mit dem Thomismus zu vereinigen suchte, was bekanntlich ein Spezifikum der neueren "Löwener Schule" ausmachte[39]. Andere Themen sind noch unbeackert. Doch sei auf eine gehaltvolle Monographie über Laberthonnière hingewiesen[40]. Über Le Roy dagegen haben bisher vor allem Nichtfranzosen geschrieben[41]. Im übrigen wurde das weitere Umfeld des französischen Modernismus in den letzten Jahren erforscht. Ich erinnere an das gewichtige Werk von Barbara Waché über Duchesne[42]. Auch für die "Vorläufer" des Modernismus wie Maurice d'Hulst interessiert sich die französischsprachige Forschung[43]. Das gleiche gilt für die internationalen Kongresse katholischer Gelehrter[44], die ebenfalls als Wegbereiter "modernistischer" Theologie angesehen werden können. Nach wie vor fehlt jedoch eine Biographie

---

[36] Vgl. Pierre Colin, Le Kantisme dans la Crise Moderniste, in: Pierre Colin u. a., Le Modernisme (Inst. cathol. de Paris, Faculté de Philosophie 5), Paris 1980, 9-89. - Grundlegend jetzt zur Philosophie und Theologie des Modernismus in Frankreich: Pierre Collin, L'audace et le soupçon. La crise moderniste dans le catholicisme français 1894-1914, Paris 1997.

[37] Vgl. Maurice Blondel, Histoire et Dogme (Paris 1904), in: Les premiers écrits, Paris 1956, 200-228; René Virgoulay, Blondel et le modernisme. La philosophie de l'action et les sciences religieuses (1896-1913), Paris 1980; Jean Greisch, Blondel et la crise moderniste, in: Colin, Le modernisme (wie Anm. 36), 161-179; Gerhard Larcher, Modernismus als theologischer Historismus. Ansätze zu seiner Überwindung im Frühwerk M. Blondels, Frankfurt-Bern-New-York 1985; Paul Gauthier, Newman et Blondel. Tradition et développement du dogme, Paris 1988; Maurice Blondel, Une Dramatique de la Modernité. Actes du Colloque, Paris 1990; Ivette Périco, Maurice Blondel. Genèse du sens (Coll. Philosophie europ.), Paris 1991.

[38] Virgoulay, Blondel (wie Anm. 37), 503-512; René Marlé (Hg.), Au coeur de la crise moderniste. Le dossier inédit d'une controverse, Paris 1960.

[39] Vgl. Alois Guggenberger, Philosophie oder Philosophieren? - Zur Löwener Philosophenschule, in: PhJ 62 (1953) 226-240. - In diesem Zusammenhang ist dem Einfluß des Jesuiten Maréchal nachzugehen. Hierzu: Otto Muck, Die deutschsprachige Maréchal-Schule - Transzendentalphilosophie als Metaphysik, in: Emerich Coreth u. a., Christliche Philosophie im katholischen Denken des 19. u. 20. Jahrhunderts, 3 Bde., Graz-Wien-Köln 1987-1990, Bd. 2, 590-622; Emmerich Coreth, Presupposti filosofici della teologia di Karl Rahner, in: Civiltà Cattolica 146/1 (1995) 27-40. - Zum Ganzen: Christoph Weber, Der Religionsphilosoph Johannes Hessen (1889-1971). Ein Gelehrtenleben zwischen Modernismus und Linkskatholizismus (Beiträge zur Kirchen- und Kulturgeschichte 1), Frankfurt am Main u. a. 1994.

[40] Paul Beillevert, Laberthonnière. L'homme et l'oeuvre, Paris 1972 (244-273 Bibliographie); Marie-Thérese Perrin, Laberthonnière es ses amis. L. Birrot - H. Bremond - L. Canet - E. Le Roy (Théologie historique 33), Paris 1975.

[41] Vgl. Otto König, Was ist ein Dogma? Zur Diskussion zwischen Edouard Le Roy und Maurice Blondel, in: ThPh 52 (1977) 498-524; Guy Mansini, "What is a dogma?" The meaning and truth of dogma in E. Le Roy and his scholastic opponents (Analecta Gregoriana 239), Rome 1985.

[42] Barbara Waché, Monseigneur Louis Duchesne (1843-1922), historien de l'Église, directeur de l'École Française de Rome (CEFR 167), Rome 1992.

[43] Francesco Beretta, Mgr d'Hulst et la science catholique. Portrait d'un intellectuel, Paris 1996.

[44] Hierzu bereitet Beretta eine Studie vor. - Zum gleichen Thema erscheint demnächst ein Aufsatz von Karl Hausberger.

des Bischofs Mignot, des Freundes Loisys, der der "Erasmus des Modernismus" genannt wurde[45].

3. Die neuere Modernismusforschung in Italien

Neben Frankreich steht Italien in vorderster Linie in der Modernismusforschung. Seit dem 1961 erschienenen Werk von Pietro Scoppola *Crisi modernista e rinnovamento cattolico in Italia*[46], in dem der Modernismus nicht mehr nur als verdammenswerte Irrlehre, sondern als Erbe des liberalen italienischen Katholizismus und als eine der Wurzeln einer demokratischen, katholischen Partei[47] gezeichnet wird, ist hier kaum ein Jahr vergangen, das nicht neue Forschungen und Aufsätze zu dem Thema gebracht hätte. Scoppola selbst, der sich als Historiker der "Democrazia Cristiana" De Gasparis einen Namen gemacht hat[48], ist später wieder zu seinen Anfängen zurückgekehrt mit dem Buch *La 'nuova cristianità perduta'*[49].

Zu erwähnen ist jedoch vor allem das Lebenswerk von *Lorenzo Bedeschi*. Ihm dürfte der Ruhm zukommen, so viel wie kein anderer Gelehrter für eine moderne Modernismusforschung geleistet zu haben. Bedeschi begann seine Forschungen zunächst auf den Spuren Scoppolas. Dies zeigt der Titel seines 1966 erschienenen Werkes *I pionieri della D.C. Modernismo cattolico*[50]. Doch von Veröffentlichung zu Veröffentlichung weitete sich sein Blickfeld. Dabei war er von einer fast unerschöpflichen Produktivität. Ich übergehe die zahlreichen Aufsätze und nenne nur seine Bücher: 1968: *La curia romana durante la crisi modernista*[51] und *Riforma religiosa e curia romana all'inzio del secolo*[52]; 1970: *Lettere ai cardinali di don Brizio*[53] und *Lineamenti dell'antimodernismo. Il caso Lanzoni*[54]; 1974: *Modernismo a Milano*[55]; 1975: *Interpretazione e sviluppo del modernismo cattolico*[56], ein wichtiges Buch, weil in ihm der Wandel zu einer neuen Sicht des Modernismus als einer positiven Identitätskrise besonders deutlich wird. Bis heute hat Bedeschi nicht aufgehört, in Sammelbänden und Zeitschriften seine Forschungen zu veröffentlichen[57]. Am Ende steht zunächst die 1995 erschienene Schrift *Il modernismo italiano. Voci e volti*[58], ein reifes Werk, doch keineswegs nur eine Wiederholung früherer Arbeiten. Dazu kommt die Herausgebertätigkeit Bedeschis in dem von ihm 1972 ins Leben gerufenen *Centro per la storia del modernismo* in Urbino. Es hat bis 1996 24 Bände "Quellen und Studien" zum Modernismus vorgelegt. Neben Quelleneditionen umfaßt die Reihe zahlreiche Einzeluntersuchungen, auch zu nichtitalienischen Themen. So

---

45 Literaturhinweise in: Houtin - Sartiaux (wie Anm. 17), 382f.

46 Pietro Scoppola, Crisi modernista e rinnovamento cattolico in Italia, Bologna ^{2}1969.

47 Vgl. Otto Weiß, Modernismus und katholische Erneuerung in Italien, in: Orientierung 60 (1996) Nr. 7, 75-78.

48 Vgl. Pietro Scoppola, La proposta politica di De Gaspari, Bologna 1977; ders., Gli anni della costituente tra politica e storia, Bologna 1980.

49 Ders., La 'nuova cristianità perduta', Roma 1985 (^{2}1986).

50 Lorenzo Bedeschi, I pionieri della D.C., Mailand 1966.

51 Ders., La curia romana durante la crisi modernista, Parma 1968.

52 Ders., Riforma religiosa e curia romana all'inizio del secolo, Mailand 1968.

53 Ders., Lettere ai cardinali di don Brizio, Bologna 1970.

54 Ders., Lineamenti dell'antimodernismo. Il caso Lanzoni, Parma 1970.

55 Ders., Modernismo a Milano, Mailand 1974.

56 Ders., Interpretazione e sviluppo del modernismo cattolico, Mailand 1975.

57 Vgl. ders., Luoghi, persone e temi del riformismo, in: Ricerche (wie Anm. 4), 180-183.

58 Lorenzo Bedeschi, Il modernismo italiano. Voci e volti, Mailand 1995.

findet sich im 13. Band eine Studie zu Friedrich Heiler[59]. Man wird angesichts all dessen Poulat zustimmen können, der Bedeschi schon 1984 folgende Sätze widmete: "Durch Sie haben die Modernismusstudien in Italien einen entscheidenden Impuls erfahren, und zwar durch Ihre unermüdliche Publikationstätigkeit, durch Ihren Eifer in der Durchforstung von Archiven, durch Ihre Fähigkeit, Forschungen anzuregen, durch Ihr 'Centro' in Urbino, das Sie mit Hilfe von Carlo Bo ins Leben gerufen haben. Durch Sie offenbarte sich der Modernismus, der eine theoretische und verdächtige Angelegenheit war, - feierlich verurteilt vom Lehramt der römischen Kirche - als eine gewichtige historische und soziale Bewegung von menschlicher Dichte und Fülle und voll von psychologischen Schattierungen, von denen man zuvor kaum eine Vorstellung hatte. Vielleicht erscheint er noch immer als eine Angelegenheit, wo es irrige Auffassungen gab - dies gewiß auch, denn wo fände man sie nicht und wer ist schon vor ihnen gefeit? - vor allem aber zeigt er sich als Angelegenheit lebendiger Menschen in einer Gesellschaft, die dachte und handelte, mit ihren Widersprüchen, ihren Versuchungen, ihrer geistigen Unruhe [...]"[60].

Bedeschis Schüler, allen voran Maurilio Guasco, dessen zuletzt veröffentlichtes Werk *Modernismo. I fatti, le idee, i personaggi*[61] besonders genannt werden soll, haben seine Anregungen aufgegriffen und zusammen mit anderen Gelehrten eine umfangreiche Modernismusliteratur ins Leben gerufen, welche beweist, daß die italienische Forschung nicht auf Bedeschi und auf das "Centro" in Urbino beschränkt blieb. Es zeigte sich, daß verschiedenste Gruppierungen ein Interesse an der Aufhellung der Zeit des Modernismus hatten. So haben P. *Semerias* Mitbrüder, die Barnabiten, sich um die Herausgabe seiner Werke bemüht[62] und Studien über ihn gefördert[63]. Zuletzt hat Semeria in seinem Mitbruder Luigi Fiorani einen akribischen Bearbeiter gefunden. Sein jüngst erschienener Aufsatz *Semeria romano (1880-1895)*[64] darf wohl als Auftakt zu einer umfangreichen Darstellung von Leben und Werk des römischen Barnabiten betrachtet werden. Die Herz-Jesu-Missionare nahmen sich ihres großen Mitbruders *Genocchi* an[65]. Andere Gruppierungen bemühten sich um *Buonaiuti*, von dem neben einem wichtigen Briefwechsel[66] weitere Quellen ediert wurden[67]. Auch eine einfühlsame Monographie über den "prete romano" liegt vor[68]. Zu *Fracassini* sei auf die Erinnerungen von Piastrelli hingewiesen[69]. Über *Murri*, von dem ein wahrhaft voluminöser Briefwechsel veröffent-

---

59 Vgl. Lydia von Auw, Ernesto Buonaiuti, Alfred Loisy et Friedrich Heiler, in: Studi in onore di Lorenzo Bedeschi I (wie Anm. 23), 89-96.

60 Poulat, Une figure (wie Anm. 23), ebd., 71f.

61 Maurilio Guasco, Modernismo. I fatti, le idee, i personaggi, Mailand 1995.

62 Zu erwähnen sind die Studien von Antonio Gentili. Vgl. auch Celestino Argenta (Hg.), Saggi clandestini (storico-filosofici), 2 Bde., Alba 1967.

63 Antonio Gentili/Annibale Zambarbieri, Il caso Semeria (1900-1912), in: Fonti e documenti, Bd. 4, Urbino 1975, 54-527; Antonio Gentili, Spiritualità e rinnovamento culturale nel carteggio von Hügel-Semeria, ebd., Bd. 15 (1988) 195-239.

64 Luigi Fiorani, Semeria romano (1880-1895), in: Barnabiti studi. Rivista di ricerche storiche dei Chierici Regolari di San Paolo (Barnabiti) 12 (1995) 7-86.

65 Vgl. Francesco Turvasi, Giovanni Genocchi e la controversia modernista, Rom 1974; Franceso Turvasi/Michael Jungo, Der Höhepunkt der modernistischen Krise. Ein Briefwechsel von Hügel - Genocchi, in: Civitas 25 (1970) 627-643.

66 Ernesto Buonaiuti, La vita allo sbaraglio. Lettere a Missir (1926-1946), hg. von Ambrogio Donini, Florenz 1980.

67 Fonti e documenti, Bd. 1, Urbino 1972.

68 Annibale Zambarbieri, Il cattolicesimo tra crisi e rinnovamento. Ernesto Buonaiuti e Enrico Rosa nella prima fase della polemica modernistica, Brescia 1979.

69 Vgl. Per il rinnovamento cattolico. La testimonianza di Luigi Piastrelli, Brescia 1981.

licht wurde[70], hat zuletzt Guasco mehrere Arbeiten vorgelegt[71]. Hervorgehoben sei schließlich die bereits 1974 erschienene Biographie des Bischofs *Bonomelli*[72]. Auch die Analyse der Zeitschrift *Rassegna Nazionale*, der Franz Xaver Kraus nahestand, durch Glauco Licata sei erwähnt[73]. Schließlich sei auf die Studien zu Fogazzaro hingewiesen, die hier nicht im einzelnen aufgeführt werden können[74]. Die Aufzählung könnte fortgeführt werden bis hin zu all den Gestalten am Rande, wie dem Redemptoristenpater *Pitocchi*, dem Beichtvater und geistlichen Leiter Buonaiutis und Roncallis[75]. Lediglich der Antimodernismus dürfte noch stärker erforscht werden, nachdem in der Zwischenzeit dazu einige früher verschlossene Quellen zugänglich geworden sind[76]. Doch es kann und soll hier keine vollständige Bibliographie der italienischen Modernismusforschung geboten werden. Wer mehr wissen will, lese die Angaben in der kurzen Einführung in den Modernismus von Daniela Saresella[77], ferner bei Giuseppe Zorzi[78] und im achten Band der *Ricerche* zur Geschichte der Religiosität Roms[79].

Dieser Band sei abschließend exemplarisch vorgestellt, weil er deutlich macht, wo die italienische Modernismusforschung heute steht und wie sie ihren Gegenstand interpretiert. Im ersten Teil sprechen sich vier Autoren, die sich durch einschlägige Publikationen ausweisen können, mit großer Offenheit aus. So sieht Giovanni Miccoli hinter der Modernismuskrise die Herausforderung der katholischen Kirche durch die moderne Welt und die bürgerliche Gesellschaft. Ihr habe die Kirche keine adäquate Antwort geben können, weil sie sich in ihrer "intransigenten Theologie", in der Verurteilung der modernen Kultur und Gesellschaft, zur "belagerten Burg" gemacht hatte. Besonders bedeutsam ist der kurze Beitrag *Il modernismo, una crisi ecclesiale* aus der Feder des römischen Weihbischofs Clemente Riva. Für ihn steht außer Zweifel, daß das Zweite Vatikanum mit der Besinnung auf die religiösen Wurzeln und der Öffnung zur modernen Welt die zentralen Anliegen des Modernismus verwirklichen wollte[80]. Im zweiten Teil begegnen wir erneut Luigi Fiorani, der die Entwicklung des römischen Modernismus von 1900 bis 1922 schildert und gewichtige Bausteine zu einer Biographie Monsignore *Benignis* beibringt[81], und auch Bedeschi ist mit einem kenntnisreichen Beitrag zum römischen Reformkatholizismus und zum Römischen Seminar "San Apollinare" vertreten, aus

---

70 Lorenzo Bedeschi, Romolo Murri, Carteggio 1889-1899, 3 Bde., Roma 1970-1971.

71 Maurilio Guasco, Il caso Murri. Dalla sospensione alla scomunica, Urbino 1972; ders., Murri, in: Dizionario storico del Movimento cattolico in Italia 1860-1980, Bd. 2: I protagonisti, Casale Monferrato 1982, 414-422 (Lit.); ders., Tra la "Cultura sociale" e "Il domani d'Italia" (1898-1906), Rom 1988.

72 Giuseppe Gallina, Il problema religioso nel Risorgimento e il pensiero di Geremia Bonomelli (con documenti inediti), Rom 1974.

73 Glauco Licata, La "Rassegna Nazionale". Conservatori e cattolici liberali italiani, attraverso la loro rivista (1879-1915), Rom 1968.

74 Zuletzt: Fernando Bandini/Fabio Finotti, Antonio Fogazzaro. Le opere e i tempi, Vicenza 1994.

75 Vgl. Giuseppe Battelli, La formazione spirituale del giovane Angelo G. Roncalli. Il rapporto col redentorista Francesco Pitocchi, in: Fede, tradizione, profezia. Studi su Giovanni XXIII e sul Vaticano II, Brescia 1984, 15-103.

76 Vgl. Pagano, Il fondo (wie Anm. 4).

77 Daniela Saresalla, Modernismo (Storia dei Movimenti e delle Idee 7), Mailand 1995. - Bibliographie ebd., 92-94.

78 Giuseppe Zorzi, Auf der Suche nach der verlorenen Katholizität. Die Briefe Friedrich von Hügels an Giovanni Semeria (TSTP 3) 2 Teilbände, Mainz 1991, 573-606 (Literaturverzeichnis).

79 Ricerche (wie Anm. 4), passim.

80 Clemente Riva, Il Modernismo. Una crisi ecclesiale, in: ebd., 66-73.

81 Luigi Fiorani, Modernismo romano, 1900-1922, ebd., 75-170. - Wenig bekannte Einzelheiten zum späten faschistischen Benigni in: Maria Teresa Pichetto, Alle radici dell'odio. Preziosi e Benigni antisemiti, Milano 1983.

dem Reformer wie *Buonaiuti* und *Roncalli* hervorgingen[82]. Im dritten Abschnitt des Buches wird schließlich von Sergio Pagano ein bisher unbekannter Nachlaß Benignis vorgestellt.

4. *Die angelsächsische Modernismusforschung*

Anders als in Frankreich und Italien verlief die Modernismusforschung im angelsächsischen Raum. Die neuere Forschung verbunden mit einer Neuorientierung setzte, abgesehen von der Erforschung des Amerikanismus, etwas später ein. Doch hatte es hier nie den großen Bruch oder das große Schweigen in den zwanziger Jahren gegeben, das andere Länder auszeichnete, vielmehr kann man fast von einer Kontinuität des Interesses am Modernismus sprechen. Zum einen hatte der katholische Modernismus auch in den anglikanischen[83] und in den amerikanischen protestantischen[84] Raum hineingewirkt und war schon deswegen zum Gegenstand des Studiums bei nichtkatholischen Autoren geworden. An erster Stelle ist die noch immer wertvolle Studie Alec Vidlers aus dem Jahre 1934 zu nennen[85]. Zum andern lebten noch Beteiligte im katholischen wie im anglikanischen Raum, die weiterhin publizierten. Ich nenne *Maud D. Petre*[86]. Vor allem gab es den Baron *von Hügel*, der niemals indiziert oder exkommuniziert worden war. Da er zudem in späteren Jahren von manchen früheren Positionen abgerückt schien, war es möglich, ihn alsbald in die katholische Tradition heimzuholen und sich, ohne Anstoß zu erregen, mit ihm zu beschäftigen[87]. Neben einer großen Zahl von Dissertationen und sonstigen Einzelstudien ist die Biographie von De la Bedoyere[88] zu nennen, sowie die später erschienene von Heany[89]. Erwähnt werden müssen auch die trotz eines späteren Verdikts[90] nach wie vor bedeutsamen Arbeiten von Larry Barman[91]. Auch in Deutschland war von Hügel und sein von der deutschen Kultur geprägtes Werk ein beliebter Gegenstand, etwa im *Hochland*[92]. Aphorismen aus den Werken von Hügels dienten der Einführung der Novizen in das geistliche Leben[93]. Von Hügel zu Tyrrell war der Schritt nicht allzuweit, auch wenn sich die erste Beschäftigung mit ihm auf ungedruckte Doktordissertationen beschränkt zu haben scheint. Zudem war 1937 Petres Buch *Von Hügel and Tyrrell* erschienen[94]. Der Durchbruch begann 1968 mit John Ratte, der außer Tyrrell auch den bis dahin so gut wie unbekannten

---

[82] Lorenzo Bedeschi, Luoghi, persone e temi del riformismo religioso a Roma a cavallo del novecento, in: Ricerche (wie Anm. 4), 171-201.

[83] Vgl. die Veröffentlichungen des anglikanischen "Modernismus" in: Thomas M. Loome, Liberal Catholicism, Reformcatholicism, Modernism. A Contribution to a New Orientation in Modernist Research (TTS 14), Mainz 1979, 286f.

[84] Vgl. William R. Hutchison, The Modernist Impulse in American Protestantism, Cambridge (Mass.) 1976.

[85] Vidler, The Modernist Movement (wie Anm. 9).

[86] Vgl. Maud D. Petre, Von Hügel and Tyrrell. The Story of a Friendship. Preface by Cannon Lilley, London 1937; dies., Alfred Loisy. His Religious Significance, Cambridge 1944.

[87] Vgl. Karl Pfleger, Der ideale Modernist, in: Hochland 57 (1964/65) 131-144.

[88] Michael de la Bedoyere, The Life of Baron von Hügel, London 1951.

[89] John J. Heany, The Modernist Crisis. Von Hügel, London - Dublin - Melbourne 1969.

[90] Vgl. Loome (wie Anm 83), 139f.

[91] Lawrence F. Barman SJ., Baron Friedrich von Hügel and the Modernist Crisis in England, Cambridge 1972.

[92] Vgl. Maria Schlüter-Hermkes, Ein Weltmann als Meister der Spiritualität, in: Hochland 43 (1951) 138-154; vgl. dies., Friedrich von Hügels Werk, in: Oekumenische Einheit 3 (1951) 138-154.

[93] Vgl. Friedrich von Hügel, Vom Leben des Gebetes, Freiburg 1947; ders., Religion als Ganzheit, Düsseldorf 1948.

[94] Siehe Anm. 86.

William L. *Sullivan*, einen ehemaligen Paulisten, vorstellte[95]. Es folgten weitere wichtige Veröffentlichungen, unter ihnen die noch immer lesenswerten Studien von Gabriel Daly[96].

Seit 1969 tauchte dann in Zeitschriften wie *The Month* und *The Downside Review* der Name *Thomas Loome* als der des Verfassers von kleinen Aufsätzen, von ausführlichen Bibliographien oder als Herausgeber von bisher unbekannten Quellen auf[97]. Es dauerte jedoch, offensichtlich wegen Verzögerungen in der Drucklegung, bis 1979, bis seine umfassende, teilweise provozierende Studie erschien[98]. Sie hat zusammen mit der ebenfalls 1979 ins Leben gerufenen *Working Group on Roman Catholic Modernism* innerhalb der Amerikanischen Religionsakademie von New York[99] die Phase der neueren englischsprachigen Modernismusstudien eingeleitet und ihr neue Orientierungen gegeben.

Da Loomes Werk in Deutschland nicht nur erschien, sondern auch den deutschen Bereich stärker in die Überlegungen einbezog, wurde es bei uns viel diskutiert und erfuhr ein weitgehendes positives Echo[100]. Darauf ist zurückzukommen. Im englischen Sprachbereich, aber auch in Frankreich war das Echo wesentlich kritischer. Die wohl erste Besprechung von Nicholas Lash in *The Month* trug gar den Titel *Das modernistische Minenfeld.* Der Rezensent mahnte dazu, das Werk zwar zu gebrauchen, aber mit äußerster Vorsicht, da es eine Mischung von Wissenschaft und Propaganda darstelle[101]. Die amerikanische Gruppe zur Erforschung des Modernismus widmete dem Buch 1981 ihre jährliche Tagung. Die wichtigsten Beiträge wurden 1982 auch in der *Downside Review* veröffentlicht. Volles Lob erhielt dabei die bibliographische Seite des Werkes, das Aufspüren von Primär- und Sekundärliteratur, das Aufzeigen der Archive, in denen noch unbeackertes Material zu finden ist. Anders war es zum Teil mit den Thesen Loomes, etwa der, daß der Modernismus nur eine Spielart des liberalen Katholizismus darstelle. Die Frage wurde gestellt, ob es, falls Loome recht hat, noch sinnvoll sei, von Modernismus zu sprechen und wenn ja, was dann dessen Spezifikum darstelle[102]. Wichtiger der Einwand Poulats, der die Frage stellte, was denn nun so Neues an der These Loomes sei, der freilich auch darauf hinwies, daß der sehr vage Begriff "Liberaler Katholizismus" die verschiedensten Inhalte bezeichnen könne[103]. Kritisiert wurde auch, daß Loome zwar gefordert habe[104], die deutsche Szene in die Forschung einzubeziehen und sehr viele deutsche Literatur und Quellen angeführt habe, diese jedoch selber, etwa bei seinen Ausführungen über Baron von Hügel, nicht benützte und so zu falschen Ergebnissen gekommen sei[105]. In der Tat erscheint die Zeichnung von Hügels als eines zugleich modernistischen und ultramontanen Katholiken mehr als fragwürdig. Meines Erachtens mit Recht wurde Loome auch seine einseitig-

---

[95] John Ratté, Three Modernists: Alfred Loisy, George Tyrrell and William L. Sullivan, New York 1967.

[96] Vgl. Gabriel Daly, Some Reflections on the Character of George Tyrrell, in: Heythrop Journal 10 (1969) 256-274. Wichtig für die theologiegeschichtliche Einordnung des Modernismus Dalys späteres Buch: Transcendence and Immanence. A Study in Catholic Modernism and Integralism, New York 1980.

[97] Vgl. Loome, Liberal Catholicism (wie Anm. 83), 278f.

[98] Vgl. Anm. 83.

[99] Die Gruppe unter Leitung von George Gilmore gibt Indices ihrer Meetings heraus. Einen Schwerpunkt der ersten Meetings bildete die Bestimmung des Modernismusbegriffes.

[100] Manfred Weitlauff, "Modernismus" als Forschungsproblem. Ein Bericht, in: ZKG 93 (1982) 312-344 (grundlegend zu den Thesen Loomes).

[101] Nicholas Lash, The Modernist Minefield, in: The Month, Second New Series 13 (1980) 16-19.

[102] A Critical Discussion of Thomas Loome's Agenda for a New Orientation in Modernist Research (mit Beiträgen von Hans Rollmann, Ronald Burke, D. Jodock, James C. Livingston, David Schultenover und Thomas M. Loome), in: The Downside Review 100 (1982) 157-202.

[103] Émile Poulat [Rezension], in: RHE 76 (1981) 171-175.

[104] Vgl. Loome, Liberal Catholicism (wie Anm. 83), 141-143.

[105] Hans Rollmann, in: Downside Review 100 (1982) 193-200.

kritische Stellungnahme zu Poulat, wie seine zu geringe Beachtung der französischen Welt und seine Quasi-Verurteilung Loisys angekreidet[106]. Eine Lektüre der Einleitung Poulats zu der Edition des klandestinen Werkes Bremonds hätte Loome zeigen müssen, daß dieser sich in der Interpretation des Modernismus als eines liberalen Katholizismus kaum von ihm unterschied, allerdings ohne die vielfältigen Schattierungen in den alternativen Katholizismen zu übersehen[107]. Angefügt sei, daß Loome die italienische Szene, die gerade für Tyrrell und von Hügel so wichtig war, offensichtlich kaum kannte. Erneut zeigt sich, daß die italienische Welt in der angelsächsischen wie in der deutschen neuzeitlichen Kirchengeschichtsforschung, abgesehen vom Zentrum Rom, häufig unterbelichtet ist. Doch diese kritischen Anmerkungen sollen Loomes Verdienste keineswegs schmälern. Zweifellos hat sein Buch wichtige Weichen gestellt. In der angelsächsischen Modernismusforschung hat es fast einen Boom ausgelöst. Loome selbst hat dies mit den bescheidenen Worten vermerkt: "All in all, I can only express once again my gratitude to the reviewers, not just for their reviews, but more especially for their work on modernism, most of which I think I have read, almost always with great profit"[108].

Was Loomes Anregungen betrifft, so ist zunächst auf eine wichtige und umfangreiche Ergänzung seiner Bibliographien[109] hinzuweisen. Sie findet sich in bei David G. Schultenover *George Tyrrell. In Search of Catholicism*, einem Werk, das mit seiner sorgfältigen Zeichnung der geistigen Entwicklung Tyrrells am Beginn einer neuen Periode angelsächsischer Modernismusforschung steht[110]. Nicht uninteressant der Titel, der uns in ähnlicher Weise in der Studie von Zorzi von 1992 wieder begegnen wird[111] und der so etwas wie ein Programm für die neuere Modernismusforschung signalisiert. Von sonstigen angelsächsischen Veröffentlichungen seien einige instruktive Aufsätze in den Zeitschriften *The Month* und *Downside Review* u. a. zu Maud Petre erwähnt[112], sowie insbesondere eine von Mary Jo Weaver besorgte Briefedition, die unentbehrlich scheint, um die Entwicklung Tyrrells von seiner Entdeckung Newmans hin zu einer weitaus radikaleren Auffassung von Katholischsein zu begreifen[113]. Die gleiche Autorin hat 1985 einen Sammelband mit dem Titel *Newman and the Modernists* veröffentlicht, dem 1990 von anderer Seite ein Buch zur gleichen Thematik folgte[114]. 1992 hat dann P. Schultenover das Thema noch einmal aufgegriffen[115]. Die Hinweise auf die Zusammenhänge zwischen Newman und dem Modernismus sind freilich nicht unwidersprochen geblieben. Zwischen der Ehrfurcht vor dem Gewissen bei Newman und dem "modernisti-

---

106 Vgl. Daniel I. Donavan, ebd., 162-167.

107 Vgl. Une Oeuvre clandestine d'Henri Bremond (wie Anm. 22), 13-101.

108 Thomas M. Loome, Concluding remarks to his Critics, in: Downside Review 100 (1982) 202.

109 Neben den in "Liberal Catholicism" enthaltenen Bibliographien und Inventarien: Thomas M. Loome, A Bibliography of Published Works of George Tyrrell, in: Heythrop Journal 10 (1969) 280-313; ders., A Bibliography of the Printed Works of George Tyrrell. Supplement, ebd., 11 (1970) 161-169.

110 David G. Schultenover, George Tyrrell. In Search of Catholicism, Shepherdstown (W. Va.) 1981, 434-486.

111 Zorzi, Auf der Suche nach der verlorenen Katholizität (wie Anm. 78).

112 Ellen Leonard, Other Modernisms. Maud Petre and the Place of Dissent, in: The Month, Second New Series 21 (1988) 1008-1015; Nicholas Sagovsky, A religious genius?, ebd. 23 (1990) 165-167; Robert Butterworth, A Sign of Contradiction [Rezension von N. Sagovsy, On God's Side], ebd., 242f; Hans Rollmann, Von Hügel, Kant and Vaihinger, in: Downside Review 102 (1984) 32-47.

113 Mary Jo Weaver, Letters from a "Modernist". The Letters of George Tyrrell to Wilfried Ward, 1903-1908, Shepherdstown (W. Va) 1981.

114 Mary Jo Weaver (Hg.), Newman and the Modernists, New York-London 1985; Arthur H. Jenkins (Hg.), John Henry Newman and Modernism (Newman-Studies 16), Sigmaringendorf 1990.

115 David G. Schultenover, George Tyrrell. 'Devout disciple of Newman', in: Heythrop Journal 33 (1992) 20-44.

schen Individualismus", so wurde argumentiert, bestehe ein unüberbrückbarer Abgrund[116]. Angesichts solcher, letztlich von dogmatischen Vorgaben geleiteter Urteile, versteht man freilich erst so recht das Anliegen Loomes, wenn er das Gemeinsame in den verschiedenen katholischen Reformbewegungen in den Mittelpunkt zu stellen suchte und nicht so sehr das sicher auch vorhandene Verschiedene. Er hat die Frage "Was ist nun eigentlich Modernismus?" neu gestellt, eine Frage, welche die nordamerikanische Modernismusarbeitsgruppe schließlich veranlaßte, auch ihrerseits grundsätzlich über die Definition und die Einordnung des Modernismus in die Theologie-, Geistes-, und Kirchengeschichte nachzudenken, und zwar bereits in dem Werk von 1984: *Modernism. Origins, Parameters, Prospects*[117].

Doch nicht nur in Hinsicht auf solche Grundsatzfragen wurde neues Material ans Licht gefördert, es wurde auch gezeigt, daß Tyrrell, etwa in der englischen Jesuitenprovinz, kein Einzelgänger war. Wertvoll erscheint in diesem Zusammenhang die Edition seines Briefwechsels mit einem Mitbruder, dem bekannten Mystikforscher *Thurston*[118]. Insbesondere aber ist die einfühlsame Biographie des Anglikaners Nicholas Sagovsky zu nennen, zweifellos ein reifes, fundiertes und zugleich spannend geschriebenes Buch[119], das auch Loisy Gerechtigkeit widerfahren läßt, indem es aufweist, daß dieser aufrichtige Charakter von Pius X. aus der Kirche hinausgedrängt wurde: "Er soll verbrennen, was er angebetet, und anbeten, was er verbrannt hat"[120]. Schließlich blieb der Hinweis Loomes auf die deutsche Welt im Umfeld des Modernismus in Amerika und Kanada nicht ungehört. Neben Schell[121] und Kraus[122] traten die Protestanten Eucken und Troeltsch[123] als Gesprächspartner von Hügels, dazu die Neukantianer Bruno Bauch und Hans Vaihinger, ins Blickfeld[124].

Am Ende dieses Überblicks auf die einschlägigen Studien im angelsächsischen Raum stehe der Hinweis auf die jüngst erschienene wichtige und umfassende Arbeit über den gesamten europäischen und amerikanischen Modernismus von Marvin O'Connell. Sie bietet unter anderem eine gute Zusammenfassung neuerer Forschungsergebnisse, vor allem was die Einordnung und Wertung der Modernismuskrise anlangt. Allerdings kommt der deutsche Modernismus bei O'Connell nicht vor[125]. Zu erwähnen sind ferner einige neuere Arbeiten zu Isaac Thomas P. Hecker[126], aber auch auf Studien von *R. Scott Appleby* zum Weiterleben des Amerikanismus und Modernismus in den Vereinigten Staaten[127]. Auch seine letzten Arbeiten hierzu vermitteln neue Einsichten. Bisher wenig bekannte Gestalten des amerikanischen Moder-

---

116 So Paul Olivier, in: Recherches de Science Religieuse 80 (1992) 423.

117 Ronald Burke/Gary Lease/George Gilmore, Modernism. Origins, Parameters, Prospects, Mobile (Ala.), Spring Hill College 1984.

118 Robert Butterworth, A Jesuit Friendship. Letters of G. Tyrrell to Herbert Thurston, London 1988.

119 Nicholas Sagovsky, 'On God's Side'. A Life of George Tyrrell, Oxford 1990.

120 Ebd., 178f.

121 Vgl. George E. Griener, Herman Schell and the Reform of the Catholic Church in Germany, in: Theological Studies 54 (1993) 427-454.

122 Hans Rollmann, Franz Xaver Kraus and John Henry Newman, in: Downside Review 109 (1991) 44-51.

123 Ebd. 100 (1982) 193-198.

124 Hans Rollmann, Von Hügel, Kant and Vaihinger, ebd. 102 (1984) 32-47.

125 Marvin R. O'Connell, Critics on Trial. An Introduction to the Catholic Modernist Crisis, Washington D.C. 1994.

126 Siehe oben Anm. 14 und Anm. 16.

127 R. Scott Appleby, American Catholic Modernism at the Turn of the Century, Dissertation, Divinity School of the University of Chicago 1985.

nismus wie John Richard *Slattery* werden als Vertreter eines genuin amerikanischen Modernismus vorgestellt[128].

Begrüßenswert ist auch das Einsetzen der Antimodernismusforschung in den Vereinigten Staaten. Hier ist an erster Stelle das Werk *A View from Rome* von P. Schultenover zu nennen, das mit dem Nachlaß des Jesuitengenerals Louis Martín García bisher unbekanntes Quellenmaterial benützt[129]. Unwillkürlich fragt man sich, wo sonst noch Quellen zum Antimodernismus liegen mögen. Sicherlich nicht nur in den vatikanischen Archiven, deren - wenigstens teilweise - Benützung noch nicht allzulange möglich ist, was erklären mag, daß wir weit mehr Studien über den Modernismus als über den Antimodernismus besitzen. Schultenovers Werk zeichnet sich insbesondere durch den Versuch aus, das Phänomen des Antimodernismus mit Hilfe eines sozio-kulturellen, bzw. kulturanthropologischen Deutungsmusters zu erklären. Das Zauberwort für Schultenover ist im Anschluß an David D. Gilmore der Begriff des *Mediteranean Mind*, näherhin die typisch "mediterane" archaische Kultur und Gesellschaft mit ihrem Patriachalismus und ihrem auf Besitz und Familie gegründeten Herrschaftsdenken, worauf dann der gesamte kuriale Integralismus und Antimodernismus zurückgeführt wird. Als Gegenpol erscheint die aufgeklärte, moderne, leistungsorientierte angelsächsische Welt[130]. Man wird ein solches Deutungsmuster nicht einfach mit dem Argument abtun können, es habe ja auch nichtromanische Antimodernisten gegeben. Schon Döllinger, der ähnlich argumentiert hat, wußte darum, daß deutsche Prälaten in Rom die römische Mentalität sich zu eigen machten[131]. Und diese Mentalität weist nun in der Tat - man denke nur an den römischen *clientelismo*[132] - antimoderne Züge auf. Zum andern erscheint das Modell eines "pathologischen" *Mediteranian Mind*, so wie es hier vorgetragen wird, als eine grob vereinfachende Konstruktion, wenn nicht als Ausdruck von Überheblichkeit. Richtiger wäre es, vom Modernisierungsmodell auszugehen, wobei im Einzelfall sorgfältig zu fragen wäre, wieweit tatsächlich retardierende Momente und Ungleichzeitigkeiten in den Kulturen hinter den kirchlichen Konflikten stehen.

5. Forschungen zum spanischen Modernismus

Ein Land fehlt noch, das auf den ersten Blick mit dem Modernismus wenig zu tun zu haben scheint: Spanien. Zu Recht hat jedoch Loome auf den vergessenen "Modernismus" von *Miguel da Unamuno* hingewiesen[133]. Als einer der wenigen spanischen Intellektuellen las Unamuno nicht nur Loisy und Tyrrell, sondern hatte auch Beziehungen zu Winfrid Ward und Paul Sabatier, zu Hügel und Troeltsch. Auf der Suche nach Literatur zum Modernismus in Spanien

---

[128] Ders., "Church and Age unite!": The Modernist Impulse in American Catholicism, Notre Dame 1992; ders., The Triumph of Americanism. Common Ground of U.S. Catholics in the Twentieth Century, in: Mary Jo Weaver - R. Scott Appleby (Hg.), Being Right. Conservative Catholics in America, Bloomington (Indiana) 1995, 37-62.

[129] David G. Schultenover SJ., A View from Rome. On the Eve of the Modernist Crisis, New York 1993.

[130] Ebd., 161-244.

[131] Quirinus [=Johann Joseph Ignaz von Döllinger], Römische Briefe vom Concil, München 1870, 93f (mit Bezug auf Kardinal Carl August Graf von Reisach).

[132] Vgl. Christoph Weber, Senatus Divinus. Verborgene Strukturen im Kardinalskollegium der frühen Neuzeit (Beiträge zur Kirchen- und Kulturgeschichte 2), Frankfurt am Main u. a. 1996.

[133] Loome, Liberal Catholicism (wie Anm 83), 353.

fand man jedoch, abgesehen von den Attacken eines Jesuiten aus den Jahre 1948[134], bisher so gut wie nichts. Diesem Mangel hat Alfonso Botti vom italienischen Forschungszentrum in Urbino abgeholfen, indem er 1983 zunächst einen einschlägigen Aufsatz vorlegte, dem 1987 ein Werk über die Modernismuskrise in Spanien folgte. Aufschlußreich hierin etwa die Hinweise auf den "Modernisten" Pey Ordeix und seine Mitarbeit bei der *Revue Moderniste Internationale*[135].

6. *Länderübergreifende Modernismusforschung*

Zum Schluß des Überblicks über die Modernismusforschung im nichtdeutschen Raum sei auf die erwähnten Arbeiten von Zorzi und O'Connell hingewiesen[136]. Sie bilden zwei der wenigen Beispiele von Veröffentlichungen, in denen eine wichtige Anregung Loomes eingelöst und der Weg für zukünftige Forschungen gewiesen wurde. Zorzi wie O'Connell gehen über nationale Grenzen hinaus und machen die internationale Gestalt des Modernismus sichtbar, die dieser nun einmal hatte, so sehr er in den einzelnen Ländern sich um Versöhnung mit den jeweiligen nationalen Kulturen bemühte. Es wäre dringend zu wünschen, daß auch andere Modernismusforscher über den Tellerrand ihrer eigenen Kultur hinausblicken. In diesem Zusammenhang sei auf die schon längst fällige Erschließung der *Revue Moderniste Internationale*[137] angeregt. Internationale Kongresse zur Modernismusproblematik sind wünschenswert[138].

7. *Zum Modernismus in Deutschland*

Wenn man weiß, daß zur Zeit der Modernismuskrise in Deutschland sowohl von protestantischer wie von modernistischer und antimodernistischer Seite (Holl, Kübel, Schnitzer, Gisler) beachtliche Gesamtdarstellungen des Modernismus erschienen sind[139], wundert man sich zunächst, daß die neuere Modernismusforschung, mit Ausnahme der inzwischen weithin überholten Veröffentlichungen von August Hagen[140], in Deutschland erst sehr spät einsetzte und

---

[134] Nemesio Caminero Gonzáles SJ., Unamuno. Tomo I, Trayectoria de su Ideología y de su Crisis religiosa (Pontificia Universitas Comillensesis. Publicaziones anejas a "Miscelamea Comillas", Serie filosofica, vol. II), Comillas (Santander) 1948.

[135] Alfonso Botti, Unamuno e il modernismo religioso, in: Studi in onore di Lorenzo Bedeschi I (wie Anm. 23), 243-280; ders., La Spagna e la crisi modernista. Cultura, società civile e religiosa fra Otto e Novecento, Brescia 1987. - Vgl. auch Alain Guy, Unamuno, in: Xavier Palacios/Francisco Jaurauta, Razón, ética y política. El conflicto de las sociedades modernas, Barcelona 1989, 197-217.

[136] Giuseppe Zorzi, Auf der Suche nach der verlorenen Katholizität (wie Anm. 111); Marvin R. O' Connell, Critics on Trial (wie Anm. 125).

[137] Sie erschien von 1910 bis zum Juni 1912. Rivière, Le Modernisme (wie Anm 7), XVII, 458.

[138] Als vielversprechender Beginn darf der Convegno internazionale di studi storici zum Thema "Il modernismo tra cristianità e secolarizzazione. Bilanci e prospettivi" vom 1. bis 4. Oktober 1997 in Urbino genannt werden, mit der Teilnahme führender Modernismusforscher aus sieben bis acht Ländern.

[139] Karl Holl, Der Modernismus (Religionsgeschichtl. Volksbücher 4) Tübingen 1908; Johannes Kübel, Geschichte des kath. Modernismus, Tübingen 1909; Joseph Schnitzer, Der katholische Modernismus, in: ZPol 5 (1911) 1-128; ders., Der katholische Modernismus (Die Klassiker der Religion 3), Berlin-Schöneberg 1912; Anton Gisler, Der Modernismus, Einsiedeln ^{4}1912.

[140] August Hagen, Der Reformkatholizismus in der Diözese Rottenburg (1902-1920), Stuttgart 1962; ders., Die kirchl. Aufklärung in der Diözese Rottenburg. Bildnisse aus einem Zeitalter des Übergangs, Stuttgart 1953;

sich auch dann zunächst mit nichtdeutschen Gestalten von Tyrrell und Hügel bis Loisy und Blondel befaßte[141]. Wenn man freilich darum weiß, daß schon bald nach dem Erscheinen der Enzyklika *Pascendi* von seiten der deutschen Bischöfe mit viel Erfolg die Parole ausgegeben worden war, in Deutschland habe es keinen Modernismus gegeben[142], wird der Sachverhalt einigermaßen verständlich. Bei genauerem Hinsehen stellt man jedoch fest, daß das Interesse am Modernismus in Deutschland nie ganz geschwunden war. Zu nennen ist neben Joseph Schnitzer, der Houtin für seine Modernismusmonographie[143] mit Material versorgte[144], vor allem Friedrich Heiler[145], der seinerseits durch die Begegnung mit Bischof Nathan Söderblom und dessen an Hügel und Tyrrell orientierter Modernismusrezeption[146] geprägt war[147]. Heiler stand Studienrat Oskar Schröder nahe, der wie kein anderer deutscher Theologe in das Gedankengut des Modernismus, vor allem Tyrrells, eingedrungen war. Zeugnis dafür sind die von ihm verfaßten Passagen der beiden großen Reformschriften *Der Katholizismus. Sein Stirb und Werde* und *Der Katholizismus der Zukunft*[148], sowie seine Einleitung zu dem von ihm übersetzten und von Heiler herausgegebenen letzten Werk Tyrrells *Das Christentum am Scheideweg*[149]. Zeugnis dafür und zugleich sein Vermächtnis ist das 1969 erschienene Werk *Aufbruch und Mißverständnis*, eine persönlich geprägte, aber umfassende Geschichte des Modernismus und seines Weiterwirkens, auch in Deutschland, ein Werk, das leider kaum rezipiert wurde, vielleicht, weil man damals glaubte, den Modernismus könne man getrost ad acta legen, da das, was er wollte, durch das Konzil inzwischen verwirklicht sei[150].

Die neuere wissenschaftliche Beschäftigung mit dem "deutschen Modernismus" setzte sehr zögernd ein. Sieht man von deutschen Veröffentlichungen zu nichtdeutschen Modernisten ab, so standen am Beginn des deutschen Forschungsinteresses die Gestalten im Vorfeld und Umfeld des Modernismus, so zum *Gewerkschaftsstreit*[151], vor allem aber zu Herman Schell, der schon bald in die Orthodoxie heimgeholt wurde und in der Zwischenzeit zu einem der beliebtesten Themen der Theologiegeschichte geworden ist. Man vergleiche hierzu die Literaturan-

---

ders., Philipp Funk, in: Gestalten aus dem schwäbischen Katholizismus, 3 Bde., Stuttgart 1948-1954, Bd. 3, 244-283; ders., Herman Hefele, ebd., 284-321.

141 Vgl. etwa: Bruno Faupel, Die Religionsphilosophie George Tyrrells (FThS 29), Freiburg 1976; Peter Neuner, Religiöse Erfahrung und geschichtl. Offenbarung. Friedrich von Hügels Grundlegung der Theologie (BÖT 15), München-Paderborn-Wien 1977; Richard Schaeffler, Der "Modernismusstreit" als Herausforderung an das philosophische theologische Gespräch, in: ZThPh 55 (1980) 514-534.

142 Hirtenschreiben vom 10. Dezember 1907, in: Friedrich D. Wiegand, Kirchliche Bewegungen der Gegenwart. Eine Sammlung von Aktenstücken, Heft 1, Leipzig 1908, 145-153.

143 Albert Houtin, Histoire du modernisme catholique, Paris 1913.

144 Joseph Schnitzer an Albert Houtin, mehrere Briefe aus den Jahre 1911 und 1912, Fonds Houtin 15733, 32, 36, 41, 45, 54 u.ö., Bibliothèque Nationale Paris.

145 Friedrich Heiler, Das Wesen des Katholizismus. Sechs Vorträge, gehalten im Herbst 1919 in Schweden, München 1920; ders., Der Katholizismus. Seine Idee und seine Erscheinung, München 1923.

146 Nathan Söderblom, Religionsproblemet inom katolicism och protestantism, Stockholm 1910.

147 Vgl. Friedrich Heiler, Erinnerungen an Erzbischof Söderblom, in: Eine Heilige Kirche 18 (1936) 174. - Vgl. Paul Misner (Hg.), Friedrich v. Hügel - Nathan Söderblom – Friedrich Heiler, Briefwechsel 1909-1931 (Konfessionskundl. Schriften des Johann-Möhler-Instituts 14), Paderborn 1981.

148 Der Katholizismus. Sein Stirb und Werde. Von katholischen Theologen und Laien, hg. von Gustav Mensching, Leipzig 1937; Der Katholizismus der Zukunft. Aufbau und kritische Abwehr. Von katholischen Theologen und Laien, hg. von Hermann Mulert, Leipzig 1940.

149 George Tyrrell, Das Christentum am Scheideweg, hg. von Friedrich Heiler, München/Basel 1959, 9-40.

150 Oskar Schroeder, Aufbruch und Mißverständnis. Zur Geschichte der reformkatholischen Bewegung, Graz 1969.

151 Vgl. Rudolf Brack, Deutscher Episkopat u. Gewerkschaftsstreit 1910-1914, Köln-Wien 1976.

gaben im Bio-bibliographischen Kirchenlexikon[152]. Schell folgt mit Abstand Kraus, dessen Rehabilitation bereits in den 1930er Jahren durch Matthias Laros eingeleitet wurde[153]. 1971 erschien dann ein Verzeichnis von Modernistica der *Minerva Reprints*, das neben Werken von Loisy und Tyrrell auch einige deutsche Titel enthielt, so etwa den Überblick über den Modernismus von Schnitzer in der *Zeitschrift für Politik*[154]. Offensichtlich glaubte der Verlag, ein Boom der Modernismusforschung stehe nach dem Konzil auch in Deutschland bevor. Tatsächlich sind jedoch die meisten der in dem Verzeichnis genannten Titel nie nachgedruckt worden, weil die nötige Anzahl an Bestellungen fehlte. Dennoch begann nun auch in Deutschland die Erforschung des eigenen Modernismus. Die wichtigste Veröffentlichung hierzu bildete die verdienstvolle Arbeit von Norbert Trippen[155], die zu dem von Hagen erforschten deutschen Südwesten den Norden und den Süden, Preußen und Bayern, hinzufügte und an den Gestalten von Albert Ehrhard und Joseph Schnitzer die Maßnahmen des Antimodernismus und die Schwierigkeiten exemplarisch darstellte, denen Männer unterworfen waren, die in der römischen Kirche wagten, sich gegen die herrschende Neuscholastik zu artikulieren. Schon zuvor hatten Karl Färber und Max Seckler am Beispiel des *Falles Wilhelm Koch* auf die kirchlichen Verfolgungsmechanismen hingewiesen[156]. Mit Fragen, die mit dem Modernismus und Antimodernismus zusammenhingen, hat sich auch der Arbeitskreis *Theologie im 19. Jahrhundert* auseinandergesetzt. Hier dürfte vor allem der Band *Aufbruch ins 20. Jahrhundert* zu nennen sein, in dem verschiedene Aspekte des Modernismus und Antimodernismus in Deutschland beleuchtet wurden[157]. Unter den Autoren sei Rudolf Reinhardt hervorgehoben, der auch sonst durch Beiträge zu der Thematik im südwestdeutschen Raum hervorgetreten ist[158]. Erwähnt sei aber auch der von Erika Weinzierl bereits 1974 besorgte Sammelband *Der Modernismus*[159]. Bedeutsam hier sicherlich der Blick auf Österreich, auch wenn hier noch manches zu tun bleibt.

1979 erschien das Buch von Loome. Was es der deutschen Modernismusforschung nahegebracht hat, ist die Erkenntnis, daß der sogenannte Modernismus eine Ausdrucksform des liberalen Katholizismus war, daß zum andern die Antimodernismuskampagne sich im Grunde gegen jeden nichtscholastischen Denkansatz wandte. Damit hat Loome der Forschung Impulse in die richtige Richtung gegeben. Neben seinen neuen Akzentsetzungen hätten darüber hinaus vor allem zwei Momente in seinem Werke die deutsche Modernismusforschung ankur-

---

[152] Raimund Lachner, Schell, Herman, in: BBKl IX (1995) 94-99.

[153] Matthias Laros, Franz Xaver Kraus, in: Hochland 38 (1940/41) 9-21.

[154] Minerva Reprints, Modernismus - Modernism (Minerva GmbH, Frankfurt am Main, Morgensternstraße 37) [Prospekt] 1972.

[155] Norbert Trippen, Theologie und Lehramt im Konflikt. Die kirchlichen Maßnahmen gegen den Modernismus im Jahre 1907 und ihre Auswirkungen in Deutschland, Freiburg-Basel-Wien 1977.

[156] Karl Färber, Erinnerungen an Wilhelm Koch, in: ThQ 145 (1970) 102-112; Aktenstücke zum Fall Wilhelm Koch, ebd., 105, 113-115; Max Seckler, Theologie vor Gericht. Der Fall Wilhelm Koch - Ein Bericht (Contubernium 3), Tübingen 1972.

[157] Georg Schwaiger (Hg.), Aufbruch ins 20. Jh. Zum Streit um den Reformkatholizismus und Modernismus (Stud. zur Theol. u. Geistesgesch. des 19. Jh. 23), Göttingen 1976.

[158] Rudolf Reinhardt, Ein "Kulturkampf" an der Universität Freiburg. Beobachtungen zur Auseinandersetzung um den Modernismus in Baden, in: Schwaiger, Aufbruch (wie Anm. 156), 90-138; ders., Zu den Auseinandersetzungen um den "Modernismus" an der Universität Tübingen, in: ders. (Hg.), Tübinger Theologen und ihre Theologie. Quellen und Forschungen zur Gesch. der Kath.-Theol. Fakultät Tübingen, Tübingen 1977, 276-285; ders., Theologie zwischen Gewissen und Gehorsam. Zu den Auseinandersetzungen um den "Modernismus" in Württemberg, in: Hansmartin Decker-Hauff u. a. (Hg.), 500 Jahre Erberhard-Karls-Universität. Beiträge zur Geschichte der Universität Tübingen 1477 bis 1977, Tübingen 1977, 429-470.

[159] Erika Weinzierl (Hg.), Der Modernismus. Beiträge zu seiner Erforschung, Graz-Wien-Köln 1974.

beln müssen: Zum einen der Hinweis auf die deutsche Komponente, sei sie nun protestantisch oder katholisch, auch wenn Loome die Rolle Joseph Sauers in diesem Zusammenhang überschätzte[160], zum andern das Zusammentragen von geschriebenen und ungeschriebenen Quellen, seine ins einzelne gehenden Hinweise auf Nachläße und Archive. Doch obwohl die Fundstellen nun bekannt waren und obwohl Loomes Buch eingehend in deutscher Sprache durch Manfred Weitlauff[161] vorgestellt worden war, machte sich zunächst niemand daran, die Anregungen aufzugreifen. Freilich mit einer bedeutenden Ausnahme: Christoph Webers Edition der Essays von Franz Xaver Kraus[162]. Die nächste wirklich aus den Quellen gearbeitete Studie zur deutschen Modernismusthematik stellte jedoch erst wieder der umfangreiche Artikel Manfred Weitlauffs zum *Modernismus litterarius* dar[163]. Dazu kam ein aus "antimodernistischer" Sicht geschriebener, umfassender Überblick von Wilhelm Imkamp, sowie eine kurze Studie des gleichen Autors, die sich der Frage zuwendet, wieweit die praktischen Reformer als "Modernisten" bezeichnet werden können[164]. Genannt sei ferner ein Artikel von Nikolaus Schloßmacher, der die antiultramontane Akzentsetzung von Gruppierungen um die Zeitschrift *Das Neue Jahrhundert* herausstellt[165]. 1995 erschien schließlich mein Buch *Der Modernismus in Deutschland*[166], das eine lebhafte Diskussion ausgelöst hat. Hingewiesen sei auf die Gesprächsbeiträge von Peter Neuner, Friedrich Wilhelm Graf, Carl Amery, Oskar Köhler und Manfred Weitlauff[167]. Zu begrüßen ist auch, daß einigen der von mir gezeichneten deutschen "Modernisten" in der Zwischenzeit Monographien gewidmet wurden. An erster Stelle sei die vorbildliche Studie von Karl Hausberger über *Thaddäus Engert*[168] erwähnt. Zu *Philipp Funk* liegt eine umfangreiche und quellengesättigte Dissertation vor[169], die jedoch die in sie gesetzten Erwartungen nicht erfüllt hat. Denn so fleißig der Autor auch recherchierte und so viele bisher unbekannte Einzelheiten er beibringen konnte, die Arbeit ist weithin ein Quellenreferat geblieben, die der Bedeutung Funks nicht gerecht wird.

---

160 Loome, Liberal Catholicism (wie Anm. 83), 109-122, 347f.

161 Manfred Weitlauff, "Modernismus" (wie Anm. 100).

162 Christoph Weber (Hg.), Liberaler Katholizismus. Biographische und kirchenhistorische Essays von Franz Xaver Kraus, Tübingen 1983.

163 Manfred Weitlauff, "Modernismus litterarius". Der "Katholische Literaturstreit", die Zeitschrift "Hochland" und die Enzyklika "Pascendi dominici gregis" Pius' X. vom September 1907, in: BABKG 37 (1988) 97-175.

164 Wilhelm Imkamp, Die kath. Theologie in Bayern von der Jahrhundertwende bis zum Ende des zweiten Weltkriegs, in: Walter Brandmüller (Hg.), Handbuch der Bayerischen Kirchengeschichte, Bd. 3: Vom Reichsdeputationshauptschluß bis zum Zweiten Vatikanischen Konzil, St. Ottilien 1991, 539-651; ders., De modernista ut reformator, in: Studi Tomistici 60 (1995) 351-367.

165 Norbert Schloßmacher, Antiultramontanismus im kath. Deutschland. Ein Versuch, in: Wilfried Loth (Hg.), Deutscher Katholizismus im Umbruch zur Moderne (Konfession u. Gesellschaft 3), Stuttgart-Berlin-Köln 1991, 164-198.

166 Otto Weiß, Der Modernismus in Deutschland. Ein Beitrag zur Theologiegeschichte, Regensburg 1995.

167 Peter Neuner, Eine neue Epoche in der Modernismusforschung, in: MKTHZ 47 (1996) 77-81; Friedrich Wilhelm Graf, Gerechtigkeit für die Margarinekatholiken, in: FAZ vom 16. Januar 1996, Nr. 13, 31; Carl Amery, Das Dogma siegt. Vom Kampf der katholischen Kirche gegen den Modernismus, in: SZ vom 29. März 1996, Nr. 75, 14; Oskar Köhler, Die bleibende Modernismuskrise, in: StZ 214 (1996) 349-351; Manfred Weitlauff, in: ZKG 107 (1996) 422-427.

168 Thaddäus Engert (1875-1945). Leben und Streben eines deutschen Modernisten, Regensburg 1996.

169 Roland Engelhart, "Wir schlugen unter Kämpfen und Opfern dem Neuen Bresche". Philipp Funk (1884-1937) - Leben und Werk, Frankfurt am Main u. a. 1996.

II. Defizite und Desiderate der Forschung

1. Inhaltliche Defizite

Es fällt auf, daß der "Antimodernismus" weit weniger untersucht wurde als der "Modernismus". Trotz zahlreicher Vorarbeiten fehlt zum Beispiel eine gültige Monographie über Monsignore Benigni, ganz zu schweigen von anderen Gestalten, die - so unauffällig ihre Position gewesen sein mag - am Schalthebel der Macht saßen, wie der Privatsekretär Pius' IX. Giovanni Bressan. Selbst führende Antimodernisten wie die Kardinäle De Lai und Vives y Tuto geben noch viele Rätsel auf[170]. Und wie steht es mit dem Antimodernismus außerhalb Roms? Was wissen wir, um nur einige Namen zu nennen, von Julien Fontaine, Alphonse Delattre, Guido Mattiussi, Albert Maria Weiß, Anton Mauß? Was wissen wir von Ernst Commer, dessen Nachlaß bis heute weithin ungeordnet in Graz liegt? Immerhin sind wenigstens zu ihm "Ansätze" einer Erforschung sichtbar[171]. Doch nicht nur die Antimodernisten, auch jene Männer, die, oft an führender Position, zu vermitteln suchten und dabei nicht selten zwischen die Fronten gerieten, von Kardinal Mercier bis zu Nuntius Frühwirth[172], harren noch vielfach einer gründliche Untersuchung.

Auch der Modernismus selbst ist noch lange nicht genügend erforscht. Noch immer gibt es weiße Flecken auf der Landkarte. Was ist mit dem in den Quellen vielfach erwähnten Modernismus in Litauen, Polen und in der Tschechei? Was das deutschsprachige Österreich anlangt, so liegt immerhin ein wichtiger Artikel über den kärntischen Pfarrer Vogrinec vor[173]. Zum sogenannten *Literaturstreit*, in den auch Österreich verwickelt war, finden sich mehrere Untersuchungen[174]. Hingewiesen sei auf die jüngste, an bisher unbekannten Quellen orientierte Studie zu Enrica von Handel-Mazzetti[175]. Auch über den "Modernismus" des Schriftstellers Peter Rosegger, eines Mannes von großer Wirkbreite, kann man sich jetzt eingehender informieren[176]. Doch noch immer fehlt eine moderne, allgemein zugängliche Monographie über

---

170 Zu ihnen: Bedeschi, La curia romana (wie Anm. 51), Register.

171 Matthias Buschkühl (Hg.), Michael Glossner und die Theologie seiner Zeit. Briefwechsel Michael Glossner - Ernst Commer, Eichstätt 1992; zu Commer: Sadok Szabó, Prälat Dr. Ernst Commer. Zum Andenken, in: Divus Thomas 6 (1928) 257-291; Gisbert Greshake/Raphael Schulte, Dogmatische Theologie und Dogmengeschichte, in: Ernst Ch. Suttner (Hg.), Die kath. Fakultät der Universität Wien 1884-1984, Berlin 1984, 157-173. - Demnächst: Otto Weiß, Modernismus und Antimodernismus im Dominikanerorden (voraussichtlich Regensburg 1997).

172 Über die Rolle Frühwirths während der Modernismuskrise entsteht bei Manfred Weitlauff eine Dissertation von Jörg Kornacker.

173 Erika Weinzierl, Anton Vogrinec. Ein österreichischer Reformkatholik, in: Gerhard Oberkofler/Eleonor Zlabinger, Ost-West-Begegnung in Österreich (FS Eduard Winter), Wien-Graz-Köln 1976, 323-335.

174 Ernst Hanisch, Der kath. Literaturstreit, in: Weinzierl, Der Modernismus (wie Anm. 158), 125-160; Bernhard Doppler, Katholische Literatur und Literaturpolitik. Enrica von Handel-Mazzetti. Eine Fallstudie (Literatur in der Geschichte - Geschichte in der Literatur 4), Königstein/Taunus 1980; Weitlauff, "Modernismus litterarius" (wie Anm. 162).

175 Karl Hausberger, "Dolorissimamente agitata nel mio cuore cattolico". Vatikanische Quellen zum "Fall" Handel-Mazzetti (1910) und zur Indizierung der Kulturzeitschrift "Hochland" 1911, in: Rudolf Zinnhobler u. a. (Hg.), Kirche in bewegter Zeit. Beiträge zur Geschichte der Kirche in der Zeit der Reformation und des 20. Jahrhunderts (FS Liebmann), Graz 1994, 189-220.

176 Maximilian Liebmann, Religion - Glaube - Kirchen. "Kirche ist mir Nebensache, das Christentum Hauptsache", in: Gerald Schöpfer (Hg.), Peter Rosegger 1843-1918, Graz 1993, 213-233.

den Innsbrucker Kanonisten Wahrmund[177]. Ferner: Was ist mit den Prälaten Schindler und Scheicher? Dieser, einst Mitbegründer der Christlichsozialen Partei war seit dem österreichischen Klerustag von 1901 wegen der Forderung nach einer Kirchenreform verdächtig geworden[178]. 1908 geriet er vollends in die Schußlinie des Antimodernisten und "Schelltöters" Ernst Commer[179]. Sein "Modernismus" ist bis heute nicht aufgearbeitet. Wenden wir uns vom Osten zum Westen des deutschen Sprachraums, so ist der Name Ernst Hauvillers zu nennen, in dem Schell zwar zu Unrecht den genuinen Fortsetzer von Kraus sah[180], dessen Beziehungen zu Kraus, aber auch zur Krausgesellschaft noch weiterer Aufhellung bedürften. Auch die elsässischen Schellschüler Alexander Hoch und Carl Didio[181] sind so gut wie unbekannt. Was Deutschland selbst anlangt, so dürfte auch hier noch vieles zu tun sein. Immerhin sind einige bedeutende Arbeiten bald zu erwarten. So insbesondere eine kritische Analyse der "Modernistenzeitschrift" *Das Neue* bzw. *Das Zwanzigste Jahrhundert*, die Aufschluß über die Personen und Gruppieren geben könnte, die in der Zeitschrift zu Wort kommen[182]; desgleichen eine weithin auf bisher unbekannten Quellen basierende Biographie Schells[183]. Außerdem müßte jedoch eine moderne Biographie Albert Ehrhards, aufbauend auf den Studien Trippens und dem Ehrhardnachlaß in Scheyern, an die Stelle der inzwischen überholten Biographie von Alois Dempf treten. So mancher Briefwechsel, der bis heute in Archiven schlummert - ich denke an den Nachlaß Schnitzer und an die weitverstreute Korrespondenz Rudolphis - würde, kritisch ediert, unsere Einsicht in den deutschen Reformkatholizismus und Modernismus vertiefen.

2. *Vergessene Perspektiven*

Leider hat sich vor allem im deutschen Raum die Modernismusdiskussion zum Teil an zweitrangigen Problemen festgebissen. Dazu gehört die "Modernismusbegriffsdiskussion", bei der gewöhnlich zwischen einem engeren und einem weiteren Modernismusbegriff unterschieden wird[184]. Je nachdem, welcher der beiden als gültig angesehen wird, gelangt man dann zu der Ansicht, es habe kaum Modernisten gegeben - in Deutschland seien es höchstens zwei gewesen -, oder aber, jeder Theologe, ja jeder Katholik, der nicht Antimodernist sei, sei Modernist. Es dürfte daher hilfreich sein, bei der Begriffsbestimmung von Modernismus außer dem Wortlaut und der Intention der Enzyklika *Pascendi* das Selbstverständnis der Betroffenen zu berücksichtigen. Modernismus könnte dann umschrieben werden als eine spezifische Ausprä-

[177] Vgl. Mathias Höttinger, Der Fall Wahrmund. Ungedruckte phil. Diss., Wien 1949. - Zum "Fall Wahrmund" auch der Roman: Hans Karl von Molo, Das heilige Feuer, Leipzig 1920.

[178] Vgl. Joseph Scheicher, Der österreichische Klerustag. Ein Stück Welt- und Kirchengeschichte, Wien-Leipzig o. J. [1901]; vgl. Correspondenz-Blatt für den katholischen Klerus Oesterreichs 10 (1901) Nr. 20, 722-726.

[179] Ders., Die Encyclika gegen den Modernismus, in: Correspondenz-Blatt (wie Anm. 177), 17 (1908), Nr. 3, 109-112; ders., Scheicher - ein Modernist?, ebd., Nr. 4, 157f; ders., Warum?, ebd., Nr. 9, 377f; ders., Erlebnisse und Erinnerungen, Bd. 3/2, Wien-Leipzig o. J., 198-287.

[180] Vgl. Weiß, Der Modernismus (wie Anm. 165), 207. - Zu Hauviller: Nouveau Dictionnaire de Biographie Alsacienne, Bd. 15, Strasbourg 1989, 1459.

[181] Zu ihm: ebd., Bd. 7, Strasbourg 1985, 639f.

[182] Verfasser ist Jörg Haustein, Kiel.

[183] Diese wird Karl Hausberger, Regensburg, vorlegen.

[184] Vgl. zuletzt: Norbert Trippen, Gesellschaftliche und politische Auswirkungen der Modernismuskrise in Deutschland, in: Albrecht Langner (Hg.), Katholizismus und philosophische Strömungen in Deutschland, Paderborn u. a. 1982, 59-104; 65f; Albrecht Langner, Diskussionsbericht, ebd., 167-185; 170-176.

gung der Begegnung von Kirche und Theologie mit dem neuzeitlichen Denken. In diesem Sinne jedenfalls wird der Modernismusbegriff weithin in der nichtdeutschen Literatur gebraucht. Lassen wir es dabei bewenden[185] und weisen auf einige mindestens genau so wichtige, aber bisher kaum zur Sprache gekommene Fragestellungen hin.

Ein *erster* Fragenkomplex betrifft die *theologie- und philosophiegeschichtliche Einordnung* von Modernismus und Antimodernismus. Wird der Modernismus als Ausprägung eines alternativen, nichtintegralistischen "liberalen" Katholizismus verstanden, so wäre aufzuweisen, was ihn nun inhaltlich mit früheren Annäherungen an die Moderne - "Nominalismus", "Reformation", "Humanismus", "Jansenismus", "kirchliche Aufklärung" verband und was sein Spezifikum ausmachte. Auch wäre zu fragen, wieweit der Modernismus der Jahrhundertwende, so sehr er einerseits dem modernen, aufgeklärten Denken verbunden war, auch antimoderne, irrationale, mystische Züge aufwies, wie umgekehrt die römische Orthodoxie durch ihren übersteigerten Rationalismus und Glaubenspositivismus "modernistisch" wirkte. Die Auflehnung des sogenannten "Modernismus" gegen den römischen Fundamentalismus könnte dann durchaus als Mitvollzug einer allgemeinen Positivismuskritik verstanden werden, die Hand in Hand ging mit der Entdeckung der Erfahrung, der Intuition und des Erlebnisses[186]. Umgekehrt wäre zu zeigen, daß "römisch" gesinnte Kirchenmänner und Theologen nicht nur "moderne" Ansätze in der Theologie vereitelten, sondern auch, was vielfach übersehen wird, gestützt auf die Neuscholastik, die "moderne" positivistische Wissenschaftsgläubigkeit des 19. Jahrhunderts auf Theologie und Dogma übertrugen und fast so etwas wie eine "Naturwissenschaft des Glaubens" fabrizierten. In diesem Zusammenhang ist daran zu erinnern, daß Mitglieder des Jesuitenordens, der mit seiner suárezianisch-molinistischen Richtung dazu neigte, Glauben in Wissen aufzulösen, um die Jahrhundertwende das Sagen hatten. Den Auseinandersetzungen zwischen "Thomisten" und "Molinisten", die damals in theologischen Zeitschriften ausgefochten wurden, wäre nachzugehen. Erinnert sei daran, daß die Angriffe der Innsbrucker Jesuiten gegen Schell von Zeitgenossen zunächst als Attacken der Molinisten gegen einen Thomisten empfunden wurden. Und noch Wittig fühlte sich wegen seines Thomismus bekämpft[187].

Ein *zweiter* Fragenkomplex läßt sich in die Frage zusammenfassen: War der Reformkatholizismus und Modernismus, zumal in Deutschland, ein *Linkskatholizismus* oder war er nicht eher ein *Rechtskatholizismus*, oder gar ein *Staatskatholizismus*[188]? In gewisser Hinsicht war dies Tradition bei einem Teil des katholischen Bildungsbürgertums. Auch deutsche Theologen, wie Döllinger, suchten und fanden Rückenstärkung beim Staat. Die theologischen Fakultäten an den staatlichen Universitäten gewährten der Theologie gegenüber dem Lehramt einen gewissen Freiraum und ermöglichten damit deren lebendige Entfaltung. Doch wenn der deutsche Modernismus in mancher Hinsicht einen "Rechtskatholizismus" darstellte, war er dann, wie neuere Veröffentlichungen - von Nikolaus Schloßmacher[189] bis Winfried Becker -

---

[185] Hierzu Otto Weiß, Der Modernismus. Begriff - Selbstverständnis - Ausprägungen - Weiterwirken; in diesem Band.

[186] Vgl. Hans-Georg Gadamer, Wahrheit und Methode. Grundzüge einer philosophischen Hermeneutik, Tübingen ^{6}1990, 66-76.

[187] Karl Hennemann, Ernst Commers Briefe an Hermann Schell von 1885-1879, Würzburg 1907, 15. - Vgl. Karl Eschweiler, Die zwei Wege der neueren Theologie, Augsburg 1926.

[188] Vgl. Winfried Becker, Modernismus und Modernisierung. Ein Versuch zur Abgrenzung der Positionen von Franz Xaver Kraus, Hermann [sic!] Schell, Georg von Hertling und Ludwig Windthorst in der Auseinandersetzung um den Katholizismus im Kaiserreich, in: ZBLG 57 (1994) 119-141. Die Studie geht von einer unzulässigen Gleichsetzung des Katholischen in Deutschland mit dem "deutschen Katholizismus" aus.

[189] Vgl. Schloßmacher, Antiultramontanismus (wie Anm. 165).

nahelegen, nur eine Abart das Antiultramontanismus und nichts anderes als ein liberalnationaler Staatskatholizismus oder gar nur Teil einer kulturprotestantischen deutschen "Zivilreligion"? Daß die Gefahr hierzu bestand, sei nicht geleugnet, doch wußten die aufgeschlossenen katholischen Theologen im allgemeinen, wieweit der Schutzfunktion des Staates gehen durfte. Richtig ist allerdings, daß sich die meisten derselben, wie schon Franz Xaver Kraus, vom Milieu des "deutschen Katholizismus" und vom deutschen Zentrum deutlich distanzierten. Dies grundwegs als "Substanzminderung" und "Zugeständnis an den Zeitgeist" zu qualifizieren,[190] geht jedoch zu weit, es sei denn, schon die Offenheit für deutsche Kultur und Dichtung werde mit "Verfallenheit an den Zeitgeist" gleichgesetzt.

Ein *dritter* Fragenkomplex bezieht sich auf das *Fortleben der modernistischen Krise*. Gab es so etwas wie eine Kontinuität, die vom Modernismus der Jahrhundertwende zum Zweiten Vatikanischen Konzil führte[191]? Wie war es in der Zeit, die der Antimodernismuskampagne mit ihren Verurteilungen folgte? Gab es klandestine "Modernisten" in den zwanziger und dreißiger Jahren, oder waren die Themen der "Modernisten" der Jahrhundertwende jetzt, wo sich der Katholizismus neu profilierte, zu Tabuthemen geworden? Zum mindesten wird man antworten können: Es gab die Kontinuität des Antimodernismus, der überall dort "Modernisten" aufspürte, wo Theologen nicht der Neuscholastik und dem römischen rationalistischen Objektivismus folgten. Es gab aber auch die Kontinuität einer im weitesten Sinne modernen oder modernistischen Theologie, die der "religiösen Verinnerlichung" den Vorrang vor allen dogmatischen Festlegungen oder öffentlich-politischen Selbstdarstellungen des Katholizismus gewährte[192]. Bei der *Nouvelle Théologie*[193] und dem *Rheinischen Reformkreis*[194] scheinen darüber hinaus inhaltliche Bezüge zum Modernismus der Jahrhundertwende auf. Schon zuvor erscheint *Friedrich Heiler* in Deutschland als genuiner Erbe der Modernisten[195]. Da er sich über die Konfessionen stellte, war seine Ausstrahlung freilich zunächst auf kleine ökumenische Zirkel beschränkt. Die "modernistische" Wende von der einseitigen Betonung der objektiven Norm hin zum Menschen und seiner Verantwortung zeigt sich aber auch im Lebenswerk heutiger, inzwischen alt gewordener Theologen (Fries, Häring), wobei im Einzelfall den jeweiligen Abhängigkeiten nachzugehen wäre. Ferner: Heute erscheint die an der menschlichen Person orientierte Sichtweise weithin als die gültige. Das christliche Leben wird stärker betont als die christliche Lehre, die Orthopraxie wird über die Orthodoxie gestellt, entscheidend er-

---

190 Becker, Modernismus (wie Anm. 85), 133, 139.

191 Vgl. Maurilio Guasco, Dal modernismo al Vaticano II. Percorsi di una cultura religiosa, Milano 1991.

192 In diese Tradition gehörte die Zeitschrift "Seele" und ihre Mitarbeiter Lippert und Wurm, sowie Joseph Wittig, aber auch Arnold Rademacher.

193 Giuseppe Alberigo/Marie-Dominique Chenu u. a., Une école de théologie. Le Saulchoir, Paris 1985.

194 Vgl. Schroeder, Aufbruch (wie Anm. 149), 474-481.

195 Wichtig in diesem Zusammenhang: Misner, Friedrich v. Hügel (wie Anm. 146).

scheint nicht so sehr das Dogma, sondern das Ergriffensein vom Wort des Evangeliums. Die "Gemeindekirche" wird zum "Ort des Glaubens"[196], man verzichtet auf Gottesbeweise und ist überzeugt, daß "Gott sich an der und durch die Praxis Jesu Christi erweist"[197].

---

196 Paul Weß, Gemeindekirche - Ort des Glaubens. Die Praxis als Fundament und als Konsequenz der Theologie, Graz 1989.

197 Ders., Auseinandersetzung mit einer unsachlichen Polemik gegen einen großen Theologen. Wer zweifelt an Rahners Rechtgläubigkeit?, in: Die Furche 1993, Nr. 19 (13. Mai), 8.

II. Grundsätzliche Reflexionen zur Fragestellung

Moderne Modernisierer, modernitätskritische Traditionalisten oder reaktionäre Modernisten?

Kritische Erwägungen zu Deutungsmustern der Modernismusforschung

Von Friedrich Wilhelm Graf

Vor zwanzig Jahren veröffentlichte Norbert Trippen seine Bonner Habilitationsschrift *Theologie und Lehramt im Konflikt*[1]. Zusammen mit einem 1973 publizierten großen Handbuchartikel Roger Auberts[2] und einem von Manfred Schwaiger herausgegebenen Sammelband[3] markierte sie im deutschen Sprachraum den Beginn einer neuen theologie- und kirchenhistorischen Erforschung der vatikanischen Maßnahmen gegen den Modernismus und ihrer Auswirkungen auf Deutschland. Trippen konzentrierte sich im wesentlichen auf die Universitätstheologen Albert Ehrhard und Joseph Schnitzer und operierte mit einem sehr engen Modernismusbegriff: Angesichts der Vieldeutigkeit des Begriffs[4] und der von Aubert eingeklagten Abgrenzung vom "Reformkatholizismus" rechnete er nur solche akademischen Theologen zu den Modernisten, die die in der Enzyklika *Pascendi* als häretisch inkriminierten Aussagen mindestens partiell vertreten hatten. So fand Trippen an Deutschlands Katholisch-Theologischen Fakultäten nur *einen* echten Modernisten, den Münchner Dogmenhistoriker Joseph Schnitzer[5], der trotz mancher Reserven gegenüber dem Begriff die ihm persönlich gut bekannten akademischen Modernisten des Auslandes in Deutschland popularisiert hatte[6]. Einigen Klerikern in der Provinz, die im Zuge der Antimodernismus-Maßnahmen exkommuniziert oder kirchenamtlich diszipliniert wurden, erkannte Trippen den zum theologischen Ehrentitel beförderten Ketzernamen "Modernist" demgegenüber nicht zu, weil sie modernistische Theologie nur "zum Vehikel ihrer persönlichen Konflikte" wie des Leidens am Zölibat gemacht hätten[7]. Selbst für Thaddäus H. Engert, der vom Würzburger Bischof im Januar 1908 als erster deutscher Kleriker wegen modernistischer Lehren exkommuniziert wurde und sich

---

1 Norbert Trippen, Theologie und Lehramt im Konflikt. Die kirchlichen Maßnahmen gegen den Modernismus im Jahr 1907 und ihre Auswirkungen in Deutschland, Freiburg-Basel-Wien 1977.

2 Roger Aubert, Die modernistische Krise, in: HKG (J) 6/2, 435-500.

3 Manfred Schwaiger (Hg.), Aufbruch ins 20. Jahrhundert. Zum Streit um Reformkatholizismus und Modernismus (StThGG 23), Göttingen 1976.

4 Vgl. insbesondere Trippen, Theologie und Lehramt (wie Anm. 1), 18.

5 Vgl. auch Norbert Trippen, "Zwischen Zuversicht und Mutlosigkeit". Die Görres-Gesellschaft in der Modernismuskrise 1907 - 1914, in: Saeculum 30 (1979) 280-292; 283: "Dagegen kann man in Deutschland mit Mühe einen einzigen Theologen ausfindig machen, der mit einigem Recht Modernist zu nennen ist. Es handelt sich um den Münchner Dogmenhistoriker Joseph Schnitzer". Trippens These ist u. a. von Rudolf Lill vorbereitet worden: Rudolf Lill, Der Kampf der römischen Kurie gegen den "praktischen" Modernismus, in: Erika Weinzierl, Die päpstliche Autorität im katholischen Selbstverständnis des 19. und 20. Jahrhunderts (Internationales Forschungszentrum für Grundfragen der Wissenschaften Salzburg. Elftes Forschungsgespräch), Salzburg-München 1970, 109-123.

6 Vgl. insbesondere: Joseph Schnitzer, Der katholische Modernismus, in: ZPol 5 (1911) 1-128; ders., Der katholische Modernismus (Die Klassiker der Religion 3), Berlin-Schöneberg 1912.

7 Trippen, Theologie und Lehramt (wie Anm. 1), 38.

später selbst als "Modernist" bezeichnete[8], wollte Trippen den Begriff nur eingeschränkt verwendet sehen. Für ihn war der Modernismus ein primär außerdeutsches Phänomen.

In einer viel beachteten Rezension setzte Herman H. Schwedt dem restriktiven Begriffsgebrauch programmatisch einen sehr weiten Modernismusbegriff entgegen: Obgleich Schwedt selbst von der "vielberedete(n) Unbestimmtheit des Begriffes Modernismus" sprach[9], konzipierte er "Modernismus" als einen Gattungsbegriff für alle Gruppen im deutschsprachigen Katholizismus der Jahrhundertwende, die die vatikanischen Maßnahmen nicht ausdrücklich unterstützt und sich selbst dem "als Antimodernismus auftretenden europäischen Rechtskatholizismus" bzw. "autoritären Rechtskatholizismus"[10] zugeordnet hatten. Damit wurde die Mehrheit der deutschen Katholiken zu Modernisten geadelt. Nun "konnte alles als Modernismus gelten im Sinne der Enzyklika [...], was links des Antimodernismus lag, und dies war ein großer Teil des deutschen Katholizismus"[11]. Thomas Michael Loome bestätigte ein Jahr später diese Sicht, indem er das vom protestantischen Geist infizierte katholische Deutschland zum Ursprungs- und Kernland aller modernistischen Häresien erklärte[12]. In wichtigen Einzelstudien gaben Manfred Weitlauff[13] und Rudolf Reinhardt[14] den weiten Fassungen des Begriffs so viel Kredit, daß Otto Weiß jüngst eine theologiegeschichtliche Gesamtdarstellung des *Modernismus in Deutschland* vorlegen konnte, die von einem tief im 19. Jahrhundert verwurzelten reformkatholischen Theologen wie Franz-Xaver Kraus bis hin zum Reformkreis niederrheinischer Katholiken um Johannes Hessen, Oskar Schroeder, Wilhelm Wilbrand und Joseph Thomé in den vierziger Jahren unseres Jahrhunderts reicht.

Im Fortgang der neueren Forschung haben die "deutschen Modernisten" also zunehmend an Zahl und Gewicht gewonnen. Gingen die Zeitgenossen noch davon aus, daß "die Theologen und wissenschaftlich gebildeten Laien des deutschen Katholizismus [...] die vorsichtig-

---

8 Die einschlägigen Belege finden sich nun bei: Karl Hausberger, Thaddäus Engert (1875-1945). Leben und Streben eines deutschen "Modernisten" (Quellen und Studien zur neueren Theologiegeschichte 1), Regensburg 1996.

9 Herman H. Schwedt, Rezension: Norbert Trippen, Theologie und Lehramt im Konflikt, Freiburg-Basel-Wien 1977, in: RQ 73 (1978) 271-275; 275.

10 Ebd., 275.

11 Ebd. Norbert Trippen sprach daraufhin von einer "weiten Auslegung des Modernismusbegriff(s)". Siehe: Norbert Trippen, Gesellschaftliche und politische Auswirkungen der Modernismuskrise in Deutschland, in: Albrecht Langner (Hg.), Katholizismus und philosophische Strömungen in Deutschland, Paderborn u. a. 1982, 59-103; 65. Genauer gilt: Schwedt konzipierte den denkbar weitesten Begriff des deutschen Modernismus, weil alle deutschen Katholiken, die sich nicht *expressis verbis* als "Antimodernisten" bekannten, als "Modernisten" gelten sollen.

12 Thomas Michael Loome, Liberal Catholicism, Reform Catholicism, Modernism. A Contribution to a New Orientation in Modernist Research, München 1979; siehe auch: ders., "Die Trümmer des liberalen Katholizismus" in Großbritannien und Deutschland am Ende des 19. Jahrhunderts (1893-1903), in: Martin Schmidt/Georg Schwaiger (Hg.), Kirchen und Liberalismus im 19. Jahrhundert (SThGG 19), Göttingen 1976, 197-214.

13 Manfred Weitlauff, "Modernismus" als Forschungsproblem. Ein Bericht, in: ZKG 93 (1982) 312-344; ders., "Modernismus litterarius". Der "Katholische Literaturstreit", die Zeitschrift "Hochland" und die Enzyklika "Pascendi dominici gregis" Pius' X. vom 8. September 1907, in: BABKG 37 (1988) 97-175.

14 Rudolf Reinhardt, Zu den Auseinandersetzungen um den 'Modernismus' an der Universität Tübingen, in: ders., Tübinger Theologen und ihre Theologie. Quellen und Forschungen zur Geschichte der katholisch-theologischen Fakultät Tübingen (Contubernium 16), Tübingen 1977, 271-352; ders., Ein "Kulturkampf" an der Universität Freiburg. Beobachtungen zur Auseinandersetzung um den Modernismus in Baden, in: Schwaiger (Hg.), Aufbruch ins 20. Jahrhundert (wie Anm. 3), 90-138.

sten des ganzen Katholizismus überhaupt"[15] seien und in den deutschsprachigen katholischen Fakultäten nur vereinzelt modernistische Theologie gelehrt werde, so meint man nun eine veritable deutsche modernistische Theologie zu erkennen. Darin spiegeln sich nicht nur Fortschritte in der Erkundung der vielfältig zerklüfteten theologischen und religiösen Landschaften im deutschen Katholizismus des frühen 20. Jahrhunderts, sondern auch aktuelle theologische und kirchenpolitische Interessen. In Otto Weiß' großer Gesamtdarstellung, die manchen katholischen Kirchenhistorikern schon jetzt - trotz verschiedener noch unbearbeiteter Nachlässe und erheblicher Mängel in der Erschließung gedruckter Quellen! - als ein Standardwerk gilt[16], tritt diese enge Verknüpfung von innovativer historischer Forschung und positionellem theologischem Interesse plastisch zutage. Denn obgleich Weiß selbst auf die Komplexität und Vieldeutigkeit des Phänomens hinweist, konstruiert er eine relativ geschlossene Tradition deutscher modernistischer Theologie, die im II. Vatikanischen Konzil kulminiert. Mit der originellen Prägung des Begriffes "Neomodernismus"[17] wird diese Erfindung semantisch abgestützt.

Georg Denzler hat in einer Kurzrezension von Weiß' Monographie moniert, daß der Autor seine modernistischen Traditionslinien gar bis in die "jüngste Vergangenheit" ausziehe[18]. Auch Manfred Weitlauff hat die Frage aufgeworfen, ob Weiß "nicht doch den Kreis der deutschen 'Modernisten' etwas zu weit gezogen hat"[19]. Man könne "gewiß mit Grund bezweifeln, ob alle in dem Werk porträtierten Persönlichkeiten (auch wenn sie den von ihnen geforderten Antimodernisteneid verweigerten) sich als Modernisten verstanden, geschweige denn bezeichnet haben"[20].

Durch sein "engagiertes", ausdrücklich "'politisches'" Buch möchte Weiß den "moralischen Beruf" des Kirchenhistorikers zu einer emanzipationsfördernden pädagogischen Geschichtsschreibung ernst nehmen[21]. Sein "Anruf des 'Modernismus' an uns" - man beachte die homiletische Semantik! - dient zum Kampf gegen "eine kleine, aber mächtige Minderheit beim Konzil", die die wahren, genuin modernistischen Intentionen der Konzilsmehrheit verfälsche und die Weltkirche auf vorkonziliare Theologie und regressiven Fundamentalismus festlegen wolle[22]. Damit bietet Weiß eine katholische Variante der *whig interpretation of history*: Da derzeit die konservativen *bad guys* "an den Schalthebeln der Macht"[23] sitzen, erfinden sich die liberalen *good guys* nun eine Erfolgsgeschichte, die sie ins Recht setzen soll. Teleologische Konstruktionen haben immer den Vorzug hoher Übersichtlichkeit. Man kann Weiß nur um die souveräne religiöse Selbstsicherheit beneiden, mit der er als Historiker theologische Zensuren verteilt. Selbst bei seinen eigenen modernistischen Helden weiß er genau, wo sie theologisch zu irren drohten: "Zu nennen ist die Tendenz, die *Entwicklung* zu verabsolutieren und den festen Halt aufzugeben, ferner die Gefahr, das *subjektive Erleben* über *objektive Werte* zu

---

15 Ernst Troeltsch, Katholizismus und Reformismus, in: Internationale Wochenschrift für Wissenschaft, Kunst und Technik 2 (1908) 15-26; 15.

16 Otto Weiß, Der Modernismus in Deutschland. Ein Beitrag zur Theologiegeschichte, Regensburg 1995; dazu die Rezension von Manfred Weitlauf in: ZKG 107 (1996) 422-427; 427.

17 Weiß, Modernismus (wie Anm. 16), 526.

18 Georg Denzler, Rezension: Otto Weiß, Der Modernismus in Deutschland, in: Neue Politische Literatur 44 (1996) 515.

19 Weitlauff, Rezension Weiß, (wie Anm. 16), 426.

20 Ebd.

21 Weiß, Modernismus (wie Anm. 16), IX, mit zustimmendem Bezug auf: Jürgen Kocka, Theorien in Sozial- und Gesellschaftsgeschichte. Vorschläge zur historischen Schichtungsanalyse, in: GG 1 (1975) 9-42; 11.

22 Weiß, Modernismus (wie Anm. 16), 596f.

23 Ebd., 596.

stellen, oder die Kirche nur als Gemeinschaft gleichgesinnter Seelen zu sehen und ihre Funktion als 'Heilsanstalt' zu leugnen"[24]. Dieses Urteil setzt "festen Halt", "objektive Werte" und eine Ekklesiologie der "Heilsanstalt" voraus. Solche Gewißheiten[25] mögen lehramtlich verbürgte Errungenschaften römisch-katholischer Theologie sein, sie taugen aber nicht zu Kriterien einer kritischen Geschichtsschreibung, die den modernen historistischen Denkrevolutionen entsprechend am konstruktivistischen Charakter aller geschichtswissenschaftlichen Erkenntnis orientiert ist. Geschichtsschreibung, die die eigene Konstruktivität abblendet und den überlieferten Materialien selbst irgendeine Kontinuität oder teleologische Bestimmung supponiert, sieht sich dem Einwand ausgesetzt, daß alles Vergangene immer mehr und anderes war als nur die Vorgeschichte späterer "Ziele" oder gar "Erfüllungen".

Bei allem gebotenen Respekt vor Weiß' Forschungsleistung - besonders in der Erschließung neuer Quellen und der Entdeckung von weithin vergessenen Reformern in der Provinz - ist seine Art der Präsentation historischen Materials im Kern verfehlt. Indem biographische Einzelstudien durch eine entwicklungsgeschichtliche Metaerzählung verknüpft werden, droht die Vielfalt und Widersprüchlichkeit der dargestellten Theologien zugunsten eines geschlossenen Geschichtsbildes abgeblendet zu werden. So kann Weiß selbst solche Theologen der zwanziger und dreißiger Jahre zu "Modernisten" stilisieren, die sich ausdrücklich von modernistischen Theologen der Vorkriegszeit abgrenzten und gegen den befürchteten modernistischen "Subjektivismus" eine neue Bindung an Dogma und päpstliche Autorität einklagten.

Im folgenden werden einige Deutungsmuster problematisiert, die die neuere katholische Modernismusforschung prägen. Erstens werden Mängel in der Erforschung der Begriffsgeschichte von "Modernismus" und zugehöriger Begriffe wie "Antimodernismus" benannt. Zweitens wird auf analytische Defizite in der zumeist von Theologen betriebenen Erforschung der neueren Theologiegeschichte hingewiesen. Drittens geht es um die Definition von "Moderne" und "Modernität". Viertens wird auf die elementare Angst vor der Moderne hingewiesen, die keineswegs nur katholische Traditionalisten oder Antimodernisten, sondern auch viele reformkatholische und modernistische Theologen prägte. Fünftens wird das spezifische Modernitätspathos katholischer Modernismuskritiker der zwanziger Jahre in den Blick genommen.

I. Zur Begriffsgeschichte

Der Begriff "modernus" und seine zahlreichen Komposita sind seit den sechziger Jahren intensiv erforscht worden. An diesen begriffshistorischen Forschungen haben sich Theologen so gut wie nicht beteiligt. Dies hat mindestens zwei problematische Folgen: Zahlreiche Systematische Theologen und Kirchenhistoriker sind sich nicht darüber im klaren, daß die Grundbegriffe der katholischen "Modernismus"-Kontroversen keineswegs erst im frühen 20. Jahrhundert geprägt worden sind, sondern eine lange, komplexe Geschichte haben. Umgekehrt haben viele begriffshistorisch arbeitende Allgemeinhistoriker und Philologen der Geschichte

---

24 Ebd., 8.

25 Vgl. etwa die überraschende Kritik des liberalprotestantischen Historismus: Weiß, Modernismus (wie Anm. 16), 45, vertritt die These, protestantische Theologen hätten "die der Wissenschaft gesetzten Grenzen überschritten", da sie "die Spannung zwischen Glauben und Wissen vereinfachend zugunsten der 'modernen' Wissenschaft und nach Maßgabe eines einseitigen Historismus" gelöst hätten.

von Moderne-Semantiken in religiösen und theologischen Diskursen nur am Rande Aufmerksamkeit gewidmet. Gerade bezüglich des Begriffs "Modernismus" und seiner Geschichte sind in der neueren deutschsprachigen Forschung zum katholischen "Modernismus" erhebliche Unklarheiten und Widersprüche festzustellen.

Wer hat den Begriff "Modernismus" wann geprägt? Welche Intentionen und Interessen haben die Prägung des Begriffs bestimmt? Seit wann hat er sich in Theologie und Kirche(n) als Richtungsbezeichnung für Theologen durchgesetzt, die vom römischen Lehramt als häretische Irrlehrer verfolgt wurden? Sofern diese Fragen in der neueren Modernismusforschung überhaupt gestellt worden sind, haben sie höchst gegensätzliche Antworten gefunden. Man sieht im Wort "Modernismus" teils eine polemische Fremdbezeichnung, teils eine programmatische Selbstrepräsentation. Peter Neuner hat "Modernismus" 1987 als ein "letztlich undefinierbar(es)" "'Killerwort'" charakterisiert, das vom Vatikan "zur Verurteilung" mißliebiger kritischer Geister geprägt wurde[26]. "Der Begriff Modernismus [...] wurde geschaffen, um eine Reihe von zunächst sehr unterschiedlichen Bewegungen innerhalb der katholischen Kirche auszugrenzen"[27]. Bernard M. G. Reardon behauptet 1994, daß Gegner des Modernismus den Begriff "erst um 1905" als polemische Chiffre für eine innerkatholische Geistesbewegung gebraucht hätten, die "die überkommene katholische Lehre in engere Beziehung zum zeitgenössischen Denken" zu bringen versucht habe[28]. Otto Weiß geht 1996 davon aus, "daß der Schlüsselbegriff 'Modernismus' [...] von Anfang an negativ aufgeladen war"[29]. Erst später sei er von "den Betroffenen", d.h. den Theologen, die das römische Lehramt zu Unrecht als Häretiker verfolgt habe, "als Selbstbezeichnung übernommen" worden[30]. Alle diese Auskünfte sind nicht oder nur eingeschränkt zutreffend.

Der Begriff "modernus" gehört zu den klassischen Zeitbegriffen der mittelalterlichen Philosophie und Theologie[31]. Er bedeutete ursprünglich "neu" oder "zeitgemäß", abgeleitet vom klassischen "modo" für "gegenwärtig". Spätestens seit Renaissance und Reformation dienten Begriffe wie "Modernisti" und "Modernisten" dazu, Vertreter einer bestimmten Theologie und Philosophie, zumeist die Repräsentanten der nominalistischen *via moderna*, von Anhängern anderer theologischer Konzepte zu unterscheiden. In diesem Sinne sprach Martin Luther in seiner Flugschrift *An die Ratsherren aller Städte deutschen Landes* 1524 von "Modernisten", bei denen man nichts Wahres erlernen könne: "Denn damit geht der teuffel gewislich umb, das man sich widderumb mit eyttel Catholicon, Floristen, Modernisten und des verdampten Münichen und Sophisten mists tragen und martern müsse, wie vorhyn, und ymer lernen und doch nymer nichts erlernen"[32]. Begriffe aus dem Felde "modernus" - "modern" - "Modernität" - "Modernisti" - "Modernisten" bestimmten auch die innerprotestantischen Auseinandersetzungen zwischen Theologen der altprotestantischen Orthodoxie und nachorthodoxen, teils pietistisch, teils frühaufklärerisch geprägten Vertretern theologischer Reform. Spätestens seit der Wende vom 17. zum 18. Jahrhundert sprachen protestantische Theologen in dogmatischen

---

[26] Peter Neuner, Was ist Modernismus?, in: Horst Renz/Friedrich Wilhelm Graf (Hg.), Umstrittene Moderne. Die Zukunft der Neuzeit im Urteil der Epoche Ernst Troeltschs (Troeltsch-Studien 4), Gütersloh 1987, 56-66; 64 und 56.

[27] Ebd. 56.

[28] Bernard M. G. Reardon, Modernismus, in: TRE XXIII 129-138; 130.

[29] Weiß, Modernismus (wie Anm. 16), 9.

[30] Ebd.

[31] Zur Begriffsgeschichte vgl. Walter Freund, Modernus und andere Zeitbegriffe des Mittelalters (NMBGF 4), Köln-Graz 1957; Hans Ulrich Gumbrecht, Modern, Modernität, Moderne, in: GGB IV 93-130.

[32] Martin Luther, An die Ratsherren aller Städte deutschen Lands (1524), in: WA 15, Weimar 1899, Neudruck 1966, 52-53.

und religionskundlichen Traktaten programmatisch von "moderna theologia" und "moderner Religion"[33]. Ein anonymer, wohl katholischer Autor stellte 1698 "religion ancienne et moderne" einander gegenüber[34]. Seit den achtziger Jahren des achtzehnten Jahrhunderts nahmen Kantianer in der Jenaer Theologischen Fakultät, später auch in anderen protestantisch-theologischen Fakultäten den Begriff "moderne Theologie" als eine Selbstbezeichnung in Anspruch, um die Überlegenheit ihrer dem neuen Paradigma der "Autonomie" verpflichteten Theologien gegenüber allen "vormodernen", d.h. von der Kantischen "Revolution der Denkungsart" noch unbeeinflußten Theologien deutlich zu machen[35]. Für den semikantianischen Theologen Daniel Jenisch behandelten die jüngeren nachkantisch-idealistischen Theologen den alten Kirchenglauben an Gott, Vorsehung und Unsterblichkeit 1797 wie "vormoderne Schalen ohne Kern"[36]. Während des gesamten 19. Jahrhunderts wollten sich Vertreter "moderner Theologie" - bisweilen auch in Verbindung mit Begriffen wie "kritische Theologie", "freie Theologie" und "liberale Theologie"[37] - gegen die lutherisch-konfessionalistischen und konservativen Mehrheiten in vielen Landeskirchen als Anwälte bürgerlich autonomer Kulturwerte und undogmatischer Christlichkeit darstellen. Vor allem die Theologen im Umkreis des "Deutschen Protestantenvereins" präsentierten sich gern als "moderne Theologen"[38]. Dies blieb nicht ohne Kritik. Der antibürgerliche Basler Kirchenhistoriker Franz Overbeck, ein enger Freund Friedrich Nietzsches, gebrauchte "moderne Theologie" in seiner Kampfschrift *Ueber die Christlichkeit unserer heutigen Theologie* 1873 kritisch, um den unüberbrückbaren Abstand zwischen dem wahren, authentischen Christusglauben der Urgemeinde und den diversen liberalen Kulturchristentümern seiner Gegenwart zu betonen. Die "moderne Theologie" sei "gänzlich ausser Stande etwas, was auch nur einer Religion ähnlich sähe, zu reproduciren, bzw. die moderne liberale Theologie müsse sich am Punkte des Glaubens an die Wiederkunft Christi [...] ihres Missverhältnisses zu den Grundideen des Christenthums bewusst [...] werden"[39]. Auch Vertreter des konservativen Kulturluthertums gebrauchten den Begriff polemisch. Als Chiffre für eine prinzipielle Fehlorientierung des theologischen Bewußtseins[40]. Mit genau entgegengesetzten Intentionen sprach Ernst Troeltsch in den neunziger Jahren mehrfach von der "modernen Theologie der Universitäten"[41] und erklärte Schleiermachers

---

[33] Johann von Lent, De moderna theologia iudaica, Herborn 1694; Konrad Brüsske, Die Alte und Neue, Auch Böse und Gute Religion, kurz entworffen, Offenbach am Main 1701.

[34] Anonym, La Religion ancienne et moderne des Moscovites, Köln 1698.

[35] Entsprechende Belege finden sich bei: Friedrich Wilhelm Graf, Schmid, Carl Christian Erhard, in: BBKL IX 334-338, und ders., Schmid, Johann Wilhelm, in: ebd., 391-428.

[36] Daniel Jenisch, Sollte Religion dem Menschen jemals entbehrlich werden? Ein theologisches Sendschreiben an Herrn Probst und Ober-Consistorial-Rat Spalding, Berlin 1797, 16f.

[37] Zur Begriffsgeschichte von "liberale Theologie" siehe: Hans-Joachim Birkner, Liberale Theologie, in: Schmidt/Schwaiger (Hg.), Kirchen und Liberalismus (wie Anm. 12), 33-42, jetzt in: Hans-Joachim Birkner, Schleiermacher-Studien, eingeleitet und hg. von Hermann Fischer, Berlin-New York 1996, 51-62; Friedrich Wilhelm Graf, Liberale Theologie, in: EKL III 86-98.

[38] Siehe beispielsweise: Heinrich Julius Holtzmann, Die theologische, insonderheit religionsphilosophische Forschung der Gegenwart, in: JPTh 1 (1875) 1-38; 5. Zahlreiche weitere Belege bei: Claudia Lepp, Protestantisch-liberaler Aufbruch in die Moderne. Der deutsche Protestantenverein in der Zeit der Reichsgründung und des Kulturkampfes (Religiöse Kulturen der Moderne 3), Gütersloh 1996.

[39] Franz Overbeck, Ueber die Christlichkeit unserer heutigen Theologie (1873), in: Franz Overbeck, Werke und Nachlaß, Bd. 1: Schriften bis 1873, Stuttgart-Weimar 1996, 179 und 217.

[40] Siehe beispielsweise: Karl von Zezschwitz, Der erhöhte Christus, ein Zeugnis gegen die moderne Theologie, Braunschweig 1896.

[41] Ernst Troeltsch, Religionsphilosophie und theologische Prinzipienlehre, in: Theologischer Jahresbericht 16 (1896), Braunschweig 1897, 498-557; 553.

Theologie zur "Grundlage aller modernen Theologie"[42]. Im deutschsprachigen Protestantismus des ausgehenden 19. und frühen 20. Jahrhunderts war der Begriff "moderne Theologie" also sehr unterschiedlich besetzt: Er diente teils als programmatische Selbstbezeichnung bzw. als Signalwort für die jeweils beanspruchte theologische Fortschrittlichkeit[43], teils als kritische Fremdbezeichnung bzw. als ein Begriff theologischer Illegitimität.

Auch der Begriff "Modernismus" dürfte protestantischen Ursprungs sein. Er läßt sich in Texten protestantischer Autoren jedenfalls sehr viel früher als in Publikationen römisch-katholischer Theologen nachweisen. In den 1870er Jahren wurde "Modernismus" in den kulturpolitischen und kirchenpolitischen Kämpfen niederländischer Calvinisten verwendet. Manfred Arndt verweist in seinem kurzen begriffsgeschichtlichen Artikel im *Historischen Wörterbuch der Philosophie* auf die vieldiskutierte Schrift *Het modernisme een fata morgana op christelijk gebied* (Amsterdam 1871) des orthodox-calvinistischen Theologen, Journalisten und Politikers Abraham Kuyper[44]. Wohl durch die 1872 in der Schweiz erschienene Übersetzung *Die moderne Theologie (der Modernismus), eine Fata Morgana auf christlichem Gebiet* wanderte der Begriff dann in die deutsche Sprache ein[45]. Doch obgleich Kuyper den theologischen und kirchenpolitischen Sprachgebrauch in Deutschland nachhaltig prägte, dürfte er selbst nicht der Urheber des Begriffs gewesen sein. Denn relativ unabhängig vom theologischen Begriffsgebrauch wurde Modernismus auch in den ästhetischen und literaturkritischen Diskursen des späten 19. Jahrhunderts verwendet; "die Moderne" wurde - 1886 im Hinterzimmer einer Berliner Kneipe! - teils als Epochenbezeichnung, teils als avantgardistischer Programmbegriff geprägt[46]. In ästhetischen Diskussionszusammenhängen läßt sich der Modernismusbegriff seit spätestens 1853 nachweisen. John Ruskin, ein modernitätspessimistischer englischer Kunsthistoriker und -theoretiker, der ein kunstreligiös-pantheistisches Credo der "Vollkommenheit und ewigen Schönheit" verkündigte und ästhetische Allversöhnung zur Grundlage einer umfassenden Gesellschaftsreform erklärte, gebrauchte *modernism* kritisch als Inbegriff für die kulturellen Fehlentwicklungen innerhalb der neuzeitlichen Kultur, wobei er besonders auf kapitalistischen Tausch, industrielle Revolution, Technisierung des Lebens und Urbanisierung verwies. Bisher blieb unbeachtet, daß er *modernism* eine theologisch relevante Bedeutung gab. In einer Vorlesung über den Prä-Raphaelitismus unterschied er drei Stufen der Kunstentwicklung: *classicalism*, *mediaevalism* und *modernism*. Die drei Evolutionsstufen der Kunst parallelisierte er dann mit drei Stufen der Entwicklung des christlichen Glaubens. Der Epoche des Modernismus in der Kunst entspreche in der Religionsgeschichte die Verleugnung Christi: "I say that Classicalism began, wherever civilisation began, with Pagan Faith. Mediaevalism began, and continued, wherever civilisation began and continued to *confess* Christ. And lastly, Modernism began und continues, wherever civilisation began and

---

[42] Ernst Troeltsch, Religionsphilosophie und prinzipielle Theologie, in: Theologischer Jahresbericht 17 (1897), Braunschweig 1898, 531-603; 596.

[43] Siehe beispielsweise: Otto Baumgarten, Zur Rechtfertigung 'modern-christlichen' Wesens in der praktischen Theologie, in: ZPrTh 14 (1892) 50-68. Weitere Belege bei Hasko von Bassi, Otto Baumgarten, Ein "moderner Theologe" im Kaiserreich und in der Weimarer Republik, Frankfurt am Main u. a. 1988, 265-269.

[44] Manfred Arndt, Modernismus I., in: HWP VI 62. Die breite zeitgenössische Diskussion über Kuypers Buch ist ausführlich dokumentiert bei: J. C. Rullmann, Kuyper-Bibliografie, Deel 1: (1860-1879), s-Gravenhage 1923, 126-139.

[45] Abraham Kuyper, Die moderne Theologie (der Modernismus), eine Fata Morgana auf christlichem Gebiet. Aus dem Holländischen übersetzt als Gegenstück zu unsern Schweizerischen Zuständen. Mit einem Vorwort von Prof. Dr. Joh. Riggenbach, Zürich 1872.

[46] Jürgen Schutte (Hg.), Die Berliner Moderne 1885-1914, Stuttgart 1987.

continues to *deny* Christ"[47]. Schon fünfzig Jahre vor der vatikanischen Inanspruchnahme des Begriffs hatte "Modernismus" also die polemische Funktion, der modernen Gegenwartskultur eine antichristliche Grundtendenz zu attestieren. Beachtung verdient zudem die prononcierte Gleichsetzung von *mediaevalism* und Christlichkeit. Mit der prononcierten Antithese von *mediaevalism* und *modernism* dürfte Ruskin George Tyrrell beeinflußt haben, der diese Unterscheidung ins Zentrum seiner modernistischen Apologetik rückte.

In den innerprotestantischen Kulturkämpfen des späten 19. Jahrhunderts gebrauchten religiös Konservative aller Art "Modernismus" als einen Kampfbegriff gegen alle irgendwie liberalen Gruppen in evangelischer Theologie und Kirche. Bisher sind keine Belege dafür bekannt, daß Theologen oder Verbandsfunktionäre des liberalen Kulturprotestantismus den Begriff programmatisch als Selbstrepräsentation in Anspruch nahmen. Auch ist erst unzureichend geklärt, auf welchen Wegen der Modernismusbegriff in die katholische Theologie und Kirche einwanderte und aus einer antiliberalen polemischen Fremdbezeichnung schließlich zu einer positionellen Selbstbezeichnung umgeformt wurde. Seit den 1830er Jahren lassen sich in Schriften katholischer Theologen zahlreiche Belege für eine kritische Identifikation des "Princip(s) der modernen Geistesbewegung" mit dem Protestantismus finden[48]. Der seit 1893 in Freiburg im Breisgau als außerordentlicher, seit 1897 als ordentlicher Professor lehrende Dogmatiker Carl Braig scheint dann als erster katholischer Theologe den Modernismusbegriff in die apologetische Literatur sowie die konfessionskulturellen Unterscheidungsdiskurse[49] der römisch-katholischen Theologie eingeführt zu haben. Zwar ist die Behauptung falsch, daß Braig "der erste (war), der für die von der Kirche 18 Jahre später verurteilte Richtung den Ausdruck Modernismus prägte und diesen Terminus in die deutsche theologische Sprache einführte"[50]. Denn Braig bezog den wohl von Kuyper übernommenen Modernismusbegriff zunächst nicht auf irgendeine Theologengruppe in der römisch-katholischen Kirche, sondern auf diverse zeitgenössische Gegner des Christentums sowie auf liberale Protestanten. In einem Traktat *Die Zukunftsreligion des Unbewußten und das Princip des Subjektivismus. Ein apologetischer Versuch* erklärte er 1882: "Der Subjektivismus in seinem neuesten Gewande kann gut als Modernismus bezeichnet werden. Dieser Name ist um so treffender, als er alle Gegensätze des Übersinnlichen, so da sind: Rationalisten, Deisten, Naturalisten, Materialisten, Pantheisten, Idealisten, Sensualisten, Atheisten - in friedlichem Verein umfaßt"[51]. Im selben Zusammenhang konnte er in einem Überblick über neue religions- und kirchenkritische Strömungen vom "moderne(n) Pietismus", von "modernprotestantische(r) Selbstkritik" und vom

---

[47] John Ruskin, Lectures on Architecture and Painting, Delivered at Edinburgh in November, 1853 (London 1854), in: The Works of John Ruskin, edited by E. T. Cook and Alexander Weddenburn, Vol. 12, London 1904, 7-164; 139.

[48] Alois Schmid, Wissenschaftliche Richtungen auf dem Gebiete des Katholicismus in neuester und in gegenwärtiger Zeit, München 1862, 176.

[49] Zum analytischen Konzept vgl. Friedrich Wilhelm Graf, Protestantismus, II. Kulturbedeutung, in: TRE XXIX.

[50] Friedrich Stegmüller, Carl Braig (1853-1923), in: Oberrheinische Pastoralblätter 54 (1953) 120-128. Dieser Behauptung Stegmüllers schließt sich an: Karl Leidlmair, Carl Braig (1853-1923), in: ChP I 409-419.

[51] Carl Braig, Die Zukunftsreligion des Unbewußten und das Princip des Subjektivismus. Ein apologetischer Versuch, Freiburg i. Br. 1882, 19. Vor 1882 scheint Braig den Begriff noch nicht gekannt zu haben, obwohl er sich mehrfach schon mit Gegnern des Christentums auseinandersetzte. Siehe etwa: Carl Braig, Rezension Franz G. Petz, Kosmos und Psyche, Mainz 1879; ders., Philosophische Erörterungen, Mainz 1879, in: ThQ 63 (1881) 329-338. Braig kritisierte hier die Philosophien Eduard von Hartmanns und Arthur Schopenhauers sowie den populären Darwinismus, ohne diese christentumskritischen "Weltanschauungen" schon als modernistisch zu bezeichnen.

"liberalen Modernismus" sprechen[52]. "Modernismus" repräsentierte für Braig also eine subjektivistische Gegenposition zum objektiven, katholischen Glauben, die seit dem frühen 19. Jahrhundert von liberalen Protestanten oder den Vertretern neuer antichristlicher Weltanschauungen eingenommen werde. Auch im Vorwort zu seiner deutschen Übersetzung der *Apologie du Christianisme* des einflußreichen französischen Apologeten Marc-Antoine Duilhé de St. Projet[53] bezog Braig den Begriff ausschließlich auf ehemals protestantische "Neugläubige" wie David Friedrich Strauß und Eduard von Hartmann sowie auf Friedrich D. E. Schleiermacher, den "eigentliche(n) Psychologe(n) und [...] genial andeutende(n) Metaphysiker der 'neuen Religion' in Deutschland"[54]. Damit folgte Braig François Duilhé de Saint-Projet, der in seiner *Apologie des Christenthums* zur "Zeit des Modernismus" erklärt hatte: "wir befassen unter diesem Begriff alle, zumal die naturwissenschaftlichen Läugnungen der höhern Wahrheit"[55].

Braig verstand unter "Modernismus" vorrangig eine psychologistische Herleitung der Religion aus dem Unbewußten oder anderen Tiefenschichten der Gefühlssubjektivität. Der "Modernismus" deute Religion nicht von Lehre und dogmatischem Wahrheitsanspruch her, sondern von den emotiven Erlebnissen und psychischen Erregungen des "religiösen Gefühls". Der "Modernismus" der modernen Religionswissenschaften impliziere deshalb die Annahme, daß *alle* positiven, historisch tradierten Gestalten eines objektiven christlichen Kirchenglaubens unwiderruflich in Auflösung begriffen seien. "Wenn richtig ist, was der Modernismus über das Wesen der Religion glaubt ausgemacht zu haben, und wenn sich damit die positiven Religionsformen und Religionsdogmen nicht vertragen, dann vermögen sich die letzteren nicht zu halten, sich stützend etwa nur noch auf ihr Alter"[56]. "Gerade unsere Wissenschaft muß sich merken, daß es ihnen Ernst und für die Ueberzeugung ist, wenn die heute maßgebenden Kreise des höhern Erkennens betonen: alles religiöse Wissen der Conservativen, mögen sie katholisch oder evangelisch heißen, ist nichts weiter als 'Staub auf vergilbten und vergilbenden Scharteken'!"[57] Indem Braig "Modernismus" als eine der neuprotestantischen "Gefühlsreligion" entstammende kritische Deutung aller konfessionellen Christentümer deutete, bereitete er der Übertragung des Begriffs in innerkatholische Auseinandersetzungen den Weg. Wer immer einen prinzipiellen Vorrang religiöser Gefühlssubjektivität vor Dogma und Lehre bzw. vor irgendwelchen objektiven Wahrheitsansprüchen der Kirche vertrat, konnte als Repräsentant des religionswissenschaftlichen "Modernismus" bezeichnet werden. Wann der ursprünglich für außerkatholische theologische und religionswissenschaftliche Positionen verwandte Begriff erstmals auf Richtungen in der katholischen Theologie angewandt wurde, ist noch ungeklärt. Um hier präzisere Aufschlüsse zu erlangen, wären vor allem die apologetische Literatur, die breite theologische Diskussion um Charakter und kirchliche Legitimität der "Mystik" sowie die in den Feuilletons der großen europäischen Zeitungen heftig geführten Religions- und Christentumsdebatten zu untersuchen. Gewiß nahm nicht erst das römische

52 Ebd., 109, 140, 150.

53 Marc-Antoine Duilhé de Saint-Projet, seit 1846 Priester, von 1846 bis 1858 Professor der Rhetorik und Philosophie am Seminar von Esquile. Er war Mitglied im Organisationskomitee zur Gründung katholischer Universitäten in Frankreich und seit 1877 des Institut catholique in Toulouse. 1894 wurde er dessen Rektor.

54 Carl Braig, Vorwort, zu: François Duilhé de Saint-Projet, Apologie des Christenthums auf dem Boden der empirischen Forschung. In Vorträgen, mit Zusätzen und einer Einführung von Carl Braig, Freiburg i. Br. 1889, XXXVIII.

55 Duilhé de Saint-Projet, Apologie (wie Anm. 54), 97f.

56 Braig, Vorwort (wie Anm. 54), XL.

57 Ebd., LX.

Lehramt den Begriff zur Kritik neuer "liberaler" katholischer Theologien in Anspruch. Norbert Trippen behauptet, daß der Modernismusbegriff in Italien erst seit "1904 [...] durch den Gebrauch in der theologischen Publizistik und dann in halbamtlichen und amtlichen Verlautbarungen geradezu offiziell eingeführt wurde"[58], bietet aber keine entsprechenden Belege. Der Vatikan selbst folgte in seinem Sprachgebrauch weithin den Auslegungen des Begriffs, die schon bei Braig zu finden sind: Auch in den Texten des Lehramts sollte "Modernismus" "einen Irrationalismus und Psychologismus des Religionsverständnisses brandmarken, der die Wahrheit der christlichen Glaubensverkündigung mit den gefühlsbedingten Produkten der Einbildungskraft verwechselt, 'die aus den verborgenen Höhlen des Unterbewußtseins herausdrängen'"[59]. Erst in der Reaktion auf die Enzyklika *Pascendi* scheinen George Tyrrell und ihm folgend dann einzelne italienische, französische und deutsche Theologen die polemische Fremdbezeichnung in eine Selbstrepräsentation umgeformt zu haben. "Modernismus" sollte nun den Anspruch auf eine theologische Zeitgenossenschaft signalisieren, die dem kirchlichen Lehramt und den romtreuen konservativen *main-stream*-Theologien abgingen. In *Through Scylla and Charybdis* machte Tyrrell "Modernismus" 1907 erstmals[60] zu einem Programmbegriff für die kritische Vermittlung zwischen dem alten katholischen Glauben und der modernen Kultur: "'Modernismus' heißt Glauben an den Katholizismus; aber es heißt auch Glauben an die moderne Welt. Und dieser Glaube ist in beiden Fällen so tief, daß er es mit ruhiger Zuversicht unternehmen kann, kritisch zu sein bis zum Ende"[61]. Erst als Selbstbezeichnung gewann der Begriff jene weite Fassung, die einen Großteil der Forschungsliteratur bis heute prägt: "Modernismus" sei jene Richtung katholischer Theologie der Jahrhundertwende, die trotz aller römischen Repression den Rückstand des Katholizismus gegenüber den kulturellen Entwicklungen der modernen Welt, insbesondere gegenüber den modernen Wissenschaften, aufzuholen versucht habe. Die entscheidende Frage lautet dann: Was verstanden die sich selbst als "Modernisten" bezeichnenden Theologen unter der "modernen Welt"?

Angesichts der - weithin noch unerforschten! - komplexen Geschichte des Modernismusbegriffs dürfte es ein elementares Gebot intellektueller Redlichkeit sein, den Begriff mit großer Behutsamkeit zu verwenden. Entweder gelingt es, ein trennscharfes analytisches Konzept des Modernismus zu entwickeln, das präzise Abgrenzungen zwischen modernistischen und nicht-modernistischen Theologien zu formulieren erlaubt. Oder der Begriff muß strikt für jene Theologen reserviert bleiben, die sich selbst als "Modernisten" bezeichneten und deshalb beispielsweise auch den Antimodernisteneid verweigerten. Wer den Begriff weiter faßt und alle irgendwie reformerisch gestimmten oder liberal gesonnenen katholischen Theologen zu Modernisten machen will, erzeugt bestenfalls Unklarheit.

---

[58] Trippen, Theologie und Lehramt (wie Anm. 1), 19.

[59] Richard Schaeffler, Modernismus II, in: HWP VI 62-66; 63; mit Bezug auf: Pius X., Enzyklika 'Pascendi', in: AAS 40 (1907) 600. Siehe auch: ders., Der 'Modernismus-Streit' als Herausforderung an das philosophisch-theologische Gespräch heute, in: ThPh 55 (1980) 514-534.

[60] Vgl. Loome, Liberal Catholicism (wie Anm. 12), 32. Loome weist darauf hin, daß Tyrrell den Begriff in seiner zwischen 1898 und 1907 geführten Korrespondenz mit Albert Houtin und Albert Breton niemals gebrauchte.

[61] George Tyrrell, Through Scylla and Charybdis, London 1907; von Tyrrell selbst übersetzte deutsche Fassung: Zwischen Scylla und Charybdis, Jena 1909, XII.

II. LEGITIMATORISCHE THEOLOGIEGESCHICHTSSCHREIBUNG

Die Begriffe "moderne Religion", "moderne Theologie", "Modernismus" und "Antimodernismus" sind bemerkenswert unscharf. Die Vieldeutigkeit, die schon den positionellen Gebrauch im 19. und frühen 20. Jahrhundert kennzeichnete, ist diesen Begriffen bis heute eigen. Was die *differentia specifica* einer "modernen Theologie" gegenüber einer "nichtmodernen" oder "antimodernen Theologie" repräsentiert, ist weder für die protestantische noch für die römisch-katholische Theologie zureichend geklärt; entsprechendes gilt auch für die jüdische Theologie und Religionsphilosophie[62]. Diese Unklarheit resultiert auch aus einer methodisch aporetischen Lage der Theologiegeschichtsschreibung. In allen christlichen Konfessionen und im Judentum ereigneten sich seit dem späten 18. Jahrhundert theologische, kirchenpolitische, religionskulturelle und sozialstrukturelle Differenzierungsprozesse, die zumeist in der teils theologisch-kirchlichen, teils politischen Sprache der vormärzlichen Parteienkämpfe beschrieben werden. Unterschieden wird zwischen theologisch bzw. religiös "Liberalen" und "Orthodoxen", "Reformern" und "Konservativen", "Erneuerern" und "Traditionalisten", "Modernen" und "Antimodernisten". Die Wissenschaftsgeschichten der akademischen Theologie und die Geschichte der in kleinen religiösen Gemeinschaften und - mit bewußter Distanz zu den akademischen Milieus - in den Kirchen selbst produzierten Theologien werden in aller Regel so erforscht, daß jüdische Theologen und Religionswissenschaftler die Geschichte der Theologien des Reformjudentums und der Gegenentwürfe seiner orthodoxen Gegner schreiben. Protestantische Theologen konzentrieren sich auf die Geschichte "ihrer" Theologie. Katholizismusforschung schließlich ist, gerade auch im Bereich der Erforschung der Geschichte der Theologie, eine Domäne von Katholiken geblieben. Natürlich lassen sich einzelne, gewichtige Ausnahmen nennen[63]. Generell gilt jedoch: Bisher gibt es kaum Ansätze zu einer *konfessionsübergreifenden, komparatistischen Theologiegeschichtsschreibung*, die parallele Entwicklungen und vergleichbare Konfliktlagen analytisch distanziert zu rekonstruieren erlaubte. Immer noch ist Theologiegeschichtsschreibung konfessionell "hausgemacht", stark geprägt von normativen Gesichtspunkten, dem entschiedenen Interesse an Wertung und dem Hang zur schnellen Parteinahme. Es dominiert ein Stil von Traditionsvergegenwärtigung, der sich als eine sowohl explizite als auch implizite konfessionelle (oder milieuaffirmative) Parteigeschichtsschreibung charakterisieren läßt. Die meisten Theologiehistoriker sind vorrangig daran interessiert, Identifikationsleistungen zu erbringen, die eigene theologische Position durch den Aufweis von Traditionslinien zu legitimieren und im Medium historischer Erinnerung theologische und kirchenpolitische Gegenwartskonflikte zu spiegeln. Die aktuellen in-

---

[62] Obwohl hier die Forschungslage insgesamt sehr viel besser ist. Zur Geschichte des liberalen Judentums siehe insbesondere: Michael A. Meyer, Response to Modernity. A History of the Reform Movement in Judaism, New York 1988. Zu den religionskulturellen und politischen Differenzierungsprozesen innerhalb der deutsch-jüdischen Gemeinschaft: ders., Von Moses Mendelssohn bis Leopold Zunz. Jüdische Identität in Deutschland 1749-1824. Aus dem Englischen übersetzt von Ernst-Peter Wieckenberg, München 1994.

[63] Aus dem Umfeld der katholischen Modernismus-Forschung vgl. etwa die von Heinrich Fries initiierte Troeltsch-Studie Karl-Ernst Apfelbachers oder die von Eugen Biser angeregte Troeltsch-Studie Gerhold Bekkers: Karl-Ernst Apfelbacher, Frömmigkeit und Wissenschaft. Ernst Troeltsch und sein theologisches Programm, München 1978; Gerhold Becker, Neuzeitliche Subjektivität und Religiosität. Die religionsphilosophische Bedeutung von Heraufkunft und Wesen der Neuzeit im Denken von Ernst Troeltsch, Regensburg 1982.

nerkatholischen Auseinandersetzungen um den "deutschen Modernismus"[64] bieten dafür ein eher traurig stimmendes Beispiel.

Erst recht im Verhältnis zur wissenschaftshistorischen Selbstthematisierung anderer Kulturwissenschaften und der neuen *intellectual history* weist die Theologiegeschichtsschreibung erhebliche methodische Defizite auf. Es mangelt an analytischen Konzepten, sich jenseits des Positionenstreits über sinnvolle Forschungsziele, innovative Fragestellungen und Strategien zur Gewinnung von Distanz zum Gegenstand zu verständigen. Es fehlen zudem kategoriale Angebote dafür, wie nicht nur die Entwicklungen in unterschiedlichen Konfessionskirchen und religiösen Gemeinschaften einschließlich des Judentums, sondern auch die in vielem strukturell vergleichbaren und parallelen Geschichten der Theologie in verschiedenen europäischen Gesellschaften miteinander verglichen werden können. Nur in einem europäischen, die eigene Nationalkultur und eigene Konfession übergreifenden Bezugsrahmen lassen sich aber nationalkulturelle Besonderheiten und konfessionsspezifische Entwicklungen zureichend bestimmen. Einer solchen europäischen Perspektive oder - angesichts der zum Teil sehr engen Austauschprozesse mit nordamerikanischen Theologen - atlantischen Perspektive bedarf es schon deshalb, weil die Geschichte der Theologie in einzelnen europäischen Ländern sehr stark durch grenzüberschreitende Interaktionsprozesse geprägt wurde. So wenig sich im gemischtkonfessionellen Deutschland etwa eine Geschichte der katholischen Theologie sinnvoll schreiben läßt, ohne die teils intensive Rezeption, teils prononcierte Abwehr protestantischer Universitätstheologie zu thematisieren, so wenig läßt sich - um auf eine der seltenen komparatistisch orientierten Pilotstudien zu verweisen - die Geschichte der finnischen (und dies heißt faktisch: der finnischen protestantischen) Theologie im 19. Jahrhundert angemessen rekonstruieren, ohne den zum Teil extrem starken Einfluß deutscher lutherisch-konservativer und pietistisch-erwecklicher Theologie in den Blick zu nehmen[65]. Im späten 19. Jahrhundert waren manche Theologiehistoriker hier methodisch reflektierter: Obwohl Theologiegeschichtsschreibung seit ihren Anfängen im 18. Jahrhundert weithin nationalkulturellen und konfessionellen Paradigmen verpflichtet war[66], legte der Berliner liberalprotestantische Theologe Otto Pfleiderer 1891 eine Geschichte der protestantischen Theologie vor, in der die deutsche und die britische Entwicklung parallel dargestellt wurden[67].

Gerade zur Erforschung der verschiedenen europäischen Modernismen der Jahrhundertwende ist eine solche komparatistische Perspektive unerläßlich. Denn die "modernistischen Theologen" in Großbritannien, Spanien, Frankreich, Italien, Deutschland und Österreich so-

---

[64] Der unkritischen Stilisierung der Modernisten zu "modernen Heiligen" korrespondiert bei manchen Vertretern eines entschieden traditionalistischen Katholizismus das Interesse einer gezielten Abwertung aller reformkatholischen Traditionen. Siehe etwa: Wilhelm Imkamp, Die katholische Theologie in Bayern von der Jahrhundertwende bis zum Ende des Zweiten Weltkrieges, in: Walter Brandmüller (Hg.), Handbuch der bayerischen Kirchengeschichte, Bd. 3: Vom Reichsdeputationshauptschluß bis zum Zweiten Vatikanischen Konzil, St. Ottilien 1991, 539-651. Ders., "De modernista ut reformator". Anmerkungen zum Modernismus im süddeutschen Raum, in: Studi Tomistici 60 (1995) 351-367. Zur Konzeption des Brandmüllerschen Handbuchs kritisch: Friedrich Wilhelm Graf, Kirchengeschichte unter dogmatischen Bedingungen. Anmerkungen zu Walter Brandmüllers Handbuch der bayerischen Kirchengeschichte, in: ZBKG 65 (1996) 142-149.

[65] Dazu vgl. die materialreiche und konsequent komparatisch konstruierte, vor allem bezüglich des großen Einflusses von Johann Tobias Beck innovative Gesamtdarstellung: Eino Murtorinne, The History of Finnish Theology 1828-1918 (The History of Learning and Science in Finnland 1928-1918, Vol. 1), Helsinki 1988.

[66] Zur Geschichte der Theologiegeschichtsschreibung siehe die Hinweise bei: Richard E. Crouter/Friedrich Wilhelm Graf/Günter Meckenstock, Editorial, in: ZnThG 1 (1994) 1-8.

[67] Otto Pfleiderer, Die Entwicklung der protestantischen Theologie in Deutschland seit Kant und in Großbritannien seit 1825, Freiburg i. Br. 1891.

wie in den USA pflegten einen relativ engen Austausch, inszenierten nach dem Beginn der päpstlichen Verfolgungsmaßnahmen durch diverse Treffen und "Konzile" die Gemeinsamkeit der 'Opfer' und betonten zum Teil eine elementare Übereinstimmung in theologischem Programm und kirchenpolitischer Zielsetzung. Sie verstanden sich mehrheitlich aber auch als Anwälte einer nationalkulturellen Indigenisierung katholischer Tradition. Ihr kirchenpolitischer Kampf gegen "Rom" und die Suche nach nicht-römischen Ausdrucksformen von Glaube und Theologie waren weithin Funktion des Interesses, katholische Tradition zur Vertiefung der neuen bindenden Gemeinschaft der Nation in Anspruch zu nehmen bzw. den Nationalstaat zu sakralisieren; für Deutschland läßt sich dies etwa an der semantischen Opposition von 'römisch' und 'germanisch' zeigen, die in den Texten reformkatholischer und modernistischer Theologen zentral ist. 1914 hatten die "modernistischen Theologen" in den kriegführenden europäischen Ländern keine Probleme damit, der Bindung an die eigene Nation den entschiedenen Vorrang vor irgendwelchen gemeineuropäischen katholischen oder gar "weltkirchlichen" Identitäten zu geben. Gerade die intime Nähe vieler "modernistischer Theologen" zu den neuen aggressiven Nationalismen läßt sich nur in einer komparatistischen Perspektive angemessen deuten. Erst in einer systematisch strukturierten Vergleichsperspektive kann darüber hinaus nach möglichen national-kulturellen "Sonderwegen" katholischer Theologie gefragt und das Spezifische deutscher "modernistischer Theologien" gegenüber den theologischen Modernismen in Frankreich, Großbritannien und Italien erhoben werden. Otto Weiß geht in seiner Konstruktion eines "Modernismus in Deutschland" demgegenüber immer schon von einem nationalstaatlichen Bezugsrahmen aus, der gleichsam substantialisiert wird[68]. Den aggressiven Theologennationalismus vieler seiner Helden kann er deshalb nur apologetisch verklärend oder mit einer larmoyanten Exkulpationsrhetorik darstellen[69]. Wer am Ende des 20. Jahrhunderts aber noch die nationalistischen Ideologien des Jahrhundertbeginns beschweigen, entschuldigen oder rechtfertigen zu müssen meint, konserviert bestenfalls die Ghettosituation einer Theologiegeschichtsschreibung, die sich konsequent aller methodischen Erneuerung durch die Aufnahme von sozial- und kulturgeschichtlichen Deutungsangeboten verweigert und die aktuellen Debatten um *intellectual history* ignoriert. Mit polemischer Zuspitzung formuliert: Ein Großteil der neueren katholischen Literatur zum Modernismus kultiviert in ihrer positivistischen werkgeschichtlichen und biographischen Grundorientierung nur einen methodologischen Traditionalismus.

Ein erster Schritt zur Entwicklung analytischer Deutungsperspektiven ist die radikale Historisierung der theologischen Modernismen des späten 19. und frühen 20. Jahrhunderts. Paradoxerweise triumphiert gerade im Umgang mit Theologen, die, jedenfalls nach Auskunft vieler Interpreten, die Theologie mehr oder weniger konsequent für die Denkrevolutionen des Historismus öffnen wollten, ein ungeschichtlicher Denkstil. Gern wird in der neueren katholischen Modernismus-Literatur suggeriert, daß "uns" "die Modernisten" in Frage und Antwort sehr viel näher als ihre "antimodernistischen" Gegner seien. Im Gestus hermeneutischer Unmittelbarkeit wird zugleich eine gleichsam metahistorische Gleichzeitigkeit der Semantiken unterstellt und, gegen alle Einsichten der begriffsgeschichtlichen Selbstreflexion der Kulturwissenschaften, davon ausgegangen, daß die "theologischen Modernisten" des Jahrhundertbeginns mit Begriffen wie "moderne Kultur", "Modernität", "Erfahrung", "Erlebnis", "reli-

---

[68] Für Italien vgl. Lorenzo Bedeschi, Il modernismo italiano. Voci et volti, Milano 1995.

[69] Dies gilt auch für Karl Hausbergers Engert-Monographie, in der die Nähe des Helden zur völkischen Religionsszene stark in den Hintergrund tritt. Siehe Friedrich Wilhelm Graf, Rezension: Karl Hausberger, Thaddäus Engert (1875-1945), Regensburg 1996, in: FAZ vom 12. Juni 1997, Nr. 133, 37.

giöses Gefühl", "Selbstbewußtsein" und "geschichtliches Denken" denselben Sinn verbanden wie Theologen bzw. Theologiehistoriker am Ende des Jahrhunderts. Gefordert ist aber nicht die suggestive Beschwörung einer niemals gegebenen, sondern immer konstruierten Gleichzeitigkeit. Analyse impliziert immer reflektierten Abstand. Die mir vorschwebende kritische, d.h. sozial- und kulturgeschichtlich orientierte Theologiegeschichtsschreibung unterscheidet sich von den Verfahrensweisen anderer Theologiehistoriker vor allem durch das Interesse, sich methodisch kontrolliert Distanz zu den geschichtlichen "Phänomenen" zu verschaffen und der Konstruktivität aller historischen "Erinnerung" Rechnung zu tragen. Es sollen analytische Außenperspektiven auf den "Gegenstand", etwa: eine "modernistische Theologie", entwickelt werden, die es verhindern, nur die Selbstdeutungen oder Selbststilisierungen eines Theologen zu reproduzieren und beispielsweise seinen Anspruch für bare Münze zu nehmen, theologisch wie politisch "moderner" als seine "antimodernen" Gegner oder Kritiker zu sein.

III. Modernistische Modernisierer?

In der neueren katholischen Modernismusliteratur ist häufig auf die Vieldeutigkeit des Modernismusbegriffs und die große Spannweite der als "modernistisch" geltenden Theologien hingewiesen worden. Einerseits gilt: "Die Geschichte des Modernismus [...] ist vor allem auch eine Geschichte seiner Definition!"[70]. Andererseits wird gern betont, "daß es für so ein komplexes Phänomen, wie es der Modernismus darstellt, bis heute keine präzise Definition gibt"[71]. Trotz der viel beschworenen "Schwierigkeiten", "den Modernismus zu definieren"[72], liegt dem Subtext vieler Modernismus-Studien aber ein relativ fester Modernismusbegriff zugrunde. Modernistisch seien all jene Theologien des späten 19. und frühen 20. Jahrhunderts, in denen die überkommene christliche Symbolsprache und dogmatische Semantik auf spezifisch moderne subjektivitätsbezogene Plausibilitätsstrukturen hin reformuliert und eine Öffnung der katholischen Kirche für die "moderne Kultur" zu begründen versucht werde. Aber was ist "*die* Moderne", auf die hin "die Modernisten" die römisch-katholische Kirche öffnen wollen?

Zur Beantwortung dieser Frage legt sich ein Hinweis auf die klassischen sozialwissenschaftlichen Modernisierungstheorien der fünfziger Jahre nahe. Unter dem Eindruck des dramatischen Entwicklungsrückstandes von Gesellschaften der Dritten Welt wurde in den Sozialwissenschaften seit den fünfziger Jahren eine breite Debatte über den Begriff "Modernisierung" geführt. Diese soziologischen Modernisierungstheorien haben seit den sechziger Jahren nachhaltig auch die Geschichtswissenschaft beeinflußt. Vor allem die Programme einer nachhistoristischen Sozialgeschichtsschreibung bzw. die Transformation einer hermeneutisch-individualisierenden Historiographie in eine "Historische Sozialwissenschaft", wie sie besonders konsequent in der "Bielefelder Schule" Hans-Ulrich Wehlers und Jürgen Kockas vollzogen wurde, lassen sich als Versuch einer Operationalisierung modernisierungstheoretischer Einsichten für historische Forschung und Theoriebildung verstehen. Der große Vorzug dieser

[70] Imkamp, "De modernista ut reformator" (wie Anm. 64), 351.

[71] Reardon, Modernismus (wie Anm. 28), 18.

[72] Neuner, Was ist Modernismus (wie Anm. 26), 56. Schon 1983 hat Neuner erklärt: "Die neuere Modernismusdiskussion hat gezeigt, daß es ein aussichtsloses Unterfangen ist, den Modernismus zu definieren"; Peter Neuner, Alfred Loisy (1857-1940), in: Heinrich Fries/Georg Kretschmar (Hg.), Klassiker der Theologie, Bd. 2, München 1983, 221-240; 237.

sozialwissenschaftlichen Modernisierungstheorien war es, einen klaren Begriff der Moderne entwickeln zu können[73].

In einer modernisierungstheoretischen Perspektive ist die kulturelle Moderne wesentlich durch fünf interdependente gesellschaftliche Transformationsprozesse bestimmt:

die kapitalistische Industrialisierung, die tiefgreifende gesellschaftliche Antagonismen und Klassengegensätze hervorruft;
die politische Modernisierung, also im Kern die Auflösung der alten feudalständischen sozialen Welt, die Umgestaltung politischer Institutionen durch liberale demokratische Verfassungen, die Legitimation politischer Ordnung durch Vertragstheorien, Parteienbildung, Parlamentarisierung und institutionelle Anerkennung vorstaatlicher individueller Grundrechte;
das Auseinandertreten von Staat und Gesellschaft, d.h. durch eine fortwährende Pluralisierung und sektorale Differenzierung bzw. Segmentierung der Gesellschaft;
durch die Ausprägung neuer individualistischer Lebensstile;
durch eine Privatisierung der Religion, d.h. durch die Auflösung des alten gesamtgesellschaftlichen Sinnstiftungsmonopols der Kirchen zugunsten eines Pluralismus von konkurrierenden religiösen Deutungsentwürfen, sowie, in der Perspektive vieler (aber nicht aller) Modernisierungstheorien, durch eine fortschreitende Säkularisierung bzw. einen schnellen Schwund institutionalisierter Religion.

Sozialwissenschaftliche Modernisierungstheorien haben seit den siebziger Jahren vielfältige Kritik gefunden, weil zunehmend die Prägekraft kultureller Traditionen für gesellschaftliche Entwicklungen sowie die damit eng verbundene große Verschiedenheit historisch kontingenter "Entwicklungspfade" deutlich geworden ist. Da sie häufig mit unhistorisch abstrakten Säkularisierungsannahmen verbunden waren und Modernität mit dem Schwund sowohl an gesellschaftlich organisierter als auch an privater Religion identifizierten, erwies sich die Anwendung von Modernisierungstheorien auf religionstheoretische und religionshistorische Fragestellungen als überaus schwierig. Trotz aller gebotenen Kritik der stark durch Erwartungshorizonte der fünfziger Jahre geprägten Modernisierungstheorien bleiben sie aber ein wichtiges Instrument zur Rekonstruktion von Prozessen der *inneren Modernisierung von Theologie und Kirchen*. In einer modernisierungstheoretischen Perspektive läßt sich jedenfalls zeigen, daß sich auf dem Gebiet der Theologie seit dem späten 18. Jahrhundert nur auf eigene Weise vollzog, was auch gesellschaftlichen Wandel insgesamt tiefgreifend prägte: Differenzierung, Pluralisierung und Individualisierung. In allen großen religiösen Institutionen entstand ein breiter Pluralismus unterschiedlicher Frömmigkeitsweisen und individueller religiöser Lebensstile. Zugleich weitete sich das Spektrum theologischer Deutungen der Religion so schnell aus, daß die Durchsetzung positioneller, an bestimmte politische, soziale, kulturelle oder religiöse Standorte gebundener Theologien als ein zentrales Strukturmerkmal der neueren Theologiegeschichte gelten kann[74]. Kulturelle Modernisierung bedeutete in der akademischen Theologie primär die Durchsetzung eines - vor allem im Protestantismus - sehr breiten Pluralismus theologischer Ansätze, Schulen, Richtungen, Positionen und Programme, die in je

---

[73] Vgl. den präzisen Überblick über die modernisierungstheoretische Debatte bei Hans-Ulrich Wehler, Modernisierungstheorie und Geschichte, Göttingen 1975.

[74] Grundlegend: Dietrich Rössler, Positionelle und kritische Theologie, in: ZThK 67 (1970) 215-231.

besonderer Weise auf *challenges* des dramatischen sozialen und religionskulturellen Wandels zu reagieren versuchten.

Die krisenreiche Auflösung der alten ständischen Welt und die Entstehung der neuen bürgerlichen Gesellschaft provozierten schon seit dem frühen 19. Jahrhundert in Theologie und Kirche vielfältige kritische Gegenbewegungen[75]. Die kulturell prägenden, intellektuell sehr anspruchsvollen theologischen Repräsentanten dieser modernitätskritischen Bewegungen werden ebenso gern wie kurzschlüssig als "konservative Theologen" beschrieben, die traditionalistische Reaktion betrieben oder regressive theologische wie politische Denkwege beschritten. Für viele prominente Repräsentanten konservativer Theologie gilt jedoch, daß sie sich weder als Traditionalisten verstanden[76] noch regressive Sehnsüchte nach einer untergegangenen feudalen Lebenswelt beschworen. Sie wollten gerade nicht hinter die moderne bürgerliche Gesellschaft zurück, sondern sie wollten über die Moderne hinaus. Dies läßt sich exemplarisch an den zahlreichen Entwürfen konservativer protestantischer Theologen aus dem Vormärz verdeutlichen.

Zur Kritik und Bekämpfung liberaler Konzepte einer bürgerlichen Gesellschaft nahmen frühkonservative protestantische Theologen selbst bestimmte Elemente modernen Denkens in Anspruch, etwa das Postulat radikaler Selbständigkeit der theologischen und politisch-sozialen Theorie gegenüber ihrem soziokulturellen Kontext. Sie organisierten sich in Vereinen, machten sich also ein strukturell modernes, spezifisch bürgerliches Instrument der Durchsetzung sozialer Interessen zu eigen. Sie betrieben höchst effizient Interessenpolitik, suchten ihre Theologien auf neuen literarischen Märkten zu popularisieren und waren früher und stärker als "liberale Theologen" dazu bereit, überkommene religiöse Symbole und theologische Semantiken mit neuen politischen Gehalten zu verschmelzen und ihre Ordnungsentwürfe durch "politische Theologien" zu legitimieren. Auch in der Art ihrer innerkirchlichen Selbstinszenierung tradierten sie nicht einfach alte Rollenmuster, sondern füllten überkommene Begriffe mit einem neuen Gehalt. Sie entwickelten, etwa in der prononcierten Neuentdeckung bzw. faktisch: Erfindung des kirchlichen "Amtes", Theorien einer kirchlichen Funktionselite und waren in Dogmatik und Ethik fortwährend darum bemüht, gegen den perhorreszierten liberalen Individualismus neue Formen der Bindung und Vergemeinschaftung der Individuen zu rechtfertigen. Insofern läßt sich für die Geschichte der protestantischen Universitätstheologie von einem eigenen, auch formaliter relativ autonomen Denkstil *konservativer Modernität* sprechen[77]. Er prägte sich insbesondere im Versuch aus, gegenüber den Ordnungsentwürfen der liberalprotestantischen Eliten alternative Kulturkonzepte zu entfalten, deren zentrale Begriffe - Autorität, Bindung, Gehorsam, materiale (versus bloß formale) Freiheit, Obrigkeit,

---

[75] Vgl. hierzu: Friedrich Wilhelm Graf, Protestantische Theologie und die Formierung der bürgerlichen Gesellschaft, in: ders. (Hg.), Profile des neuzeitlichen Protestantismus, Bd. I: Aufklärung, Idealismus, Vormärz, Gütersloh 1990, 11-54.

[76] Zur Unterscheidung von Traditionalismus und Konservativismus grundlegend: Karl Mannheim, Konservatismus. Ein Beitrag zur Soziologie des Wissens (1925/1927), hg. von David Ketler/Volker Meja/Nico Stehr, Frankfurt am Main 1984.

[77] Einzelnachweise bei: Friedrich Wilhelm Graf, Die Spaltung des Protestantismus. Zum Verhältnis von evangelischer Kirche, Staat und 'Gesellschaft' im frühen 19. Jahrhundert, in: Wolfgang Schieder (Hg.), Religion und Gesellschaft im 19. Jahrhundert (Industrielle Welt 54), Stuttgart 1993, 157-180. Zu den kontrovers diskutierten Frage der internen Differenzierungen des Protestantismus in unterschiedliche sozialmoralische Milieus oder "Submilieus" jetzt grundlegend: Olaf Blaschke/Frank-Michael Kuhlemann, Religion in Geschichte und Gesellschaft. Sozialhistorische Perspektiven für die vergleichende Erforschung religiöser Mentalitäten und Milieus, in: dies. (Hg.), Religion im Kaiserreich. Milieus-Mentalitäten-Krisen (Religiöse Kulturen der Moderne 2), Gütersloh 1996, 7-56.

Gemeinschaft, Kirche, Schöpfungsordnung etc. - zumeist im prononcierten Rückgriff auf spezifisch lutherische Theologoumena formuliert wurden.

Als strukturell durchaus moderne antiliberale Theorien lassen sich auch die römisch-katholischen Theologien rekonstruieren, die im späten 19. und frühen 20. Jahrhundert als Gegenmodelle zu den diversen liberalen, reformkatholischen und modernistischen Theologien entworfen wurden. Auch diese Theologien waren nicht traditionalistisch, sondern im präzisen Sinne des Begriffs konservativ. Alte Begriffe wurden hier mit neuem Gehalt gefüllt, um eine starke Identität der Kirche gegenüber bzw. innerhalb einer weithin als feindlich erlittenen bürgerlichen Gesellschaft begründen zu können. Bekanntlich gelten die diversen neo-scholastischen Theologien als die intellektuell anspruchsvollsten Gegenentwürfe zu den stark erlebnis- und gefühlsorientierten modernistischen Theologien. Gerade diese Neuscholastik läßt jedoch die eigene Modernität des konservativen Protests gegen liberale, etwa rein auf die Gefühlssubjektivität konzentrierte Theologien erkennen. Denn in ihrer sehr strengen Begrifflichkeit und hohen internen Rationalität stellten die neuscholastischen Theologien keineswegs eine bloße Fortschreibung theologischer Tradition dar. Zurecht traten ihre Autoren mit einem Avantgardeanspruch auf. Sie inszenierten sich als Modernisierer der überkommenen kirchlichen Lehre und entwickelten, beispielsweise in den Feldern der Soziallehre und Sozialethik, innovative theoretische Antworten auf die vielfältigen krisenhaften Folgeprobleme der kapitalistischen Transformation der Ökonomie. So dürfte eine zentrale Aufgabe theologiegeschichtlicher Forschung darin liegen, auch Aufkommen und innerkirchliche Durchsetzung neoscholastischer Theologien als eine Geschichte interner konzeptioneller Modernisierung theologischer Reflexion zu lesen.

Die Antithesen und Oppositionsbegriffe, mit denen in vielen neueren Modernismus-Studien operiert wird, erzeugen falsche, liberal-dogmatische Eindeutigkeiten. Es ist Ausdruck sterilen Schubladendenkens, wenn den Liberalen alle Ehrentitel progressiver Modernität zuerkannt werden und für die Konservativen nur die Rolle dumpfer römischer Traditionsbewahrer und Apologeten des Mittelalters reserviert bleibt. Gefordert ist eine Begrifflichkeit, die Mischungsverhältnisse und Paradoxien zu beschreiben erlaubt, also beispielsweise dabei hilft, Elemente traditionalistischer Sozialromantik bei den Modernisten und modernisierende Denkformen bei den Konservativen zu identifizieren.

Die mögliche Modernität eines theologischen Entwurfes läßt sich besonders gut über den ihm immanenten Ordnungsentwurf bzw. das jeweils favorisierte Kulturkonzept bestimmen. Orientiert man sich an den klassischen Modernisierungstheorien und deren neuerer Kritik, ist insbesondere nach der Wahrnehmung des Kapitalismus, der Einschätzung von politischer Partizipation und Demokratisierung, dem Verhältnis zu funktionaler Segmentierung, der Akzeptanz oder Nichtakzeptanz von Individualisierungsprozessen sowie den Visionen gelungener Kultur zu fragen. Alle seit dem späten 18. Jahrhundert entwickelten Theologien enthalten mehr oder weniger explizit Aussagen über gelungene soziale Ordnung und Entwürfe einer idealen Institutionenordnung. Für die Bestimmung der möglichen Modernität einer Theologie gewinnen neben den explizit politischen oder kirchenpolitischen Aussagen eines Theologen also seine ethischen Publikationen besonderes Gewicht. Denn hier legt ein Theologe in den Sprachen der ethischen Überlieferung oder durch semantischen Transfer aus anderen Kulturwissenschaften darüber Rechenschaft ab, wie er die gegebene Gesellschaft beurteilt, welche Art von Sozialmoral er favorisiert, wie er sich das Verhältnis von Staat und Kirchen denkt, welche Rolle er der Religion zuerkennt und wie er sich den Fortschritt hin zu einer sittlich vollkommeneren Gesellschaftsordnung vorstellt.

Wer so fragt, kann rasch ein überraschendes Defizit der etablierten Modernismusforschung feststellen: Die ethischen Konzeptionen und politischen Grundhaltungen modernistischer Theologen werden in der Literatur nur sehr selten thematisiert. Die Fixierung auf die Konflikte mit Rom hat dazu geführt, daß vorrangig Probleme der Exegese, Religionsphilosophie und Dogmatik behandelt werden. Oder verdankt sich die Vernachlässigung ethikgeschichtlicher Fragestellungen anderen Motiven? Ist sie möglicherweise auch dadurch zu erklären, daß viele modernistische Theologen in ethischen Konflikten eher traditionalistisch votierten? Mit faszinierenden religiösen Symbolen beschworen sie die mystische Seelengemeinschaft der wahrhaft Frommen bzw. die geschwisterliche Gesinnungshomogenität aller auf Gottes Gnadenwillen Vertrauenden. Schlossen ihre religiösen Versöhnungsutopien auch das antipluralistische Programm ein, die ethisch pluralisierte und ideologisch fragmentierte bürgerliche Konkurrenzgesellschaft wieder in eine Gemeinschaft von Brüdern und Schwestern zu überführen, die in allen entscheidenden, religiösen und moralischen Fragen eines Glaubens sein sollen? In einer ethikhistorischen Perspektive[78] erscheinen viele modernistische Theologen kaum als Anwälte eines theologisch legitimen Pluralismus, sondern eher als Konstrukteure religiöser Vergemeinschaftungsutopien, in denen die Aufhebung aller modernen Entzweiungen ersehnt wird. Dies mag ein Grund dafür sein, daß ihre Kulturkonzepte und ethischen Anschauungen in der neueren Modernismusliteratur bestenfalls am Rande behandelt werden. Entsprechendes gilt auch für ihre ästhetischen Urteile und Werthaltungen, die ebenfalls kaum erforscht sind. Auch wenn der deutsche *Modernismus litterarius* von Seiten Roms bekämpft wurde, waren seine führenden Repräsentanten faktisch doch sehr konventionellen literarischen Konzepten verpflichtet und verstanden sich als Gegner der avantgardistischen literarischen Moderne. Auch gelang es ihnen nicht, jenes kommunikative Ghetto zu verlassen, in das sich deutsche katholische Literaturproduzenten selbst eingesperrt hatten[79].

Der Modernitätsstatus einer Theologie läßt sich auch darüber definieren, daß man nach den Diskursfeldern und kommunikativen Netzwerken fragt, innerhalb derer sie entsteht. Die entscheidende Frage lautet dann: Welche Strömungen der zeitgenössischen Philosophie, Kultur- und Sozialwissenschaften, Naturwissenschaften sind in einer bestimmten Theologie rezipiert worden? Mit Blick auf die zahlreichen theologischen Entwürfe im Deutschland der Jahrhundertwende gewinnt diese Frage besonderes Gewicht. Denn seit den siebziger Jahren des 19. Jahrhunderts nehmen protestantische und - insgesamt weniger intensiv - katholische Theologen aus anderen Kulturwissenschaften Begriffe und Deutungsmuster auf, um den zumeist als krisenhaft erfahrenen schnellen gesellschaftlichen Wandlungsprozessen Rechnung zu tragen. Diese *Wende zur sozialkulturellen Lebenswelt christlicher Religion*[80] tritt besonders plastisch in der disziplinären Verselbständigung der Sozialethik bzw. Soziallehre sowie in der internen Differenzierung der Praktischen Theologie, etwa in der Aufwertung der "religiösen Volkskunde" oder Kirchlichkeitssoziologie, zutage. Im deutschen Protestantismus waren es keineswegs nur kulturprotestantische Theologen, sondern früher und methodisch innovativer auch

---

[78] Zur Konzeption theologischer Ethikhistoriographie siehe: Friedrich Wilhelm Graf, Akzeptierte Endlichkeit. Protestantische Ethik in einer Kultur der Widersprüche, in: Joachim Mehlhausen (Hg.), Pluralismus und Identität (Veröffentlichungen der Wissenschaftlichen Gesellschaft für Theologie 8), Gütersloh 1995, 115-125.

[79] Vgl. Wolfgang Frühwald, Katholische Literatur im 19. und 20. Jahrhundert, in: Anton Rauscher (Hg.), Religiös-kulturelle Bewegung im deutschen Katholizismus seit 1800, Paderborn 1986, 9-26; Jutta Osinski, Katholizismus und deutsche Literatur im 19. Jahrhundert, Paderborn 1993, besonders 254.

[80] Siehe Volker Drehsen, Neuzeitliche Konstitutionsbedingungen der Praktischen Theologie. Aspekte der theologischen Wende zur sozialkulturellen Lebenswelt christlicher Religion, 2 Bde., Gütersloh 1988.

Repräsentanten des konservativen Kulturluthertums, die sich um den Import von Begriffen und Ergebnissen aus den sich formierenden neuen "Socialwissenschaften", etwa aus der "Nationalökonomie", "Moralstatistik" und "Socialpsychologie", bemühten; als repräsentativ für diese konservative Interdisziplinarität können die Sozialethiken von Lutheranern wie Alexander von Oettingen und Martin von Nathusius gelten[81]. Ein systematischer Vergleich der jeweils rezipierten sozial- oder kulturwissenschaftlichen Theorieangebote läßt erkennen, daß konservative und liberale protestantische Theologen um 1900 in unterschiedliche diskursive Netzwerke eingebunden waren und auf die krisenhaften Folgeprobleme der kapitalistischen Transformation der Ökonomie mit konkurrierenden sozialpolitischen Handlungsstrategien reagierten. Die Differenz der jeweiligen Diskurse, die damit verbundene Divergenz der gesellschaftspolitischen Ordnungsentwürfe und Kulturkonzepte sowie die alternativen theologischen Semantiken lassen sich aber nicht in einem Modell zureichend erfassen, das an einer Entgegensetzung von 'modern' und 'antimodern' orientiert ist. Gerade die Frage, welche sozial- oder kulturwissenschaftliche Theorie ein Theologe der Jahrhundertwende mit normativen Interessen rezipierte, provoziert die Problematisierung der simplen Dichotomien von 'modern' und 'antimodern'. In den ethischen Publikationen vieler reformkatholischer oder modernistischer Theologen zeigt sich dies beispielsweise vor dem Ersten Weltkrieg in der eigentümlichen Fixierung auf die Themen "Sexualreform" und "neue Sexualethik". Indem sie die überkommene kirchliche Sexualethik kritisierten, wollten sie keineswegs nur die Emanzipation des Individuums aus Konvention und klerikalen Zwängen fördern. Mit Blick auf neue, "moderne" Sexualitätsdiskurse in Biologie, Pädagogik und sich formierender Sexualwissenschaft forderten sie vielmehr eine Ethisierung und Spiritualisierung des Sexuallebens, die in vielem noch sehr viel repressiver als die kirchliche Tradition war.

Zwar kann man kann relativ schnell darüber Konsens erzielen, daß es für die intellektuelle Modernität einer Theologie um 1900 kennzeichnend ist, inwieweit sie sich den Denkrevolutionen des Historismus öffnete. Zustimmungsfähig dürfte weiterhin sein, daß die konsequente Historisierung etwa der Exegese, also die Offenheit für die Methoden der historisch-kritischen Bibelwissenschaft und für die neuen religionsgeschichtlichen Fragestellungen, sowie die interdisziplinäre Einbindung der Kirchengeschichte in die neuen kulturgeschichtlichen Diskurse wichtige Indikatoren für die interne Modernisierung der Theologie darstellen. In vielen anderen Diskursfeldern ist jedoch sehr viel weniger eindeutig festzustellen, welche Denkstile und methodischen Standards zur Jahrhundertwende intellektuelle Modernität repräsentierten. Für die protestantische Theologie seien zwei irritierende Beispiele genannt: Ein liberalprotestantischer Kulturtheologe wie Ernst Troeltsch[82] wird in aller Regel für "theologisch moderner" gehalten als ein "positiver", i.e. konservativer Lutheraner wie der Berliner Systematiker und Dogmenhistoriker Reinhold Seeberg[83], der sich ungleich stärker als Troeltsch an klassischen theologischen Themen abarbeitete und eine relativ konventionell konstruierte Dogmatik schrieb. Seeberg selbst erhob jedoch den Anspruch, der sehr viel zeitgemäßere, modernere Denker zu sein, da er in seinen zahlreichen ethischen Studien sehr früh schon die neue Rassenbiologie und Eugenik rezipierte und sich bei aller weltanschaulichen Kritik des Darwinismus sozialdarwinistische Deutungsmuster zu eigen machte. In seiner So-

---

[81] Siehe Friedrich Wilhelm Graf, Sozialethik, in: HWP IX 1134-1138; ders., Nathusius, Martin von, in: BBKL VI 483-494.

[82] Friedrich Wilhelm Graf/Hartmut Ruddies, Religiöser Historismus. Ernst Troeltsch, in: Friedrich Wilhelm Graf (Hg.), Profile des neuzeitlichen Protestantismus, Bd. 2/2: Kaiserreich, Gütersloh 1993, 295-335.

[83] Friedrich Wilhelm Graf/Klaus Tanner, Lutherischer Sozialkonservatismus. Reinhold Seeberg, in: Graf (Hg.), Profile (wie Anm. 82), 354-397.

zialethik hatte eine dem "Kampf ums Dasein" verpflichtete Semantik einen hohen Stellenwert. So vertrat der in zahlreichen konservativ-kirchlichen Gremien und in Organisationen des politischen Konservatismus tätige Sozialethiker seinem Selbstverständnis nach die modernere, weil stärker an neuen biologischen Einsichten und deren sozialwissenschaftlicher Konkretion orientierte Ethikkonzeption. Der sechs Jahre jüngere Ernst Troeltsch verstand sich dagegen eher als Repräsentant einer neoidealistischen Revolte gegen Positivismus, Szientismus und Naturalismus. Wer als Theologiehistoriker der Komplexität solcher Diskurslagen gerecht werden will, verliert sehr schnell den Glauben an "eindeutige" Kriterien dafür, einen liberalen Theologen per se zu einem "modernen Theologen" und seinen positiven Konkurrenten von vornherein zu einem Antimodernen zu erklären. Zu prüfen ist gerade, über welche außertheologischen Garantiediskurse Theologen jeweils ihren Modernitätsanspruch definieren. Im Fall Seebergs waren es die neuen biologistischen, bevölkerungshygienischen und eugenischen Paradigmata, die seinen intellektuellen wie (kirchen-)politischen Überlegenheitsanspruch gegenüber den "seichten Liberalen" begründen. Troeltsch hingegen sah sich insoweit als Anwalt moderner Probleme in der Theologie, als er die Öffnung für konsequent geschichtliches Denken betrieb und zugleich die relativierenden Folgewirkungen des Historismus durch eine neoidealistische Religionstheorie zu begrenzen suchte. Bei allen gravierenden Unterschieden ging es beiden systematischen Theologen darum, die theologische Reflexion einerseits dem "modernen geschichtlichen Denken" zu öffnen und zugleich eine Ebene des Übergeschichtlichen zu erschließen, über die Normativität erschlossen (bzw. konstruiert) werden kann.

Werden theologiegeschichtliche Prozesse so beschrieben, daß die prägenden außertheologischen Diskussionskontexte einer Theologie einbezogen werden, verlieren die konfessionellen Trennlinien zwischen katholischer und protestantischer Universitätstheologie an Gewicht. In einer kulturwissenschaftlich orientierten interdisziplinären Perspektive zeigt sich, daß trotz aller konfessionskulturellen Besonderheiten die Diskussionslagen in den beiden Theologiekulturen um 1900 vielfältige Entsprechungen aufwiesen. Zwar hatte eine freie, kirchendistanzierte akademische Theologie im protestantischen Deutschland traditionell einen sehr viel höheren kirchlichen und kulturpolitischen Stellenwert als im Katholizismus. Außerdem gab es im deutschen Kaiserreich deutlich mehr theologische Lehrstühle für protestantische Theologen als für katholische. Die protestantische Universitätstheologie war zu Jahrhundertbeginn eine hoch angesehene historische Kulturwissenschaft mit sehr großer internationaler Ausstrahlung[84]. Schon seit dem Vormärz hatte sie die Konflikte im Spannungsfeld von Glaube und Geschichte bearbeitet und sich zunehmend in eine historische Kulturwissenschaft des Christentums verwandelt, die durch streng geschichtliche Forschung Orientierungen für die Gegenwart gewinnen wollte. Ihr interner Pluralismus war ungleich stärker ausgeprägt als in der katholischen Theologie. Auch wenn einzelne "Radikale" unter dem wachsenden Druck konfessionalistischer Kräfte ausgegrenzt wurden - der klassische Fall sind einige Exegeten der jüngeren "Tübinger Schule" Ferdinand Christian Baurs, die in die allgemeine Geschichtswissenschaft übergingen, oder um 1900 die Exegeten der Göttinger "Religionsgeschichtlichen Schule", die zumeist erst sehr spät auf theologische Lehrstühle gelangten -, war das Klima in den Protestantisch-Theologischen Fakultäten nicht mehr oder weniger liberal als in den Philo-

---

[84] Dazu Details und Belege bei: Friedrich Wilhelm Graf, Rettung der Persönlichkeit. Protestantische Theologie als Kulturwissenschaft des Christentums, in: Rüdiger vom Bruch/Friedrich Wilhelm Graf/Gangolf Hübinger (Hg.), Kultur und Kulturwissenschaften um 1900. Krise der Moderne und Glaube an die Wissenschaft, Stuttgart 1989, 103-132.

sophischen Fakultäten; seit den 1880er Jahren nahm allerdings der Druck konservativer Kräfte in den Synoden auf die Kultusbürokratien zu, verstärkt konservative Theologen zu berufen. Insgesamt hatte die deutsche protestantische Universitätstheologie um 1900 aber ein sehr hohes intellektuelles Niveau und galt als die weltweit führende Theologiekultur. Die deutschsprachigen katholisch-theologischen Fakultäten litten demgegenüber unter der viel beschworenen "Inferiorität" der Katholiken und waren in allen Disziplinen faktisch hinter dem kontroversen Diskussionsstand der Protestanten - und auch der katholischen Theologie in Frankreich, Holland, Großbritannien und den USA! - weit zurück. Der Kulturkampf, der auf akademischer Ebene im ersten Jahrzehnt des neuen Jahrhunderts weithin noch fortgeführt wurde[85], hatte die Ghettosituation der katholischen Theologie, die schon durch ihre starke Kirchenbindung gegeben war, verschärft und zu vielfältigen Kommunikationsblockaden gegenüber anderen Disziplinen geführt. Ernst Troeltsch und andere prominente liberalprotestantische Universitätstheologen sprachen im Kontext der Modernismusdebatte vom "Niedergang der katholisch-theologischen Fakultäten"[86] und litten darunter, daß die relevanten Konflikte im Verhältnis von Glaube und Geschichte hier nicht frei diskutiert werden konnten: "Die besten der deutschen katholischen Theologen halten sich an historische Forschung auf unschuldigen Gebieten. Einen 'dogmatischen' Modernismus gibt es hier nicht, und die geistreichsten Leute behalten ihre Gedanken für sich"[87].

Trotz der unterschiedlichen institutionellen Kontexte und der erheblichen Differenzen im Grad der interdisziplinären Vernetzung und der intellektuellen Standards waren die Problemlagen in der deutschsprachigen protestantischen und katholischen Theologie um 1900 weithin identisch. Jedenfalls wurden die internen Kontroversen hier wie dort durch sehr ähnliche kultur-, kirchen- und theologiepolitische Gegensätze bestimmt. Dies zeigen insbesondere die Sprachen des Kampfes, in denen Theologen in beiden Konfessionen ihre internen Auseinandersetzungen, aber auch die akademischen Konfessionskonflikte austrugen. In den Repräsentationen des eigenen und anderen sowie in den Feindbildstereotypen gab es zwischen protestantischer und katholischer Universitätstheologie um 1900 vielfältige Parallelen. Konservativ-konfessionalistische Lutheraner kritisierten Kulturliberale wie Adolf von Harnack, Martin Rade und Ernst Troeltsch mit denselben Begriffen, die, wie Otto Weiß gezeigt hat, konservative katholische Theologen und schließlich auch das Lehramt für Reformtheologen und Modernisten gebrauchten. Das "Liberale" wurde mit seicht, oberflächlich, unverbindlich, beliebig, relativistisch, individualistisch, subjektivistisch, mystisch, kulturchristlich, bourgeois, nationalistisch assoziiert, also einem Denkstil, der alle substantielle Verbindlichkeit auflöse und mit dem Bekenntnis und Dogma der Kirche auch die Fundamente wahrer Kultur zu zerstören drohe. Umgekehrt beschrieben liberale Theologen und katholische Modernisten konservative Theologien und deren implizite Ordnungsentwürfe mit einer gemeinsamen Semantik. Sie verbanden mit dem Denkstil ihrer konservativen Gegner Klerikalisierung, Preisgabe der Freiheit der Wissenschaft, Dogmatismus, ungeschichtliches Denken, Autoritätskult, erschlichenes Wahrheitspathos und theologische Selbstghettoisierung. Eine zentrale Aufgabe zukünftiger Modernismus-Forschung dürfte es sein, die semantischen Austauschprozesse zwischen den beiden konfessionellen Theologiekulturen zu rekonstruieren. Vieles spricht für die Vermutung, daß zahlreiche Begriffe der Modernismus-Kontroversen im deutschen Katholi-

[85] Dazu finden sich nun instruktive Belege bei: Notker Hammerstein, Antisemitismus und deutsche Universitäten 1871-1933, bes. 27-40 ("Universitäten und Katholiken").
[86] Troeltsch, Katholizismus und Reformismus (wie Anm 15), 24.
[87] Ebd., 23.

zismus in den "innerprotestantischen Kulturkämpfen" zwischen konservativen Kirchenprotestanten und liberalen Kulturprotestanten geprägt wurden.

IV. Leiden an der Moderne

Die ambivalente Haltung modernistischer Theologen zur modernen bürgerlichen Gesellschaft läßt sich *exemplarisch* an ihrer zeitweilig engen Verbindung zum führenden außerkirchlichen religiösen Verlag der Jahrhundertwende, dem 1896 gegründeten Eugen Diederichs Verlag, verdeutlichen. In dem stark bildungsprotestantisch geprägten Verleger Eugen Diederichs[88], der sich selbstbewußt als "Organisator" deutscher Kultur bezeichnete[89], fanden die "deutschen Modernisten" einen Fürsprecher, der keineswegs nur aus ökonomischen oder verlegerischen Interessen, sondern aus genuin religiöser bzw. weltanschaulicher Überzeugung eine modernistische Erneuerung des Katholizismus zu popularisieren suchte. Die Zusammenarbeit von Funktionären der Krausgesellschaft mit Eugen Diederichs und die trotz eines hohen Werbeaufwandes relativ kleinen Auflagen modernistischer Titel lassen aber auch die engen Grenzen der Wirkung modernistischer Theologie im liberalen katholischen (Bildungs-) Bürgertum erkennen.

Wann Diederichs erstmals zu deutschen Modernisten in Kontakt trat, hat sich aus seinem Nachlaß und den im Verlagsarchiv verwahrten Korrespondenzen nur vage bestimmen lassen. Seine Entscheidung, offensiv die "Reformkatholiken", "freien Katholiken", "katholischen Reformer" und "Modernisten" - Diederichs gebrauchte in seinen Briefen und autobiographischen Texten sowie in den aufwendig gestalteten Verlagsprospekten diese Begriffe weithin synonym - zu unterstützten, scheint Ende 1907 gefallen zu sein. Am 4. Dezember 1907 berichtete Diederichs dem Bremer freiprotestantischen Pfarrer Karl König, einem seiner wichtigsten Autoren, über Aktivitäten zur Sammlung verschiedener liberalprotestantischer Oppositionsgruppen. Dabei kam er auch auf parallele Entwicklungen im Katholizismus zu sprechen: "So stehe ich jetzt auch in Verhandlungen, um das Buch von dem Modernisten Tyrrell zu bringen. Ich rechne es mir zur Genugtuung, wenn dann der Reformkatholizismus bei mir Zuflucht sucht, nicht als wolle ich ihn persönlich vertreten, sondern eben als ein Versuch von anderer Seite, zu einer religiösen Erneuerung zu gelangen. Es ist mir überhaupt interessant zu sehen, wie glänzend ich in meinen religiösen Bestrebungen von den modernen Katho-

---

88 Walther G. Oschilewski, Eugen Diederichs und sein Werk, Jena 1936; Erich Viehöfer, Der Verleger als Organisator. Eugen Diederichs und die bürgerlichen Reformbewegungen der Jahrhundertwende, in: Archiv für die Geschichte des Buchwesens 30 (1988) 1-148; Meike G. Werner, Ambivalenzen kultureller Praxis in der Jugendbewegung. Das Beispiel des freistudentischen Jenaer Serakreises um den Verleger Eugen Diederichs vor dem Ersten Weltkrieg, in: Jahrbuch für Historische Bildungsforschung 1, hg. von der Historischen Kommission der Deutschen Gesellschaft für Erziehungswissenschaft, Weinheim 1993, 245-264; Gangolf Hübinger, Eugen Diederichs Bemühungen um die Grundlegung einer neuen Geisteskultur, in: Wolfgang J. Mommsen unter Mitarbeit von Elisabeth Müller-Luckner (Hg.), Kultur und Krieg: Die Rolle der Intellektuellen, Künstler und Schriftsteller im Ersten Weltkrieg (Schriften des Historischen Kollegs, Kolloquien 34), München 1996, 259-274; Gangolf Hübinger (Hg.), Versammlungsort moderner Geister. Der Eugen Diederichs Verlag - Aufbruch ins Jahrhundert der Extreme, München 1996, und darin besonders: Friedrich Wilhelm Graf, Das Laboratorium der religiösen Moderne. Zur "Verlagsreligion" des Eugen Diederichs Verlags, 243-298.

89 Eugen Diederichs, Brief des Verlegers, in: Die Aktion 3 (1913) 1160.

liken behandelt werde"[90]. Am 27. Februar 1908 schrieb der Verleger an den prominenten Marburger liberalprotestantischen Theologieprofessor Martin Rade, den Herausgeber der Zeitschrift *Die Christliche Welt*, in der sehr viel über den Modernismus berichtet wurde: "Ich habe jetzt mehrere kirchenpolitische Pläne vor. Der eine ist, daß ich den Reformkatholizismus vertreten und mit dem Papst Krieg führen will, da mir Frau Elisabeth Förster-Nietzsche als Gegner noch zu gering ist"[91]. Im März 1908 bezeichnete sich der durchaus eitle Verleger dann schon als "Schutzherr der Modernisten"[92]. Dies war insoweit berechtigt, als sein Verlag vom Sommer 1908 bis Ende 1910 die wohl wichtigste Plattform zur Popularisierung modernistischer Theologien in Deutschland war.

Bei der Förderung modernistischer Theologie ging Diederichs erstaunlich geschickt vor. Der Kulturverleger, der seit der Jahrhundertwende zahlreiche alternative bzw. oppositionelle religiöse Denker verlegt und gerade Helden eines antibürgerlichen Christentums wie Sören Kierkegaard und Leo N. Tolstoi sehr erfolgreich zur Öffentlichkeit verholfen hatte[93], knüpfte im Herbst 1907 Kontakte zu George Tyrrell, um Übersetzungsrechte zu erwerben. Er traf sich mit Funktionären der Kraus-Gesellschaft und mit Joseph Schnitzer, besorgte Übersetzer für Texte italienischer und französischer Modernisten, korrespondierte mit Mitgliedern der Societa-scientifica religiosa in Rom sowie mit Antonio di Stefano und lud junge katholische Theologen nach Jena ein, um sie zu einem offensiven Engagement für den Modernismus zu ermutigen; bisweilen empfing er sie auf der Couch liegend. Mit Thaddäus H. Engert und Otto Sickenberger vereinbarte er um die Jahreswende 1907/08 die Gründung einer eigenen Reihe *Reformkatholische Schriften*, in der wichtige Texte französischer, italienischer und britischer Modernisten erscheinen sollten. Diederichs legte großen Wert darauf, daß nicht einzelne Theologen als Herausgeber wirkten, sondern die Krausgesellschaft als Organisation für das Unternehmen verantwortlich zeichnete. "Ich möchte nur, dass sich eine systematische Organisation für den Reformkatholizismus ins Werk setzte. Ich persönlich werde für meine Schriftenserie alles tun, was den Eindruck verstärkt, als stünde eine große Bewegung hinter den Publikationen", schrieb er am 25. Mai 1908 an Otto Sickenberger. Auch müßten den ersten Bänden ausführliche bibliographische Verzeichnisse für die italienische und französische Diskussion beigegeben werden. "Es stärkt unbedingt den moralischen Eindruck des Ganzen, wenn man sieht, dass eine grössere Literatur dahinter steht"[94]. Schon bei den ersten beiden Bänden, der *Antwort der französischen Katholiken an den Papst* sowie dem *Programm der italienischen Modernisten*, die beide im Sommer 1908 erschienen, kam es aber zu Konflikten mit Engert und Sickenberger. Diederichs, der im Mai 1908 eine Pressekampagne für seine *Reformkatholischen Schriften* startete[95], wollte im großen Stile die theologisch sehr viel radikaleren Modernisten des Auslandes in Deutschland popularisieren. Der vorsichtige Engert

---

90 Briefe Eugen Diederichs an Karl König vom 4. Dezember 1907, in: Eugen Diederichs. Leben und Werk. Ausgewählte Briefe und Aufzeichnungen hg. von Lulu von Strauß und Torney-Diederichs, Jena 1926, 151.

91 Nachlaß Martin Rade, Universitätsbibliothek Marburg.

92 Brief Eugen Diederichs an Rudolf Kaßner vom 26. März 1908, in: Diederichs, Leben und Werk (wie Anm. 90) 157.

93 Zu Diederichs Tolstoi-Gesamtausgabe siehe: Edith Hanke, Prophet des Unmodernen. Leo N. Tolstoi als Kulturkritiker in der deutschen Diskussion der Jahrhundertwende, Tübingen 1993; dies., Das "spezifisch intellektualistische Erlösungsbedürfnis". Oder: Warum Intellektuelle Tolstoi lasen, in: Gangolf Hübinger (Hg.), Intellektuelle im Deutschen Kaiserreich, Frankfurt am Main 1993, 158-171.

94 Brief von Eugen Diederichs an Otto Sickenberger, Jena, 25. Mai 1908, Bestand Krausgesellschaft, Bayerische Staatsbibliothek, München.

95 Siehe Eugen Diederichs an Martin Rade vom 18. Mai 1908, in: Nachlaß Martin Rade, Universitätsbibliothek Marburg.

lehnte dies ab, weil er eine weitere Isolierung der deutschen Reformer in der katholischen Öffentlichkeit befürchtete. Am 30. Mai 1908 erklärte Diederichs gegenüber Otto Sickenberger, daß Engert eine Übersetzung der *Lettere di un prete modernista, con appendice dalla sospensione di R. Murri alla scomunica di A. Loisy* (Rom 1908) ablehne, "da die Schrift zu extrem radikal sei und der Sache des deutschen Reform-Katholizismus schaden würde"[96]. Sikkenberger, Engert und andere prominente Mitglieder der Krausgesellschaft waren ob ihrer permanenten internen Konflikte nicht einmal bereit, in den *Reformkatholischen Schriften* Werke Tyrrells zu präsentieren. Ihr Verleger sah sich nun im protestantischen Vorurteil bestätigt, daß oppositionelle Katholiken im Kampfe gegen die kirchliche Obrigkeit zumeist sehr viel feiger als ihre liberalprotestantischen Gesinnungsgenossen seien. An den Monisten Arthur Drews, den Erfolgsautor der *Christusmythe*, schrieb er im März 1908: "Wie es mit dem Reformkatholizismus glückt, kann ich noch nicht sagen. Natürlich ist augenblicklich viel Mode dabei, und in Deutschland hat man vielleicht noch eher als in Frankreich verlernt, für seine Überzeugung ein Märtyrer zu sein"[97]. Aber seine vielfältigen Versuche, die katholischen Reformer zu einem entschiedeneren Auftreten zu bewegen, blieben ohne Resonanz. Am 25. Mai 1908 schrieb er seinem Verhandlungspartner Sickenberger: "Ich denke, es wird gar nichts schaden, wenn sich die Kraus-Gesellschaft weitere Anfeindungen zuzieht. Denn der Reformkatholizismus kommt am ehesten vorwärts, je mehr sogenannte Fälle vorkommen. Schließlich führen etwaige Konflikte auch ihrer Organisation wieder neue Mitglieder zu"[98]. Einen jungen katholischen Theologen wollte er zwei Wochen später dazu motivieren, ohne Rücksicht auf Karriere und öffentliches Ansehen allein der Stimme seines Gewissens zu folgen. "Nur keinen Kleinmut! Dadurch unterscheidet sich ja der religiöse Kampf von dem politischen, daß bei ihm die innere Stimme und der innere Drang eine ganz andere Rolle spielt als in der Politik, wo man Kräfte abwägen muß. Im religiösen Kampf kann man nur sich selbst geben und alles andere muß man dann eben 'Gott' überlassen, auch wenn man Pantheist ist [...] Entweder Sie vertreten eine berechtigte Idee, dann ist sie auch siegreich und wird Sie weiterführen, oder Sie haben nicht den Glauben an diese, und dann soll man gleich von vornherein einpacken [...] Machen Sie sich darum bitte klar, daß Sie immer noch Aussicht haben, religiös zu wirken, wenn sich der Katholizismus Ihnen gegenüber verschließt, weil Sie zu radikal sind. Meines Erachtens müßte es zwei Linien im deutschen Reformkatholizismus geben, eine etwas konservative für die gebildeten Katholiken, die das Gefühl haben, sie bleiben von der Kultur abgeschlossen und stehen hinter dem Protestantismus zurück, wenn sie sich auf mittelalterliche Ideale beschränken, dann die andere Linie demokratisch und revolutionär, die sich auf die Arbeiterschaft wirft [...] Es wäre darum gut, wenn Sie recht verschiedene Temperamente in Ihrer Partei hätten, die auf getrennten Wegen marschieren, und darum müssen Sie eben agitatorisch vorgehen und jeden Kampf und jeden Sturm der Entrüstung nur begrüßen, denn nur dadurch kommen Sie vorwärts"[99].

Der Kulturverleger setzte also auf gezielte Polarisierung. Durch Verschärfung der innerkirchlichen Konflikte sollten neue Sympathisanten mobilisiert werden. Dieselbe Taktik wandte Diederichs gegenüber dem protestantischen Kirchenestablishment an. Durch eine Po-

---

96 Unveröffentlichter Brief Eugen Diederichs an Otto Sickenberger, Jena, 30. Mai 1908, Bestand Krausgesellschaft, Bayerische Staatsbibliothek, München.

97 Brief an Arthur Drews vom 17. März 1908, in: Leben und Werk, a.a.O., 156.

98 Unveröffentlichter Brief von Eugen Diederichs an Otto Sickenberger vom 25. Mai 1908, Bestand Kraus-Gesellschaft, Bayerische Staatsbibliothek München.

99 Eugen Diederichs an einen jungen katholischen Theologen, Jena, 11. Juni 1908, in: Diederichs, Leben und Werk (wie Anm. 90), 160-161.

litik des innerprotestantischen Kulturkampfes sollten die landeskirchlichen Behörden dazu gezwungen werden, gegen oppositionelle Pfarrer vorzugehen. Diese liberal-religiösen Märtyrer sollten dann neue Anhänger bzw. Leser von Diederichs-Büchern gewinnen. Diese Strategie war im katholischen Milieu aber weithin erfolglos. Gangolf Hübinger hat in seiner Studie über *Kulturprotestantismus und Politik* nachgewiesen, daß selbst im bürgerlich-liberalen Kulturprotestantismus die religionskulturelle Prägekraft "liberaler Theologien" erstaunlich gering war. Insbesondere ein Blick auf die Auflageziffern der repräsentativen akademisch-theologischen Literatur wirkt insgesamt ernüchternd[100]. Auch wenn einzelne populärwissenschaftliche Reihen eine relativ große Resonanz im kulturprotestantischen Bildungsbürgertum, insbesondere bei Lehrern, fanden[101] und über die Feuilletons der Tagespresse und die zahlreichen Kulturzeitschriften viel Theologisches in eine breitere Öffentlichkeit transportiert wurde, blieben die "Sickereffekte" akademisch-theologischer Literatur weithin auf das mit Bildungspatenten ausgestattete Bildungsbürgertum begrenzt.

Für das katholische Milieu gilt dies in noch stärkerem Maße. Im romkritischen katholischen Bildungsbürgertum Deutschlands neue Absätzmärkte zu erschließen, gelang dem in Fragen der Leserlenkung höchst kompetenten Diederichs nur sehr begrenzt. Nachdem für die ersten beiden Bände der *Reformkatholischen Schriften* ursprünglich eine Startauflage von 3000 Exemplaren geplant war, wurden aufgrund der wenigen Vorbestellungen bloß 1000 Exemplare gedruckt; sie verkauften sich nur schleppend. Nach diesen zwei Bänden mußte die so groß angekündigte Reihe eingestellt werden. Auch modernistische Schriften wie George Tyrrells *Zwischen Skylla und Charybdis*[102] und Giuseppe Prezzolinis *Wesen, Geschichte und Ziele des Modernismus*[103], die im Frühjahr und Herbst 1909 erschienen[104], erreichten nur relativ geringe Verkaufsauflagen. Die 1910 übernommenen *Kämpfe von heute* des italienischen politischen Modernisten Romolo Murri[105], eines aggressiven Nationalisten, der in den zwanziger Jahren zu den Faschisten überging, wurden ein Mißerfolg, obwohl der Papst den Autor exkommuniziert und Diederichs daraufhin auf Werbung durch Skandal gehofft hatte. In einer unveröffentlichen Autobiographie mußte sich Diederichs Ende der zwanziger Jahre eingestehen: "Ebenso vereinigte ich 1908 die reformkatholische Bewegung in meinem Verlag freilich ohne jeden Erfolg. Es dauerte kaum 1-2 Jahre, dann brach sie zusammen"[106].

Die von Thomas Mergel 1994 vertretene These, daß das rheinische katholische Bürgertum "unter den mißtrauischen Augen von Klerikalen und Nationalen [...] mit dem theologischen Modernismus" sympathisiert habe[107], läßt sich für die bei Diederichs verlegten Titel also nicht

---

100 Gangolf Hübinger, Kulturprotestantismus und Politik. Zum Verhältnis von Liberalismus und Protestantimus im wilhelminischen Kaiserreich, Tübingen 1994, bes. 196-198.

101 Vgl. Nittert Janssen, Popularisierung der theologischen Forschung. Breitenwirkung durch Vorträge und 'gemeinverständliche' Veröffentlichungen, in: Gerd Lüdemann/Martin Schröder (Hg.), Die Religionsgeschichtliche Schule in Göttingen. Eine Dokumentation, Göttingen 1987, 109-136.

102 Wie Anm. 61.

103 Guiseppe Prezzolini, Wesen, Geschichte und Ziele des Modernismus, Jena 1909.

104 Vgl. Eugen Diederichs Verlag, Bibliographie der Verlagswerke 1896-1956, mit einem Verzeichnis der lieferbaren Werke nach dem Stand vom 1. 10. 1956, Düsseldorf-Köln 1956, 197-198.

105 Romolo Murri, Kämpfe von heute. Das christliche Leben zu Beginn des zwanzigsten Jahrhunderts. Autorisierte Übersetzung aus dem Italienischen. Das Buch erschien zuerst 1908 im damals neu gegründeten Hermann J. Frenken-Verlag, Cöln-Weiden. Nach Murris Exkommunikation übernahm der Diederichs-Verlag das Buch.

106 Eugen Diederichs, Lebensaufbau. Skizzen zu einer Selbstbiographie, masch. schr. (Juni 1920 - März 1921), S. 5c, Deutsches Literaturarchiv Marbach/N., Nachlaß Eugen Diederichs.

107 Thomas Mergel, Zwischen Klasse und Konfession. Katholisches Bürgertum im Rheinland 1794-1914 (Bürgertum. Beiträge zur europäischen Gesellschaftsgeschichte 9), Göttingen 1994, 311.

bestätigen. Mergel hat gezeigt, daß sich die Mehrheit der katholischen Bürger wegen der Bindung an bürgerliche Kulturwerte zwar der Ultramontanisierung des katholischen Milieus entzogen habe, aber zugleich der Kirche äußerlich treu geblieben sei. So wenig sie sich in katholischen Milieuorganisationen betätigten[108], so wenig waren sie auch bereit, sich aktiv für eine grundlegende Reform der Kirche einzusetzen und zur Unterstützung der von der Hierarchie verfolgten modernistischen Theologen irgendwie zu organisieren. Bei aller möglichen Sympathie mit den Modernisten - Mergel bietet für die behauptete Nähe aber keine Belege! - war ihr Interesse an der Institution wohl zu schwach, um irgendwelche kirchenpolitischen Parteienkämpfe zu führen. Auch im Verhältnis zu jenen gebildeten katholischen Bürgern, die sich im katholischen Milieu als Akademiker organisierten und als moderne Kulturbürger zugleich kirchentreue Katholiken sein wollten, fällt die Begrenztheit der Wirkung modernistischer Theologie und Kirchenreformprogramme ins Auge. In den Bonifatius-Vereinen, die wohl ein Drittel aller katholischen Studenten an deutschen Universitäten organisieren konnten, gab es zwar eine "tiefe Verstörung"[109] über die päpstlichen Maßnahmen. Auch wehrte man sich gegen "Modernistenschnüffelei". Aber man wollte am ruhigen Fortschritt der Kultur mitwirken und betrieb eine "Verbürgerlichung des Katholizismus"[110] im Sinne einer Kultursynthese von bürgerlichen, katholischen und nationalen Werten. Irgendwelche verbandsoffiziellen Sympathiebekundungen mit den Modernisten des Auslandes paßten dazu ebensowenig wie konkrete Unterstützungsaktionen für modernistische Theologen in Deutschland. Im Vergleich zu den effizient organisierten kirchentreuen katholischen Bildungsbürgern konnten die teils bildungsbürgerlichen, teils adeligen Kirchenreformer oder Modernisten im deutschen Katholizismus keine schlagkräftige Organisation aufbauen. Die Krausgesellschaft hatte nie mehr als 200 Mitglieder und war durch die fortwährenden Richtungskämpfe weithin handlungsunfähig. Am zweiten internationalen Modernistenkongreß nahmen 1913 nur 200 Personen, darunter nur sehr wenige Deutsche, teil[111]. Das *Zwanzigste* bzw. *Neue Jahrhundert* kam in seinen besten Zeiten über eine Auflage von 1000 bis 1600 nicht hinaus[112]. Demgegenüber hatte das Organ der Bonifatius-Vereine bis 1908 eine Auflage von 4300, ab 1908 von 6000 und seit 1911 von 6500 Exemplaren. In einer rein theologiegeschichtlichen Perspektive auf den "deutschen Modernismus" drohen seine kulturelle Prägekraft und sein kirchenpolitisches Gewicht leicht überschätzt zu werden.

Eugen Diederichs führte den geringen Erfolg seiner reformkatholischen Titel nicht auf den Druck der Hierarchie auf die katholische Öffentlichkeit zurück. Für entscheidend hielt er diverse Schwächen der Reformer. In seinen Briefen kritisierte er immer wieder deren Zerstrittenheit. "Es ist schade, daß Sie in katholischen Kreisen so mißtrauisch untereinander sind [...].

[108] Siehe auch: Thomas Mergel, Das katholische Bürgertum im Rheinland zwischen bürgerlichem und katholischem Milieu 1870-1914, in: Blaschke/Kuhlemann (Hg.), Religion im Kaiserreich (wie Anm. 77), 166-192.

[109] Dieter Langewiesche, Vom Gebildeten zum Bildungsbürger? Umrisse eines katholischen Bildungsbürgertums im wilhelminischen Deutschland, in: Martin Huber und Gerhard Lauer in Verbindung mit Konrad Feilchenfeldt (Hg.), Bildung und Konfession. Politik, Religion und literarische Identitätsbildung 1850-1918 (Studien und Texte zur Sozialgeschichte der Literatur 59), Tübingen 1996, 107-132; 114.

[110] Zur Formel siehe neben den genannten Arbeiten Mergels und Langewiesches auch: Josef Mooser, Volk, Arbeiter und Bürger in der katholischen Öffentlichkeit des Kaiserreichs. Zur Sozial- und Funktionsgeschichte der deutschen Katholikentage 1871-1913, in: Hans-Jürgen Puhle (Hg.), Bürger in der Gesellschaft der Neuzeit. Wirtschaft-Politik-Kultur, Göttingen 1991, 259-273.

[111] Siehe: Weiß, Modernismus (wie Anm. 16), 222f.

[112] Vgl. ebd., 383. Thaddäus Engert rechnete es sich als Erfolg an, daß er, nach der Übernahme der Chefredaktion, die Auflage des "Zwanzigsten Jahrhunderts" 1908 auf 1500 Exemplare steigern konnte. Dazu siehe: Hausberger, Engert (wie Anm. 8), 73.

Das ist im Protestantismus doch ganz anders", schrieb er 1908 an einen katholischen Theologen[113]. Noch entscheidender waren für Diederichs die inhaltlichen Defizite der deutschen reformkatholischen Programme. Modernität habe für die "deutschen Modernisten" primär bedeutet, den Bildungsvorsprung der Protestanten aufzuholen und liberale Kulturwerte wie Mündigkeit des Individuums, Freiheit der Wissenschaft, Entklerikalisierung des Politischen und relative Autonomie der Kunst zu propagieren. In ihren Glaubensutopien und Daseinsentwürfen hätten sie sich stark am kulturhegemonialen liberalen Kulturprotestantismus orientiert. Seit der Jahrhundertwende war Diederichs selbst aber zunehmend davon überzeugt, daß die kulturprotestantische Universitätstheologie mit ihrem Historismus und ihrer ethischen Rationalisierung des Glaubens nur eine Ideologie des 19. Jahrhunderts darstelle, die den Erfordernissen des neuen, 20. Jahrhunderts nicht mehr gerecht werde. Die Reformkatholiken hätten sich zu einem Zeitpunkt für den protestantischen Historismus und ethischen Personalismus geöffnet, als diese schon durch modernere Denkformen, durch die intuitionistische Revolte, neue vitalistische Metaphysik und diverse biologistisch-völkische Deutungsangebote überholt worden seien. Diederichs begründete den Mißerfolg der Reformkatholiken also damit, daß ihr Programm eines "katholischen Liberalismus" faktisch antiquiert gewesen sei. Seit dem Weltkrieg versuchte der Jenaer Kulturverleger deshalb, katholische Intellektuelle an seinen Verlag zu binden, die in seinen Augen einen neuen avantgardistisch nachliberalen Typus moderner Katholizität repräsentierten.

Die Kulturkonzepte vieler "deutscher Modernisten" waren allerdings keineswegs so "liberal", wie Diederichs in seiner Kritik suggerierte. Ein prominenter akademischer Modernist wie Joseph Schnitzer unterhielt enge Kontakte zu Friedrich Naumann. Er unterstützte die Ziele des "Nationalsozialen Vereins", schrieb für liberale politische Zeitungen, veröffentlichte seine große Modernismus-Studie im Parteiverlag der Naumannschen Liberalen und konzipierte seinen "liberalen Katholizismus" konsequent als theologische Legitimation eines sozialen Liberalismus. Im Medium der Theologie betrieb er die Integration des katholischen Bildungsbürgertums in den Nationalstaat von 1870/71: Die Kritik an Ultramontanismus, Neoscholastik und politischem Katholizismus hatte immer die Funktion, die innere Integration der deutschen Kulturnation theologisch zu fundieren. Auch bei Thaddäus H. Engert, der im Herbst 1908 von München nach Weimar ging, um für Naumanns "Nationalsozialen Verein" als Sekretär zu arbeiten[114], lassen sich Kontakte zu Organisationen des protestantisch geprägten sozialen Linksliberalismus nachweisen. Als Naumann die Vereinigung seiner Nationalsozialen mit dem Freisinn vollziehen mußte, legte Engert aber sofort seine Funktionen in der Partei nieder, da er, ganz im Sinne des frühen nationalsozialen Programms, auf die Einheit von religiös fundierter Sozialreform, Demokratisierung der politischen Institutionen und starkem Nationalstaat setzte. Über mögliche Verbindungen anderer "Modernisten" zu Organisationen des vielfältig zersplitterten politischen Liberalismus ist bisher nichts bekannt. Insbesondere zwei Themenkomplexe bedürfen noch der Klärung. Erstens: Welche "deutschen Modernisten" sahen im politischen Liberalismus den gleichsam 'natürlichen' Bündnispartner im Kampf für innerkatholische Kirchenreform? Inwieweit wurden sie parteipolitisch aktiv oder engagierten sich in liberalen Kulturorganisationen? Zweitens: Wie wurden die "deutschen Modernisten" von den politisch Liberalen wahrgenommen? Wie wurde die "Modernismus-

---

[113] Diederichs, Leben und Werk (wie Anm. 90), 160. Walther G. Oschilewski sprach in der Biographie seines Lehrers und Freundes davon, daß "die geistige Spannweite des Reformkatholizismus eine sehr große gewesen" sei; Oschilewski, Diederichs (wie Anm. 88), 25.

[114] Vgl. Hausberger, Engert (wie Anm. 8), 92.

krise" in den einzelstaatlichen Parlamenten diskutiert? Inwieweit verstand sich die politisch liberale Tagespresse als Sprachrohr der deutschen Modernisten? Eine Untersuchung der "Religionspolitik" in den Feuilletons großer liberaler Tageszeitungen dürfte neue Aufschlüsse über die Resonanz bieten, die modernistische Theologen in bürgerlichen Öffentlichkeiten fanden.

Ein "liberaler" Katholik zu sein, war für viele Modernisten keineswegs gleichbedeutend mit naivem Fortschrittsglauben und unkritischer Kulturseligkeit. "Philister" wollten sie nicht sein. In ihren Schriften hatten kulturpessimistische Elemente zumeist ein deutlich stärkeres Gewicht als eine fortschrittsgläubige Affirmation der "Moderne". Zumeist formulierten sie eine massive moralisierende Kritik daran, daß das Individuum in der Moderne ort- und heimatlos geworden sei, entwurzelt und bindungslos, ohne den Schutz bergender Gemeinschaften. Wie viele andere Diederichs-Autoren sahen sie die moderne Kultur durch eine Wertekrise, durch Anomie, Zerfall verbindlicher ethischer Orientierungen und destruktive Individualisierungstendenzen geprägt. Immer wieder beschworen sie den Glauben, daß sich die von ihnen konstatierte Sinn- und Wertekrise nur durch eine Art religiöser Kulturrevolution überwinden lasse. In der Religion sahen sie das Gravitationszentrum humaner Kultur und die stärkste Macht des Lebens. Nur ein starker christlicher Glaube könne die Fundamente wahrer Kultur sichern und Gegenkräfte zur fortschreitenden Depersonifikation des Menschen mobilisieren. So erwarteten sie von der Erneuerung katholischer Tradition extrem viel. Ihre Programme einer "modernistischen" Reform von Theologie und Kirche waren weithin nur Ausdruck des Interesses, die individualistisch zerfallene Gegenwartskultur sittlich zu erneuern und neue substantielle Verbindlichkeiten zu formulieren. Das überlieferte kirchliche Dogma sollte zu einem neuen bindenden Mythos umformuliert werden, der in einer zweckrationalistisch funktionalen, kalten Welt wieder Sinn und innerliche Gemeinschaft zu stiften imstande sei. Deshalb stellten sich auch nur sehr wenige "Modernisten" selbst in die Tradition kritischer Aufklärung. Für ihre Selbstrepräsentation ungleich wichtiger war die Anknüpfung an romantische und idealistische Traditionen sowie die Rezeption zeitgenössischer Lebensphilosophien. Zur genaueren Bestimmung der religiös "liberalen" Elemente in den modernistischen Theologien dürfte eine Rekonstruktion ihrer selektiven Aneignung deutscher philosophischer Traditionen aufschlußreich sein. Nicht in Kants Philosophie oder anderen kritizistischen Theorietraditionen - der zeitweilige (Neu-)Kantianer Karl Gebert war die Ausnahme! -, sondern in den Überlieferungen romantischer Allversöhnung und idealistischer Universalintegration sahen Diederichs deutsche Modernisten die klassischen Garantiediskurse für ihre Versöhnungsutopien. Für eine differenzierte Sicht ihrer Kulturkonzepte muß die Frage untersucht werden, wie sie im einzelnen ihr Verhältnis zur Aufklärung bestimmten und die um 1900 zahlreich angebotenen Programme eines neuen "Mythos" beurteilten. Meine *These* lautet: Bei aller Offenheit für die (damals noch dominant protestantische) historisch-kritische Exegese der Bibel diente ihnen die Kritik an kirchlicher Bibelauslegung und römischem Dogma dazu, den ewigen Kern christlicher Wahrheit von seinen zeitlichen Schalen zu befreien und so jene Glaubenssubstanz zu erschließen, in der alle modernen psychischen Entfremdungen und sozialen Entzweiungen aufgehoben sein sollten.

In ihren religiösen Publikationen wollten die katholischen Diederichs-Autoren aus weithin abgestorbenen Religionsbeständen eine neue, lebendige Gegenwartsreligion erschließen. So stellten sie sich gern als Propheten und Heilsbringer dar, die in orientierungsloser Zeit die Rückkehr zu den Quellen wahrer sittlicher Tatkraft ermöglichten. Ihr Denkstil war stark konfessorisch. Nicht behutsames Abwägen von Für und Wider, sondern mutiges Bekenntnis und pathetisches Wahrheitszeugnis prägte ihre Publikationen. Sie wetterten gegen materialistischen Moralverzehr, polemisierten gegen die religiöse Ignoranz vieler moderner Gebildeter und beschworen eine epochale Zeitenwende. In ihren Lesern sahen sie die Avantgarde einer spirituellen Erneuerung der Kirche.

Mit der Faszination für die Macht echter Religion war bei Diederichs' katholischen Autoren ein tiefes Leiden an den herrschenden "mechanistischen" Religionspraktiken in der Kirche verbunden. Diese religiöse Kritik, die sie primär durch Erinnerung an mystische Traditionen legitimierten, adressierten sie keineswegs nur an die eigene Kirche, unter deren dogmatischer Erstarrung und hierarchischer Bürokratisierung sie deshalb so sehr litten, weil sie von ihr so unendlich viel erwarteten. Auch die Einstellungen gegenüber den evangelischen Kirchen waren bei den "deutschen Modernisten" auf den Grundton entschiedener Kritik gestimmt. In der neueren katholischen Modernismus-Literatur ist zwar immer wieder versucht worden, Reformtheologen wie Hermann Schell und Albert Ehrhard, einen akademischen "Modernisten" wie Joseph Schnitzer und die Funktionäre der Krausgesellschaft zu Wegbereitern einer ökumenischen Verständigung der Großkirchen zu machen. Aber ihre Wahrnehmungen des Protestantismus sind komplexer und widersprüchlicher. Einerseits waren viele Reformtheologen und Modernisten bereit, die massive Überlegenheit der protestantischen Universitätstheologie in faktisch allen theologischen Disziplinen anzuerkennen. Insbesondere in den historischen Disziplinen betrieben sie deshalb einen intensiven Import protestantischer Wissenschaft in katholische Diskussionszusammenhänge. Im Verhältnis zu einer neoscholastischen Ghettotheologie, die es als ihre zentrale Funktion für die Kirche ansah, scharfe Grenzlinien gegenüber der sozialen Umwelt und insbesondere gegenüber dem Protestantismus (den man für die Quelle aller Übel der Moderne, insbesondere eines individualistischen Freiheitsbegriffs hielt) zu ziehen, trugen sie insoweit zur Auflösung überkommener konfessionskultureller Trennlinien bei. Andererseits aber schrieben sie jene Kritik protestantischer Theologie und Kirchlichkeit fort, die im deutschen Katholizismus schon seit den konfessionskulturellen Unterscheidungsdiskursen des 18. Jahrhunderts tradiert wurde. Schell und Ehrhard vertraten ein entschieden antiprotestantisches Geschichtsbild und reagierten auf die kulturkämpferische Arroganz der nationalliberalen protestantischen Eliten, nur der Protestantismus sei modernitätsfähig, mit Entwürfen einer katholischen Kulturdominanz, derzufolge die Neuzeit nur aus dem Geiste des Katholizismus hergeleitet und "echter Fortschritt" allein durch die katholische Kirche garantiert werden könne[115]. Viele jüngere "Modernisten" hielten trotz mancher persönlicher Kontakte zu protestantischen Theologen und Kulturwissenschaftlern, etwa zu Heinrich Julius Holtzmann, Ernst Troeltsch, Adolf von Harnack, Rudolf Eucken, Walter Goetz, Paul Sabatier und anderen, an der kritischen Sicht fest, daß die Ursünde des Protestantismus, der Individualismus, der Keim aller "Kulturprobleme" der Gegenwart sei. Zwar waren die protestantischen Organisatoren des Berliner "Weltkongresses für freies Christentum und religiösen Fortschritt" 1910 bereit, neben freireligiösen Repräsentanten anderer Religionen, etwa Vertretern des amerikanischen und deutschen Reformjudentums, auch den "Modernisten" des In- und Auslandes eine Plattform zu bieten. Aber bei aller Bekundung wechselseitiger Nähe und Sympathie waren sich die in Berlin redenden "liberalen Katholiken" auch über gravierende konfessionskulturelle Unterschiede zwischen Protestantismus und Katholizismus einig.

---

[115] Dazu finden sich instruktive Belege bei: Eilert Herms, Theologischer "Modernismus" und lehramtlicher "Antimodernismus" in der römischen Kirche am Anfang des zwanzigsten Jahrhunderts, in: Renz/Graf (Hg.), Umstrittene Moderne (wie Anm. 26), 13-55. Beachtenswert ist, daß Herms' kritische Modernismus-Analyse in der neueren katholischen Diskussion konsequent ignoriert worden ist.

Angesichts der Konversionen Thaddäus Engerts und Friedrich Heilers liegt die Frage nahe, warum nicht weitere an ihrer Kirche verzweifelnde jüngere "modernistische" Kleriker auf die massive kirchenamtliche Verfolgung mit einem Übertritt zur evangelischen Kirche reagierten. Dafür war teils ein prononcierter Antiprotestantismus, teils die Einsicht in die autoritären Strukturen des landeskirchlichen Protestantismus vor allem in Preußen maßgebend. Für die evangelischen Landeskirchen diagnostizierten sie dieselben Schäden und Verfallsphänomene wie für die römisch-katholische Kirche. In dieser Sicht wurden sie von ihren liberalprotestantischen akademischen Lehrern und Gesprächspartnern weithin bestärkt. Denn ihre protestantischen Gewährsleute hatten ihren Kirchen dieselben Defizite attestiert, die die "Modernisten" für ihre insgesamt sehr viel autoritärere römisch-katholische Institution feststellten: ein verknöchertes Kirchenregiment, das unfähig sei, der faktischen Vielfalt religiöser Gesinnungen und christlichen Glaubensformen zu entsprechen; bürokratische Erstarrung und zunehmende dogmatische Uniformierung der Kirchen; ein (zumindest für die Protestanten!) illegitimer Vorrang der kirchlichen Institution vor dem gläubigen Individuum; toter Ritualismus; konservative bzw. autoritäre Politisierung der Verkündigung; unkritische Bindung der Pfarrerschaft an traditionalistische Sozialgruppen und alte Eliten.

Im Leiden an der kirchlichen Institution waren sich junge liberalprotestantische Akademiker der Jahrhundertwende und gleichaltrige "modernistische" Bildungskatholiken weithin einig. Wie andere religionssüchtige Intellektuelle ihrer Generation hielten sie das historisch überkommene kirchliche Christentum für religiös und kulturell ausgelaugt. Ihre Krisendiagnostik wurde dadurch noch einmal verschärft: Die Krise der modernen Kultur sei mit einer dramatischen Geltungskrise des Kirchenchristentums verbunden. Die Kulturkrise und die Kirchenkrise seien nur zu überwinden, wenn in den bürokratisierten Konfessionskirchen eine neue religiöse Glut entfacht und unter dem Schutt dogmatischer Tradition ein lebenskräftiger Gegenwartsglaube entdeckt werden könne. In ihren faszinierenden Analysen der Erstarrung des kirchlichen Christentums konnten sich junge "modernistische Theologen" deshalb immer auch auf eine liberalprotestantische Autorität wie Ernst Troeltsch berufen.

Bei aller Offenheit gegenüber den Ergebnissen der historischen Theologie des Protestantismus bewahrten die meisten "modernistischen Theologen" an einem entscheidenden Punkt Distanz gegenüber der akademischen Kultur des Protestantismus. In ihre Analysen der Krise des kirchlichen Christentums bezogen sie auch die akademische Theologie ein. Immer wieder stellten sie die Frage, inwieweit die akademische Theologie die Krise des Kirchenchristentums mit erzeugt oder verschuldet habe. Mit konventionell liberalen Argumentationsmustern aus den innerprotestantischen Historismus-Debatten verwiesen sie dazu auf abstrakte Dogmatik und lebensferne Metaphysik. Die Dogmatiker hätten es in ihren artifiziellen Sprachspielen versäumt, die Wahrheit des christlichen Glaubens in den Plausibilitätsstrukturen moderner Menschen darstellbar zu machen. Sie hätten nur tote Kirchenlehre reproduziert und das Grundproblem aller Theologie seit der Aufklärung, die erfahrungsorientierte Reformulierung der christlichen Überlieferung, weithin vernachlässigt. In ihrer Kritik am abstrakten Intellektualismus der römisch privilegierten Neoscholastik und den spezifischen Rationalitätsstandards der neo-thomistischen Metaphysik-Entwürfe nahmen viele "modernistische Theologen" nur die Einwände auf, die Vermittlungstheologen und liberale Theologen im Protestantismus schon seit den 1830er Jahren gegen die Dogmatik-Produktion konfessionalistisch konservativer Lutheraner vorgetragen hatten. Sie klagten ein Eigenrecht subjektiver religiöser Erfahrung gegen die vermeintliche Allgemeinheit des dogmatischen Begriffs ein, reklamierten einen Vorrang intuitiver Evidenz vor aller diskursiven Vermittlung und beschworen eine Unmittelbarkeit des Lebens, die durch Rationalität immer nur verfälscht werden könne. Diese Muster der Kritik an dogmatischer Begriffsbildung und neoscholastischem Systemdenken lassen erkennen, daß die "modernistische" Revolte intellektualgeschichtlich im Kontext jenes Protestes gegen die erste, rationale Modernität zu lokalisieren ist, der durch die Heiligen radikaler Antibürgerlichkeit, also durch Friedrich Nietzsche, Sören Kierkegaard und Leo N. Tolstoi, inspiriert wurde. Einige "Modernisten" beteiligten sich in der Sprache der Theologie daran, die krisenhaften Folgeprobleme einer rein rationalen Selbstdefinition des Menschen durch eine zweite, radikalere Modernität zu überwinden[116]. Nietzsche war für die meisten von ihnen ungleich wichtiger als Kant, und nicht die trockenen Neukantianer, sondern neue antipositivistische und antiszientistische Lebensphilosophen wie Henri Bergson - den Eugen Diederichs nach Deutschland brachte[117] - und Rudolf Eucken wurden zu ihren wichtigsten philosophischen Gesprächspartnern. Einige wenige Briefe von Joseph Bernhart und Franz Xaver Thalhofer, die sich im Nachlaß Rudolf Euckens erhalten haben, lassen eine sehr große Hochachtung dieser katholischen Reformer für den Jenaer neoidealistischen Philosophen erkennen. Schon Herman Schell hatte Euckens kulturprotestantische Theorie einer religiösen Versöhnung aller Gegensätze intensiv rezipiert. "Ich darf Ihnen versichern, daß ich wie viele meiner engern Schüler die größte Freude an Ihren Werken habe und dieselben mit Eifer verwerte"[118]. "Ihre Werke waren es, die mir viele Leitsätze meiner metaphysischen wie religionsphilosophischen Anschauungen gaben, die mich, ich gestehe es hier, über manche Öde der Gedankenspekulation hinwegführten [...]. Ich faßte Ihre Gedanken seit der ersten Lektüre, von meinem hochverehrten Lehrer, Prof. Schell, auf Ihre Werke aufmerksam gemacht, immer wie eine Vorhalle zum katholischen Christentum auf [...]. Ich weiß es, in welcher Schätzung Schell Ihre Religionsphilosophie hielt, und kann bezeugen, daß so manche meiner Mitpriester mit Liebe in Ihre Werke sich vertiefen"[119]. Eucken, der über ein sehr dichtes internationales Beziehungsnetz verfügte und u. a. mit Friedrich von Hügel, Lady Charlotte Blennerhassett und George Tyrrell korrespondierte, wurde darüber hinaus auch von "Modernisten" in England und Frankreich als Heiliger einer nachdogmatisch idealistischen, mystisch religiösen Überwindung des öden modernen Rationalismus verehrt[120].

Für die Mitschuld der Universitätstheologie an der Geltungskrise des kirchlichen Christentums machten jüngere "Modernisten" keineswegs nur lebensfremde Dogmatik und neoscholastischen Intellektualismus verantwortlich. Sie kritisierten seit der Jahrhundertwende nicht mehr bloß die "dogmatische Methode" in der Theologie, sondern begannen auch die "historische Methode" zu kritisieren[121], die für die protestantischen Liberalen bisher die Hoff-

---

[116] Zur Unterscheidung von "erster" und "zweiter Modernität" siehe: Thomas Nipperdey, Deutsche Geschichte 1866-1918. Bd.1: Arbeitswelt und Bürgergeist, München 1990, bes. 690f.

[117] Dazu siehe: Günther Pflug, Eugen Diederichs und Henri Bergson, in: Monika Estermann/Michel Knoche (Hg.), Von Göschen bis Rowohlt. Beiträge zur Geschichte des deutschen Verlagswesens (FS Heinz Sarkowski), Wiesbaden 1990, 158-176.

[118] Brief Hermann Schells an Rudolf Eucken, Würzburg, 10. Februar 1903, Nachlaß Rudolf Eucken, Thüringische Landesbibliothek Jena, Mappe: "Briefe Sch".

[119] Josef Engert an Rudolf Eucken, Baunach bei Bamberg, 28. März 1907, in: Nachlaß Eucken, Mappe: "Briefe E".

[120] Vgl. Friedrich Wilhelm Graf, Die Positivität des Geistigen. Rudolf Euckens Programm neoidealistischer Universalintegration, in: Gangolf Hübinger/Rüdiger vom Bruch/Friedrich Wilhelm Graf (Hg.), Idealismus und Positivismus. Kultur und Kulturwissenschaften um 1900, Bd. 2, Stuttgart 1997.

[121] Zur Unterscheidung von "historischer" und "dogmatischer Methode" in der Theologie siehe die klassische Analyse von Ernst Troeltsch: Ueber historische und dogmatische Methode in der Theologie (Bemerkungen zu dem Aufsatze 'Ueber die Absolutheit des Christenthums' von Niebergall), in: Theologische Arbeiten aus dem rheinischen wissenschaftlichen Prediger-Verein, hg. von Eduard Grafe und Eduard Simons. Neue Folge,

nung auf umfassende Erneuerung der theologischen Reflexion repräsentiert hatte. Neben dem Dogmatismus wurden auch "Psychologismus" und "Historismus" zu wichtigen Topoi ihres Leidens am herrschenden Theologiebetrieb. Denn obwohl sie sich zunächst selbst für die Umformung der Theologie zu einer historischen Kulturwissenschaft des Christentums begeistert hatten, sahen sie nun auch die relativistischen Folgeprobleme radikaler Historisierung: Sie merkten, daß die Historisierung der theologischen Reflexion ihrerseits dazu beitrug, Geltungsansprüche zu unterminieren. So nahmen sie viele jener Argumente gegen die Historisierung theologischer Reflexion vorweg, die im Protestantismus seit 1910 von den Repräsentanten der "antihistoristischen Revolution", also von den Dialektischen Theologen und anderen Krisentheologen der Zwischenkriegszeit, formuliert wurden[122]. Ihr tiefes Leiden an Historismus und Relativismus aber machte die deutschen Modernisten anfällig für diejenigen Integrationsideologien, die in einer orientierungslos gewordenen Zeit neue Bindung und starke Autorität versprachen. Eine zentrale Aufgabe zukünftiger Modernismus-Forschung liegt darin, Erklärungsmuster dafür zu entwickeln, daß viele religiös liberale Katholiken oder auch "katholische Liberale" sich in den zwanziger und frühen dreißiger Jahren den neuen völkischen Vergemeinschaftungsideologien öffneten und während der "deutschen Revolution" von 1933 bereit waren, jenen unbedingten Gehorsam, den sie dem Papst immer verweigert hatten, nun dem charismatischen "Führer" Adolf Hitler zu gewähren.

V. Antiliberale "Modernisten"?

Otto Weiß hat katholische Intellektuelle der zwanziger Jahre in seine "modernistische Tradition" eingeordnet, die sich weder als Modernisten bezeichnet noch in irgendeinem weiteren Sinne als Modernisten verstanden haben. Um seine narrative Konstruktion durchhalten zu können, hat Weiß den elementaren Generationenkonflikt zwischen den "Wilhelminern"[123] und den antiliberalen Jungintellektuellen der zwanziger Jahre überspielen müssen. Für seine "Modernisten" vor 1914 und seine "Modernisten" nach 1918/19 macht er irritierend eindeutige Kontinuitäten geltend. Die darin liegende Problematik läßt sich mit Blick auf die in vielem parallelen theologischen Entwicklungen im deutschen Protestantismus veranschaulichen. Für den Protestantismus bedeutete Weiß' Konstruktion, daß die zwischen 1884 und 1888 geborenen nachliberalen Krisentheologen Karl Barth, Rudolf Bultmann, Friedrich Gogarten, Emanuel Hirsch und Paul Tillich zu direkten, unmittelbaren Erben von kulturprotestantischen Bürgertheologen wie Ernst Troeltsch oder Adolf von Harnack erklärt werden. Weiß blendet die für die protestantische Theologie folgenreiche Zäsur 1918/19, also den expressionistisch inszenierten Bruch der neuen Weimarer Theologenintellektuellen mit den Kulturtheologen der Wilhelminer-Generation aus, um einen relativ geschlossenen Überlieferungszusammenhang "modernistischer Theologie" in Deutschland erzeugen zu können. Gab es in der deutschspra-

---

4. Heft. Tübingen und Leipzig 1900, 87-108; veränderte Wiederabdruck in: Ernst Troeltsch, Zur religiösen Lage, Religionsphilosophie und Ethik (Gesammelte Schriften II), Tübingen 1913, 729-753.

[122] Friedrich Wilhelm Graf, Die antihistoristische Revolution in der protestantischen Theologie der zwanziger Jahre, in: Jan Rohls/Gunther Wenz (Hg.), Vernunft des Glaubens. Wissenschaftliche Theologie und kirchliche Lehre (FS Wolfhart Pannenberg), Göttingen 1988, 377-405.

[123] Zum Begriff: Martin Doerry, Übergangsmenschen. Die Mentalität der Wilhelminer und die Krise des Kaiserreichs, 2 Bde., Weinheim 1986.

chigen katholischen Theologie um 1918/19 keine theologisch relevanten Bruchlinien zwischen den Generationen[124]? Sahen sich die "jungkatholischen" Weimarer Intellektuellen tatsächlich als getreue Schüler eines "katholischen Liberalen" wie Joseph Schnitzer? Spielten die Schrecken an der Front sowie die Erfahrungen von Niederlage und Revolution für ihre Theologien nur eine marginale Rolle?

Die "Jungkatholiken" - Herkunft und Entwicklung des in den zwanziger Jahren viel gebrauchten Begriffs sind noch unerforscht - der zwanziger Jahre teilten viele Elemente der Kirchenkritik der älteren Modernisten. Sie litten am gleichermaßen hermetischen wie artifiziellen Charakter neoscholastischer Weltentwürfe, am hierarchischen Triumphalismus, an klerikaler Unterdrückung der katholischen Laienbewegung und am römischen Integralismus. Sie kämpften für die politische und kulturelle Selbständigkeit eines weltoffenen Laienkatholizismus und traten gegen die Machtansprüche der Hierarchie für eine relative Autonomie der weltlichen Kultursphären ein. Aber sie propagierten vehement nachliberale bzw. antiliberale Kulturwerte und setzten dem als diffus empfundenen älteren "liberalen Katholizismus" und "Modernismus" nun Autoritätspathos und neue starke katholische Identität entgegen.

Auch hier sind die dem Eugen Diederichs-Verlag verpflichteten katholischen Autoren in hohem Maße repräsentativ. Eugen Diederichs pflegte enge Beziehungen zu jungkatholischen Intellektuellen wie Ernst Michel[125] und Hermann Hefele. Durch Vermittlung Christoph Schrempfs, des charismatischen Predigers einer freireligiösen Personalgemeinde in Stuttgart, der wegen der Weigerung, bei Taufen das Apostolikum zu sprechen, 1892 aus dem Dienst der Württembergischen Landeskirche entlassen worden war und 1909 die evangelische Kirche verlassen hatte[126], wurde Michel 1912 Lektor im Eugen Diederichs-Verlag. Obwohl er schon im Jahr danach zum B. G. Teubner-Verlag nach Leipzig wechselte, hielt er enge Kontakte zu Diederichs aufrecht. 1915 edierte er im Auftrag des Verlegers das Feldpostbuch *Deutscher Glaube*, das schnell eine Auflage von 20 000 Exemplaren ereichte. 1919 veröffentlichte er bei Diederichs *Der Weg zum Mythos. Zur Wiedergeburt der Kunst aus dem Geiste der Religion*; damit fand er große Beachtung. Noch im Winter 1919/20 erschienen bei Diederichs Vorlesungen über *Weltanschauung und Naturdeutung. Vorlesungen über Goethes Naturanschauung*, die Michel vor der Karlsruher Volkshochschule gehalten hatte. Zwischen April 1921 und März 1923 gab er bei Diederichs drei *Katholische Sonderhefte* zur *Tat* heraus, einer politischen Kulturzeitschrift, die ursprünglich von den Gebrüdern Horneffern herausgegeben worden war, unter Diederichs' Redaktion aber primär zur Propagierung einer geistigen Neugeburt Deutschlands aus dem Geiste mystischer - und zunehmend auch: völkischer - Innerlichkeitsreligion dienen sollte[127]. Die drei Katholizismus-Hefte der *Tat* mußten dreimal in hohen Auflagen nachgedruckt werden. Unter dem Titel *Kirche und Wirklichkeit. Ein katholisches Zeitbuch* brachte Diederichs in sehr hoher Auflage dann noch eine Auswahl aus den drei Katholi-

---

[124] Zur großen Bedeutung generationeller Trennlinien für die politische Kultur und die Intellektuellendiskurse in Weimar sehr anregend: Detlev J. K. Peukert, Die Weimarer Republik. Krisenjahre der Klassischen Moderne, Frankfurt am Main 1987, 25-31.

[125] Zu Ernst Michel jetzt: Arnulf Groß/Josef Hainz/Franz Josef Klehr/Christoph Michel (Hg.), Weltverantwortung des Christen. Zum Gedenken an Ernst Michel (1889-1964), Frankfurt am Main u. a. 1996. Einige ergänzende Informationen bei: Friedrich Wilhelm Graf, Thormann, Werner, in: BBKL XI 1440-1485; 1449ff.

[126] Vgl. Hans-Martin Müller, Persönliches Glaubenszeugnis und das Bekenntnis der Kirche. "Der Fall Schrempf", in: Friedrich Wilhelm Graf/Hans-Martin Müller (Hg.), Der deutsche Protestantismus um 1900 (Veröffentlichungen der Wissenschaftlichen Gesellschaft für Theologie 9), Gütersloh 1996, 223-237.

[127] Zu den Einzelheiten siehe: Edith Hanke/Gangolf Hübinger, Von der "Tat"-Gemeinde zum "Tat"-Kreis. Die Entwicklung einer Kulturzeitschrift, in: Gangolf Hübinger (Hg.), Versammlungsort moderner Geister. Der Eugen Diederichs Verlag - Aufbruch ins Jahrhundert der Extreme, München 1996, 299-334.

zismus-Heften auf den Markt. Sie galt in den zwanziger Jahren als wichtigste Anthologie einer kritischen katholischen Intelligenz, die darin übereinstimmte, "daß die ausgebrannte Welt, will sie nicht in sich zerfallen, mit der Substanz einer umfassenden Katholizität angefüllt werden muß"[128]. Die Mitarbeiter der drei katholischen *Tat*-Sonderhefte bekannten sich teils zu den Parteien der Weimarer Linken. Teils unterstützten sie den religiös-sozialistischen linken Flügel des Zentrums. Teils versuchten sie die Substanz der katholischen Überlieferung für den Aufbau eines spezifisch deutschen Gemeinwohlstaates zu aktualisieren. Wie bei vielen anderen Weimarer Intellektuellen changierte der Sozialismusbegriff zwischen linken Konzepten einer planwirtschaftlichen Aufhebung des Marktes und rechten Hoffnungen auf eine neue nationale bzw. völkisch-substantielle Gemeinschaft der Deutschen[129].

Wie Eugen Diederichs den 1885 geborenen Archivar und Kirchenhistoriker Hermann Hefele kennenlernte, hat sich noch nicht klären lassen. Der junge Historiker und der Jenaer Talentsucher korrespondierten schon zu einem Zeitpunkt miteinander, als Hefele gerade seine Dissertation bei dem kulturprotestantischen Historiker Walter Goetz abgeschlossen hatte. Im Dezember 1909 erkundigte sich der Verleger bei dem erst vierundzwanzigjährigen Hefele über die die Krausgesellschaft führenden Münchner "Modernisten". Obwohl der geistesaristokratische Sproß einer alten bildungsbürgerlichen Stuttgarter Familie schon als junger Student im *Neuen Jahrhundert* sehr scharfe kritische Diagnosen des herrschenden Theologiebetriebs publiziert hatte, ging er gegenüber Diederichs zu den Münchnern massiv auf Distanz[130]. Später wurde er zu einem der wichtigsten katholischen Autoren des Jenaer Kulturverlags. In der von Marie Herzfeld bei Diederichs herausgegebenen Reihe *Das Zeitalter der Renaissance* gab er 1910 Francesco Petrarcas *Briefe an die Nachwelt* heraus, die er neu übersetzt hatte. Mehrfach schrieb er für *Die Tat* programmatische Analysen der Lage des Katholizismus, 1913 etwa über *Die Bedeutung des Katholizismus in der modernen Kultur*[131] oder 1917 über die Unverzichtbarkeit eines bindenden Dogmas[132]. 1917 veröffentlichte er in den "Tatflugschriften" eine Untersuchung *Zur Psychologie der Etappe* in einer Auflagen von 6000 Exemplaren. Sein Essay *Der Katholizismus in Deutschland*, in dem er mit dem Modernismus brach, erschien 1919 zwar im Darmstädter Reichl-Verlag. Aber noch im selben Jahr kamen bei Eugen Diederichs seine Briefe *Das Gesetz der Form. Briefe an Tote* heraus, die eine Auflage von 5000 Exemplaren erreichten. In den Briefen ging der von den Schrecken des Weltkrieges gezeichnete überaus sensible Intellektuelle äußerst hart mit aller modernistischen Mystik ins Gericht. Vermeintlich "tote" klassische "Formdenker" wie der heilige Benedikt, Dante, Michelangelo, Machiavelli, Petrarca, Goethe und Schiller wurden zu Kritikern des modernistischen Persönlichkeitsglaubens stilisiert. An den heiligen Benedikt schrieb Hefele: "Man sagt Religion sei

---

128 So der Rezensent von "Kirche und Wirklichkeit" in der zentrumsnahen Kölner "Germania". Zitiert nach: Ernst Michel, Politik aus dem Glauben, Jena 1926, hinterer Einbanddeckel.

129 Zu den weithin strukturaffinen Sozialismus-Konzeptionen linker wie rechter Weimarer Intellektueller siehe: Christoph H. Werth, Sozialismus und Nation. Die deutsche Ideologiediskussion zwischen 1918 und 1945. Mit einem Vorwort von Karl Dietrich Bracher, Opladen 1996.

130 Siehe auch den Brief von Diederichs an Hefele vom 3. Januar 1910: "Es freut mich von Ihnen ein unbefangenes Urteil über die Aussichten des Modernismus zu hören. Ich kenne ja auch die Münchner Leute und muß sagen, daß mir selten ein solcher Mangel an Organisationstalent vorgekommen ist. Den ganzen Leuten ist die Hauptsache, ihre guten Freunde durch eine um einige Nuancen andre Ansicht zu ärgern. Und dann noch dieses Mißtrauen! Kein Mensch, der etwas von Fülle und Überschuß in sich hat, kein einziger eine Kampfnatur" (Diederichs, Leben und Werk [wie Anm. 90], 166-167).

131 Hermann Hefele, Die Bedeutung des Katholizismus in der modernen Kultur, in: Die Tat 5 (1913/14) 384-392.

132 Hermann Hefele, Das Dogma, in: Die Tat 9 (1917/18) 277-279.

Innerlichkeit, nicht Erscheinung, lebendiger Geist, nicht totes Werk, Inhalt und nicht Form, Gesinnung und nicht Tat [...]. Eure Religion aber ist eine andere. Sie ist höchste Kultur und höchstes Gleichmaß; sie ruht nicht im Innern der Seele, sondern im ichfremden Dogma, in der gegebenen und willig angenommenen Wirklichkeit; sie ist nicht naturhaftes Aufglühen, sondern gelassene, nüchterne Ordnung des Willens. Sie steht unter dem Gesetz der Form"[133]. Die Suche nach neuer bindender Gestalt und fester Form war bis zu Diederichs Tod am 10. September 1930 das zentrale Thema im sehr engen Austausch zwischen Verleger und Autor. Noch im November 1929 bestätigte Eugen Diederichs seinem literarisch sehr erfolgreichen "Formdenker": "Im Grunde genommen wissen die Katholiken eben besser um Gesetz und Form Bescheid als die protestantischen Subjektivisten"[134].

Michel und Hefele waren brillante Intellektuelle, die nach Krieg und Revolution die religionskulturellen und kirchenpolitischen Diskurse im deutschen Katholizismus, aber auch die intensiven Ökumenedebatten zwischen Protestanten und Katholiken sowie den Austausch mit deutsch-jüdischen Intellektuellen nachhaltig beeinflussen konnten. Mit den katholischen "Tat"-Sonderheften gelang es Michel, einer jungkatholischen Intelligenz zu großer Öffentlichkeit zu verhelfen, die angesichts von zerfallener Bürgerwelt und faschistischer wie kommunistischer Bedrohung sehr selbstbewußt ein katholisches Kulturprogramm durchsetzen wollte. In einem der zahlreichen, aufwendig gestalteten Diederichsschen Verlagsprospekte konnte man zu *Kirche und Wirklichkeit* lesen: "Das Buch wendet sich an Katholiken und Nichtkatholiken. Es sind keine Modernisten, die hier sprechen, sondern Menschen einer neuen Generation der Kirche des zwanzigsten Jahrhunderts - Priester und Laien - vereinigen ihre Stimme in der anbrechenden Stunde einer neuen wirklichen Bewegung von Kirche und Welt"[135].

Wer waren diese "Menschen einer neuen Generation"? Neben Hefele und Michel verdienen insbesondere Philipp Funk, ein enger Vertrauter Diederichs' und langjähriger Redakteur des *Zwanzigsten Jahrhunderts*[136], Romano Guardini, Josef Wittig, Karl Neuendorf und der 1933 in die USA emigrierte Werner R. Thormann[137] Beachtung, aber auch der protestantische, aus jüdischem Milieu kommende Rechtshistoriker und Soziologe Eugen Rosenstock-Hussey. Sie alle sahen die deutsche Gesellschaft durch schnell fortschreitende rapide Desintegration und die Auflösung der einst noch kulturformenden sittlichen Normen geprägt. Den Weimarer Staat hielten sie zumeist für zu schwach, um die dramatischen sozialen Krisenphänomene der Zeit bewältigen und aus anomischer Gesellschaft neue bindende Gemeinschaft formieren zu können. Um der "Entformung" in den "Chaoswelten" "bürgerlicher Kulturapachen"[138] zu wehren, wurde deshalb das übergeschichtlich ewige "geistige Gesetz" der Kirche beschworen. Und "weil die Welt sonst in Brei sich auflöst, weil die Völker mit ihrem blauen Blut am Ende sind, weil der uralte Knochenbau des Rechts erweicht ist und weil mit dem Verstand nur Turmbauten von Babel errichtet werden können, muß die Kirche in alle Sprachen der Welt

---

[133] Hermann Hefele, Das Gesetz der Form. Briefe an Tote, Jena 1919, 58f.

[134] Brief Eugen Diederichs an Hermann Hefele am 15. November 1929; Diederichs, Leben und Werk (wie Anm. 90), 457.

[135] Die Tätigkeit des Verlages Eugen Diederichs in Jena während des letzten Jahrzehnts, 1914-1924, Jena 1924, 24.

[136] Vgl. zu Funk und seiner Nähe zur Neuromantik besonders: Johannes Spörl, Philipp Funk zum Gedächtnis, in: HJ 57 (1937) 1-15.

[137] Vgl. Anm. 125.

[138] Eugen Rosenstock, Das Herz der Welt. Ein Maßstab für die Politik, in: Ernst Michel (Hg.), Kirche und Wirklichkeit. Ein katholisches Zeitbuch, Jena 1923, 241-265; 263.

hinein nun sich selber geben und lehren"[139]. Je weniger man vom parlamentarisch-demokratischen Parteienstaat erwartete, desto mehr hoffte man auf eine starke, prophetische Kirche. Die Kirche sollte wieder zur normativen Instanz des Gemeinwesens und ethischen Lehrmeisterin der Welt werden. Josef Wittig, der seit 1923 von traditionalistischen Klerikern als wiedererstandener Luther verketzert wurde, argumentierte so eschatologisch exaltiert, daß seine Tat-Beiträge 1925 vom römischen Lehramt indiziert wurden und er im Jahr darauf exkommuniziert wurde. Auch Ernst Michel Denkstil war expressionistisch radikal. In weitgehender intellektueller Übereinstimmung mit gleichaltrigen protestantischen Krisentheologen, etwa mit Friedrich Gogarten - in den zwanziger und frühen dreißiger Jahren *der* protestantische Theologe unter den Diederichs-Autoren - oder mit Karl Barth, schleuderte Michel einer schlechten kirchlichen Wirklichkeit metahistorisch absolute Begriffe von "Gottglaube", "Übergeschichte", "Zeit", "Kairos", "Ewigkeit", "Substanz" oder "Kirche" entgegen. Die empirische Kirche konnte für einen existentialistisch gestimmnten Gottsucher wie Michel immer nur ein Produkt menschlicher Sünde sein, beherrscht von glaubenslosen Heiden, die sich als Pfaffen tarnen. Michel, in vielem das katholische Pendant zum jungen Friedrich Gogarten[140], polemisierte mit existentialistischer Unerbittlichkeit gegen ein zeitlos starres Dogma, Naturrecht, ewiges Sittengesetz, katholische Unterwürfigkeit und hohle Bürgermoral. "Durchdrungen von der Gewißheit einer epochalen Wende in der Geschichte sowohl der Kirche wie der Völker- und Staatenwelt des Abendlandes"[141], beschwor er mit dezisionistischem Pathos eine "Politik aus dem Glauben", die, wie er in ausdrücklicher Abgrenzung vom älteren politischen Katholizismus bzw. vom Zentrum betonte, alte Unterscheidungen von Glaube und Politik, Kirche und Staat als obsolet erscheinen ließ. "Dabei verleugne ich meine Herkunft sowohl aus der Geistesepoche der *Neuzeit* wie aus der *mittelalterlichen Zeit der Kirche* nicht, nehme vielmehr auch heute noch in beiden jeweils meinen Ausgangspunkt - in vieler Beziehung durch sie gebunden. Aber durch *Glaubensentscheidung* gehöre ich *meiner Zeit* als dem geschehenden Anfang der 'Zukunft' an - 'der Zukunft' von Kirche und Welt, ihrer neuen Begegnung, die sich in uns, die wir ihrer beiden verantwortliche Glieder sind, vorbereitet. Überzeugt von dem Anbruch der Endzeit, will mir keine Erfüllung dieser angebrochenen Epoche gemäß ihrer noch verborgenen heilsgeschichtlichen Aufgabe möglich erscheinen ohne fundamentale Erschließung unserer Glaubenskraft auch in das 'öffentliche', in das politische Leben [...] hinein: ohne 'Politik aus dem Glauben' [...]. In der Sphäre einer 'Politik aus dem Glauben' aber ist die Scheidung zwischen geschichtlichen Aufgaben der Kirche und des kirchlichen Lebens und denen des Volks- und Staatslebens keine 'prinzipielle' Scheidung mehr: beide stehen unter denselben - nunmehr christlichen - Kategorien gemeinsamer Endzeit. Wir hören das 'Ite missa est!' der Kirche wie eine im Dämmern der Frühe noch verborgene, aber zwingende Stimme und folgen ihr in Treue"[142].

Die Theologien und liberalismuskritischen Kulturkonzepte der meisten Weimarer jungkatholischen Intellektuellen waren von der entschiedenen Absage an den bürgerlichen "Kulturkatholizismus" jener "Modernisten" bestimmt, die in den Jahren vor dem Ersten Weltkrieg katholische Modernität hatten definieren wollen. Gegen den Subjektivismus und Relativismus

---

[139] Ebd.

[140] Sowohl ein struktureller Vergleich ihrer Theologien als auch eine Rekonstruktion ihrer persönlichen Beziehungen und der wechselseitigen intensiven Rezeption wäre überaus reizvoll. Zu Gogartens konservativer Modernitätskritik siehe: Friedrich Wilhelm Graf, Friedrich Gogartens Deutung der Moderne. Ein theologiegeschichtlicher Überblick, in: ZKG 100 (1989) 168-230.

[141] Ernst Michel, Politik aus dem Glauben, Jena 1926, Vorwort.

[142] Ebd.

der Wilhelminer setzten sie auf dezisionistisches Offenbarungspathos und tiefen Glaubensernst. Mit großer Resonanz im kirchennahen Bildungsbürgertum demonstrierten sie einen neuen katholischen Kulturstolz. Nicht irgendeine Anpassung der Kirche an die Welt war ihr Thema, sondern eine Erneuerung wahrer Katholizität aus dem unbedingten Ergriffensein durch die übergeschichtliche Offenbarungswahrheit und eine damit notwendig verbundene Revolution der Kultur aus dem Geiste katholischen Formwillens. Bis in die Feinheiten ihrer originellen, aber auch gekünstelten theologischen Begrifflichkeit hinein läßt sich der Wille zur prononcierten Abgrenzung von einer neomystisch subjektivistischen Gefühlsreligiosität erkennen. Auch Diederichs stellt in seiner aufwendigen Werbung für seine jungkatholischen Autoren programmatisch den Gegensatz zum "Modernismus" der Vorkriegszeit heraus. Für die Bücher von Michel, einem "klaren Denker, der das religiöse Erlebnis ebenso tief in sich selbst vorfindet, wie das künstlerische" und der "Richtlinien für die gemeinsame Zukunftsentwicklung von Religion und Kunst" zeichne[143], warb Diederichs in einem Verlagsprospekt 1924 mit der Forderung: "Was not tut ist, daß dem Menschen im 'Glaubensereignis', im überindividuellen Erfahrungsvorgang die objektive Wahrheit einer höheren Welt in überlogischer Weise gewiß werde"[144]. War der Diederichs-Verlag vor 1914 in der zentrumsnahen katholischen "Germania" noch als "pornographischer Verlag" angegriffen worden, weil er mit Kierkegaard und Stendhal unsittliche Autoren verlege, und seine Förderung des "Modernismus" heftig attackiert worden[145], so wurde er in den zwanziger Jahren von derselben Zeitung begeistert für sein Engagement zur religiösen Erneuerung des Katholizismus im Geiste eines strengen, antisubjektivistischen Formwillens gelobt. Die "Germania" feierte die Bücher von Michel als ein Zeugnis dafür, daß nur der recht verstandene, formstrenge Katholizismus die Neugeburt Deutschlands bewirken könne.

Hefele und Michel beteiligten sich mit ihren bei Diederichs erscheinenden Publikationen an einem Moderne-Diskurs, der durch eine widersprüchliche Gleichzeitigkeit von radikaler Modernitätskritik und avantgardistisch inszeniertem Modernitätspathos gekennzeichnet war. Trotz ihrer Fundamentalkritik liberal-bürgerlicher Kulturwerte waren sie keineswegs Antimodernisten im Sinn einer "fundamentalistischen Regression". Thomas Ruster hat diesen Begriff in die Debatten über die römisch-katholische Theologie der Zwischenkriegszeit eingeführt und den entschiedenen Antimodernismus prominenter Weimarer Theologen für "die Ungleichzeitigkeit der Sozialform Katholizismus in der sich modernisierenden Gesellschaft der Weimarer Republik" verantwortlich gemacht: "Der Katholizismus artikulierte sich durchgehend als Sachwalter einer vormodernen Gesellschaftsordnung"[146]. Ruster bezieht sich für dieses Antimodernismus-Theorem auch auf Theologen, die Otto Weiß als Modernisten lesen will. Der eklatante Gegensatz ihrer Interpretationen spiegelt die Komplexität des Phänomens. Für die jungkatholischen Intellektuellen im Umkreis des Eugen Diederichs-Verlags gilt jedenfalls, daß simple Oppositionen von modern - antimodern oder progressiv - regressiv weder der

[143] Die Tätigkeit des Verlages Eugen Diederichs in Jena während des letzten Jahrzehnts, 1914-1924, Jena 1924, 36.

[144] Ebd.

[145] Am 11. Januar 1910 schrieb Diederichs an Christoph Schrempf: "Übrigens wird es Sie interessieren, daß mich die 'Germania' in vergangener Woche einen 'pornographischen Verlag' genannt hat, und wissen Sie warum? Wegen Kierkegaard und Stendhal! [...] Ich versuche eben, die 'Germania' wegen Beleidigung zu verklagen. [...] Sehr spaßhaft ist, daß der Artikel der 'Germania' gegen etwas ganz anderes geht, nämlich gegen meine Vertretung des Modernismus. Aber darüber schweigt man sich natürlich echt jesuitisch aus" (Diederichs, Leben und Werk [wie Anm. 90], 167).

[146] Thomas Ruster, Die verlorene Nützlichkeit der Religion. Katholizismus und Moderne in der Weimarer Republik, Paderborn u. a. 1994, 399.

begrifflichen Struktur ihrer Theologien noch ihren Selbstdeutungen gerecht werden. Die Weimarer jungkatholischen Intellektuellen des Diederichs-Verlages artikulierten eine Fundamentalkritik an modernitätsspezifischen Entfremdungen und den vielfältigen Entzweiungen einer funktional differenzierten, sozial segmentierten und kulturell extrem fraktionierten Gesellschaft. Sie hofften auf neue Gemeinschaft und die Wiedergewinnung jener bindenden Wahrheit (und Autorität), die durch den "liberalistischen" Relativismus und Pluralismus zersetzt worden sei. Insoweit mag man sie "Antimodernisten" nennen. Aber sie verstanden sich in ihrem Leiden an Subjektivismus und Beliebigkeit keineswegs als regressive Traditionalisten, sondern - gerade in der Selbststilisierung als Avantgarde wahrer Erneuerung - als Repräsentanten einer neuen, höheren Modernität. In den intensiven konfessionsübergreifenden Debatten um die Krise der Moderne und die Chancen einer religiösen Rückbindung des "modernen Menschen", der in der Verwirklichung seines Freiheitswillens nur Chaos und neue Finsternis erzeugt habe, vertraten sie die Position eines politisch mehrdeutigen radikalen Zukunftsdenkens, das Gegensätze wie liberal-konservativ, modern-antimodern, links-rechts und jede Fixierung auf einen bloß partikularen, zeitlichen Standpunkt hinter sich lassen zu können beanspruchte. Besonders zeigen dies die Neuarrangements traditioneller theologischer Symbole und die innovativen Auslegungen überkommener dogmatischer Begriffe. Die Eschatologie rückte ins Zentrum der Dogmatik, und ein klassischer dogmatischer Begriff wie der des "Reiches Gottes" diente nun dazu, eine unbedingte Zeitgenossenschaft zu reklamieren. Im Medium der Theologie wurde eine Unmittelbarkeit zum welttranszendenten Gott beansprucht, so daß alle innerweltlichen Grenzen, etwa die Grenzen von links und rechts oder alt und neu, als theologisch relativ und überwunden gelten konnten.

Michel unterhielt enge Beziehungen zu Repräsentanten der politischen Linken sowie zu Theoretikern aus dem Umkreis des Frankfurter "Instituts für Sozialforschung". Aus Gehorsam gegen die Wirklichkeit wollte er den Weimarer Staat unterstützen. Seine Sozialismusoptionen waren jedoch diffus. Michel konnte sie durchaus mit der Beschwörung neuer staatlicher Autorität verbinden. Einerseits berief er sich auf Carl Schmitt, andererseits auf den russisch-orthodoxen Religionsphilosophen Nikolaj Berdjajew sowie auf Franz Rosenzweig und den aus einer jüdischen Familie stammenden Protestanten Eugen Rosenstock. Sehr viel stärker noch war Hefeles Denkstil durch die Verknüpfung sehr heterogener Theorietraditionen geprägt. Im Zentrum seines Denkens stand der entschiedene Kampf gegen jede Form des Subjektivismus, in dem er die Ursünde des modernen Menschen sah, die mit der Reformation in die Welt gekommen sei. Immer wieder führte der radikale Antiprotestant alle Krisen der Gegenwart auf den reformatorischen Individualismus zurück. Den entscheidenden Fehler der "Modernisten" vor dem Weltkrieg sah er darin, daß sie den protestantischen Individualismus in die katholische Theologie einzuführen versuchten und so feste katholische "Form" protestantischer "Formlosigkeit" preiszugeben versuchten. Den großen Vorzug der römisch-katholischen Kirche gegenüber den evangelischen Kirchen - die in seinen Augen nicht "Kirche" im strengen Sinne des Begriffs waren! - sah er darin, durch die strikte Bindung an die objektive, geoffenbarte Wahrheit klare normative Orientierungen bieten zu können und in einer formlos gewordenen Welt die einzige noch feste Form und tragfähige Institution zu repräsentieren. Eugen Diederichs warb 1929 für Hefeles Bücher mit folgendem Text: Hefele sei ein Formdenker, der mit der "Entscheidung [...] gegen den Individualismus" und seinem "Willen zu strengen Formen und Ordnung" die "katholische-römische Form des Denkens" ausdrücke und Deutschlands Neuaufbau durchsetze[147]. Er vermarktete ihn gezielt als Theologen eines reflektierten Antimodernismus. Ihn nun in einer Traditionsgeschichte modernistischer Theologie zu verorten, kann nur Verwirrung stiften. Zu erklären ist gerade, warum ein junger katholischer Intellektueller, der aus Leiden an der Kirche nicht Kleriker werden wollte und einige Jahre im *Neuen Jahrhundert* publizierte, schon vor dem Ersten Weltkrieg zum "Modernismus" entschieden auf Distanz ging, "die gesamte Erscheinungsform des liberalen Kulturlebens"[148] zu einer prinzipiellen Fehlentwicklung erklärte und die päpstlichen Maßnahmen gegen die Modernisten seit spätestens 1913/14 ausdrücklich begrüßte. Meine *These* lautet: Hefele teilte zwar die kulturpessimistische Krisendiagnose vieler "Modernisten", sah in deren Therapie, der Stärkung eines mystischen Personalismus, aber nur die protestantisch induzierte Verschlimmerung der Krankheit. Er lehnte insbesondere den aggressiven religiösen Nationalismus der führenden Modernisten als einen Verrat am übernationalen Charakter des (katholischen) Christentums ab und betonte im Gegenzug zur perhorreszierten modernistischen Protestantisierung des Katholizismus jene Institution, die die transnationale Katholizität der Weltkirche repräsentierte: das "Petrusamt". Gerade in der Beschwörung der Unfehlbarkeit des Papstes erhob Hefele den Anspruch, moderner, weil zeitgemäßer als die ewig Vorgestrigen, die Liberalen, zu sein.

Epilog

Die intellektuell spannendste und konfessionspolitisch provokanteste Frage im Streit um den "Modernismus" lautete zu Beginn des Jahrhunderts: Ist die römisch-katholische Kirche überhaupt modernisierungsfähig? Nicht nur die intensive, weithin noch unerforschte protestantische Debatte über den Modernismus konzentrierte sich darauf, ob es überhaupt vorstellbar sei, daß die Modernisten die römisch-katholische Kirche auf Dauer und tiefgreifend veränden könnten. Auch in der innerkatholischen Diskussion war dies vor dem Ersten Weltkrieg ein zentraler Kontroverspunkt. Selbst von führenden Modernisten wurde diese Frage gegensätzlich beantwortet. George Tyrrell jedenfalls war zunehmend davon überzeugt, daß der Katholizismus in seiner kirchlichen Gestalt nicht modernitätsfähig sei. Am 16. Dezember 1908 dankte Tyrrell Rudolf Eucken für dessen sympathische Rezension seines *Medievalism* (London 1908). Die Freude über den schnellen Erfolg des Buches[149] verknüpfte er mit einer sehr resignativen Einschätzung der Reformierbarkeit des Katholizismus. "I cannot however pretend to be so optimistic as formerly about the possibility of a modernised Rome. I rather feel that the religion of the future is shaping itself and the hard of all the living sects and religion of the present. Not one of the old bottles will do for the new wine"[150]. Dies gilt auch für die methodischen Standards der Modernismusforschung. Denn in den alten Flaschen einer me-

---

[147] Stirb und Werde. Ein Arbeitsbericht über 30jährige Verlagstätigkeit auf religiösem Gebiet, Jena Pfingsten 1929, 37.

[148] Hermann Hefele, Der Katholizismus in Deutschland, Darmstadt 1919, 37f.

[149] "The Book has already been thorough two editions in English; is doing well in Italian; has just appeared in French; and will I trust be soon translated in German" (Brief George Tyrrells an Rudolf Eucken, Nachlaß Rudolf Eucken, Mappe: "Briefe T").

[150] Ebd.

thodisch obsoleten Geistesgeschichtsschreibung drohen neue modernistische Weine ungenießbar zu werden.

Der Katholische Modernismus

Begriff - Selbstverständnis - Ausprägungen - Weiterwirken

Von Otto Weiß

Es ist eine Binsenweisheit, daß jede historische Untersuchung von den Quellen auszugehen hat. Auch wenn diese selbstverständlich nach ihrem Gewicht und ihrer Zuverlässigkeit zu befragen sind, so ist der Ausgangspunkt nicht eine zu beweisende These, höchstens eine Hypothese, das heißt ein für Falsifikationen offenes Untersuchungsmodell, das seine Falsifizierung von der Quelle her erfährt. Dies besagt jedoch keineswegs, daß methodische Zugriffe, Raster und Untersuchungsmuster bedeutungslos wären. Im Gegenteil, erst die unterschiedlichen Blickwinkel ermöglichen eine volle Ausleuchtung der Quelle und die adäquate Erfassung des Forschungsgegenstandes. Wer sich etwa dem Thema Modernismus zuwendet, sollte daher alle in Frage kommenden Aspekte berücksichtigen und genau so auf die theologiegeschichtliche Einordnung wie auf die sozio-kulturellen Beziehungen und persönlichen Schicksale der Beteiligten achten. Denn allzu leicht werden durch einseitige oder nicht sachgemäße theoretische Zugriffe Wirklichkeitsbereiche unterbelichtet, verzerrt oder ausgeblendet. Und tatsächlich scheint es bei der Betrachtung des katholischen Modernismus zu Mißdeutungen und Verzerrungen gekommen zu sein, weil die angewandten Deutungsmuster nicht immer sachgemäß waren. So wurde bisweilen ein allgemeiner Modernismusbegriff, wie er in der Literatur- und Kunstwissenschaft oder in den Sozialwissenschaften gebräuchlich ist, auf den katholischen Modernismus übertragen. Ein Eingehen auf die Quellen hätte zeigen müssen, daß das, was katholischer Modernismus meint, damit nicht adäquat erfaßt werden kann.

Dazu kommt freilich, daß bereits in den Quellen ein heilloses Durcheinander herrscht und daß der *Begriff* "Modernismus" von Anfang an äußerst schillert. So benannten sich in Deutschland Gruppierungen als "Modernisten", die den Grundkonsens des katholischen Glaubens verlassen hatten. Andererseits war der vom Lehramt geprägte Modernismusbegriff so weit gefaßt, daß er zu einem typischen Schlagwort werden konnte, mit dem jeder Abweichler erschlagen wurde. Dies alles enthebt uns dennoch nicht der Aufgabe, in ideologiekritischer Untersuchung ein *fundamentum in re* hinter dem Schlagwort "Modernismus" aufzuspüren und Abgrenzungen vorzunehmen, wenn denn dieser Begriff überhaupt einen Sinn haben soll. Im Folgenden sei daher in einem *ersten* Abschnitt versucht, den Begriff des katholischen Modernismus aufzuhellen. Zugleich soll sein Bezug zu verwandten Begriffen aufgezeigt werden. Ein *zweiter* Abschnitt befaßt sich mit der Selbstbezeichnung der katholischen Reformer als Modernisten. Im *dritten* Abschnitt wird nach unterschiedlichen Ausprägungen des Modernismus gefragt. Bei der Vielfalt der sich oft widersprechenden Strömungen hat es allerdings wenig Sinn, allen Variationen nachzugehen, zumal schon Bremond nicht zu Unrecht geäußert hat, es gäbe so viele Modernismen wie es Modernisten gibt[1]. Notwendig scheint es jedoch, die verschiedenen nationalen Ausprägungen aufzuzeigen. Im *vierten* Abschnitt ist nach dem Weiterleben und Weiterwirken des Modernismus zu fragen.

---

[1] Zitiert in: Maurilio Guasco, Modernismo. I fatti, le idee, i personaggi, Mailand 1995, 200.

I. Der Modernismusbegriff

1. Versuch einer Begriffsbestimmung

Die Frage "Wer ist ein Modernist?" ist so alt wie die Sache selbst[2]. Von Anfang an gehen die Antworten weit auseinander. Aber auch nach den erhellenden Studien Poulats, Bedeschis und Loomes[3] herrscht bei der näheren Bestimmung des Modernismus noch immer weitgehende Unsicherheit. Es gibt auch heute noch Veröffentlichungen, die völlig an der bisherigen Diskussion vorbeigehen und sich z. B. in der Beurteilung des deutschen Modernismus noch immer von der Parole aus der Zeit der Modernismuskrise leiten lassen, in Deutschland habe es keine Modernisten gegeben. So kann man in einem jüngst erschienenen Buch über Philipp Funk lesen: "Die müßige Frage, ob Funk ein Modernist bzw. ein Reformkatholik war, muß verneint werden [...]"[4], - und das, obwohl er sich selbst als Modernist bezeichnete, als Vertreter der deutschen Modernisten beim *Berliner Weltkongreß für freies Christentum und religiösen Fortschritt* auftrat und die Zeitschrift der deutschen Modernisten redigierte[5]. Die etwas naive Begründung des Autors: "Im Sinne der Enzyklika hat er nicht als Modernist zu gelten, da er nicht den Umsturz der Kirche wollte, sondern gerade deren Erneuerung aus ihrer eigenen Tradition und Geschichte".

Doch wer unter den "Modernisten" wollte bewußt "den Umsturz der Kirche"? Würde man diese Aussage, die eine Kampfparole im traditionellen Stil römischer Verlautbarungen darstellt[6], zum Maßstab nehmen, würde man wahrscheinlich überhaupt keinen Modernisten finden. Es sei denn, man identifiziert die Kirche mit dem real existierenden kurialen Antimodernismus und Integralismus einer relativ kleinen *Pressure-group*[7]. Zweifellos wandten sich die Neuerer, einschließlich Funks, - etwa in seinem Buch mit dem sprechenden Titel *Von der Kirche des Geistes*[8], - gegen diese Richtung. Bei einem solchen Ausgangspunkt jedoch gerät man in eine andere Verlegenheit. Der Name der Gegner dieses Antimodernismus wäre "Legion"[9]. Und genau hier liegt, wie wir sehen werden, die Problematik des lehramtlichen Modernismusverständnisses.

Doch die Enzyklika *Pascendi dominici gregis* vom 8. September 1907 bringt neben einer solchen Kampfansage auch inhaltliche Kriterien, von denen die Bestimmung des "Modernismus" zunächst einmal auszugehen hat. Die Enzyklika beschreibt die verkehrte Philosophie der "Modernisten". Zwei Grundpfeiler derselben werden genannt: der *Agnostizismus* und "das

---

2 Vgl. Anton Gisler, Der Modernismus, Einsiedeln u. a. ⁴1913, 669.

3 Vgl. Otto Weiß, "Sicut mortui. Et ecce vivimus." Überlegungen zur heutigen Modernismusforschung, in diesem Band.

4 Roland Engelhart, "Wir schlugen unter Kämpfen und Opfern dem Neuen Bresche". Philipp Funk (1884-1937). Leben und Werk, Frankfurt-Berlin-Bern 1996, 480.

5 Otto Weiß, Der Modernismus in Deutschland. Ein Beitrag zur Theologiegeschichte, Regensburg 1995, 348-376.

6 "...vitalem Ecclesiae vim elidere, ipsumque, si queant, Christi regnum evertere funditus nituntur". Rundschreiben Unseres Heiligsten Vaters Pius X., durch göttliche Vorsehung Papst über die Lehre der Modernisten. Autorisierte Ausgabe (Lateinischer und deutscher Text), Freiburg i. Br. u.a. 1907, 2.

7 Zu nennen sind neben Pius X. die Kurienkardinäle Gaetano De Lai und José Calasanz Vives y Tuto, sowie Umberto Benigni und seine Geheimorganisation "La Sapinière" (Sodalitium Pianum). - Vgl. Lorenzo Bedeschi, La curia romana durante la crisi modernista, Parma 1968.

8 Philipp Funk, Von der Kirche des Geistes. Religiöse Essays im Sinne eines modernen Katholizismus, München 1913.

9 Vgl. Gisler, Der Modernismus (wie Anm. 2), 650.

Prinzip der religiösen *Immanenz*". Führe der Agnostizismus zur Leugnung der Erkennbarkeit des Göttlichen mit Hilfe der Vernunft, so setze das Immanenzprinzip an die Stelle der Vernunfterkenntnis und des Hörens auf Offenbarung und Lehramt die religiöse Erfahrung, das mystische Erleben Gottes, der sich selbst in der Seele des Menschen offenbart. Das Herz, das religiöse Gefühl, sei diesen Menschen wichtiger als "Formeln" und "Symbole", entscheidend sei für sie nicht die wissenschaftliche Glaubensbegründung aus Schrift und Tradition, auch nicht das Dogma, sondern ein Glaube, zu dem "keine Wissenschaft dringt". Dazu kommt die Auffassung, daß die Kirche einer "*vitalen Entwicklung*" unterworfen sei. Dogma, religiöser Kult, auch der Glaube selbst würden sich entwickeln. Jede Zeit habe neue "Bedürfnisse" und brauche daher neue Antworten[10].

Scheint bis hierher ein klar umschriebener Sachverhalt gegeben, beginnt die Problematik spätestens dort, wo die Enzyklika auf den *modernista ut reformator* mit seiner schrankenlosen Neuerungssucht zu sprechen kommt. Dabei steht im Vordergrund dessen Gegnerschaft zur Alleingültigkeit der (neu)scholastischen Philosophie, und tatsächlich war im konkreten Kampf der Antimodernisten auf Jahrzehnte hinaus das entscheidende Kriterium, ob ein Theologe Modernist sei, dessen Kritik an der Neuscholastik. Als weitere Symptome des "Modernismus" werden unter anderem genannt die Anwendung der historisch-kritischen Methode, das Eintreten für eine Dogmenentwicklung, die Forderung nach der Reform des Index und des Heiligen Offiziums wie der kirchlichen Rechtsstrukturen, das Verlangen nach dem Mitspracherecht der Laien und der Förderung der sogenannten aktiven Tugenden, sowie der Wunsch nach Abschaffung des Zölibats[11]. Der Wortlaut des Rundschreibens läßt keinen Zweifel daran, daß nach römischer Ansicht jeder, der auch nur eine dieser Reformen im Sinn hat, *ipso facto* zum Vertreter des gesamten "Systems" des Modernismus, *dieses Sammelbeckens aller Häresien*, wird, also auch dem Agnostizismus und Immanentismus huldigt[12].

Nun kann man sich natürlich fragen, wie das Dokument zu derartigen Folgerungen kommt. Möglicher Weise könnte hier eine noch ausstehende Untersuchung über das Zustandekommen der Enzyklika weiter helfen[13]. Sicher dürfte sein, daß sie nicht aus einem einheitlichen Guß besteht. Bei der abschließenden Redaktion dürften relativ heterogene Teile in eine Einheit gegossen worden sein. Als Hauptgegner erscheint, wie schon im Dekret *Lamentabili* vom 3. Juli 1907, zweifellos Loisy[14]. Dessen Äußerungen werden jedoch mit den Auffassungen modernistischer französischer Philosophen, wie Le Roy[15], vermengt. Schließlich wird auch die mystische Theologie Tyrrells mit in das große Sammelbecken des Modernismus aufgenommen[16]. Dabei ist jedem objektiven Beobachter klar, daß hier die unterschiedlichsten Dinge vermischt werden. So ist offensichtlich, daß die historisch-kritische Methode eines Loisy dem Denken der Moderne verpflichtet war, während die Betonung des religiösen Erlebnisses eher als Reaktion auf die moderne Verwissenschaftlichung zu verstehen ist. Die Enzyklika löste diesen Widerspruch mit einem Kunstgriff. Sie brachte zum Ausdruck, die modernen Exegeten

---

10 Rundschreiben (wie Anm. 6), 8-61.

11 Ebd., 78-83. Vgl. Wilhelm Imkamp, De modernista ut reformator, in: Studi Tomistici 60 (1995) 351-367.

12 Rundschreiben (wie Anm. 6), 82f.

13 Dies ist möglich, da die Dokumente in den Vatikanischen Archiven inzwischen weithin zugänglich sind.

14 Vgl. Franz Heiner, Der neue Syllabus Pius X. oder Dekret des Hl. Offiziums "Lamentabili", Mainz 1907, 75, 87, 198 u.ö.; Julius Beßmer SJ., Philosophie und Theologie des Modernismus. Eine Erklärung des Lehrgehalts der Enzyklika *Pascendi*, des Dekrets *Lamentabili* und des Eides wider den Modernismus, Freiburg 1912, passim.

15 Ebd., 46-51, 285-292.

16 Alfred Loisy, Simples réflexions sur le décret du Saint-Office Lamentabile sane exitu et sur l'Encyclica Pascendi dominici gregis, Paris 1908, 5-28.

oder Kirchenhistoriker würden nicht deswegen zu ihren Ergebnissen kommen, weil die Quellen dies forderten, vielmehr liege ihren Konstruktionen das Prinzip des *Agnostizismus* und der *"philosophie d'action"* zugrunde, das sie erst *nachträglich* mit dem Hinweis auf literarische Arten und die "Textkritik" zu rechtfertigen suchten[17].

Das übrige tat die Fiktion eines modernistischen "Systems", das durch die Verschmelzung zweier verschiedener Verständnisse von "Modernismus" zustande kam. Da gab es zunächst einen relativ klar umschriebenen "häretischen" Modernismusbegriff: Modernisten waren im Jahre 1871 für den holländischen konservativen Kalvinisten Abraham Kuyper die Anhänger des neuzeitlichen Agnostizismus und darwinistischen "Naturalismus"[18], und ganz ähnlich 1889 für den katholischen Philosophen Carl Braig die Vertreter eines erkenntnistheoretischen Subjektivismus und Psychologismus, welche die Möglichkeit einer objektiv-rationalen Begründung von Religion leugneten[19]. Es gab aber auch immer schon einen weiteren Modernismusbegriff, wie ihn Luther in seiner Schrift *An die Ratsherren aller Städte deutsches Lands* 1524 verwendet hatte[20]. Dieser vom Wortsinn (modernista = Neuerer) ausgehende Begriff, den auch Rousseau 1769 gebrauchte, findet sich zum Beispiel 1881 bei Charles Périn in einer gegen Lamennais gerichteten Schrift mit dem Titel *Du modernisme dans l'Église*. Als Modernisten gelten darin alle jene, welche die Kirche - letztlich zu deren Schaden - modernisieren wollen[21]. In der Enzyklika *Pascendi* wurde dann in einer unzulässigen Systematisierung der spezifische, eine Häresie bezeichnende Modernismusbegriff eines Kuyper und Braig mit dem Wortsinn von "modernista" = "Neuerer" verbunden.

Alle Abweichler zu treffen, dürfte dabei von Anfang an die Intention der Antimodernisten gewesen sein. So des Apologeten Albert Maria Weiß, der schon 1898 der Ansicht war, es gehe bei den Anstrengungen von Katholiken, auf der Höhe der Zeit sein zu wollen, doch nur um die "moderne Krankheit", die Ansteckung durch den "modernen Geist des hohlen Kritizismus" und die "Zuchtlosigkeit des Modernismus" in der "freien Wissenschaft"[22]. Und ausdrücklich in seinem 1903 erschienenen programmatischen Aufsatz *Religionsformen und Reformreligionen*, wo es heißt: "Die ganze Luft, aus der wir unsere Ideen beziehen, ist modern. Es ist eben der Modernismus, der Säkularismus, der den Ton in der Welt angibt, und leider auch für unser Denken und Thun"[23]. In immer neuen Angriffen hat sich Weiß gegen den "Versuch eines Ausgleichs mit der modernen Kultur", gegen den "Verzicht auf unsere Zusammen-

---

[17] "Cui iam, petimus, haec historia inscribenda? Historico ne an critico? Neutri profecto; sed philosopho. Tota ibi per apriorismum res agitur". Rundschreiben (wie Anm. 6), 67. - Auch heutige Exegeten werden von Josef Ratzinger ähnlich beurteilt, wenn er schreibt: "Die Philosophie bringt die Exegese hervor". Daran ist richtig, daß in jede wissenschaftliche Forschung ideologische, unsachgemäße Vorentscheidungen eingehen und die Ergebnisse von vorneherein relativieren können. Das gilt aber auch für die Vorgaben des Lehramts und erst recht für diejenigen einer "christlichen" Philosophie und Metaphysik. Vgl. Josef Kard. Ratzinger, Zur Lage von Glaube und Theologie heute, in: IKaZ 25 (1996) 368.

[18] Abraham Kuyper, Het Modernisme een Fata morgana op christelijk gebied, Amsterdam 1871.

[19] Gemeint ist vor allem Schleiermacher. - Vgl. Carl Braig, Vorrede zu Marc-Antoine Duilhé de St. Projet, Apologie des Christentums, in: Vorträge mit Zusätzen und einer Einführung, Freiburg i. Br. 1889. - Karl Leidlmair, Carl Braig, in: Emerich Coreth u.a., Christliche Philosophie im katholischen Denken des 19. u. 20. Jahrhunderts, 3 Bde., Graz-Wien-Köln 1987-1990, Bd. 1, 407-418.

[20] Martin Luther, An die Ratsherrn aller Städte deutschen Lands (WA 15) 1899 (Nachdruck Graz 1966), 53.

[21] Charles Périn, Du modernisme dans l'Eglise d'après les lettres inédites de Lamennais, Paris-Lyon 1881; vgl. Fernand Mourret, Quelques épisodes de l'histoire de l'Église sous le Pontificat de Pie X. La crise moderniste, in: Revue apologétique 21/22 (Oktober 1922- März 1923).

[22] Albert Maria Weiß, in: ThPQ 51 (1898) 265, 268, 771; ThPQ 52 (1899) 3, 761.

[23] Ders., Religionsformen und Reformreligionen der neuesten Zeit, in: HPBl 131 (1903) 241-259, 325-342, 405-422, 565-581, 645-658, 729-745, 801-817; 815.

gehörigkeit mit dem Mittelalter", "gegen jede Modernisierung des Christentums"[24] gewandt bis hin zu seinem Brief nach Rom vom Januar 1907, in dem er eine Verurteilung von "einigen Sätzen des Modernismus" verlangte[25]. Stets war sein Modernismusbegriff nicht nur auf einige philosophische Richtungen eingeschränkt, sondern meinte die "moderne Weltanschauung", die nichts anderes sei als "Subjektivismus" und "Leugnung jedweder Auktorität"[26]. Und es gibt zu denken, daß nicht nur Weiß und andere Antimodernisten, sondern mit ihnen auch Kardinalstaatssekretär Merry del Val und Pius X.[27] hoch überrascht waren, als nach dem Erscheinen der Enzyklika die Deutschen auf einmal keine "Modernisten" sein sollten, wo sie doch der "modernen Welt" "am meisten zugejubelt hatten"[28].

Daß diese weite Deutung des Modernismus von "Rom", zum mindesten von Pius X. und einer *Pressure-group* in und außerhalb der Heiligen Stadt, intendiert war, das geht auch aus der Entwicklung der Antimodernismuskampagne seit 1909 hervor. Alle unangenehmen Nonkonformisten sollten ausgeschaltet werden. Zum theologischen Modernismus gesellte sich ein sozialer, ein philosophischer, ein politischer, ein literarischer etc.[29]. Schließlich wurde sogar die Gesellschaft Jesu, die stets durch Ergebenheit an den Papst geglänzt hatte, des Modernismus verdächtigt[30], und die Absetzung des Jesuitengenerals Pater Wernz kam nur deswegen nicht zur Ausführung, weil General und Papst gerade noch rechtzeitig und fast zur gleichen Stunde den Schauplatz ihrer irdischen Kämpfe verließen[31]. Und es waren nicht nur subalterne römische Prälaten vom Schlage eines Benigni, der in seiner Geheimorganisation *La Sapinière* Mitarbeiter fand, denen die Denunziation zum Lebenselixier wurde: Caspar Decurtins, Anton Mauß, Graf Oppersdorff und viele andere[32]. Die Kampagne ging von oben aus oder wurde zum mindesten von dort gestützt. Es ist nun einmal Tatsache, daß Pius X. auf Grund seiner Bildung und seines Werdegangs[33] den anstehenden Fragen nicht gewachsen war und daß er allzusehr auf seinen Privatsekretär Monsignore Gianbattista Bressan (1861-1950)[34] hörte, durch den Benigni ihn manipulierte. Zum anderen wäre es sicher verkehrt, den Antimodernismus nur in Italien oder an der Kurie anzusiedeln. Ganz abgesehen davon, daß die liberalkatholische modernistische Bewegung in Italien bei weitem die in Deutschland übertraf[35],

---

24 Vgl. ders., Die religiöse Gefahr, Freiburg 1904, 366-375.

25 Albert M. Weiß an den Generalmeister Hyacinthe-M. Cormier, 26. Januar 1907, in: Dominique Barthélemy, Idéologie et fondation (Études et Documents sur l'histoire de l'Université de Fribourg/Suisse. Etudes 1), Fribourg 1991, 99-101.

26 Ders., Was ist Modernismus und was verdient Modernismus zu heißen?, in: ThPQ 63 (1910) 1-14; ders., Lebens- und Gewissensfragen der Gegenwart, Freiburg 1911, Bd. I, VI-X, 521-581.

27 Vgl. Ludwig Fhr. von Pastor, Tagebücher - Briefe - Erinnerungen, hg. von Wilhelm Wühr, Heidelberg 1950, 482, 484, 511.

28 Albert M. Weiß, Liberalismus und Christentum, Trier 1914, 376-455.

29 Vgl. Josef Schnitzer, Der katholische Modernismus, in: ZPol 5 (1911) 1-128.

30 Vgl. Biederlack, in: Oesterreichs katholisches Sonntagsblatt 2 (1911), Nr. 44, 2f; Der Generalsturm gegen das Sonntagsblatt von seiten der Jesuiten, ebd., 5 (1914), Nr. 5, 1; Graf Oppersdorff, Zar und Zimmermann. Oder ein Jesuit gegen die Integralen, in: Klarheit und Wahrheit 3 (1914), Nr. 8, 81-83.

31 Vgl. Guasco, Modernismo (wie Anm. 1), 189f; Émile Poulat, La dernière bataille du pontificat du Pie X, in: Rivista di storia della Chiesa in Italia 1 (1971) 83-107.

32 Émile Poulat, Intégrisme et catholicisme intégrale. Un réseau international antimoderniste. La "Sapinière" (1909-1921), Tournai 1969. Demnächst auch: Otto Weiß, Modernismus und Antimodernismus im Dominikanerorden (voraussichtlich Regensburg 1997).

33 Vgl. Gianpaolo Romanato, Pio X. La vita di Papa Sarto, Mailand 1992, 23-115.

34 Zu ihm: Poulat, Intégrisme (wie Anm. 32), 588. - Eine eingehende Untersuchung fehlt.

35 Vgl. Guido Verucci, I cattolici e il liberalismo. Dalle "amicizie cristiane" al modernismo. Ricerche e note critiche, Padova 1968; Glauco Licata, La "Rassegna Nazionale". Conservatori e cattolici liberali italiani, attraverso la loro rivista (1879-1915), Rom 1968; Otto Weiß, Döllinger, Rom und Italien, in: Georg Den-

bildete weder der italienische Episkopat noch die Kurie einen monolithischen antimodernistischen Block. Genannt seien die Namen Bonomelli[36] und Capecelatro (1824-1912)[37], aber auch Rampolla, ein Mann, der bei Pius X. als Freund der Modernisten galt[38].

Ergebnis: Nach all dem ist der Modernismusbegriff als ein äußerst *weiter* zu begreifen. Nach dem Wortlaut der Enzyklika wie nach ihren Intentionen geht es nicht an, einen weiteren und einen engeren Modernismusbegriff zu unterscheiden, es geht nicht an, den eigentlichen Modernismus vom Reformkatholizismus, den theologischen Modernismus vom praktischen Modernismus abzusetzen und dies mit der Aussage zu verbinden, nur der theologische Modernismus sei im Grunde von der Enzyklika betroffen. Daß es tatsächlich einerseits praktische Reformer, anderseits Reformtheologen gab, ist damit jedoch nicht geleugnet. Ja, man wird mit Philipp Funk an der Unterscheidung zwischen einem praktisch ausgerichteten "Reformkatholizismus" und einem "theologischen Modernismus" festhalten können, die sich freilich im Einzelfall oft überschneiden und nicht immer klar von einander trennen lassen. Auch die Unterscheidungsmerkmale, die nach Funk den "theologischen Modernismus" bestimmen, wird man gelten lassen[39]. Nicht darum ging es uns zu zeigen, daß *de facto* kein Unterschied zwischen "Reformkatholizismus" und "theologischem Modernismus" bestanden habe, sondern darum, daß für Rom zwischen beiden kein Unterschied bestand. Die Problematik des von uns eruierten Modernismusbegriffes der Enzyklika *Pascendi* und Pius' X. liegt jedoch anderswo. Wenn es richtig ist, daß im Sinne der Enzyklika jedweder Neuerer unter das Verdikt des Modernismus fällt, wobei in einer Abwandlung des bekannten Luegerwortes gelten mag: "Wer Modernist ist, bestimmen wir", erhebt sich die Frage: Hat es überhaupt einen Sinn nach Inhalt und Umfang des Modernismusbegriffes zu fragen? Der Willkür erscheint Tür und Tor geöffnet. Man wird deswegen, um sinnvoll vom Modernismus reden zu können, zwar von den lehramtlichen Äußerungen ausgehen müssen, jedoch scheint es notwendig, das Selbstverständnis derer einzubeziehen, die sich die Selbstbezeichnung "Modernisten" zulegten.

2. Verwandte Begriffe und ihr Bezug zum Modernismusbegriff

Der kirchliche "Antimodernismus", so erkannten wir, wendet sich grundsätzlich gegen "moderne" Neuerer. Als "modern" galten Philosophien, Ansichten, Konzeptionen von Gesellschaft und Welt, wie sie sich im außerkatholischen Raum spätestens seit Beginn der Neuzeit herausgeformt hatten. Die Modernisten, so glaubte man, würden mit der katholischen Lehre unvereinbare Impulse aus dem außerkirchlichen Raum in die Kirche hineintragen und dadurch die katholische Identität auflösen. Daran ist sicher richtig, daß die Reformer zur Zeit der Mo-

---

zler/Ernst Ludwig Grasmück, Geschichtlichkeit und Glaube. Gedenkschrift zum 100. Todestag Ignaz von Döllingers, München 1990, 212-316; Francesco Traniello (Hg.), Filosofia e politica. Rosmini e la cultura della restaurazione (Biblioteca rosminiana 3), Brescia 1993. - Vgl. Antonio Rosmini-Serbati, Delle cinque piaghe della Santa Chiesa, Lugano 1848 (dt.: Die fünf Wunden der Kirche, Paderborn 1971).

36 Giuseppe Gallina, Il problema religioso nel Risorgimento e il pensiero di Geremia Bonomelli (con documenti inediti), Rom 1974.

37 Vgl. Francesco Malgeri, Capecelatro, in: DBI XVIII 453-439.

38 Pastor, Tagebücher (wie Anm. 27), 598.

39 Philipp Funk, Der Gang des geistigen Lebens, in: Wiederbegegnung von Kirche und Kultur (FS Carl Muth), München 1927, 77-126; 103-105. Auch Tyrrell unterscheidet zwischen theoretischem und praktischem Modernismus. Vgl. George Tyrrell, Das Christentum am Scheideweg [Christianity at the Crossraod, London 1909], eingeleitet und übersetzt von Ernst Erasmi [Oskar Schroeder], hg. von Friedrich Heiler, München-Basel 1959, 48-51.

dernismuskrise das Gespräch mit der Zeit suchten. Mehr noch: der Modernismus, wie schon sein Vorläufer, der liberale Katholizismus, und in gewisser Hinsicht bereits der Jansenismus, ist nur zu verstehen auf dem Hintergrund eines allgemeinen Strukturwandels seit Beginn der Neuzeit. Alle diese Erscheinungen haben mit Modernisierung, mit Ungleichzeitigkeiten und damit verbundenen Krisen zu tun. Auch wer davon überzeugt ist, es handle sich in erster Linie um eine innerkirchliche Angelegenheit, wird darum nicht umhin können, sich mit der allgemeinen Entwicklung auseinanderzusetzen. Auch die Terminologie, mit der die Geschichtswissenschaft diese Entwicklung in den Griff zu bekommen sucht, ist in die Überlegungen mit einzubeziehen. Zu bedenken sind vor allem die Begriffe "modern", "Moderne", "Modernisierung", "Postmoderne" und "Neue Moderne". Zu fragen ist: In welcher Beziehung stehen diese Begriffe und die damit gemeinten historischen Wirklichkeiten zum katholischen Modernismus?

Am umfassendsten erscheint der Begriff *modern*, im Mittelalter "modernus", abgeleitet von "modo" (= jetzt). Als "moderni" galten seit der Wende vom 11. zum 12. Jahrhundert alle, die mit einer alten Tradition brachen. Bis dahin galt der Grundsatz "alt, und darum gut". Jetzt aber wurde in einer wahrhaften Revolution dem entgegengesetzt: "Neu, und darum besser." Also nicht mehr *recapitulatio* des guten Alten, auch nicht bloße *restauratio*, sondern *reformatio*, Erneuerung. Es ist bekannt, daß vor allem die Nominalisten, die mit bis dahin gültigen Ordnungen brachen, als "moderni" bezeichnet wurden. "Via moderna", "devotio moderna" wurde zum Gütezeichen. Mit der neuen Konzeption von Denken und Sein war Dynamik und Entwicklung, wenn man will "Fortschritt", verbunden[40]. Von daher ist verständlich, daß der Begriff "modern" nicht chronologisch festzulegen ist. Modern ist immer das Neue, das sich von einer Zeit zur anderen wandelt[41]. Da jedoch die Modernisten nach ihrem Selbstverständnis offen waren für das jeweils Neue einer jeden Zeit, haben sie sehr viel mit dem Begriff in dem genannten Verständnis zu tun.

Anders als beim Adjektiv "modern" erscheint der Gebrauch des Substantivs *Moderne*, eines Begriffes, der in den letzten Jahren in Philosophie[42] und Gesellschaftsgeschichte[43] eine neue Konjunktur erlebt, nicht immer eindeutig. Meist handelt es sich um ein Synonym für das Wort "Neuzeit". Zu Beginn unseres Jahrhunderts sagte man dafür häufig *die moderne Welt*, ein Begriff, mit dem das von Tyrrell gebrauchte englische Wort "*age*" ins Deutsche übersetzt wurde[44]. Der Begriff "Moderne" findet sich aber auch als eine Periodenbezeichnung innerhalb der Neuzeit, etwa beginnend mit der Aufklärung oder der Französischen Revolution[45]. Im theologischen Bereich wird in diesem Zusammenhang gewöhnlich der Name Schleiermachers genannt, der sich als erster systematisch mit der Beziehung von Christentum und Modernität auseinandergesetzt habe[46]. Schließlich scheinen heutige Veröffentlichungen den Beginn der Moderne mit der Wende zum 20. Jahrhundert anzusetzen[47].

---

[40] Johannes Spörl, Das Alte und das Neue im Mittelalter. Zum Problem des spätmittelalterlichen Fortschrittsbewußtseins, in: HJ 50 (1930) 257-341; Weiß, Der Modernismus (wie Anm. 5), 29-33.

[41] Jürgen Habermas, Der philosophische Diskurs der Moderne, Frankfurt am Main ^{3}1986, 13-21.

[42] Ebd., passim.

[43] Vgl. z.B. Thomas Nipperdey, Wie das Bürgertum die Moderne fand, Berlin 1988.

[44] Vgl. George Tyrrell, Zwischen Scylla und Charybdis oder Die alte und die neue Theologie. Aus dem Englischen von Emil Wolff, Jena 1909.

[45] So Habermas, Der philosophische Diskurs (wie Anm. 41). - Vgl. Wolfgang Hardtwig/Harm-Hinrich Brandt (Hg.), Deutschlands Weg in die Moderne. Politik, Gesellschaft und Kultur im 19. Jahrhundert, München 1993.

[46] Brian A. Gerrish, A prince of the Church. Schleiermacher and the Beginning of Modern Theology, Minneapolis 1984; Guglielmo Forni, Studi di ermeneutica. Schleiermacher, Dilthey, Cassirer, Bologna 1985; ders.,

Tatsächlich taucht um diese Zeit das Substantiv "die Moderne" zum ersten Mal auf, zunächst in erster Linie gebraucht für die literarische und künstlerische Moderne und gefüllt mit einem ganz spezifischen Sinn, der im Gegensatz zu dem zu stehen scheint, was bis dahin als modern, fortschrittlich, aufgeklärt galt. Im Jahre 1886 in einem Berliner Hinterzimmer von Eugen Wolff geprägt[48], wurde der Begriff der "Moderne" schon bald zum Synonym einer Revolte, die sich nicht nur gegen den Naturalismus in Literatur und Kunst wandte, sondern darüber hinaus zum Ausdruck eines neuen Lebensgefühls wurde. Die Vertreter einer solchen Geisteshaltung erlebten in der sogenannten *Crise du fin de siècle* die Fragwürdigkeit einer positivistischen Ersatzreligion und die Ungesichertheit des Fortschrittsglaubens, sie erlebten die negativen Folgen von Verwissenschaftlichung und Professionalisierung, Spezialisierung und Methode. Ihr Aufbruch zur literarischen und künstlerischen "Moderne" in ganz Europa trug im Grunde antimoderne, irrationale und vitalistische Züge[49]. Begriffe wie *decadence* wurden positiv aufgeladen, wie in der Berliner und Wiener Moderne[50], so in ähnlicher Weise in Frankreich und Italien, wo junge Literaten dem *decadentismo* das Wort sprachen[51]. In der Reaktion gegen Historismus, Rationalismus, Fortschritts- und Wissenschaftsgläubigkeit, Entseelung und Vermassung entdeckte man die "Seele"[52] und huldigte einer elitären, antiaufklärerischen "mystischen" Naturverbundenheit. Modern war nun plötzlich nicht mehr der Fortschritt, sondern die Wissenschaftskritik Nietzsches (1844-1900), die Betonung des *Erlebnisses* durch Wilhelm Dilthey (1833-1911), die Kulturkritik eines de Lagarde (1827-1891) und eines Julius Langbehn (1851-1907), die Naturmystik und antikirchliche "Religiosität" eines Bruno Wille und Wilhelm Bölsche, das Eintauchen in die *Allseele*, schließlich die Wiederbelebung der *germanischen Welt* durch Arthur Bonus (1864-1954) und die rassistische arische Lichtschwärmerei eines Guido von List, aber auch die Anthroposophie Rudolf Steiners[53]. Es

---

L'essenza del cristianesimo. Il problema ermeneutica nella discussione protestante e modernista, Bologna 1992, 11-34 [zum Einfluß Schleiermachers auf Paul Sabatier].

47 Vgl. Wilfried Loth (Hg.), Deutscher Katholizismus im Umbruch zur Moderne (Konfession und Gesellschaft 3), Stuttgart u. a. 1991.

48 Jürgen Schutte/Peter Sprengel (Hg.), Die Berliner Moderne 1885-1914, Stuttgart 1987, 13. - Vgl. Eugen Wolff, Die jüngste deutsche Literaturströmung und das Prinzip der Moderne (1884), in: Die literarische Moderne. Dokumente zum Selbstverständnis der Jahrhundertwende, hg. von Gotthard Wunberg, Frankfurt am Main 1971, 3-42.

49 Vgl. Roger Bauer u. a. (Hg.), Fin de siècle, Frankfurt am Main 1977; Wolfgang Drost, Fortschrittsglaube und Dekadenzbewußtsein im Europa des 19. Jahrhunderts. Literatur - Kunst - Kulturgeschichte, Heidelberg 1986; Fritz Stern, Kulturpessimismus als politische Gefahr. Eine Analyse nationaler Ideologie in Deutschland, Bern 1963; Giuseppe Galasso, Croce e lo spirito del suo tempo, Mailand 1990, 68-84.

50 Schutte/Sprengel, Die Berliner Moderne (wie Anm. 48); Gotthard Wunberg unter Mitarbeit von Johannes J. Braakenburg (Hg.), Die Wiener Moderne. Literatur, Kunst, Musik zwischen 1890 und 1919, Stuttgart 1987; Ernst Hanisch, Der lange Schatten des Staates. Österreichische Gesellschaftsgeschichte im 20. Jahrhundert, Wien 1994, 242-261. - Vgl. Hermann Bahr, Die Décadence, in: Studien zur Kritik der Moderne, Frankfurt am Main 1894.

51 La cultura italiana del '900 attraverso le riviste, 3 Bde., Turin 1960-1961; Carlo Salinari, Miti e coscienza del decadentismo italiano, Mailand [9]1973; Rosario Contarino, Il primo Mawzocco (1896-1900) Bologna 1982; Domenico M. Fazio, La cultura italiana di fronte a Nietzsche 1872-1940, Mailand 1988.

52 Vgl. z.B. Otto Weininger, Geschlecht und Charakter. Eine prinzipielle Untersuchung, Wien 1903 (Nachdruck München 1980), 212-238.

53 Vgl. Gangolf Hübinger, Kulturkritik und Kulturpolitik des Eugen-Diederich-Verlages im Wilhelminismus. Auswege aus der Krise der Moderne?, in: Horst Renz/Friedrich Wilhelm Graf (Hg.), Umstrittene Moderne. Die Zukunft der Neuzeit im Urteil der Epoche Ernst Troeltschs, Gütersloh 1987, 82-114; ders., Kulturprotestantismus und Politik, Zum Verhältnis von Liberalismus und Kulturprotestantismus im wilhelminischen Deutschland, Tübingen 1994; Frank Simon-Ritz, Kulturelle Modernisierung und Krise des religiösen

ist ein Grundzug des katholischen Modernismus, daß er auch Vorstellungen dieser "neuen Romantik" aufnahm. Ja, bisweilen scheinen geradezu die Fronten verkehrt. Von den neuscholastischen Glaubenshütern wird die positivistische Wissenschaftsgläubigkeit des 19. Jahrhunderts auf Theologie und Dogma übertragen und fast so etwas wie eine positivistische und rationalistische "Naturwissenschaft des Glauben" fabriziert, die den Glauben in eine Art höheres Wissen auflöste und Gott beweisen will wie die Existenz der Planeten Uranus und Pluto[54], während die "Modernisten" sich der Mystik und dem Unsagbaren, auch dem religiösen Erlebnis, zuwenden. Daß dies, wie im Zusammenhang mit dem Modernismus in Deutschland gezeigt werden soll, auch eine Anfälligkeit für die genannten pseudoreligiösen neuen Mythen bedeutete, sei nicht verschwiegen.

Erscheint der Begriff "Moderne" merkwürdig ambivalent, so gilt dies nicht für den in der heutigen Gesellschaftsgeschichte üblichen Begriff *Modernisierung*, der es ermöglicht, historische Vorgänge in den Griff zu bekommen. Nach Hans-Ulrich Wehler und Thomas Nipperdey umschreibt Modernisierung eine geschichtliche Entwicklung als eine Folge von Trends und Umwandlungsprozessen im wirtschaftlichen, politischen, gesellschaftlichen Bereich, die sich im Laufe einer gewissen Periode mehr oder weniger schnell vollzogen. Da es sich dabei um äußerst komplexe und vielfältige Vorgänge handelt, kann man sie nicht mit einem einzigen Begriff klar umschreiben. Aber man kann das, was man mit dem Wort Modernisierung anzudeuten sucht, mit Blick auf die tatsächlichen Veränderungen entfalten. Modernisierung bedeutet dann Industrialisierung, Parlamentarisierung, Überwindung der personalen Herrschaft und des Klientelsystems zugunsten von Versachlichung und abstrakter Verwaltung, aber auch Vorrang der Gesellschaft vor dem Staat. Modernisierung bedeutet ferner das Ende einer allein von Religion und Kirche bestimmten Gesellschaft, damit Pluralisierung, Entmythologisierung, Säkularisierung, rationale Durchdringung, "das Leben des einzelnen hört auf traditionsgeleitet zu sein [...], an die Stelle weniger vorgegebener Rollen treten viele selbstgewählte und sich widersprechende Rollen". Es kommt zu einer individualistischen Lebensgestaltung, verbunden mit einem Wertewandel: Leistung, Arbeit, Erfolg treten an die Stelle vorgegebener Ordnungen, der Glaube an Dynamik und Wandel an die Stelle von Stabilität[55]. Tatsächlich zeigt eine Analyse des katholischen Modernismus, daß sehr viele der genannten Trends bei ihm vorhanden sind, auch wenn die Situation bei den sogenannten Modernisten nicht einfach dem Muster des Modernisierungsmodelles entspricht, sondern komplexer anzusetzen ist. Zum andern Fall taucht selbst der Begriff "Modernisierung" schon da und dort auf, so wenn Albert Maria Weiß sich gegen jede "Modernisierung des Christentums" wendet[56], oder wenn anderswo vom "modernisierten Heiligen Geist"[57] die Rede ist. Wichtiger freilich als der Begriff ist die Sache. So spielte es natürlich eine Rolle, daß das Zentrum des Katholizismus in Rom

---

Bewußtseins, in: Olaf Blaschke/Frank-Michael Kuhlemann (Hg.), Religion im Kaiserreich. Milieus - Mentalitäten - Krisen (Religiöse Kulturen der Moderne 2), Gütersloh 1996, 457-473; Thomas Nipperdey, Deutsche Geschichte 1866-1918, Bd. 1: Arbeitswelt und Bürgergeist, München 1990, 521-528; Kurt Nowak, Geschichte des Christentums in Deutschland. Religion, Politik und Gesellschaft vom Ende der Aufklärung bis zur Mitte des 20. Jahrhunderts, München 1995, 181-185.

[54] Leonhard Fendt, Die religiösen Kräfte des katholischen Dogmas, München 1921, 218f. - Vgl. Alfred Loisy, Autour d'un petit livre, Paris 1903, 10; George Tyrrell, Il Papa e il modernismo, Rom 1912, 151.

[55] Thomas Nipperdey, Probleme der Modernisierung in Deutschland, in: Nachdenken über deutsche Geschichte, München 1986, 44-59; Hans-Ulrich Wehler, Modernisierungstheorie und Geschichte, Göttingen 1975, bes. 34-38. - Kritisch: Hadi Resasade, Zur Kritik der Modernisierungstheorien, Opladen 1984; Hans van der Loo/Willem van Reijen, Modernisierung. Projekt und Paradox, München 1992.

[56] Albert M. Weiß, Zeitfragen und Zeitphrasen IV, in: ThPQ 56 (1903) 751-764.

[57] Alphons J. Delattre, Un Catholicisme Américain, Namur 1898, 45.

lag[58], wo im Gegensatz zum Norden, auch zum italienischen Norden, noch immer der Familienclan und der *clientelismo* bestimmend waren[59]. Angemerkt sei schließlich, daß der Terminus "Modernisierung" für den Historiker keine Wertung implizieren dürfte. Tatsächlich wird er jedoch bisweilen selbst zum neuen Mythos, der mit religiöser Inbrunst und mit einem aufklärerischen Pathos vorgetragen wird[60].

Gegen einen solchen Fortschritts- und Modernisierungsmythos steht nun allerdings - oft auch schon wieder zum Mythos geworden - der unklare Begriff der *Postmoderne*, der verstärkt seit 1980 allenthalben auftaucht und zur Grundlage einer neuen Philosophie geworden ist. Dabei wird häufig die Situationsbeschreibung zur Norm gemacht, auch wenn andererseits jede allgemeingültige Norm geleugnet wird. Nach dem Philosophen Jean-François Lyotard meint Postmoderne zunächst die Situation unserer heutigen Informationsgesellschaft. Für die postmoderne Gesellschaft gilt, wie Gianni Vattimo ausführt, nicht mehr der Satz "gut und darum besser", aber auch nicht einfach *prämodern*, es meint nicht "alt und darum gut", vielmehr kommt es zu einer grenzenlosen Wertepluralität, wobei das Wort "Werte" schon zu viel ist. Alles ist heterogen und inkompatibel, alles ist möglich, alles ist erlaubt, jeder hat Recht. Die sogenannten einheitsstiftenden "Meta-Erzählungen" der Vergangenheit, die Ideen von Freiheit, Vernunft und Sinngebung, so Lyotard, hören auf, maßgebend zu sein. Es gibt keine allgemeinen Richtlinien mehr, auch keine zielgerichtete historische Entwicklung etwa vom Mythos zum Logos, es gibt nur einen ständigen und immer rasanteren Wandel. Ein Werte- und Paradigmenwechsel löst in kürzester Zeit anscheinend ziellos einen anderen ab. So erscheint Postmoderne in ihrem Pluralismus als radikal-modern, und doch zugleich als antiaufklärerisch und antimodern. An die Stelle des grenzenlosen Fortschritts tritt *das Ende der Geschichte*. Und es ist kein Zufall, daß etwa der postmoderne Philosoph Gianni Vattimo an die Nietzscherezeption Heideggers und an Nietzsches Wissenschafts- und Fortschrittskritik anknüpft[61]. Es ist aber auch verständlich, daß sich ein Denker wie Habermas entschieden gegen postmoderne Positionen wendet und sie als "neue Romantik" begreift[62]. Anzufügen bleibt, daß der Begriff "Postmoderne" ähnlich wie der Begriff "Moderne" nicht nur als Epochenbegriff verwendet wird. So sagt Umberto Eco, jede Epoche habe ihre Moderne und ihre Postmoderne. Angesichts all dessen fragt man sich freilich, was es meint, wenn etwa von Guardini als von einem postmodernen Denker gesprochen wird. Postmodern in diesem Verständnis bedeutet offensichtlich nicht einen radikal-modernen Wertepluralismus, sondern eher eine konservative "Überholung der Moderne". Tendenzen dazu gab es, wie wir im Zusammenhang mit der literarischen Moderne sahen, auch bei den "Modernisten". Allerdings dürfte ein solches Ver-

---

[58] David G. Schultenover, A View from Rome: On the Eve of the Modernist Crisis, New York 1993.

[59] Vgl. Christoph Weber, Senatus Divinus. Verborgene Strukturen im Kardinalskollegium der frühen Neuzeit (Beiträge zur Kirchen- und Kulturgeschichte 2), Frankfurt am Main u.a. 1996, 14, 250, 366.

[60] Vgl. Marieluise Christadler, Zur nationalpädagogischen Funktion kollektiver Mythen, in: Jürgen Link/Wulf Wülfing, Nationale Mythen und Symbole in der zweiten Hälfte des 19. Jahrhunderts. Strukturen und Funktionen von Konzepten nationaler Identität (Sprache und Geschichte 16), 199-211.

[61] Jean François Lyotard, La condition postmoderne, Paris 1979 (dt.: Das postmoderne Wissen. Ein Bericht, Graz-Wien 1986); Gianni Vattimo/Pier Aldo Rovalti (Hg.), Il pensiero debole, Mailand [10]1995; Gianni Vattimo, La fine della modernità, Mailand 1990 (dt.: Das Ende der Moderne, aus dem Italienischen übersetzt u. hg. von Rafael Capuro, Stuttgart 1990); Wolfgang Welsch, Unsere postmoderne Moderne, Darmstadt [3]1991; Giovanni Fornero, Postmoderno e filosofia, in: Giovanni Fornero/Franco Restaino (Hg.), La filosofia contemporanea (Storia della filosofia 10), Turin 1994, 3-48; gute Bibliographie 41-48.

[62] Vgl. Jürgen Habermas, Die neue Unübersichtlichkeit, Frankfurt am Main 1985. - Zur Diskussion Habermas-Postmoderne vgl. die Literaturangaben bei Habermas, Der philosophische Diskurs der Moderne (wie Anm. 41), 7.

ständnis von Postmoderne kaum mit dem üblichen Sprachgebrauch übereinstimmen und sollte daher vermieden werden.

Schließlich ist noch der Begriff "*Neue*" oder "*Zweite Moderne*" zu erwähnen. Er wendet sich offensichtlich gegen eine als "neue Romantik" begriffene "Postmoderne". Angesichts der Umformung der Gesellschaft von der Industrie- zur Informationsgesellschaft wird dabei - anders als von der fortschrittskritischen postmodernen Rechten - das alte Modernisierungsmodell nicht als Auslaufmodell abgetan, sondern erst recht als zukunftweisend aufgegriffen, so wenn es im *Vorwärts* vom August 1996 heißt: "Die SPD war immer die Partei der Moderne. Heute stehen wir vor einer großen gesellschaftlichen Transformation, vor einer zweiten Moderne [...]"[63]. Im katholischen Bereich wird in diesem Zusammenhang, etwa von Poulat, auf die Dynamik der Modernisten verwiesen, die auch bei einer völlig veränderten Aufgabenstellung gültig bleibt[64].

II. Das Selbstverständnis der Modernisten

1. Das modernistische Selbstverständnis

Der Modernismusbegriff, wie er von uns dargestellt wurde, geht aus von den Festlegungen der Enzyklika *Pascendi*. Er erwies sich als äußerst weit, ja als Schlagwort, das jeden Abweichler treffen konnte: "Mit der Keule, die auf Blondel und Loisy paßt, wird ebenso Schell wie Fogazzaro, ebenso Ehrhard wie Müller, ebenso Günter wie Schrörs[65] erschlagen"[66]. Um dennoch einen einigermaßen klar umschriebenen Modernismusbegriff zu erhalten, scheint es darum berechtigt, ja notwendig, das Selbstverständnis der Betroffenen mit einzubeziehen.

Zweifellos kommt dabei George Tyrrell eine fundamentale Bedeutung zu. Er hat sich ausführlich mit dem Begriff "Modernismus" auseinandergesetzt und das modernistische Selbstverständnis formuliert, auch wenn ihm der Begriff "Liberaler Katholizismus" lieber gewesen wäre. Tyrrell schreibt in seinem programmatischen Werk *Through Scylla and Charybdis*: "[Modernismus] heißt glauben an den Katholizismus; aber es heißt auch glauben an die moderne Welt. Und dieser Glaube ist in beiden Fällen so tief, daß er es mit ruhiger Zuversicht unternehmen kann, kritisch zu sein bis zum Ende"[67]. Dieser Satz, den Tyrrell auch in anderen Schriften in verschiedensten Abwandlungen wiederholte[68], dürfte grundlegend für das modernistische Selbstverständnis sein. Es ging den Modernisten, und zwar den besten unter ihnen, eben nicht nur darum, völlig kritiklos offen zu sein für die Segnungen der Moderne und um

---

63 Sigmar Mosdorf, Aufbruch in die zweite Moderne, in: Vorwärts 1996, Nr. 8 (August), 18; Vgl. Christadler, Zur nationalpädagogischen Funktion (wie Anm. 60), 211.

64 Émile Poulat, Modernistica. Horizons - Physionomies - Debats, Paris 1982, 237f.

65 Gemeint sind der Historiker Heinrich Günter (1870-1951) und der Kirchenhistoriker Heinrich Schrörs (1852-1928). Vgl. Joachim Köhler, Zu Günthers Legendenstudien, in: Georg Schwaiger (Hg.), Historische Kritik in der Theologie. Beträge zu ihrer Geschichte (SThGG 32), Göttingen 1980, 307-337; Herman H. Schwedt, Heinrich Schrörs, in: Karl Schein (Hg.), Christen zwischen Niederrhein und Eifel. Lebensbilder aus zwei Jahrhunderten, Aachen 1993, Bd. 3, 31-52.

66 Otto Sickenberger, Kritische Gedanken zur neuesten Enzyklika "Pascendi dominici gregis", in: 20. Jahrhundert 8 (1908) 34.

67 Tyrrell, Zwischen Scylla (wie Anm. 44), XII; ders., Das Christentum(wie Anm. 39), 41-51.

68 Vgl. George Tyrrell, Medievalism. A Reply to Cardinal Mercier, Londonu. a. 1908, 168f.

jeden Preis auf der Höhe der Zeit stehen zu wollen. "Eine leichtgläubige Begeisterung für die Ideen und Tendenzen unserer Zeit", schreibt Tyrrell, "mag vielleicht entschuldbar sein, ja sie kann notwendig sein für die Revolte gegen eine ähnlich geartete Gläubigkeit an die Vorstellungen des 13. Jahrhunderts. Allerdings unterscheiden sich beide Haltungen nicht von einander, der einzige Unterschied ist der zwischen Philistern hier und Philistern dort"[69]. Der Modernismus, wie ihn Tyrrell verstand, hatte zwei Pole, den Katholizismus und die Moderne. Beiden gegenüber wollten die Modernisten kritisch sein, beiden wollten sie verbunden bleiben, auch wenn sie an beiden litten. Doch sie hatten im allgemeinen nicht vor, den Weg etwa in Richtung auf eine modische Modernisierung der Kirche oder auch in Richtung auf einen - von Tyrrell bekämpften[70] - liberalen Protestantismus zu Ende zu gehen. Und wenn sie es dennoch taten, geschah es meist, weil sie von den Umständen dazu gezwungen wurden. Was sie wollten, war die Verbindung von Glaubenstreue und kirchlicher Loyalität mit Modernität, war die Versöhnung zwischen dem modernen Denken und dem überlieferten Glauben.

Bei der Bestimmung dessen, was katholischer Modernismus meint, wird man diese Festlegung Tyrrells mit einbeziehen müssen. Sie beinhaltet eine Ergänzung und Korrektur zum Modernismusbegriff der Enzyklika *Pascendi.* Im Unterschied zu deren ausgedehntem Modernismusbegriff hat sie eher einschränkenden Charakter. Dazu kommt ein zweites Moment. Es geht Tyrrell gar nicht so sehr um bestimmte Inhalte. Wesentlich erscheint ihm die immer neue Begegnung von Kirche und jeweiliger Zeit. Es gibt für ihn kein geschlossenes "modernistisches System". Entscheidend ist die *Dynamik*[71].

Dennoch kann man sich natürlich fragen, welche konkreten *Inhalte* der Modernismus am Beginn des 20. Jahrhunderts aufwies. Die Antwort ist nicht immer leicht. Zum einen, weil die "Modernisten" keine geschlossene Gruppe bildeten. Zum andern auch deswegen, weil - wie gesagt - im Grunde zwei sich widersprechende Auffassungen von "Moderne" in ihr Gedankengut eingingen. Es ging ihnen gewiß um Aufklärung und Modernisierung, aber genau so auch um Kritik an einem übersteigerten Rationalismus im Bereich des Religiösen. Dennoch lassen sich einige inhaltliche Merkmale herausstellen:

1. Das Ernstnehmen von *Geschichte, Geschichtlichkeit und Entwicklung*, damit verbunden die *Erforschung und Durchdringung der Quellen des Glaubens mittels der Methoden der neuzeitlichen Wissenschaft*[72]. Hierin standen die Modernisten ganz in der Tradition eines Döllinger und seiner Rede aus dem Jahre 1863[73]. Die historische Theologie, die *Exegese* des Alten und des Neuen Testamentes, die *Patrologie* und die *Dogmengeschichte*, wurden endlich in ihrem Selbstwert entdeckt und hörten auf, bloße Hilfswissenschaften der Dogmatik und Apologetik zu sein. Jetzt ging es darum, mit der historisch-kritischen Methode die biblischen Texte wissenschaftlich anzugehen. Dabei war jedoch die grundsätzliche Option der Treue zur

[69] Ebd., 169.

[70] Tyrrell, Das Christentum (wie Anm. 39), 66, 64-67, 179, 183.

[71] "Medievalism is an absolute, Modernism a relative term. The former will always stand for the same ideas and institutions; the meaning of the later slides on with the times". Tyrrell, Medievalism (wie Anm. 68), 144. - Auch Albert M. Weiß sieht im Modernismus *kein* (fertiges) System; gerade in seiner ständigen - typisch modernen - Offenheit für das Neue liege sein Hauptirrtum. Albert M. Weiß, Lebensfragen I (wie Anm. 26), VIII, 531f.

[72] Vgl. Marie-Dominique Chenu, Le sens et les leçons d'une crise religieuse, in: Vie Intellectuelle 1931, 356-380; Jean Greisch/Karl Neufeld/Christoph Théobald, La crise contemporaine. Du modernisme à la crise des herméneutiques, Paris 1973.

[73] Manfred Weitlauff, Joseph Hergenröther (1824-1890), in: Heinrich Fries/Georg Schwaiger (Hg.): Katholische Theologen Deutschlands im 19. Jahrhundert, 3 Bde., München 1975, Bd. 2, 471-551; 513-524; Weiß, Döllinger (wie Anm. 35), 228-251.

Wissenschaft wie zur kirchlichen Lehre ausschlaggebend. Auch Loisy, der bedeutendste modernistische Exeget ging von dieser Option aus, freilich kam er schließlich an einen Punkt, wo er am Unverständnis und am Argwohn der kirchlichen Behörden zerbrach[74]. Anders der Dominikaner P. Marie-Joseph Lagrange, der den mühsamen Weg der Geduld und des Gehorsams zu Ende ging[75].

Was von der Exegese gilt, gilt in ähnlicher Weise von der Patristik, die man geradezu als eine modernistische Wissenschaft bezeichnen könnte. Vor allem in Frankreich und Deutschland blühte während der Zeit der Modernismuskrise die Patristik als ernstzunehmende historische Wissenschaft auf[76]. Ähnliches gilt von der Dogmengeschichte. So waren es auch vor allem neben den Exegeten, wie Semeria, Minocchi, Lagrange, Hummelauer, Zapletal, Holzhey, Tillmann, die Patristiker und Dogmenhistoriker, wie Le Roy, Mandonnet, Schnitzer, Koch, Franz Wieland, die mit dem Lehramt in Konflikt gerieten[77].

2. Die Betonung der *Subjektivität*, jedoch nicht in der Verzeichnung der Enzyklika *Pascendi* und des Antimodernismus, für die Kantische Philosophie, deutscher Idealismus und evangelische Theologie zu austauschbaren Begriffen werden[78]. Betonung der Subjektivität meint vielmehr zunächst den *Mitvollzug der neuzeitlichen Wende zum Menschen*. Von daher die Betonung von *Verantwortung* und *Gewissen*, von Kritikbereitschaft und Mündigkeit, die Herausstellung der sogenannten aktiven bürgerlichen Tugenden. "Die *Laien* dürfen nicht auf die Priester warten, die Priester nicht auf die Bischöfe, die Bischöfe nicht auf den Papst" (Erzbischof Ireland)[79].

3. Die Betonung der *Subjektivität* auch bei der Glaubensbegründung. Die modernistischen Theologen waren mehr oder weniger zu der Überzeugung gekommen, daß das alte griechische Denken, die alte Metaphysik der Scholastik, durch neue Konzeptionen ersetzt werden müsse. Die drängende Frage stellte sich: Ist beim Absehen von der alten Metaphysik eine wie auch immer geartete natürliche Erkenntnis der übernatürlichen Glaubenswahrheit, eine Erkenntnis Gottes überhaupt möglich? Oder bleibt nur der Weg zu einer irrationalen, subjektivistischen Gotteserfahrung[80]. Tatsächlich waren die Antworten der Modernisten auf diese Frage nicht eindeutig. Aber gerade Tyrrell, der wie kein anderer die *mystische Komponente* des Modernismus zum Ausdruck bringt und einer negativen Theologie das Wort spricht, huldigt keineswegs einem reinen Subjektivismus. Ort der Gotteserfahrung, der "Erkennbarkeit des Göttlichen", ist für ihn die sichtbare christliche Gemeinde mit ihrem sakramentalen Leben, der "mystische Leib Christi als das Organ des christlichen Geistes". Weder Hierarchie noch Theologie, sondern das *Weiterleben des Geistes Christi in der Kirche und das Leben der*

---

74 Vgl. Alfred Loisy, Mémoires pour servir à l'histoire religieuse de notre temps, 3 Bde., Paris 1930/31, Bd. 2, 351-370.

75 Bernard Montagnes, Le père Lagrange 1855-1938. L'exégèse dans la crise moderniste, Paris 1995, 107-160.

76 Jacques Fontaine u.a. (Hg.), Patristique et antiquité tardive en Allemagne et en France de 1870 à 1930. Influences et échanges (Coll. des Études Augustiennes. Ser. Moyen âge - Temps Modernes 27), Paris 1993.

77 Vgl. Weiß, Der Modernismus (wie Anm. 5), passim; zu Pierre Mandonnet (1858-1936) und Vincent Zapletal (1867-1938): Barthélemy, Idéologie (wie Anm. 25), 82-166.

78 Vgl. Désiré Joseph Card. Mercier, Lettre pastorale et mandement de Carême, in: Tyrrell, Medievalism (wie Anm. 68), 189-210.

79 Herman Schell, Die neue Zeit und der alte Glaube. Eine culturgeschichtliche Studie, Würzburg 1898, 1-6. - Vgl. James J. Moynihan, The Life of Archbishop John Ireland, New-York 1953.

80 Vgl. Peter Neuner, Religiöse Erfahrung und geschichtliche Offenbarung. Friedrich von Hügels Grundlegung der Theologie (BÖT 15), München-Paderborn-Wien 1977; Dominique Dubarle, Modernisme et expérience religieuse,Réflexions sur un cas de traitement théologique, in: Pierre Colin u. a., Le Modernisme (Institut catholique de Paris, Philosophie 5), Paris 1980, 181-270.

Gläubigen aus diesem Geist ist das Entscheidende[81]. Zu Recht betonte daher Bremond an Tyrrells Grab: "Schon wegen der Notwendigkeit einer sichtbaren Organisation, mehr noch aus seinem tiefen Glauben an die sakramentale Seite der Religion und seiner großen Liebe zu dieser, bekannte er sich zur Kirche"[82]. Bekanntlich hat die spätere katholische Theologie unseres Jahrhunderts die Lösung Tyrrells zunächst kaum weiter verfolgt. Die sogenannte katholische Heideggerschule, allen voran Karl Rahner, hat sich vielmehr in der Frage nach der natürlichen Gotteserkenntnis um einen "transzendentalen Aufweis Gottes" bemüht. Heute wird der von Rahner vertretenen griechisch-intellektualistischen Tradition nicht selten das biblische Denken entgegengestellt[83], ja, man spricht, hierin Tyrrell nicht unähnlich, von der "Gemeindekirche als vorrangigem Ort der Glaubenserfahrung"[84].

4. Das im Gegensatz zum damaligen Integralismus stehende *Kirchenbild*. Das Bild von der Kirche, das sich im 19. Jahrhundert herausgebildet hatte, war das des Hauses voll Glorie, des unüberwindlichen Felsens, der Festung, die von allen Seiten umlagert wird[85]. Es war auch die Vorstellung von einer zentral gesteuerten absoluten Theokratie. Dagegen stellten nun die Modernisten, wie Baron von Hügel und Tyrrell, oder Fogazzaro in der berühmten Szene der Begegnung des "Heiligen" mit dem Papst[86],ein anderes Kirchenbild. Für Tyrrell ist Kirche nicht zuerst eine "juridische Institution" und eine sorgfältig ausbalancierte hierarchische Pyramide, sondern *Bischöfe und Papst sind in Gemeinschaft verbundene Diener der christlichen Gemeinde*, die Kirche ist berufen zum Dienste an der Welt, die Laien sind berufen zum Apostolat. Vom Papste schreibt Tyrrell: "Der Papst als Zar und absoluter theokratischer Monarch [...] muß gemäß der Logik der christlichen Idee, einem Papste Platz machen, der als der größte, der erstgeborene unter vielen Brüdern nicht nur dem Namen nach servus servorum Dei ist." Von der Kirche sagt er: "In einer als einem organischen Aufbau verstandenen Kirche, die das Gegenteil einer mechanischen Gesellschaftsordnung darstellt, muß es zur Versöhnung ihrer Führung mit ihrem *grundlegenden demokratischen Charakter* kommen"[87]. Dieses Kirchenbild stellte Tyrrell dem ultramontanen Kirchenbild eines "Papstes ohne Kirche" entgegen. Das kirchliche Lehramt und die gesamte kirchliche Hierarchie, so Tyrrell, stehe nicht über der Kirche, aber sie seien ihr auch nicht untergeordnet. Das Lehramt sei organischer Teil der Kirche, deren Leben und Wollen sich durch Hierarchie und Amt kraft der organischen Verbindung von Gesamtkirche und Amt in ihm ausspreche[88]. Das Kirchenbild des Modernismus war zudem das einer *offenen Kirche*, nicht einer geschlossenen Bastion.

---

81 Tyrrell, Das Christentum (wie Anm. 39), 182-184; ders., Religion as a Factor of Life (1902), in: Tradition and the Critical Spirit. Catholic Modernist Writings, by George Tyrrell. Selected and Introduced by James C. Livingston, Minneapolis 1991, 21-31. - Vgl. Nicholas Sagovsky, 'On God's side'. A Life of George Tyrrell, Oxford 1990, 140-167.

82 Maud Dominica Petre, Autobiography and Life of George Tyrrell, 2 Bde., London 1912, Bd. 2, 443-446.

83 So schon Johannes Hessen, Griechische oder biblische Theologie. Das Problem der Hellenisierung des Christentums, München-Basel ^{2}1962. - Vgl. Christoph Weber, Der Religionsphilosoph Johannes Hessen (1889-1971). Ein Gelehrtenleben zwischen Modernismus und Linkskatholizismus (Beiträge zur Kirchen- und Kulturgeschichte 1), Frankfurt am Main u.a. 1994.

84 Paul Weß, Gemeindekirche als vorrangiger Ort der Glaubenserfahrung. Ein Paradigmenwechsel in der Theologie und seine Konsequenzen für die Praxis, in: Theologie der Gegenwart 33 (1990) 147-152.

85 Vgl. z. B. Albert M. Weiß, Das letzte Wort eines absterbenden Theologen [Manuskript, Albertinum Freiburg/Schweiz], 11: "In dem Augenblick, da wir vergessen, daß wir eine Festung zu verteidigen haben, die von allen Seiten belauert wird, haben wir unsere Pflicht vergessen."

86 Vgl. Fogazzaro, Il Santo. Edizione integrale, prima edizione Oscar classici, Mailand 1985, 242-258 (dt.: Der Heilige, Volksausgabe, München-Leipzig ^{8}1908, 343-363).

87 George Tyrrell, The Church and the Future, London u. a. 1910, 103f.

88 Tyrrell, Medievalism (wie Anm. 68), 60-62.

5. Der *umfassende Katholizismusbegriff* des Modernismus und seine, wenigstens keimhaft, *ökumenische Ausrichtung.* Katholizismus in modernistischen Verständnis meinte nicht einen abgrenzenden Begriff der Gegenreformation, der von unterschiedlichen konfessionellen Ausprägungen des Christentums ausgeht, sondern das Wort "Katholizismus" wurde im Wortsinn von "umfassend" oder "allgemein" verstanden[89]. Das war in der römisch-katholischen Theologie damals nicht ganz neu. Angeregt durch vertiefte patristische Studien hatten auch in Deutschland Autoren wie Möhler und Klee den ursprünglichen Sinn von katholisch mit seinen ökumenischen Impulsen neu entdeckt[90]. Vor allem Tyrrell, von dem fast alle Modernisten gelernt haben, ging von diesem Katholizismusbegriff aus, der bei ihm nicht nur alle Konfessionen, sondern alle Religionen und die gesamte Menschheit umfaßte. Tyrrell war überzeugt: "Der Geist Christi wirkt in den Seelen von Millionen Katholiken, Nichtkatholiken und Nichtchristen und sucht seinen Weg von Herz zu Herz, durch alle konfessionellen Barrieren, welche die Theologie errichtet hat"[91].

Daß tatsächlich nicht alle "Modernisten" dieses Verständnis von Katholizität hatten, ist allerdings richtig. Aber eine gewisse ökumenische Offenheit ist dennoch weithin für die Modernisten kennzeichnend. Ganz deutlich wird dies etwa in dem Zirkel um die Großnichte Rosminis Antonietta Giacomelli in Rom, dem neben Katholiken bedeutende Gestalten der laikalen italienischen Kultur wie Luigi Luzzatti, Scipio Sighele oder Giovanni Amendola angehörten. Thema der von Toleranz und dem Bekenntnis zur Gewissensfreiheit geprägten überkonfessionellen Versammlungen war die Erneuerung von Kirche und Gesellschaft in der Begegnung von Moderne und Evangelium[92]. In Deutschland allerdings war die ökumenische Note nur schwach vertreten. Man setzte sich häufig bewußt von den Protestanten ab. Der Grund ist einleuchtend. Die Abgrenzung diente der Selbstverteidigung. Immerhin hat sich etwa Otto Sickenberger in einer eigenen Schrift gegen einen *extremen Antiprotestantismus im katholischen Leben und Denken* gewandt und der Übersteigerung des Amtes und dem einseitig juridischen und hierarchischen Kirchenverständnis das allgemeine Priestertum der Getauften entgegengestellt[93].

2. Abgrenzungen - Bezüge

Bei der näheren Bestimmung dessen, was "Modernismus" war und wollte, dürfte es hilfreich sein, vom Selbstverständnis der Modernisten ausgehend, diesen zu anderen Gruppierungen in Beziehung zu setzen. Dies soll jetzt, wenigstens skizzenhaft geschehen.

---

89 Ebd., 183-188; ders., Das Christentum (wie Anm. 39), 159-179; Josef Schnitzer, Katholizismus und Modernismus, München 1912, 42. - Vgl. Das Neue Jahrhundert 2 (1910) 9: "Viele unter ihnen denken modernistisch und schreiben 'katholisch', wobei sie in das Wort "Katholizismus" ihre Ideale [...] hineinlegen, katholisch = allumfassend [...]"

90 Vgl. Wolfgang Beinert, Um das dritte Kirchenattribut. Die Katholizität der Kirche im Verständnis der evangelisch-lutherischen und römisch-katholischen Theologie der Gegenwart, Essen 1964; Karl Neufeld, Der Sinn des Katholischen. Ernst Troeltsch und der Modernismus, in: Michael Kessler u. a. (Hg.), Fides quaerens intellectum. Beiträge zur Fundamentaltheologie (FS Max Seckler), Tübingen - Basel 1992, 237-249.

91 Tyrrell, The Church (wie Anm 87), 136f.

92 Lorenzo Bedeschi, Circoli modernizzanti a Roma a cavallo del secolo, in: Fonti e documenti, Bd. 15, Urbino 1986, 11-49; ders., Il modernismo italiano. Voci e volti, Mailand 1995, 57-113, bes. 70-77.

93 Otto Sickenberger, Kritische Gedanken II: Extremer Antiprotestantismus im katholischen Leben und Denken, Augsburg 1904.

1. Genannt sei die Beziehung zum *Protestantismus*. Als verkappte Protestanten nämlich wurden die Modernisten vom Lehramt und von katholischen Theologen bezeichnet[94]. Von Protestanten und von Katholiken, die zum Protestantismus übergetreten waren, wurde ihnen hingegen der Vorwurf gemacht, sie seien nicht konsequent genug. Ihre Position müsse notgedrungen zum Protestantismus führen. Entweder man unterwerfe sich der Papstkirche, die nun einmal wesensnotwendig zentralistisch, integralistisch und ultramontan sei, oder man ziehe durch den Übertritt zum Protestantismus klare Grenzlinien. So etwa argumentierte der in den Vorstand des *Evangelischen Bundes* avancierte ehemalige Jesuit Graf Hoensbroech[95]. Gegen beide Vorwürfe, den des verkappten Protestantismus wie der Halbherzigkeit ihres Reformwillens, wandten sich die Betroffenen zu Recht. Die weitaus meisten Modernisten wollten katholisch bleiben, weil sie an die Reformierbarkeit der Kirche glaubten[96]. Sie wollten keine andere Kirche. Auch die juridische Kirchenstruktur an sich, auch das Papsttum, lehnten sie nicht ab; was sie ablehnten, war das, was ihnen eine Entartung schien: Ultramontanismus und Zentralismus, Übersteigerung der Autorität und Integralismus, Wissenschaftsfeindlichkeit und Abschließung vor der Welt und Kultur.

Zum anderen sind die genannten Vorwürfe nicht völlig aus der Luft gegriffen. Es gab Affinitäten der Modernisten zum Protestantismus. Da war die vielbeschworene Subjektivität, die Verinnerlichung religiöser Normen zu bewußten Grundhaltungen, das Mühen um einen "vernünftigen" Katholizismus, da war auch die Hochschätzung des Wortes Gottes in der Schrift und die Achtung vor der historisch-kritischen protestantisch-deutschen Exegese. Doch die sogenannten Modernisten waren überzeugt, das umfassende katholische Prinzip sei groß und weit, all dies aufzunehmen, ohne daß deswegen das als typisch katholisch empfundene Sinnenhafte, Sakramentale, Mystische bis hin zur Volksfrömmigkeit einer puritanischen Kargheit weichen müsse[97]. Die Modernisten wollten in ihrer Mehrzahl die Synthese, auch wenn ihnen dies den Vorwurf des Synkretismus eintrug[98].

2. Was das Verhältnis des Modernismus zum *liberalen Katholizismus* anlangt, kann auf die Forschungen von Loome verwiesen werden. Danach war das sogenannte modernistische System eine Fiktion. Die antimodernistische Kampagne der Enzyklika *Pascendi* habe sich im Grunde gegen den liberalen Katholizismus gerichtet[99], weshalb denn auch Tyrrell an liebsten den unglücklichen Begriff "Modernismus" durch das Wort "liberaler Katholizismus" ersetzt gesehen hätte[100]. Daß die "liberalen Katholiken" der Vergangenheit sich vielfach stärker der Reform der Kirchenstrukturen und der Mitarbeit in Gesellschaft und Politik zugewandt hatten, während die führenden Modernisten der Gegenwart vor allem eine Erneuerung der Theologie erstrebten, ist dazu kein Widerspruch. Denn, so schreibt Tyrrell an Kardinal Mercier: Die Mediävalisten bleiben immer die gleichen, die Modernisten ändern sich, weil die Zeit mit ihren

---

94 Vgl. Guido Mattiussi SJ., Il veleno kanziano [!]. Nuova e antica critica della ragione. Immanenza, Filosofia dell'azione, Mailand 1907; Mercier, Lettre pastorale (wie Anm. 71), 194-196.

95 Paul Graf von Hoensbroech, Franz Xaver Kraus, in: Hannoverscher Courier 49 (1902) Nr. 23576, 1 (19. Januar, Morgenausgabe); ders., Münchener Neueste Nachrichten 60 (1907) Nr. 464 (4. Oktober, Vorabendblatt); ders., Unkenntnis des Katholizismus, in: März (1907) 339.

96 Vgl. Karl Gebert, Im eigenen Lager, in: Das Neue Jahrhundert 1 (1909) 51-55.

97 Vgl. Weiß, Der Modernismus (wie Anm. 5), 361.

98 Vgl. Friedrich Heiler, Das Wesen des Katholizismus. Sechs Vorträge, gehalten im Herbst 1919 in Schweden, München 1920, 67.

99 Vgl. die Zusammenfassung der Grundthesen Loomes bei: Manfred Weitlauff, "Modernismus" als Forschungsproblem. Ein Bericht, in: ZKG 93 (1982) 312-344.

100 Thomas Michael Loome, Liberal Catholicism - Reform Catholicism - Modernism. A Contribution to a New Orientation in Modernist Research (TTS 14), Mainz 1979, 29f, 95f.

Forderungen sich ändert. Tyrrell ordnete also den "Modernismus" der Gegenwart mit all seinen spezifischen Fragen und Erscheinungsformen ein in die immer neuen Bemühungen "liberaler Katholiken" um ein *Aggiornamento* in Theologie und Kirche[101]. Weil sie für die jeweilige moderne Welt offen sind, stehen Reformkatholizismus und Modernismus trotz aller Unterschiede in der Tradition des liberalen Katholizismus und - ich möchte hinzufügen - seiner Vorform, des "Jansenismus", verstanden im Sinne des jesuitischen Schlagwortes. Es ist die Tradition eines alternativen Katholizismus, der in immer neuen Annäherungen eine Begegnung mit der Modernität in ihren vielfältigen und immer neuen Erscheinungen sucht, mit dem Ziel der Versöhnung von *church* und *age*. In der Zeit der jansenistischen Kontroversen stand einem jesuitischen Katholizismus, der im Gefolge des Konzils von Trient geprägt war von Geschlossenheit und Einheitlichkeit in der Lehre und von der zentralistischen Ausrichtung nach Rom, eine Vielfalt von Reformgruppen gegenüber, die sich nicht so sehr an römischen Lehrsätzen als an der Hinwendung zum Menschen, am Gewissen, an der religiösen Erfahrung orientierten[102]. Im 19. Jahrhundert suchten in ähnlicher Weise die "liberalen Katholiken", allen voran Rosmini[103], die Versöhnung von Kirche und Modernität. All diese Annäherungen mit ihren Gefahren und Verwundungen können als eine einzige Wachstumskrise der Kirche verstanden werden.

3. Der *Amerikanismus* wurde schon früh als Vorform des Modernismus bezeichnet[104]. Zum andern kann er genau so als Spielart des liberalen Katholizismus interpretiert werden. Vor allem eine Eigenschaft des liberalen Katholizismus, das Bemühen um Versöhnung mit der nationalen Kultur, wie wir es von Frankreich und Italien her kennen, springt beim Amerikanismus ins Auge. Beim Amerikanismus steht dabei der Fortschrittsgedanke sowie das demokratische Prinzip im Vordergrund.

Das Überschwingen "amerikanistischer" Vorstellungen nach Frankreich belebte dort die intensiv geführte Diskussion zwischen Monarchisten und Republikanern[105], und noch auf dem Höhepunkt der Modernismuskrise rekrutierten sich in Frankreich die Antimodernisten aus den Reihen der Monarchisten, die Modernisten aus denen der Demokraten[106]. Von Frankreich gelangte der Amerikanismus durch Schell nach Deutschland. Seine programmatische Schrift *Der Katholizismus als Prinzip des Fortschritts* aus dem Jahre 1897 war eine bewußte Übernahme von Vorstellungen des Amerikanismus. Sie stand am Beginn einer Reihe von Reformschriften deutscher Autoren, als deren bedeutendste die des Schellianers Josef Müller über den "Reformkatholizismus" galt. Schell und andere Reformkatholiken galten daher bei den römischen Behörden als "Amerikanisten"[107].

4. Zu fragen ist nach dem Verhältnis von *Altkatholizismus* und Modernismus. Die Antwort wird differenziert ausfallen müssen. Zum einen grenzten sich die "Modernisten" von den Altkatholiken deutlich ab, zum andern gab es zu diesen Übertritte aus ihren Reihen. Der französische "Altkatholik" Hyazinth Loyson, der 1910 auch am Berliner Religionskongreß teilnahm,

---

[101] Tyrrell, Medievalism (wie Anm. 67), 142-158.

[102] Rudolf Reinhardt, Katholizismus und Katholizismen. Zur Deutung der Kirchengeschichtsschreibung des 18. Jahrhunderts, in: ZKG 103 (1992) 361-365; ders., Der Jansenismus, in: RoJKG 13 (1994) 191-198.

[103] Hans Maier, in: Filosofia e politica (wie Anm. 35), 48f.

[104] Vgl. Anton Gisler, Der Modernismus (wie Anm. 2), 25-222.

[105] Ein bezeichnendes Beispiel bildet die Kontroverse des Monarchisten Charles Maignen mit Abbé Klein. - Vgl. Hermann H. Schwedt, Maignen, in: BBKL 5 (1993) 566-569.

[106] Vgl. Jeanne Caron, Le Sillon et la Démocratie Chrétien, Paris 1967; Paul Droulers, Politique sociale et christianisme. Le Père Desbuquois et l'Action Populaire, 2 Bde, Paris 1969-1981.

[107] Vgl. Weiß, Der Modernismus (wie Anm. 5), 113, 142, 387.

wurde von Modernisten in Deutschland, Frankreich und Spanien als Gleichgesinnter gefeiert[108]. Selbst Tyrrell hatte Sympathien für den Altkatholizismus[109]. Vor allem aber sah er, wie viele Modernisten, sein Vorbild in Döllinger, dessen Betonung von Geschichte und Geschichtlichkeit gegenüber einem reinen Autoritätsglauben er teilte. Dem von Döllinger stets verteidigten katholischen Traditionsprinzip im Gefolge des Vinzenz von Lerin stand er keineswegs feindselig gegenüber. Als ihm Kardinal Mercier vorwarf, er sei ein Gefolgsmann des "Apostaten Döllinger", der seinerseits ein "Protestant" sei, antwortete er: "Was soll eine so paradoxe Aussage? Das Traditionsprinzip, die wesentliche Idee des Katholizismus soll die wesentliche Idee des Protestantismus sein!"[110]

So wäre es sicher vereinfachend festzustellen, die Modernisten wollten eine Reform der Kirche, während es den Altkatholiken um die Bewahrung des Traditionsprinzipes gegenüber einem "römischen Modernismus" ging, der in den Dogmen des Ersten Vatikanums zum Ausdruck kam. Zwar haben schon einzelne "Modernisten" so argumentiert. Der deutsche Modernist Karl Gebert etwa brachte zum Ausdruck, was Not tue, sei nicht die altkatholische Rückkehr zur Urkirche, sondern der Brückenbau zwischen der Kirche, wie sie sich kontinuierlich entwickelt habe, und dem Heute[111]. Aber im Grunde waren solche ideologischen Unterschiede nur vorgeschützt. Ausschlaggebend war etwas anderes: Die Modernisten hatten aus der Geschichte des Altkatholizismus gelernt, der aus der Kirche hinausgedrängt und zur Bedeutungslosigkeit verurteilt worden war. Sie waren mit Gebert (und mit Schell) überzeugt: "Was die fortschrittliche Bewegung innerhalb der katholischen Kirche betrifft, so kann diese ihr Ziel, die religiöse und wissenschaftliche Erneuerung der Gesamtkirche, nur erreichen, wenn sie in der Mutterkirche bleibt [...]"[112]. Um nicht das Schicksal der Altkatholiken zu erleiden, grenzten sich die Modernisten von diesen ab.

5. Zu fragen wäre schließlich nach dem Verhältnis des Modernismus und Reformkatholizismus einerseits zum *Antiultramontanismus* andrerseits. Da sich diese Frage in besonderer Weise auf die deutschen Verhältnisse bezieht, ist an gegebener Stelle darauf zurückzukommen.

III. Ausprägungen des Modernismus in verschiedenen Ländern

Wie schon angesprochen, umfaßt der "Modernismus" eine Vielfalt von Ausprägungen. Sie wurden bisweilen auf zwei Grundrichtungen zurückgeführt, eine "moderne" *historisch-kritische* und eine "antimoderne" *religiös-mystische*. Als Vertreter der ersten Richtung galten Exegeten und Dogmenhistoriker, allen voran Loisy, die zweite sah man vertreten durch Mystiker wie Tyrrell, wobei manche Kritiker, wie Friedrich Heiler, im Grunde nur dieser Rich-

---

108 Das Neue Jahrhundert 2 (1910) 105f, 166f; Albert Houtin, Le père Hyacinthe, 3 Bde., Paris 1920-1924; Miguel de Unamuno, La agonía del cristianismo, Buenos Aires 1975, 59-73.

109 Sagovsky, 'On God's side' (wie Anm. 81), 240-243.

110 Tyrrell, Medievalism (wie Anm. 68), 78-95.

111 Altkatholizismus und Reformkatholizismus. Fünf Schriftstücke, hg. vom altkath. Press- u. Schriftverein, Bonn 1908; Das Neue Jahrhundert 1 (1909) 517-520, 541-543, 555-558, 601-603.

112 Karl Gebert, Erklärung (1. Oktober 1907), in: Das Neue Jahrhundert 6 (1914) 269f.

tung die Ehre des echten Modernismus zukommen lassen wollten[113]. Da die Enzyklika *Pascendi* beide Richtungen verurteilte, dürfte ein Streit, wer nun die wahren Modernisten waren, wenig Sinn haben. Außerdem müßte man doch wohl auch den "sozialen" Modernismus als weitere Ausprägung hinzufügen. Am Ende langt man dann vielleicht bei den römischen Klassifizierungen der Jahre 1907 bis 1914 an. Dies soll hier nicht weiter vertieft werden. Was jedoch bisher kaum geschah, ist eine Untersuchung der unterschiedlichen Ausprägungen in verschiedenen Ländern mit ihren jeweiligen nationalen Kulturen. Hierzu wenigstens einige Stichpunkte, wobei der Schwerpunkt auf Deutschland gelegt wird.

1. Die Vereinigten Staaten

Wie sehr der sogenannte "Amerikanismus" von der Situation der Katholiken in Amerika her bestimmt war, wurde schon angesprochen. Letztlich ging es dabei um die Inkulturation der Katholiken in eine Kultur, die von einem Verständnis von Mensch und Welt geprägt war, das sehr viel mit der reformatorischen Wende zum Menschen und mit Modernisierung zu tun hatte. Gewissen, Verantwortung, Initiative, Leistung, Freiheit, Fortschritt, die aktiven Tugenden etc., mit anderen Worten der *American Way of Life*, wurde als kompatibel für den Katholizismus entdeckt und bewußt einer retardierenden romanischen Kultur entgegengestellt, die bis dahin in der römischen Kirche bestimmend gewesen sei[114].

2. Der italienische Modernismus

Die Modernismusforschung in Italien ist nicht zufällig vorbildhaft für alle übrigen Länder. Denn weit mehr als für irgend ein anderes europäisches Land gilt für Italien, daß der liberale Katholizismus mit seiner langen Tradition sozusagen nahtlos in den Modernismus übergeht. Immer wieder kann man lesen, Italien sei die eigentliche Heimat der modernistischen Reform. Begonnen habe diese mit Rosmini und seiner Forderung nach einer Erneuerung der Kirche aus dem Geiste des Evangeliums. Schon 1910, auf dem Höhepunkt der modernistischen Bewegung, bemerkte der italienische Literat Borgese: "Gioberti ist unser Tyrrell, Rosmini ist unser Loisy"[115]. Daran ist zum mindesten so viel richtig, daß seit dem Auftreten der sogenannten Neuguelfen, seit Gioberti, Rosmini und Lambruschini, und wie die Reformkatholiken des 19. Jahrhunderts im Italien des *Risorgimento* alle heißen mögen, der Boden für die religiöse Unruhe der Jahrhundertwende wie kaum anderswo bereitet war. Seit Rosmini verbanden sich zudem im italienischen Reformkatholizismus die Forderungen nach religiöser Erneuerung mit denen nach einer Begegnung mit der genuinen italienischen Kultur und Gesellschaft und nach aktiver Mitgestaltung am neuen italienischen Staat[116].

---

[113] Vgl. Friedrich Heiler, Der Katholizismus. Seine Idee und seine Erscheinung, München 1923, 648, Anm. 69. - Vgl. Loome, Liberal Catholicism (wie Anm. 100), 95f.

[114] Vgl. W[alter] Elliot, Le père Hecker, Paris ^{7}1898, XXXV-XXXVIII; Charles Maignen, Étude sur l'Américanisme. Le Père Hecker est-il un saint?, Paris 1898, 145-169. - Vgl. Schultenover, A View (wie Anm. 58), 203-205; R. Scott Appleby, The Triumph of Americanism: Common Ground of U.S.Catholics in the Twentieth Century, in: Mary Jo Weaver/R. Scott Appleby (Hg.), Being Right: Conservative Catholics in America, Bloomington (Indiana) 1995, 37-62.

[115] Giuseppe Antonio Borgese, La vita e il libro. Saggi di letteratura e di cultura contemporaneo (1909-1910), Turin 1910, 397.

[116] Bedeschi, Il modernismo italiano (wie Anm. 92), 54f.

Damit hängt ein Zweites zusammen: Weit stärker als anderswo trat der Modernismus in Italien in das Bewußtsein breiter Volksschichten. Wie fast alles in Italien blieb er keine akademische und elitäre Angelegenheit. Im Unterschied zu dem stärker theologisch orientierten französischen oder deutschen Modernismus ging es bei ihmzuerst um die religiöse Praxis. In den Zirkeln, die sich etwa um Antonietta Giacomelli in Rom bildeten, offenbarte sich eine "Religiosität von großer Innerlichkeit, näher bei den Ursprüngen des Christentums, und gerade deshalb fähig zu einem reiferen und innigeren Kontakt mit der modernen Welt"[117]. Diese praktische Seite des italienischen "Modernismus" war es, die ihn fast zu einer Volksbewegung werden ließ, die das Entstehen einer katholischen demokratischen Partei vobereitete[118]. Dem entsprach, daß der Politiker Romolo Murri einer der wirksamsten italienische "Modernisten" war[119]. Und mit ihm ein Schriftsteller, Antonio Fogazzaro, der in seinem Roman *Der Heilige* das Idealbild eines "Modernisten" gezeichnet hat[120]. Zu den zahlreichen modernistischen italienischen Zeitschriften gehörte eine Kulturzeitschrift von höchstem internationalem Rang, die nicht nur mit dem Namen Scotti Gallaratis, sondern auch mit dem Von Hügels und Tyrrells verbunden ist: *Il Rinnovamento*[121].

3. Der französische Modernismus

Auch der französische Modernismus besitzt eine spezifische Ausprägung, die mit der geschichtlichen Situation in Frankreich zusammenhängt. Trotz des vielbeschworenen *Ralliements* Leos XIII.[122] spielte hier, angefangen von der Übersetzung der Biographie P. Heckers bis zum Verbot des demokratischen *Sillon* Marc Sangniers die politischen Spannungen eine entscheidende Rolle. "Monarchist" und "Antimodernist" wurden austauschbare Begriffe. Ein anderes Merkmal Frankreichs ist, ähnlich wie in Italien, durch das ganze 19. Jahrhundert hindurch der ausgeprägte liberale Katholizismus mit einem in der französischen Tradition verankerten starken, national geprägten Selbstbewußtsein, mit Gestalten wie Montalembert, Dupanloup, Gratry, dem ein ebenso ausgeprägter Ultramontanismus und intransigenter Integralismus, von de Maistre bis Veuillot, gegenüberstand[123]. Daraus resultierte auch im französischen Modernismus ein starker Zug hin zur spezifisch französischen Kultur der fortschrittlichen Kreise. Ein Spezifikum des französischen Modernismus, insbesondere der modernistischen Exegese von Loisy bis Lagrange, war das Ringen um Wissenschaftlichkeit. Dahinter stand die Vorstellung von einer "katholischen Wissenschaft", die sich jederzeit mit der Wis-

---

[117] Luigi Fiorani, Modernismo romano, 1900-1922, in: Ricerche per la storia religiosa di Roma. Studi, documenti, inventari 8, Roma 1990, 75-170; 170.

[118] Vgl. Bedeschi, Il modernismo italiano (wie Anm. 92), 53; Otto Weiß, Modernismus und katholische Erneuerung in Italien, in: Orientierung 60 (1996) Nr. 7, 75-78.

[119] Maurilio Guasco, Il caso Murri. Dalla sospensione alle scomunica, Urbino 1972; ders., Murri, Romolo, in: Dizionario storico del Movimento cattolico in Italia 1860-1980, Bd. 2: I protagonisti, Casale Monferrato 1982, 414-422 (Lit.); ders., Tra la "Cultura sociale" e "Il domani d'Italia" (1898-1906), Rom 1988.

[120] Vgl. das Kapitel "Il ruolo divulgativo del Santory", in: Bedeschi, Il modernismo italiano (wie Anm. 92), 114-133.

[121] Vgl. Michele Biscione, Giovanni Amendola e la cultura italiana del Novecento, in: ders., La filosofia politica del Novecento in Italia, Saggi e discussioni (I fatti della storia 8), 9-66.

[122] Vgl. Hans Maier, Revolution und Kirche. Zur Frühgeschichte der christlichen Demokratie, Freiburg i. Br. u.a. [5]1988, 235-258.

[123] Vgl. Edouard Lecanuet, Montalembert, 3 Bde., Paris 1895-1902.

senschaft außerhalb der Kirche messen könne[124]. Wie das laizistische Frankreich[125] knüpfte auch das liberalkatholische Frankreich dabei häufig an die sogenannte "deutsche Wissenschaft" an, um sowohl der laizistischen Linken wie der ultramontanen Rechten gebührend antworten zu können[126]. Daß daneben die "mystische" Komponente des Modernismus auch in Frankreich zu Hause war, zeigt das Werk von Le Roy, von Laberthonnière und nicht zuletzt von Bremond[127].

4. Der Modernismus in England und Irland

Der Modernismus in England und Irland ist in besonderer Weise verbunden mit den Namen Tyrrells und Baron von Hügels, die bestimmend wurden für das modernistische Selbstverständnis. Daß darüber ein anderer englischer Modernismus nicht vergessen werden darf, der charakterisiert war vom Verlangen nach Mündigkeit der Laien, auch der Frauen in der Kirche, hat vor kurzem Ellen Leonard am Beispiel von *Maud Petre* aufgezeigt[128]. Eine spezifische Prägung des englischen Modernismus bestand in seiner ökumenischen Ausrichtung. Von Hügel suchte Kontakt mit deutschen protestantischen Theologen und Religionswissenschaftlern[129]. Tyrrell hatte gleichgesinnte Freunde in der anglikanischen Kirche. Bei dem *Berliner Weltkongreß für freies Christentum* im Jahre 1910 sprach der Anglikaner und Freund Tyrrells Alfred L. Lilley (1866-1947) für die englischen Modernisten[130]. Ja, die Impulse des angelsächsischen Modernismus wurden, wie Loome und Hutchison aufgezeigt haben, auch im anglikanischen und im amerikanisch-protestantischen Raum wirksam[131]. Im übrigen gilt vieles, was von den Modernisten in anderen Ländern gesagt wurde, auch für England. So ging auch hier dem Modernismus ein liberaler Katholizismus voraus. Gestalten wie Lord Acton, Lady Blennerhassett, Edmund Bishop als "Modernisten vor dem Modernismus" kommen in den Sinn, vor allem aber John Henry Newman, auch wenn Tyrrell, der sein "ergebener Schüler" war[132], schließlich über seine Vorstellungen und Forderungen hinausging.

---

[124] Vgl. Émile Poulat, Liberté, laïcité. La guerre de deux France et le principe de la modernité, Paris 1987, 289-334; Claude Langlois/François Laplanche (Hg.), La science catholique, L'*Encylopedie de Migne* (1844-1973) entre apologétique et vulgarisation, Paris 1992.

[125] Victor Karady, Teachers and Academics in Nineteenth Century France. A Socio-Historical Overview, in: Werner Conze/Jürgen Kocka (Hg.), Bildungsbürgertum im 19. Jahrhundert, Teil I: Bildungssystem und Professionalisierung im internationalen Vergleich, Stuttgart 1985, 458-494; 492f; Harry W. Paul, The Sorcerer's Apprentice. The French Scientist's Image of German Science, 1840-1919, Gainesville (Florida) 1972.

[126] Harry W. Paul, The Edge of Contingency. French Catholic Reaction to Scientific Change from Darwin to Duhem, Gainesville (Florida) 1979; Christoph Theobald, L'exégèse catholique au moment de la crise moderniste, in: Claude Savart/Jean-Noël Aletti (Hg.), Le monde contemporaine et la bible, Paris 1985, 387-439.

[127] Vgl. bes. Henri Bremond, L'Inquietude religieuse, Paris 1909; deuxième partie, Paris 1921.

[128] Ellen Leonard, Other Modernisms. Maud Petre and the Place of Dissent, in: The Month, Second New Series 21 (1988) 1008-1015.

[129] Neuner, Religiöse Erfahrung (wie Anm 80), 47-52.

[130] Weiß, Der Modernismus (wie Anm. 5), 357. - Zu Lilley: Alec R. Vidler, The Modernist Movement in the Roman Church, Cambridge 1934, 126-133; Loome, Liberal Catholicism (wie Anm. 100), 340.

[131] Ebd., 286f (Bibliographie); Vgl. William R. Hutchison, The Modernist Impulse in American Protestantism, Cambridge (Mass.) 1976. - Zu dem "Weltkongreß": Hübinger, Kulturprotestantismus (wie Anm. 53), 251-262.

[132] Vgl. David G. Schultenover, George Tyrrell. Devout disciple of Newman, in: Heythrop Journal 33 (1992) 20-44.

5. Der Modernismus in Deutschland.

Bis vor wenigen Jahren galt der Satz, in Deutschland habe es keinen Modernismus gegeben. Er entsprach dem Hirtenbrief der deutschen Bischöfe vom 10. Dezember 1907[133]. In die gleiche Richtung gingen eine Reihe Schriften, die sich mit dem Antimodernisteneid befaßten und den deutschen Theologen und Pfarrern die Ablegung des Eides erleichtern sollten[134]. Es handelte sich um eine Schutzbehauptung. In der Tat war damit zur Verwunderung Pius' X. Deutschland aus dem Modernismus herausgehalten.

Aber es gab ihn dennoch auch in Deutschland. Auch wenn man die Denunziationen der Mitglieder der Görresgesellschaft und des Zentrums durch Benigni und seine Helfershelfer ausklammert[135], bleiben genug Theologen übrig, die wegen ihrer Äußerungen unter das Verdikt des Modernismus fallen. Hält man freilich am faktischen Unterschied zwischen einem praktischen und einem theologischen Modernismus fest, neige ich dazu, Philipp Funk zuzustimmen, wenn er rückblickend feststellt, den theologischen Modernismus habe es in Deutschland kaum gegeben. Dies sei, so Funk, kein "Ruhmestitel", da es "auf mangelnde Kraft zur spekulativen und religionsphilosophischen Einstellung auf wichtigste theologische Probleme zurückzuführen ist"[136]. Der deutsche Modernismus entbehrte in der Tat, wohl auch bedingt durch das Übergewicht des politischen Katholizismus, überragender Gestalten und wies wenig Schöpferisches auf. Seine Vertreter waren, abgesehen von zwei bis drei guten Patrologen, Kirchen- und Dogmenhistorikern häufig zweitrangige Theologen. Selbst maßgebliche deutsche Modernisten wie Schnitzer, Funk und Rudolphi waren weithin nur Vermittler dessen, was zuvor in Amerika, England, Frankreich und Italien gedacht worden war. Der deutsche Modernismus war epigonal und reproduktiv, dazu weithin elitär und ohne große Breitenwirkung[137].

Steht einmal fest, daß es auch in Deutschland "Modernisten" gab, ergibt sich für die Forschung ein anderes Problem. Es rührt davon her, daß sich in Deutschland auch Gruppierungen den Namen "Modernisten" zulegten, welche den Grundkonsens des katholischen Glaubens verlassen hatten. Ihr Ziel war nicht die Begegnung von Kirche und Moderne, sondern letztlich ein Bruch mit dem Dogma undeine andere Kirche. Die Problematik wird dadurch noch gesteigert, daß diese Gruppierungen, die sich selbst als "linker Flügel der katholischen Fortschrittsbewegung"[138] verstanden, mit jenen, die in der Kirche bleiben wollten, ein gemeinsames Organ hatten: *Das Zwanzigste Jahrhundert*, später *Das Neue Jahrhundert*[139]. Oft in der

---

[133] Hirtenschreiben vom 10. Dezember 1907, in: Friedrich D. Wiegand, Kirchliche Bewegungen der Gegenwart. Eine Sammlung von Aktenstücken, Heft 1, Leipzig 1908, 145-153.

[134] Vgl. Franz X. Kiefl, Gutachten über den durch das päpstliche Motu proprio *Sacrorum Antistitum* vom 1. September 1910 für den katholischen Klerus vorgeschriebenen Eid gegen den Modernismus, Kempten - München 1912, 28-30; Karl Adam, Der Antimodernisteneid und die theologischen Fakultäten, in: Die Wahrheit 1 (1910) Nr. 6, 83-85.

[135] Hermann Cardauns, Aus dem Leben eines deutschen Redakteurs, Köln 1912, 210-228; Karl Bachem, Vorgeschichte, Geschichte und Politik der deutschen Zentrumspartei, Bd. 7, Köln 1930, 245-277; Poulat, Intégrisme (wie Anm. 32), 502-504; Droulers, Politique sociale (wie Anm. 106), passim.

[136] Funk, Der Gang des geistigen Lebens (wie Anm 39), 103-105.

[137] Weiß, Der Modernismus (wie Anm. 5), passim, bes. 110, 114, 199f.

[138] Die Kulturkatholiken und der Altkatholizismus, in: Das Neue Jahrhundert 2 (1910) 9.

[139] Eine Analyse der Zeitschrift, auf die man gespannt sein darf, wird demnächst von Jörg Haustein, Kiel, vorgelegt.

gleichen Nummer finden sich denn auch Beiträge, die sich völlig widersprechen. Spricht sich der eine Artikel für einen Anschluß an die Altkatholiken aus, so wendet sich der andere strikt dagegen; bricht ein Artikel eine Lanze für das *Hochland*, so findet sich zwei Seiten weiter ein anderer, der gegen den "Kulturkatholizismus des Hochland", sowie gegen Kraus, Schell und Ehrhard als gegen "unklare und charakterlose Katholiken" ganz im Stile eines Hoensbroech loszieht[140].

Hier sind Klarstellungen notwendig. So lautstark sich die Vertreter des sogenannten "linken Fortschrittsflügels", in Abhebung von den "zahmen Reformkatholiken", als von einem "modernen Christentum" geprägte "Laienmodernisten" bezeichneten, die "durch unsere Kultur hindurch den Weg zu Christus" gehen wollten[141], so muß doch ganz klar gesagt werden, daß sie den Begriff "Modernismus" mit einem Inhalt füllten, der wenig mehr mit dem Selbstverständnis eines Tyrrell zu tun hatte. Ziel dieser "Laienmodernisten" und verbindende Klammer, die sie mit den anderen Gruppierungen um *Das Zwanzigste Jahrhundert* zusammenführte, war nicht zuerst die innerkirchliche Erneuerung durch religiöse Vertiefung, sondern der Kampf gegen den Ultramontanismus, repräsentiert durch die Zentrumspartei, sowie das Streben nach kultureller und politischer Emanzipation. Dabei sind die Diskussionsthemen gar nicht so sehr verschieden von denen, die den deutschen Katholizismus überhaupt bewegten. Die Reizwörter sind "Inferiorität", "Kultur", "Nation"[142]. Mindestens genau so stark wie der "innerliche", von Tyrrell geprägte "Modernismus" artikulierte sich so auch in der *Zeitschrift der deutschen Modernisten* ein "Kulturkatholizismus", der die kulturelle Überlegenheit der Protestanten in Deutschland einholen und, wenn möglich, noch überholen wollte. Doch das ist ein Thema, das weder spezifisch modernistisch noch spezifisch deutsch erscheint[143]. Man findet es auch im Amerika und in Italien, nur daß hier nicht ein protestantisch geprägtes Reich, sondern ein laizistischer Staat das Gegenüber bildete[144]. Der innerkirchliche Dissens verband sich in Deutschland wie anderswo mit dem Leiden an der gesellschaftlichen Situation der Katholiken, mit Retardierungen in der Entwicklung, mit verweigerter Modernisierung, und es wird häufig nicht möglich sein, im Konkreten das eine vom anderen zu trennen.

Es fällt schwer, bei all dem von einem "katholischen Modernismus" im dem Sinne zu reden, wie dieser Begriff von der heutigen Modernismusforschung außerhalb Deutschlands, vor allem in Italien und Frankreich, verstanden wird. Zum mindesten dort, wo vom sogenannten "linken Fortschrittsflügel" der Grundkonsens des christlichen Glaubens verlassen wurde, wird man einen Trennungsstrich ziehen müssen, wie dies schon Tyrrell getan hat. Daß dies nicht immer deutlich genug geschah, war freilich Wasser auf die Mühlen derer, die damals den Modernismus schlechthin als antikirchlich brandmarkten, - und derer, die dies heute noch tun. So Walter Brandmüller, der in der Auseinandersetzung mit Peter Hünermann einen Artikel aus der *Frankfurter Zeitung* vom 22. Juli 1907 zitiert, in dem "Modernismus" mit der Auffassung gleichgesetzt wird, "die Sprüche eines gewissen Jesus" hätten in Verbindung mit der

[140] Vgl. Der Kampf gegen das Hochland, in: Das Neue Jahrhundert 2 (1909) 7f; sowie: Die Kulturkatholiken (wie Anm. 138).

[141] Weiß, Der Modernismus (wie Anm. 5), 363, 401-404.

[142] Martin Baumeister, Parität und katholische Inferiorität. Untersuchungen zur Stellung des Katholizismus im deutschen Kaiserreich, Paderborn u. a. 1987, 85-94.

[143] Der deutsche Kulturkatholizismus nach 1920 war eine Angelegenheit der konservativen Katholiken. Er hatte starke Stützen in österreichischen großdeutschen Kreisen. - Vgl. Alois Hudal, Tatkatholizismus, Graz 1923; Franz Zach, Modernes oder katholisches Kulturideal. Ein Wegweiser zum Verständnis der Gegenwart, Wien [3]1923, sowie unten Anm. 166 und 167.

[144] Vgl. Federico Chabod, Italien - Europa. Studien zur Geschichte Italiens im 19. und 20. Jahrhundert, Göttingen 1962.

Sage über seine Persönlichkeit den Kern geliefert, um den sich das Christentum "unter Mitwirkung messianischer, griechisch-philosophischer, römisch-proletarischer und römisch-universaler Ideen" bildete. Wenn Brandmüller feststellt, der Papst habe sich doch wohl gegen eine solche Auffassung wenden müssen[145], wird ihm jeder Katholik Recht geben müssen. Das modernistische Selbstverständnis eines Tyrrell, aber auch führender deutscher "Modernisten", etwa eines Funk und Rudolphi, war damit jedoch nicht getroffen, auch wenn einige deutsche Modernisten, insbesondere Hugo Koch und Joseph Schnitzer, schließlich den Grundkonsens des katholischen Dogmas aufgaben und sich damit selbst bewußt ausgrenzten[146].

Doch es waren nicht nur die radikalen Gruppierungen in den eigenen Reihen, die den deutschen Modernismus in Mißkredit brachten, es waren auch manche Kontakte, die auf der Suche nach Verbündeten und Gesinnungsgenossen außerhalb des katholischen Raumes geknüpft wurden. Daß man Beziehungen zu freiprotestantischen Gruppen, etwa um die Zeitschrift *Die Christliche Welt*[147], aufnahm, war freilich verständlich und lag auf der Linie eines Katholizismus, der sich nicht allein von außen und oben leiten lassen wollte. Auch die Teilnahme von Modernisten, und zwar nicht nur von deutschen, am *Fünften Weltkongreß für Freies Christentum und Religiösen Fortschritt* im Jahre 1910 in Berlin war eigentlich nur konsequent[148]. Bedenklicher war es, daß nicht wenige "deutsche Modernisten" anfällig waren für neue Mythen, sei es eine modische Naturschwärmerei, seien es, was auf die Dauer verhängnisvoller war, nationale Mythen, wie sie der *Antiultramontane Reichsverband* und in zunehmenden Maße auch der *Evangelische Bund* mit seiner Zeitschrift *Die Wartburg* vertrat[149]. Nicht selten begegnete hier die "katholische Linke" in ihrem Denken der nationalliberalen und nationalistischen Rechten. Manche, die sich gegen kirchlichen Integralismus wandten, scheuten nicht davor zurück, sich, auf der Suche nach Verbündeten und einem festen Halt, einem "Staatskatholizismus" zu beugen, meist freilich einem weniger aggressiven spezifisch bayerischem "Hofkatholizismus"[150].

Bedenklich waren die Kontakte zu manchen Gruppen wie der *Gesellschaft für ethische Kultur*, zum *Freidenkerverein*, zum freireligiösen Sozialreformer Max Maurenbrecher, zum *Monistenbund*, den Gebrüdern Horneffer und der im Verlag *Neue Zukunft* in Leipzig erscheinenden Zeitschrift *Deutschtum und Religion* und all den Gruppen, die in der Auflehnung gegen Historismus und Rationalismus das Irrationale und "Mystische" hochhielten[151]. Auch *Eugen Diederichs* und sein Verlag ist in diesem Zusammenhang zu erwähnen. Es handelte sich um Gruppen, die einer Art deutscher *Civil Religion* huldigten, in der all das, was wir weiter oben als die Revolte des *Fin de siècle* beschrieben haben, zum Durchbruch kam[152]. Zu fragen

---

145 Walter Brandmüller, Theologen und Kirche - eine neue Krise?, in: Ethos (Vierteljahresschrift des Johannes Paul II.-Instituts der kath. Universität in Lublin - Internationale Akademie für Philosophie im Fürstentum Liechtenstein), Sonderausgabe Nr. 1/1993, 195-204; 200f.

146 Vgl. die Rede Schnitzers auf dem Pariser Modernistenkongreß 1913. Weiß, Der Modernismus (wie Anm. 5), 328f.

147 Vgl. ebd., 526. - Zum "Freiprotestantismus" und zur *Christlichen Welt*: Hübinger, Kulturprotestantismus (wie Anm. 53), 129-142.

148 Weiß, Der Modernismus (wie Anm. 5), 357f.

149 Ebd., 357, 400-403; sowie der Anzeigenteil des *Neuen Jahrhundert*. - Zum *Evangelischen Bund*: Hübinger, Kulturprotestantismus, (wie Anm. 53), 52-54, 235-246.

150 Weiß, Der Modernismus (wie Anm. 5), 241f.

151 Ebd., 286f, 357, 365f. - Vgl. Hübinger, Kulturprotestantismus (wie Anm. 53), 123-127, 275-284 und die unter Anm. 53 genannte Literatur.

152 Peter Walkenhorst, Nationalismus als "politische Religion". Zur religiösen Dimension nationalistischer Ideologie im Kaiserreich, in: Blaschke/Kuhlemann (wie Anm. 53), Religion im Kaiserreich. Milieus - Men-

wäre freilich im Einzelfall, wie weit es sich bei den Kontakten um eine innere Nähe handelte, oder einfach darum, einen Verleger zu finden, der nun seinerseits seine Beziehungen für seine Zwecke instrumentalisierte.

Zudem sind nicht alle Kontakte schon deswegen zu verurteilen, weil sie nicht dem heutigen Modernisierungsmodell entsprechen. Wenn der katholische Modernismus nach der Jahrhundertwende, wie bereits angedeutet, nicht einfachhin modernisierend und aufklärend war, mußte dies nicht unbedingt ein Verfallensein an neue Mythen besagen. Gewiß, wie später Bremond, der das religiöse Erleben mit der "Inspiration" des Lyrikers in Verbindung brachte[153], suchten auch deutsche "Modernisten" im Anschluß an Dilthey eine Brücke vom künstlerischen zum religiösen Erlebnis[154]. Doch das Ja zum *Irrationalen in der Idee des Göttlichen*[155] angesichts des Brüchigwerdens traditioneller rationaler Zugänge zur Übernatur führte bei modernistischen Denkern gewöhnlich nicht zu einem neuen verworrenen religiösen Synkretismus, sondern eher zur Begegnung mit der mittelalterlichen Mystik[156].

Doch zurück zu dem Sammelsurium "moderner" Katholiken, die sich zeitweilig im *Zwanzigsten* und *Neuen Jahrhundert* tummelten. Männer wie Schnitzer und Funk, die sich vornehmlich Tyrrell und dem frühen Loisy verpflichtet wußten, haben hier klare Grenzlinien gezogen, Funk allerdings erst, nachdem er eine innere Entwicklung durchgemacht hatte. Hatte er noch 1910 geschrieben, es wäre zwar erwünscht, *innerhalb* der "Aktiengesellschaft Rom" zu opponieren, doch stehe jedem deutschen Modernisten die Übertritt zum Protestantismus oder Altkatholizismus frei[157], so näherte er sich schon wenig später der Position der Brüder Wieland, die den katholischen Charakter des Modernismus und der ihn repräsentierenden *Krausgesellschaft* hervorhoben und betonten: "Katholisch und dogmengläubig ist ein und dasselbe. Nur von diesem Standpunkt aus kann von Reformbestrebungen innerhalb des Katholizismus die Rede sein". Diese Bestrebungen müßten sich auf eine Verinnerlichung der Kirche richten, was den Kampf gegen römische Machtpolitik wie gegen den politischen Katholizismus genau so umfasse wie die Ablehnung des Schismas oder des weltanschaulichen Liberalismus[158]. Einen Aufruf der *Krausgesellschaft* an die Mitglieder des Reichstags, wie dies die "linke" Gruppierung forderte, erachteten Schnitzer und auch Funk nicht als Aufgabe der Modernisten. Ja Funk gab schließlich zu verstehen, der Modernismus sei keine "Abart des Protestantismus" oder eine freireligiöse Bewegung. Wer einer solchen huldige, möge seine Heimat bei dem "monistischen Prediger Dr. Horneffer"[159] suchen. Die *Krausgesellschaft* sei

---

talitäten - Krisen (Religiöse Kulturen der Moderne 2), Gütersloh 1996, 503-529; Hübinger, Kulturprotestantismus (wie Anm. 53), 233-250.

[153] Henri Bremond, Mystik und Poesie, Freiburg i. Br. 1929.

[154] Vgl. Carl Muth, Die Wiedergeburt der Dichtung aus dem religiösen Erlebnis. Gedanken zur Psychologie des katholischen Literaturschaffens, Kempten-München 1909.

[155] Vgl. Rudolf Otto, Das Heilige. Über das Irrationale in der Idee des Göttlichen und sein Verhältnis zum Rationalen (Breslau 1917), Sonderausgabe München 1963.

[156] Besonders deutlich bei Philipp Funk. Vgl. Weiß, Der Modernismus (wie Anm. 5), 353, 362. - Bezeichnend die Beschäftigung mit der mittelalterlichen Mystik ebd., 351, 362, 479.

[157] Vgl. Philipp Funk, Unsere Lage und unsere Aufgabe, in: Das Neue Jahrhundert 2 (1910) 375-378. - Man könne aus der Kirche als Gemeinschaft der Kirchensteuerzahler austreten, ohne aufzuhören katholisch zu sein.

[158] Konstantin Wieland an die Krausgesellschaft (Funk), 15. April 1911. Krausgesellschaftiana IV, 11., Staatsbibl. München, Handschr. Abt.

[159] Gemeint ist Ernst Horneffer (1871-1954), führender Monist und freireligiöser "Kulturphilosoph" in Leipzig. Mit seinem Bruder August Horneffer (1875-1955), dem Vorsitzenden der "deutschen Kulturpartei", bemühte er sich um die "Erziehung der modernen Seele" im Geiste Nietzsches und der griechischen Klassik und im Einschwingen in die "Allseele"; organisierte im März 1910 in Berlin den "ersten Deutschen Kulturtag". Die

eine Vereinigung von Katholiken, "die Mitglieder der katholischen Kirche bleiben wollen, obwohl sie mit der gegenwärtigen Kirchenregierung nicht einverstanden seien". Es handle sich - womit Funk ein von Schell gebrauchtes Schlagwort aufgriff - um "Anhänger eines Idealkatholizismus, dessen Verwirklichung durch innerkirchliche Reform sie anstrebten"[160].

IV. Das Weiterwirken des katholischen Modernismus

1. Die Zwischenkriegszeit

Es war Loisy, der 1930 zum Ausdruck brachte, es könne sehr wohl sein, daß letztendlich die "Modernisten" in der Auseinandersetzung innerhalb der Kirche die Sieger bleiben[161]. Schon zuvor hatte Joseph Schnitzer geschrieben, zwar würde allgemein betont, Pius X. habe den Modernismus völlig ausgerottet, tatsächlich aber lebe er auch in Deutschland froh und munter weiter. Schnitzer nennt auch Namen: Friedrich Heiler, Joseph Wittig, Karl Adam, Max Scheler[162]. Gab es also so etwas, wie eine Kontinuität modernistischer Positionen über den Pontifikat Pius' X. hinaus, zumal die gesellschaftliche, kulturelle und theologische Position des Katholizismus in der Zwischenkriegszeit völlig anders strukturiert war als zum Beginn des Jahrhunderts? Nicht nur, daß von politisch-ideologischer Warte aus die Niederlage Deutschlands in einen Sieg der katholischen Nationen uminterpretiert werden konnte[163], auch *de facto* stand die katholische Kirche besser da als vor dem Krieg. In Italien etwa war, nachdem schon zuvor die Alleinherrschaft eines antiklerikalen Honoratiorenliberalismus gebrochen war, durch Mussolini in den *Lateranverträgen* die "Versöhnung" zwischen Staat und Kirche durchgeführt und der Katholizismus als tragende Säule in das faschistische System eingebaut worden[164]. In Deutschland bot die Weimarer Republik mit ihrer weltanschaulichen Neutralität und Chancengleichheit für die Katholiken die Voraussetzungen nicht nur für politische Einflußnahme durch das *Zentrum*, sondern auch für die Entfaltung eines "überaus starken Siegesbewußtsein des gegenwärtigen Katholizismus"[165] und seiner Kultur, und zwar - und das ist wichtig - war dieser "Sieg-Katholizismus"[166] im wesentlichen objektivistisch, integralistisch, hierarchisch, autoritär und damit antimodern, wobei selbst das *Hochland* in diese Richtung tendierte[167].

Brüder Horneffer gehörten zu den Vertretern einer antimodernen, irrationalen deutschen Zivilreligion. - Vgl. Hübinger, Kulturprotestantismus (wie Anm. 53), 281; Nowak, Geschichte des Christentums (wie Anm. 53), 183f.

160 Vgl. Weiß, Der Modernismus (wie Anm. 5), 359-368; Norbert Schloßmacher, Der Antiultramontanismus im Wilhelminischen Deutschland. Ein Versuch, in: Loth, Deutscher Katholizismus (wie Anm 43), 164-198; 178-182; Engelhart, "Wir schlugen.." (wie Anm. 4), 196-238.

161 Loisy, Mémoires (wie Anm. 74), Bd. 3, 252.

162 Joseph Schnitzer an Albert Houtin, 29. März 1924, Fonds Houtin, 15733: 146-147, Bibliothèque Nationale Paris.

163 Kurt Nowak, Geschichte des Christentums (wie Anm. 53), 208.

164 Vgl. Giovanni Miccoli, Kirche und Faschismus in Italien. Das Problem einer Allianz, Wiesbaden 1977.

165 Paul Tillich, Die religiöse Lage der Gegenwart (1926), in: ders., Die religiöse Deutung der Gegenwart (Ges. Werke, Bd. 10), Stuttgart 1968, 9-93; 75.

166 Erich Przywara, Integraler Katholizismus, in: ders., Ringen der Gegenwart. Ges. Aufsätze 1822 bis 1927, Bd. 1, Augsburg 1929, 133-145; 140.

167 Vgl. Thomas Ruster, Hugo Balls "Byzantinisches Christentum" und der Weimarer Katholizismus, in: Bernd Wacker (Hg.), Dionysius DADA Areopagita. Hugo Ball und die Kritik der Moderne, Paderborn u. a. 1996,

Von den Modernisten der Vorkriegsjahre und ihrer Subjektivität führte hierher kein Weg, auch nicht zur liturgischen Bewegung eines Odo Casel[168] und eines Guardini und seiner Gemeinschaftsidee[169].

Doch der deutsche Katholizismus der zwanziger und dreißiger Jahre war kein monolithischer Block. Die Anregungen des Modernismus waren nicht völlig erstickt, auch wenn das Weiterwirken oft verborgen und auf Umwegen erfolgte. So über Friedrich Heiler, der sich von der katholischen Kirche bereits gelöst hatte und seinerseits weit stärker von der Modernismusrezeption eines Nathan Söderblom als von seinen eigenen "modernistischen Wurzeln" her geprägt war[170]. Er war es jedoch, der den Männern des *Rheinischen Reformkreises*, insbesondere einem Oskar Schroeder, den Weg zu Tyrrell und anderen Modernisten bahnte[171]. Anderswo sind die Verbindungslinien weniger deutlich. Man könnte jedoch überall dort von einem "Erbe des Modernismus" - oder besser allgemein des "liberalen Katholizismus" sprechen, wo der Einzelne und seine Gewissensentscheidung mehr galt als ein totalitäres entpersönlichendes Kirchenprinzip. Die maßgeblichen Kirchenmänner jedenfalls scheuten sich nicht, überall dort "Modernismus" zu wittern, wo katholische Theologen aus dem integralistischen System auszubrechen suchten und selbständig zu denken wagten. Wie schon zur Zeit der Enzyklika *Pascendi* wurden alle Nichtintegralisten als Modernisten verfolgt. Dabei spielt es letztlich keine Rolle, ob eine inhaltliche Kontinuität zum Modernismus der Vorkriegsjahre bestand. Inhaltliche Gemeinsamkeiten zwischen dem streng wissenschaftlich arbeitenden Hugo Koch und seinem Fachkollegen Josef Wittig, der zum gefühlvollen religiösen Volksschriftsteller wurde, oder auch zum "Linkskatholiken" Michel, wird man nur wenige aufweisen können. Was sie verbindet, ist ihre Opposition zum antimodernen kirchlichen Autoritarismus und Integralismus. Daß sie ihn ablehnten, machte sie in gleicher Weise zu "Modernisten".

Wenden wir den Blick auf den Katholizismus in Frankreich. Wenn irgendwo eine Kontinuität offen zu Tage tritt, dann in der Exegese der *École de Jerusalem* und der *Revue biblique* von deren Gründung durch Pater Lagrange bis zur Gegenwart. Die von Lagrange geübte nicht immer leichte Haltung des größtmöglichen Gehorsams trug ihre Früchte in der von seinem Schüler Jacques Vosté (1883-1949) redigierten[172] Enzyklika *Divino afflante Spiritu* vom 30. September 1943, welche die Annahme von "literarischen Arten" in der Bibel und die historisch-kritische Methode auch für den katholischen Exegeten als selbstverständlich erklärte.

Zu nennen ist ferner die *Nouvelle Théologie*. Auch wenn es unzulässig wäre, direkte Kausalverbindungen von den Modernisten am Jahrhundertbeginn zu ihr herzustellen, so haben doch ihre Aussagen mitunter eine verblüffende Ähnlichkeit mit denen mancher Modernisten, und man begreift, daß es 1938 zu einem ersten scharfen Zusammenstoß Roms mit der *Nouvelle Théologie* kam. Verurteilt wurde damals die positive Deutung der Modernismuskrise als einer Wachstumskrise der Kirche. Zurückgewiesen wurde der Anstoß zur Abkehr von der

183-206; 198-206; ders., Die verlorene Nützlichkeit der Religion. Katholizismus und Moderne in der Weimarer Republik, Paderborn u.a. 1994, 71-112, 150-163, 359-368. - Vgl. auch Zach, Modernes oder katholisches Kulturideal (wie Anm. 143), hierin die Forderung: "Wir Katholiken müssen die geistige Weltherrschaft wieder erobern!", ebd., 380-394.

168 Zu Casels Rückzug vor der Moderne in das "ekklesiale Zentrum des Kultmysteriums", ebd., 247-268.

169 Vgl. Weiß, Der Modernismus (wie Anm. 5), 538-540.

170 Paul Misner (Hg.), Friedrich v. Hügel - Nathan Söderblom - Friedrich Heiler, Briefwechsel 1909-1931 (Konfessionskundl. Schriften des Johann-Möhler-Instituts 14), Paderborn 1981. - Vgl. Friedrich Heiler, Erinnerungen an Nathan Söderblom, in: Eine heilige Kirche 18 (1936) 171-176.

171 Weiß, Der Modernismus (wie Anm. 5), 576f.

172 Montagnes, Le père Lagrange (wie Anm. 75), 226.

nachtridentinischen Theologie, zurückgewiesen wurde die Hinwendung zur modernen Kultur. Wie schon in der Enzyklika *Pascendi* sprach sich "Rom" gegen jede Art von Dogmenentwicklung aus. Selbstverständlich war "Rom" nicht damit einverstanden, daß Chenu und seine Anhänger an die Stelle der "Glaubensgewißheit" die "Glaubensunruhe" stellen wollten[173]. Der ersten Verurteilung folgte eine zweite durch die Enzyklika *Humani generis*, die nicht nur eine Neuauflage von *Pascendi* darstellte, sondern in ihrer unglaublichen Wissenschaftsfeindlichkeit dieses Rundschreiben noch überbot[174]. Dennoch zogen schließlich die Vertreter der *Nouvelle Théologie* ins Zweite Vatikanische Konzil ein[175].

Zu nennen sind in Frankreich auch alle jene Theologen, die über das "religiöse Bewußtsein" und die "religiöse Erfahrung nachdachten, bis hin zu dem Werk von Antoine Vergote *Psychologie religieuse*[176], das zur Zeit des Zweiten Vatikanums im Jahre 1964 erschien. Es waren Themen, die nach der Enzyklika *Pascendi* zu Tabuthemen geworden waren, doch schon seit Ende der 1920er Jahre von Theologen wie Garnier oder Chenu wieder vorsichtig aufgenommen wurden[177].

Zu nennen ist schließlich der Name eines Mannes, der einen starken Einfluß auf die katholische Kultur in der Zeit zwischen den beiden Weltkriegen ausübte, der des bedeutenden Literaten und Mystikforschers *Henri Bremond*, des Freundes von Pater Tyrrell. Wie sehr er noch immer von der modernistischen Bewegung geprägt war, hat Poulat aufgewiesen, der den Nachweis erbrachte, daß er identisch war mit *Silvain Le Blanc*, dem Verfasser eines Werkes, der sich zu Loisy und zum Modernismus bekannte[178]. Und gerade er war einer der großen Anreger für ein gewandeltes Selbstverständnis katholischer Akademiker, nicht nur in Frankreich, sondern auch in Italien, insbesondere durch seinen Einfluß auf *Giuseppe De Luca*[179], die bedeutendste Persönlichkeit der italienischen katholischen Kultur zwischen den beiden Weltkriegen[180].

Man wird also sehr wohl ein Weiterleben des Modernismus im Verständnis Tyrrells feststellen können. Im einzelnen bedarf es freilich noch eingehender Untersuchungen, vor allem des Werdegangs führender katholischer Theologen, um zu einem eindeutigen abschließenden Urteil zu gelangen. Für Johannes Hessen hat dies Christoph Weber in einer einfühlsamen und materialreichen Studie geleistet, mit dem Ergebnis, daß Hessen "in mehr als nur einem engeren Sinne" Modernist gewesen sei[181].

---

173 Vgl. Réginald Garrigou-Lagrange, La nouvelle théologie où va-telle?, in: Angelicum 23 (1946) 126-145; Giuseppe Alberigo/ Marie-Dominique Chenu u. a., Une école de théologie: le Saulchoir, Paris 1985. - Vgl. auch Henri de Lubac, Le Surnaturel, Paris 1944.

174 DH 1086-1099. - *Humani generis* hält u.a. an der Abstammung des Menschengeschlechtes von einem *einzigen* Menschen als Glaubenslehre fest. Ebd., 1098.

175 Zu erinnern ist an die von Chenu und Congar verfaßte *Botschaft an die Welt*. Vgl. LThK² Ergänzungsband III 246; Otto Hermann Pesch, Das Zweite Vatikanische Konzil. Vorgeschichte, Verlauf-Ergebnisse, Nachgeschichte, Würzburg ²1994, 320.

176 Antoine Vergote, Psychologie religieuse, Brüssel ²1966.

177 Vgl. Dubarle, Modernisme (wie Anm. 80), 185-192, 231-262.

178 Une Œuvre clandestine d'Henri Bremond. Silvain Le Blanc, Un clerc qui n'a pas trahi. Alfred Loisy d'aprés ses mémoires 1931. Édition critique et dossier historique par Émile Poulat (Uomini e dottrine 18), Rom 1972.

179 Vgl. Don Giuseppe De Luca et l'Abbé Henri Bremond, Edizione di Storia e Letteratura, Rom 1965; Luisa Mangoni, "In partibus infidelium": Don Giuseppe de Luca: Il mondo cattolico e la cultura italiana del Novecento, Turin 1989, 414 (Register).

180 Vgl. Gabriele De Rosa, Die sozial-religiöse Geschichtsschreibung in Italien, in: ThQ 173 (1993) 301-311; 301ff.

181 Weber, Der Religionsphilosoph Johannes Hessen (wie Anm. 83), 44.

2. Das Zweite Vatikanische Konzil

Es ist seit den 1970er Jahren fast schon zur *opinio communis* geworden, eine Verbindung zwischen dem Aufbruch des Modernismus am Jahrhundertbeginn und dem Zweiten Vatikanischen Konzil herzustellen und in den Modernisten "Vorläufer" des Konzils zu sehen. Selbst in renommierten Nachschlagewerken finden sich entsprechende Hinweise[182]. Dagegen steht die Meinung, die Modernisten hätten nichts mit dem Zweiten Vatikanum zu tun. Der Grund für diese unterschiedlichen Feststellungen liegt meist in der verschiedenen Perspektive. Wer etwa nach dem Verhältnis von *Vatikanum II und Modernisierung* fragt, wird möglicherweise zu dem Ergebnis kommen, die gesellschaftliche Situation sei eine andere, die Mentalität in der Kirche habe sich nach zwei Weltkriegen völlig gewandelt, die Fragen, welche die *Postmoderne* und eine *postchristliche* Gesellschaft stellt, seien andere als zur Gründerzeit, die Kirche selbst habe einen starken "Modernisierungsschub" erlebt[183]. Eine Kirche, die entdeckt habe, daß der Eurozentrismus vorüber sei, habe andere Probleme als die Modernisten, denen es um Anpassung an nationale Kulturen ging. Dies alles ist richtig und es ist dennoch nur die halbe Wahrheit, vor allem dann, wenn man vom Selbstverständnis eines Tyrrell ausgeht. Modernismus war für ihn das *Experiment* einer immer neuen Antwort von Theologie und Kirche auf die Herausforderung durch die jeweilige Moderne. Der Bezug zum *Aggiornamento* Johannes' XXIII. und des Zweiten Vatikanums drängt sich geradezu auf. Und so hat denn der römische Weihbischof Clemente Riva mit Recht auf den Bezug der Kirchenkrise des Modernismus zum Konzil hingewiesen, indem er betonte: "Auch heute noch ist die Forderung [der modernistischen Bewegung] nach Erneuerung der Kirche, nach ihrer Reinigung, nach ihrer größeren Vergeschichtlichung und Öffnung hin zur Welt und ihren Herausforderungen von grundlegender Bedeutung. Die Kirche hat, wie das Konzilsdokument *Gaudium et Spes* zum Ausdruck bringt, viel von der Welt zu lernen. Daher bin ich überzeugt, daß das Zweite Vatikanum vielen eine Bestätigung gewesen wäre, die in jenen Jahren so sehr wegen ihrer Ansichten zu leiden hatten [...]. Das Dokument Pauls VI. *Ecclesiam suam* hätte den Modernisten Buonaiuti aufjubeln lassen"[184].

Darüber hinaus scheinen jedoch auch inhaltliche Übereinstimmungen auf, auch wenn es verkehrt wäre, im Zweiten Vatikanum einfachhin die Erfüllung der Bestrebungen der Modernisten zu sehen, und zwar schon deswegen, weil eine kleine, aber mächtige Minderheit während des Konzils es verstanden hat, sich einem zeitoffenen Katholizismus entgegenzustellen und ihre Thesen mit in die Konzilsdokumente einzubringen. Auch wird man sich die Beziehung der modernistischen Theologie zu der des Zweiten Vatikanums im allgemeinen nicht in der Form einer direkten Ursachenverbindung vorstellen dürfen. Richtig ist zunächst nur, daß das Konzil auf Fragen der Modernisten geantwortet hat[185], wobei offen bleiben mag, ob dies beabsichtigt war oder ob es einfach an der Zeit war, daß das, was durch die Maßnahmen Pius'

---

[182] Vgl. Richard Schaeffler, Modernismus, in: HWP VI 62-66.

[183] Franz-Xaver Kaufmann, Probleme und Wege einer historischen Einschätzung des II. Vatikanischen Konzils, in: Franz-Xaver Kaufmann/Arnold Zingerle, Vatikanum II und Modernisierung. Historische, theologische und soziologische Perspektiven, Paderborn 1996, 9-43; 19-24. - Vgl. Poulat, Modernistica (wie Anm. 64), 232-241.

[184] Clemente Riva, Il modernismo, una crisi ecclesiale, in: Ricerche 8 (wie Anm. 117), 66-73.

[185] Gotthard Fuchs, Unterscheidung der Geister. Notizen zur konziliaren Hermeneutik, in: Kaufmann/Zingerle, Vatikanum II (wie Anm. 183), 401-410.

X. zum Tabuthema geworden war, jetzt die aufgerichteten Dämme durchbrach. So glaubt man erneut die zum Verstummen gebrachte Stimme des Amerikanismus von Pater *Hecker* bis zu Bischof *Ireland* zu hören, liest man nach, was der amerikanischen Jesuit John *Courtney Murray* (1905-1967) während des Konzils zum Thema "Gewissens- und Religionsfreiheit" zu sagen hatte[186].

Als modernistische Themen begegneten uns: das Ernstnehmen von Geschichte und Geschichtlichkeit, damit verbunden die historisch-kritische Methode in der Theologie; die neuzeitliche Hinwendung zur Subjektivität; die Betonung von Verantwortung, Gewissen, Mündigkeit, insbesondere der Laien; die Infragestellung rein rationaler Erkenntnisübernatürlicher Glaubenswahrheit, der Glaube an die Möglichkeit religiöser Erfahrung, auch außerhalb der Kirche, der Hinweis auf die Glaubenserfahrung in der Gemeinde; das Bild einer offenen Kirche, in der Bischöfe und Papst in Gemeinschaft Diener der christlichen Gemeinde darstellen; ein umfassender, weiter Katholizismusbegriff und Ansätze zur Ökumene. All diese Themen brechen beim Zweiten Vatikanum erneut auf. Dazu im einzelnen:

Das Ernstnehmen von *Geschichte und Geschichtlichkeit*, oder wie Clemente Riva sich ausdrückt, "der Einklang des Weges der Kirche mit dem Weg der Menschheit durch die Geschichte", war ein grundlegendes Thema des Konzils. Das "Zweite Vatikanum", so Riva, "hat mit dem Prinzip, daß Kirche immer Kirche auf dem Weg ist, jenes Gleichgewicht wieder gefunden, das in der Vergangenheit verloren gegangen war. Es verstand Kirche nicht nur als Institution, sondern als Geheimnis, als Volk Gottes mitten in der Welt, offen für die Werte in der Welt, für die Geschichte, für den Menschen von heute. Jetzt endlich, als die Väter des Konzils die Dimension der Geschichtlichkeit für die Kirche einforderten, jetzt endlich fand alle Mühsal und Unruhe der Modernisten eine Antwort"[187].

Die Anwendung der *historisch-kritischen Methode* auf das Studium der Bibel war durch die Enzyklika *Divino afflante Spiritu* abgesegnet worden. Dennoch waren nicht alle Fragen gelöst. Mit Recht darf die Konzilskonstitution über die Offenbarung *Dei Verbum* als weitere Station auf dem mühsamen Weg zur theologischen Klärung bezeichnet werden. Freilich hat auch sie die grundsätzliche Frage nach dem Verhältnis von Schrift und Tradition zum kirchlichen Lehramt offensichtlich nicht gelöst, noch viel weniger die grundsätzliche Frage nach dem *Verhältnis von Lehramt und Theologie*[188]. Aber vielleicht könnte, angeregt durch das-Konzil, wenigstens eine praktische Lösung in der Richtung liegen, die Clemente Riva mit den Worten andeutet: "Man hat den Modernismus einen Bürgerkrieg in der Kirche im Kampf um die Wahrheit genannt. Ist ein solcher Krieg in der Kirche erlaubt? Wenn es sich um die Auseinandersetzung zwischen verschiedenen Positionen handelt, sicher [...]. Man sollte nicht vergessen: Es gibt das Lehramt des Hirten, ein Lehramt des Glaubens, aber es gibt auch das Lehramt des Theologen, das Lehramt des Nachdenkens über die Wahrheit, und dieses Lehramt ist nützlich und notwendig auch für die Hirten, denn auch sie bedürfen des Nachdenkens

---

186 Vgl. John Courtney Murray, The Declaration of Religious Freedom, in: Vatican II. An Interfaith Approach. Intentional Theological Conference. Ed. Joseph H. Miller, New York-London 1966, 365-376; ders., Religious Liberty. Catholic Struggles with Pluralism, Louisville-Westminster 1993 (hierin: "The Problem of Religious Freedom" und der vom Vatikan unterdrückte Essay "Leo XIII and Pius XII: Government and the Order of Religion") - Vgl. Robert W. McElroy, American Public Theology. The Contribution of John C. Murray, New York 1989; David Tracy, Für eine Kirche des Dialogs: John Courtney Murrays (1904-1967) Kampf um die Kultur des theologischen Konflikts, in: Hermann Häring/Karl Josef Kuschel (Hg.), Gegenentwürfe (FS Hans Küng), München-Zürich 1988, 311-332, 373f.

187 Riva, Il modernismo (wie Anm. 184), 69f.

188 Vgl. LThK² Ergänzungsband II 497-583; Pesch, Das Zweite Vatikanische Konzil (wie Anm. 175), 271-290.

und der Forschung zum besseren Glaubensverständnis. Wer den Dialog zum Schweigen bringt, ruft eine Verflachung der Theologie und zugleich eine Konfliktsituation in der Kirche hervor. Das Gleichgewicht zwischen Verflachung und Konflikt liegt im Dialog"[189].

Bei der Suche nach weiteren Beziehungen der Theologie der Modernisten zum Zweiten Vatikanum haben Kenner der Entwürfe Tyrrells eine Reihe verblüffender Ähnlichkeiten zwischen seinem Denken und der Theologie des Konzils aufgezeigt. Ich nenne in diesem Zusammenhang Michael Hurley, Ellen Leonard und David F. Wells[190]. Sie kommen unter anderem zu dem Ergebnis, Tyrrell wie das Konzil würden in gleicher Weise den *Geheimnischarakter der Offenbarung* herausstellen und die Notwendigkeit eines "ehrfürchtigen Agnostizismus" beim Erfassen des göttlichen Geheimnisses angesichts unser beschränkten menschlichen Erkenntnisfähigkeit betonen. Tyrrell wie dem Konzil sei in gleicher Weise die *Hervorhebung des sakramentalen Lebens* der Kirche eigen, beide hätten eine ähnliche Auffassung von der *Beziehung der Natur zur Übernatur*. Beide würden die Betonung auf das religiöse Bewußtsein und dessen *natürliche, intuitive Gotteserkenntnis* legen, welches Rahner das "übernatürliche Existential" nannte. Gemeinsam sei beiden die Feststellung, daß alle nichtchristlichen Religionen - wenn auch schwach und undeutlich - tastende Versuche zur Erkenntnis der Ewigen Wahrheit seien, die in ihnen zum Aufscheinen käme. Sie alle seien "anonyme" Annäherungen an die volle Wahrheit[191].

Mit diesen Sätzen ist der *Katholizismusbegriff* des Dokumentes *Lumen Gentium* und das *Kirchenbild* des Konzils wie der Modernisten angesprochen. Tatsächlich hatte schon Tyrrell wie später das Konzil den Gemeinschaftscharakter der Kirche hervorgehoben. Darüber hinaus hatte er geschrieben: "Die Kirche ist nicht nur eine Gemeinschaft oder eine Schule, sondern ein Mysterium und ein Sakrament"[192]. Mit Recht stellt daher James G. Livingston fest: "Die auffallendsten Ähnlichkeiten [zwischen Tyrrell und dem Zweiten Vatikanum] finden sich in der Ekklesiologie: die gemeinsamen Themen sind die Kirche als Volk Gottes, nicht als hierarchische juridische Institution, die Kollegialität von Papst und Bischöfen, der Dienst der Kirche an der Welt, das Laienapostolat. Die ganze Konstitution *De Ecclesia* scheint nichts anderes als der Ausdruck von Tyrrells Wunsch, "man solle die sorgfältig ausbalancierte hierarchische Pyramide mit dem Papst an der Spitze umdrehen und sie wieder fest auf ihre Basis stellen"[193].

Doch es sind nicht nur die Inhalte, die das Konzil in eine gewisse Nähe zu Positionen des Modernismus bringen, es ist fast mehr noch das veränderte Klima, das aufhorchen läßt. Es wurde nicht mehr von oben herab dekretiert und anathematisiert, man redete vielmehr miteinander, auch über heikle Themen. So wies während des Konzils der Erzbischof von Turin, Kardinal Pellegrino, auf die unmenschlichen Verfolgungen von Priestern während und nach der Modernismuskrise hin[194]. Andere taten es ihm gleich. "Die Kirche des 19. Jahrhunderts", so Bischof Riva in diesem Zusammenhang, "hatte die Barrikadenstrategie der Opposition zur

---

[189] Riva, Il modernismo (wie Anm. 184), 70f.

[190] Michael Hurley, George Tyrrell. Some Post-Vatican II Impressions, in: Heythrop Journal 10 (1969) 243-255; David F. Wells, The Prophetic Theology of George Tyrrell, Chicago 1981; Ellen Leonard, George Tyrrell and the Catholic Tradition, Ramsay (N.J.), 1982.

[191] Livingston, in: Tradition and the Critical Spirit (wie Anm. 81), XXXIII-XXXV.

[192] Tyrrell, Das Christentum (wie Anm. 39), 182.

[193] Livingston, in: Tradition an Critical Spirit (wie Anm. 78), XXXV.

[194] Civiltà Cattolica 117 (1966) 172.

modernen Welt gewählt. Im 20. Jahrhundert geht die Kirche andere Wege [...]. Sie verdammt nicht. Sie begreift und teilt die Werte und die Unruhe der modernen Welt"[195].

3. Die nachkonziliare Periode

Wie zur Theologie des Zweiten Vatikanums werden auch Beziehungen des Modernismus zur nachkonziliaren Zeit festgestellt. So schreibt der amerikanische Theologe James G. Livingston: "Nachdem fast ein Jahrhundert vergangen ist - und nach der *Nouvelle Théologie* und dem Zweiten Vatikanum - sind Tyrrells Überlegungen über Gegenstände wie die Offenbarung, die Natur des Dogmas, Entwicklung, Autorität und Ekklesiologie nicht nur hochbedeutsame Themen der heutigen theologischen Diskussion, sondern sie scheinen auch in vielen Fällen inmitten des *mainstream* der fortschrittlichen katholischen Theologie zu liegen"[196]. Doch nicht nur Tyrrell ist inzwischen wieder interessant geworden. Der deutsche "Reformtheologe" Schell ist schon längst ein Klassiker der Theologie. Bei Lagrange wurde der Seligsprechungsprozeß eingeleitet[197]. Der litauische Vertreter eines christlichen Sozialismus, Georg Matulaytis, der als "einer der gefährlichsten Modernisten der Welt" galt, wurde am 28. Juni 1987 durch Papst Johannes Paul II. seliggesprochen[198]. Bei anderen Gestalten dauerte es länger, bis sie "heimgeholt" und "verkirchlicht" wurden. Aber zuletzt, 50 Jahre nach seinem Tod, hat selbst Buonaiuti, der in der zweiten Auflage des *Lexikons für Theologie und Kirche* noch als unverbesserlicher modernistischer Häretiker erscheint[199], im offiziellen Organ der italienischen Bischöfe *Avvenire* von seiten Bedeschis eine *Relecture* erfahren, die den "exkommunizierten Reformator" als Vorläufer des Zweiten Vatikanums und des Ökumenismus zeichnet. Viele Anfragen Buonaiutis an seine Kirche würden jetzt eine Antwort finden. Wie immer man dies beurteilen mag, eines ist unbestreitbar: Lebendig geblieben ist auch nach dem Konzil bei vielen kirchlichen Amtsträgern und Theologen die von den Modernisten so sehr ersehnte Offenheit für den Anruf der Zeit[200].

Doch auch der Antimodernismus hat sich nach dem Konzil lautstark zurückgemeldet[201]. Nicht zu Unrecht wurde von einer neuen "Modernismuskrise" gesprochen[202], und Jacques Maritain hat schon vor Jahren die Ansicht vertreten, der Modernismus zur Jahrhundertwende sei nur ein harmloser Heuschnupfen im Vergleich zum heutigen neomodernistischen Fieber[203]. Allerdings möchte ich Walter Brandmüller rechtgeben, der betont, es handle sich bei der alten wie der neuen Modernismuskrise "um ein und dieselbe Krise"[204]. Im Grunde ist der "Modernismus", wie Walter Hoeres hervorhebt, ein "einheitliches Phänomen", das über das Zweite

---

[195] Riva, Il modernismo (wie Anm. 184), 73.

[196] Livingston, in: Tradition and Critical Spirit (wie Anm. 81), XI.

[197] Vgl. Timothy Radclife, in: Montagnes, Le père Lagrange (wie Anm. 75), 12.

[198] Barthélemy, Idéologie (wie Anm. 25), 106, Anm. 262. - Vgl. Poulat, Intégrisme (wie Anm. 32), 190.

[199] Gertrud Fussenegger, Buonaiuti, in: $LThK^2$ II 781f.

[200] Lorenzo Bedeschi, Buonaiuti. L'esilio del sacerdote romano, in: Avvenire, 1. März 1966, S. 20.

[201] Vgl. zuletzt die Entlassung von Theologieprofessoren aus der Prager Karls-Universität. Christ in der Gegenwart 48 (1996), Nr. 43, 359.

[202] Peter Hünermann, Droht eine dritte Modernismus-Krise? Ein offener Brief an den Vorsitzenden der deutschen Bischofskonferenz, Karl Lehmann, in: HerKorr 43 (1989) 130-135.

[203] Jacques Maritain, Le paysan de la Garonne, Paris 1966, 16.

[204] Brandmüller, Theologen und Kirche (wie Anm. 145), 203.

Vatikanum hinaus wirksam ist[205], - genau so wie auch der Antimodernismus und sein Kampf gegen das heutige "modernistischen Appeasement"[206] ein einziges Phänomen darstellt. Mit anderen Worten: Noch immer stehen sich in der Kirche bei der Frage nach der adäquaten Antwort auf die Herausforderungen durch die Moderne zwei Antworten gegenüber, die des "Integralismus" und die des "liberalen Katholizismus" oder "Modernismus" im weitesten Sinne.

Schluss

Die Frage, die sich am Schluß stellt, betrifft die Zukunft. Sie lautet: Welche Impulse bietet der modernistische Aufbruch für unsere Zeit? Auch wenn die Frage nicht in erster Linie den Historiker angeht, versuchen wir dennoch eine Antwort. Sie könnte folgendermaßen lauten: Auch wenn die inhaltlichen Vorgaben der Modernisten bis heute nicht voll aufgearbeitet sind, liegt der entscheidende Anruf der Modernismuskrise der Jahrhundertwende für unsere heutige postmoderne und postchristliche Situation nicht in diesen inhaltlichen Vorgaben. Eine große Anzahl von Fragestellungen der Modernisten sind angesichts des rapiden Wandels in der heutigen Gesellschaft nicht mehr aktuell. Die Probleme sind andere geworden. Ich nenne die Stichworte Kommunikations- und Informationsgesellschaft, Automatisierung, Rationalisierung, Ende des Sozialismus, Neokapitalismus und wirtschaftlicher Neoliberalismus, neue Armut in den Industrieländern, neue "Klasse" der Arbeitslosen, Überbevölkerung, Dritte und Vierte Welt. Was angesichts solcher ganz neuer und ganz anderer Herausforderungen auch an die Kirche vom Engagement der Modernisten bleiben muß, sind nicht in erster Linie die einzelnen Inhalte ihrer Aussagen, wohl aber die Bereitschaft zum ständigen *Aggiornamento*, der Appell an die Kirche, sich in die jeweilige Zeit zu inkarnieren und den weltweiten Wandel in der Gesellschaft mitzuvollziehen. Was bleibt und was heute mehr Not tut als je, ist ihre Dynamik[207]. Damals ging es darum, den Anschluß an die sich wandelnde Kultur und Wissenschaft zu finden. Die Vorgaben der Geschichtswissenschaft und der protestantischen Exegese waren aufzuarbeiten. Heute stehen andere Fragen im Vordergrund. Die Rezepte von gestern reichen nicht aus. Tyrrell wäre der letzte gewesen, der dies nicht gesehen hätte, denn für ihn war "Modernismus" eben kein abgeschlossenes System, sondern ein immer neues Experiment, mit dem Ziel, *church* und *age*, Kirche und moderne Gesellschaft in Einklang zu bringen.

---

[205] Walter Hoeres, Seltsame Heilige. Leben im Modernismus, in: Theologisches. Katholische Monatsschrift 26 (1996), Nr. 4, 102-108.

[206] Informationsblatt des Initiativkreises katholischer Laien und Priester in der Diözese Augsburg [1996].

[207] Vgl. Émile Poulat, Le modernisme d'hier et d'aujourd'hui, in: ders., Modernistica (wie Anm. 64), 222-241; ders., Liberté (wie Anm. 124), 337-369; ders., L'ère postchrétienne, Paris 1994, 303-307.

III. Internationale Perspektiven

Alte Welt gegen Neue Welt

Der Papst und der katholische Amerikanismus (1899)

Von Herman H. Schwedt

In die lange Reihe der christlichen Häresien und Irrlehren, vom antiken Arianismus über die mittelalterlichen Ketzereien zum neuzeitlichen Protestantismus, zum Jansenismus, zu den neueren Strömungen wie Lamennaisismus oder Hermesianismus reihte sich am Ende des 19. Jahrhunderts der "Amerikanismus" als eine neue falsche Lehre ein. Es "wird also klar", so stellte der Papst fest, "daß jene Meinungen von Uns nicht gebilligt werden können, deren Summe manche mit dem Namen 'Amerikanismus' bezeichnen"[1]. Papst Leo XIII. schrieb dies nicht in einer Enzyklika, sondern in einem weniger feierlich gehaltenen Schreiben (Breve) *Testem benevolentiae* vom 22. Januar 1899, das an den damals einzigen nordamerikanischen Kardinal gerichtet war, an Erzbischof James Gibbons von Baltimore.

I. Forschungsstand

Bisher gab es im Wesentlichen drei Einschätzungen zum katholischen Amerikanismus[2]. Die erste entspricht der Ansicht des Papstes selber und seiner entscheidenden Berater, etwa des

---

Für Franca und Marina mit Dank und Liebe.

1 Breve "Testem benevoltentiae" vom 22.1.1899, in: ASS 31 (1899) 470-477; deutsche Teilübersetzung hier nach DH 3346.

2 Zum nichtreligiösen Amerikanismus-Begriff vgl. William T. Stead, The Americanization of the World or the Trend of the Twentieth Century, London 1902 (Die Amerikanisierung der Welt oder der Trend des 20. Jahrhunderts, Berlin 1902); Hugo von Lerchenfeld, Amerikanismus, in: StL[5] I 147-153; Placidus Jordan, Amerikanismus, in: StL[6] I 299-305; Alfred Halfeld, Amerika und der Amerikanismus. Kritische Betrachtungen eines Deutschen und Europäers, Jena 1927; Jürgen Gebhardt, Die Krise des Amerikanismus. Revolutionäre Ordnung und gesellschaftliches Selbstverständnis in der amerikanischen Republik, Stuttgart 1976; ders., Amerikanismus. Politische Kultur und Zivilreligion in den USA, in: Aus Politik und Zeitgeschichte. Beilage zur Wochenzeitung "Das Parlament", 30. November 1990, B 49, 3-18; Frank Trommler, Aufstieg und Fall des Amerikanismus in Deutschland, in: ders. (Hg.), Amerika und die Deutschen. Bestandsaufnahme einer 300jährigen Geschichte, Opladen 1986, 666-676; Gérard Imhoff, Der Amerikanismus der zwanziger Jahre oder die Versuchung eines alternativen Weltbildes, in: Revue d'Allemagne 22 (1990) 427-437; Thomas P. Hughes, Die Erfindung Amerikas. Der technologische Aufstieg der USA seit 1870, München 1991 (bes. Kap. "Taylorismus plus Fordismus ergibt Amerikanismus", 254-300; Erstausgabe: American Genesis. A Century of Inventation and Technological Enthusiasm, 1870-1970, New York 1989). - Einen sehr breiten Amerikanismus-Begriff hatte die nationalsozialistische SS in ihrem Kampf gegen den Liberalismus als dem Grundübel und gegenüber dem Judentum: Amerikanismus eine Weltgefahr. Erarbeitung und Herausgabe: Der Reichsführer SS. SS-Hauptamt, Berlin [1943] (ein Pamphlet von 47 Seiten). Amerikanismus ist "die USA-Denkform und -Lebenshaltung überhaupt" (7). - Angesichts des auch in Europa wirkenden Technisierungsprozesses heißt es 1952: "Der Begriff des 'Amerikanismus' verändert daher stets seine Bedeutung"; Amerikanismus, in: Der große Herder (5. Aufl. von Herders Konversationslexikon), Freiburg 1952, 313f. Es begegnet auch der Vorschlag, den "Amerikanismus" als Kontrapunkt zum sog. Eurozentrismus bzw. als dessen Nachfolger zu verstehen. Vgl. Antonio Nuñez Jimenez, Eurocentrismo versus americanismo. Considera-

bekannten Neuscholastikers und Kardinals Camillo Mazzella; danach handelt es sich bei dem Amerikanismus nicht nur um gedachte, sondern um wirklich existierende Lehren und Tendenzen, die für die Kirche gefährlich oder gar zerstörerisch sein könnten. Diese in Rom und bei der katholischen Rechten in Frankreich beliebte Ansicht[3] wurde im deutschsprachigen Bereich von dem ersten Dekan der theologischen Fakultät der katholischen Universität Washington und späterem ersten Rektor der Universität Münster vertreten, Peter Joseph Schröder[4]. In etwas gemäßigterer Form erscheint sie in dem bekannten Werk von Anton Gisler über den Modernismus[5].

Die zweite Einschätzung des Amerikanismus herrschte bei den sogenannten Reformkatholiken und bei den amerikanischen Historikern bis etwa zur Zeit des II. Vatikanischen Konzils vor: Man hielt den Amerikanismus für ein römisches Phantom. Schon 1899 schrieb Kardinal James Gibbons als Empfänger des päpstlichen Schreibens an Leo XIII.: "Diese Lehre, die ich wohlüberlegt als extravagant und absurd bezeichne, dieser 'Amerikanismus' [...] hat mit den Ansichten, den Hoffnungen, der Lehre und dem Verhalten der Amerikaner nichts gemeinsam. Ich glaube nicht, daß im ganzen Land ein Bischof, ein Priester oder sogar ein Laie [...] solche Ungeheuerlichkeiten jemals geäußert hat. Nein, das ist nicht, ist nie gewesen und wird es nie sein - unser Amerikanismus"[6]. Der vom Papst angeprangerte Amerikanismus war für die Historiker, die sich diese bischöfliche Version zu eigen machten, ein Hirngespinst, eine Fiktion oder ein Mythos[7] geschaffen von Europäern und bestenfalls geeignet, Tendenzen im europäischen Katholizismus zu beschreiben, etwa in Frankreich.

Seit etwa dreißig Jahren bahnt sich eine Neueinschätzung des historischen Phänomens "katholischer Amerikanismus" an: Der Papst und seine Organe, etwa die Indexkongregation und das S. Officium, haben nicht Gespenster und Phantome oder den "Mann im Mond"[8] be-

ciones entorno al 5. centenario del descubrimiento de América - Encuentro de dos mundos, in: Islas 86 (1987) 16-28.

3 Außer Henri Delassus, L'Américanisme et la conjuration antichrétienne, Lille 1899, vgl. die zu erwähnenden Schriften von Charles Maignen und dessen Nouveau catholicisme et Nouveau clergé, Paris ²1902 (mit "Bibliographie de l'Américanisme") sowie das materialreiche Werk Emmanuel Barbier, Histoire du catholicisme libéral et du catholicisme social en France. Du Concile du Vatican à l'avénement de S. S. Benoît XV (1870-1914), 5 Bde, Bordeaux 1924.

4 Vgl. Joseph Schröder, Der Amerikanismus, in: Der Katholik 82/1 (1899) 494-512; ders., Leo XIII. und der Americanismus. Commentar zum apost. Schreiben 'Testem benevolentiae' vom 22.1.1899, Münster/W. 1899 (lithogr. Druck, 139 Seiten). Schröder unterscheidet zwar den politischen und den bürgerlichen vom religiösen Amerikanismus (und nur diesen letzteren habe der Papst verurteilt), beschreibt aber dann die "inneren Beziehungen" zwischen den drei Arten des Amerikanisums (9-19).

5 Anton Gisler, Der Modernismus, Einsiedeln ²1912. Gisler widmet bezeichnenderweise ein Drittel seines Modernismus-Buches dem Amerikanismus als "Vorläufer des Modernismus".

6 John T. Ellis, The Life of James Cardinal Gibbons. Vol. 1-2, Milwaukee 1952; II, 7. Wenn nicht anders angegeben, sind Übersetzungen ins Deutsche vom Verf. H.H.Sch.

7 Vgl. Albert Houtin, L'Américanisme, Paris 1904; Félix Klein, Une hérésie fantôme. L'Américanisme. Souvenir. Vol. 4, Paris 1949 (engl.: Americanism. A Phantom Heresy, Atchison, Kansas, 1951); Vincent F. Holden, A Myth in 'L'Américanisme', in : HCR 31 (1945) 154-170; Thomas T. McAvoy, Americanism Fact and Fiction, in: CHR 31 (1945) 133-193; ders., Liberalism, Americanism, Modernism, in: American Catholic Historical Society of Philadelphia 62 (1952) 225-231; ders., The Great Crisis in American Catholic History, 1895-1900, Chicago 1957; ders., Der Amerikanismus: Mythos und Wirklichkeit, in: Conc (D) 3 (1967) 572-579.

8 So Friedrich Fröhlich im Geleitwort zur deutschen Ausgabe von: Colman J. Barry, Geburtswehen einer Nation. Peter Paul Cahensly und die Einbürgerung der katholischen deutschen Auswanderer in Kirche und Nation der Vereinigten Staaten von Amerika, Recklinghausen-Hamburg 1971, 9. Anspielend auf das behauptete bloße "Phantom" des Amerikanismus spricht Fröhlich vom "Fantasiegebilde" des Mannes im Mond, wäh-

kämpft, sondern konkrete Personen, Verbände oder Publikationen. Der päpstliche und internationale Antiamerikanismus ist in dieser jüngeren Forschung die in theologische Formeln gekleidete Abwehr konservativer und zum Teil reaktionärer Katholiken gegen jene Kräfte, die man als Reformkatholiken bezeichnet und die als Amerikanisten bekämpft wurden. Den Unterschied der Forschung zum Thema "Amerikanismus" in den letzten 40 Jahren illustrieren zwei Sätze, jeweils entnommen aus der zweiten und dritten Auflage des *Lexikon für Theologie und Kirche*. Das Stichwort "Amerikanismus" beschließt im Jahre 1957 der Autor Gustave Weigel, Jesuit und Professor in Woodstock, USA: "Geschichtlich war der A[merikanismus], was Abbé Klein später eine hérésie fantôme nannte. Als Warnung vor dem 'Geist der Welt' hat sie ihre sachliche Bedeutung"[9]. Unter dem gleichen Stichwort liest man in der jüngsten Auflage des gleichen Lexikons von 1993: "Der römische Widerstand galt keinem 'Phantom' (so die frühere Sicht), sondern dem A[merikanismus] als einer Form des internationalen Reformkatholizismus und ist Teil des kirchlichen Antimodernismus"[10].

Zahlreiche Publikationen der letzten Jahrzehnte zum Thema Amerikanismus lösten sich von der Einstellung früherer Generationen, die, gebannt auf die Autorität des päpstlichen Lehramtes schauend, die päpstliche Mahnung vor dem Amerikanismus weit von sich ins Reich der Phantasie wiesen[11] oder aber in seiner Rückweisung das Wirken der Vorsehung gegen die kirchengefährdende neue Zeit erblickten[12]. Inzwischen betrachtet man die Ausein-

---

rend sich der Amerikanismus doch als Tatsache erwiesen habe, mit Anspielung auf die erste Landung eines Menschen auf dem Mond (ebd.).

9 G. Weigel, Amerikanismus, in: LThK² II 434f; 435. P. Gustave A. Weigel SJ stammte aus Buffalo, USA, war Theologieprofessor in Woodstock und starb 1964 in New York. Vgl. Rufo Mendizábel, Catalogus Defunctorum in renata Societate Iesu ab a. 1814 ad a. 1970, Romae 1972, 541.

10 Herman H. Schwedt, Amerkanismus, in: LThK³ I 526f; 527 (mit Lit.). Es gibt eine Wende in der Einschätzung des katholischen Amerikanismus bei den Geschichtsschreibern. Die früheren Thesen der Bischöfe und Historiker, wonach der Amerikanismus eine "Phantom-Häresie" sei und keine Verbindung zum sog. Modernismus habe, erscheinen heute eher als interessenbedingte Schutzbehauptungen. Zum historiographischen Umschwung vgl. Ph. Gleason: "Do the more recent writers agree with their predecessors that Americanism was a 'phantom heresy'? In general, no. [...] Those who take this position clearly disagree with the 'phantom heresy' interpretation [...]. But, according to the new view, these opinions ought not be considered heretical; rather, they should be seen as legitimate theological options wrongly rejected by churchmen animated by political motives and constrained by an outdated theology." "Turning now to the question of Modernism - specifically to wether a connection existed between Americanism and Modernism - we have a 180-degree shift between the old and the new Americanist scholarship. Where the older generation of scholars strove to deny a connection, the more recent writers are strongly disposed to affirm a connection." Erklärung für diese Wende: "In other words, historians are now more receptive to the idea of a linkage [zwischen Amerikanismus und Modernismus. H. H. Sch.] because Modernism itself is seen more sympathetically"; Philip Gleason, Speaking of Diversity. Language and Ethnicity in Twentieth Century America, Baltimore-London 1992, 291 (innerhalb des Kapitels "'Americanism' in American Catholic Discourse", 272-300).

11 Die römische Jesuitenzeitschrift "La Civiltà Cattolica" trat schon 1899 gegen die Ansicht auf, der vom Papst zurückgewiesene Amerikanismus sei nicht existent, sondern eine römische "Aufblähung" und "Erfindung" der Feinde der USA: " l'Americanismo, riprovato dal Capo supremo della Chiesa, non è un 'pallone gonfiato', non è una invenzione de' nemici degli Stati Uniti, ma una triste realtà"; Leone XIII e l'Americanismo, in: CivCatt Serie 18, vol. 5 (1899) 641-653; 647. Verfasser dieses anonymen Artikels ist der einschlägig bekannte römische Gegner der Amerikanisten, P. Salvatore Brandi SJ. Vgl. Giuseppe Del Chiaro, Indice Generale della Civiltà Cattolica (Aprile 1850 - Decembre 1903), Roma 1904, 6 (Anonymen-Entschlüsselung).

12 Aus den noch zu wenig analysierten Stellungnahmen von römisch-kurialer Seite zum Amerikanismus sei hier ein Lexikonartikel erwähnt: P. Benincasa, Americanismus, in: Dictionarium Morale et Canonicum. Cura Petri Palazzini. Vol. 1-4, Romae 1962-1968; Bd. I, 199f. Danach gehört zu den Lehren ("Doctrinae principia") des Amerikanismus z. B.: "Ecclesia Catholica [...] sua docendi ratione, quam a saeculis tenet, abdicare deberet, sibi societatis hodiernae postulationes accomodans". Der Papst habe gegen die von den Amerikani-

andersetzung als Konflikt von im Wesentlichen zwei Gruppen oder Richtungen innerhalb des internationalen Katholizismus, für die es verschiedene Bezeichnungen gibt und für die man am häufigsten jene vom "liberalen" und vom "konservativen" Katholizismus[13] findet.

Auf einen Aspekt in den neueren Forschungen sei wenigstens kurz aufmerksam gemacht. Überraschend viele Publikationen weisen auf die internationalen Verbindungen hin, welche die Hauptvertreter des Amerikanismus in den europäischen Ländern[14] besaßen. So erkennt man in Frankreich[15] zahlreiche Sympathisanten und Freunde der Amerikanisten, Brunetière, Félix Klein u. a.; man hat hingewiesen auf die deutschen Freunde und Kontaktmänner[16] , be-

---

sten eingeforderten Freiheiten klargestellt: "libertatem interpretationis veritatis christianae, inspirationi personali atque individuali permittere, id certe ad destructionem unitatis christianae doctrinae ferre". - Bezeichnende Urteile über den katholischen Amerikanismus im Sinne der Antimodernisten findet man z. B. bei: Emanuele Chiettini, Americanismo, in: EC I 1054-1056; G. Jacquement, Américanisme, in: Cath 1 (1948) 443-446; F. Deshayes, Américanisme, in: DThC I 1043-1049 (ergänzend: DThC Tables générales I 133, mit Lit.); M. Perrod, Américanisme, in: DHGE II 1199f; G. de Pierrefeu, Américianisme, in: DSp I 474-488; J. Ranfft, Amerikanismus, in: LThK[1] I 359-361. Besonders die französischen Artikel zeigen freilich interessante Nuancierungen zum Thema "Amerikanismus", die in diesem Zusammenhang nicht weiter diskutiert werden können. Vergleichbare weitere Zeugnisse von Theologie- und Kirchenhistorikern (Edgar Hocédez, Johann Peter Kirsch u. a.) zum Thema "Amerikanismus" sammelte McAvoy, Liberalism (wie Anm. 7), und ders., Crisis (wie Anm. 7).

13 Vgl. Ludwig Hertling, Geschichte der katholischen Kirche in den Vereinigten Staaten, Berlin 1954, 230-244; Robert D. Cross, The Emergence of Liberal Catholicism in America, Cambridge, Mass., 1958 (Neudruck Chicago 1968); Oskar Köhler, Die Verurteilung des 'Amerikanismus', in: HKG (J) 6/2 341-344; Philip Gleason, Coming to Terms with American Catholic History, in: Societas. A Review of Social History 3 (1973) 282-313; Margret M. Reher, Pope Leo XIII and Americanism, in: TS 34 (1973) 679-689; dies., Americanism and Modernism - Continuity or Discontinuity?, in: USCH 1 (1981) 87-103; dies., American Catholic Intellectual Life. A Historical Study of Persons and Movements, New York 1989; Robert E. Curran, Prelude to 'Americanism': The New York Academia and Clerical Radicalism in the Late Nineteenth Century, in: ChH 47 (1979) 48-65; Gabriel Daly, Transcendence and Immanence. A Study in Catholic Modernism and Integralism, Oxford 1980; David L. Salvaterra, American Catholicism and the Intellectual Life, 1880-1920, New York 1988; Joseph P. Chinnici, Living Stones. The History and Structure of Catholic Spiritual Life in the United States, New York-London 1988, 87-133 und 230-237 ("The Spirituality of Americanism, 1866-1900"); R. Scott Appleby, Modernism as the Final Phase of Americanism: William L. Sullivan, American Catholic Apologist, 1899-1910, in: HThR 81 (1988) 171-192; ders., 'Church and Age Unite!' The Modernist Impulse in American Catholicism, Notre Dame-London 1992.

14 Zum katholischen Amerikanismus in Europa vgl. Antonio Russo, Americanismo e modernismo cattolico, in: RLSE 1 (1973) 65-73, 147-158, 226-239 (ziemlich traditionelle Beurteilung); Claude Fohlen, Catholicisme américain et catholicisme européen: la convergence de l''Américanisme', in: RHMC 34 (1987) 215-230.

15 Zum französischen Amerikanismus vgl. [Édouard] Lecanuet, La vie de l'Église sous Léon XIII, Paris 1930 (Chapitre XII: "L'Américanisme en France", 544-602); Paolo Blasina, La 'Revue des Deux Mondes' e l'americanismo, in: CrSt 8 (1987) 521-555. Unersetzt wegen ihres reichen Materials bleiben einige Werke antiamerikanistischer Zeitgenossen: Delassus, L'Américanisme (wie Anm. 3); Alphonse Delattre, Un Catholicisme américain, Namur 1898; Barbier, Histoire (wie Anm. 3), bes. Bd. 3, 242-284 u. 305-313. Barbier nennt die Namen mehrerer französischer "Amerikanisten" (262f) und der mit diesen sympathisierenden katholischen Zeitschriften wie "Le Correspondant", "La Quinzaine", "Revue du Clergé français" und "L'Univers". Brunetière sympathisierte mit den Amerikanisten, weil deren besondere Missionsmethode ("originalité de l'apologétique américaine") den Erfordernissen entspreche ("accord de la vérité catholique avec les exigences et les besoins eux-mêmes") im Unterschied zur kirchlichen Hierarchie in Europa, die nicht die wirklichen Bedürfnisse und Interessen der Katholiken erkenne und vertrete: Ferdinand Brunetière, Le catholicisme aux États-Unis, in: Revue des Deux-Mondes; 1er Novembre 1898, 140-181; 178.

16 Vgl. Robert Curtis Ayers, The Americanists and Franz Xaver Kraus: An Historical Analysis of an International Liberal Catholic Combination, 1897-1898, Syracuse University, Ph.D. 1981. University Microfilm International, Ann Arbor (masch., 339 Seiten); David F. Sweeney, Herman Schell, 1850-1906: A German Dimension to the Americanist Controversy, in: CHR 76 (1990) 44-70. Die deutschen "Amerikanisten" wie

sonders Franz X. Kraus, aber auch Herman Schell; und Ornella Confessore konnte sogar ein Buch mit dem Titel *L'Americanismo cattolico in Italia* schreiben[17] besonders anhand der Papiere von Sabina Parravicino, aber auch mit Bezug auf das internationale liberalkatholische Milieu in Rom mit solch wichtigen Vertretern wie Prälat Denis O'Connell[18], Augusta von Eichthal[19], Eugène Boeglin[20] usw.

Nach einem kurzen Blick auf den Inhalt von *Testem benevolentiae* sollen im Folgenden die beiden großen Richtungen oder Parteien, die der Amerikanisten und der Antiamerikanisten, mit ihren Vertretern und mit ihren Konflikten dargestellt werden.

Kraus und Schell nennt man meist Reformkatholiken ("Reformer"), und dementsprechend klassifiziert O. Weiß die Amerikanisten in den USA als "Reformer in Nordamerika (der 'Amerikanismus')"; Otto Weiß, Der Modernismus in Deutschland. Ein Beitrag zur Theologiegeschichte, Regenburg 1995, 71-78. Die sachliche und personelle Zusammengehörigkeit von Liberalkatholizismus, Reformkatholizismus und Modernismus betont mit guten Gründen Thomas Michael Loome, Liberal Catholicism, Reform Catholicism, Modernism. A Contribution to a New Orientation in Modernist Research (TTS 14), Mainz 1979. Den Terminus "Liberaler Katholizismus" wählte Chr. Weber für Kraus: Liberaler Katholizismus. Biographische und kirchenhistorische Essays von Franz Xaver Kraus. Kommentiert und herausgegeben von Christoph Weber, Tübingen 1983. Vgl. Herman H. Schwedt, Liberaler Katholizismus, in: LThK³ VI.

17 Vgl. Ornella Confessore, L'americanismo cattolico in Italia, Roma 1984; dies., L'americanismo: conservazione o innovazione?, in: CrSt 12 (1991) 623-638. Auf die Gemeinsamkeit von sog. Reformkatholizismus um 1900 und Amerikanismus weist dieselbe Autorin schon seit 1971 hin. Vgl. Dies., Conservatorismo politico e riformismo religioso. La 'Rassegna Nazionale' dal 1898 al 1908, Bologna 1971 (dort 69-114 Kapitel "L'americanismo della 'Rassegna'"); dies., I Cattolici e la 'fede nella libertà', Roma 1989. Die Einheit des internationalen Amerikanismus aus vatikanischer Sicht dokumentiert das Interview "Four Kinds of Americanism", in: Freeman's Journal, New York, 3. Dezember 1898. Der anonyme hochgestellte römische Prälat (laut Augusta von Eichthal war dies der Papst selber) beschrieb den "American 'Americanism'" als das System der Trennung von Kirche und Staat, den französischen Amerikanismus als "excessive enthusiasm for American church practices". Der deutsche Amerikanismus sei "intent on reform of Church and Scripture". Der italienische Amerikanismus freilich war "merely Italian liberalism 'decked out in the Stars und Stripes', and was opposed to the Temporal Power, the religious orders and the union of Church and State". Ayers, Americanists (wie Anm. 16), 199.

18 Vgl. Robert F. McNamara, The American College in Rome, 1855-1955, Rochester, N.Y., 1956, 294-336 (Chapter 10: "The American Way"); Gerald Fogarty, The Vatican and the Americanist Crisis: Denis J. O'Connell, American Agent in Rome, 1885-1903 (MHP 36), Roma 1974.

19 Vgl. Claus Arnold, Frauen und "Modernisten". Ein Kreis um Augusta von Eichthal. In diesem Band.

20 Zu dem elsässischen Monsignore Eugène Boeglin (1854-1914) fehlt leider eine Monographie. Er spielte eine bedeutsame Rolle für bestimmte Kreise der römischen Kurie (protegiert von den Kardinälen Galimberti und Rampolla) und für liberale Katholiken. Er war seit 1882 in Rom verantwortlich für die deutsche Sparte des "Journal de Rome", dann Redakteur des vatikanischen "Moniteur de Rome" (1896 in Ungnade gefallen), römischer Korrespondent der "Associated Press" und von Zeitungen (z. B. "The Sun", New York, unter dem Decknamen "Innominato"). Nach seiner römischen Zeit lebte Boeglin in Paris und in Wien. "Il est mort misérablement à Vienne abandonné de tous"; Patrick Henry Ahern, The Life of John J. Keane, Educator and Archbishop, 1839-1918, Milwaukee 1955, 309; gleiche Quelle in Fogarty (wie Anm. 18), 312. Vgl. Franz Xaver Kraus, Tagebücher, hg. von Hubert Schiel, Köln 1957, 660.

II. DIE AUSSAGEN VON *TESTEM BENEVOLENTIAE* UND PIUS' X.

Papst Leo XIII. weist in dem Schreiben *Testem benevolantiae* vom 22. Januar 1899 zwei "Meinungen" zurück, von denen die eine die kirchliche Lehre, die andere die Praxis oder die Kirchenzucht betrifft[21].

Um die Andersdenkenden - so lautet die erste Meinung - leichter mit der katholischen Lehre vertraut zu machen, müsse sich die Kirche unserem fortgeschrittenen Zeitalter stark annähern, ihre alte Strenge lockern und neuere Ansichten übernehmen. Um bei Nichtkatholiken leichteres Gehör zu finden, solle man bestimmte kirchliche Lehren, weil angeblich nicht so wichtig, übergehen oder abmildern. Zu den praktischen Forderungen gehört: Man solle auch innerhalb der Kirche Freiheit einführen, auf Kosten der Hierarchie und gleichsam in Nachahmung der Freiheit, die zunehmend im politischen und gesellschaftlichen Leben einzog. Die Kirche solle nicht mehr nur die passiven Tugenden propagieren - gemeint sind Demut, Gehorsam, Unterordnung und Willfährigkeit gegenüber Kirchenobern und Gottesgesetz -, sondern auch die aktiven Tugenden - gemeint sind Initiative, Mut, Einfallsreichtum und die in die Zukunft gerichteten Tugenden der Zuversicht und der Hoffnung. Die Kirchenzucht, besonders die Ordensgelübde, schränken die menschliche Freiheit zu sehr ein, sie sind "für schwache Gemüter eher geeignet als für starke", tragen "nichts zum christlichen Fortschritt und zum Wohl menschlicher Gesellschaft" bei. Auch diese Ansicht weist der Papst als falsch und ungerecht zurück.

So weit der Papst in seinem berühmten Schreiben an Kardinal Gibbons. Der Papst schweigt zur Frage, ob es noch weitere Lehren des Amerikanismus gebe. In Rom stand wohl

[21] Die bisher zuverlässigste Exegese des päpstlichen Breve gegen den Amerikanismus im Sinne einer traditionellen Dogmatik hat Clifford Fenton, The Teaching of the Testem Benevolentiae, in: AEcR 129 (1953) 124-133. Fenton widerspricht der These von F. Klein und T. McAvoy, ohne deren Namen zu nennen, wonach der Amerikanismus nur ein Hirngespinst sei: "The errors with which it [das Breve] was concerned, however, were far from being 'phantoms'" (133). Mit Recht widerspricht Fenton der Ansicht, Leo XIII. habe Lehren des Amerikanismus als "Häresie" verurteilt: Sein Breve "was definitely not a document that condemned heresies" (132). Fenton siedelt den Verbindlichkeitscharakter des Breve in der Rangliste der sog. Qualifikationen verworfener Lehren ("häretisch", "der Häresie nahekommend" usw. bis "anstößig") auf der unteren Skala an ("inaccurate propositions" [132]). Die milde Form der Verurteilung des Amerikanismus war schon Zeitgenossen aufgefallen, denn sie erfolgte "in einer Form, die es den amerikanistischen Kirchenfürsten leicht machte, ohne Preisgabe ihrer Heckerischen Grundsätze ihre kirchliche Rechtgläubigkeit zu beteuern"; Joseph Schnitzer, Der katholische Modernismus, Berlin 1912, 7. Diese minimalisierende und einschränkende Interpretation des Breve folgt zwar dem Wortlaut des Textes, ohne freilich die in der faktischen Rezeption erfolgte maximalisierende und ausdehnende Anwendung durch die Ultramontanen (etwa Joseph Schröder) und durch die römische Kurie zu berücksichtigen. Pius X. stellte eine (angebliche) Teillehre des Amerikanismus in den Gesamtzusammenhang des sog. Modernismus, der seinerseits die Synthese aller Häresien sei. Damit rückte der Papst den Amerikanismus von der untersten Stufe der verworfenen Lehren ein wenig näher in Richtung der höchsten Stufe der "Häresie". Unsere Kenntnis über Entstehung, Verfasserschaft und römische Politik der Verbreitung des Breve ist nicht völlig zufriedenstellend. Die Jesuiten, besonders Kardinal Camillo Mazzella SJ, gelten als Hintermänner; die Amerikanisten hofften vergeblich, die Veröffentlichung des Breve zu verhindern, und orientierten sich bei dieser Illusion an bestimmten Praktiken etwa bei der Nichtpublikation zur Indizierung des Buches von Zahm. Als die Amerikanisten in Rom noch mehr auf Mazzella schimpften, als es die römischen Modernisten wie Genocchi taten, schrieb dieser: "Quanto noi diciamo di Mazzella e soci è nulla, nullissimo in paragone di quante ne sa e dice lui [Erzb. Ireland]. Una lettera sull'Americanismo (poco favorevole) è già partita: sperano [die Amerikanisten] che non si pubblichi"; Giovanni Genocchi, Carteggio. Vol. I (1877-1900). A cura di Francesco Turvasi, Roma 1978, 481 (Brief an Fracassini vom 11. Februar 1899).

eine lange Liste von Sätzen zur Verurteilung an. Fachleute, vielleicht auch Sympathisanten des Amerikanismus in Rom strichen die meisten, es blieben die skizzierten ohne Namen, ohne Verfasserschaft.

Bezeichnenderweise übersehen die meisten Darstellungen zum Amerikanismus bzw. zum römischen Antiamerikanismus die Tatsache, daß nicht nur Leo XIII., sondern auch Pius X. offiziell gegen den Amerikanismus auftrat. Pius X. tat dies mindestens zweimal, erstmals in der berühmten Enzyklika *Pascendi* von 1907 gegen den Modernismus. In diesem feierlichen Dokument prangert der Papst verschiedene innerkatholische Richtungen an, die als sog. Reformer oder Reformkatholiken in der Geschichtsschreibung bekannt sind. Zu den Modernisten, so erklärt Pius X., die sich als "Reformer" hinstellen, gehören auch die Amerikanisten, welche die aktiven Tugenden zum Nachteil der passiven hervorheben[22]. Nur elf Monate später kam Pius X. in seiner Exhortatio *Haerent animo*[23] erneut auf den Amerikanismus zu sprechen. Ausdrücklich wiederholte er die zu verurteilende Position seines Vorgängers gegenüber dem Amerikanismus.

Pius X. stellte den Antiamerikanismus Leos XIII. in den gebührenden doktrinellen und historischen Zusammenhang: Der Antiamerikanismus sowohl Leos XIII. als auch Pius' X. ist Teil des zeitgenössischen vatikanischen Antimodernismus.

---

22 Literae Encyclicae De modernistarum doctrinis ("Pascendi"), in: ASS 40 (1907) 593-650. Der den Amerikanismus betreffende Absatz lautet: "In re morum, illud asciscunt americanistarum scitum, activas virtutes passivis anteponi oportere, atque illas prae istis exercitatione promoveri" (631). Dieser Absatz steht innerhalb des Abschnittes über die in Italien "riformismo", in Deutschland "Reformkatholizismus" genannte Richtung des Modernismus ("de modernista ut reformator est"). Die Verurteilung dieser Richtung durch die Antimodernismus-Enzyklika "Pascendi" wurde von Kirchenhistorikern gerne verdrängt oder ignoriert, indem man den nach päpstlicher Ansicht z. B. in Deutschland und in den USA ("Americanismus") existierenden Modernismus als römische Erfindung oder als Phantom hinstellte. "Wenn man den Modernismus aus Deutschland [und aus den USA] einfach wegdefiniert, entspricht dies weder der Praxis und den Parolen der Antimodernisten noch dem Wortlaut der Enzyklika"; Herman H. Schwedt, Rezension zu: Norbert Trippen, Theologie und Lehramt im Konflikt. Die kirchlichen Maßnahmen gegen den Modernismus im Jahre 1907 und ihre Auswirkungen in Deutschland, Freiburg-Basel-Wien 1977, in: RQ 73 (1978) 271-275; 274. Vgl. dazu: Wilhelm Imkamp, Die katholische Theologie in Bayern von der Jahrhundertwende bis zum Ende des Zweiten Weltkrieges, in: Walter Brandmüller (Hg), Handbuch der bayerischen Kirchengeschichte. Bd. 3, St. Ottilien 1991, 539-651, bes. 560-571 ("Die modernistische Krise"); ders., 'De modernista ut reformator'. Anmerkungen zum Modernismus im süddeutschen Raum, in: StTom 60 (1995) 351-367. Textgetreu und ohne Abweichung vom Sinn der Antimodernismus-Enzyklika "Pascendi" erscheint darum der Amerikanismus im vom Papst belobigten "Catéchisme du modernisme" (1908). Diesen hatte in Rom Pater Jean Baptiste Lémius zusammengestellt, Bruder eines der Mitverfasser der Enzyklika "Pascendi", deutsch als: Der Modernismus nach der Enzyklika Sr. H. Papst Pius' X. Pascendi dominici gregis, Regensburg 1908. Wegen des Bezuges zu Amerika sei hier der betreffende Absatz in englischer Übersetzung zitiert: "Question. What do the Modernists advocate in the moral world? Answer: With regard to morals, they adopt the principle of the Americanists, that the active virtues are more important than the passive, both in the estimation in which they must be held and in the exercise of them"; J. B. Lemius, A Catechism of Modernism. Founded on the Encyclical Pascendi dominici gregis (On Modernism) by Pope Pius X., New York 1908 (Neudruck Rockford, Ill., 1981), 110. Papst Pius X. bestätigte dem Autor des Katechismus, "that you have in no wise departed from the letter of the Encyclical" (6), wie es im Schreiben von Kardinal Merry del Val an Lémius vom 14. Dez. 1907 heißt.

23 Exhortatio ad clerum catholicum ("Haerent animo") vom 4. August 1908, in: ASS 41 (1908) 355-377; 561. Der Papst weist die Ansicht zurück, die sog. aktiven Tugenden seien auf Kosten der passiven aufzuwerten. Als Begründung zitiert der Papst das Breve gegen den Amerikanismus von 1899.

III. Die katholischen "Amerikanisten"

Der Papst hat in seinem Verurteilungsschreiben jenen Amerikanismus von jeder Kritik ausgenommen, den man mit Patriotismus[24] oder Stolz auf heimische Tradition umschreiben könnte. Ausdrücklich sagt der Papst, er wende sich nicht gegen einen vaterländischen, sondern gegen den katholischen Amerikanismus. Die Auseinandersetzung um diesen begann mit einem Buch, und zwar mit der Lebensbeschreibung des im Jahre 1888 verstorbenen New Yorker Priesters Isaac Hecker[25]. Obschon der Amerikanismus der 90er Jahre inhaltlich und in seiner politischen Funktion sich von den Lehren und Vorschlägen Heckers unterschied, gilt dieser Priester als der Ahnherr des Amerikanismus. Isaac Thomas Hecker, in New York geborener Protestant deutscher Herkunft, konvertierte zur katholischen Kirche aufgrund von Kontakten zu dem ebenfalls zum Katholizismus übergetretenen Philosophen und Pädagogen Orestes Brownson[26]. Hecker wurde Priester im Redemptoristenorden und hielt Volksmissionen. Seine Einsicht: der Prediger muß seine Zuhörer erst einmal gewinnen durch einleuchtende Wahrheiten oder Kritiken, ohne gleich ins Haus zu fallen mit unverständlichen Mysterien. Wie Jesus, der noch vieles seinen Jüngern zu sagen hatte, "aber ihr könnt es noch nicht ertragen", so stellte Hecker einige Themen in seinen Volkspredigten zurück, nicht nur peinlichen Teufelsglauben und bestimmte Morallehren, sondern auch dogmatische Spekulationen, die man erst in einem neuen Gewande vorlegen könne. Die Kritik des Papstes, daß der Amerikanismus christliche Wahrheiten unterschlage und verändere, könnte sich an den skizzierten Missions- und Predigtmethoden etwa von Isaac Hecker entzündet haben.

Sodann forderte Hecker eine neue Moral in Amerika: nicht mehr der einfache Hinweis auf Pflicht und Gehorsam, sondern ein Appell an die freie Entscheidung und Überzeugung, an Aktivität und tätige Caritas, an Initiative und Einsatzfreude sei erforderlich. Man erinnert sich an die päpstlichen Klagen über die Unterscheidung zwischen aktiven und passiven Tugenden.

---

[24] Aus der Masse der Literatur zum sog. patriotischen Amerikanismus des Jahrzehnts vor 1900 müssen hier zwei Titel genügen: Carl Schurz, 'Manifest Destiny', in: Harper's New Monthly Magazine 87 (1893) 737-746; Theodore Roosevelt, True Americanism, in: Forum (April 1894); erneut in: The Works of Theodore Roosevelt. Vol. 1, New York 1900, 46-74. Deutsche Übersetzung: Der wahre Amerikanismus (April 1894), in: Amerikanismus. Schriften und Reden von Theodore Roosevelt, Präsident der Vereinigten Staaten von Nordamerika, Leipzig 1903 (vier Auflagen in 1903), 11-25. Weitere Auflagen Leipzig (Reclam) 1907 und 1916 jeweils unter dem Sammeltitel "Amerikanismus".

[25] Zu I. Th. Hecker (1819-1888) vgl. Karl S. Frank, Hecker I. Th., in: LThK³ IV 1235 (Lit.). Hecker, 1844 konvertiert zum Katholizismus, 1845 eingetreten in den Redemptoristenorden, 1857 entlassen im Laufe von ordensinternen Konflikten, gründete 1858 die Gesellschaft der Missionare des Hl. Paulus (Paulist Fathers). Die französische Fassung seiner Biographie verursachte eine Kampagne gegen Hecker, zunächst in Frankreich, deren Höhepunkt die päpstliche Verurteilung des Amerikanismus war. Vgl. Walter Elliott, The Life of Father Hecker, New York 1891; ders., Le père Hecker, fondateur des 'Paulists' américains, 1819-1888. Introduction par Mgr. Ireland. Préface par l'Abbé Félix Klein, Paris 1897; Maurice De Meulemeester, Bibliographie générale des Écrivains rédemptoristes. Vol. 2, Louvain 1935, 185f; Vol. 3 (1939) 316f.

[26] Zu Orestes Brownson (1803-1876), Konvertit und bedeutendster Laientheologe der USA im 19. Jahrhundert, im Konflikt mit seinen irischen Landsleuten wegen deren Identifizierung von Irentum ("Irish") und Katholizismus in den USA, vgl. Thomas R. Ryan, Orestes A. Brownson. A Definitive Biography, Huntington 1976; James M. McDonnell, Orestes A. Brownson and Ninetheenth-Century Catholic Education, New York 1989; Patrick W. Carey, Orestes A. Brownson on Tradition and Traditionalism, in: Kennteh Hagen (Ed.), The Quadrilog: Tradition and the Future of Ecumenism. Essays in Honor of George H. Tavard, Collegeville 1994, 162-188.

Nicht Äußerlichkeiten wie pompöse Zeremonien, so weiter Hecker, spektakuläre Wallfahrten oder wundertätige Madonnen, sondern innerliches Christentum getragen von Überzeugung, Treue und aktiver Mitarbeit sind Kirche der Zukunft: das erste charakterisiert die Kirche der Lateiner, der Mexikaner, Spanier und Italiener; die Kirche der Nordländer, der Angelsachsen, lebt jenes Ideal eines innerlichen, religiösen Katholizismus, dem die Zukunft gehört. Diese Zukunft hat schon begonnen, sie trennt Kirche und Staat und beläßt ersterer die volle Freiheit im Unterschied zur Lage in Europa. Die katholische Kirche in den USA hat darum die Demokratie nicht nur toleriert oder akzeptiert, sondern bejaht und gefördert als die fortschrittlichste Regierungsform überhaupt.

Hecker mußte seinen Orden verlassen, den er kritisierte wegen Einschüchterungsversuchen, und gründete die *Paulist Fathers*. Man erinnere sich an *Testem benevolentiae*: Ordensgelübde schränken die Freiheit ein, sind für schwache, nicht aber für starke Charaktere.

Wenn der Eindruck entstehen sollte, das päpstliche Schreiben sei eine Anti-Hecker-Epistel, gerichtet gegen einen längst verstorbenen Mann oder gegen seine Lehren und Methoden, dann würden wir die Konflikte von 1899 gründlich mißverstehen. Der Papst und die römische Kurie verloren ihre Zeit nicht mit der Bekämpfung von Toten, sondern richteten sich mit Warnungen, Verboten und Verurteilungen gegen Lebende, sofern diese mit ihren politischen oder intellektuellen Positionen und Aktionen den päpstlichen Interessen in die Quere kamen. Hekker war zwar ein angesehener, aber nur einer unter vielen aufgeschlossenen amerikanischen Katholiken, welche die Grundideale der nordamerikanischen Gesellschaft voll bejahten. Dazu gehörten insbesondere die Trennung von Kirche und Staat und die sog. modernen Freiheiten, also die der Meinungsäußerung, der Presse, des Gewerbes, der Religionsausübung, der Politik auf der Grundlage der Volkssouveranität. Besonders die aus Großbritannien eingewanderten Katholiken, meist Iren, die lange Zeit aus sozialen Gründen (sie waren durchwegs die ärmeren) keine volle Teilnahme an Wohlstand, Bildung und Politik besaßen, hatten sich durch konsequente sprachliche Adaptierung inzwischen Ansehen verschafft[27]. Am sozialen Leben versuchten sie teilzuhaben durch Mitgliedschaft bei einigen beliebten Gesellschaften, die logenartig strukturiert waren. Dies waren meist Männer-Clubs mit bestimmten Riten und Symbolen, zu denen die *Knights of Labor*, die *Odd Fellows* und die *Sons of Temperance* zählten. Der Heilige Stuhl verurteilte die Mitgliedschaft in diesen, wie er begründete, "Geheimgesellschaften", als handle es sich um die klassischen Freimaurer-Logen europäischen Zuschnitts[28].

---

[27] Zu diesem Thema wird hier statt Titeln aus der immensen amerikanischen Literatur nur ein deutsches Werk genannt, das ausführlich auch auf die katholisch-kirchlichen Konflikte um den Amerikanismus (Sprachenfrage, Pfarrgründungen, Schul und Vereinswesen usw.) eingeht: Reinhard R. Doerries, Iren und Deutsche in der Neuen Welt. Akkulturationsprozesse in der amerikanischen Gesellschaft im späten 19. Jahrhundert, Stuttgart 1986.

[28] Die römische Kongregation des S. Officium verbot die Mitgliedschaft in den "Knights of Labor" (Dekret vom 27. August 1884), den "Odd Fellows", "Knights of Pythias" und "Sons of Temperance" (für die letzteren drei Gesellschaften Dekret vom 20. Juni 1894). Später milderte der Hl. Stuhl die Verbote ab, z. B. 1888 für die "Knights of Labor" mit dem Zusatz "tolerari posse pro nunc" bis zur Statutenänderung bezüglich des anstößigen Sozialismus der Knights; 1896 für die anderen Gesellschaften, sofern deren Mitglieder vor 1894 beigetreten waren mit "bona fide" und ohne Wissen um die Unvereinbarkeit mit der kath. Kirche. Vgl. Fergus Macdonald, The Catholic Church and the Secret Societies in the United States, New York 1946; Henry J. Browne, The Catholic Church and the Knights of Labor, Washington 1949; Fogarty, The Vatican (wie Anm. 18), Reg. Zu den Quellen vgl. Codicis Iuris Canonici Fontes. Cura Petri Gasparri. Vol. 4, Typis Pol. Vaticanis 1951, 484f; AKathKR 76 (1896) 303f.

Zu den bedeutendsten Amerikanisten der USA gehören keine Theologen oder Theoretiker, sondern Kirchenmänner mit politischen Visionen für die Zukunft der Kirche. In Amerika waren dies meist Nachfahren der Iren, an ihrer Spitze John Ireland[29], als Kind nach USA ausgewandert und seit 1888 Erzbischof von St. Paul, Minnesota. Ireland redete glänzend, verstand zu organisieren, Spenden zu sammeln und das bankrotte Bistum sowie abgewirtschaftete Kirchengemeinden oder Schulen finanziell zu sanieren. Ireland war Republikaner, trat offen für eine volle Trennung von Kirche und Staat ein, verstand sich als Theologe des Fortschritts und der Kirche nicht bloß des kommenden 20. Jahrhunderts, sondern eines qualitativ neuen Zeitalters: der Kirche der Toleranz, der Ökumene, der Freiheit. Die Kirche Amerikas, der Neuen Welt und des neuen "*age*" wird die blühendste und verheißungsvollste sein, Vorbild für die Kirche der Alten Welt. Ireland, wie viele andere Bischöfe, Kardinal Gibbons[30] , eingeschlossen, konnten diese Stunde kaum abwarten: die Einwanderer sollten möglichst schnell amerikanisiert werden, in Sprache und Grundeinstellung. Darum wünschte er keine deutschen, italienischen oder polnischen Pfarrschulen, Kindergärten und Vereine.

Die selbstbewußten Kirchenmänner, die übrigens durch Leistung im Management und durch Führungsqualitäten hervortraten, im Unterschied zu manchen europäischen Kollegen, stießen sich an der Bevormundung durch den Heiligen Stuhl; denn alle nordamerikanischen Bistümer waren noch nicht selbständige kirchenrechtliche Einheiten, sondern unterstanden der römischen Propagandakongregation, also der päpstlichen Behörde für diejenigen Missionsgebiete, in denen der desolaten wirtschaftlichen und politischen Lage wegen, gepaart mit Personal- und mit Finanznöten, keine eigenständigen Bischofssitze errichtet werden konnten. Die nordamerikanischen Bischöfe fühlten sich - nicht zu Unrecht - als Präfekten, Außenbeamte einer römischen Zentrale. Trotz aller Erfolge beim Aufbau der katholischen Kirche in Amerika illustrierte die Abhängigkeit von der Propagandakongregation für nordamerikanische Katholiken eine bittere Wahrheit: Europa hatte zwar politisch von seiten Englands, und kirchlich, was die protestantischen Denominationen angeht, die USA in die Freiheit entlassen, aber gerade den Katholiken blieb jenes *Odium* anhaften, von Europa aus gesteuert und somit keine guten Amerikaner zu sein.

Im Zusammenhang mit der Vierhundert-Jahrfeier der Entdeckung Amerikas kam es im Jahre 1893 zu einem bezeichnenden Zwischenfall weltweiter Polemik. Anläßlich der Weltausstellung in Chicago zur Kolumbusfeier sollten auch die Kirchen sich darstellen. Laut Konzept der Ausstellung, "not things, but men", ließ man nicht bloß tote Dinge und Objekte (Bilder, Kultgegenstände, Bücher usw.), sondern auch die Vertreter der Religionen selber zu Wort kommen. Ein Religionsparlament[31] entstand, Juden neben Hindus, Baptisten neben katholi-

---

[29] Vgl. James Moynihan, The Life of Archbishop John Ireland, New York 1953; Thomas E. Wangler, John Ireland and the Origins of Liberal Catholicism in the United States, in: CHR 56 (1971) 617-629; ders., John Ireland's Emergence as a Liberal Catholic and Americanist, 1875-1887, in: RACHS 81 (1970) 67-82; ders., The Birth of Americanism: 'Westward the Apocalyptic Candlestick', in: HThR 65 (1972) 415-436; John Offner, Washington Mission: Archbishop Ireland on the Eve of the Spanish-American War, in: CHR 73 (1987) 562-575; Marvin R. O'Connell, John Ireland and the American Church, St. Paul 1988.

[30] Vgl. Ellis, The Life (wie Anm. 6); Robert Trisco, Gibbons, James, in: LThK³ IV 641f (Lit.).

[31] Zum Religionsparlament von Chicago 1893 mit Teilnahme von katholischen Bischöfen und Priestern und zur Reaktion vgl. alle Darstellungen zur Amerikanismus-Affäre (T. McAvoy, R. D. Cross usw.) und die Biographien der damit befaßten Katholiken wie Ireland, Keane und Gibbons. - Wenig bekannt sind die römischen Beweggründe für die Opposition gegen derartige Religionsgespräche. Seit Jahrhunderten wehrte sich der Hl. Stuhl gegen öffentliche Religionskolloquien. In einem Beschluß der römischen Propagandakongregation vom 7. Febr. 1645 heißt es über die römische Haltung sowohl in Europa (meist: Gespräche mit Protestanten) als auch in Asien (mit orthodoxen Christen oder mit Nichtchristen): "Sanctam Sedem Apostolicam

schen Bischöfen, die diskutierten, warben, Statements abgaben. Es hagelte konservative Proteste: Indifferentismus, skandalöse Erniedrigung für die alleinseligmachende katholische Kirche, begangen von amerikanischen Bischöfen, die ihren Amerikanismus auch noch als Toleranz ausgaben, so empörten sich die Gegner bis nach Europa.

Zu einem charakteristischen Wirbel im Milieu der Amerikanisten führte das Buch des Ordensmannes John Zahm[32], mit dem Titel *Evolution and Dogma*. Zahm versuchte nachzuweisen, daß die biologische Entwicklungstheorie von Charles Robert Darwin[33] über die Entstehung der Arten, auch der Menschen, keineswegs mit dem Dogma und der biblischen Schöp-

et Romanos Pontifices, quod huiusmodi colloquia, disputationes et collationes sine bono, aut etiam cum malo exitu peracta fuerint, illa frequenter prohibuisse, ac suis ministris scripsisse ut illa impedirent; si vero non possent impediri, curarent ne fierent sine auctoritate Apostolica" (Collectanea S. Congregationis de Propaganda Fide. Vol. 1, Romae 1907, 30). Angesichts des wachsenden Zentralismus der römischen Kurie gegenüber allen Bischöfen bedeutete die Teilnahme amerikanischer Kirchenmänner an den Gesprächen in Chicago 1893 nicht nur Gefährdung der Kirchenlehre ("Indifferentismus" und Nivellierung aller Religionen auf einer Ebene, ohne Rücksicht auf das Selbstverständnis der katholischen Orthodoxie von der herausragenden Rolle der alleinseligmachenden Kirche), sondern auch eine Mißachtung des zentralistischen Anspruchs der römischen Kurie, deren Autorisierung zur Teilnahme an den Religionsgesprächen fehlte.

32 J. A. Zahm (1851-1921), aus Lexington, Ohio, gebürtiger Sohn eines elsässischen Einwanderers, Ordenspriester (Kongregation vom Hl. Kreuz) und Professor in Notre Dame. Sein Buch über die Vereinbarkeit von katholischem Dogma und Evolutionslehre (Chicago 1896) war "a manifesto of the 'Americanist movement'"; so Th. J. Schlereth, in: John Augustine Zahm, Evolution and Dogma: With a New Introduction by Thomas J. Schlereth, New York 1978, o. S. Die italienische Ausgabe dieses Buches (Evoluzione e dogma, Siena 1896; übersetzt von dem liberalen Priester Alfonso M. Galea) führte zum römischen Verbot aller Ausgaben (Dekret der Indexkongregation vom 1. Sept. 1898). Wegen innerkurialer Gegensätze und weil Zahm sich dem Urteil gehorsam unterwarf, schob man die Veröffentlichung der rechtskräftigen Indizierung auf. Sie unterblieb bis heute, auch als neue Konflikte entstanden wegen der in Rom erst nach 1898 bekannt gewordenen französischen Ausgabe, hinter der man einen Akt des Rückfalls und des Ungehorsams von Zahm vermutete (L'Évolution et le dogme. Traduit de l'anglais par l'abbé J. Flageot, Paris 1897). Vgl. Schreiben der Indexkongregation (P. Marcolino Cicognani OP, als Sekretär) an den Generaloberen P. Gilbert Français vom 10. Sept. 1898 und 25. April 1899, in: Ralph E. Weber, Notre Dame's John Zahm. American Catholic Apologist and Educator, Notre Dame 1961, 107f und 120f (englische Übersetzung der noch unbekannten italienischen Originale). Vgl. R. Scott Appleby, Between Americanism and Modernism. John Zahm and Theistic Evolution, in: ChH 56 (1987) 474-490; ders., Church (wie Anm. 13), bes. 13-52 ("John Zahm and the Case for Theistic Evolution").

33 Gegen die katholischen Verteidiger der Evolutionstheorie (damals nur geläufig als 'Darwinismus') ging der Hl. Stuhl wiederholt vor, z. B. gegen P. Edouard Leroy OP (L'Évolution restreinte aux espèces organiques, Paris 1891), und gegen den englischen Katholiken St. George Jackson Mivart. Nachdem das S. Officium dessen Artikelserie "Happiness in Hell" (gerichtet gegen die scholastische Höllenlehre) 1893 indiziert hatte, wurde Mivart 1900 exkommuniziert aufgrund des Betreibens des späteren Kardinals R. Merry del Val in Rom. Vgl. [Francesco Salis Seewis,] Evoluzione e dogma, in: CivCatt Serie 16 vol. 9 (1898) 201-204; [Salvatore Brandi,] Evoluzione e dogma, in: CivCatt Serie 17 (1899) 34-36; Jacob W. Gruber, A Conscience in Conflict: The Life of St. George Jackson Mivart, New York 1960; John D. Root, The Final Apostasy of St. George Jackson Mivart, in: CHR 71 (1985) 1-25. - Zahm hatte die Haltung des Hl. Stuhls zur Evolutionstheorie kritisiert und parallelisiert zum "Fall Galilei": "The Copernical theory [...] was denounced as anti-Scriptural [...]. That the theory of Evolution should be obliged to pass through the same ordeal [...] is not surprising" (Zahm, Evolution S. XVII). Als der Papst, hundert Jahre später, die frühere Unvereinbarkeit von Kirchenlehre und Evolutionstheorie zu "bewältigen" suchte, indem er beide jetzt für vereinbar erklärte, konnte man als Kommentar lesen: "Wie schon im Fall Galilei scheue sich Johannes Paul II. nicht, alte Konflikte, 'die man nach heutiger Erkenntnis ausräumen kann, aus der Welt zu schaffen'"; Bischof Karl Lehmann, laut KNA Inland, Nr. 209/19.114 vom 30. Okt. 1996.- Zur Geschichte der Evolutionstheorien vgl. Alexandre Ganoczy, Suche nach Gott auf den Wegen der Natur. Theologie, Mystik, Naturwissenschaften - ein kritischer Versuch, Düsseldorf 1992; Eve-Marie Engels (Hg.), Die Rezeption von Evolutionstheorien im 19. Jahrhundert, Frankfurt am Main 1995.

fungserzählung in Widerspruch stehe. Kampf ums Dasein, Selektion und Überleben der Tauglichen harmonieren laut Zahm durchaus mit dem katholischem Dogma. Der erweiterte Darwinismus, insbesondere der sog. Sozialdarwinismus jener Jahre in USA und Europa, charakterisiert schlaglichtartig die Ideologie des Bürgertums, der Leistungs- und Konkurrenzgesellschaft des Hochliberalismus. Der Amerikanist Zahm fand bezeichnenderweise in seinem Buch den Bogen zur katholischen Dogmenauslegung und begeisterte so viele Leser, auch in französischer und italienischer Übersetzung, daß der römische Index einschreiten zu müssen glaubte. Er erklärte das Buch für verboten, freilich aufgrund der Proteste und Interventionen der Amerikanismus-Vertreter nur in der Weise, daß das Verbot nicht veröffentlicht wurde und Zahms Name nicht auf dem römischen *Index der verbotenen Bücher* erschien.

Die Übersetzungen des Buches von Zahm in Europa belegen, daß der sog. Amerikanismus längst auch auf dem alten Kontinent Heimat hatte und dies ausgerechnet in Rom. Die Propagandakongregation unterhielt dort ein Kolleg für nordamerikanische Theologiestudenten, und dessen Rektor Denis O'Connell[34] wurde nicht nur der eifrigste Anhänger des Amerikanismus, sondern auch sein wichtigster Agent und Kopf in Europa, insbesondere in Rom, wo er sich im Labyrinth der römischen Kurie, ihrer Strömungen und Parteiungen, bestens auskannte.

O'Connell, 1896 abgesetzt, aber zuletzt Bischof von Richmond, gehörte wie Erzbischof Ireland und Erzbischof Keane[35], der schon 1895 abgesetzte Rektor der Katholischen Universität Washington, zum Dreigestirn der fähigsten und agilsten Vertreter des Amerikanismus aus den USA. O'Connell nahm in Rom und Norditalien Kontakt zu liberalen Katholiken auf, die eine Aussöhnung des Nationalstaates mit dem Papst erstrebten, also einen Verzicht auf die immer noch von Leo XIII. geforderte Rückgabe des Kirchenstaates. Es gab verschiedene Kleriker unter diesen Liberalen, darunter die Gebrüder und Kardinäle Serafino und Vincenzo Vannutelli, sodann verschiedene Adelige und Großbürgerliche, etwa den Salon der deutschen Baronin Augusta von Eichthal in Rom, Madame Sabina di Parravicino Revel oder Emiliano di Parravicino, die gute Verbindungen hatten zum italienischen Königshaus, insbesondere zur liberalkatholischen Königin Margherita di Savoia. O'Connell knüpfte Fäden auch nach Frankreich, so daß katholische Zeitschriften wie die *Revue des deux Mondes*, *L'Univers* und viele Intellektuelle das Anliegen Heckers und Irelands unterstützten.

Wie beim Kolumbusjubiläum in Chicago sollte bei der Jubiläumsweltausstellung 1900 in Paris ein Religionsparlament[36] stattfinden, für das der katholische Priester Victor Charbonnel die Vorbereitungen traf. Ein Wutaufschrei der konservativen Katholiken in Paris hat dies verhindert. Die französischen Katholiken, gespalten zwischen monarchistischen Konservativen und republikanischen Liberalen, griffen die demokratisch-freiheitlichen Thesen Heckers gemäß dieser Spaltung auf, ablehnend oder begeistert. Die anfangs erwähnte Lebensbeschreibung Heckers von Elliott erschien in französischer Bearbeitung 1897 in Paris mit Einleitungen von Ireland und von Abbé Felix Klein, einem liberalen Theologieprofessor vom *Institut Catholique*. Das Buch hatte großen Erfolg, sieben Auflagen in wenigen Wochen.

---

34 Zu D. O'Connell vgl. bes. Fogarty, The Vatican (wie Anm. 18).

35 Vgl. Patrick Henry Ahern, The Catholic University of America, 1887-1897. The Rectorship of John J. Keane, Washington 1948; ders., The Life (wie Anm. 17). Ein für Keane (und andere bürgerliche Katholiken in den USA und in Europa) symptomatischer Aufsatz-Titel lautet: Loyalty to Rome and Country, in: ACQR 15,2 (1890) 509-528. Der ungezeichnete Artikel stammt von Keane, laut "Table of Contents" des ersten Jahrgangsbandes 15,1 (1890) 10.

36 Zum geplanten Religionsparlament in Paris 1900, zu Victor Charbonnel und den Zusammenhängen vgl. Babier, Histoire (wie Anm. 3), Bd. 3, 233-241; Lecanuet, La Vie (wie Anm. 15), 565-568 u.ö.

O'Connell hatte auch Kontakte zu liberalen Katholiken in Deutschland, wo der Amerikanismus gutes Echo fand in bestimmten Kreisen, die man hier auch Reformkatholiken nannte. Herman Schell, Theologieprofessor in Würzburg und Exponent der "Reformkatholiken", beginnt seine berühmte Programmschrift *Die neue Zeit und der alte Glaube* mit einem ausführlichen Kapitel über Erzbischof Ireland und über Isaac Hecker. "Ich predige den Kreuzzug der neuen Zeit" (*new age*), so begeistert sich Schell an den Worten Irelands, "ich predige den herrlichsten aller Kreuzzüge, um Kirche und Neuzeit innig zusammenzubringen, im Namen der Menschheit, im Namen Gottes! Die Kirche und die Neuzeit". Die Religion der alten Zeit ist ein Ritus, die der Neuzeit ist Arbeit und Humanität, ist der Fortschritt. "Der Conservatismus ist ein anderer Name für Apathie - totes Holz"[37].

Mit dem Haupt der deutschen liberalen Kleriker, dem Freiburger Kirchenhistoriker Franz Xaver Kraus, gewann O'Connell den stärksten Alliierten des Amerikanismus in Deutschland. Kraus, neben seiner bekannten wissenschaftlichen Tätigkeit politisch stark engagiert, z. B. bei der Aussöhnung von Staat und Kirche in Deutschland zur Beendung des Kulturkampfes oder auch zur Bekämpfung der Zentrumspartei und der Ultramontanen, hatte gute Verbindungen zu dem liberalen Katholiken Fürst Chlodwig Hohenlohe, dem damaligen Reichskanzler und preußischen Ministerpräsidenten. Unter Hohenlohe erfolgte der Einstieg Deutschlands in die Weltpolitik durch Flottenbau und Erwerb von Kolonien. Der Papst unterstützte Frankreich in der Hoffnung auf ein Wiedererstehen des Kirchenstaates, weil angeblich nur Frankreich dies gegen den Widerstand Italiens erreichen könne. Kraus und Hohenlohe wünschten dagegen eine Anlehnung des Papstes an die Mittelmächte, also an den Dreibund Deutschland-Österreich-Italien, wobei man den Papst davon abbringen müsse, weiterhin noch der Illusion einer Wiedererrichtung des Kirchenstaates anzuhängen. Sie meinten, die deutsch-angelsächsische Welt habe die Zukunft für sich, Papst und Katholizismus müßten dem Rechnung tragen durch Umorientierung. Für Hohenlohe erarbeiteten Kraus und O'Connell das Konzept für das neue Pontifikat, weil man allenthalben über die Nachfolge des bereits 88-jährigen Leo XIII. spekulierte und die Regierungen sich auf einen Nachfolger vorbereiteten. Das Regierungsprogramm, ausgehandelt mit Kardinal Serafino Vannutelli, dem Papstkandidaten[38] der Deutschen, sah eine Abwendung vom politischen Katholizismus (etwa des katholischen Zentrums) hin zum religiösen Katholizismus vor. Förderung von Freiheit und Wissenschaft, den Werten

---

[37] Zitiert aus dem Eingangskapitel "Erzbischof Ireland und P. Hecker über Kirche und Neuzeit" in: Herman Schell, Die neue Zeit und der alte Glaube. Eine culturgeschichtliche Studie, Würzburg ²1898, 4.

[38] Zu dem Programm Serafino Vannutellis für ein künftiges Pontifikat (1898) und zu dem Werben deutscher und italienischer liberaler Katholiken sowie O'Connells für eine Papstkandidatur S. Vannutellis vgl. Chlodwig Fürst zu Hohenlohe-Schillingfürst, Denkwürdigkeiten aus der Reichskanzlerzeit, hg. von Karl Alexander v. Müller, Berlin 1931, 467f; Christoph Weber, Quellen und Studien zur Kurie und zur Vatikanischen Politik unter Leo XIII. Mit Berücksichtigung der Beziehungen des Hl. Stuhles zu den Dreibundmächten, Tübingen 1973, 425f. Vannutelli soll, falls er Papst würde, O'Connell die Erhebung zum Kardinal versprochen haben. Der den Amerikanisten sehr abgeneigte Jesuitengeneral Luis Martín notierte folgende Anekdote von einem Festmahl im Amerikanischen Kolleg in Rom: O'Connell nahm das rote Käppchen (Pileolus; Soli Deo) vom Kopf des Kardinals S. Vannutelli, drehte es um, so daß nur das weiße Innenfutter sichtbar war, und bedeckte so den Kopf des Kardinals, der nun wie mit dem weißen Pileolus des Papstes geschmückt aussah. Daraufhin rückte Vannutelli seinen Pileolus zurecht und setzte ihn O'Connell aufs Haupt, der nun den roten Pileolus des Kardinals trug: "Tomando aquel [O'Connell] el solideo rojo del Cardenal S[erafino Vannutelli], volvióle al revés y se lo puso blanco como era al mismo Card. Seraphino, para indicarlo que él le predestinaba al Papado. El cardinal entonces quitándose el solideo y volviéndole al derecho se le puso a Mons. O'Connell, como para indicarle que sería cardenal"; Memorias del P. Luis Martín, General de la Compañia de Jesus (1846-1906). Edición preparada por J. R. Eguillor, M. Revuelta y R. M. Sanz de Diego. Vol. 1-2 (BIHSJ 17-18), Roma 1988; Bd. 2, 918.

der aufstrebenden Weltmächte Deutschland und der Angelsachsen, weg vom System der äußerlichen Ritualisierung und Gängelung wie bei den Jesuiten oder in den lateinischen Ländern; nicht mehr ausschließliche Begünstigung Frankreichs durch den Vatikan, sondern gleichmäßige Förderung auch der Interessen anderer Großmächte; Aufgabe des Anspruches auf Wiedererrichtung des Kirchenstaates.

Wir können diesen Kreis unserer Überlegungen hier abschließen mit der Feststellung: Der Amerikanismus war 1898 zu einem internationalen Phänomen auch des europäischen Katholizismus angewachsen: Amerikanismus hieß in Amerika Bejahung des Fortschritts und selbstverständliche Loyalität zu Land und katholischer Kirche, in Frankreich Zusammengehen von Republik und Kirche gemäß dem vom Papst gewünschten Ralliement, bei den liberalen Katholiken Italiens Aussöhnung zwischen Nation und Papsttum unter Verzicht auf einen Kirchenstaat, und in Deutschland Förderung von Wissenschaft und Freiheit durch die katholische Kirche und in der Kirche: mit einem Wort Reformkatholizismus. Was wie vier Amerikanismen[39] aussah, war letztlich nur der eine liberale Katholizismus, verbreitet in mehreren Ländern mit jeweils eigener nationaler Prägung.

IV. Die "konservativen" Katholiken in Amerika und Europa

Den Freunden und Befürwortern des "Amerikanismus" standen die "Konservativen" gegenüber. Dieser hinsichtlich seiner Berechtigung hier nicht näher analysierte Begriff herrscht heute in seiner Geschichtsschreibung vor, während man andere Ausdrücke wie Reaktionäre, Refraktäre u. ä. fallen ließ. Dies trifft für die USA zu, während man in Europa meist von Ultramontanen spricht, wenigstens in Mittel- und Westeuropa.

Die Gegner des Amerikanismus in Amerika waren vor allem Deutsche, freilich nicht nur diese; auch die Gruppe der Iren um Erzbischof Corrigan[40] in New York zählt zu den "Konservativen". Dennoch hat sich sowohl in der damaligen Polemik als auch in den heutigen Darstellungen das vereinfachende - und soweit als solches erkannt, durchaus legitime - Schema erhalten: die Iren förderten den "Amerikanismus", die Deutschen waren seine Gegner.

Gemeint sind natürlich nur die katholischen Deutschen, höchstens zwei Millionen, die man damals in USA zählte, nicht die evangelischen oder die starke Gruppe der Juden mit deutschen Zeitungen und Publikationen. Die deutschen Katholiken hatten mehrheitlich ihr vom Kulturkampf übernommenes Mißtrauen gegenüber dem Staat und der liberalen Gesellschaft auch in den USA beibehalten: sie bildeten eine Parallelgesellschaft, einen Ghetto-Katholizismus, mit ausgebautem Vereinswesen für jedes Lebensalter und jede Lage: Katholische Kindergärten, Jugendgruppen, Nähzirkel, Sportvereine, konfessionelle Standesgruppen, Arbeiter- und Kaufmannsvereine, alles katholisch, alles deutschsprachig. Diese Katholiken lebten wie in einer Wagenburg, in einem Turm und in Abwehr vor dem rauhen Wind der Freiheiten des Jahrhunderts. Nicht auf Anordnung von Päpsten oder Bischöfen, die den modernen Liberalismus wiederholt verurteilten in allen seinen Ausformungen als persönliche Freiheit, als Pressefreiheit, als Lehrfreiheit oder politisch-demokratische Freiheit, sondern von sich aus, vertreten

---

39 Vgl. die Zusammenschau des internationalen Amerikanismus aus vatikanischer Sicht in dem erwähnen Interview von 1898 (Anm. 17).

40 Vgl. Robert Emmet Curran, Michael Augustine Corrigan and the Shaping for Conservative Catholicism in America, 1878-1902, New York 1978.

durch ihre eigenen Sprecher und Vorsitzenden, flüchteten sich die verunsicherten katholischen Bauern und Handwerker in den USA in ihre kirchlichen Überlieferungen und klammerten sich an ihre Strukturen, um nicht in der als Flut erlebten Woge der ungewohnten Freiheiten unterzugehen. Ihre gesamte heimische Kirchenstruktur aus Deutschland hatten sie in die USA getragen mit eigenen deutschen Pfarreien, deutscher Predigt, Zeitungen usw. Viele hundert Priester und Ordensfrauen, die Deutschland verlassen mußten wegen des Kulturkampfes, ungezählte Laien haben Heroisches geleistet beim Aufbau eines blühenden Vereinswesens und imponierender Organisationen. Es schmälert nicht diesen Respekt, wenn wir feststellen: das Ergebnis war ein Katholizismus, der sich in selbst errichteten Mauern erst katholisch fühlte. Auf die großen Probleme der Sprachenfrage und der von den Amerikanisten immer kritisierten mangelnden Integration ist hier nicht einzugehen. In diesem Zusammenhang genügt ein Hinweis auf die betonte Orthodoxie dieses Katholizismus und auf den sog. Cahenslyismus.

Während die Vertreter des Amerikanismus in der Lehre eine Annäherung oder wenigstens eine vorsichtige Methodik wünschten, bestanden die deutschen Ultramontanen auf inflexibler Orthodoxie, auf papsttreuer Ergebenheit und strenger Anbindung an die römischen Direktiven. Die Hauptvertreter der deutschen Katholiken, der Zeitungsverleger Arthur Preuß[41] und der Theologieprofessor Joseph Schröder[42], lieferten fast täglich neue Beweise von Romtreue und öffentlichen Protesten gegen die ihrer Ansicht nach in Liberalismus und Irrlehre abgleitenden Amerikanisierer. Schröder war Theologieprofessor an der katholischen Universität Washington, Redner auf fast allen großen Versammlungen deutscher Katholiken. Als Schüler des römischen Jesuiten Kardinal Andreas Steinhuber, des Präfekten der Kongregation des Index, hatte er einen direkten Draht dorthin, wo es für die Amerikanisten ernsthaft gefährlich werden konnte - und, da wir das Ergebnis schon sahen in Form des Schreibens *Testem benevolentiae*, wo es tatsächlich auch gefährlich wurde. Die irische Gruppe der relativ wenigen Professoren an der Universität Washington hat es verstanden, die zunächst mehrheitlich europäischen Professoren auszuschalten oder zur Rückkehr zu bewegen. Schröder blieb bis zuletzt, erlebte dann aber eine derartige Kampagne gegen seine Person, daß er 1898 aufgab und einen Lehrstuhl in Münster annahm.

Die Lehre der ultramontanen Amerikaner, der Gegner des Amerikanismus, erhellen am einprägsamsten die Worte des Pfarrers Heinrich Tappert aus Covington, Kentucky, die dieser auf dem Katholikentag 1894 in Köln sprach: er begrüßte die deutschen Katholiken im Namen der 2 Millionen amerikanischen Glaubensbrüder und ihrer "deutsch-amerikanischen Katholiken-Versammlung", klagte über die "Gleichgültigkeit gegen die religiöse Wahrheit" in den USA und vor allem über den "praktischen kirchlichen Liberalismus" der irischen Bischöfe. Diese liberalen Kirchenmänner haben "die Versöhnung der Kirche mit dem Zeitalter, mit den

---

41 Zu dem Laientheologen und Redakteur/Verleger Arthur Preuss (1871-1934), in St. Louis geborener Sohn des katholischen Konvertiten Edward Preuss: E. P. Willging, Preuss, Arthur, in: NCE XI 764.

42 Zu Peter Joseph Schröder (1849-1903), zu seinem Antiliberalismus (z. B. gegen Franz X. Kraus) sowie seinen Aktivitäten in den USA: Herman H. Schwedt, Schröder, Peter Joseph, in: BBKL IX 984-988 (Lit.). In der "American Ecclesiastical Review" (1891) veröffentlichte Schröder eine Artikelserie gegen den italienischen Theologen Salvatore Di Bartolo, einen liberalen Kleriker. Dieser nahm die von Ultramontanen und Neuscholastikern verbreiteten Thesen über die angeblich definitiven und endgültig verbindlichen Kirchenlehren (der sog. Maximalisten) nicht an (laut Schröder: "Theological Minimizing"), und wurde vom Hl. Stuhl sogleich indiziert. Die American. Eccl. Review stellte daraufhin die Artikelserie von Schröder ein. Die näheren Zusammenhänge zwischen Schröders Intervention und der römischen Indizierung sind noch unbekannt, auch nach dem Erscheinen des jetzt maßgeblichen Artikels über den Indizierten: F. M. Stabile, Salvatore Di Bartolo (1836-1906), in: Dizionario storico del movimento cattolico in Italia, 1860-1980. Francesco Traniello e Giorgio Campannini (Dir.). Vol. III/1, Casale Monferrato 1984, 316f.

modernen Ideen, mit dem Amerikanismus auf ihre Fahne geschrieben. Sie glauben, die Kirche dadurch zu fördern, daß sie dieselbe modernisieren, insbesondere amerikanisieren. Daher das Anpreisen der modernen Freiheit als Ideal der kirchlichen Weisheit". Was aber wollten - nach Pfarrer Tappert - die deutschen Katholiken in Amerika: "Wir wollen keine Sonderstellung wie die Amerikanisten in der Kirche uns anmaßen, wir wollen nicht katholischer sein als der Papst und von uns aus festlegen, was katholisch ist [wie dies die Amerikanisten tun]: wir wollen nur so katholisch sein, wie das Lehramt in Rom es sagt, nur von diesem Lehramte, nicht von irgendwelchen Vertretern eines engherzigen Nationalismus oder Amerikanismus lassen wir uns unseren kirchlichen Standpunkt vorschreiben. Weil unser Katholizismus weder spezifisch deutsch noch spezifisch amerikanisch, sondern einfach römisch-katholisch ist, darum heißt unsere Parole immer und überall: kindlicher Gehorsam gegenüber der kirchlichen Autorität, und unentwegte Anhänglichkeit an den apostolischen Stuhl"[43]!

Mehr noch als diese erklärte Abhängigkeit freier Bürger Amerikas von Europa, vom römischen Stuhl, erregte der Cahenslyismus die Öffentlichkeit. Peter Paul Cahensly[44] war deutscher Kauf- und Bankmann, Reichstagsabgeordneter der katholischen Zentrumspartei, 1871 Gründer des heute noch bestehenden Auswanderervereins St. Raphael. Cahensly hatte als Lehrling für sein väterliches Bankgeschäft im Hafen Le Havre die katastrophalen Zustände beobachtet, unter denen verarmte Familien, Kinder und junge Menschen von Gaunern, Schleppern und Mädchenhändlern ausgebeutet wurden. Verkleidet als Auswanderer fuhr er selbst nach New York und erlebte zu seinem Entsetzen, daß die Ausbeutung nach der Landung weiterging. Als Folge unhygienischer und, wie Cahensly sich ausdrückte, "unsittlicher" Zustände auf den Zwischendecks kamen in Amerika Kranke an, geschwängerte Kinder und hilflose Familien nach vielwöchiger Warte- und Überfahrtzeit. Neue Gefahren drohten durch die Slums und Proletarisierung, weitere Ausbeutung wegen des Fehlens geeigneter Betreuung und sprachkundiger Hilfe. Cahenslys Philosophie hieß: Nicht nur in Europa muß etwas geschehen zum Schutz der Auswanderer, sondern auch in den USA muß die Eingliederung begleitet werden durch ein langfristiges Programm von Hilfs- und Siedlungsvereinen, Kinder- und Betreuungsgruppen auf freiwilliger Basis, Unterricht und Ausbildung einschließlich religiöser Katechese - und dies natürlich in derjenigen Sprache, die von den Einwanderern verstanden wird, für die Deutschen in deutscher Sprache. Nach fast zwanzigjähriger Vereinsarbeit mit Gründung von Anlaufstellen in allen Abfahrts- und Ankunftshäfen des Nord-Atlantik versammelten sich die verschiedenen Raphaelsvereine Europas 1890 in Luzern und verabschiedeten unter der Führung Cahenslys eine Resolution an den Papst mit der Bitte, dieser möge auch deutsche bzw. nationale (polnische usw.) Bischöfe in den USA ernennen, weil bisher der Episkopat meist aus Iren bestehe. Ein Sturm der Entrüstung brach los über den angeblich deutschen Nationalismus, den Sprachenkolonialismus, den Fuß des Berliner Kaisers

[43] Begrüßungsansprache von Pfarrer Heinrich Tappert aus Covington in Köln am 26. August 1894, in: Verhandlungen der 41. General-Versammlung der Katholiken Deutschlands zu Köln a. Rh. vom 26. bis 30. August 1894. Herausgegeben von dem Lokal-Komité zu Köln, Köln 1894, 84-93; 90. - Unter Applaus erklärte Tappert bei dieser Gelegenheit: "Civis americanus sum! Wir sind Amerikaner, freie Amerikaner, Amerikaner katholischen Glaubens, Amerikaner deutscher Zunge und Sitte!" (93).

[44] Vgl. J. Meng, Cahenslyism: The First Stage 1883-1891, in: CHR 31 (1945/46) 389-413; ders., Cahenslyism: The Second Chapter 1891-1910, in: CHR 32 (1946/47) 302-340; Colman J. Barry, The Catholic Church and German Americans, Washington 1953 (zur deutschen Ausgabe 1971 vgl. Anm. 8); Josef Caviezel, Simon Peter Paul Cahensly. Der Gründer des Raphaelsvereins zum Schutze katholischer deutscher Auswanderer, in: Bündner Monatsblatt 52 (1965) 142-161; Herman H. Schwedt, Cahensly, Peter Paul, in: LThK³ II 883 (Lit.); Christopher Layden, Peter Paul Cahensly. Founder of Raphaels-Werk (Hamburg), in: Silvano M. Tomasi (Ed.), Pastoral Dictionary on Migrants and Human Mobility, New York - Rome (im Erscheinen).

in der Tür Amerikas, die wieder versuchte Erniedrigung Amerikas durch Europas päpstliche Ultramontane. All dies beinhaltet heute der Begriff "Cahenslyismus". Die Auseinandersetzung um ihn ist Teil des "Amerikanismus"-Konfliktes.

In Frankreich nahm die Polemik um den Amerikanismus wegen des dort übersetzten Buches über Isaac Hecker besonders hitzige Formen an. Die gegen die Republik eingestellten Katholiken, also die Monarchisten und Legitimisten, entfesselten gegen Hecker und das geplante Religionsparlament der Pariser Weltausstellung von 1900 lautstarke Proteste, am erfolgreichsten der Pariser Ordensmann Charles Maignen[45]. Er schrieb viele Zeitungsartikel gegen Hecker, faßte diese als Buch zusammen, bekam aber vom Pariser Kardinal nicht das erforderliche Imprimatur. Dieses erhielt er aber im Vatikan vom päpstlichen Palastmagister, so daß 1898 das Buch in Rom erschien mit explosiven Anklagen gegen die amerikanistischen Bischöfe wegen angeblicher Abweichung vom rechten Glauben, Verwässerung der Orthodoxie und wegen Ausverkaufs der unveränderlichen Offenbarungslehren an die Moderne.

Seit dem Erscheinen von Heckers Biographie in Paris 1897 bis zum Jahre 1899, also bis zum Schreiben *Testem benevolentiae*, haben sich Stil und Ton der Auseinandersetzung zwischen den beiden Fraktionen der Katholiken, den Vertretern und den Gegnern des Amerikanismus in den USA und in Europa stark verändert.

Die Verschärfung der innerkatholischen Konflikte in diesen Jahren entsprach den aggressiveren politischen Auseinandersetzungen. Die zahlreichen Machenschaften und Intrigen sowie die Anschuldigungen und Verleumdungen, wie man sie in zeitgenössischen Pamphleten und Zeitungen findet, klingen für denjenigen zunächst ungewöhnlich, der sich nur an Verhältnissen orientiert mit einer von der Obrigkeit noch relativ im Zaum gehaltenen Presse; was freilich in Frankreich oder in den USA an Invektiven und Beleidigungen in der Presse erschien, entspricht dem hochkapitalistischen Liberalismus in der Presse, als es noch kaum Pressegesetze oder Regelungen zum Persönlichkeitsschutz gab. Aber, wie angedeutet, die Schärfe und Hysterie hängt zusammen mit den politischen Ereignissen, vor allem den imperialistischen Rivalitäten der Großmächte, auf die hier nicht einzugehen ist[46]. Vor allem ist hier der spanisch-amerikanische Krieg (1897-1898) zu nennen, in dessen Folge Spanien sowohl Kuba (fortan ein Protektorat der Vereinigten Staaten) als auch Puerto Rico und die Philippinen an die USA verlor.

Die politisch-wirtschaftliche Gewichtsverlagerung von der romanischen Welt zur angelsächsischen, symbolisiert durch den spanisch-amerikanischen Krieg[47], und die Konsequenzen

---

[45] Vgl. Herman H. Schwedt, Charles Maignen (1858-1937). Ordenspriester und antimodernistischer Schriftsteller, in: BBKL V 566-569 (Lit.). Das Erfolgsbuch von Maignen hatte den Titel: Études sur l'Américanisme. Le Père Hecker est-il un Saint?, Rome 1898; Rome-Paris 1899; Studies in Americanism. Father Hecker is he a Saint?, Rome-New York [1898].

[46] Vgl. Hans-Ulrich Wehler, Der Aufstieg des amerikanischen Imperialismus. Studien zur Entwicklung des Imperium Americanum 1865-1900, Göttingen ²1987. In diesem Werk wird nicht Bezug genommen auf die innerkatholischen Konflikte in diesem Zusammenhang.

[47] Zum spanisch-amerikanischen Krieg entwickelte einer der Amerikanisten, Monsignore O'Connell, eine bezeichnende Geschichtstheologie, in der göttliche Vorsehung und populärer Darwinismus sich friedlich begegneten: "War is often God's way of moving things onward [...]. The whole history of Providence is the history of war; survival of the fittest". Es gehe nicht nur um Kuba, sondern um den Kampf zweier Kulturen, um das korrupte Europa und das humane Amerika, dem Gott nach dem Sieg über Spanien das Banner der Führung übergebe: "For me this is not simply a question of Cuba [...], it is the question of two civilizations. It is the question of all that is old & vile & mean & rotten & cruel & false in Europe against all this [!] is free & noble & open & true & humane in America. When Spain is swept of [!] the seas much of the meanness & narrowness of old Europe goes with it to be replaced by the freedom and openness of America. This is God's way of developing the world". Brief O'Connells an Ireland v. 24. Mai 1898, in: McAvoy, Great Crisis (wie

für die katholische Kirche faßten zwei typische Exponenten sowohl der katholischen Amerikanisten oder Liberalen wie ihrer Gegner in jeweils bezeichnende kurze Formulierungen: Prälat Denis O'Connell aus Rom erkannte, mit Anspielung auf Ignatius von Loyola, den Gründer der von den Amerikanisten gefürchteten Jesuiten: Nach dem Sieg der USA verliert Spanien, das "Vaterland des Ignatius und der Inquisition", seinen Einfluß in der Welt und in der Kirche. Die Spectator-Briefe von F. X. Kraus in der *Allgemeinen Zeitung* verkündeten: "Der Ausgang des spanisch-amerikanischen Krieges zeigt den unaufhaltsamen Aufstieg der germanisch-angelsächsischen Völker und den Niedergang der romanischen". Der als Neuscholastiker bekannte päpstliche Nuntius Lorenzelli in Paris kam 1900 dagegen zu dem Urteil: Die Amerikanisten hoffen nun auf einen Transfer des Papsttums von den Lateinern zu den Angelsachsen. Die Verurteilung des Amerikanismus, so Lorenzelli, war demnach dringend überfällig[48]. Konservative Katholiken in Europa und besonders an der römischen Kurie, und hier vor allem die Spanier, erlebten den Ausgang des spanisch-amerikanischen Krieges als Erniedrigung und säkulare Katastrophe[49]. Sie veranlaßte engagierte Gegner eines jeden Liberalismus wie etwa den späteren Kardinal Rafael Merry del Val[50] zu einem verstärkten Kampf gegen "amerikanistische" oder liberale Katholiken. Der in der Katholizismusgeschichte des 20. Jahrhunderts einschneidende Antimodernismus[51] der römischen Kurie und besonders von Kardinal Merry del Val speiste sich unter anderem aus dem als Demütigung empfundenen Sieg des USA-Imperialismus im spanisch-amerikanischen Konflikt.

Anm. 7), 207-210, ausgewertet von Ayers, The Americanists (wie Anm. 16), 189f und David G. Schultenover, A View from Rome. On the Eve of the Modernist Crisis, New York 1993, 50-53.

[48] Zitate aus: Confessore, Americanismo (wie Anm. 17), 72. Dort und bei Fohlen, Catholicisme (wie Anm. 14), 228 wird der ungedruckte Bericht des Nuntius Benedetto Lorenzelli aus Paris an den Kardinalstaatssekretär Rampolla vom 24. Mai 1900 ausgewertet. Lorenzelli spricht vom angeblich durch die Amerikanisten angestrebten "trasferimento del Papato agli Anglosassoni" (nach Archivio Segreto Vaticano, Segreteria di Stato, 280, fasc. 3).

[49] Vgl. das Kapitel "Guerra de Cuba y Filipinas" in den Aufzeichnungen des Jesuitengenerals Luis Martín: Memorias (wie Anm. 38), Bd. 2, 701-751. Die sicher interessanten Aufzeichnungen von Martín über Erzbischof Ireland (Fol. 2307-2318) haben die Herausgeber nicht veröffentlicht (vgl. Bd. 2, 451). Vgl. Schultenover, A View (wie Anm. 47), passim.

[50] Rafael Merry del Val (1865-1930), in London geborener Spanier, erzogen als Collegeschüler in Ushaw (England) und in Rom (Accademia dei Nobili Ecclesiastici, ab 1885), 1903 Kardinal. Sein gleichnamiger Vater, spanischer Botschafter in London (1860) und im Vatikan (1898), gehörte zur antirepublikanischen Führungsschicht der spanischen Monarchisten. Der Sohn reussierte in Rom als Integralist, etwa bei der spektakulären Ungültigkeitserklärung der anglikanischen Priesterweihen durch das S. Officium, 1896, und als Widersacher von liberalen Katholiken und als Antimodernist. Vgl. John Jay Hughes, Absolutely Null and Utterly Void. The Papal Condemnation of Anglican Orders 1896, London-Sydney 1968; J. Andrés Gallego, R. Merry del Val, in: DHEE Supl. I (1987) 489; Schultenover, A View (wie Anm. 47), Reg. Der Seligsprechungsprozeß für Merry del Val ist in Rom mindestens seit 1956 anhängig, ein Relator wurde 1986 ernannt, während als Postulator ein Priester Ioannes Sánchez firmiert, beauftragt von einem obskuren Diözesanwerk vom Hl. Herzen Jesu. Vgl. Congregatio pro Causis Sanctorum, Index ac Status Causarum. Cura Petri Galavotti, Città del Vaticano 1988, 271.

[51] Auf einige grundsätzliche Fragen, ob ein katholischer Modernismus (und damit ein katholischer Amerikanismus) eine rationalistische Illusion ist (Frage von L. Kolakowski), und ob der antimodernistische (antiamerikanistische) Widerstand der Päpste Teil einer fundamentalistischen Aufbäumung gegenüber dem Kapitalismus ist, kann hier nicht eingegangen werden. Vgl. Leszek Kolakowski, Die Illusion der Entmythologisierung, in: ders., Die Moderne auf der Anklagebank, Zürich 1991, 70-96 (deutsch von L. Kolakowski aus seinem Buch: Modernity on endless Trial, Chicago 1990); Christoph Türcke, Die pervertierte Utopie. Warum der Fundamentalismus im Vormarsch ist, in: Die Zeit, Nr. 16 vom 10. April 1991, 67-69.

V. ALTE WELT GEGEN NEUE WELT

Die Worte amerikanisch und europäisch beinhalteten in den Vereinigten Staaten um 1900 nicht nur geographische Bezüge, sondern bisweilen eine "logical antithesis", einen inhaltlichen und qualitativen Gegensatz von *Alter Welt* und *Neuer Welt*: Amerikanisches Leben und Streben, seine Freiheit und seine Demokratie galten als "neu", und Amerika besaß die missionarische Aufgabe, der alten Welt die neuen gesellschaftlichen und politischen Strukturen zu vermitteln. Die katholische Kirche der neuen Welt sollte der Gesamtkirche zeigen, wie sie im kommenden Jahrhundert sich darstelle: "The Church of the 'New World' must accept the 'responsability' of teaching the Universal Church how to live in the emerging new age"[52]. Die Visionäre Ireland und Keane, die an das *new age*, an das zwanzigste Jahrhundert als das der Freiheit glaubten, auch und besonders zum Wohle der Kirche, wenn diese sich den Freiheiten nicht verschließe, diese Visionäre als Vertreter nicht eines Kontinents, sondern einer qualitativ Neuen Welt, sie wurden freilich bitter enttäuscht von den Päpsten Leo XIII. und Pius X. als Vertretern nicht Europas, sondern einer Alten Welt, die rückwärts gewandt blieb.

Papst Leo XIII. hatte sich selbst und der Kirche Fesseln politischer Art (man wollte den Kirchenstaat wieder errichten) und intellektueller Art gelegt, indem man sich an das System der Neuscholastik band. Auf deren und auf weitere lehrmäßige und ethische Postulate und Konstrukte versuchten Päpste und deren maximalistische Apologeten die Katholiken zu verpflichten, statt auf die christliche Offenbarung zu verweisen. Ähnlich mehreren Vorgängern bekämpften Leo XIII., Pius X. und deren Gefolgsleute all jene als Minimalisten (Joseph Schröder nannte sie in Amerika *minimizers*) und als liberale Katholiken, welche die extensiven und von der christlichen Offenbarung nicht gedeckten Ansprüche der Päpste als solche bezeichneten oder gar kritisierten. Die Päpste und ihre Verteidiger bekämpften im Falle der Amerikanismus-Kontroverse nicht einfach "Phantome" und selbst erfundene Hirngespinste, sondern konkrete Personen, die man absetzte oder denen man Sanktionen androhte, oder man verbot wirklich existierende Bücher, beides ohne zwingende Begründung aus der christlichen Offenbarungsbotschaft. Das Besondere der Affäre um den katholischen Amerikanismus der Jahrhundertwende besteht nicht darin, daß die Europäer Leo XIII. und Pius X. sich gegen die Amerikaner und ihre katholische Kirche gewandt hätten, sondern vielmehr: eine Alte Welt, vertreten durch die beiden Päpste Leo XIII. und Pius X. und deren veraltetes Kirchenkonzept, mißbrauchte die christliche Sendung zu Herrschaftszwecken und wandte sich gegen Katholiken beider Hemisphären. Eine Alte Welt, nicht im geographischen, sondern im qualitativen Sinne, stellte sich gegen die Neue Welt, und die Verweigerung, ja die Rebellion des Alten gegenüber dem Neuen in der Kirche ist die Quintessenz - auch des historischen Antiamerikanismus.

---

[52] Wangler, The Birth of Americanism (wie Anm. 29), 419.

"History or Apologetics"

Edmund Bishop (1846-1917): "a modernist of before modernism"

Von Manfred Weitlauff

Edmund Bishops Name ist in Deutschland, wenn überhaupt, am ehesten noch im Bereich der Liturgik bekannt. Hier indes zählt er zu den führenden frühen Vertretern der neueren liturgiewissenschaftlichen Forschung, die sich seit dem 19. Jahrhundert in Anknüpfung an das Werk der Mauriner zu einer eigenständigen wissenschaftlich-theologischen Disziplin entwickelt hat. Zugleich gilt Edmund Bishop aber auch - wenn man so will - als einer der geistigen Väter der liturgischen Erneuerung, freilich nicht im Sinne einer Modernisierung und Simplifizierung oder gar volkssprachlichen Gestaltung, sondern im Sinne einer Wiederbelebung der Liturgie, vor allem der Eucharistie, als gemeinschaftlicher Gottesdienstfeier des christlichen Volkes - als "Christian Worship", wie er zu sagen pflegte[1]. Insbesondere aber hat er die anfänglich in der Hauptsache von Benediktinern getragene liturgiegeschichtliche Forschung in England, Belgien und Deutschland maßgeblich beeinflußt. Gelehrte wie die Benediktiner P. Suitbert Bäumer (1845-1894), Dom Ursmar Berlière (1861-1932) und Dom Germain Morin (1862-1946)[2] verdankten ihm entscheidende Impulse. P. Suitbert Bäumers (1895 posthum erschienene) große *Geschichte des Breviers*[3] - um nur dieses Werk zu nennen, das dann für die Brevierreform Pius' X. Bedeutung erlangte - entstand in enger Zusammenarbeit mit Edmund Bishop, ganze Passagen des Werkes stammen von des letzteren Hand[4].

Von Bishops zahlreichen eigenen Werken[5] ist allerdings nur ein einziger Aufsatz ins Deutsche übersetzt worden: nämlich sein klassischer Essay *On the Genius of the Roman Rite*[6]. Dieser Essay, ursprünglich ein Referat, das Edmund Bishop für die (katholische) *Historical Research Society* vorbereitet hatte - es wurde bei deren *meeting* am 8. Mai 1899 im Erzbischöflichen Palais von Westminster vorgetragen -, erschien unter dem Titel *Der Geist der Römischen Liturgie* im 4. Jahrgang 1931/32 der *Liturgischen Zeitschrift* in deutscher Sprache[7],

---

1 Siehe: Cunibert Mohlberg, Erinnerungen an einen Meister liturgiegeschichtlicher Forschung, in: BenM 4 (1922) 44-54; 48; A. Lambert, Bishop, Edmund, in: DHGE IX 2f.

2 Zu P. Suitbert Bäumer OSB siehe: P. Séjourné, in: DHGE VI 1474-1481; Justinus Uttenweiler, in: NDB I 532f; Bibliographie der deutschsprachigen Benediktiner 1880-1980 (SMBO Ergänzungsband 29/II), St. Ottilien 1987, 566f; Friederike Kiedl, in: LThK³ II 92f. - Zu Dom Ursmar Berlière OSB siehe: Stephan Petzold, in: LThK³ II 261. - Zu Dom Germain Morin OSB siehe: Cyrille Lambot, in: LThK² VII 636; G. Mathon, in: Catholicisme IX 744.

3 Suitbert Bäumer, Geschichte des Breviers, Freiburg i. Br. 1895.

4 Nigel Abercrombie, The Life and Work of Edmund Bishop, London 1959, 204-206; 500.

5 Siehe das umfängliche Schriftenverzeichnis Edmund Bishops 1870-1953. Ebd., 492-508.

6 Edmund Bishop, On the Genius of the Roman Rite, zuerst veröffentlicht in: Weekly Register 1899 (13., 20. und 27. Mai), 603-605, 625-627, 660f.; zuletzt abgedruckt in dem posthum erschienenen Sammelband: Edmund Bishop, Liturgica historica. Papers on the Liturgy and Religious Life of the Western Church, Oxford 1918, 1-19.

7 Edmund Bishop, Der Geist der römischen Liturgie, in: Liturgische Zeitschrift 4 (1931/32) 395-416. - Bei dem genannten *meeting* der *Historical Research Society* verlas Dom Norbert Birt OSB von Downside Abbey im Beisein Edmund Bishops das Manuskript. Auch drei Jesuiten hatten sich als Zuhörer eingefunden, unter ihnen George Tyrrell. Edmund Bishop an Friedrich von Hügel, Barnstaple, 31. Mai 1912. Loome (wie Anm. 24), 420-424; 421; Abercrombie (wie Anm. 4), 275-279.

nachdem er bereits 1919 in Französisch publiziert worden war[8]. Bishop versucht in dieser Abhandlung, gestützt auf die ältesten handschriftlichen Überlieferungen des römischen Meßbuchs im *Sacramentarium Gregorianum* und im *Sacramentarium Gelasianum*[9], "den besonderen ursprünglich wesenhaften Geist zu fassen", der den Römischen Ritus "belebt und durchdringt, der ihn von anderen Riten, vom gallikanischen, gotischen und von den verschiedenen griechischen und orientalischen unterscheidet", um zu ergründen, "wie es dem römischen Ritus gelungen ist, in den Kirchen des Abendlandes eine so allgemeine Anerkennung zu erlangen, daß er schließlich alle anderen Riten verdrängte". Denn Veränderungen dieser Art lassen sich nach seiner Überzeugung nicht (wie "gewisse Leute" meinen) als "Akt einfacher Autorität" erklären. Bei großen Veränderungen in der Geschichte müsse man vielmehr, wenn man nur genauer hinsehe, "meistens konstatieren, daß es wieder die menschliche Vernunft ist, die die Hauptrolle in den irdischen Umwälzungen spielt". Durch Textvergleich gelangt Bishop schließlich "mit ziemlicher Sicherheit" zu dem Ergebnis, "daß gerade das, was man als das poetische, anziehende, fromme, zu Herzen gehende Element des katholischen Kultus ansieht und was, mit einem Wort gesagt, sein 'ergreifendstes' Element ist - das, was in England (wie auch in Deutschland) sonderbarer Weise vom gewöhnlichen Vorurteil der Menschen als vom 'Romanismus' angesteckt angesehen wird und was im Geiste gewisser Leute den 'Sensualismus' der römisch-katholischen Religion ausmacht, - daß dieses gerade in seinem Ursprung nichts Römisches an sich hat, sondern im Laufe der Zeiten von Rom aus anderen Ländern entlehnt, importiert und nacheinander angenommen worden ist", während "der Geist der römischen Liturgie, der ursprünglichen römischen Liturgie in Einfachheit und praktischem Sinn, in Nüchternheit und Zucht, in Ernst und Würde besteht und in nichts anderem". Und er bezeichnet "die charakteristischen Merkmale des Geistes der römischen Liturgie" mit zwei Worten: "Nüchternheit und gesunder Menschenverstand" - eine These, die damals als sensationell, ja geradezu als revolutionär empfunden wurde[10]. Als es nun im Zeitalter der "neuen religiösen Wirren" - nämlich im Jahrhundert der Reformation - nötig geworden sei, "wiederum einen Normal-Typus aufzustellen", als Norm für die verschiedenen lokalen Kirchen - so Edmund Bishop zum Schluß seines Essays -, da habe sich, wie zu Zeiten Karls des Großen, "nur *ein* Ritus wirklich für alle annehmbar" gezeigt, "eben der der römischen Kirche" (wie er dann, entsprechend dem Wunsch der Väter des Konzils von Trient, in das *Missale Romanum* Pius' V. eingegangen ist), und zwar auf Grund der genannten beiden charakteristischen Merkmale: *soberness and sense*. - In gewisser Weise ist diese heute noch lesenswerte Studie auch ein Spiegelbild von Bishops persönlicher Geistes- und Frömmigkeitshaltung.

Doch wer war Edmund Bishop, und inwiefern hat er mit "Modernismus" etwas zu tun? In der deutschen Literatur wird sein Name nur sehr selten erwähnt. Lediglich die *Benediktinische Monatschrift* widmete ihm 1922, fünf Jahre nach seinem Tod, einen kurzen Gedenkartikel[11]. Das *Lexikon für Theologie und Kirche*, im historischen Teil (zumal der betont "systematisch"

---

8. Edmund Bishop, Le Génie du Rite Romain, übersetzt von Dom André Wilmart, in: La Vie et les Arts Liturgiques, Paris 1919 (Februar-, Mai- und Juniheft); Separatdruck unter demselben Titel mit zahlreichen Anmerkungen des Übersetzers (= Librairie de l'Art Catholique), Paris 1920.

9 Edmund Bishop stützte sich hier auf eigene Handschriftenforschungen, die er 1895 in der Biblioteca Vaticana und in der Bibliothèque Nationale zu Paris durchgeführt hatte. Abercrombie (wie Anm. 4), 181-219; 210-219. - Zu den genannten Sakramentarien und ihrer Überlieferung siehe: HKG (J) 3/1, 341-350; Andreas Jungmann, Missarum Sollemnia. Eine genetische Erklärung der römischen Messe I-II, Wien [4]1958, I 77-87.

10 "[...] the main characteristics which go to make up the genius of the Roman rite [...] were essentially soberness and sense." - Siehe dazu: Abercrombie (wie Anm. 4), 275-279; Jungmann, Missarum Sollemnia (wie Anm. 9), I 101.

11 Mohlberg (wie Anm. 1).

ausgerichteten zweiten und dritten Auflage) ohnehin sehr knapp gehalten, erwähnt ihn gerade mit ein paar Zeilen[12]. Man muß auf die *Enciclopedia Cattolica*[13] und auf den *Dictionnaire d'Histoire et de Géographie Ecclésiastiques*[14] zurückgreifen, um einige nähere Aufschlüsse über sein Leben und Werk zu erhalten. Anders in der englischen Literatur: Hier stößt man in *The Downside Review* unter anderem auf bemerkenswerte autobiographische Notizen, die Edmund Bishop aus der Rückschau des Alters verfaßt hat: über seine Konversion zur römisch-katholischen Kirche und über seine Beziehung zu Thomas Carlyle[15]. Und dann gibt es die 1959 erschienene große biographische Darstellung *The Life and Work of Edmund Bishop* von Nigel Abercrombie, die vor allem Edmund Bishops wissenschaftlichem Werk gewidmet ist[16]. Diesem Schrifttum sind folgende biographische Angaben zu entnehmen:

Edmund Bishop wurde am 17. Mai 1846 in Totnes (Devonshire) geboren. Er war das neunte (und jüngste überlebende) Kind seiner Eltern Michael und Susan Bishop, die am Ort einen Gasthof (*the Seymour Hotel*) betrieben, und gehörte wie diese von Haus aus der anglikanischen Kirche an. Seine erste schulische Ausbildung erhielt er in Ashburton, wo seine Mutter im Jahr 1856, nach dem frühen Tod des Vaters (1851), den Gasthof zum Goldenen Löwen (*the Golden Lion Hotel*) übernommen hatte. Im Jahr 1859 schickte ihn seine Mutter - eine nicht nur geschäftstüchtige, sondern auch sehr belesene und politisch interessierte Frau[17] -, wie zuvor schon seine Geschwister (fünf überlebende Brüder und eine Schwester), für zwei Jahre als Zögling in ein katholischen Institut zu Vilvoorde bei Brüssel. Hier erlernte er - neben Latein und Griechisch - vollendet Französisch und entdeckte seine Neigung für das Studium der Geschichte. Danach besuchte er noch für ein Jahr eine Privatschule in Exeter und legte im Juni 1862, sechzehnjährig, *the Oxford Local examination*, eine Art Reifeprüfung, ab; damit erwarb er sich das Recht, seinem Namen den Titel eines *Associate in Arts* anzufügen. Eine eher zufällige Begegnung mit Thomas Carlyle (1795-1881) im Mai oder Juni 1863, vermittelt durch die alte Lady Malcolm[18], eine Freundin seiner am 8. Februar desselben Jahres verstorbenen Mutter, brachte dem damals gerade Siebzehnjährigen eine erste vorübergehende Beschäftigung: Carlyle, der große englische Geschichtsschreiber und Vermittler deutschen Geisteslebens in England, mitten in der Arbeit an seiner heroisierenden *Geschichte Friedrichs II. von Preußen*[19], nahm ihn für einige Monate als seinen *Amanuensis* in sein Haus auf und übertrug ihm die schwierige Aufgabe, seine kaum entzifferbaren Manuskripte für den Druck vorzubereiten. Von ihm empfing Edmund Bishop seine erste Prägung als Historiker, doch war er im übrigen Autodidakt. Anfang 1864 fand er schließlich, nicht zuletzt dank einer Empfehlung

[12] Ludwig Eisenhofer, Bishop, Edmund, in: LThK[1] II 381; Balthasar Fischer, Bishop, Edmund, in: LThK[2] II 510; ders., Bishop, Edmund, in: LThK[3] II 508. Die beiden Artikel von Balthasar Fischer in der 2. und 3. Auflage des LThK sind fast identisch und wenig aussagekräftig; neuere Quellen und Literatur sind überhaupt nicht berücksichtigt.

[13] Filippo Oppenheim, Bishop, Edmund, in: EC II 1675. - Siehe auch: Yves Congar, Bishop, Edmund, in: Cath. II 71.

[14] A. Lambert, Bishop, Edmund, in: DHGE IX 2f.

[15] Notes on my conversion. By the late Edmund Bishop, in: The Downside Review 48 (1930) 85-113 (mit 2 Porträts S. 84); Thomas Carlyle and Edmund Bishop. By the late Edmund Bishop. Ebd., 51 (1933) 97-113.

[16] Siehe Anm. 4.

[17] Nach dem Zeugnis von Edmund Bishops Schwester Ada. Abercrombie (wie Anm. 4), 7.

[18] Zu Lady Malcolm siehe die wenigen Angaben in: Thomas Carlyle and Edmund Bishop (wie Anm. 15), 99f.

[19] Thomas Carlyle, History of Frederick II. of Prussia, called Frederick the Great, 6 Bde., London 1858-1865; in deutscher Übersetzung ebenfalls 6 Bde., 1858-1869, zuletzt 1954. - Theodor Schieder, Friedrich der Große. Ein Königtum der Widersprüche, Frankfurt am Main-Berlin-Wien 1983, 482-484.

Thomas Carlyles, eine feste berufliche Anstellung als Beamter in der Abteilung für Erziehung und Unterricht des *Privy Council Office*, der er bis 1885 angehörte.

Seine tägliche Dienstzeit von sechs Stunden (jeweils von 11 Uhr bis 17 Uhr) ließ ihm genügend Spielraum zu privaten Studien, wobei sein wissenschaftliches Interesse sich frühzeitig kirchen- und vor allem liturgiegeschichtlichen Fragen zuwandte. Jedenfalls betrieb er bereits in jungen Jahren Quellenstudien, und diese brachten ihn mit dem Werk der Mauriner in Berührung, jener geistigen Elite der französischen Benediktinerkongregation von Saint-Maur mit dem Zentralkloster Saint-Germain-de-Prés (und dessen berühmter Bibliothek) in Paris, deren große Leistung bekanntlich das Aufspüren, Sammeln und Edieren von kirchen-, theologie- und liturgiegeschichtlichen Quellen gewesen war[20]. Bishop vertiefte sich unter anderem in die Werke Edmond Martènes (1654-1739) sowie in Jean Mabillons (1632-1707) und Michel Germains (1645-1694) *Museum Italicum, seu collectio veterum scriptorum ex bibliothecis Italicis* (Paris 1687), eine Art Tagebuch über beider Wanderschaft durch Italiens Bibliotheken in den Jahren 1685/86 mit sorgfältiger Aufzeichnung ihrer Funde, darunter die Abschrift eines um 700 anzusetzenden altgallischen Missales (von Jean Mabillon *Sacramentarium Gallicanum* benannt), das sie in der Abtei Bobbio, der Gründung Kolumbans des Jüngeren, entdeckt hatten[21]. Das Studium dieser und anderer Quelleneditionen sowie die Lektüre der von John Acton herausgegebenen *Home and Foreign Review* und deutschsprachiger kirchenhistorischer Literatur führten Edmund Bishop (der seit 1865 im Selbststudium Deutsch lernte) nicht nur zu einem tiefen Verständnis der katholischen Kirche und ihrer Geschichte und im besonderen ihrer (römischen) Liturgie, die ihn seit seiner Schulzeit in Belgien eigentümlich anzog, sondern ließ in ihm auch den Entschluß reifen, zum Katholizismus zu konvertieren. Er vollzog diesen Schritt am 16. August 1867[22], im Alter von 21 Jahren, und gehörte somit zu jenem kleinen Kreis von englischen Intellektuellen, die sich etwa seit den vierziger Jahren des 19. Jahrhunderts, beeinflußt einerseits von der Oxford-Bewegung, andererseits vom Beispiel John Henry Newmans (1801-1890), der römisch-katholischen Kirche zuwandten[23] - und war in diesem Kreis fast schon ein Nachzügler.

Edmund Bishop war als Historiker und Liturgiewissenschaftler ein Gelehrter von außerordentlichem Rang, der zwar (in späteren Jahren) mit bedeutenden Gelehrten seiner Zeit wie Friedrich von Hügel (1852-1925), Albert Ehrhard (1862-1940), dem Münchener Benediktiner P. Odilo Rottmanner (1841-1907), dem griechischen Scriptor an der Biblioteca Vaticana und nachmaligen Kardinal Giovanni Mercati (1866-1957), dem Präfekten der Mailänder Biblioteca Ambrosiana Achille Ratti (1857-1939) und nachmaligen Papst Pius XI. und vielen anderen korrespondierte[24], aber selber nie in das Rampenlicht der Öffentlichkeit trat. Er blieb lebenslang Privatgelehrter und stellte die Erträge seiner Forschungen und sein umfassendes (auch bibliographisches) Wissen völlig uneigennützig anderen Forschern zur Verfügung. So überließ er - um nur ein Beispiel anzuführen - eine Arbeit über die *Collectio canonica brittanica*

---

20 Manfred Weitlauff, Die Mauriner und ihr historisch-kritisches Werk, in: Georg Schwaiger (Hg.), Historische Kritik in der Theologie. Beiträge zu ihrer Geschichte (SThGG 32), Göttingen 1980, 153-209.

21 Ebd., 198-200; Henri Leclercq, Mabillon I-II, Paris 1953; I 294-471.

22 Notes on my Conversion (wie Anm. 15). - Abercrombie (wie Anm. 4), 18-21.

23 HKG (J) 6/1, 180-185, 408-414, 551-556, 749 f; Victor Conzemius, Liberaler Katholizismus in England, in: Martin Schmidt - Georg Schwaiger (Hg.), Kirchen und Liberalismus im 19. Jahrhundert (SThGG 19), Göttingen 1976, 173-196.

24 Siehe dazu ausführlich: Abercrombie (wie Anm. 4), Register; Thomas Michael Loome, Liberal Catholicism, Reform Catholicism, Modernism. A contribution to a new orientation in modernist research (TTS 14), Mainz 1979; Manfred Weitlauff, "Modernismus" als Forschungsproblem. Ein Bericht, in: ZKG 93 (1982) 312-344.

des British Museum mit ihrem großen Bestand von 300 Papstbriefen des 5. bis 11. Jahrhunderts den *Monumenta Germaniae Historica* zur Publikation (1880 herausgegeben von Paul Ewald[25]).

Am 1. November 1885 verließ Edmund Bishop *the Queen's service*, trat - fast vierzig Jahre alt - in das Benediktinerkloster Downside ein, das er zwei Jahre zuvor (nach kurzen Urlaubsaufenthalten in den Klöstern zu Maredsous 1880 und Erdington 1881) auf der Rückreise von einem Urlaub in Devon und Cornwall erstmals besucht hatte. Es war sein Wunsch, im Orden des heiligen Benedikt als Mönch - als "Laienmönch", nicht als Priester, entsprechend der ältesten Tradition des benediktinischen Mönchtums - ein Leben der Zurückgezogenheit und Kontemplation, dem Studium gewidmet, führen zu können. Doch als Kloster Downside sich wenig später widerstrebend der Ordnung der Englischen Benediktinerkongregation beugen und seine Mönche durch Eid verpflichten mußte, auf Weisung der Kongregationsleitung auch Aufgaben in der Diaspora- und Pfarrseelsorge zu übernehmen, sah Edmund Bishop (der Mönch sein und nicht früher oder später "Weltpriester" werden wollte) sein religiöses Lebensideal gefährdet[26]. So kehrte er 1889 wieder "in die Welt" zurück, blieb allerdings dem Kloster Downside, das 1890 zur Abtei erhoben wurde, lebenslang eng verbunden, gewann auf dessen Geistesleben größten Einfluß und wurde von 1893 bis 1901 einer der wichtigsten wissenschaftlichen Mitarbeiter Dom Aidan Gasquets (1846-1929), des nachmaligen Abtes der Downside Abbey und Kurienkardinals[27], in der Great Ormond Street zu London, nahe dem British Museum[28]. Über Dom Aidan Gasquet vor allem kam er schließlich in Verbindung mit den Benediktinern von Beuron und Maredsous (Belgien), insbesondere mit dem Beuroner Mönch und Liturgiker P. Suitbert Bäumer, mit dem sich nicht nur eine sehr enge und fruchtbare Zusammenarbeit entwickelte, sondern in dessen wissenschaftliches Werk auch viele Arbeiten Bishops eingingen, ohne als solche bezeichnet zu sein[29]. Erst nach P. Suitbert Bäumers Tod (1894) begann Bishop seine Arbeiten regelmäßig unter seinem Namen zu publizieren. Die letzten 15 Jahre seines Lebens verbrachte er - zusammen mit seiner Schwester und seiner Nichte - zurückgezogen in Barnstaple. Dort starb er am 17. Februar 1917. Am darauffolgenden 22. Februar wurde er - *ipse animo monachus* - von den Mönchen von Downside Abbey in ihrem Friedhof zu Grabe geleitet[30]. Und Downside Abbey verwahrt bis heute als sein testamentarisches Vermächtnis seine reiche wissenschaftliche Bibliothek und seinen gesamten literarischen Nachlaß. Kurz vor seinem Tod hatte er noch eine Sammlung seiner in zahlreichen Zeitschriften verstreuten wichtigsten Beiträge für den Druck vorbereiten können. Diese Sammlung erschien unter dem Titel *Liturgica historica. Papers on the liturgy and religious life of the Western Church* 1918 in Oxford.

Dies alles vermittelt den Eindruck eines beschaulichen, klösterlich behüteten Gelehrtenlebens, das sich in jahrzehntelanger historischer Forschungsarbeit sehr spezieller Ausrichtung erschöpft zu haben scheint. Irgendwelche Anteilnahme an den theologischen Bewegungen und innerkirchlichen Kämpfen seiner Zeit oder gar persönliche Konflikte mit seiner Kirche lassen die äußere Biographie und das gedruckte Werk dieses englischen Konvertiten kaum erkennen. Zwar hatte er eine Kontroverse mit Louis Duchesne (1843-1922) und Pierre Batif-

---

[25] Paul Ewald, Die Papstbriefe der Britischen Sammlung, in: Neues Archiv 5 (1880) 275-414, 503-596. - Siehe das Schrifttumsverzeichnis Edmund Bishops. Abercrombie (wie Anm. 4), 492-508.

[26] Abercombie (wie Anm,. 4), 73-141.

[27] Roger Aubert, in: DHGE XIX 1379-1387; Bruno Steimer, in: LThK[3] IV 297f.

[28] Benedict Kuypers, Cardinal Gasquet in London, in: Downside Review 47 (1929) 132-149.

[29] Siehe dazu: Abercrombie (wie Anm. 4), 168-171, 202-209, 498-500 u.ö.

[30] Abercrombie (wie Anm. 4), 480-482.

fol (1861-1929), in der er sich gegen deren archaisierende liturgiereformerische Tendenz wandte, überzeugt davon, daß auch die Entwicklung der Liturgie nicht einfach das Werk der Einflußnahme von bestimmten Personen oder kirchlicher Dekrete, sondern des gesunden Sinnes des christlichen Volkes sei und deshalb beispielsweise die eucharistischen Riten des Mittelalters ebenso bewahrt werden müßten wie die *missa antiqua*. Aber diese Kontroverse, zudem im "Schatten" P. Suitbert Bäumers geführt, blieb streng wissenschaftlich[31], ebenso seine von Louis Duchesne abweichende Argumentation in der (am Ende des 19. Jahrhunderts heftig diskutierten) Frage der Gültigkeit der anglikanischen Weihen, die er auf Grund historischer Fakten ablehnte[32]. Edmund Bishop also - wie es scheint - nur ein seinen gelehrten Spezialforschungen hingegebener stiller Laie unter Englands Katholiken?

Thomas Michael Loome hat im Zuge seiner archivalischen "Modernismus"-Recherchen - im Anschluß an die mehr andeutenden Passagen in Nigel Abercrombies *The Life and Work of Edmund Bishop* und an Alec R. Vidlers *A Variety of Catholic Modernists*[33] - einen anderen Edmund Bishop entdeckt: nämlich einen überaus aufmerksamen Beobachter und scharfsichtigen Diagnostiker der innerkirchlichen Entwicklung der Periode vom *Pian régime* bis zu den Modernismus-Kämpfen, der nicht nur gegenüber dieser Entwicklung von allem Anfang für sich persönlich sehr eindeutig, ohne jede Illusion, Stellung bezog, sondern auf sie durchaus auch Einfluß zu nehmen suchte, allerdings entsprechend seinem diskreten Charakter und in nüchterner Abwägung seiner eng begrenzten Möglichkeiten als historisch und theologisch versierter katholischer Laie in einer völlig klerikalisierten "römischen" Kirche[34].

Freiherr Friedrich von Hügel nannte in einem Brief von 1927 Edmund Bishop aus persönlicher Kenntnis "einen großen Gelehrten, einen von Lord Actons Schülern", dessen einzige Fehler jene seines Meisters gewesen seien: Er habe eine beharrliche Abneigung gegen Philosophie, oder was er dafür gehalten habe, gehabt; "und dann sein Argwohn, seine Antipathie gegen den Vatikan" seien, wie er, von Hügel, aus weit größerer persönlicher Erfahrung, als sie Edmund Bishop je gehabt habe, wohl wisse, "deutlich übertrieben" gewesen[35]. Nun hatte sich Edmund Bishop zwar begeistert der historisch-wissenschaftlichen Methode geöffnet, in der John Acton (1834-1902) sich während seines Studienaufenthalts in Deutschland - dem "Vaterland der Geschichte"[36] - 1850-1856 unter Ignaz von Döllingers (1799-1890) Leitung und

---

31 Siehe dazu: Abercrombie (wie Anm. 4), 199-219, 513-515 u.ö.

32 Siehe dazu: Edmund Bishop an Fernand de Mély, 28./29. Oktober 1906. Abercrombie (wie Anm. 4), 225-229. - HKG(J) 6/2, 140-151. - Die (von Merry del Val als Sekretär der päpstlichen Kommission zur Untersuchung der Weihefrage entworfene) Bulle *Apostolicae curae* Leos XIII. vom 13. September 1896 verwarf die anglikanischen Weihen als ungültig. - John Jay Hughes, Zur Frage der anglikanischen Weihen. Ein Modellfall festgefahrener Kontroverstheologie (QD 59), Freiburg i. Br. 1973; Stephen Neill, Anglikanische (Kirchen-)Gemeinschaft, in: TRE II 713-723; Martin Schmidt, Anglokatholizismus, ebd., 723-734; Sheridan Gilley, Hochkirchliche Bewegung, ebd., 15 (1986) 413-420; Jean-Marie Tillard, Anglikanische Weihen, in: LThK[3] I 668-670.

33 Abercrombie (wie Anm. 4) 364-383. - Alec R. [Alexander Roger] Vidler, A Variety of Catholic Modernists (The Sarum Lectures in the University of Oxford 1968/69), Cambridge 1970, hier das Kapitel *An Unrecognized Modernist*.

34 Loome (wie Anm. 24), 59-76, 323f und Quellenanhang.

35 "I knew Mr. Bishop well, a great scholar, one of Lord Acton's disciples, whose only faults, in my mind, were those of his master. He had a persistent irritation against Philosophy, or what he took to be such; and again, his suspicion and antipathy towards the Vatican were, as I know well, from far greater personal experience than ever had Bishop, distinctly excessive." Loome (wie Anm. 24), 10.

36 "[...] nicht als das Vaterland des Protestantismus, sondern als das Vaterland der Geschichte ist Deutschland in so weitem Maße für den Modernismus verantwortlich." So in der *Vorrede zur deutschen Übersetzung* von

Verantwortung geschult hatte[37] und für die er nach seiner Rückkehr in die Heimat in Wahrnehmung seiner Verantwortung als katholischer Laie bei englischen Katholiken Interesse zu wecken bestrebt gewesen war, in der - allerdings unerfüllt gebliebenen - Hoffnung, dadurch der katholischen Minderheitskirche in England zu größerem Ansehen verhelfen zu können. Edmund Bishop - der (wie bereits erwähnt) seit 1865 auch Deutsch lernte - war einer der ganz wenigen, die sich John Actons Anliegen erschlossen, und insofern war er in der Tat einer seiner Schüler. Doch kam es zwischen beiden nie zu einer persönlichen Begegnung oder Beziehung. Was aber beider "Antipathie gegen den Vatikan" - wie von Hügel formulierte - betrifft, so bestand hier zwischen beider diesbezüglichem "Gefühl" zweifellos eine nicht unerhebliche Differenz: John Acton, Sproß einer vornehmen Familie mit illustrer Ahnenreihe väterlicher- und mütterlicherseits, europäischer Kosmopolit mit weitreichenden Verbindungen, 1869 als erster katholischer Engländer seit der Reformation zum Lord und Mitglied des Oberhauses erhoben, genoß als Adeliger in seiner Kirche, wie der Baron Friedrich von Hügel auch, sozusagen einen privilegierten Status: Wenn er als kritischer katholischer Laie der kirchlichen Obrigkeit auch unbequem war, so wurde er als katholischer Adeliger von ihr gleichwohl gebührend ästimiert. Er konnte es sich ohne Gefahr leisten, "katholisch" und "liberal" zu sein, sogar offizielles Mitglied einer liberalen Partei. Als er 1895, damals bereits in einem innerlich sehr distanzierten Verhältnis zu seiner Kirche stehend, zum *Regius Professor* für neuere Geschichte an der Universität Cambridge ernannt wurde, gratulierte ihm der Erzbischof von Westminster Kardinal Herbert Vaughan (1832-1903) in überaus respekt- und vertrauensvollem Ton[38] - derselbe Erzbischof, auf dessen Initiative im Jahr 1901 die Bischöfe Englands in einem gemeinsamen Hirtenwort den "liberalen Katholiken" aufrührerischen Charakter, Rationalismus, menschlichen Stolz vorwarfen[39] und der zur nämlichen Zeit alles in seiner Macht Stehende tat, um George Tyrrell als "liberalen Katholiken" mundtot zu machen[40]. Die kirchliche Situation Edmund Bishops als eines katholischen Laien einfacher Herkunft war eine gänzlich andere: Er wußte von Anfang an, daß er als ganz gewöhnlicher Laie ohne Rang und Namen, ohne irgendwelche Titel oder akademischen Grade, als Forscher nur einem be-

---

George Tyrrells *Through Scylla and Charybdis*: Zwischen Scylla und Charybdis, oder die alte und die neue Theologie, Jena 1909, VII; Loome (wie Anm. 24), 49.

37 Victor Conzemius (Hg.), Ignaz von Döllinger - Lord Acton. Briefwechsel 1850-1890 I-III, München 1963-1971. - Ders., Lord Acton. Das Ethos der Wahrhaftigkeit, in: ders., Propheten und Vorläufer. Wegbereiter des neuzeitlichen Katholizismus, Zürich-Einsiedeln-Köln 1972, 136-158; ders., Liberaler Katholizismus (wie Anm. 23), 182-186; ders., Lord Acton, Ignaz von Döllinger und John Henry Newman, in: Internationale Cardinal-Newman-Studien 12, Sigmaringendorf 1988, 83-102; Herman H. Schwedt, Acton, Sir John E.E.D., in: $LThK^3$ I 121f. - Zum Münchener Kirchenhistoriker Ignaz von Döllinger siehe: Münchener Theologische Zeitschrift 41 (1990) Heft 3 (Döllinger gewidmet); Georg Denzler/Ernst Ludwig Grasmück (Hg.), Geschichtlichkeit und Glaube. Zum 100. Todestag Johann Joseph Ignaz von Döllingers (1799-1890), München 1990; Peter Neuner, Stationen einer Kirchenspaltung. Der Fall Döllinger - ein Lehrstück für die heutige Kirchenkrise, Frankfurt am Main 1990; Franz Xaver Bischof, Theologie und Geschichte. Ignaz von Döllinger (1799-1890) in der zweiten Hälfte seines Lebens. Ein Beitrag zu seiner Biographie (MKHS 9), Stuttgart-Berlin-Köln 1997.

38 Owen Chadwick, Acton, Döllinger und die Geschichte, in: Denzler/Grasmück (Hg.), Geschichtlichkeit und Glaube (wie Anm. 37), 317-340; 333.

39 The Church and Liberal Catholicism. Joint Pastoral Letter by the Cardinal Archbishop and Bishops of the Province of Westminster, in: The Tablet (5. und 12. Januar 1901) 8-12, 50-52; in deutscher Übersetzung: Kirche und der liberale Katholizismus. Gemeinsames Hirtenschreiben des Cardinal-Erzbischofs und der Bischöfe der Kirchenprovinz Westminster (Frankfurter Zeitgemäße Broschüren XX 5), Hamm i. W. 1901 (Loome [wie Anm. 24], 233).

40 Siehe dazu: Loome (wie Anm. 24), 60f.

schränkten Kreis von *Insidern* bekannt, in dieser Kirche keine Stimme hatte - und eben dies ließ ihn auch lange zögern, etwas unter seinem eigenen Namen zu publizieren. Dennoch versicherte er Friedrich von Hügel: "Ich habe niemals [...] die mindest mögliche 'Versuchung' oder einen Zug zu irgendeiner anderen religiösen Gemeinschaft gefühlt - und am allerwenigsten zum Anglikanismus in *irgendeiner* Phase: obschon ich mich in Gesprächen mit einigen anglikanischen Geistlichen innerlich ganz sympathisierend gefunden habe"[41].

Gleichwohl erscheint angesichts des damaligen innerkirchlichen Klimas Edmund Bishops Konversion im Jahr 1867 merkwürdig genug, zumal er rückblickend bekannte: "Ich erinnere mich, als ich noch in der Zeit, bevor ich Katholik wurde, Aloys Schmids 'Wissenschaftliche Richtungen auf dem Gebiete des Katholicismus [in neuester und in gegenwärtiger Zeit]' las - ein jetzt vergessenes Buch [München 1862] -, wie ein paar Seiten über die historische Schule unter katholischen Theologen - die Petaus, Thomassins, die Mauriner - einen tiefen Eindruck auf mich machten und mir das seither gebliebene Bewußtsein gaben, daß nur durch substantielle wissenschaftliche historisch-theologische Arbeit jene Veränderung der gegenwärtigen Lage in der Kirche bewirkt werden kann. Dieser Weg ist in der Tat lang, beschwerlich, ermüdend; aber ich glaube, es gibt keinen schnelleren oder kürzeren"[42]. Denn eben in den sechziger Jahren begann man sich in der römisch-katholischen Kirche gerade dieser Sicht mit Vehemenz zu widersetzen: 1863 erging mit dem "Munich-Brief" *Tuas libenter* Pius' IX. - für Edmund Bishop sozusagen die *Magna charta* des "Romanismus"[43] - das römische Verbot für

---

[41] "Although *I* should 'out of myself' have a little varied the wording here or there, in as much as (feeling perhaps on some points & on some accounts, the burden, the *crushing* burden, of the Roman dispensation as I have known it now for 5 & 40 years) I have never felt (as T[yrrell]. seems at times to have done) the least possible 'temptation' or drawing to any other religious communion - & least of all Anglicanism in *any* phase: though I have found myself interiorly quite sympathetic in conversing with some Anglican clergy." Edmund Bishop an Friedrich von Hügel, Barnstaple, 27. Januar 1913. Loome (wie Anm. 24), 426-430; 427. - Vgl. dazu auch: Bishop, Notes on my Conversion (wie Anm. 15), 86f.

[42] "I remember when reading in the days before I became a Catholic Aloys Schmids *Wissenschaftliche Richtungen auf dem Gebiet des Katholizismus*, a now forgotten book, how a couple of pages on the historical school among Catholic Divines - the Petaus, Thomassins, the Maurists - made a deep impression upon me and left me with the sense which has ever since remained that it is only through substantive scientific historico-theological work that modification of the present situation in the Church is to be brought out. This way is long indeed, slow, wearisome; but I believe there is none quicker or shorter." Edmund Bishop an Albert Ehrhard, Barnstaple, 30. April 1903. Loome (wie Anm. 24), 386-388; 387. - Zu Dionysius Petau (Petavius) SJ (1583-1652) siehe: Charles Baumgartner, in: $LThK^2$ VIII 314; zu Louis de Thomassin d'Eynac (1619-1695) siehe: Paul Nordhues, in: $LThK^2$ X 155f.

[43] So Loome (wie Anm. 24), 68. - "'Modernism' in the concrete, so far as the name may have applied to *a 'Movement'* in our Church of a *body of men*, however loosely the individuals may be interrelated, seemed to me never to have a ghost of a chance. It was a good thing, a great privilege, to have lived under so great a Pontiff as Leo XIII: 'life' was *livable* under him - what an intense relief it was after the Pian régime. But it seemed to me ever a real mistake to imagine (and some people I fancy did) that under him the principles of Rome (of *'Romanism'* in the sense in which we *within* the Church may 'intelligently', *understandingly*, use the word) were at all relaxed. Only Leo XIII was not merely a 'wise & prudent' observer, but also a truly great Pontiff, and not the less great for his at times imprudent Romanticism. For my part, reviewing all the 'isms' that have been treated by the dominant party in our Church as the 'enemy' of the moment, the evil spirit to be cast out of it - Liberal Catholicism (crushed 1864) - Gallicanism (in the anodyne form of *some* sort of consideration for the non-clerical person) crushed 1870 - all this was but with a view to getting the machine in order & making it possible to actualize a system which should embody the principles underlying the Munich Brief of 1863. This actualization, quiet, steady & as it were unobserved was the work of the generation after '70. Then began the real attack on the real, the ultimate 'enemy' - which had been in view (in the directing mind) from the 50ies onwards. 'Americanism', 'Modernism' were the necessary skirmishings: that the former was but skirmishing is now clear; and the second (*in a certain sense*) was only a skirmish too: to me it has

Versammlungen katholischer Gelehrter mit freier wissenschaftlicher Diskussion: Reaktion des obersten kirchlichen Lehramts auf die von Ignaz von Döllinger im selben Jahr initiierte Münchener Gelehrtenversammlung. Das päpstliche Breve und die nachfolgende Instruktion für die deutschen Bischöfe intendierten - in eklatanter Überschreitung hierarchischer Kompetenz - letztlich die gänzliche Unterwerfung wissenschaftlicher, zumal wissenschaftlich-philosophischer und -theologischer Auseinandersetzung unter die Kontrolle der kirchlichen Obrigkeit[44]. 1864 folgte mit der Enzyklika *Quanta cura* und dem *Syllabus errorum*[45] die kompromißlose Kampfansage Roms an die moderne Kultur und Zivilisation, im Grunde an jede geistige Regung, die von der strengen Normierung einer *philosophia perennis* in neuscholastischer Sicht (von den Maximen der jesuitisch-römischen Schule, mit denen sich das oberste kirchliche Lehramt identifizierte) abwich. Im selben Jahr noch stellte John Acton unter dem Eindruck dieser römischen Verlautbarungen, um eine Kollision mit dem englischen Episkopat zu vermeiden, das Erscheinen der von ihm und seinem Freund Richard Simpson herausgegebenen und redigierten hochangesehenen Vierteljahresschrift *Home and Foreign Review* ein[46]. Und zur nämlichen Zeit waren die vorkonziliaren Kontroversen längst entbrannt.

Was Edmund Bishop, durch die Lektüre der Mauriner Edmond Martène und Jean Mabillon auf die Spur gebracht oder in der Richtigkeit seiner Spur bestätigt und durch "Vorbilder" wie John Henry Newman und John Acton angezogen, in der römisch-katholischen Kirche suchte und aus tiefer Überzeugung fand, war "Katholizismus", "katholische *Religion*", "Katholizismus" als "eine *große* Religion". Seine Hinwendung zur römisch-katholischen Kirche war ein Schritt innerster religiöser Überzeugung - in der klaren Erkenntnis, daß wissenschaftlich-historische Arbeit, wie er sie als ein der deutschen historischen Schule und ihrer kritischen Methode aufs engste verpflichteter Forscher - und zudem als Laie - erstrebte, in dieser Kirche von vornherein Argwohn wecken und ihn, weil solche Arbeit die von der Neuscholastik dem Denken, Fragen und Forschen gesteckten Grenzen überschritt, unausweichlich in Konflikte stürzen würde. Freilich, wenn Edmund Bishop unter solch widrigen Auspizien den Weg in diese Kirche und damit unter die "römische Obödienz" entschlossen ging und - dies muß sogleich hinzugefügt werden - unbeirrt in ihr ausharrte, so deshalb, weil er zwischen "Katholizismus" als Religion und "Katholizismus" als Institution, wie er sie de facto erlebte, zu unter-

---

seemed that though the whole line of attack was thus opened the intention & ultimate subject of the whole half-century's business were not yet displayed. As I believe, it is *'laicism'* - what the present Pope and his familiars have *called* 'laicism' that has been the *point de mire* throughout." Edmund Bishop an Friedrich von Hügel, Barnstaple, 2. Februar 1913. Ebd., 431-436; 432f.

44 Verhandlungen der Versammlung katholischer Gelehrten in München vom 28. September bis 1. Oktober 1863, Regensburg 1863 (darin 25-59: Döllingers programmatische Eröffnungsrede *Über Vergangenheit und Gegenwart der katholischen Theologie*). - Breve *Tuas libenter* Pius' IX. an den Münchener Erzbischof Gregor von Scherr, Rom, 21. Dezember 1863. Abgedruckt in: Hans-Jürgen Brandt, Eine katholische Universität in Deutschland? Das Ringen der Katholiken in Deutschland um eine Universitätsbildung im 19. Jahrhundert (Bonner Beiträge zur Kirchengeschichte 12), Köln-Wien 1981, 400-405. - Schreiben des Münchener Nuntius Matteo Eustachio Gonella an die deutschen Bischöfe über die Vorschriften bei Versammlungen katholischer Gelehrter, München, 5. Juli 1864. Ebd., 418-420. - Manfred Weitlauff, Ignaz von Döllinger - Im Schatten des Ersten Vatikanums, in: MThZ 41 (1990) 215-243; 215-221; Anton Landersdorfer, Gregor von Scherr (1804-1877), Erzbischof von München und Freising, in der Zeit des Ersten Vatikanums und des Kulturkampfes (Studien zur altbayerischen Kirchengeschichte 9), München 1995, 284-301; Bischof, Theologie und Geschichte (wie Anm. 37).

45 Enyklika *Quanta cura* Pius' IX. vom 8. Dezember 1864. Pii IX Pontificis Maximi Acta. Pars prima: Acta exhibens quae ad Ecclesiam universam spectant. Vol. III [Rom, o. J.] 687-700 (Enzyklika) 701-717 (*Syllabus errorum*); DH 2890-2980.

46 Conzemius, Liberaler Katholizismus (wie Anm. 23), 182-186.

scheiden wußte. "Katholizismus" war in seinen Augen nicht zu verwechseln mit dem "von den Theologen sorgsam ausgedachten großen intellektuellen System"[47]. Seine historische Kenntnis verwehrte ihm, "die Kirche" einfach mit "Rom" zu identifizieren. "[...] the modern R[oman]. C[atholic]. Church", wie sie sich (mit ihrem autoritären Polizeiregiment) im Lauf des 19. Jahrhunderts selbst konstituiert[48] und durch den "Munich Brief" proklamiert habe, "the Pian régime", "the principles of Rome (of *Romanism* in the sense in which we *within* the Church may 'intelligently', *understandably*, use the word)", "the dominant party in our Church", "the present Pope [Pius X.] and his familiars"[49]: dies alles verursachte ihm je länger desto mehr nur Bitterkeit, und bitter wurden seine Worte, wenn er - selten genug - auf die "Kirche von Rom", ihre Theologie, ihre Theologen und *apologists* zu sprechen kam. "They are desperadoes" - schrieb er 1903, am Beginn der offenen Modernismus-Kontroverse an Albert Erhard, nachdem er dessen Reformschrift *Der Katholizismus und das zwanzigste Jahrhundert im Lichte der kirchlichen Entwicklung der Neuzeit*[50] und die Gegenschriften gelesen hatte -, "several of them truculent desperadoes, and always have been since I knew of them"[51]. "Katholizismus", den er meinte und allerdings auch in der römisch-katholischen Kirche fand, war jene andere "Kirche", nämlich "das christliche Volk selber", die Gemeinschaft der an Christus Glaubenden und mit ihm mystisch Verbundenen. Dieser Kirche, die in der Feier der Liturgie immer von neuem sich konstituiert, galt seine ganze Hingabe. Und um ihr zu dienen, nahm er als kritisch forschender Historiker das Schicksal auf sich, den unüberbrückbar scheinenden Gegensatz, der zwischen Theologie und Historie, zwischen (zur Herrschaft gelangter) "theologischer" und (von "Rom" bekämpfter) "deutscher" historischer Methode aufgebrochen war, in seinem Leben auszutragen, mitsamt der ganzen persönlichen Vereinsamung, die in diesem Schicksal auch beschlossen lag. Er wußte sich damit in der von Jean Mabillon und den Maurinern, von Daniel Papebroch (1628-1724) und den Bollandisten[52], von Richard Simon (1638-1712)[53] und anderen begründeten Tradition streng an den Quellen orientierter historisch-kritischer Forschung im Dienst von Theologie und Kirche, als deren Fortsetzung er die kirchenhistorische Forschung in Deutschland betrachtete, wie sie von Döllinger und Carl Jo-

---

[47] "All the papal artillery of the *Pascendi gregis* directed against 'sentiment' is to me so much *brutum fulmen*. - Catholicity is a great *religion*; it is the *only one* (sad as such a case may be) to which I own and can feel allegiance. But the Catholic 'Intellectual System of the Universe' - the great intellectual system elaborated by the theologians: - that is a different matter. All I can say is that (although such considerations were not absent, especially on the side of Holy Scripture) *I* never became a Catholic, 'embraced Catholicism', as *a solution of intellectual difficulties*. And the older I grow, and more I know, the less does it appear to me *to be so*. But just therein lies what I call 'the Venture of Faith'. Some people seem to me, whilst loudly talking (or writing) about that, to have no real intelligence of what that 'venture' really is - its nature." Zit. in: Abercrombie (wie Anm. 4), 376, und in: Loome (wie Anm. 24), 64.

[48] Edmund Bishop an Friedrich von Hügel, 28. Juni 1908. Loome (wie Anm. 24), 63.

[49] Siehe Anm. 43.

[50] Albert Ehrhard, Der Katholizismus und das zwanzigste Jahrhundert im Lichte der kirchlichen Entwicklung der Neuzeit, Stuttgart-Wien 1901, [2]1902.- Ders., Liberaler Katholizismus? Ein Wort an meine Kritiker, Stuttgart-Wien 1902. - Zu Albert Ehrhard siehe: Georg Schöllgen, in: LThK[3] III 513.

[51] Edmund Bishop an Albert Ehrhard, Barnstaple, 30. April 1903. Loome (wie Anm. 24), 386-388; 386.

[52] Karl Hausberger, Das kritische hagiographische Werk der Bollandisten, in: Schwaiger, Historische Kritik (wie Anm. 20), 210-244.

[53] Henning Graf Reventlow, Richard Simon und seine Bedeutung für die kritische Erforschung der Bibel, ebd., 11-36; ders., Richard Simon (1638-1712), in: Heinrich Fries/Georg Kretschmar (Hg.), Klassiker der Theologie I-II, München 1983; II 9-21, 405f, 439-441.

seph Hefele (1809-1893)[54], von Franz Heinrich Reuschs (1825-1900) *Theologischem Literaturblatt* (Bonn 1866-1877) und anderen repräsentiert wurde[55]. Und als Vertreter dieser Richtung war er - wie er 1912 Friedrich von Hügel schrieb - "einer, der [im Blick auf das tragische Schicksal der zuletzt genannten Männer] die Lektion gelernt hatte, die ihn jene Jahre 1863-1871 lehrten, und in dessen Innerstes jene Lektion eingegangen war *for once, 'for good' and for all the rest of life*: - es war die Periode, in welcher jene, die damals hier in England lebten und in der Blüte und Vollkraft ihres Mannesalters den Kampf mit the *'anti-laity' spirit* ausfochten, diesen verloren; und sie waren Männer genug, um zu erkennen, zu sehen, zu wissen, daß der Kampf (für sie) *endgültig verloren* war"[56]. Allerdings habe er seine Konversion zum Katholizismus auch nie "als eine Lösung intellektueller Schwierigkeiten" betrachtet, und je älter, je wissender er werde, desto mehr verdeutliche sich ihm dies. Ebendarin liege, was er "das Wagnis des Glaubens" nenne, über welches gar mancher allzu laut rede, ohne je dessen wahre Natur erfahren zu haben[57]. "Für mich, sage ich, fühle ich, daß ich nicht mehr tun kann, - über die wenigen kleinen 'Dinge', die ich 'tue', hinaus, und wie gering sind sie - als *'den Glauben festzuhalten', der in mir ist, den 'Glauben', den ich gelernt habe von jener Gruppe von englischen katholischen Laien, weggewischt in den sechziger Jahren.* Das muß genug sein, selbst wenn die Dinge sich zum Schlimmsten wenden sollten" - so in seinem letzten Brief an Friedrich von Hügel aus dem Jahr 1913[58], nachdem er diesem im Jahr zuvor unter dem Ein-

---

54 Rudolf Reinhardt, Hefele, Karl Joseph von, in: Erwin Gatz (Hg.), Die Bischöfe der deutschsprachigen Länder 1785/1803 bis 1945. Ein biographisches Lexikon, Berlin 1983, 295-297; ders., Hefele, Carl Joseph, in: TRE XIV 526-529; Hubert Wolf (Hg.), Zwischen Wahrheit und Gehorsam. Carl Joseph von Hefele (1809-1893), Ostfildern 1994.

55 Siehe unten: Edmund Bishop, Geschichte oder Apologetik.

56 "You will hardly realize, I think, how great is the pleasure that it gives me, - even now that his [George Tyrrells] voice is for ever, as between us here, silent, and his work, here, is done, to learn that any letters [Edmund Bishops] to you passed under his eyes, interested him, and (as I must suppose) gave him pleasure to hear. They were mostly too I think, I seem to remember, *recalcitrant* letters, *refusing* to do this and that, - embodying as it were (what is to me detestable) *negativism*, *refusals*. But after all, they were letters of one who had learned the lesson those years 1863-1871 had to teach, and into whose very soul *that* lesson had entered for once, 'for good' and for all the rest of life: - it was the period in which those here in England then living and in the full flush of achieved manhood and possession of themselves had fought the battle with the 'anti-laity' spirit, had *lost* it, and were men enough to recognize, to see, to know, that the battle (for them) WAS lost." Edmund Bishop an Friedrich von Hügel, Barnstaple, 31. Mai 1912. Loome (wie Anm. 24), 420-425; 421f.

57 Siehe Anm. 47.

58 "The drama was acted out & on the small theatre chosen here in England in the 60ies when the 'intelligent laity' were simply *wiped out*; since then in so far as any thing of the kind has made its appearance among us here, or seemed to do so, it has largely & commonly been (whether this were recognized or not by the actors in the play) of the nature of Make Believe. On the other hand it has been the spirit and intention of my little things, the little things I have printed, not (as some are so fond of saying among us) to 'serve the Church', to do my 'little bit of work for the Church', but to contribute (if so might be) to the mere ordinary 'common good'. And, so far as I have been able, or certainly in so far as I may have tried, to help others in work historical, critical, or what not, this spirit - the mere advancement of the 'truth' - is what I have desired to communicate & to spread. And in so doing have ever thought that (as turned out to be the case with the brother in the Gospel who said: 'I go not') *so*, in this way & with this spirit, a very 'service of the Church' might prove to have been rendered. The reason why is clear. In all my time one of the greatest difficulties in the way in England has been the sense that Catholics, where the Church is concerned, her 'interests' or 'cause' is concerned, *do not tell the truth: will, & seek, to 'burk'* it. [...] For me, I say, I feel, that I can do no more, - beyond the few little 'things' that I 'do'; & how slight they are - than *'keep the faith' that is in me, the 'faith' that I learnt from the group of English Catholic laymen WIPED OUT in the sixties.* That must be enough,

druck der Lektüre von Maude Petres *Autobiography and Life of George Tyrrell* (2 Bde, London 1912)[59] geschrieben hatte: Noch ehe er Katholik geworden sei, habe er "als eine Bedingung oder einen 'Umstand' seines Katholisch-Werdens gelernt, wie sehr der Kampf *für* den Laien in unserer Kirche verloren war; und so weit wir jetzt, 1912, sehen können, *für immer verloren* [ist]"[60].

Doch Anlaß zur Resignation war ihm dies - wie er aus der Rückschau des Alters schreibt - nie geworden. Obwohl seit seiner Konversion in engstem Kontakt mit Priestern lebend, sei er "mit Herz und Seele ein 'Erz-Laie'" geblieben, habe aber - als katholischer Laie - seine Aufgabe darin gesehen, "für eine bessere Erziehung und Schulung der Kleriker unter uns" zu sorgen - und ebendies habe ihn so bereit gemacht, "mich abzumühen und von meinem Leben zu geben." Er war - mit anderen Worten - in seinem Lebenskreis bestrebt, zwischen Klerikern und Laien eine Brücke zu schlagen: die in der Abgeschlossenheit ihrer Seminare oder Klöster gleich einer Kaste erzogenen und mental scholastizistisch geformten Kleriker mit den realen Lebensverhältnissen der Laien in der Kirche vertraut zu machen und menschliches Verständnis in ihnen zu wecken; denn "es hat mich getroffen, schon vor vielen Jahren, daß in unserer Kirche der Laie *nichts* ist: er ist hilflos: er kann nicht - ich will nicht sagen sich selbst verteidigen vor und inmitten der intellektuellen Strömungen (oder Angriffe) rings um (oder auf) ihn, auf ihn als *Individuum*; nicht bloß wurde er nicht vorbereitet durch Erziehung, Schulung, frühe geistige Bildung, sich selbst zu helfen, - sondern jeder Versuch schon wurde nicht bloß mit Mißfallen und Argwohn aufgenommen, ein solcher Mensch war ein gezeichneter Mensch". Als John Henry Newman einst - 1849 oder 1850 - im Gespräch mit Bischof William Ullathorne von Birmingham, einem ehemaligen Mönch des Klosters Downside[61], das Thema "Laien" berührt habe, habe dieser Oberhirte "with *secure* contempt" erwidert: "What is the *laity*?" - "Und dann das große Wegfegen der Laien in England in den sechziger Jahren [...] Dies traf mich zutiefst, dies ist alles in mir noch lebendig [...] Ja, dies scheint mir die Moral, die bestimmte Zusammenfassung, von einer Seite meiner Erfahrung als Katholik zu sein: Der Laie ist auf sich selbst angewiesen, allein; die Priester (ausgenommen als 'Diener des Altares und der Sakramente') sind - für den *Geist*, und deshalb in gewissem Sinn für die Tiefe der

---

even if things went to the worst." Edmund Bishop an Friedrich von Hügel, Barnstaple, 2. Februar 1913. Loome (wie Anm. 24), 431-436; 433f.

59 Siehe dazu: Abercrombie (wie Anm. 4), 383.

60 "I suppose you like so many others have not long since been reading the *Life* of Newman [Wilfrid Ward, The Life of John Henry Cardinal Newman based on his private journals and correspondence, 2 Vol., London 1912]. It came to me three or four weeks ago, - I always like to 'wait' for these things, coming to me. I gave up to it ten days of absorption. How it brought back the old days, the days when I was even a callow youth, but still (I may venture to say with even *confidence*) one who knew how to learn, - and, learnt even then, then before I became a Catholic, - learnt as a condition or 'incident' of my becoming one, how the battle *for* the laity was in our Church lost; and so far as we can see at this time of day, 1912, *for ever lost*. [John Lord] Acton and [Richard] Simpson at least, - as the rest of their lives seem (*to me certainly*) to shew - took it so; - & left Newman still to his dreams. *How* interesting the book is! Even W[ilfrid]. W[ard]. seems to betray some sense of recognition that the *'things that matters'* was not the Vatican Decree on Infallibility (a wretched torso which awaits completion in a Decree on the 'Extent' of Infallibility in the Pope) but the *Munich Brief*." Edmund Bishop an Friedrich von Hügel, Barnstaple, 31. Mai 1912. Loome (wie Anm. 24), 420-425; 422 (dieses Zitat schließt sich unmittelbar an das Zitat in Anm. 56 an).

61 William Ullathorne (1806-1889), 1823 Benediktiner des Klosters Downside (Dom Bernard), 1831 Priester, 1844 Apostolischer Vikar des Western District in England und Titularbischof von Hetalona, 1846 Apostolischer Vikar des Midland District, nach Wiedererrichtung der katholischen Hierarchie in England 1850 erster Bischof von Birmingham. Albert Schmitt, Ullathorne, William, in: LThK^2 X 453.

Nöte der *Seele* - nutzlos für ihn"[62]. Ebendeshalb, angesichts des "Dramas" der katholischen "Laien-Intelligenz" Englands in den sechziger Jahren, war es "Geist und Absicht meiner kleinen Dinge, der kleinen Dinge, die ich publiziert habe, nicht (wie einige unter uns zu sagen belieben) 'der Kirche zu dienen', mein 'kleines bißchen Arbeit für die Kirche' zu tun, sondern lediglich (wenn es so sein möchte) beizutragen zum ganz gewöhnlichen 'allgemeinen Guten'. Und, soweit ich fähig war oder zumindest soweit ich es versuchen wollte, anderen im historischen, kritischen Arbeiten zu helfen, war es mein Wunsch, diesen Geist - die reine Beförderung der 'Wahrheit' - mitzuteilen und zu verbreiten. Und indem ich so handelte, dachte ich immer (ähnlich wie im Falle des Bruders im Evangelium, der gesagt hat: 'Ich gehe nicht'), *so*, auf diesem Weg und mit diesem Geist könnte [möchte] ein wirklicher 'Dienst der Kirche' erbracht werden. Der Grund dafür ist klar. In meiner ganzen Zeit war eine der größten Schwierigkeiten auf dem Weg in England die Meinung, daß Katholiken, wo immer es ihre Kirche, deren 'Interessen' oder deren 'Sache' betrifft, *nicht die Wahrheit sagen, sie gar nicht sagen wollen, sondern sie zu verbergen suchen*"[63].

Edmund Bishop war "liberaler Katholik" und als solcher - neben der Lady Blennerhassett (1843-1917)[64] - einer der letzten der Generation der sechziger und siebziger Jahre des 19. Jahrhunderts, die die modernistische Kontroverse und Krise noch zur Gänze erlebten. An der geistigen "Ahnenreihe", auf die er sich stets berief, ist unschwer abzulesen, welcher katholischen Tradition er sich verbunden fühlte: einer Tradition historisch orientierten Studiums, historisch fundierter Gelehrsamkeit - einer Tradition, die das Recht der historischen Wahrheit

---

[62] "You see, though my life from the time I became a Catholic has been so much thrown among priests, I am in heart & soul so unmitigatedly a layman. It is the burden of the layman, the burden he has (if he have a head on his shoulders and brains in his head) to bear, - that, & I fancy *au fond* that *alone*, which has made me so solicitous (I may almost say: so ready to labour, & give of my life) for the better education, training of clergymen among us. You see (I must have said this to you before over & over again I think) it came home to me, & before many years had passed, that in our Church the layman is *nothing*: he is helpless: he cannot I will not say defend himself before & in the midst of the intellectual currents (or attacks) around (or upon) him, the *individual* him; not merely was he not prepared by education, training, early mental cultivation, to help himself, - but any attempt even was not merely received with displeasure & jealousy, but such a man was a marked man. You will have noticed that footnote (just a line) in the 1st volume of Newman's Life [siehe Anm. 60] when that ingenuous person spoke (as early as 1849 or '50 was it?) of the laity: 'What is the *laity*?' replied B[isho]p. [William] Ullathorne with *secure* contempt. And then the grand sweep of the laity off the board in the 60ies in England [...] That went home to me, it is all *living still* in me [...] Yes: this seems to me the moral, the definite summing up, of all one side of my experience as a Catholic: the 'layman' has to shift for himself, alone; the priests (except as 'ministers of the board & sacraments') are - as for the *mind*, & therefore in some sense for the depth of the needs of the *soul* - useless for him." Edmund Bishop an Friedrich von Hügel, Barnstaple, 27. Januar 1913. Loome (wie Anm. 24), 426-430; 427f.

[63] Siehe Anm. 58. - Vgl. hierzu John Actons Feststellung zur Problematik katholischer Publizistik in England: "Wir Katholiken müssen uns mit dem Vorurteil auseinandersetzen, daß wir nicht nur hinterlistig und verschlagen sind, sondern uns auch vor der Wahrheit fürchten. Diese Auffassung können wir nicht bekämpfen, indem wir sie in emotioneller Gegenwehr bestreiten oder den Gegner verhöhnen, sondern indem wir unsere Tapferkeit durch unsere Handlungen bezeugen. Es hat keinen Sinn, mit Fanfarenstößen auszuposaunen, daß Geschichte und Wissenschaft der Religion nicht widerstreiten, wenn wir nicht den Beweis erbringen, daß wir überzeugt sind von dem, was wir behaupten, indem wir selber die Initiative ergreifen, um die ganze Wahrheit zu sagen über die Kirche und ihre Feinde." Zit. in: Conzemius, Lord Acton (wie Anm. 37), 141.

[64] Charlotte Lady Blennerhassett (1843-1917), geborene Gräfin von Leyden, seit 1870 mit Sir Lowland Blennerhasset verheiratet, eine hochgebildete, liberal-katholische Schriftstellerin, eng mit Ignaz von Döllinger verbunden, die für deutsche und englische Zeitschriften schrieb und bedeutende Biographien verfaßte. Loome (wie Anm. 24), 76-82, 324-326. - Victor Conzemius (Hg.), Ignaz von Döllinger - Charlotte Lady Blennerhassett. Briefwechsel 1865-1886 (Ignaz von Döllinger, Briefwechsel 1820-1890, Bd. 4), München 1981; ders., Blennerhassett, Charlotte, in: LThK[3] II 525f.

in der Kirche zu verteidigen sich zur Aufgabe gemacht hatte. Wenn er von ihr als einer "liberal-katholischen Tradition" sprach, vergaß er für gewöhnlich nicht, sie ausdrücklich und zur Unterscheidung von einem "liberalen Katholizismus" politischer Ausrichtung als *scientific* oder *academic* zu qualifizieren[65]. Zwar meldete sich Edmund Bishop in den anhebenden "modernistischen" Auseinandersetzungen nie öffentlich zu Wort, dennoch registrierte er sie nicht nur sehr genau, sondern er las und kopierte auch die Schriften von Alfred Loisy (1854-1940), George Tyrrell (1864-1909), Albert Houtin (1867-1926), Wilfrid Philip Ward (1856-1916)[66] und anderen, die in diese Auseinandersetzungen verwickelt waren - was allerdings nicht heißt, daß er ihrer aller Standpunkt teilte. Jedoch beeindruckten ihn tief die pastoralen Motive, von denen sich jene Männer leiten ließen: daß sie, von der Glaubensnot der Vielen - in dieser ihrer Not von der "Kirche" im Stich Gelassenen - angerührt, in christlicher, mitbrüderlicher Verantwortung mutig nach Wegen suchten, um den "Gefährdeten" zu helfen. Denn derselbe Wunsch, anderen Hilfen zu geben, beizutragen zur Beförderung der "Wahrheit", erfüllte, "trieb" ja auch ihn; ebendieser Wunsch war - wie er Friedrich von Hügel schrieb - Leitmotiv seiner ganzen Gelehrtenarbeit als katholischer Laie[67]. Nichts könnte eindeutiger dartun, wie sehr dieser alte "liberale Katholik" sein ureigenstes theologisches Anliegen von jenen Männern - wenn auch gewiß in je unterschiedlicher Weise - aufgegriffen sah und für wie irrelevant er angesichts der gemeinsamen "Sache" das ihnen dann 1907 kirchenamtlich angehängte Epitheton "Modernisten" hielt, als Bishops pointiertes Selbstbekenntnis: Längst bevor man "Modernismus" entdeckt habe, sei er bereits "ein unverbesserlicher Modernist" gewesen - "I am a modernist of before modernism" ("Ich bin ein Modernist des Vor-Modernismus" - muß man wohl präzis übersetzen) - so in einem Brief an Friedrich von Hügel vom 28. Juni 1908[68].

---

65 Loome (wie Anm. 24), 65.

66 Zu Alfred Loisy siehe: Peter Neuner, Alfred Loisy (1857-1940), in: Fries-Kretschmar, Klassiker (wie Anm. 53), II 221-240, 421-423, 450. - Zu George Tyrrell siehe: Ernst Erasmi [= Oskar Schroeder], George Tyrrells religiöse Entwicklung, in: George Tyrrell, Das Christentum am Scheideweg. Eingeleitet und übersetzt von Ernst Erasmi, München-Basel 1959, 9-40; Loome (wie Anm. 24), 13-58 u.ö. - Zu Albert Houtin siehe: Josef Schmid, in: $LThK^2$ V 497 [in der 3. Auflage mit keinem Artikel mehr vertreten!]; Loome (wie Anm. 24), 336; Shane Leslie, in: The Dictionary of National Biography. 1912-1921, London 1927, 552f; Loome (wie Anm. 24), 355.

67 Edmund Bishop an Friedrich von Hügel, Barnstaple, 27. Januar 1913. Loome (wie Anm. 24), 426-430.

68 Zit. in: Loome (wie Anm. 24), 72; Dom Andrew Moore, Edmund Bishop as a commentator on Modernism, in: The Downside Review 101 (1983) 90-107; 104 (danach datiert der Brief allerdings vom 18. Februar 1908). - Dom Andrew Moore, der sich in seinem durchaus instruktiven Beitrags kritisch mit den Thesen Thomas Michael Loomes auseinandersetzt, läßt Edmund Bishop als liberalen Katholiken "gelten", vemag aber dessen (und Loomes) Verständnis des "Modernismus" als "a direct descendant from Liberal Catholicism" nicht zu folgen: "For support Loome cites Bishop but, as we shall see, although Bishop does most certainly see a sense of continuity with Liberal Catholicism, precisely because he himself was a Liberal Catholic, he cannot be used as proof of the existence of such a direct continuity. It is true that the 'Modernists' preferred to call themselves Liberal Catholics but in so doing they were not necessarily implying a direct link with the Liberal Catholicism of former days." Dabei geht er von folgender - den historischen Tatbestand wenig differenzierender - These aus: "Whatever similarities may exist between Liberal Catholicism and 'Modernism' there is one significant difference: Liberal Catholicism worked within certain limits. Modern intellectual methods were to be employed but the fundamental legitimacy of received doctrine was not questioned [dennoch wurde der Liberale Katholizismus "lehramtlich" verworfen, zumindest scharf gemaßregelt!]. The 'Modernists' were on the whole a more philosophical and speculative group who recognizes no such limits. That the latter group, in spite of their predilection for the self-designation of Liberal Catholic, saw themselves as essentially distinct is evident from a statement of Loisy's: 'The Modernism which we knew was not the following up of another movement; it did not continue a school; it was born chiefly of a situation.'" Ebd., 91f. - Zum Begriff "Modernismus" siehe: Otto Weiß, Der Katholische Modernismus. Begriff - Selbstverständnis - Ausprägungen - Weiterwirken. In diesem Band.

Doch durch die Erfahrung der sechziger und siebziger Jahre belehrt, hatte Bishop von Anfang an vorausgesehen, daß "Modernismus" als "Bewegung" in der Kirche so wenig Chance haben würde wie der "liberale Katholizismus" vier Jahrzehnte zuvor. Die Katastrophe, wie sie über die "Modernisten" dann hereinbrach, überraschte ihn nicht. Seit der Zeit, "da jene 'Bewegung' begann", habe er immer gedacht, daß jene, die sich in ihr engagiert hätten, "nie gebührend und richtig abgeschätzt haben, *was* 'Rom' ist und, wie seine Geschichte zeigt, sein muß, oder es hört auf, überhaupt *zu sein*. 'Rome' is *irreformable*" - so wiederum gegenüber von Hügel, und er fuhr fort: "Und jene, die in der 'Bewegung' engagiert waren, haben gehofft (und das muß ihre Absicht gewesen sein, oder ich kann die Bewegung, und die Aktionen und Worte jener, die an ihr teilhatten, überhaupt nicht verstehen), Rom *irgendwie* zu 'reformieren', *Rom* zu 'gewinnen', die oberste handelnde Autorität in unserer Kirche zu 'gewinnen', reformiert irgendwie in der Neuheit des Geistes. Was aber kann, könnte noch irgendeine Wirkung haben, seit das Vatikanische Konzil das unabhängige Zeugnis des Episkopats (ich rede gar nicht vom Handeln) schlicht weggewischt, in den bodenlosen Abgrund geworfen hat, und nichts hat stehenlassen als allein den Bischof von Rom, der von nun an der *Zeuge* zu sein hat - der einzige lebende Zeuge - für *sich selbst*. Nein. Solche Hoffnungen waren zum Scheitern bestimmt"[69].

Doch das Scheitern des "Modernismus" als einer "Bewegung" ("ich liebe das Wort nicht, aber es ist zweckdienlich" - fügte er in Klammern bei) bedeutete für Bishop keineswegs auch den Tod der "Mentalität", des "Geistes", der "Tradition", die "Modernismus" repräsentierte - "obwohl es uns heute, jetzt, wenn wir über das Feld blicken, scheint, als ob wir nichts als die Leiber toter Männer sehen"[70]. Für ihn gab es keinen Zweifel, daß diese Tradition als integrierender Bestandteil des "Katholizismus" in zahllosen Katholiken weiterlebte, trotzend allen Widerständen der "dominant party in our Church", die seit dem "Munich Brief" von 1863 diese "Tradition" mit immer neuen "ismen" belege und zum "'Feind' des Augenblicks" erkläre, um in der Kirche den Weg freizuräumen für die Aufrichtung eines durch die Prinzipien des "Munich Briefs" grundgelegten "Systems"[71]. Selbst Wilfrid Ward scheine "ein gewisses Gefühl für die Erkenntnis zu verraten" - so Edmund Bishop nach der Lektüre von dessen "Life of Newman" ("*How* interesting the book is!") -, "daß das 'eigentlich bedeutende Ereignis' nicht das vatikanische Dekret über die Unfehlbarkeit war (ein unglückseliger Torso, der nach einer Ergänzung in einem Dekret über die 'Ausdehnung' der Unfehlbarkeit im Papst verlangt), sondern der Munich Brief"[72].

---

69 "It is in this way that all along I have felt the *hopes* of those, nearly all I suppose of those actively engaged in the *Movement* of late years that has been called 'Modernism', were fallacious & doomed to disappointment. Not that I regard it that (I dislike the word but it is convenient) that 'Movement' has failed, though today, *this* day, as we look over the field we seem to see nothing but the bodies of dead men. [...] For I think, I have always thought from the time that 'Movement' began that they never duly & justly estimated *what* 'Rome' is & her history shews she must be, or cease *to be* at all. 'Rome' is *irreformable*. And those engaged in the 'movement' hoped (that must have been their meaning, or I cannot understand at all the movement, & the actions & words of those who had part in it) to 'reform' Rome *somehow*, to 'get' *Rome*, to 'get' the Supreme working Authority in our Church, reformed in the newness of her mind *somehow*. What else, can, could, have any effectualness, since the Vatican Council simply swept away, threw into the bottomless pit, the independent witness (I do not even say action) of the Episcopate, & left nothing standing but the one Bishop of Rome, who henceforward has to be *the* witness - the only living witness - to *Himself*. No. Such hopes were bound to fail." Edmund Bishop an Friedrich von Hügel, Barnstaple, 27. Januar 1913. Loome (wie Anm. 24), 426-430; 428.

70 Siehe Anm. 69.

71 Siehe Anm. 43.

72 Siehe Anm. 60.

Zumindest noch 1903 aber vermochten die von der "dominant party" inszenierten Attacken Edmund Bishop - wie er gegenüber Albert Ehrhard bekannte - nicht in der Zuversicht zu beirren, daß sich die Gültigkeit, das "Recht" der in so vielen "ismen" geschmähten und verfolgten Tradition (deren verschiedene Spielarten er freilich nicht verkannte) schließlich doch erweisen würde, ja daß ihre "Methoden und Grund-Ideen" einst auch von "jenen, die in der Kirche regieren, angenommen werden" müßten. Freilich gebe es beim Episkopat "derzeit weder Hilfe noch Hoffnung"; er zweifle, ob sich überhaupt ein Bischof finde, der, wenn er sich diesem Anliegen öffnete, nicht unter Druck geraten würde. "Ich habe tief, manchmal sogar bitter gefühlt, als Laie, wie jene Leute von der herrschenden Partei, die gegen ihre nicht der gleichen Schule angehörenden katholischen Glaubensgenossen so tapfer sind, sich bei dem völlig unwirksamen Versuch der Verteidigung gegen den Ungläubigen und den Skeptiker unter den Laien wie mich zeigen, [wie mich,] der nichts mehr wünscht, als von den Hirten und Wächtern der Herde verteidigt zu werden. Aber, soweit meine Erfahrung reicht, ist jeder einzelne darauf angewiesen, seinen eigenen Weg durch die Schwierigkeiten der Zeit zu finden, so gut es ihm gelingt." Möge man auch den Laien "in der Domäne der Theologie" nur als einen gerade noch geduldeten "Eindringling" betrachten, so komme doch "*per contra* die ganze Domäne des *Erweislichen* (gleich ob in der heiligen oder profanen Wissenschaft - und daher die Geschichte des Dogmas) in den Spielkreis des Laien nicht durch Gnade oder Zugeständnis, sondern als Recht. Noch freilich fühle oder fürchte ich, daß solche Spekulationen kaum praktisch sind: der Laie, wenn er nicht eine Neigung zur Apologetik hat, ist hier in England [von der Domäne der Theologie] auf alle Fälle gänzlich ausgeschaltet"[73].

Und noch einmal hob Edmund Bishop seine "Übereinstimmung" mit jener geschmähten und unterdrückten Tradition hervor, nachdem er mit tiefer Gemütsbewegung Maude Petres Ende 1912 - drei Jahre nach Tyrrells Tod - erschienenes Werk *Autobiography and Life of George Tyrrell* gelesen hatte[74]. Nicht nur hätten sich - so stellte er fest - Tyrrells innerkirchliche Erfahrungen in mannigfacher Hinsicht aufs engste berührt mit den Erfahrungen Lord Actons, wie sie in dessen veröffentlichten Briefen[75] zutage träten, obwohl doch beide Männer auf Grund ihrer Herkunft, ihres Schicksals, ihrer Ideen und nicht zuletzt auf Grund ihrer Zugehörigkeit zu zwei verschiedenen Generationen so unähnlich gewesen seien, sondern auch er selber fühle sich in Herz und Sinn mit Tyrrell eins. Und es rührte ihn sehr, vom Freiherrn von Hügel zu erfahren, daß dieser Tyrrell Einblick in ihrer beider Korrespondenz gewährt und

73 "Yet I have no doubt now, as I have never had during my Catholic life of now some 6 and 30 years, that it is the wing of Catholics that, in the sixties of the last century and now still, are frownded on who will eventually prove to have been in the right, whose methods and ground-ideas will (= will have to) be adopted by those who rule in the Church. [...] From the episcopate, at present, there is neither help nor hope; I doubt if there be among it any one who would not yield under pressure. I have felt deeply, sometimes nay bitterly, as a layman, how those of the dominant party so valiant against their fellow Catholics not of the same school shew themselves on the proof just of no efficacy for the defence against the unfidel and the sceptic of laymen like me who desire nothing better than to be defended by the shepherds and guardians of the flock. But, so far as my experience goes, each one is left to find his own way through the difficulties of the time as best he may. [...] In sum I conclude the layman can be regarded in the domain of Theology only as an intruder & be allowed - if at all - only on sufferance; but *per contra* the wohle domaine of the *verifiable* (whether it be in sacred or profane science - & therefore the history of dogma) comes within the layman's purview not by grace or concession but as of rhigt. Still I feel or fear that such speculations are hardly practical: the layman, unless he has a turn for apologetics, here in England at all events has been frightened off the ground." Edmund Bishop an Albert Ehrhard, Barnstaple, 30. April 1903. Loome (wie Anm. 24), 386-388; 386f.

74 Siehe Anm. 58. - Abercrombie (wie Anm. 4), 383.

75 Gemeint ist wohl: Dom Francis Aidan Gasquet (Hg.), Lord Acton and his Circle, London 1906. Loome (wie Anm. 24), 430.

Tyrrell seine - Edmund Bishops - Briefe mit Ergriffenheit gelesen habe. Denn er selber war Tyrrell nur ein einziges Mal flüchtig begegnet, anläßlich der erwähnten Verlesung seines Essays *On the Genius of the Roman Rite* im Jahr 1899[76]. Mit welcher Erregung er Tyrrells *Autobiography and Life* las, dokumentiert die Fülle der Randnotizen (über den *sacro egoismo* des römischen Kirchenregiments von den frühesten Zeiten bis zur Gegenwart, über die Inhumanität der jesuitischen Erziehung und Organisation) in seinem (erhaltenen) Handexemplar: "'Rome' *is* an embodied and *organized egotism*: one of the greatest (I am apt to think: *the* greatest - as a *system*) the world has ever seen", liest man da, oder: "The S[ocietatis]. J[esu]. *man is* (in *so far as a true blue S. J.*) at the least a potential *fanatic*"; - "how one knows the style, - the hollowness, the unChristianness of the system (and those who 'work it', - when they are *on the work*)"; - "that is the Catholic ideal prescribed by those who have undertaken the management of Catholicism this last 300 years and more; and it is to this end that their whole scheme of 'education' for the laity - the non-'professionals' - has been directed"; - "[...] The tragedy of it all, - the *tragedy* -"; usw.[77].

Freilich, der Öffentlichkeit seine Gedanken über "ecclesiastical affairs" und über "Rome" preiszugeben hat sich Edmund Bishop stets gescheut. Nur ganz wenigen Gesinnungsfreunden vertraute er sich zuweilen an. Ein einziges Mal aber entschloß er sich, sein Schweigen zu brechen und das, was ihn als katholischen Laien - mit Blick auf den englischen Katholizismus - bewegte, einem kleinen Kreis gleichgesinnter Freunde mitzuteilen, zu einem Zeitpunkt, als das Kampfwort "Modernismus" zumindest offiziell noch nicht erfunden, die Kontroverse allerdings bereits in vollem Gange war: in seinem im Oktober 1900 niedergeschriebenen Essay *History or Apologetics*, den er am darauffolgenden 4. Dezember in dem von ihm und Robert Dell im selben Jahr gegründeten *dining club* namens "Rota" zu London vortrug und in 50 Exemplaren drucken ließ[78].

In diesem Papier, einer Art *Promemoria*, geht es Edmund Bishop gar nicht so sehr um Theologie, sondern um solide historische Arbeit von Katholiken in England nach Maßgabe des allgemeinen Standards englischer Geschichtsschreibung. Im Grunde monierte er für den Bereich der Geschichte nichts anderes, als was Georg von Hertling als Präsident der neugegründeten Görres-Gesellschaft in seiner programmatischen Rede *Der deutsche Katholicismus und die Wissenschaft* von 1896 von der deutschen katholischen Intelligenz für den allgemeinen Bereich der Wissenschaft gefordert hatte: "Was wir brauchen, das sind nicht so sehr die Apologeten, als vielmehr die eigentlichen Fachgelehrten, diejenigen, die mit dem Rüstzeug der modernen Forschung ausgestattet, in selbständiger Arbeit das Gebiet des menschlichen Wissens zu erweitern und zu befestigen bemüht sind. Ein einziger Gelehrter, der erfolgreich in die Forschung eingreift, dessen Name mit weithin sichtbaren Zeichen in die Blätter der Geschichte eingegraben ist, und der sich zugleich in seinem Leben als treuer Sohn der Kirche bewährt hat, wiegt ganze Bände Apologetik auf"[79]. Freilich, während Georg von Hertling die damals diskutierte wissenschaftlich-kulturelle "Inferiorität" der deutschen Katholiken zunächst monokausal als Folge der Säkularisation zu erklären suchte - worin ihm beispielsweise

---

[76] Edmund Bishop an Friedrich von Hügel, Barnstaple, 27. Januar 1913. Loome (wie Anm. 24), 426-430.

[77] Siehe dazu: Abercrombie (wie Anm. 4), 440-447; Loome (wie Anm. 24), 74f.

[78] Loome (wie Anm. 24), 372f; Abercrombie (wie Anm. 4), 297-300.

[79] Georg von Hertling, Der deutsche Katholicismus und die Wissenschaft, in: Jahresbericht der Görres-Gesellschaft zur Pflege der Wissenschaft im katholischen Deutschland für das Jahr 1896, Köln 1897, 16-21; 20. - Vgl. ders., Das Princip des Katholicismus und die Wissenschaft. Grundsätzliche Erörterungen aus Anlaß einer Tagesfrage, Freiburg i. Br. $^{2-3}$1899, 61.

Franz Xaver Kraus entschieden widersprach[80] -, sieht Bishop diese "katholische Fehlanzeige" in England in einer anderen Perspektive.

Thomas Michael Loome hat diesen im Grunde völlig unbekannt gebliebenen Essay, den er gleichsam als einen "Schlüsseltext" zum Verständnis der modernistischen Kontroverse bezeichnet, im Dokumentenanhang seiner Arbeit publiziert, und zwar nach dem (wie es scheint) einzigen erhaltenen Exemplar in den *Bishop papers* zu Downside Abbey. Es handelt sich um das Handexemplar Edmund Bishops, in das er nachträglich (wohl zwischen 1907 und 1913) Randnotizen eingetragen hat[81]. Der Text des Essays mit den Randnotizen folgt hier in deutscher Übersetzung[82]:

Geschichte oder Apologetik[83]

Von Edmund Bishop

Große Kriege, so hat man festgestellt, neigen zu einer periodischen Wiederkehr. Es scheint, daß jede Generation selbst "unters Schlachtmesser" muß, damit sie die Bürden und Schmerzen der Auseinandersetzung am eigenen Leib verspürt. Erleuchtet bzw. ernüchtert widmet sie sich danach der Friedenskunst. Und daß sie sich dann in der Wonne des Friedens verwöhnt, schafft vielleicht sogar jene Voraussetzungen, die es der nächsten Generation ermöglichen, wenn nicht sogar auferlegen, sich an einem neuen Kampf zu ergötzen. Aber diese Periodizität läßt sich auch in anderen Bereichen des menschlichen Tuns beobachten. Ich denke an die stürmische Zeit der späten sechziger Jahre [des 19. Jahrhunderts] und entsinne mich, wie unser kleiner katholischer Körper in jenen Tagen heftig erschüttert wurde. Die Schwierigkeiten legten sich; doch nach einer langen und erfüllten Ruhe scheint er gegenwärtig von einem vagen Unbehagen oder einer Unruhe befallen zu sein, gerade so als ob sich ein Sturm ankündigte. Unsere Leute - bzw. einige unter ihnen - scheinen irgendetwas zu wollen, sie scheinen zu spüren, daß sie etwas tun wollen, oder, um noch genauer zu sein, sie spüren wohl das Verlangen, daß andere irgendetwas, ja sogar sehr viel tun sollten. Während es als geradezu selbstverständlich gilt, daß Philosophen heutzutage ohne großen praktischen Nutzen und wir mit Asketen mehr als reichlich versorgt seien, wären Exegeten und Historiker das, was uns wirklich fehlte und dessen wir dringend bedürften - so heißt es in einer kürzlich erschienenen Ausgabe des *Weekly Register*[84]. Man benötige einen modernen *Lingard*[85] oder eine Geschichte

[80] Siehe hierzu: Manfred Weitlauff, "Modernismus litterarius". Der "Katholische Literaturstreit", die Zeitschrift "Hochland" und die Enzyklika "Pascendi dominici gregis" Pius' X. vom 8. September 1907, in: Beiträge zur altbayerischen Kirchengechichte 37 (1988) 97-175; 120-124.

[81] Loome (wie Anm. 24), 372-385, Text 373-381.

[82] Die deutsche Übersetzung des englischen Originaltextes wurde von Herrn Dipl. Theol. Jörg Kornacker vorbereitet und von Herrn Dr. theol. habil. Perry Schmidt-Leukel durch nochmalige Überarbeitung in die vorliegende Fassung gebracht. Beiden Herren danke ich für ihre freundliche Hilfe.

[83] Randnotiz Edmund Bishops: "Gelesen am 4. Dezember 1900. 50 Exemplare gedruckt."

[84] Von Loome nicht ermittelt.

[85] John Lingard (1771-1851), katholischer Priester (1795) und Historiker, lehrte Ethik und Naturphilosophie, später Kirchengeschichte in Crook Hall und zog sich 1811 auf eine Landpfarrei zurück. Sein auf gründli-

des Papsttums aus katholischer Feder, die sich, vermutlich, am Maßstab jenes Werks des [anglikanischen] Bischofs von London [Mandell Creighton] orientieren[86] und ebenso respektabel sein sollte. Der Verfasser des besagten Artikels behauptet, daß "wir" englische Katholiken "keine Männer von der Energie und Gelehrsamkeit, die für große Leistungen erforderlich sind, emporgebracht haben". Es dürfte tatsächlich, aus vielerlei Gründen, sehr wünschenswert sein, daß solche Personen unter uns "emporgebracht" werden. Aber es ist wichtig - für sie zumindest und vielleicht auch aus einem noch bedeutenderen Interesse als nur ihrem persönlichen -, daß sie, während sie sich gerade an solchen Leistungen abmühen, sich nicht, statt nur emporgebracht, zudem auch noch über Bord geworfen sehen. Es kann nichts anderes als Schwierigkeiten, Verdruß, Qual und Skandal bedeuten, wenn wir nach Historikern rufen - sie dann erhalten - und nicht zunächst einmal uns (und ihnen) klarmachen, zu welchem Zweck wir sie überhaupt wollen und unter welchen Bedingungen sie nicht bloß ihren Studien nachgehen, sondern auch die Früchte ihrer Studien veröffentlichen können. Um was für eine Art Hilfe wollen wir sie denn bitten? Welchen Dienst erwarten wir von einem Historiker, den dieser, wenn er seinem Beruf treu bleibt, wirklich erbringen kann?

Daß dies keine überflüssigen Fragen sind, ist jedem klar, der sich an gewisse Ereignisse zu erinnern vermag, die selbst bei jenen Leuten in der Zeit ihres besten Mannesalters stattfanden, die heute noch gar nicht so weit in den Herbst ihres Lebens vorangeschritten sind. Wenn man einige Probleme unserer modernen Situation aufzeigen und den Mangel erklären will, der in England an katholischen Arbeitern auf dem Gebiet der Geschichtsschreibung herrscht, dann ist es recht nützlich, einen kurzen Rückblick auf jene Ereignisse zu werfen.

Beginnen wir mit uns und unserem eigenen Land. Heutzutage schlagen vermutlich nur noch wenige Menschen die *Home and Foreign Review*[87] oder die letzten Bände der *North British [Review]*[88] oder den kurzlebigen *Chronicle*[89] auf. Es wird nur äußerst wenige geben, die von sich sagen können, daß sie einen wesentlichen Teil dieser Zeitschriften gelesen haben. Es ist nicht meine Absicht, darüber zu diskutieren, ob es weise oder gerecht war, daß diese Zeitschriften eingestellt wurden bzw. verschwunden sind, da ich *ex animo* der Überzeugung bin, daß die betroffenen Parteien ihr eigenes Geschäft am besten kannten. Ich möchte mich ausschließlich mit den reinen Fakten befassen. Zweifellos lag der Schwerpunkt dieser Unternehmungen auf der Geschichte. Ob sie nun religiöse oder politische Themen, die Vergangen-

---

chem Quellenstudium basierendes Hauptwerk ist seine bis 1688 reichende *History of England* (8 Bde., London 1819-1830 und weitere Auflagen). Albert Schmitt, Lingard, John, in: LThK² VI 1065.

86 Mandell Creighton (1843-1901), Professor für Kirchengeschichte in Cambridge, anglikanischer Bischof von Peterborough (seit 1891) und von London (seit 1897), Verfasser von *A History of the Papacy during the Period of the Reformation* (5 Bde., London 1882-1894) und von *Life of Cardinal Wolsey* (London 1888). Heinrich Hohenleutner, Creighton, Mandell, in: LThK² III 91 [in der 3. Auflage mit keinem Artikel mehr vertreten].

87 Die von John Acton und Richard Simpson herausgegebene und redigierte Vierteljahresschrift *The Home and Foreign Review*, Nachfolgeorgan von *The Rambler*, erschien von 1862 bis 1864 in London. Unter dem Eindruck des Breves *Tuas libenter* Pius' IX. (1863) entschloß sich John Acton, das Erscheinen des Blattes einzustellen, um eine Kollision mit dem englischen Episkopat zu vermeiden. John Acton an Ignaz von Döllinger, London, 18. April 1864. Conzemius, Ignaz von Döllinger - Lord Acton. Briefwechsel (wie Anm. 37), I 547-549.

88 *The North British Review*, ein literarisches Organ der Liberalen Partei, die unter ihrem Führer William Ewart Gladstone (1809-1898), einem Freund Ignaz von Döllingers und um konfessionellen Ausgleich bemühten Politiker, 1868 an die Macht kam (Gladstone wurde in der Folge viermal Ministerpräsident), erschien von 1844 bis 1871 in Edinburgh.

89 *The Chronicle*, ein kurzlebiges Wochenblatt, erschien vom 30. März 1867 bis zum 15. Februar 1868; in ihm veröffentlichte John Acton Artikel und Kommentare zu römischen Themen.

heit oder die Gegenwart behandelten, die Artikel waren durchdrungen von historischem Geist. Sie verstanden die Gegenwart als das Ergebnis einer bekannten und erkannten Vergangenheit und betrachteten die Vergangenheit als etwas, das im Begriff war, über kurz oder lang zur Gegenwart zu werden. Mehr noch. Sieht man die *Home and Foreign [Review]* in ihrem damaligen Umfeld, inmitten ihrer Zeitgenossen, dann ist meines Erachtens die Behauptung nicht übertrieben, daß sie die erste Zeitschrift in England war, die wirklich vom Geist und den Methoden der modernen, inzwischen auf der ganzen Linie erfolgreichen, historischen Schule geprägt war. Sie war so etwas wie eine englische "frühe Antizipation" - zu einer Zeit als Oxford und Cambridge die Lage noch nicht erkannt hatten, als die Brillanz eines Bischofs [William] Stubbs[90] noch nicht mehr war denn ein schwacher Hoffnungsschimmer und die Nüchternheit eines Dr. [Henry Richards] Luard[91] in England gerade erst jene Editionsmethoden einführte, von denen sich die Männer der *Monumenta Germaniae [Historica]*[92] bereits länger als eine Generation leiten ließen. Was Fähigkeit, allgemeine Kompetenz und Stärke betrifft, kann es die *Home and Foreign [Review]* mit jeder zeitgenössischen englischen Zeitschrift aufnehmen, während ihr "Review of Current Literature" damals in englischer Sprache nichts Vergleichbares besaß, falls sie überhaupt seither einen Konkurrenten gehabt haben sollte.

Natürlich nehme ich an, glaube und vertraue ich darauf, daß ihr Verschwinden nötig und wünschenswert war. Doch ihr Verschwinden bedeutete auch das Ende einer Hoffnung, nämlich daß eine Schule historisch orientierter Autoren aus den Reihen englischer Katholiken hervorgehen würde. Die wenigen, sehr wenigen späteren Ausnahmen können nur belegen, wie kräftig der Tisch damals gefegt worden ist, und wie umfassend die Entmutigung war, die daraus folgte.

Ich komme zum katholischen Deutschland. Sehen wir zu, ob uns dieses eine andere Lektion nahelegt, eine Lektion der Ermutigung anstelle der Warnung. Meine Erinnerung führt mich zurück zum Stand der Dinge in den späten sechziger Jahren. Damals verfolgte ich be-

---

90 William Stubbs (1825-1901), *Regius Professor* für Geschichte in Oxford (1866-1884), seit 1864 anglikanischer Bischof von Chester, seit 1888 von Oxford, rezipierte die Methode der *Monumenta Germaniae Historica*, Herausgeber von mittelalterlichen Chroniken in den *Rolls Series* und Verfasser von *The constitutional history of England in its origins and development* (3 Bde., Oxford 1875) sowie von *Seventeen Lectures on the Study of Medieval and Modern History and kindred subjects [...] 1867-1884* (Oxford 1886) und der beiden Bände *Germany in the Early Middle Ages, 476-1250* und *Germany in the Later Middle Ages, 1200-1500* (London 1908).

91 Henry Richards Luard (1825-1891), 1855 anglikanischer Priester, seit 1862 Archivar der Universität Cambridge, ordnete das Universitätsarchiv neu, gab eine Reihe von Texteditionen heraus und verfaßte zahlreiche Artikel über mittelalterliche Autoren und "classical scholars" für *The Dictionary of National Biography*. J. Willis Clark, Luard, Henry Richards, in: DNB XXXIV 225f.

92 Die *Monumenta Germaniae Historica*, 1819 auf Initiative des Freiherrn Karl vom Stein als "Gesellschaft für Deutschlands ältere Geschichtskunde" in Frankfurt am Main gegründet und seit 1823 von Georg Heinrich Pertz (1795-1876) und Johann Friedrich Böhmer (1795-1863), einem zum Katholizismus neigenden protestantischen Gelehrten, als Sekretär zielbewußt geleitet, wurden durch Statut vom 9. Januar 1875 der Preußischen Akademie der Wissenschaften in Berlin verbunden und in fünf Abteilungen gegliedert (Scriptores, Leges, Diplomata, Epistolae, Antiquitates). Als Erster Vorsitzender der (dem Reichskanzleramt, später dem Reichsamt des Innern unterstellten) kaiserlichen Zentraldirektion wurde Georg Waitz (1813-1886) berufen. Die Gesellschaft wirkte durch ihre Quellenausgaben und durch die in ihren Arbeiten ausgebildeten strengen wissenschaftlich-kritischen Grundsätze befruchtend auf die deutsche Geschichtswissenschaft. Die bedeutendsten Mediävisten standen mit den *Monumenta Germaniae Historica* in Verbindung. Kurt Reindel, Monumenta Germaniae Historica, in: LThK² VII 594f; Horst Fuhrmann, Gelehrtenleben. Über die Monumenta Germaniae Historica und ihre Mitarbeiter [Festvortrag zum 175jährigen Bestehen der Monumenta Germaniae Historica], in: DA 50 (1994) 1-31; ders., "Sind eben alles Menschen gewesen". Gelehrtenleben im 19. und 20. Jahrhundert, München 1996.

reits mit regem Interesse den Lauf der Ereignisse und das Schicksal der Menschen. Ich denke hierbei besonders an die Historiker, sowohl an jene, die die Geschichte der Ideen und Dogmen, als auch an jene, die die Geschichte der Ereignisse schreiben. Eigentlich war es ja um der Historiker willen, daß [Ignaz von] Döllinger seine unglückliche und ärgerliche Prahlerei aussprach, die Vorherrschaft unter den theologischen Schulen sei jetzt auf Deutschland übergegangen[93]. Damals war der Stand der deutschen katholischen Wissenschaftler voller Kraft und, dank der Anzahl junger Talente, die sich in ihren Reihen entwickelten, zugleich vielversprechend. Das von der Theologischen Fakultät in Bonn geführte *Theologische Literaturblatt*[94] bewies in seinen Anfangsjahren, daß deutsche Katholiken damals in der Lage waren, eine Zeitschrift nach dem Muster von [Adolf von] Harnacks heutiger *Theologischer Literaturzeitung*[95] herauszugeben, die an Talent und Fähigkeit jeder anderen Zeitschrift in Deutschland gewachsen war. Ich kann mich ansonsten keiner weiteren von Katholiken verfaßten Zeitschrift dieses Typs und in diesem Jahrhundert erinnern, die auch nur annähernd so gut wäre. Das Jahr 1870 brachte dann in Deutschland praktisch eine komplette Säuberung von [katholischen] Historikern[96]. Man kann es nennen wie man will - Tragödie, Triumph oder Nemesis. Was unsere heutige Belehrung, Erbauung, Warnung oder Orientierung betrifft, so geht es uns nur um die Fakten. Die Übriggebliebenen waren gering genug an der Zahl, um die Gründlich-

---

[93] Ignaz von Döllinger in seiner *Rede über die Vergangenheit und Gegenwart der katholischen Theologie* vor der Versammlung katholischer Gelehrter 1863 in München: "[...] So ist denn in unseren Tagen der Leuchter der theologischen Wissenschaft von seinen früheren Stellen weggerückt, und die Reihe, die vornehmste Trägerin und Pflegerin der theologischen Disciplinen zu werden, ist endlich an die *Deutsche Nation* gekommen. Griechen, Spanier, Italiäner, Franzosen, Engländer sind uns vorausgegangen, und ich darf mit dem römischen Dichter sagen: *Illos primus equis Oriens afflavit anhelis, Nobis sera rubens accendit lumina vesper.* Ist es doch mit der kirchlichen Wissenschaft wie mit der Sonne: während diese die eine Seite der Erde in Morgenroth taucht, ist es Abend auf der andern, leuchtet sie hier in vollem Mittag, so sind die Antipoden in dunkle Nacht gehüllt. Und, um im Bilde zu bleiben: nicht die Mittagshöhe einer vollständig ausgebildeten und gereiften Theologie nehme ich für Deutschland in Anspruch, sondern, rückwärts in die Vergangenheit blickend, nur den lichten Abend, aber allerdings auch, vorwärts in die Zukunft schauend, die vielverheißende Morgenröthe einer zu neuer, großartiger Entwicklung fortschreitenden Theologie. [...] In Deutschland also haben wir künftighin das Heimathland der katholischen Theologie zu suchen. Hat doch auch kein anderes Volk, als das Deutsche, die beiden Augen der Theologie, Geschichte und Philosophie, mit solcher Sorgfalt, Liebe und Gründlichkeit gepflegt; sind doch in beiden Gebieten die Deutschen die Lehrer aller Nationen geworden. [...]" Verhandlungen (wie Anm. 44), 44, 47f; die Rede ist auch abgedruckt in: Bernd Moeller (Hg.), Kirchengeschichte. Deutsche Texte 1699-1927 (Bibliothek der Geschichte und Politik 22), Frankfurt am Main 1994, 444-477; 462f, 466.

[94] Randnotiz Edmund Bishops: "Es können jedenfalls nicht *viele* (ein halbes Dutzend?) Exemplare in England sein; sind überhaupt 2 oder 3 Exemplare in Händen englischer Katholiken? Es gibt *eines* unter meinen 'Dingen' in Downside. Ich gab es auf, als die Katastrophe kam. Aber als ich es ein oder zwei Jahre später wieder betrachtete, sagte und fühlte ich - *es ist erstklassig, NOCH.* E. B." - Das *Theologische Literaturblatt*, herausgegeben und redigiert vom Bonner Alttestamentler Franz Heinrich Reusch (1825-1900), erschien von 1866 bis 1877 (insgesamt 12 Bde.) in Bonn, wurde aber nach Reuschs Übertritt zur altkatholischen Kirchengemeinschaft und Exkommunikation seit 1872 ein altkatholisches Organ.

[95] Die *Theologische Literaturzeitung*, sozusagen protestantisches Pendant zum *Theologischen Literaturblatt*, wurde 1876 in Leipzig begründet und von 1881 (Jahrgang 6) bis 1910 (Jahrgang 35) von Adolf von Harnack (1851-1930) herausgegeben; sie existiert bis heute.

[96] Nach dem Ersten Vatikanum verließen führende deutsche katholische Kirchenhistoriker und historisch arbeitende Theologen wie die Professoren Franz Heinrich Reusch (1825-1900), Bernhard Joseph Hilgers (1803-1874) und Josef Langen (1837-1901) in Bonn, Andreas Menzel (1815-1886) in Braunsberg (seit 1874 in Bonn), Joseph Hubert Reinkens (1821-1896) in Breslau, Ignaz von Döllinger (1799-1890) und Johannes Friedrich (1836-1917) in München und Johann Friedrich von Schulte (1827-1914) in Prag ihre Kirche und schlossen sich den Altkatholiken an (bzw. wurden, weil sie die vatikanischen Dekrete nicht anerkannten, von ihrer Kirche exkommuniziert - wie Döllinger, der sich nicht den Altkatholiken anschloß).

keit der Säuberung offensichtlich zu machen. Sicherlich, da gab es [Carl Joseph] Hefele, aber dessen Hauptwerk war bereits geschaffen, seine Laufbahn als Historiker beendet[97]. Dasselbe läßt sich noch von ein oder zwei weiteren sagen, von [Daniel Bonifaz] Haneberg[98] zum Beispiel, der im Grunde den Historikern bzw. der historischen Schule zugeordnet werden muß. Da war [Heinrich Joseph] Floß[99], der nüchterne Mann der Tatsachen und Texte, alleiniger Überlebender, wenn ich mich recht entsinne, - außer [Hubertus Theophil] Simar[100] - der Katholischen [Theologischen] Fakultät in Bonn[101]. Andere, wie Heinrich Hagemann[102], verhielten sich ruhig. Daß [Joseph] Hergenröther[103] in den darauffolgenden Jahren der Repräsentant deutscher katholischer Geschichtsschreibung gewesen sein soll, das allein - betrachtet man seinen *Photius*[104] und alles Übrige[105] - reicht aus, um die Geschichte zu erzählen. Und daß man

---

[97] Carl Joseph von Hefele (1809-1893), aus der "Schule" Johann Adam Möhlers kommend, Professor für Kirchengeschichte in Tübingen und Verfasser einer großen *Conciliengeschichte. Nach den Quellen bearbeitet* (9 Bde., 1855[^{2}1873]-1890, 2. Auflage von Band V und VI, 1863-1867, von Alois Knöpfler, Band VIII und IX, 1887-1890, von Joseph Hergenröther), seit 1869 Bischof von Rottenburg; er gehörte auf dem Ersten Vatikanum zu den Minoritätsbischöfen. Siehe Anm. 54.

[98] Daniel Bonifaz von Haneberg (1816-1876), Professor für biblisch-orientalische Sprachen und alttestamentliche Exegese an der Universität München und Abt von St. Bonifaz, seit 1872 Bischof von Speyer. Vinzenz Hamp, Ein Orientalist und Exeget des 19. Jahrhunderts. Daniel Bonifaz von Haneberg, in: Georg Schmuttermayr (Hg.), Vinzenz Hamp. Weisheit und Gottesfurcht. Aufsätze zur alttestamentlichen Einleitung, Exegese und Theologie, St. Ottilien 1990, 275-342.

[99] Heinrich Joseph Floß (1819-1881), seit 1854 ao. Professor für Kirchengeschichte und Neues Testament, seit 1859 o. Professor für Kirchengeschichte an der Universität Bonn, durchaus ein Anhänger der "Deutschen Schule", stellte sich als einziger Ordinarius der Katholisch-Theologischen Fakultät der Universität Bonn auf den Boden der vatikanischen Dekrete und blieb dennoch mit Ignaz von Döllinger in Verbindung. Heinrich Schrörs, Johann Heinrich [!] Floß 1819-1881, in: Annalen des Historischen Vereins für den Niederrhein 117 (1930) 3-150; August Franzen, Die Katholisch-Theologische Fakultät Bonn im Streit um das Erste Vatikanische Konzil. Zugleich ein Beitrag zur Entstehungsgeschichte des Altkatholizismus am Niederrhein (BoBKG 6), Köln-Wien 1974, 66-71 u.ö.; Norbert Trippen, Floß, Heinrich Joseph, in: LThK^3 III 1332f.

[100] Hubertus Theophil Simar (1835-1902), 1860 Privatdozent für neutestamentliche Exegese, 1864 ao. Professor für Moraltheologie, 1880 o. Professor für Dogmatik an der Universität Bonn, 1891 Bischof von Paderborn, 1899 Erzbischof von Köln, Mitbegründer der Görres-Gesellschaft. Gustav Ermecke, Simar, Hubertus Theophil, in: LThK^2 IX 760f.

[101] Randnotiz Edmund Bishops: "Ja, Simar starb als Erzbischof von Köln." - Zum Schicksal der Katholisch-Theologischen Fakultät der Universität Bonn nach dem Ersten Vatikanum siehe: Franzen (wie Anm. 99), mit biographischen Skizzen der oben genannten Bonner Theologen.

[102] Hier ist Edmund Bishop ein Irrtum unterlaufen: Er meint zweifellos den Hildesheimer Theologieprofessor *Hermann* Hagemann (1825-1887), Verfasser des Werkes *Die römische Kirche und ihr Einfluß auf Disciplin und Dogma in den ersten drei Jahrhunderten* (Freiburg i. Br. 1864). Es war das erste Buch, das Edmund Bishop in deutscher Sprache gelesen hatte. Abercrombie (wie Anm. 4), 18f. - Zu Hermann Hagemann siehe: Wilhelm Kosch, Das Katholische Deutschland. Biographisch-bibliographisches Lexikon I, Augsburg 1933, 484.

[103] Joseph Hergenröther (1824-1890), Germaniker, seit 1852 Professor für Kirchengeschichte und Kirchenrecht an der Universität Würzburg, in der Auseinandersetzung um das Erste Vatikanum der gewichtigste publizistische Gegner Ignaz von Döllingers, 1879 Kurienkardinal. Manfred Weitlauff, Joseph Hergenröther (1824-1890), in: Heinrich Fries/Georg Schwaiger (Hg.), Katholische Theologen Deutschlands im 19. Jahrhundert I-III, München 1975; II 471-551; ders., Joseph Adam Gustav Hergenröther (1824-1890), in: Peter Baumgart (Hg.), Lebensbilder bedeutender Würzburger Professoren (Quellen und Beiträge zur Geschichte der Universität Würzburg 8), Neustadt an der Aisch 1995, 91-111.

[104] Hergenröther, Photius, Patriarch von Constantinopel. Sein Leben, seine Schriften und das griechische Schisma. Nach handschriftlichen und gedruckten Quellen, 3 Bde., Regensburg 1867-1869 [unveränd. Nachdruck Darmstadt 1966].

[105] Beispielsweise: Joseph Hergenröther, Anti-Janus. Eine historisch-theologische Kritik der Schrift *Der Papst und das Concil* von Janus, Freiburg i. Br. 1870; ders., Katholische Kirche und christlicher Staat in ihrer ge-

ihn wohlgefällig als solchen akzeptieren solle, macht die Moral der Geschichte um so schärfer klar.

Die Schule, die heute besteht, ist eine Neuschöpfung. Sie begann (ich vergesse nicht die frühen Tage von [Franz Xaver] Kraus[106] und [Franz Xaver] Funk[107]) mit jungen Laien wie G[eorg]. Hüffer[108] und [Wilhelm] Diekamp[109] und mit der Görres-Gesellschaft als einem ersten Sammelpunkt[110]. Aber man muß berücksichtigen, daß diese neue Schule eher unter dem Schutz der vom Staat gewährten Möglichkeiten zustande kam, als durch die reine Gunst oder gar Ermutigung seitens kirchlicher Autorität bzw. Initiative[111]. Doch schon wieder erhebt sich von neuem der - in den sechziger Jahren vertraute - Schlachtruf: "Seminar *versus* Universität"[112]. Und es dürfte wohl nicht voreilig sein, wenn man sich sogar die Frage stellt, wie lang

---

schichtlichen Entwicklung und in Beziehung auf die Fragen der Gegenwart. Historisch-theologische Essays und zugleich ein Anti-Janus vindicatus, Freiburg i. Br. 1872.

106 Franz Xaver Kraus (1840-1901), seit 1878 Professor für Kirchengeschichte an der Universität Freiburg im Breisgau. Oskar Köhler, Franz Xaver Kraus (1840-1901), in: Fries/Schwaiger (wie Anm. 103), III 241-275.

107 Randnotiz Edmund Bishops: "beide jetzt tot. Schade! Schade!" - Franz Xaver Funk (1840-1907), seit 1870 Professor für Kirchengeschichte, Patrologie und Archäologie an der Universität Tübingen (Nachfolger Carl Joseph von Hefeles), ein streng kritisch-historisch arbeitender, akribischer Forscher, den Edmund Bishop zu seinen "Scholar-heroes" zählte ("er ist ein *Meister* von uns allen"). Hermann Tüchle, Franz Xaver von Funk (1840-1907), in: Fries/Schwaiger (wie Anm. 103), III 276-299; Rudolf Reinhardt, Funk, Franz Xaver, in: $LThK^3$ IV 238f.

108 Randnotiz Edmund Bishops: "so gut wie tot, jetzt, in München; und kann seinen *Loretto Band* nicht herausbringen! (und eine sehr gute Sache auch; v[on]. Cl[airvaux]. [?] ist ganz genügend!)." - Georg Hüffer (1851-1922), 1887 Professor für Geschichte an der Universität Breslau, seit 1896 als Forscher in München lebend; er bereitete in den Jahren 1878-1880 das Historische Jahrbuch der Görres-Gesellschaft vor und gab es bis 1882 heraus; u.a. verfaßte er die Werke *Der heilige Bernhard von Clairvaux* (Münster 1886) und *Loreto. Eine geschichtskritische Untersuchung der Frage des heiligen Hauses* (2 Bde., Münster 1913-1921). Jos. Beckmann, Hüffer, Georg, in: $LThK^1$ V 171. - Wie gefährlich es damals war, sich zum "heiligen Haus von Loreto" kritisch zu äußern, zeigt der "Fall Grisar" auf dem fünften internationalen Kongreß katholischer Gelehrter 1900 in München. Karl Hausberger, "Kirchenparlament" oder Forum des Dialogs zwischen Glaube und Wissen? Die internationalen katholischen Gelehrtenkongresse (1888-1900) und ihr Scheitern im Kontext der Modernismuskontroverse, in: Heinrich Petri u.a. (Hg.), Glaubensvermittlung im Umbruch. Festschrift für Bischof Manfred Müller, Regensburg 1996, 109-142; 130-139.

109 Randnotiz Edmund Bishops: "tot". - Wilhelm Diekamp (1854-1885) habilitierte sich 1882 an der Universität Münster für Geschichte und bildete sich bei Theodor von Sickel in Wien in der Diplomatik aus; er verfaßte bedeutende Arbeiten auf dem Gebiet der westfälischen Geschichte und der päpstlichen Diplomatik, u.a. *Widukind, der Sachsenführer, nach Geschichte und Sage* (Münster 1877), und edierte die *Vitae Sancti Liudgeri* (Münster 1881). Alois Schröer, Diekamp, Wilhelm, in: $LThK^2$ III 376 [in der 3. Auflage mit keinem Artikel mehr vertreten].

110 Zur Gründung (1876) und Geschichte der "Görres-Gesellschaft zur Pflege der Wissenschaft im katholischen Deutschland" siehe: Wilhelm Spael, Die Görres-Gesellschaft 1876-1941. Grundlagen, Chronik, Leistungen, Paderborn 1957; Rudolf Morsey, Görres-Gesellschaft, in: $LThK^3$ IV 843.

111 Vgl. Franz Xaver Kraus in seiner Kritik an Georg von Hertlings Rede *Der deutsche Katholicismus und die Wissenschaft* (siehe Anm. 79) auf der Jahresversammlung 1896 der Görres-Gesellschaft: Er sah die Ursachen "des Niedergangs katholischer Bildung" anders als Georg von Hertling nicht zuerst in der Säkularisation von 1802/03 und deren unmittelbaren Folgen, sondern in der wissenschaftsfeindlichen Behinderung "seitens der 'hochkirchlichen' Kreise", die auch und nicht zuletzt den von den "Regierungen Preußens, Badens, Württembergs und Bayerns" geschaffenen und erhaltenen theologischen Universitätsfakultäten als den "für die geistige Machtstellung des Katholicismus in Deutschland wichtigsten und bedeutsamsten Institute[n] [...] durchschnittlich nur" mit "sehr geflissentlicher Ignorierung" begegnet seien. Franz Xaver Kraus, Herman Schell. Seine Reformschriften und seine Indizierung, in: Christoph Weber (Hg.), Liberaler Katholizismus. Biographische und kirchenhistorische Essays von Franz Xaver Kraus (BDHIR 57), Tübingen 1983, 214-253; 217.

112 Es handelte sich um die heiß diskutierte Frage der Gründung einer "Katholischen Universität" in Deutschland. Ignaz von Döllinger, Die Speyerische Seminarfrage und der Syllabus [1864], in: ders., Kleinere

es noch dauert, bis in Deutschland nicht nur der Ruf nach katholischen Universitäten für Katholiken erhoben werden wird, sondern nach katholischen Universitäten allein - zumindest für die gesunden und unverdorbenen Glieder der Schar. Wenn man jedenfalls beobachtet, in welchem Ausmaß gegenwärtig bei deutschen Katholiken solche Untersuchungen wieder neu entstehen, die jenen Methoden entsprechen, wie sie in den rein historischen Schulen als orthodox gelten, dann dürfte man kaum verkehrt liegen, wenn man mit Zweifel, ja sogar Sorge in die Zukunft blickt. Wie in den letzten fünf oder sechs Jahren in Deutschland junges katholisches Talent hervorgebracht wurde[113], ist für mich wirklich eine Überraschung. Doch andererseits hat mir (wenn ich die Moral aus Vergangenheit und Gegenwart nicht vollkommen mißverstehe) alles, was ich gelesen und erfahren habe, eine Tatsache ganz klargemacht: Sobald es in diesem Feld deutliche, unübersehbare und sichere Anzeichen einer echten Verheißung für die Zukunft gibt, besteht die Gefahr eines eisigen Windstoßes, ja eines tödlichen Pesthauchs.

Wenn der Fall in Frankreich anders lag als in England und Deutschland, dann hat dies seinen Grund einerseits darin, daß dort der Aufstieg der neuen historischen Schule erst nach dem Französisch-Preußischen Krieg von 1870 begann; andererseits waren die verdächtigten "Naturalisten" Laien, und zwar Laien, die es sich, wie der Duc de Broglie[114], leisten konnten, unabhängig zu sein, oder sich zeitweise, wenn nicht gar für immer, zur Ruhe zu setzen. Die Situation, wie sie sich seither entwickelt hat, ist in keiner Weise eindeutig. Es gibt rivalisierende historische Zeitschriften und rivalisierende Gesellschaften, zwischen denen theoretisch eine scharfe und weite Kluft bestehen müßte. Aber praktisch gibt es so viele Überschneidungen und Beeinflussungen und oft nur graduelle Abstufungen, daß es, abgesehen von den Extremen, schwierig ist, wirkliche Anhaltspunkte für eine eindeutige Differenz zwischen den Schulen zu finden. Den ersten Ton, der erkennbar machte, daß der neue historische Geist seinen Weg zum Klerus gefunden hatte, ließ [Louis] Duchesne[115] anklingen, damals noch Mitglied jener "École française de Rome", deren Leiter er heute ist. Welchen Einfluß er zu diesem Zeitpunkt bereits besaß, kann jeder erfahren, der sich die Mühe macht, in M[onsieur Auguste] Geffroys Bericht über diese Institution (ich glaube, es war der zweite) nachzuschlagen[116]. Die *sommités* von Berlin, [Georg] Waitz[117] und seine Freunde, erkannten zu ihrem Unbehagen sogleich seine Fähigkeiten. Jeder, der will, kann sich kundig machen, wie die Arbeiten eines der bemerkenswertesten Wissenschaftler des Jahrhunderts seither Jahr für Jahr be-

---

Schriften, gedruckte und ungedruckte. Gesammelt und herausgegeben von F[ranz]. H[einrich]. Reusch, Stuttgart 1890, 197-227; ders., Die Universitäten sonst und jetzt [1866], in: ders., Akademische Vorträge II, Nördlingen 1889, 3-55; Brandt, Eine katholische Universität in Deutschland? (wie Anm. 44).

113 Zu dieser damals jungen Generation von katholischen Kirchenhistorikern und historisch arbeitenden Theologen in Deutschland gehörten Paul Maria Baumgarten (1860-1948), Albert Ehrhard (1862-1940), Martin Grabmann (1875-1949), Hugo Koch (1869-1940), Sebastian Merkle (1862-1945), Georg Pfeilschifter (1870-1936), Joseph Sauer (1872-1949), Joseph Schmidlin (1876-1944), Joseph Schnitzer (1859-1939) und andere (von denen einige, wie Hugo Koch und Joseph Schnitzer, die Modernismus-Krise nicht "überlebten").

114 Charles-Jacques-Victor-Albert Duc de Broglie (1821-1901), Verfasser von *L'église et l'empire romain au IVe siècle* (6 Bde., Paris 1856-1866), *Études morales et littéraires* (2 Bde., Paris 1853-1869), *Questions de religion et d'histoire* (2 Bde., Paris 1860) und *Saint Ambroise 340-397* (Paris 1899).

115 Louis Duchesne (1843-1922), Professor am Institut catholique in Paris (1877-1885), hervorragender Quellenforscher und Kenner des christlichen Altertums und des Mittelalters, wegen seiner dogmengeschichtlichen Vorlesungen zeitweilig "quiesziert", seit 1895 Direktor der "École française de Rome"; seine *Histoire de l'église ancienne* (3 Bde., Paris 1906-1910) wurde 1912 indiziert. Victor Saxer, Duchesne, Louis, in: LThK[3] III 395f.

116 Auguste Geffroy, L'école française de Rome, ses origines, son objet, ses premiers travaux (1876); ders., L'école française de Rome, premiers travaux, antiquité classique, moyen âge" (1884).

117 Georg Waitz, seit 1875 Leiter der *Monumenta Germaniae Historica* in Berlin. Siehe Anm. 92.

urteilt, aufgenommen und belohnt wurden. Eine volle und entscheidende Probe aufs Exempel oder gar ein zuverlässiges Anzeichen dafür, was die Zukunft historischer Studien unter französischen Katholiken sein wird, stellen diese Erfahrungen allerdings noch nicht dar.

Wohin wir uns auch wenden und zu jeder Zeit, an die sich diese Generation zu erinnern vermag, alle Umstände - so erlaube ich mir zu urteilen - machen eines jedenfalls übereinstimmend deutlich: nämlich wie nötig es ist - zumindest für normale Leute; ich rede nicht von heroischen Seelen und starken Geistern -, erst einmal den Boden, auf dem wir stehen, gründlich zu prüfen, und die Kosten zu kalkulieren, bevor wir uns daran machen oder andere drängen, jenen Mangel auszugleichen, der an Nachfolgern eines [John] Lingard besteht, und die, so muß man demgemäß ja wohl voraussetzen, auch von seinem Geist durchdrungen sein sollten.

Doch Ereignisse besitzen Ursachen. In unserer Zeit haben Katholiken, die vom historischen Geist erfüllt waren, außerordentlichen Schaden erlitten, und dieser Geist selbst wird mit mehr oder weniger verhülltem bzw. unverhülltem Mißtrauen betrachtet, nur: warum? Ich glaube, daß die Erklärung hierfür sehr einfach ist: nämlich daß die historischen und die theologischen Methoden der geistigen Schulung, faktisch, hier und heute, verschieden sind, und zwar so verschieden, daß sie in diesem späten Stadium fast - ich könnte wohl auch sagen: völlig - antagonistisch sind. Und einige Köpfe sind sich dieses Antagonismus vollkommen bewußt geworden und haben ihn auch tatsächlich formuliert.

Einige Leute in Deutschland beschäftigten sich in den alten Zeiten, bevor die Ereignisse von 1870 ihnen andere Dinge zum Nachdenken gaben, mit der Frage, ob oder in welchem Maße die Philosophie *ancilla Theologiae* sei[118]. Vermutlich hat sich diese Frage seither erledigt. Eine andere ist nun für Katholiken eher an der Tagesordnung: nämlich ob die Geschichtsschreibung in derselben dienenden Position stehe; ob sie ihnen als leibeigene Magd zu gelten habe oder ob sie frei sein dürfe?[119] Zumindest ein kühner Geist[120], der aus einem einflußreichen Lager stammt und von dem man annehmen darf, daß er nicht nur seine eigene Meinung ausspricht, hat freimütig behauptet, ein Historiker, der nicht von der Peitsche des Theologen dressiert werden wolle, habe alle wirklich interessanten Fragen auszuklammern und sich allein auf die Edition von Manuskripten, textkritische Arbeit oder die Beschreibung von Schlachten und ähnlichem zu beschränken. Jede historische Frage von Bedeutung (so sagt er) münde in irgendeine theologische Überlegung, und so müsse man ihre Erörterung und Abhandlung dem Theologen überlassen[121]. Indes ist kaum ein Autor von der gleichen Meinung je so offen gewesen wie er. Im allgemeinen herrscht eine gewisse Scheu, die Frage auf direkte und einfache Art zu stellen. Doch wenn mich meine Beobachtung und Einschätzung nicht täuschen, dann sind einige Kreise geneigt, all jene Vorteile zu akzeptieren, die es mit

---

[118] Randnotiz Edmund Bishops: "[Joseph] Kleutgen und [Constantin von] Schäzler & Co. auf der einen Seite; [Johannes Ev.] Kuhn auf der anderen." - Zu dieser Diskussion siehe ausführlich: Hubert Wolf, Ketzer oder Kirchenlehrer? Der Tübinger Theologe Johannes von Kuhn (1806-1887) in den kirchenpolitischen Auseinandersetzungen seiner Zeit (VKZG. B 58), Mainz 1992, 141-190.

[119] Siehe dazu: Albert Ehrhard, Stellung und Aufgabe der Kirchengeschichte in der Gegenwart, Stuttgart 1898; Ernst Commer, Zur Reform der theologischen Studien, in: Jahrbuch für Philosophie und spekulative Theologie 15 (1901) 79-105.

[120] Randnotiz Edmund Bishops: "P. Emil Michael S. J." - Emil Michael (1852-1917), Jesuit, seit 1891 Professor für Kirchengeschichte an der Universität Innsbruck, Verfasser einer Biographie Ignaz von Döllingers aus ultramontaner Sicht (*Ignaz von Döllinger. Eine Charakteristik*, Innsbruck ²1892) und einer *Geschichte des deutschen Volkes vom 13. Jahrhundert bis zum Ausgang des Mittelalters* (6 Bde., Freiburg i. Br. 1897-1915). Hans Wolter, Michael, Emil, in: LThK² VII 401.

[121] Wo Emil Michael dies geäußert oder geschrieben hat, wurde nicht ermittelt.

sich brächte, wenn man die Geschichtsschreibung praktisch auf denselben dienenden Rang verwiese wie die Philosophie, falls sich dies erreichen ließe, ohne daß man allzuviel Lärm und allzuviel Aufmerksamkeit erregt. Nun liegt ein gut Teil Weisheit in dieser Scheu. In der Philosophie kann man entschlossen, leidenschaftlich, ja verbissen seine eigene Ansicht vertreten und beharrlich die Position des Gegners bestreiten und zwar mit jenem Gefühl der Sicherheit, wie es dem Wissen darum entspringt, daß die Behauptungen und Schlußfolgerungen auf beiden Seiten von einer Art sind, bei der sich nichts verifizieren läßt.

Bei dem Historiker ist dies ganz anders. Er hat es primär mit Tatsachen zu tun, die von ihrer Art her (sofern sich die reine Geschichtsschreibung mit ihnen überhaupt befassen kann) Gegenstand von *Belegen* sind[122]. Seine Aufgabe ist es, korrekt den Grad der Gewißheit einzuschätzen, der bei einer Untersuchung der Einzelheiten den Ergebnissen zukommt, oder, auch das ist möglich, seine unumgehbare Unkenntnis festzustellen. Außerdem hat der Historiker in vielen Fällen, in denen er seine Schlußfolgerungen zieht, den Umstand im Auge zu behalten, daß, wenn heute keine Belege beizubringen sind, diese vielleicht morgen schon auftauchen könnten. Zu der literarischen Darstellung der Wahrheit über die Einzelheiten kommt darüber hinaus schließlich noch seine große Aufgabe, die Quintessenz seiner Pflicht. Sie bildet zugleich den eigentlichen Prüfstein dafür, ob er selber aus der historischen Disziplin einen Nutzen gezogen hat. Ich denke dabei an seine Aufgabe, ein Resümee zu ziehen, sein Urteil zu fällen, das er gemäß den Fakten aus diesen selbst gewinnt; die Moral der ganzen Geschichte - oder zumindest ihrer Teile -, an der er ja lang und sorgsam gearbeitet hat. Seine erste, seine elementare Pflicht ist es, zunächst die Dinge so zu erfassen, wie sie wirklich sind; seine letzte, gewichtigste Pflicht besteht darin, die Konsequenzen aufzuzeigen, die ihnen nun entsprechen, ungeachtet des Umstands, daß im wirklichen Leben immer Störfaktoren am Werk sind, die das rein formale Vorgehen des Logikers durchkreuzen.

Die Antwort auf die Frage, ob die Geschichtsschreibung eine leibeigene Magd oder ob sie frei sein soll, entscheidet auch über jene andere Frage, nämlich ob die Art der Geschichtsschreibung, die Katholiken liefern sollen, nicht überhaupt als indiskutabel abzulehnen ist, weil sie eigentlich gar nicht zur Disziplin der Geschichte, sondern zur Abteilung für Apologetik gehöre. Meines Erachtens sollten wir uns diese Frage folgendermaßen stellen: Was wollen wir: "katholische Geschichtsschreibung" oder "Geschichtsschreibung von Katholiken"?[123]

---

[122] Vgl. Ignaz von Döllinger in seinem Schreiben an den Münchener Erzbischof Antonius von Steichele, München, 1. März 1887: Bei den "jetzt 17 Jahre alten Glaubensartikel[n]" des Ersten Vatikanums über den päpstlichen Jurisdiktionsprimat und die päpstliche Unfehlbarkeit - so Döllinger - handle es sich "ja nicht um Glaubensmysterien, wie Trinität und Incarnation, über welche man freilich erfolglos bis zum jüngsten Tag disputiren kann. Wir stehen hier auf dem festen Boden der Geschichte, der Zeugnisse, der Thatsachen. Dieß sind Dinge, welche sich so aufhellen und erläutern lassen, daß jeder gut erzogene und unterrichtete Mann sich ein eigenes Urtheil über Recht oder Unrecht der einen oder andern Seite bilden kann, auch ohne theologische Studien gemacht zu haben." Ignaz von Döllinger, Briefe und Erklärungen über die Vatikanischen Dekrete 1869 bis 1887. Herausgegeben von F[ranz]. H[einrich]. Reusch, München 1890 [unveränd. Nachdruck Darmstadt 1968], 129-143; 137.

[123] [Anmerkung Edmund Bishops:] Es handelt sich hier lediglich um den Versuch, mit ein oder zwei Worten zwei Gruppen von Autoren zu charakterisieren: Die eine schreibt für Katholiken und zwar so, als ob nur diese ihnen zuhören würden. In [Prosper-Louis-Pascal] Guéranger's *Essais sur le Naturalisme Contemporain* [Paris 1858] findet man die Prinzipien jener Gruppe, die ich als die Autoren "katholischer Geschichtsschreibung" bezeichne, ausführlich und mit viel Rhetorik dargelegt. Kurz, aber ausreichend, hat Matthew Arnold [1822-1888] ihren Charakter und ihren Stil getroffen am Anfang seines Essays *Pagan and Mediaeval Religious Sentiment*, der zuerst im *Cornhill Magazine* vom April 1864 erschien und in seinen *Essays in Criticism* ([London 1865] S. 225 ff.) nachgedruckt ist. Die Prinzipien der zweiten Gruppe - also der Katholiken, die Geschichte schreiben - werden auf einigen wenigen Seiten in Duc de Broglie's *Réponse aux Attaques du R.P.*

Diesbezüglich muß man gegenwärtig eine Überlegung im Auge behalten, die hierfür von allerhöchstem Gewicht ist. "Der Unterschied zwischen absoluter Wahrheit und der Wahrheit des moralischen *Zwecks* [...] war dem römischen Charakter nie deutlich klar", schrieb der verstorbene Mr. R[ichard] H[olt] Hutton[124]. Betrachtet man die Vergangenheit bis zum heutigen Tag, so wüßte ich nicht, wie man bestreiten wollte, daß diese Bemerkung recht und wahr ist. Sie trifft ebenso gut auf das Rom vor wie auf das Rom unter christlichem Regiment zu. Die unter Katholiken anzutreffende weite Verbreitung dessen, was man "den römischen Geist" nennt, ist ein beachtliches, ich bin fast geneigt zu sagen, das am meisten hervorstechende Merkmal der Kirchengeschichte, und in diesem Jahrhundert ist es besonders unter dem Klerus verbreitet. Ich bestreite nicht die großen Vorzüge und den Wert dieser Entwicklung. Ich befasse mich ausschließlich mit jenem Aspekt dieses Sachverhalts, der unmittelbar unser Thema berührt. Das Geschäft des modernen Historikers, des reinen Historikers, die Bedingung, von der die Brauchbarkeit seiner Arbeit abhängt, besteht exakt darin, auf der Basis der Belege - so weit, wie es die materialen Gegebenheiten gestatten - die reine Wahrheit zu ermitteln und darzustellen. Allein dieses verleiht seinem Werk einen praktischen und moralischen Wert. Deshalb gerät der katholische Historiker angesichts jenes Tons und jener Stimmung, wie sie heute

---

Guéranger ("Questions de Religion et d'Histoire" II [Paris 1860], S. 217 ff.) erklärt. Auch wenn seine neuesten kleineren Skizzen über den heiligen Ambrosius [Paris 1899; in englischer Übersetzung: London 1899] zeigen, daß der Duc seine alten Interessen nicht verloren hat, so macht doch seine Laufbahn als Historiker seit den sechziger Jahren unmißverständlich deutlich, welcher Weg seiner Meinung nach angesichts dessen, was er die "Caractères de la polémique religieuse actuelle" nannte, für einen Katholiken mit Selbstachtung der richtige zu sein habe.

Ich möchte die Gelegenheit dieser Anmerkung nutzen, um noch ein paar Worte über die sogenannte "Geschichtswissenschaft" ["Science of History"] und die "Geschichtsphilosophie" ["Philosophy of History"] zu ergänzen. Wenn ich die Sache richtig sehe, dann wird der erste Ausdruck heute allgemein in einem anderen und passenderen Sinn verwendet als zur Zeit von Mr. [Henry Thomas] Buckle [1821-1862]. In den einschlägigen Kreisen besagt er gegenwärtig, daß sich die heute gebräuchlichen Methoden der Geschichtsforschung ihrem Charakter nach jenen der Naturwissenschaften annähern. In diesem Sinn handelt es sich lediglich um einen anderen Namen für die historische Methode. Bisweilen wird der Ausdruck auch nur als Sammelbezeichnung für alle Zweige dieses besonderen Forschungsgebietes verwendet und bedeutet dann einfach "Geschichte". Was man in früheren Tagen als die "Geschichtswissenschaft" erörtert hat, entspricht dem, was man heute im allgemeinen als "Geschichtsphilosophie" bezeichnet; obwohl viele Leute den Eindruck haben werden, daß ein großer Teil von dem, was unter diesem Namen angeboten wird, weder Philosophie noch Geschichte ist. Wenn ich beispielsweise lese: "Die normännisch-französischen Feudalen hatten das alte angelsächsische Element niedergetreten. Aber als sich das Volk von England gegen die alte Kirche erhob, da war's das angelsächsische und kein anderes", dann frage ich mich nicht, ob dies Philosophie oder Geschichte, sondern ob es nicht schlichtweg Unsinn ist. Doch das stammt von Rudolf Rocholl (Philosophie der Geschichte II [Göttingen 1893], S. 399), der gewöhnlich ganz und gar nicht Unsinn redet. Fünfzehn Jahre hat er sich zwischen der Veröffentlichung des ersten und zweiten Bandes Zeit genommen, und er ist jemand, der wirklich etwas von der Reformationszeit versteht. Obwohl er im deutschen Stil schreibt, wird derjenige, der wirklich daran interessiert ist, etwas zu erfahren und zu begreifen, meines Erachtens dennoch eher zu Rocholls erstem Band greifen als zu Professor [Robert] Flint [1838-1910, Professor der Theologie zu St. Andrews, seit 1876 in Edinburgh]. Es stellt sich allerdings die Frage, ob die meisten von uns gegenwärtig nicht gut beraten wären, sich mit der Geschichte als einem praktischen Lehrer für das Leben zu begnügen, als einem bedeutenden, wenn nicht dem bedeutendsten (es muß im Originaltext sicher heißen: "[...] as a chief, *if* not the chief, of those [...]"), unter jenen *consiliarii mortui*, von denen es heißt, sie seien die *optimi*.

[Thomas Michael Loome hat diese lange Fußnote Edmund Bishops in den fortlaufenden Text des Essays einbezogen (siehe: Loome [wie Anm. 24], 384 Anm. 36); dies wurde für die deutsche Übersetzung wieder rückgängig gemacht.]

124 Richard Holt Hutton (1826-1897), Journalist, seit 1861 Mitherausgeber von *The Spectator*, Verfasser von *Essays on some of the modern Guides of English Thought in Matters of Faith* (London 1887) und *Cardinal Newman* (London 1891). - Das Zitat konnte nicht ermittelt werden.

weithin unter Katholiken - ob gebildeten oder ungebildeten - vorherrschen, in eine sehr reale Schwierigkeit. Wollte man hiervor die Augen verschließen und einem Optimismus frönen, der sich weigert, dies überhaupt zur Kenntnis zu nehmen, dann wäre das meines Erachtens nicht nur ein schwerer Fehler, sondern sogar schädlich im Hinblick auf die Zukunft, die historische Studien bei uns haben werden.

Soweit ich sehe, ist das, was durch historische Untersuchungen angetastet und durch sie gefährdet wird, an sich gar nicht die Sache des Glaubens, sondern vielmehr die Sache des Meinens oder des Interesses bzw. des Tutiorismus. Und gerade da liegt der Haken! Nicht nur früher und in den Tagen des heiligen Hieronymus gab es Menschen, die *ingenii sui adinventiones faciunt ecclesiae sacramenta*. Keinem unter uns ist es angenehm, wenn er eingestehen muß, einen Fehler gemacht oder sich geirrt zu haben, besonders dann nicht, wenn wir sehr nachdrücklich auf unseren Behauptungen beharrt hatten, und man uns allgemein Glauben schenkte, weil gerade wir diejenigen waren, die es behauptet hatten.

Ich muß gestehen, daß ich mir im Gewirr der gegenwärtigen Auseinandersetzung über meinen Weg nicht ganz im klaren bin, und ich wünschte mir sehr, hierfür von scharfsinnigeren Geistern und energischeren Seelen profitieren zu können[125]. Fragen von der Art, wie wir sie hier erwogen haben, können nur wenige, sehr wenige, interessieren; aber es sind sehr viele, deren Schicksal und deren Zukunft vom Ausgang eines solchen Konflikts betroffen und in vielfältiger Hinsicht bestimmt sein werden. Nicht nur über Frankreich kann wahrhaftig gesagt werden: "Doch ich weiß auch, daß bei einer Nation wie der unsrigen es letztendlich die Intelligenz ist, von der alles abhängt"[126]. Wenn ich sehe, wie ein gewisser Kreis von Personen zuversichtlich von Behauptung zu Behauptung und von Deduktion zu Deduktion fortschreitet und wie unter den Händen eines anderen Personenkreises die Arbeit der historischen Forschung vorangeht, dann kommt mir dies geradeso vor, als ob die Erbauer von Babel fröhlich und mit himmelwärts erhobenen Augen ihre Konstruktion hochziehen, ohne die geringste Notiz von jener Arbeit zu nehmen, bei der weiter unten soeben das Gebäude untergraben und unterminiert wird.

Meines Erachtens ist eine spekulative Diskussion über die Gültigkeit der beiden augenblicklich antagonistischen Methoden, der theologischen und der historischen, kaum nützlich. Sie würde vermutlich die Schwierigkeiten der Situation nicht erleichtern, sondern nur noch verschlimmern. Meines Erachtens läßt sich das Problem, wenn überhaupt, dann nur dadurch lösen, daß jene, die die unbedingte Werthaftigkeit und Bedeutung dieser sehr langsamen und aufreibenden Arbeitsweise sehen, tatsächlich auf der Basis historischer Methoden arbeiten und, was die Zukunft betrifft, sich zum allermindesten damit begnügen, auf Lohn und öffentliche Anerkennung zunächst einmal zu verzichten[127]. Ich neige allerdings zu der Auffassung, daß wir selbst unter diesen Umständen die Hoffnung auf Darstellungen der Papstgeschichte oder der Geschichte Englands aufgeben und uns gegenwärtig mit einfachen Monographien zufrieden geben müssen, oder - wenn es sehr schlimm kommen sollte - sogar mit der "Edition von Manuskripten" und "textkritischer Arbeit", wie es der oben zitierte Autor ausgedrückt hat.

---

[125] Randnotiz Edmund Bishops: "Dies war meine Bitte an W[ilfrid]. W[ard].,[Father] Blakelock [aus Newman's Birmingham Oratory] & Co. Aber nichts kam - außer Wind. [William] Gibson war der Mann, der mir als der fähigste (bei weitem) und weit- und klarsichtigste der [bei diesem Vortrag in der "Rota"] versammelten Männer erschien. Aber dann will er nicht dazu stehen. Er ist brillant, er ist *scharfsinnig*, gleichwohl, und man muß zufrieden sein, daß es überhaupt einen *'Besten'* gibt."

[126] Randnotiz Edmund Bishops: "duc de Broglie."

[127] Randnotiz Edmund Bishops: "Die letzte Botschaft, und nur diese eine, die ich in diesen Angelegenheiten geben kann."

Ich bin mir auch nicht sicher, ob es vielleicht hilfreich sein könnte, daß mehr Anteilnahme und Interesse (wie sie nämlich daraus folgen, daß man wirklich versteht, worum es geht) unter uns bekundet werden, als es gegenwärtig der Fall ist.

Aber es gibt einen ersten Schritt zur Verbesserung der Situation, den wir alle tun können, vorausgesetzt daß wir die ganze Sache als ein rein innerkatholisches Anliegen betrachten und einmal auf den apologetischen Blick und die Frage verzichten, was die Welt über uns denkt: ich meine damit, daß wir zugeben, wie es wirklich steht, daß nämlich die große Mehrheit der Katholiken, wahrscheinlich die große Mehrheit der gebildeten Katholiken, - um Huttons Formulierung zu gebrauchen - praktisch eher an die Tugend der "Wahrheit des moralischen *Zwecks*" glaubt als an die Zweckhaftigkeit der Tugend "absoluter Wahrheit".

Was diesem Umstand zugrundeliegt, dürfte wohl ein übermäßiger und übertriebener Sinn für den Wert von praktischer Geschicklichkeit und Klugheit sein. Doch wenn es eine Lektion gibt, die uns die Geschichte eindeutig lehrt, dann doch sicherlich die, daß diese Qualitäten in den Angelegenheiten der Religion, also in dem, was die Seele des Menschen und sein Verhältnis zu Gott betrifft, elendiglich versagen. "Nun kann man eine Sache leider auf drei Arten verteidigen" - behauptete in seinen alten Tagen einer der fähigsten, erfahrensten und klarsichtigsten Katholiken dieses Jahrhunderts -: "Entweder wird durch ein Netz verlogener Apologien (*par des apologies mensongères*) alles vertuscht und alles geleugnet, oder man übergeht schweigend die eigenen Schwachpunkte und beharrt zugleich mit volltönendem Nachdruck auf dem, worin man sich stark fühlt. Die dritte und seltenste Methode besteht schließlich darin, daß wir der Gerechtigkeit und Wahrheit ihr volles Recht zubilligen und unsere eigenen Verfehlungen eingestehen, damit uns so das Recht zukomme, auch die Fehler unserer Gegner aufzuzeigen. Ich für meinen Teil" - so fügt er hinzu - "bin zutiefst davon überzeugt, daß allein dies der 'lohnende' Weg ist; und seit langem schon glaube ich an keine andere Klugheit als an die Klugheit des Wahren."

Soweit [Alfred de] Falloux[128]; doch damals gehörte er zur "Petite Fronde"[129]. Und dann muß man von neuem daran denken, wer diejenigen waren, die die "Petite Fronde" bildeten, und daran, daß dies ein Ausdruck ihres Geistes in seiner besten Form ist.

E[dmund]. B[ishop].

P.S.: Im letzten Moment bemerke ich, daß ich [Johannes] Janssen[130], dessen Name in aller Munde ist, übergangen habe. Obwohl dieses Versäumnis von der Sache selbst herrührt und

---

[128] Alfred de Falloux (1811-1886), französischer Parlamentarier, 1848-1849 "ministre de l'instruction", Verfasser großer Biographien und u.a. der beiden Werke *Le parti catholique, ce qu'il a été, ce qu'il est devenue* (1856) und *Discours et mélanges politiques* (2 Bde., 1882), die beide zuerst im *Correspondant* publiziertes Material enthalten.

[129] Zu Alfred de Falloux und der "Petite Fronde" siehe: Waldemar Gurian, Die politischen und sozialen Ideen des französischen Katholizismus 1789-1914. M[önchen]. Gladbach 1929, 185-238; J. Leflon, in: Cath. IV 1070-1073.

[130] Johannes Janssen (1829-1891), seit 1834 Privatdozent für Geschichte an der Universität Münster und Gymnasialprofessor in Frankfurt am Main, seit 1860 Priester, Verfasser einer großen *Geschichte des deutschen Volkes seit dem Ausgang des Mittelalters*, weitgehend aus den Quellen geschöpft, aber - im Zeichen des Kulturkampfs - geschrieben in der "heilsgeschichtlichen" Tendenz der *Geschichte der Religion Jesu Christi* von Friedrich Leopold Grafen zu Stolberg (15 Bde., Hamburg 1806-1818), fortgesetzt von Ludwig Freiherrn von Pastor (8 Bde., Freiburg i. Br. 1878-1904 und weitere Auflagen). Wegen seiner einseitigen Beurteilung der Reformation erfuhr dieses Werk scharfe Kritik; es vermittelte aber der Erforschung des Spätmittelalters bzw. der vorreformatorischen Zeit manche Anregung. Helmut Neubach, Janssen, Johannes, in: $LThK^3$ V

der Grund hierfür naheliegt, füge ich ein erklärendes Wort hinzu. Als treuester Schüler und Freund von J[ohann] Fr[iedrich] Böhmer[131] und als geistiger Erbe dieses katholisierenden Protestanten war er ein Außenseiter. Auch hatte er (so glaube ich) nie eine bedeutendere Position inne als die eines Geschichtslehrers an einem Gymnasium in Frankfurt. Wie sein Meister brachte er eine Aufgabe zu Ende, die er sich schon früh gestellt hatte. Und doch blieb er in einem sehr realen Sinn ein Einzelfall. Zweifellos übte er im Laufe der Zeit einen Einfluß auf die historischen Schulen aus, der an Wert schwerlich zu überschätzen ist. Außerdem war er das Bindeglied zwischen einer untergegangenen Vergangenheit und einer verheißungsvollen Zukunft, die es zu erschließen galt. Aber in keiner Weise kann er als ein repräsentativer Mann erachtet werden.

E[dmund]. B[ishop].

746f; Anreas Holzem, Weltversuchung und Heilgewißheit. Kirchengeschichte im Katholizismus des 19. Jahrhunderts (Münsteraner Theologische Abhandlungen 35), Altenberge 1995, 180-190.

[131] Zu Johann Friedrich Böhmer siehe Anm. 92.

IV. (Anti-) Modernismus in Deutschland vor 1914

Albert Maria Weiß OP (1844-1925)

Ein leidenschaftlicher Kämpfer wider den Modernismus

Von Anton Landersdorfer

"Einer der getreuesten, verständnisvollsten und durchschlagendsten Paladine des seligen Papstes Pius X."[1] - "Turmwart der deutschen Katholiken"[2] - "Säule des wahren Glaubens"[3] - "übereifriger Apologet"[4] - "Unruhestifter und Quertreiber"[5] - "überspannter weltfremder Skrupulant"[6] - "Heuchler, Hetzer und Verleumder"[7]. Derart konträr und widersprüchlich lauteten zeitgenössische Urteile über einen Theologen und religiösen Schriftsteller des ausgehenden 19. und frühen 20. Jahrhunderts, der sich selbst mit Vorliebe als "modernen Propheten", als "Jeremias II." und "Eliasjünger" bezeichnete und der sein fast zur Gänze der Apologetik gewidmetes Leben und Wirken als "Kriegsdienst im Heere Gottes" verstand: den Dominikanerpater und langjährigen Professor an der katholischen Universität Freiburg in der Schweiz, Albert Maria Weiß[8]. Über mehr als fünfzig Jahre hin entfaltete der gebürtige Oberbayer, ausgestattet mit profundem Wissen und umfassender Belesenheit, eine reiche literarische Tätigkeit, wobei er sich "beim Ansturm einer neuen Zeit" kurz vor der Jahrhundertwende genötigt sah, den Schwerpunkt seines apologetischen Schaffens deutlich zu verlagern: "Bisher hatte

---

1 Ernst Karl Winter, P. Albert Maria Weiß O. Pr., in: Das Neue Reich 7, Wien 1925, Nr. 49, 1146-1150; 1147. - Nachfolgend verwendete Siglen: ASV = Archivio Segreto Vaticano; BayHStA = Bayerisches Hauptstaatsarchiv; Fries/Schwaiger = Heinrich Fries/Georg Schwaiger (Hg.), Katholische Theologen Deutschlands im 19. Jahrhundert, 3 Bde, München 1975; Gatz = Erwin Gatz (Hg.), Die Bischöfe der deutschsprachigen Länder 1785/1803 bis 1945. Ein biographisches Lexikon, Berlin 1983; HAStK = Historisches Archiv der Stadt Köln; Kosch = Wilhelm Kosch, Das katholische Deutschland. Biographisch-bibliographisches Lexikon, 2 Bde, Augsburg 1933-1938; KVZ = Kölnische Volkszeitung; MA = Ministerium des Äußern; SdS = Segreteria di Stato.

2 HPBl 154 (1914) 200.

3 Sadoc Szabó, Opera principaliora A. R. P. Alberti M. Weiss, in: ASOFP 16 (1923/24) 349-351; 349.

4 Ritter zu Groenesteyn an MA, Rom, 6. Juli 1911. BayHStA, MA 99365 (Nr. 78). - Zu Otto Freiherrn von Ritter zu Groenesteyn (Grünstein) (1864-1940), von 1909 bis 1934 bayerischer Vatikangesandter: Georg Franz-Willing, Die bayerische Vatikangesandtschaft 1803-1934, München 1965, 93-255.

5 Gallus M. Häfele, P. Albert Maria Weiß O. P. (1844 bis 1925), in: ThPQ 79 (1926) 281-296, 552-567, 774-784; 774.

6 Bemerkung von Julius Bachem zu einem Brief von Weiß vom 18. Juni 1911. HAStK, NL Carl Bachem, Nr. 311b. - Zu Julius Bachem (1845-1918), Journalist und Parlamentarier: Hugo Stehkämper, in: StL[7] I 505-507.

7 [Joseph Müller], Albert Maria Weiss O. Pr. und das achte Gebot. II. Folge, in: Renaissance 5 (1904) 495-506; 506.

8 An bisherigen Veröffentlichungen zu seinem Leben und Wirken seien genannt: P. Albert Maria Weiß, O. P. 1844-1914, in: Dominikus-Kalender 26 (1915) 133-144; Un insigne apologeta cattolico. Il P. Alberto Weiss O. P., in: MDom 42 (1925) 545-548; Joseph Beck, P. Albert Maria Weiß O. Pr. (1844-1925), in: Schönere Zukunft 1, Wien 1925, 35-38; Sadoc Szabó, A. R. P. Magister Fr. Albertus Maria Weiss, O. P., in: ASOFP 17 (1925/26) 603-614; Häfele (wie Anm. 5); Reginaldo Fei, Il P. Alberto Maria Weiss (22 Aprile 1844 - + 15 Agosto 1925), in: MDom 47 (1930) 47-59; August M. Knoll, Weiß, Albert Maria, in: StL[5] V 1146-1149; Gallus M. Häfele, Weiß, Albert Maria, in: LThK[1] X 796f; Angelus Walz, Weiß, Albert Maria, in: LThK[2] X 1007; Engelbert Krebs, Hermann Herder 1864-1937, in: Albert M. Weiß/Engelbert Krebs, Im Dienst am Buch, Freiburg i. Br. 1951, 221-486; 238-241; Sebastian Peter, Das Menschenbild bei Albert Maria Weiß O. P. - Ein Beitrag zur christlichen Anthropologie, Diss. theol., München 1965; Michael Langer, Zwischen Vorurteil und Aggression. Zum Judenbild der deutschsprachigen katholischen Volksbildung des 19. Jahrhunderts (Lernprozeß Christen Juden 9), Freiburg-Basel-Wien 1994, 141-147, 411-413.

ich die Prophetentätigkeit fast ausschließlich im Hinblick auf die Feinde des Christentums ausgeübt, entsprechend der herkömmlichen Ansicht, daß die Apologetik keinen andern Zweck habe, als diese zu bekämpfen und wenn möglich zu gewinnen. Allmählich sah ich jetzt ein, daß die Gefahren der Zeit auch im Schoße der Christenheit selber ihre Wirkungen äußern und daß der Apologet noch weit mehr die Aufgabe hat, ihr Eindringen in die Kreise der Treugebliebenen zu verhindern und diese selbst so zu belehren und zu unterrichten, daß sie ihres übernatürlichen Besitzes froh und gegen alle Verwirrung gefestigt werden. Von dieser Einsicht Gebrauch zu machen, ergab sich jetzt überreich Gelegenheit. Jene rückläufigen Regungen, [...], hatten sich allmählich zu einer gemeinsamen Strömung vereinigt, die im Gefühle ihrer Stärke und mit dem Feuer jugendlicher Begeisterung seit dem Anfang der neunziger Jahre voranzudringen begann, entschlossen, eine neue Zeit herbeizuführen. Ihre Losung hieß modern. Daher der Name Modernismus, der ihr schließlich verblieb"[9].

Mit welcher Vehemenz und Intoleranz der extrem ultramontane, durch ein bedingungsloses *Sentire cum ecclesia* und eine fast sprichwörtlich gewordene "Andacht zum Papst" bestimmte Gelehrte fortan gegen jedwede vermeintlich modernistische Regung im kirchlichen wie gesellschaftlichen Leben zu Felde zog, davon gibt nicht zuletzt seine ausführliche, 1925 kurz vor seinem Tode im Herder-Verlag publizierte Autobiographie *Lebensweg und Lebenswerk. Ein modernes Prophetenleben* anschaulich Zeugnis; sie bietet darüber hinaus aufschlußreiche und wertvolle Einblicke in seinen von zahlreichen Stationen und Aufenthalten in verschiedenen Ländern geprägten Werdegang und - zusammen mit dem 1914 veröffentlichten *Rückblick auf eine Lebensarbeit gegen den Liberalismus*[10] - in die Entstehungs- und Wirkungsgeschichte seines umfangreichen Schrifttums[11].

I. *Lebensweg und Lebenswerk*

Am 22. April 1844 im oberbayerischen Markt Indersdorf, und zwar im säkularisierten Augustinerchorherrenstift gleichen Namens, als Sohn des Arztes Dr. Franz von Paula Weiß und seiner Ehefrau Katharina (Steiger) geboren und auf den Namen Adalbert Gottlieb getauft, wuchs Weiß in der Abgeschiedenheit des ehemaligen Klosters "weltfern" und wie "im Paradiese" auf, erzogen nach den "alten urkatholischen Grundsätzen"[12]. Da seine außergewöhnliche Geistesbegabung schon früh zutage getreten war, brachten die Eltern den kleinen "Profes-

---

9 Albert Maria Weiß, Lebensweg und Lebenswerk. Ein modernes Prophetenleben, Freiburg i. Br. 1925, 394. - Eine erste große Geschichte des Modernismus in Deutschland bietet jetzt: Otto Weiß, Der Modernismus in Deutschland. Ein Beitrag zur Theologiegeschichte, Regensburg 1995.

10 Erschienen als Nachwort zu: Albert Maria Weiß, Liberalismus und Christentum, Trier 1914, 283-413.

11 Außer den in diesem Beitrag erwähnten Hauptwerken sei verwiesen auf: Die altkirchliche Pädagogik, dargestellt in Katechumenat und Katechese der ersten sechs Jahrhunderte, Freiburg i. Br. 1869; Die Gesetze für Berechnung von Kapitalzins und Arbeitslohn, Freiburg i. Br. 1883; Lebensweisheit in der Tasche, Freiburg i. Br. 1893, [16]1920; Die Kunst zu leben, Freiburg i. Br. 1900, [15]1923; Lutherpsychologie als Schlüssel zur Lutherlegende (Ergänzungen zu Denifle's Luther und Luthertum), Mainz [2]1906; Der Geist des Christentums, hg. von Gallus M. Häfele, Basel 1928. - Des weiteren bearbeitete Weiß Band II von Heinrich Denifles "Luther und Luthertum in der ersten Entwicklung", erschienen 1909, und edierte Matthias Joseph Scheebens "Herrlichkeiten der göttlichen Gnade" in einigen Neuauflagen.

12 Weiß, Lebensweg (wie Anm. 9), 80. - Vgl. dazu und zum Folgenden auch 15-30 ("Im Paradiese"), 31-45 ("Im alten München"), 46-72 ("Auf der Universität").

sor" mit neun Jahren nach München, wo er fortan als Zögling des von Benediktinern geleiteten Hollandeum, des späteren Albertinum, das Ludwigsgymnasium besuchte. Nach erfolgreich abgelegter Reifeprüfung immatrikulierte sich Weiß, noch unschlüssig, ob er Theologie oder Mathematik studieren solle, 1861 zunächst an der Philosophischen Fakultät, ehe er sich zwei Jahre später doch dem Studium der Theologie zuwandte, und das gerade zu einem Zeitpunkt, als die "Universität München rasch nicht bloß ihren alten Ruf als Heim des Ultramontanismus verlor, sondern sich mehr und mehr zur Führerin im Kampfe gegen ihn umgestaltete"[13]. Folglich erlebte der junge Student die stürmischen Vorgänge nach dem kirchlichen Einschreiten gegen den umstrittenen Philosophen Jakob Frohschammer[14] ebenso aus nächster Nähe mit wie die Spaltung der katholischen Theologen Deutschlands in zwei diametral entgegengesetzte Lager - "hie Germanismus, dort Romanismus" - nach der Münchener Gelehrtenversammlung vom Herbst 1863[15]. "Von dem, was auf dem Spiele stand, hatte ich natürlich keine Ahnung", konstatiert er rückblickend. "Darum wußte ich auch nicht, was ich von dem Widerstande halten solle, den die sonst von uns Katholiken so verehrten Mainzer gegen die Rede Döllingers über die Geschichte und die Aufgabe der Theologie erhoben. Ich ließ mich aber sowenig an meiner Treue gegen ihn irre machen wie all meine Freunde. Das Vertrauen auf eine neue Glanzzeit der katholischen Wissenschaft, die unsere Phantasie durch diese Versammlung eingeleitet sah, war so lebendig in unsern Herzen, daß das Schreiben des Papstes an den Erzbischof von München höchst verhängnisvolle Wirkungen hervorrief. [...], jetzt konnte, so dachten wir, niemand mehr an der Tatsache zweifeln, daß es sich um einen Vernichtungskrieg gegen die deutsche Wissenschaft, gegen den deutschen Geist überhaupt handelte"[16]. Später mußte sich Weiß selbst darüber wundern, daß er jene "Gefahren" im Gegensatz zu vielen anderen Zeitgenossen "verhältnismäßig erträglich" überstand, was er nicht zuletzt auf seinen mitgebrachten "Vorrat an Konservativismus" zurückführte, der zwar manches eingebüßt, aber dennoch ausgereicht habe[17].

Im Herbst 1866, nach Abschluß des Hochschulstudiums, verließ der Zweiundzwanzigjährige die bayerische Landeshauptstadt in Richtung Freising, um sich im dortigen Erzbischöflichen Klerikalseminar gleich den anderen Alumnen des Erzbistums auf die Priesterwei-

---

[13] Ebd., 57.

[14] Zu Frohschammer (1821-1893), seit 1855 Professor für Philosophie in München, 1863 suspendiert, später exkommuniziert: Rudolf Hausl, Jakob Frohschammer (1821-1893), in: Fries/Schwaiger III 169-189; Raimund Lachner, Jakob Frohschammer (1821-1893). Leben und Werk (STG 5), St. Ottilien 1990. - Vgl. auch Anton Landersdorfer, Gregor von Scherr (1804-1877). Erzbischof von München und Freising in der Zeit des Ersten Vatikanums und des Kulturkampfes (SABKG 9), München 1995, 301-314.

[15] Zur Münchener Gelehrtenversammlung vom 28. September bis 1. Oktober 1863 siehe Pius Gams (Hg.), Verhandlungen der Versammlung katholischer Gelehrter in München vom 28. September bis 1. Oktober 1863, Regensburg 1863; Hugo Lang, Die Versammlung katholischer Gelehrter in München-St. Bonifaz vom 28. IX. bis 1. X. 1863, in: HJ 71 (1952) 246-258; Georg Schwaiger, Die Münchener Gelehrtenversammlung von 1863 in den Strömungen katholischer Theologie des 19. Jahrhunderts, in: ders. (Hg.), Kirche und Theologie im 19. Jahrhundert (SThGG 11), Göttingen 1975, 125-134; Hans-Jürgen Brandt, Eine katholische Universität in Deutschland? Das Ringen der Katholiken in Deutschland um eine Universitätsbildung im 19. Jahrhundert (BoBKG 12), Köln-Wien 1981, 300-320, 396-420 (Aktenstücke); Erich Garhammer, Seminaridee und Klerusbildung bei Karl August Graf von Reisach. Eine pastoralgeschichtliche Studie zum Ultramontanismus des 19. Jahrhunderts (MKHS 5), Stuttgart-Berlin-Köln 1990, 191-201; Landersdorfer, Gregor von Scherr (wie Anm. 14), 284-301.

[16] Weiß, Lebensweg (wie Anm. 9), 62. - Bei dem erwähnten "Schreiben des Papstes an den Erzbischof von München" handelt es sich um das berühmte Breve *Tuas libenter*, das Pius IX. am 21. Dezember 1863 an Scherr gerichtet hatte. Text bei Brandt (wie Anm. 15), 400-405; Auszüge davon in: DH 2875-2880.

[17] Weiß, Lebensweg (wie Anm. 9), 71f.

he vorzubereiten. Während des nächsten Jahres, des nach eigener Einschätzung weitaus schönsten seines gesamten Lebens, bahnte sich bei Weiß allmählich eine "innere Umgestaltung" an, die ihn je länger, je mehr dem Geist des Liberalismus, wie er ihn an der Münchener Universität unbewußt und doch mit einem gewissen Stolz "eingesogen" hatte, entfremdete und ihn statt dessen kontinuierlich der "Welt der Übernatur und des Ultramontanismus" zuführte[18]. Am 27. Juni 1867 von Erzbischof Gregor von Scherr[19] zum Priester geweiht, kehrte er unmittelbar nach seiner Primiz in der Münchener Benediktinerabtei St. Bonifaz als Hekkenstaller-Stipendiat zur Fortsetzung seiner Studien auf den Freisinger Domberg zurück. In der Folgezeit lebte er sich dann endgültig in den Ultramontanismus ein, verstanden als die "volle Konsequenz des Wortes katholisch nach innen wie nach außen, im Denken wie im Leben"[20], und ging gleichzeitig dazu über, sich intensiver mit der scholastischen Theologie zu beschäftigen. "Es kostete Mühe, die letzten Überreste des liberalen und liberalisierenden Sauerteiges auszufegen, aber der Geist der Wahrheit half dazu. Ich wurde scholastisch mit Geist und Herz", vermerkt er in seiner Autobiographie[21]. Sein "Dahinstürmen" auf dem neuen Weg wurde zunächst allerdings durch eine schwere Krankheit jäh gebremst. Auf diesem Hintergrund empfand es Weiß als besondere Fügung Gottes, daß er 1869 durch Vermittlung seines väterlichen Gönners, des Exegeten Franz Xaver Reithmayr[22], ein außerordentliches Reisestipendium der Universität München zum Besuch auswärtiger Hochschulen erhielt[23]. In Bonn, der ersten Station seiner Studienreise im Sommersemester 1869, war es vor allem der Alttestamentler Franz Heinrich Reusch[24], der ihn tief beeindruckte[25]. Jedoch machte er dort und bei seinem anschließenden Ferienaufenthalt in Koblenz - gerade zu einem Zeitpunkt, als die bekannte Laienadresse[26] verfaßt wurde - auch andersgeartete Erfahrungen;[27] sie bewirkten, daß ihm nunmehr "die letzten Schuppen von den Augen fielen" und er zunehmend den Drang verspürte, sich "über alle persönlichen Rücksichten hinweg für die erkannte Wahrheit ent-

[18] Ebd., 73-82 ("Im Priesterseminar"), 83-99 ("In der Hochburg des Ultramontanismus"), 100-118 ("Einleben in den Ultramontanismus").

[19] Zu Scherr (1804-1877), von 1856 bis 1877 Erzbischof von München und Freising: Landersdorfer, Gregor von Scherr (wie Anm. 14).

[20] Weiß, Lebensweg (wie Anm. 9), 122f.

[21] Ebd., 483.

[22] Zu Reithmayr (1809-1872), von 1841 bis 1872 Professor für neutestamentliche Exegese in München: Raimund Lachner, Reithmayr, Franz Xaver, in: BBKL VII 1584-1587.

[23] Näheres bei Weiß, Lebensweg (wie Anm. 9), 133-142.

[24] Zu Reusch (1825-1900), seit 1861 Professor für alttestamentliche Exegese in Bonn, 1871 als Gegner des Infallibilitätsdogmas suspendiert, 1872 exkommuniziert, 1873 altkatholischer Pfarrer in Bonn und Generalvikar des ersten altkatholischen Bischofs Joseph Hubert Reinkens, 1878 Rücktritt von seinen Ämtern: Remigius Bäumer, Reusch, Franz Heinrich, in: LThK^2 VIII 1267.

[25] "Mit der größten Hingebung nahm sich Reusch meiner an. Die Güte und die Hilfe, die er mir bewiesen hat, kann ich nicht in Worte fassen. Die unbeschränkte Dankbarkeit, die ich ihm bis zum letzten Atemzuge wahren werde, ist durch den Schmerz über sein Schicksal nicht vermindert, sondern nur vermehrt worden." Weiß, Lebensweg (wie Anm. 9), 135.

[26] Zur Koblenzer Laienadresse vom 13. Mai 1869, verfaßt vom dortigen Gymnasiallehrer Theodor Stumpf, siehe: Walter Brandmüller, Ignaz von Döllinger am Vorabend des I. Vatikanums. Herausforderung und Antwort (KGQS 9), St. Ottilien 1977, 71-75; Klaus Schatz, Vaticanum I (1869-1870), I: Vor der Eröffnung, Paderborn-München-Wien-Zürich 1992, 223-227.

[27] "Da sah ich große Frömmigkeit und viele andere achtungswerte Vorzüge. Und daneben solche Unordnung. Das konnte auch dem blödesten Auge zeigen, daß alle persönlichen Eigenschaften, daß Wissenschaft und Frömmigkeit und alle geistliche Tätigkeit keinen Segen stiften, sie ordnen sich denn den Gesetzen der Kirche und der Rücksicht auf die Gemeinsamkeit unter." Weiß, Lebensweg (wie Anm. 9), 139.

schieden einzusetzen"[28]. Und so kam Weiß, nachdem er das Wintersemester in Tübingen zugebracht und dabei, wie er positiv vermerkt, unter den Professoren keinerlei "Machenschaften" gegen das inzwischen eröffnete Erste Vatikanum wahrgenommen hatte, zu Ostern 1870 "innerlich völlig geklärt" wieder in Freising, der "Hochburg des Ultramontanismus", an[29].

Im Sommer des gleichen Jahres an der Theologischen Fakultät der Universität München zum Dr. theol. mit der Note "*prorsus insigniter*" promoviert, wirkte Weiß fortan als Repetitor, Dozent und Professor am Erzbischöflichen Klerikalseminar und veröffentlichte nebenher eine Reihe von Artikeln und Aufsätzen in diversen Zeitungen, Pastoralblättern und wissenschaftlichen Zeitschriften[30], ehe ihn der Verleger Benjamin Herder[31] 1872 mit den Vorarbeiten zur Neuauflage des *Kirchenlexikons*, näherhin mit der Erstellung des Nomenklators für das großangelegte zwölfbändige Werk, betraute[32]. Während dieser mühsamen und zeitaufwendigen, für sein späteres Lebenswerk indes überaus nutzbringenden Tätigkeit, die einen längeren Aufenthalt in Freiburg im Breisgau erforderlich machte, reifte in dem inzwischen verstärkt zur "Mitarbeit an der Erziehung des Klerus"[33] herangezogenen jungen Gelehrten nach und nach der Entschluß, in ein Kloster einzutreten. Die ersten Impulse hierzu findet er in der Rückschau bereits in jener Zeit, da er sich "mit ganzem Feuereifer dem Studium der alten Philosophie und Theologie" widmete. "Es war in Tübingen", so Weiß weiter, "wo ich zuerst den Unterschied zwischen dem modernen und dem altchristlichen Geiste auf mich wirken fühlte. Hier Form- und Systemlosigkeit, Eklektizismus, Halbheit, die Sucht, allem, was uns nicht recht behagt, aus dem Wege zu gehen oder die Spitze abzubrechen. Dort System und Konsequenz, Klarheit und Festigkeit, auch wenn es dem Geschmacke des gewöhnlichen Menschen widerspricht. War das ein Hauptgrund, der mich auf dem Gebiete der Wissenschaft zur Scholastik drängte, so empfand ich denselben Eindruck auf dem des geistlichen Leben, je mehr ich die alte Aszetik und Mystik mit den jüngeren Erscheinungen auf diesem Gebiete verglich"[34]. Hinzu kam ein ganz konkreter äußerer Anlaß - Weiß selbst bezeichnet ihn als "ersten Waffengang" und als "Prophetenweihe"[35] -, der ihn in seinem Vorhaben entscheidend bestärkte. Da der Freisinger Lyzealprofessor Heinrich Hayd[36] eine in seinen Augen höchst "unselige Philosophie", basierend auf dem Buch *Die Wissenschaft des Wissens* von Wilhelm Rosenkrantz[37], dozierte, sah sich Weiß wiederholt veranlaßt, das Erzbischöfliche Ordinariat auf die den Alumnen hieraus erwachsenden Gefahren aufmerksam zu machen, zuletzt sogar in einer für Erzbischof Scherr bestimmten Denkschrift - allerdings ohne jeglichen Erfolg, worauf er sichtlich enttäuscht um seine Entlassung aus dem Erzbistum bat. "Nunmehr verstand ich", resü-

---

28 Ebd., 135.

29 Ebd., 142.

30 So etwa in den "Historisch-politischen Blättern für das katholische Deutschland". Dieter Albrecht - Bernhard Weber, Die Mitarbeiter der Historisch-politischen Blätter für das katholische Deutschland, 1838-1923. Ein Verzeichnis (VKZG.F 52), Mainz 1990, 124.

31 Ihm widmete Weiß eine Lebensbeschreibung: Benjamin Herder. Fünfzig Jahre eines geistigen Befreiungskampfes, Freiburg i. Br. ²1890; neu bearbeitet von Alfons Kasper in: Weiß/Krebs, Im Dienst am Buch (wie Anm. 8), 43-219.

32 Weiß, Lebensweg (wie Anm. 9), 147-164 ("Das Kirchenlexikon").

33 Ebd., 165-187.

34 Ebd., 211f.

35 Ebd., 188-207.

36 Zu Hayd (1829-1892), von 1866 bis 1892 Professor für Philosophie am Lyzeum in Freising: Johann Hirschberger, Hayd, Heinrich, in: LThK¹ IV 849.

37 Zu Rosenkrantz (1821-1874), Jurist und Philosoph: Adolf Dyroff, Rosenkrantz,Wilhelm, in: LThK¹ VIII 988f.

miert Weiß, nachdem "ich die ganze Bedenklichkeit jenes Verquickungssystems, das man katholischen Liberalismus oder liberalen Katholizismus nannte", kennengelernt hatte, "daß es in Prinzipienfragen keinen Ausgleich, keine Konzessionen, keinen Mischmasch, keine Abschwächung geben kann, [...] . Daher jene Wachsamkeit, jene Unbeugsamkeit, jene Intransigenz, die ich für mein künftiges Leben mit mir nahm, jene Entschiedenheit, die mir so manchen Prophetenlohn verdienen half"[38].

Von seinem Oberhirten nur ungern entlassen, begab sich Weiß im Sommer 1876 nach Graz, um im Konvent der Dominikaner das Ordenskleid zu nehmen[39]. Nach Ablegung der feierlichen Profeß am 21. Juli des nächsten Jahres wirkte P. Albert Maria - so sein Ordensname - als Lektor für Exegese, Moraltheologie und zeitweise auch für Kirchenrecht an der dortigen Ordenshochschule; daneben trug er sich mit dem Gedanken, eine große Sammlung der modernen Irrtümer, eine Art *Summa contra Liberalismum*, anzulegen. Der Plan gelangte jedoch nicht zur Ausführung, da er sich schon bald zu einer anderen, sein künftiges Leben nun vollständig bestimmenden und ausfüllenden Aufgabe berufen fühlte: zur "Übernahme des Prophetenamtes". Anfang November 1877 wurde er nämlich ersucht, in der kommenden Fastenzeit im Katholischen Kasino zu München religiöse Vorträge zu halten. Diese bereitete er anschließend für den Druck vor, und so erschien 1878 der erste Band seines gewaltigen, später sogar in mehrere Sprachen übersetzten Werkes *Apologie des Christentums vom Standpunkte der Sitte und Kultur*, dem bis 1889 vier weitere stattliche Bände folgten[40].

Gerade sieben Jahre hatte der Dominikanerpater, der sich unterdessen auch verstärkt mit der Sozialen Frage und ihrer Lösung "von oben herab" beschäftigte, die "christlich-soziale Bewegung" in Österreich mitbegründete und der "Freien Vereinigung katholischer Sozialpolitiker" ebenso beitrat wie nachmals der von Bischof Gaspard Mermillod[41] ins Leben gerufenen "Union catholique d'études sociales et économiques à Fribourg", kurz "Union de Fribourg" genannt[42], in Graz zugebracht, als er sich im Sommer 1883 auf ein zwölfjähriges "Wandervogelleben" begab[43]. Zunächst nach Rom beordert, um an der Neuausgabe der Werke des hl. Thomas von Aquin, der sog. *Editio Leonina*, mitzuarbeiten, kehrte Weiß bereits nach einem Jahr, am "römischen Fieber" erkrankt, nach Österreich zurück. Daraufhin versah er einige Monate das Amt eines Dozenten im Wiener Konvent, ehe er 1885 für drei Jahre in das neu eröffnete Kloster Mariental bei Luxemburg übersiedelte; dort war ihm neben der Leitung desselben die Prüfung der heiklen, das ganze Land in große Unruhe versetzenden Angelegenheit der "Visionärin" Klara Moes übertragen[44]. Nach einer erneuten Lehrtätigkeit bei den

---

[38] Weiß, Lebensweg (wie Anm. 9), 206.

[39] Näheres dazu und zum Folgenden ebd., 208-230 ("In der Prophetenschule"), 231-249 ("Eintritt in die Welt und in das Leben"), 250-268 ("Prophetenamt").

[40] Apologie des Christentums, 5 Bde, Freiburg i. Br. 1878-1889, [4]1904-1908 (Neudruck 1923) - Bd. I: Der ganze Mensch. Handbuch der Ethik; Bd. II: Humanität und Humanismus. Philosophie und Kulturgeschichte des Bösen; Bd. III: Natur und Übernatur. Geist und Leben des Christentums; Bd. IV: Soziale Frage und soziale Ordnung oder Handbuch der Gesellschaftslehre; Bd. V: Die Philosophie der Vollkommenheit, die Lehre von der höchsten sittlichen Aufgabe des Menschen.

[41] Zu Mermillod (1824-1892), von 1883 bis 1891 Bischof von Lausanne und Genf, seit 1890 Kardinal: Francis Python, Mermillod, Gaspard, in: Gatz 501-504.

[42] Weiß, Lebensweg (wie Anm. 9), 342-362 ("Öffentliche soziale Tätigkeit"). - Vgl. auch August M. Knoll, Der soziale Gedanke im modernen Katholizismus. Von der Romantik bis Rerum novarum (Kleine historische Monographien 34), Wien-Leipzig 1932, 91, 97-100, 112-114, 132-137; Emil Ritter, Die katholisch-soziale Bewegung Deutschlands im neunzehnten Jahrhundert und der Volksverein, Köln 1954, 82f, 167.

[43] Näheres dazu und zum Folgenden bei Weiß, Lebensweg (wie Anm. 9), 303-324 ("Prophetenwege").

[44] 1861 gründete Klara Moes in Luxemburg eine dominikanische Gemeinschaft; ihr versagte Bischof Nikolaus Adames (1870-1883) jedoch seine Genehmigung, da er die Visionen der Gründerin für unecht hielt, während

Wiener Dominikanern erhielt er 1890 einen Ruf an die eben erst errichtete katholische Universität zu Freiburg in der Schweiz[45], und zwar als Professor für Gesellschaftswissenschaften. Dieser erste Aufenthalt im Üchtland dauerte allerdings nur drei Jahre; dann wurde Weiß wieder nach Hause zurückgeholt und in der Folgezeit, während er als Subprior und Lektor in Graz (1892-1894) und in Wien (1894/95) tätig war, "in vielerlei Verwicklungen hineingezogen", namentlich in den sich immer stärker zuspitzenden Konflikt zwischen dem fast durchweg konservativ ausgerichteten Episkopat des Landes und der mittlerweile gegründeten "Christlichsozialen Partei"[46]. Als Anfang 1895 die österreichischen Bischöfe beschlossen, eine Delegation nach Rom zu entsenden, um deren öffentliche Verurteilung durch den Päpstlichen Stuhl zu erwirken, gehörte ihr als Berater und Vertrauter des "durch und durch katholischen" Fürsterzbischofs von Wien, Kardinal Anton Joseph Gruscha[47], auch P. Albert Maria an, der selbst mit der neuen Partei in heftigstem Widerstreit stand. Die Mission zeitigte indes nicht das erhoffte Resultat, da Papst Leo XIII. damals jegliche Desavouierung der Christlichsozialen vermied[48].

Bald nach seiner Rückkehr aus Rom wurde Weiß erneut an die Freiburger Universität versetzt, um zunächst den Lehrstuhl für Kirchenrecht, später den für Apologetik zu übernehmen[49]. Von diesem Zeitpunkt an begann für den mittlerweile Einundfünfzigjährigen "ein Leben der Seßhaftigkeit"; aus dem bisherigen "Wanderpropheten" wurde ein "Prophet hinter Schloß und Riegel", der es angesichts der inzwischen immer mächtiger hervortretenden "modernen Weltanschauung" - Weiß bevorzugte dieses Wort gegenüber dem Ausdruck "Modernismus"[50] - rasch als seine vordringlichste Aufgabe ansah, die Wahrheit der in seiner *Apologie* dargestellten katholischen Lehre "durch die Aufdeckung der ihr widerstrebenden modernen Irrungen näher zu erläutern"[51]. Dabei verstand er seine nunmehr mit noch größerer Leiden-

---

ein Teil des Luxemburger Klerus auf seiten der "Visionärin" stand. Nachdem Adames 1883 u.a. wegen dieser Angelegenheit resigniert hatte, setzte sein Nachfolger Johannes Joseph Koppes (1883-1918) im Jahr darauf eine Theologenkommission ein, die Klara Moes schließlich rehabilitierte. In der Öffentlichkeit wurde der Fall jedoch noch lange diskutiert. - Zu Klara Moes (1832-1895): Gundolf Gieraths, Moes, Klara, in: $LThK^2$ VII 517f; zum Ganzen: Erwin Gatz, Adames, Nikolaus, in: Gatz 4f; 5; ders., Koppes, Johannes Joseph, in: Gatz 404-406; 404. - Weiß bemerkt hierzu lediglich: "Über diese vielbesprochene Luxemburger Sache enthalte ich mich jeden Urteils. Sie wird wohl von der kirchlichen Autorität in entscheidende Untersuchung gezogen werden." Weiß, Lebensweg (wie Anm. 9), 306.

45 Zur Gründung der Universität Freiburg in der Schweiz siehe: Iso Baumer-Müller (Hg.), Albert Büchi 1864-1930. Gründung und Anfänge der Universität Freiburg i. Ü. Erinnerungen und Dokumente, Freiburg/Schweiz 1987.

46 Näheres dazu und zum Folgenden bei Weiß, Lebensweg (wie Anm. 9), 363-392 ("Außerordentliche Verwendung im Dienste der Kirche").

47 Zu Gruscha (1820-1911), von 1890 bis 1911 Fürsterzbischof von Wien, seit 1891 Kardinal: Maximilian Liebmann, Gruscha, Anton Joseph, in: Gatz 269-272.

48 Zur Romfahrt von 1895 siehe Weiß, Lebensweg (wie Anm. 9), 407-433; ferner Norbert Miko, Zur Mission des Kardinals Schönborn, des Bischofs Bauer und des Pater Albert Maria Weiss, OP., im Jahre 1895, in: RöHM 5 (1961/62) 181-224; Friedrich Funder, Vom Gestern ins Heute. Aus dem Kaiserreich in die Republik, Wien-München [3]1971, 113-116.

49 Näheres dazu und zum Folgenden bei Weiß, Lebensweg (wie Anm. 9), 434-465 ("Jeremias II.").

50 In seinem 1911 zu Freiburg i. Br. erschienenen zweibändigen Werk Lebens- und Gewissensfragen der Gegenwart schreibt Weiß im Vorwort: "Fast möchte ich bedauern, daß der Ausdruck Modernismus in Übung gekommen ist. Viel klarer spricht das Wort moderne Weltanschauung, das nur den einen Übelstand an sich hat, daß es in keine fremde Sprache übersetzt werden kann. [...] Sie [die moderne Weltanschauung] beschäftigt sich fast nur noch mit dem, was unter die Sinne fällt, sie nennt sich ganz richtig Anschauung. Und sie schaut nur die Welt, das Diesseits an, darum ist sie stolz auf die Bezeichnung Weltanschauung." Ebd., I, VIf.

51 Weiß, Liberalismus (wie Anm. 10), 290.

schaft ausgeübte prophetische Tätigkeit nicht als "Vorhersagung zukünftiger und verborgener Dinge", sondern in erster Linie als "Lehramt" und als "Ausübung der Sittenpredigt wie des Rügeamtes, zumal für die große Öffentlichkeit"[52]. Frucht seiner überaus engagierten, freilich ganz und gar aus der ultramontanen Blickrichtung vollzogenen Auseinandersetzung mit den neuen Zeitströmungen waren neben etwa achtzig Artikeln in der *Theologisch-praktischen Quartalschrift* drei große, in den Jahren 1904 bis 1914 veröffentlichte und ein "zusammenhängendes Ganzes" bildende *Untersuchungen über die Zeitlage und den Zeitgeist* mit den Titeln: *Die religiöse Gefahr - Lebens- und Gewissensfragen der Gegenwart - Liberalismus und Christentum.* Für Weiß begann mit Erscheinen des ersten, wegen seiner einseitigen und pessimistischen Darstellung die Gemüter sogleich heftig erregenden Buches eine Zeit schwerster Anfeindungen mit der Konsequenz, daß er sich am Ende seines radikalen Feldzuges gegen den Liberalismus, dem "Sammel- und Quellbecken der jeweils herrschenden Zeitideen", als "ein von der Menschengemeinschaft Ausgestoßener" fühlte[53]. Gleichwohl empfand es der Ordensmann - er war 1908 auf ausdrücklichen Wunsch Papst Pius' X. in das *Internationale katholische Institut für den Fortschritt der Wissenschaften* berufen worden[54] - bei aller Isolation als nicht geringen Trost, seiner einmal ergriffenen Losung treu geblieben zu sein, "katholisch seit der vollzogenen inneren Umwandlung, katholisch im Verlaufe des Lebens, katholisch bis an den Rand des Grabes"[55]. Bis zu seinem 75. Lebensjahre wirkte Weiß als Professor an der Freiburger Universität, dann zog er sich, gesundheitlich angeschlagen, im Sommer 1919 aus dem akademischen Lehramt in den Ruhestand zurück. Sechs Jahre später, am 15. August 1925, ist der *Magister theologiae*[56], ohne Zweifel einer der renommiertesten integralistisch ausgerichteten Apologeten seiner Zeit, an seiner letzten Wirkungsstätte verstorben; sie war ihm freilich nie zur echten Heimat geworden, wie er rückblickend nicht ohne Wehmut bekennt: "Denn als Fremdling zog ich dort ein, als Fremdling wirkte ich dort"[57].

II. *Untersuchungen über die Zeitlage und den Zeitgeist*

Angesichts jener "geistigen Anarchie", wie sie in den Augen Weiß' gegen Ende des 19. Jahrhunderts gleich einer Überschwemmung das gesamte öffentliche Leben ergriff, war es ihm

[52] Weiß, Lebensweg (wie Anm. 9), 480.

[53] Weiß, Liberalismus (wie Anm. 10), 285.

[54] Wilhelm Wühr (Hg.), Ludwig Freiherr von Pastor. 1854-1928. Tagebücher - Briefe - Erinnerungen, Heidelberg 1950, 490-492. - Dieses "Istituto cattolico internazionale per il progresso delle scienze", das am 8. März 1908 erstmals zusammentrat, blieb allerdings in den Anfängen stecken. Oskar Köhler, Die Ausbildung der Katholizismen in der modernen Gesellschaft, in: HKG(J) 6/2 264; Roger Aubert, Un projet avorté d'une association scientifique internationale catholique au temps du modernisme, in: AHP 16 (1978) 223-312; Christoph Weber (Hg.), Die römische Kurie um 1900. Ausgewählte Aufsätze von Paul M. Baumgarten (KVRG 10), Köln-Wien 1986, 82f.

[55] Weiß, Lebensweg (wie Anm. 9), 483.

[56] Mit diesem Ehrentitel des Dominikanerordens war Weiß 1894 ausgezeichnet worden. Angelus Walz, Andreas Kardinal Frühwirth (1845-1933). Ein Zeit- und Lebensbild, Wien 1950, 206.

[57] Weiß, Lebensweg (wie Anm. 9), 308. - Dies bestätigt auch ein Schreiben Joseph Frobergers an Carl Bachem vom 15. Juni 1911; darin steht wörtlich zu lesen: "P. Weiss soll auch in Freiburg - selbst im Orden ganz isoliert sein. Seine Mitbrüder betrachten ihn als Sonderling. Ein Dominikaner aus Freiburg, der dort Professor ist, der jetzt hier weilt, hat mir dies im Vertrauen mitgeteilt." HAStK, NL Carl Bachem, Nr. 311b. - Zu Froberger und Bachem siehe unten Anm. 93 bzw. 114.

"sehr willkommen", als er nach dem Tode seines Würzburger Kollegen Franz Seraph Hettinger[58] im Jahre 1890 den ehrenvollen Auftrag erhielt, künftig den einleitenden Artikel zu jedem Heft der in Linz erscheinenden *Theologisch-praktischen Quartalschrift* zu verfassen. Zwanzig Jahre lang versah er von da an das "Amt eines Turmwächters", eifrig bestrebt, den zumeist geistlichen Lesern seine Sicht der allgemeinen geistigen Weltlage nahezubringen und sie auf jede Gefahr und jeden Feind des Glaubens aufmerksam zu machen[59]. Aus dieser "Vorpostenstellung" heraus entstanden sodann auch jene drei bereits erwähnten, ein durchweg negatives Echo hervorrufenden *Untersuchungen über die Zeitlage und den Zeitgeist*; darin kennzeichnete der Theologieprofessor völlig undifferenziert und polemisch auf insgesamt mehr als 1900 Seiten die seiner Meinung nach vorhandenen Irrtümer auf religiösem Gebiete, schilderte das Eindringen des modernen Geistes in sämtliche Lebensbereiche und führte zu guter Letzt alle von ihm vorgefundenen Übelstände auf ihr wahres und gemeinsames Wesen, den Liberalismus, zurück, um sie somit von ihrer tiefsten und eigentlichen Wurzel aus zu bekämpfen[60].

1. "Die religiöse Gefahr" (1904)

Der Grundgedanke dieses 1904 bei Herder erschienenen, Weiß' langjährige Beobachtungen und Wahrnehmungen hinsichtlich der jüngsten religiösen Entwicklung zusammenfassenden Buches lautet: Die Religion ist in Gefahr, und zwar sowohl durch die Vielzahl an Pseudoreligionen, welche die Gesellschaft neuerdings zu überfluten drohen, als auch durch die bedenkliche Art, wie manche, "die der Kirche noch treu sind", sich mittlerweile gebärden: "Die einen satt der Religion, satt des Glaubens, satt des Betens, oder was noch schlimmer ist, stolz auf ihr Recht, sich selbst nach eigenem Belieben ihren Gott und ihr Bekenntnis zu schaffen. [...] [Der andern] Ehrgeiz ist nicht mehr, Christi Schmach zu teilen, sondern moderne Menschen, Männer des Fortschritts, vorurteilslose Geister zu heißen. Was sie am meisten fürchten, das sind die Worte weltfremd, Überlieferung, konservativ. Was sie aller Gefahr für Heil und Glauben vergessen läßt, das ist die Aussicht, mit der öffentlichen Meinung, mit dem modernen Gedanken, mit der Zeitrichtung auf gutem Fuß zu stehen"[61]. Dementsprechend düster fällt das Bild aus, das der strengkirchlich-kämpferische Apologet nach einleitenden, unter anderem das "entmutigende und entehrende Gerede von der 'Inferiorität'" der Katholiken schroff zurückweisenden Bemerkungen[62] über die allgemeine "religiöse Lage"[63] von jenen "verhängnisvol-

---

58 Zu Hettinger (1819-1890), 1857 Professor für Einleitungswissenschaft, 1867 für Apologetik und 1883 für Dogmatik in Würzburg: Eugen Biser, Franz Seraph Hettinger (1819-1890), in: Fries/Schwaiger II 409-441.

59 Weiß, Lebens- und Gewissensfragen (wie Anm. 50), Vf. - Vgl. auch ders., Liberalismus (wie Anm. 10), 325-330.

60 Ebd., XVIIf.

61 Albert Maria Weiß, Die religiöse Gefahr, Freiburg i. Br. 1904, VIf. - Vgl. zum Ganzen auch Weiß, Liberalismus (wie Anm. 10), 306-314 ("Das Buch von der 'Religiösen Gefahr'").

62 "Wir haben gar keinen Grund, in jenes grämliche und greisenhafte, in jenes entmutigende und entehrende Gerede von der 'Inferiorität', von der Minderwertigkeit und vom ewigen Zurückgehen der Katholiken einzustimmen. Selbst wenn es auf Wahrheit beruhte, müßte man es zum Schweigen bringen, da es uns selber lähmt und verstimmt, die Gegner aber, die dann glauben, wir brauchten nur den Todesstoß, noch kecker macht. Es hat aber so wenig Grund wie die entgegengesetzta Übertreibung, die alles groß und wahr und gut findet, was auf unserer Seite geschehen ist." Weiß, Die religiöse Gefahr (wie Anm. 61), 13f. - Vgl. dazu auch Karl Bachem, Vorgeschichte, Geschichte und Politik der Deutschen Zentrumspartei, VII, Köln 1930, 168-170.

63 Weiß, Die religiöse Gefahr (wie Anm. 61), 13-43.

len Bewegungen" zeichnet, welche die Menschen dem Glauben und der Religion zunehmend entfremden würden: von der modernen Religionswissenschaft, den verschiedenen Reformreligionen und dem Reformprotestantismus mit seiner "Erhebung des absoluten Subjektivismus zum Meister in religiösen Dingen"[64]. Nach der Darstellung des "religiösen Elends" außerhalb der katholischen Kirche wendet sich Weiß dem "Reformkatholizismus der älteren Ordnung" und seinen charakteristischen Merkmalen zu - jenem "Mischmasch" aus Gallikanismus, Jansenismus, Febronianismus, Josephinismus, Quietismus usw., dem letztlich eines gemeinsam sei, nämlich der Widerstand gegen die Kirche, der Haß gegen die kirchliche Tradition und die Scholastik sowie der Zug zur Anlehnung an die Welt und an die Zeitmeinungen[65]. Anschließend kommt er auf den "Reformkatholizismus der jüngeren Ordnung" zu sprechen[66]. Ohne irgendwelche Differenzierungen vorzunehmen und methodisch höchst unsauber, indem Äußerungen einzelner Autoren einfach aus dem Kontext gerissen und beliebig miteinander verknüpft werden, geht es ihm zuvorderst darum, die enge Verbindung zwischen den früheren und jetzigen Reformbestrebungen und damit deren Unkirchlichkeit aufzuzeigen: "Betrachtet man [...] den Reformkatholizismus der Neuzeit im einzelnen, so fällt einem bald auf, daß er fast von Satz zu Satz, oft bis zum Ausdruck, den alten Reformkatholizismus erneuert" und "mit Personen wie mit Sachen in einer Weise [umgeht], die alle Achtung vor Würde und Stand, die jede Autorität, die zuletzt den Glauben an die göttliche Stiftung der Kirche untergraben muß". Das alles sei "nicht mehr Reform, sondern Zerstörung, nicht mehr Erneuerung, sondern Neuerung, Auflehnung bis zur Häresie"[67]. Um die Gefährlichkeit des gegenwärtigen Reformkatholizismus und der von ihm ausgegebenen Parole "Ausgleich zwischen Christentum und moderner Weltanschauung" vollends unter Beweis zu stellen, zeigt sich Weiß sodann bemüht, den antichristlichen, ja antireligiösen Charakter der modernen Kultur als ihren Grundzug, als ihr innerstes und eigentliches Wesen zu kennzeichnen. Und so lautet das Resümee seiner langen Ausführungen: "Der moderne Mensch, der Autokrat, der Selbstherr, der Selbstzweck, der Selbstgott - das ist die religiöse Gefahr"[68]. Die einzige Norm dieses modernen, an der Weltanschauung Immanuel Kants orientierten Menschen aber sei seine Autonomie bzw. sein Egoismus; "er lasse sich nur eine 'selbstgewählte' Autorität gefallen und behalte sich auch dieser gegenüber seine volle Freiheit vor". Deshalb folgert der Freiburger Professor: "Kann der moderne Mensch sich selber, d.h. seine Selbstherrlichkeit preisgeben, dann ist der Ausgleich mit der Religion, mit der übernatürlichen Religion, dem Christentum, bereits fertig - wo nicht, dann ist in Ewigkeit eine Verständigung unmöglich"[69].

In Anbetracht einer derart kompromißlosen, Konzessionen grundsätzlich ablehnenden Haltung nimmt es keineswegs wunder, daß das Weiß'sche Opus nicht nur in Publikationsorganen deutscher Reformkatholiken wie der *Renaissance*[70] und dem *Zwanzigsten Jahrhundert*[71]

---

[64] Ebd., 238. - Zum Ganzen siehe: ebd., 44-245.

[65] Ebd., 246-295.

[66] Ebd., 296-375.

[67] Ebd., 317, 368, 370.

[68] Ebd., 455.

[69] Ebd., 433, 454.

[70] Renaissance. Monatsschrift für Kulturgeschichte, Religion und schöne Literatur, gegründet und herausgegeben von Bamberger Diözesanpriester Joseph Müller; sie erschien von 1901-1907. Hansmartin Lochner, Die katholischen Zeitschriften Bayerns 1900-1918, Diss. phil., München 1954, 200-205. - Zu Müller (1855-1942), Philosoph und Literarhistoriker: Kosch II 3121.

[71] "Das Zwanzigste Jahrhundert. Wochenschrift für Politik, Wissenschaft und Kunst" - früher "Freie Deutsche Blätter", später "Das Neue Jahrhundert. Das Organ der deutschen Modernisten" - erschien unter diesem Titel von 1903 bis 1908. Lochner (wie Anm. 70) 206-210.

aufs schärfste angegriffen wurde, sondern auch in weiten kirchlichen Kreisen auf wenig Gegenliebe stieß. Während jene von einem "Pamphlet"[72] und "Tendenzmachwerk verwerflichster Sorte" sprachen und dessen Autor der bewußten und systematischen Fälschung bezichtigten,[73] tadelte beispielsweise der Tübinger Dogmatiker Paul Schanz die "einfache Verweisung auf das Traditionelle" sowie die "bequeme Verurteilung jedes Mittelweges"[74], und Karl Joseph Schulte, der nachmalige Bischof von Paderborn und Erzbischof von Köln, bemängelte vor allem die Diskreditierung von Männern "durchaus bewährter kirchlicher Treue, bestem Gelehrtenrufe und großen Verdiensten"[75]. Das Ergebnis der bisweilen äußerst herben Kritik war, daß das Buch, das anfangs reißenden Absatz gefunden hatte, plötzlich überall zurückgewiesen wurde, "ja daß es die Abnehmer dem Buchhändler wieder zurücksandten wie eine vergiftete Ware. Das Wort 'Religiöse Gefahr' wurde geradezu wie ein Spottwort herumgetragen, [...], und der Verfasser wurde wie ein Verbrecher gegen die Ehre der modernen Welt und aller derer, die nicht völlig weltfremd leben wollten, gebrandmarkt"[76]. Gerade in diesem, letztlich nur durch einige wenige "Stimmführer" hervorgerufenen Meinungsumschwung erblickte Weiß das beste Indiz dafür, daß der Feind auch in den eigenen Reihen, "wenn schon nicht erklärte Anhänger und Gesinnungsgenossen, so doch unbewußte Helfer zähle, die [...] seine Sache fördern durch Vermittlung, durch Mahnen zur Nachgiebigkeit und zum Frieden und insbesondere durch das Zürnen auf jene unruhigen und unvornehmen Geister, die immer wieder die Duldung stören und das Zusammenwirken mit der modernen Welt durchkreuzen"[77]. Aus diesem Grunde richtete er fortan seinen Blick verstärkt "nach innen", was zur Folge hatte, daß er wenige Jahre später mit einer neuen Publikation einen noch weitaus stärkeren Sturm der Entrüstung, ja schließlich sogar eine "international organisierte Hetzkampagne" gegen den deutschen Katholizismus auslöste.

2. *"Lebens- und Gewissensfragen der Gegenwart" (1911)*

Als Weiß sich im Jahre 1910 schweren Herzens entschloß, aufgrund seines fortgeschrittenen Alters die Mitarbeit an der *Theologisch-praktischen Quartalschrift* einzustellen, kam rasch die Idee auf, die wichtigsten seiner darin publizierten Leitartikel gesammelt herauszugeben[78]. Die

---

72 [Joseph Müller] (wie Anm. 7), 406.

73 [Verus], Auch ein Diener der Wahrheit, in: Das Zwanzigste Jahrhundert 5 (1905) 135f.

74 Rezension von Paul Schanz in: LitRdsch 30 (1904) 233-238; 235. - Zu Schanz (1841-1905), 1876 Professor für neutestamentliche Exegese, 1883 für Dogmatik und Apologetik in Tübingen: Heinrich Fries, Paul von Schanz (1841-1905), in: Fries/Schwaiger III 190-214.

75 Rezension von [Karl] Joseph Schulte in: LitHw 42 (1904) 345f. - Zu Schulte (1871-1941), von 1910 bis 1920 Bischof von Paderborn, von 1920 bis 1941 Erzbischof von Köln, seit 1921 Kardinal: Ulrich von Hehl, Schulte, Karl Joseph, in: Gatz 680-682.

76 Weiß, Liberalismus (wie Anm. 10), 311.

77 Ebd., 312.

78 Von wem die Idee letztlich stammte, ist unklar. - In einem Schreiben Franz Xaver Bachems an Armin Kausen, den Herausgeber der "Allgemeinen Rundschau", vom 22. Juni 1911, heißt es, der "altersmüde" Weiß sei von P. Thomas Esser in Rom dazu gedrängt worden. HAStK, NL Carl Bachem, Nr. 311b. - Zu Bachem (1857-1936): Karl Bachem, Josef Bachem. Ein Altmeister der Presse, III: 1860 bis zur Gegenwart, Köln 1938, passim; zu Esser (1850-1926), dem letzten Sekretär der Indexkongregation: Stephan Haering, Esser, Thomas, in: LThK^3 III 893; zu Kausen (1855-1913), Publizist und Lyriker: Kosch II 2042f. - Dagegen berichtete Nuntius Frühwirth Kardinalstaatssekretär Merry del Val am 12. Juli 1911: "Intanto, propriamente durante il Congresso [di Augsburg], il Signor de Savigny e l'Oppersdorff si abboccarono varie volte col Padre Weiss, e a quel tempo risale l'idea della pubblicazione del libro del citato Padre Weiss." ASV, SdS, r.

Drucklegung war bereits in die Wege geleitet, da hegte der Dominikanerpater angesichts des in Deutschland nach wie vor schwelenden "Gewerkschafts- und Zentrumsstreites"[79] zwischen der liberal-demokratischen "Köln-Mönchengladbacher Richtung" und der patriarchalisch-integralistischen "Berlin-Breslauer Richtung" sowie der Auseinandersetzungen um die sog. "Borromäus-Enzyklika"[80] plötzlich Zweifel an der Opportunität seines Planes. Deshalb fragte er zunächst den Münchener Nuntius Andreas Franziskus Frühwirth[81] und, nachdem dieser sich nicht begeistert gezeigt hatte, seinen Ordensgeneral[82] in Rom um Rat. Der wiederum hielt es für das beste, die Entscheidung dem Papst selber anheimzustellen[83]. Pius X. befürwortete die

---

255, 1911, fasc. 5, fol. 132r-133v; 132v. - Zu Franz von Savigny (1859-1917): Rudolf Brack, Deutscher Episkopat und Gewerkschaftsstreit 1900-1914, Köln-Wien 1976, passim; zu Hans Georg Graf von Oppersdorf (1866-1948): Kosch II 3361.- Und bei Weiß selbst steht zu lesen: "Und ebenso unerwartet traten, ganz unabhängig von mir, Fügungen ein, die mir die Veröffentlichung dieser Sammlung in einer Weise nahe legten, daß ich geneigt war, an einen Wink Gottes zu denken. Ich hatte ihre Drucklegung für den Abschluß des 70. Lebensjahres und damit meiner öffentlichen Tätigkeit bestimmt. Es kam aber anders. So gingen die 'Lebens- und Gewissensfragen' in die Druckerei, fast möchte ich sagen, ohne daß ich es beabsichtigte." Weiß, Liberalismus (wie Anm. 10), 334. - Zum Ganzen siehe ebd., 330-338 ("Wie das Buch von den 'Lebens- und Gewissensfragen' zustande kam").

79 An Literatur zu dem von 1900 bis 1914 geführten Streit sei genannt Bachem, Zentrumspartei (wie Anm. 62), 156-325; Ritter, Katholisch-soziale Bewegung (wie Anm. 42), 313-351; Ernst Deuerlein, Der Gewerkschaftsstreit, in: ThQ 139 (1959) 40-81; Brack, Episkopat und Gewerkschaftsstreit (wie Anm. 78); Manfred Bierganz, Hermann Cardauns (1847-1925). Politiker, Publizist und Wissenschaftler in den Spannungen des politischen und religiösen Katholizismus seiner Zeit, Diss. phil., Aachen 1977, 234-328; Michael Schneider, Die Christlichen Gewerkschaften 1894-1933 (Forschungsinstitut der Friedrich-Ebert-Stiftung. Reihe: Politik- und Gesellschaftsgeschichte 10), Bonn 1982, 172-211; Horstwalter Heitzer, Georg Kardinal Kopp und der Gewerkschaftsstreit 1900-1914, Köln-Wien 1983; Wilfried Loth, Katholiken im Kaiserreich. Der politische Katholizismus in der Krise des wilhelminischen Deutschlands (Beiträge zur Geschichte des Parlamentarismus und der politischen Parteien 75), Düsseldorf 1984, 232-277.

80 Näheres bei Gisbert Knopp, Die Borromäusenzyklika von 1910 und ihr Widerhall in Preußen, in: ZKG 86 (1975) 41-77.

81 Zu Frühwirth (1845-1933), Dominikaner und Ordensgeneral, von 1907 bis 1915 Nuntius in München, seit 1916 Kurienkardinal: Walz, Frühwirth (wie Anm. 56).

82 Hyacinthe-Marie Cormier (1832-1916), von 1904 bis 1916 Ordensgeneral. Meinolf Lohrum, Cormier, Hyacinthe-Marie, in: LThK[3] II 1312.

83 Frühwirth an Merry del Val, München, 12. Juli 1911: "Che il P. Weiss presentisse che la pubblicazione avrebbe creato grande malumore è evidente. Infatti il P. Weiss stesso domando per lettera il mio consiglio, mi invio gli stamponi del primo volume, stamponi che io feci leggere, non avendo allora tempo. In risposta lo consigliai a voler essere molto cauto e a pensar bene allo strepito che il libro avrebbe potuto fare in tempi cosi difficili. Il P. Weiss avendo visto me non entusiasta di tale pubblicazione, chiese il consiglio del Padre Generale, e la cosa si trasse fino al Trono Augusto del Santo Padre, come il Padre Weiss stesso mi scriveva." ASV, SdS, r. 255, 1911, fasc. 5, fol. 132r-133v; 132v. - Vgl. auch das Schreiben Gustav Schnürers an Felix Porsch vom 9. Juli 1911; darin heißt es: "Interessieren wird Dich vielleicht noch, dass er vor dem Erscheinen des Buches, als ihm Bedenken geäussert wurden, die Frage, ob das Buch erscheinen sollte, seinem Ordensgeneral in Rom vortrug und alles seiner Entscheidung anheimgab. Der General begab sich zum Papst, und dieser entschied, dass das Buch erscheinen sollte." HAStK, NL Carl Bachem, Nr. 311a (Abschrift). - Zu Schnürer und Porsch siehe unten Anm. 100 bzw. 101. - Weiß selbst bemerkt zu dem ganzen Vorgang: "Da ich meinem eigenen Urteile, wie billig, nicht traute, wendete ich mich dorthin, wo man die Verhältnisse sicher am besten kennen mußte, und fragte, ob es nicht klüger sei, unter diesen Umständen die Fortsetzung des Druckes zu unterbrechen. Man legte aber dort der Sache keine Bedeutung bei. Einige Monate später, da der zweite Band seinem Ende zuging, hatte sich aber der Katholiken solche Erregung und Verwirrung bemächtigt, daß ich die Stimmung ernst genug fand, um ein zweites Mal, diesmal mit genauer Angabe der Gründe, zu erklären, ich sei bereit, das Werk, obschon es beinahe vollendet sei, zu unterdrücken, wenn man finde, daß es eher zur Steigerung als zur Dämpfung des Fiebers beitragen könnte. Ich erhielt aber nach genauer Abwägung des Für und des Gegen die Entscheidung, ich habe das Werk nicht geschrieben wegen dieser Er-

Veröffentlichung zum gegenwärtigen Zeitpunkt, und so erschien am 20. Mai 1911, ebenfalls im Herder-Verlag, der große zweibändige, insgesamt sechzig, teils unveränderte, teils überarbeitete oder auch neu geschriebene Aufsätze aus den Jahren 1891 bis 1910 enthaltende Sammelband mit dem Titel *Lebens- und Gewissensfragen der Gegenwart*.

Weiß' eigenen Worten zufolge bietet er eine "Darstellung der modernen Weltanschauung oder, wie man jetzt sagt, des Modernismus"[84]. Dabei handle es sich um ein fest zusammenhängendes, wenngleich nicht geschlossenes System, das darauf abziele, "dem Christentum durch Unterschiebung von unvereinbaren philosophischen Grundsätzen den Boden unter den Füßen zu erschüttern und dadurch den Weg zu dessen Ausrottung zu bahnen"[85]. Dieses System stehe und falle mit den beiden Grunddogmen "Diesseitigkeit, nicht Jenseitigkeit, und Autonomie, nicht Autorität"[86], mit denen schon die Reformatoren ihr "Zerstörungswerk" eingeleitet hätten. Den Namen "Modernist" verdiene bereits jeder, der von der Absicht geleitet sei, das Christentum mit der modernen Weltanschauung in Einklang zu setzen. "Und wenn er", so der Autor weiter, "uns eine angeblich zeitgemäßere Apologetik beibringen will, indem er uns vorhält, um den modernen Menschen für den Glauben zu gewinnen, könne man sich nicht genug davor hüten, ihn durch die Worte Buße, Bekehrung und Unterwerfung unter Gott abzustoßen, so mag das ja gut gemeint sein, aber es ist Modernismus, verkehrter, grausamer Modernismus"[87].

Freilich, es waren weniger die pauschalen Verurteilungen der modernen Weltanschauung, als vielmehr die offenkundigen, wenn auch nie direkt ausgesprochenen Anschuldigungen gegenüber dem deutschen Katholizismus, welche den Theologieprofessor unverzüglich ins Kreuzfeuer der Kritik geraten ließen. In deutlicher Anspielung auf den vornehmlich um die Frage der Konfessionalität oder Interkonfessionalität kreisenden "Gewerkschafts- und Zentrumsstreit" erklärt er beispielsweise, die Katholiken würden ihre politischen und sozialen Organisationen auf eine "christliche Basis" stellen, die nichts anderes bedeute als ein von Kirche und Autorität losgelöstes Christentum[88]. Vollends unter dem Bann eines "Entklerikalisierungsprogramms"[89] stehend, beabsichtigten sie ferner, die Geistlichkeit in allen Bereichen des öffentlichen Lebens, namentlich auf dem Gebiete von Erziehung und Wissenschaft, von Presse und Literatur auszuschalten. "Laienkirche und Laienapostolat seien [...] die beiden Bedürfnisse, die vor allem zu befriedigen seien"[90]. Demgegenüber betont Weiß mit Nachdruck, der geborene Repräsentant der Kirche sei nicht die Laienschaft, sondern der Klerus, mit dem er allerdings genauso hart ins Gericht geht. Seine Ausbildung beschränke sich auf ein gewis-

---

eignisse, ich solle es auch ihretwegen nicht unterdrücken, sondern ruhig vorangehen." Weiß, Liberalismus (wie Anm. 10), 334f.

84 Weiß, Lebens- und Gewissensfragen (wie Anm. 50), I, VI.

85 Ebd., II, 329.

86 Ebd., I, 160.

87 Ebd., I, 539f.

88 Näheres hierzu ebd., I, 66-86 ("Die verhängnisvolle Formel von der 'christlichen Basis'"), 87-106 ("Die Gewinnung der christlichen Basis im modernen Protestantismus"), 106-128 ("Das Streben nach Herstellung der christlichen Basis im fortschrittlichen Katholizismus"), 128-153 ("Das Streben nach Herstellung der christlichen Basis im radikalen Reformertum"). - Vgl. zum Ganzen auch Bachem, Zentrumspartei (wie Anm. 62), 202-205.

89 Weiß, Lebens- und Gewissensfragen (wie Anm. 50), II, 489.

90 Ebd., I, 383f. - Näheres ebd., 379-398 ("Laiisierung der Religion"), 398-421 ("Die Gefahr des Laienregiments in kirchlichen Dingen"). - Vgl. zum Ganzen auch Joseph Schnitzer, Der katholische Modernismus (Sonderdruck aus der ZPol), Berlin 1911, 138f; Oskar Schroeder, Aufbruch und Mißverständnis. Zur Geschichte der reformkatholischen Bewegung, Graz-Wien-Köln 1969, 362f.

ses Mindestmaß für die Praxis: "Das Nötigste aus der Moral für den Beichtstuhl, und die Grundzüge der Pastoral, vorausgesetzt, daß diese eine Anleitung ist zum Auftreten in der Welt, und damit genug von Theologie!"[91] Schwere Anklagen erhebt der Autor überdies gegen den herrschenden "politischen Geist" und das "Politisieren", wenn er etwa behauptet, es sei nicht selten der Fall, daß die "Grundsätze des christlichen Lebens, ja die katholischen Glaubenslehren nach den Bedürfnissen der Politik" ausgelegt würden, "gleichsam als sei die politische Wirksamkeit und das nationale Leben der Maßstab, nach dem entschieden werden müßte, was vom Christentum in der Öffentlichkeit noch Geltung und Anwendung finden solle, und was nicht"[92].

Über eine solche Verzeichnung der religiös-kirchlichen Verhältnisse hierzulande, gerade auch im Hinblick auf die bevorstehenden Reichstagswahlen, zutiefst empört und um das Ansehen des deutschen Katholizismus, vor allem in maßgebenden Kreisen des Auslands, ernsthaft besorgt, legten die "Köln-Mönchengladbacher Richtung" und die Zentrumsfraktion des preußischen Abgeordnetenhauses sogleich entschieden Verwahrung gegen diese Ausführungen ein. Zunächst war es P. Joseph Froberger[93], der in einem anonymen, am 22. Juni 1911 in der *Kölnischen Volkszeitung*, dem literarischen Sprachrohr besagter Richtung, erschienenen Artikel klar Position gegen die "maßlosen Verallgemeinerungen und Übertreibungen" sowie die "polemische Methode" des Weiß'schen Opus bezog[94]. Gleichzeitig verfaßte der ehemalige Provinzial der Weißen Väter, wiederum ohne Nennung seines Namens, eine ursprünglich nur für den Kölner Erzbischof, Kardinal Antonius Fischer[95], bestimmte, dann aber an zahlreiche Repräsentanten des kirchlichen und öffentlichen Lebens[96], nicht zuletzt auch nach Rom versandte Denkschrift[97] mit dem Fazit: "Das Buch wimmelt [...] von grossen Ungerechtigkeiten,

---

91 Weiß, Lebens- und Gewissensfragen (wie Anm. 50), I, 38.

92 Ebd., I, 49.

93 Zu Froberger (1871-1931), Pseudonym "Peregrinus", von 1905-1910 Provinzial der Weißen Väter: Georg Schreiber, Froberger, Joseph, in: LThK^2 IV 395f.

94 KVZ, Nr. 529 vom 22. Juni 1911 ("Lebens- und Gewissensfragen der Gegenwart"). - Daß Froberger diesen Artikel verfaßt hat, läßt sich u.a. seinem Schreiben an Carl Bachem vom 18. Juni 1911 entnehmen. HAStK, NL Carl Bachem, Nr. 311b.

95 Zu Fischer (1840-1912), von 1903 bis 1912 Erzbischof von Köln, seit 1903 Kardinal: Eduard Hegel, Fischer, Antonius, in: Gatz 192-194.

96 So etwa an Bischof Schulte von Paderborn, den bayerischen Vatikangesandten Ritter zu Groenesteyn oder an Armin Kausen. HAStK, NL Carl Bachem, Nr. 311b. - Nuntius Frühwirth hatte die Denkschrift von Kardinal Fischer erhalten. ASV, SdS, r. 255, 1911, fasc.5, fol. 102r/v.

97 Exemplare dieser Denkschrift mit dem Titel "Bericht über das Werk: Lebens- und Gewissensfragen der Gegenwart von P. A. M. Weiss" befinden sich u.a. in: ebd., fol. 104r-109r; BayHStA, Gesandtschaft Päpstlicher Stuhl 900. - Die ursprüngliche Fassung Frobergers war in Köln "etwas abgeändert" worden. HAStK, NL Carl Bachem, Nr. 311b (mit beiden Fassungen). Damit ist Bierganz, Cardauns (wie Anm. 79) zu korrigieren, der auf S. 325 schreibt: "Die Gefährlichkeit der Weißschen Thesen veranlaßte die 'Kölnische Volkszeitung', umgehend von Cardauns eine Denkschrift für Kardinal Fischer ausarbeiten zu lassen." - Am 27. Juni 1911 äußerte sich Weiß in einem Brief an Esser zur Denkschrift wie folgt: "Mit welchen Mitteln die Bachems arbeiten, das zeigt das geheime Zirkular, das sie überallhin versenden. Nachdem sie mein Buch zuerst in massiver, ja grotesker Weise zum Monstrum gemacht haben, damit ja kein Blatt es wage, dafür ein Wort zu sprechen, kommen sie zum Schluß mit den Hauptargumenten. Es muß alles daran gesetzt werden, dieses unheilvolle Buch umzubringen, denn 1.) sonst ist es auf unabsehbare Zeit vorbei mit dem Satz: Germania docet; 2.) sonst bekommen die Franzosen an der Kurie Oberwasser; 3.) sonst greifen die niederen Prälaten in Rom die Geschichte auf und lassen sie nicht mehr fahren; 4.) sonst geht P. Esser (der auch sonst in dem Zirkular als der große Wau-Wau geschildert wird) zum Papst und erwirkt eine Approbation und dann können wir uns wohl kaum mehr wehren. Nun, Sie gehen gewiß nicht deshalb zum Papst. Aber es zeigt, daß die Herren ihrer Sache wenig sicher sind. Eine solche Thorheit! Ein solches Zirkular versenden in der Meinung, es bliebe ge-

ist mit verletzender Bitterkeit geschrieben und kann der katholischen Sache wenig nützen, wohl aber schweren Schaden zufügen. Es wird auf Jahre hinaus für gewisse Kreise eine Fundgrube zu massloser Hetze sein und wird im ganzen Ausland die ohnehin schon ungünstigen Ansichten über Deutschland bestärken. Mit dem Germania docet ist es wohl gründlich vorbei. Es ist besonders zu befürchten, daß man in Rom dies Buch als eine objektive Darlegung unserer Lage betrachte, und welche Konsequenzen sich daraus ergeben, ist ohne Schwierigkeit abzusehen. [...] Wenn noch zudem ein Breve des hl. Vaters an P. Weiss seinem Buch einen offiziellen Stempel aufdrücken sollte, wie zu befürchten ist, so ist die Lage doppelt schwer, weil man aus Ehrfurcht gegen den hl. Vater sich kaum mehr wehren kann. Darum ist das Erscheinen dieses Buches ein grosses Unglück." Unabhängig davon veröffentlichte die Zentrumsfraktion des preußischen Abgeordnetenhauses kurze Zeit später ebenfalls in der *Kölnischen Volkszeitung* eine von ihrem Mitglied Dr. Franz Kaufmann[98] erarbeitete Stellungnahme gegen die "verkehrten Anschauungen" des Dominikanerpaters bezüglich ihrer Partei[99]. Darüber hinaus bemühte sich der Fraktionsvorsitzende Felix Porsch[100], diesen durch Vermittlung seines Freiburger Kollegen Gustav Schnürer[101] zur Rücknahme der gegen das Zentrum gerichteten Aussagen zu veranlassen - allerdings ohne Erfolg[102]. In der Zwischenzeit ließ Weiß mittels der von Karl Maria Kaufmann[103], einem extremen Integralisten, herausgegebenen *Zentralauskunftsstelle der katholischen Presse* eine "bescheidene Antwort auf eine schwere Anklage"[104] verbreiten - gemeint war damit Frobergers obengenannter Artikel. In ihr warf er der *Kölnischen Volkszeitung* unter anderem vor, sie verdrehe die Tendenz seines Buches und verallgemeinere seine Aussagen, während er doch nur einzelne Tatsachen als Symptome von "Krankheitserscheinungen" aufgeführt habe.

Spielte sich der ganze Fall bis zu diesem Zeitpunkt auf der Ebene journalistischer Diskussion ab, so änderte sich dies grundlegend, als er unter das Schlagwort "Modernismus" gestellt wurde. Nunmehr entbrannte ein überaus aggressiv und leidenschaftlich geführter Streit "zwischen zwei sehr weit voneinander abweichenden Richtungen"[105]. Entscheidend hierfür war die Tatsache, daß sich plötzlich der berüchtigte, einem extremen Kurialsystem huldigende Ketzerjäger Umberto Benigni[106], inzwischen vom "Sottosegretario per gli affari straordinari" zum

---

heim! [...]" ASV, SdS, r. 255, 1911, fasc. 5, fol. 186r-187v; 186r-187r. - Vgl. zum Ganzen auch Weiß, Liberalismus (wie Anm. 10), 339-349 ("Die Schicksale der 'Lebens- und Gewissensfragen'"); 345-347.

98 Zu Kaufmann (1862-1920), 1910 Pfarrer, 1912 Stifstpropst in Aachen, von 1908 bis 1918 Mitglied des preußischen Abgeordnetenhauses: Friedrich Lauchert, Kaufmann, Franz, in: LThK[1] V 911.

99 KVZ, Nr. 540 vom 24. Juni 1911 ("Nochmals: Lebens- und Gewissensfragen der Gegenwart von P. Albert Maria Weiß"). - Kaufmann hatte die Abhandlung im "Auftrage Porschs und des Vorstandes" am 23. Juni abgeschickt, mit der Bitte, sie "möglichst bald" zu veröffentlichen. HAStK, NL Carl Bachem, Nr. 311b.

100 Zu Porsch (1853-1930), Rechtsanwalt und Notar, von 1903 bis 1929 Vorsitzender der Zentrumsfraktion des preußischen Abgeordnetenhauses: Kurt Engelbert, Porsch, Felix, in: LThK[2] VIII 621f.

101 Zu Schnürer (1860-1941), seit 1889 Professor für mittelalterliche Geschichte, ab 1906 auch für Geschichte der Neuzeit in Freiburg/Schweiz: Heinrich Schmidinger, Schnürer, Gustav, in: LThK[2] IX 442f.

102 Porsch an Schnürer, 7. Juli 1911, und Schnürer an Porsch, 9. Juli 1911. HAStK, NL Carl Bachem, Nr. 311a (Abschriften).

103 Zu Kaufmann (1869-?): Kosch II 2031.

104 Etwa im "Märkischen Kirchenblatt", Nr. 28 vom 8. Juli 1911. HAStK, NL Carl Bachem, Nr. 311b. - Zwei Tage später erschien hierzu in der "Kölnischen Volkszeitung" eine Erwiderung unter dem Titel "Noch ein Wort zur Methode von P. A. M. Weiß O. Pr.". KVZ, Nr. 586 vom 10. Juli 1911.

105 So Weiß in seiner eben erwähnten Erklärung von Ende Juni 1911.

106 Zu Benigni (1862-1934) und seiner internationalen antimodernistischen Überwachungsorganisation "Sodalitium Pianum" (Tarnbezeichnung "La Sapinière"): Émile Poulat, Intégrisme et catholicisme intégral. Un réseau secret international antimoderniste: La "Sapinière" (1909-1921), Tournai 1969.

"Protonotario Apostolico" in der Datarie "befördert",[107] auf den Plan gerufen fühlte. Am 4. Juli 1911 publizierte er, von seinen deutschen Gewährsleuten um Karl Maria Kaufmann bestens informiert und mit Material versorgt, in seinem integralistischen Denunziationsorgan *Correspondance de Rome* einen Artikel mit der Überschrift *Die 'religiöse Gefahr' in Deutschland, dokumentiert durch diejenigen, welche sie leugnen. Ein geheimes Zirkular gegen das Buch von Pater Weiß*[108]. Darin heißt es einleitend, dieses Rundschreiben, bei dem es sich um nichts anderes als um die erwähnte Denkschrift Frobergers handelte, werde von einem nicht näher bezeichneten "Generalstab des deutschen Modernismus" an sämtliche mit ihm verbundenen Zentren geschickt, um das Buch des Freiburger Professors mit allen Mitteln zu unterdrücken[109]. Doch damit nicht genug. Gleichsam als Fortsetzung der von Benigni eröffneten Kampagne erschien unter demselben Datum im Mailänder *Corriere della Sera* ein aller Wahrscheinlichkeit nach von ihm mitinspirierter Artikel mit der Überschrift *Der Modernismus in Deutschland*[110]. Dieser sei, so wird ausgeführt, "kein sporadisches und individuelles Phänomen", sondern "eine wahre und wirkliche Organisation, die auf dem Felde von Exegese und Apologetik den alten Schrei 'Los von Rom'" wiederhole. Den besten Beweis dafür, daß der Modernismus speziell in Deutschland, seinem "Vaterland", keineswegs überwunden sei, sondern die Waffen wetze und Tag für Tag neue Anhänger gewinne, liefere das besagte Zirkular. Es spiele zudem klar auf die Unterstützung an, die der deutsche Episkopat dem neuen Kampfe leihen würde, weshalb spontan die Frage auftauche: "Welches ist die Position des Kardinals Fischer, und was denkt der Vatikan von diesem bedeutenden Kölner Bischof? Sind wir vielleicht am Vorabend einer Bombe, die das katholische Lager in Aufruhr versetzt?"[111] In

---

[107] Ritter zu Groenesteyn an MA, Rom, 10. Juli 1911: "Mgr. Benigni ist, [...], schon seit einiger Zeit aus dem Staatssekretariate, wo er Sotto Segretario per gli affari straordinari war und sich hauptsächlich mit Angelegenheiten der Presse, der italienischen und der ausländischen, zu beschäftigen hatte, ausgeschieden und ist zum Protonotario Apostolico di Numero, einer sehr hohen Charge am Päpstlichen Hofe, die außer ihm nur noch 7 andere Monsignori bekleiden, befördert worden. Man frug sich damals und auch die deutsche Presse interessierte sich dafür, ob damit Benigni's politischer Einfluß an der Kurie aufhören werde. Die einen behaupteten, Benigni sei seinen Gegnern, den konzilianten Elementen, geopfert worden, die anderen waren dagegen der Ansicht, daß Benigni auch ferner in der Lage bleibe, seinen Einfluß im Vatikan auszuüben und daß seine Beförderung aus dem Staatssekretariate heraus nur eine Äußerlichkeit sei. [...] Jedenfalls ist Tatsache, daß Mgr. Benigni die Preßgeschäfte weiter besorgt und daß er in dieser Stellung weiterhin im Vatikan Gelegenheit findet, seinen unerfreulichen Einfluß nach der intransigenten Richtung auszuüben." BayHStA, MA 99365 (Nr. 81).

[108] "La Correspondance de Rome", Nr. 102 vom 4. Juli 1911 ("Le 'péril religieux' en Allemagne. Documenté par ceux qui le nient. Une circulaire secrète contre le livre du Père Weiss").

[109] "Le livre du Père Albert M. Weiss O. P. sur les 'Questions vitales et de conscience du temps présent' - dont nous avons largement parlé - a été condamné par l'état major' du modernisme allemand avant qu'il fût édité. Après avoir tâché en vain d'en empêcher la publication, l'état major' emploie tous les moyens pour l'étouffer. Parmi ces moyens il y a une circulaire secrète envoyée aux nombreux centres reliés avec l'état major'." - Das Weiß'sche Opus war in der "Correspondance de Rome" von dem Graubündener Sozialpolitiker und Publizisten Kaspar Decurtins (1855-1916) überaus günstig beurteilt worden. "La Correspondance de Rome", Nr. 95, 96 und 97 vom 21., 22. und 27. Juni 1911. - Zu Decurtins: Karl Fry, Kaspar Decurtins, der Löwe von Truns, 2 Bde, Zürich 1949-1952.

[110] "Corriere della Sera", Nr. 183 vom 4. Juli 1911 ("Il modernismo in Germania. Preannunzi di nuove lotte del Vaticano?").

[111] "[...] il modernismo non fosse un fenomeno sporadico e individuale per quanto diffuso, ma una vera e propria organizzazione che nel campo dell'esegesi e dell'apologetica ripeteva l'antico grido del los von Rom. [...] Esso dimostra infatti che il modernismo, specie nella Germania che si può dire essergli patria, non solo non è tramontato, ma affila le sue armi, e dimostra soprattutto che il movimento, il quale si sviluppa ogni giorno più e acquista proseliti, sta provocando una ripresa bellicosa da parte della Santa Sede. [...] poichè infatti esso allude chiaramente all'appoggio che l'episcopato darebbe alla nuova lotta. Dato ciò sorge spontanea la

dieselbe Kerbe schlug drei Tage später der Pariser *Univers*[112], indem er die das Zentrum zunehmend beherrschende "Kölner Richtung" eine gefährliche "politisch-modernistische Organisation" mit dem Hauptsitze in und bei Köln nannte und wegen der Haltung ihres Publikationsorgans gegenüber den *Lebens- und Gewissensfragen der Gegenwart* von einem "antirömischen Index" sprach, auf den ein Buch gesetzt werde, dessen einziges Verbrechen darin bestehe, daß es die Geister über die größte Häresie der Gegenwart aufkläre[113].

Gegen diese höchst polemischen "Ausfälle" setzten sich die Hauptbetroffenen, allen voran die *Kölnische Volkszeitung*, sogleich mächtig zur Wehr. In mehreren, unter anderem von Carl Bachem[114] verfaßten Artikeln verwies sie die Nachricht von dem angeblichen "Geheimzirkular" ins Reich der Märchen, bezeichnete das, was der *Corriere della sera* aufgrund "trübster Quellen" fabuliere, als wohl kaum noch zu überbietenden Gipfel einer verhängnisvollen Verdächtigungssucht und forderte die *Correspondance de Rome* kategorisch auf, den Nachweis für ihre "ebenso törichte wie nichtswürdige Verleumdung" zu erbringen, daß die *Kölnische Volkszeitung* der "Generalstab des Modernismus" sei[115]. Zugleich richteten ihre Herausgeber und Redakteure ein Schreiben an Kardinalstaatssekretär Raffaele Merry del Val[116], in dem sie mit allem Nachdruck gegen die massiven Anschuldigungen Protest erhoben[117]. Tatkräftig unterstützt wurde die *Kölnische Volkszeitung* damals durch die Zentrumspresse und den "Augustinus-Verein zur Pflege der katholischen Presse"[118] sowie durch den nicht minder schwer attackierten Kardinal Fischer; er wandte sich ebenfalls schriftlich an Merry del Val und verwahrte sich ganz entschieden gegen die "*exagérations et insinuations*" der italienischen und französischen Organe[119]. Auch der bayerische Vatikangesandte Otto Freiherr von Ritter zu Groenesteyn machte in einer Unterredung mit dem Kardinalstaatssekretär kein Hehl daraus, daß die deutschen Katholiken "solche allgemeine bittere Vorwürfe nicht verdienten und daß es der katholischen Sache in Deutschland sicherlich einen, vielleicht nicht wieder gut zu machenden Schaden ernster Art verursachen würde, wenn man auf diese Weise von Rom aus die Katholiken in ihren bisher der Kirche sicherlich mehr als in irgend einem anderen Lande förderlichen Bestrebungen entmutigte oder einen Keil in das Zentrum trieb". Hierauf

---

domanda: qual'è la posizione del cardinale Fischer e che cosa pensa il Vaticano dell'eminente vescovo di Colonia. Siamo forse alla vigilia di qualche bomba che metterà a rumore il campo cattolico."

112 "L'Univers", Nr. 15385 vom 7. Juli 1911 ("La 'Tendance de Cologne'", verfaßt von Jacques Rocafort).

113 "Tendance mauvaise, parce que l'ensemble qui la représente, de persones, d'associations et de journaux, constitue une organisation politico-moderniste: [...] . Ils ont dressé enfin un véritable Index antiromain, qui condamne les ouvrages comme celui du Père Weiss, dont le seul crime est d'éclairer les esprits sur la plus grande hérésie de notre époque."

114 Zu Bachem (1858-1945), Journalist und Parlamentarier: Anton Ritthaler, Bachem, Carl, in: NDB 1 (1953) 494.

115 KVZ, Nr. 579 vom 8. Juli 1911 ("Wahnsinn mit Methode"); Nr. 585 vom 10. Juli 1911 ("Französische Machenschaften gegen die deutschen Katholiken"); Nr. 592 vom 12. Juli 1911 ("Einiges über die Correspondance de Rome"). - Gute Zusammenfassung des Ganzen in dem Artikel "Ultramontane Gegensätzlichkeiten" in der "Augsburger Abendzeitung", Nr. 194 vom 15. Juli 1911. - Vgl. auch Joseph Mauch, Eine "religiöse Gefahr" für die deutschen Katholiken?, in: Allgemeine Rundschau, Nr. 29 vom 22. Juli 1911; Walther Köhler, Noch einmal: Modernismus und Zentrum, in: Die christliche Welt, Nr. 34 vom 24. August 1911.

116 Zu Merry del Val (1865-1930): Josef Oswald, Raffaele Kardinal Merry del Val. Staatssekretär Pius' X. 1903-1914, in: Wilhelm Sandfuchs (Hg.), Die Außenminister der Päpste, München-Wien 1962, 73-93; Johannes Grohe, Merry del Val, Rafael, in: BBKL V 1331-1333.

117 KVZ an Merry del Val, Köln, 13. Juli 1911. ASV, SdS, r. 255, 1911, fasc. 5, fol. 137r-144r.

118 Er richtete am 20. Juli 1911 ein Protestschreiben an den Kardinalstaatssekretär. Ebd., fol. 213r-215r. - Zum Augustinus-Verein siehe Wilhelm Kisky, Der Augustinus-Verein zur Pflege der katholischen Presse von 1878 bis 1928, Düsseldorf 1928.

119 Fischer an Merry del Val, Zingsheim, 12. Juli 1911. Ebd., fol. 200r-202v.

erwiderte Merry del Val, die *Correspondance de Rome* sei "viel zu scharf" gewesen; er habe "nichts von dem Artikel gewußt, bis er ihn nicht in der Zeitung gelesen habe"[120].

Angesichts dessen verwundert es kaum, daß Nuntius Frühwirth - er hatte sich in seinen Berichten ebenfalls über die "wie gewöhnlich" sarkastischen und übertriebenen Äußerungen des Benigni'schen Organs beklagt, welche die Gemüter hierzulande nur erregen und die Ausübung seiner Mission stark erschweren würden[121] - vom Kardinalstaatssekretär die Ermächtigung zu einem öffentlichen Dementi erhielt,[122] wovon er umgehend Gebrauch machte. Am 14. Juli 1911 erklärte er gegenüber dem *Bayerischen Kurier* in der "entschiedensten Weise", daß die *Correspondance de Rome* weder offiziös noch inspiriert sei; ferner, daß die zuständige höhere Behörde von ihren Publikationen vorab keinerlei Kenntnis besitze und deshalb eine Verantwortung hierfür nicht übernehme. Des weiteren mißbilligte der Nuntius den von der *Correspondance de Rome* angeschlagenen Ton, korrigierte ihre keineswegs den Tatsachen entsprechende Mitteilung über das besagte "Geheimzirkular" und protestierte energisch gegen den Inhalt der vom *Corriere della Sera* und anderen ausländischen Zeitungen publizierten Artikel, "in denen so schwere Anklagen gegen die Katholiken Deutschlands und gegen das Zentrum erhoben wurden und in denen man sogar einen Schatten werfen möchte auf die unantastbare Person [...] des durch seinen Hirteneifer rühmlichst bekannten Erzbischofs von Köln". Daß an ihrer Veröffentlichung Benigni oder ein anderer Prälat direkt oder indirekt Anteil habe, wurde von Frühwirth allerdings in Abrede gestellt[123].

Interessanterweise meldete sich tags darauf auch Merry del Val in Rom zu Wort. In einer Privataudienz autorisierte er den Direktor des Römischen Institutes der Görresgesellschaft, Stephan Ehses[124], zu der "kategorischen Erklärung", daß "die *Correspondance de Rome* jedes offiziellen wie offiziösen Charakters entbehre und lediglich ein privates Publikations-Unternehmen mit vollständig eigener Verantwortlichkeit sei". Zudem betonte er ausdrücklich, "das Vertrauen des Vatikans auf die deutschen Bischöfe und die deutschen Katholiken insgesamt sei durch nichts erschüttert. Auch bezüglich der christlichen Gewerkschaften liege nicht der geringste Grund zu einem neuen Feldzug gegen dieselben vor, da nichts geschehen sei, was den Papst zu einer Aenderung der dem Kardinal und Erzbischof Fischer von Köln bei wiederholten Anlässen, namentlich bei seiner letzten Romreise erteilten Antworten veranlassen könnte"[125].

Nach Ansicht der *Kölnischen Volkszeitung* war der Fall damit erledigt. "Der Correspondance de Rome und ihren Hintermännern ist bereits jetzt ihr trauriges Handwerk zum Teil gelegt. [...] Damit entfällt auch alle und jede Bedeutung ihres deutschen Ablegers, der sog. 'Zentralauskunftsstelle'", stellte sie am 18. Juli 1911 sichtlich erleichtert fest[126]. Benigni, vom

---

[120] Ritter zu Groenesteyn an MA, Rom, 14. Juli 1911. BayHStA, MA 99365 (Nr. 84).

[121] Frühwirth an Merry del Val, München, 6. Juli 1911: "Come già feci altre volte osservare all'Eminenza Vostra la 'Correspondance de Rome' occupandosi delle cose della Germania, col suo tono e colle sue esagerazioni irrita e indispone gli animi e rende difficilissimo l'esercizio della Missione a me confidata." ASV, SdS, r. 255, 1911, fasc. 5, fol. 102r-103r; 103r. - Weitere Berichte Frühwirths ebd., fol. 110r/v, 122r-123r, 124r-126r, 132r-133v, 135r-136r, 190r-191r.

[122] Merry del Val an Frühwirth, Rom, 12. Juli 1911. Ebd., fol. 115r-118v; 115v.

[123] "Bayerischer Kurier", Nr. 196 vom 15. Juli 1911.

[124] Zu Ehses (1855-1926), seit 1895 Leiter des besagten Institutes: Erwin Gatz, Ehses, Stephan, in: LThK[3] III 515.

[125] Zitiert nach: "Augsburger Postzeitung", Nr. 160 vom 18. Juli 1911.

[126] KVZ, Nr. 610 vom 18. Juli 1911.

Kardinalstaatssekretär zurechtgewiesen,[127] nahm einen längeren Urlaub,[128] und Weiß hüllte sich, nachdem er in der *Kölnischen Volkszeitung* noch eine "Berichtigung" einiger ihm von Carl Bachem hinsichtlich der Zentrumspartei zur Last gelegten Aussagen hatte abdrucken lassen,[129] vorläufig in Schweigen,[130] zumal ihm klar geworden war, "daß der Sturm, der sich erhoben hatte, nicht von vereinzelten Persönlichkeiten ausging, die mit dieser oder jener Sondermeinung oder mit meiner Persönlichkeit unzufrieden waren, und daß er nicht einem Zusammentreffen von allerlei unglücklichen Zufällen seine Heftigkeit verdankte, sondern daß er von einer weitverbreiteten und festgeschlossenen Richtung Zeugnis ablegte, die wußte, was sie wollte und was sie tat, kurz, daß Parteidisziplin, daß Methode und System darin war"[131]. Demzufolge erblickte der mittlerweile selbst als "religiöse Gefahr" gescholtene Apologet das wesentlichste Resultat seiner gründlichen Lebens- und Gewissenserforschung über die Wirksamkeit des Zeitgeistes in der "laut bezeugte[n] Tatsache, daß der moderne Geist - oder der Liberalismus - auch in den Kreisen der Katholiken Eingang gefunden und feste Wurzeln geschlagen" hatte[132]. Die Konsequenz war, daß er drei Jahre später abermals zur Feder griff und sich in einer weiteren, nicht bloß als Abschluß seiner gesamten Lebensarbeit, sondern zugleich als Schlüssel zum Verständnis seiner bisherigen antimodernistischen Streitschriften gedachten Untersuchung mit dem komplexen Phänomen des Liberalismus, des eigentlichen Gegners des Christentums, auseinandersetzte.

3. "Liberalismus und Christentum" (1914)

"Seit Jahrhunderten leidet die christliche Gesellschaft [...] an einer chronischen schleichenden Vergiftung. Aus dieser Quelle sind alle die Uebel hervorgegangen, die von Zeit zu Zeit als tödliche Fieber aufgetreten sind und zu so vielen Amputationen genötigt haben", angefangen vom Jansenismus, über den Hermesianismus und Altkatholizismus bis hin zum Modernismus, konstatiert Weiß in der Einleitung seines 1914 im Trierer Petrus-Verlag erschienenen Buches[133]. Deshalb erachtete er es trotz der "so aufgeregten Zeiten" für ein dringendes Gebot der Stunde, den Liberalismus als diesen "Stoff zu fast beständigem Unwohlsein, zu unaufhörlicher Beunruhigung für Freund und Feind, und zu so häufigen Krankheitsausbrüchen" endlich mit solcher Offenheit und Vollständigkeit zu behandeln, daß sich niemand mehr über sein wahres Wesen täuschen und sich jeder, der gewillt sei, vor einer Ansteckung bewahren könne[134].

---

[127] Ritter zu Groenesteyn an MA, Rom, 24. Juli 1911: "Der Herr Kardinal behauptet, den Mgr. Benigni zurecht gewiesen zu haben." BayHStA, MA 99365 (Nr. 91).

[128] "Münchner Neueste Nachrichten", Nr. 336 vom 21. Juli 1911 ("Der Protonotar auf Reisen").

[129] KVZ, Nr. 619 vom 21. Juli 1911. - Als Erwiderung hierauf verfaßte Carl Bachem zwei Artikel mit der Überschrift "In Sachen des Buches von P. Weiß". Ebd. und Nr. 621 vom 22. Juli 1911.

[130] "Ich habe es vorgezogen, das Schweigen zu meiner einzigen Waffe zu machen, [...]. Ich habe es getan mit dem stolzen Selbstgefühle, daß der Katholik, der sich nicht dem öffentlichen Banne beugen will, heute ebenso außerhalb des für alle geltenden gemeinen Rechtes steht wie einst seine Ahnen bis zum Dekrete Konstantins." Weiß, Liberalismus (wie Anm. 10), 349.

[131] Ebd., 351.

[132] Ebd., 359.

[133] Ebd., XIXf. - Vgl. zum Folgenden auch ebd., 359-389 ("Das Buch vom Liberalismus").

[134] Ebd., XVIII, XXIf. - Das Buch ist in drei Kapitel gegliedert: "Erscheinungen und Wirkungen des Liberalismus" - "Das Wesen des Liberalismus" - "Das Christentum als Gegensatz zum Liberalismus".

Ausgehend von der Annahme, daß man nach wie vor "mitten im alten Liberalismus" stehe, dessen Hauptkennzeichen Abneigung gegen die kirchliche Autorität, Haß gegen die überlieferten Prinzipien der Philosophie und Theologie, Rücksicht auf die öffentliche Meinung, Minimismus und Subjektivismus bildeten, charakterisiert der Dominikanerpater diese von ihm als "Gottesgeißel" gebrandmarkte Geistesrichtung unter anderem als "Gefahr für den Katholizismus", als "die große Kluft unter den Katholiken", die nicht leicht zu überbrücken sei, und als "Vorbote einer Katastrophe", wie sie sich etwa zu Beginn des 16. Jahrhunderts, am Ende des 18. Jahrhunderts und im Gefolge des Ersten Vatikanums ereignet habe[135].

Was die Geschichte des Liberalismus angeht, so unterscheidet Weiß die Zeit vor und nach der Reformation[136]. Vor dem großen Umsturz sei der Liberalismus "viel ungescheuter" aufgetreten, weil er die ganze Tragweite seiner Bestrebungen selbst noch nicht erfaßt habe. Erst als ihm der aus seinem Schoße hervorgegangene große Kirchensturm klargemacht habe, daß, wenn er seine vollen Konsequenzen zöge, keine Kirche mehr bestehen könne, habe er vorsichtiger zu agieren begonnen. Der erste Liberale, das Vorbild des Liberalismus für alle späteren Zeiten, sei Abaelard[137] gewesen, während Ockham[138], der Meister Martin Luthers, den Liberalismus in so rücksichtsloser Weise vertreten habe, daß man ihn wohl besser den ersten Modernisten, den Vater des Modernismus nenne. Im Gegensatz dazu habe Erasmus[139] den Rückgang vom radikalen zum gemäßigten Liberalismus eingeleitet; hierzu zählten der Jansenismus, der Rationalismus und der "zahme" moderne Liberalismus, aus dem neuerdings der Modernismus hervorgegangen sei - jenes System, dessen Grundsatz laute: "Nur kein Ausscheiden aus der Kirche, sonst ist jede Aussicht verloren, sie nach modernen Begriffen zu reformieren. Nur wer sich um jeden Preis in der Kirche hält, vermag darauf hinzuwirken, daß der Geist der Neuzeit, die neue Wissenschaft, die neue Kultur, die neuen Lebensanschauungen in die Kirche eindringen, oder daß die Kirche genötigt werde, mit ihnen einen Ausgleich einzugehen. Dieses System will also nicht bloß, wie der zahme Liberalismus, einen geduldeten Platz für sich in der Kirche besitzen, [...]. Nein, es will sich der Kirche selbst bemächtigen, es will die Kirche reformieren - daher der Name Reformkatholizismus - es will die Kirche ihres altererbten Charakters entkleiden und, entsprechend den Grundlagen der modernen Gesellschaft, modernisieren - daher das Wort Modernismus"[140]. Dies aber könne, so der Apologet weiter, nur als Radikalismus bezeichnet werden, welcher der Kirche an die Wurzel ihres Glaubens und Lebens greife. Dennoch bestehe im Grunde kein wesentlicher Unterschied zwischen Liberalismus und Modernismus, abgesehen von der Tatsache, daß ersterer das gemeinsame Ziel, die Selbstbestimmung in der Lebensführung und Selbständigkeit im Denken, "nicht so rasch, nicht so offen, nicht so gewaltsam" verfolge als dieser[141]. Konkret äußere sich der Liberalismus als Enttheologisierung, Entklerikalisierung, Entultramontanisierung, Laisierung und Demokratisierung; des weiteren sei er Säkularismus und Naturalismus und überdies

---

[135] Ebd., 7f, 29-41, 54-65, 66-77.

[136] Ebd., 93-106 ("Der Liberalismus in der Geschichte").

[137] Zu Peter Abaelard (1079-1142), Philosoph, Theologe und Hymnendichter: Georg Wieland, Abaelard, Peter, in: LThK³ I 9f.

[138] Zu Wilhelm von Ockham (um 1285-1347), Philosoph, Theologe und kirchenpolitischer Schriftsteller: Franz Danksagmüller, Ockham, Wilhelm, in: BBKL VI 1090-1093.

[139] Zum Humanisten Desiderius Erasmus von Rotterdam (1466/69-1536): Peter Walter, Erasmus, Desiderius, in: LThK³ III 735-737.

[140] Weiß, Liberalismus (wie Anm. 10), 102f.

[141] Ebd., 105.

wesensverwandt mit dem Protestantismus, dessen Wiege nicht in Wittenberg, sondern in Basel, der Heimat des liberalen Radikalismus und Demokratismus, stehe[142].

Bezüglich der Stellung des Liberalismus zum Christentum[143] betont der Theologieprofessor schließlich, daß er nur eine Privatreligion kenne und grundsätzlich den sogenannten obligatorischen Charakter der Religion im öffentlichen Leben leugne; er stelle vielmehr die Zwecke einer Korporation, seien es bürgerliche, politische, ökonomische oder wissenschaftliche, als die oberste Richtschnur für deren Tätigkeit hin, was unvermeidlich zum Zurücktreten des Religiösen hinter das rein Weltliche führe. Allerdings lasse der Liberalismus zur besseren Förderung der weltlichen Bestrebungen die Religion als untergeordnetes Mittel gelten, jedoch nur eine interkonfessionelle oder noch besser eine akonfessionelle Religion. Auf dieser Basis entstehe dann jenes "Gedankending", das man "christliche" oder "religiöse Weltanschauung" nenne, wogegen der Apologet sogleich einwendet: Das Christentum sei keine bloße Weltanschauung, keine leere Idee, sondern das Geistige und Übernatürliche in der engsten Verbindung mit dem Natürlichen und Sinnfälligen. Der "vollkommenste Ausdruck dieser Wahrheit" aber sei in der Kirche gegeben, so daß sich letztlich jeder Angriff auf die Kirche gegen das Christentum selber richte. Dem Liberalismus wirksam entgegenzuarbeiten, diene nur ein einziges Mittel, nämlich "die Erkenntnis und die Anerkennung eben jener christlichen Grundlehren, die er am meisten bekämpft, die Wiederherstellung der wahren Lehre von Christentum, von Kirche und von Autorität"[144].

Mit seinem hier summarisch vorgestellten Werk glaubte Weiß die Frage nach der Natur jenes "beharrlichen Uebels", an dem die Gegenwart in seinen Augen so schwer litt, beantwortet zu haben: Es ist der Geist des Liberalismus - "jener Geist, der das Joch des Gehorsams nach Möglichkeit erleichtern, der die Unterwürfigkeit gegen die Dinge des Glaubens wie der Zucht auf das unbedingt Notwendige einschränken, der das eigene Ich zum Maßstab für alles machen will, was unsere Billigung finden und unsere Teilnahme erheischen soll"[145]. Der Liberalismus aber, so fährt er fort, sei unbesiegbar und unausrottbar, denn seine "Proteusnatur", seine Systemlosigkeit und ewige Wandelbarkeit lasse nicht einmal eine volle Definition seines Wesens zu, "geschweige, daß man ihn fassen und zu einem offenen Geständnis bringen könnte"[146]. Dennoch zähle es zu den wichtigsten und vordringlichsten Aufgaben eines jeden katholischen Gelehrten, gegen ihn den Kampf zu führen und diesen "inneren Feind, der gefährlicher ist als alle äußeren Feinde", zu kennzeichnen[147].

Ohne Zweifel hat Weiß diese Aufgabe zeitlebens mit dem ihm eigenen extremen und intransigenten, stets auf Reinerhaltung des katholischen Prinzips bedachten Sendungsbewußtsein auf seine Weise erfüllt und dafür bereitwillig das "Prophetenlos" in Kauf genommen. Auch wenn seine gesamte Lebensarbeit letztlich kaum Anerkennung und Bestätigung fand, ja, sie ihm selbst sogar "tot gemacht zu sein" schien, gab er sich am Ende seiner langen schriftstellerischen Tätigkeit entgegen seiner ansonsten durchweg pessimistischen Grundeinstellung zuversichtlich und zeigte sich von der Erfüllung seiner Prophezeiungen zutiefst überzeugt: "[...] es ist nicht das erstemal, daß über [die] [...] Kirche eine Zeit der Prüfung gekommen ist.

---

142 Näheres hierzu ebd., 106-197.
143 Ebd., 199-210.
144 Ebd., 209.
145 Ebd., 387.
146 Ebd., 388.
147 Ebd., 399.

Noch jedesmal ist sie daraus geläutert und verjüngt hervorgegangen. Es wird auch diesmal wieder so sein"[148].

[148] Ebd., 409-413 ("Abschied von der Lebensarbeit"); 413.

"Reformistae quoad intellectum confusi sunt, quoad mores mendaces"

Zur antimodernistischen Protagonistenrolle des Rottenburger Bischofs Paul Wilhelm von Keppler (1898-1926)

Von Karl Hausberger

Wohl kein zweiter deutscher Bischof im ausgehenden Kaiserreich hat jahrelang so sehr die öffentliche Aufmerksamkeit auf sich gezogen wie der sechste Rottenburger Oberhirte Paul Wilhelm von Keppler[1], und das rühmende "Non est inventus similis illi"[2] in einer der zahlreichen Würdigungen läßt sich nicht allein für sein Wirken im eigenen Sprengel geltend machen. Daß keiner unter seinen deutschen Amtsbrüdern zu finden ist, der es ihm gleichtat, gilt auch für Kepplers Rolle während der sog. Modernismuskrise. Insofern ist es nicht verwunderlich, wenn schon die zeitgenössischen Urteile über Keppler höchst unterschiedlich ausfielen, je nachdem, welchem der beiden miteinander im Streit liegenden innerkirchlichen Lager der jeweilige Beobachter der Rottenburger Bischofskurie angehörte. Lassen wir wenigstens ein paar gegensätzliche Meinungen zu Wort kommen, bevor wir Kepplers Antimodernismus an seinem Feldzug gegen den *Catholicismus reformatorius* demonstrieren!

Im Anschluß an Kepplers aufsehenerregende Rede über *Wahre und falsche Reform* schrieb der Bamberger Regens Theodor Geiger nach Rottenburg: "Sie sind der Mann, der die Führung des Episkopats bei uns in Süddeutschland und Österreich vielleicht übernehmen, Klarheit und Erkenntnis schaffen und Einigung und Aktion erzielen muß und wird. Wenn alle Bischöfe aufwachen und ohne Scheu vor den Mächtigen und Angesehenen der Welt auf dem politischen und wissenschaftlichen Gebiete einig und unerschrocken mit allen Mitteln und all ihrer Autorität eintreten würden in den Kampf: eine unüberwindliche Armee der Priesterschaft und

---

[1] Die ältere Literatur zu Keppler ist verzeichnet bei Rudolf Reinhardt, Keppler, Paul Wilhelm von, in: Erwin Gatz (Hg.), Die Bischöfe der deutschsprachigen Länder 1785/1803 bis 1945. Ein biographisches Lexikon, Berlin 1983, 371-373. An neueren Beiträgen sind zu nennen: Rudolf Reinhardt, Von jenen Tübinger Professoren, die (nicht) Bischof wurden. Zum ersten Jahrhundert der Rottenburger Bischofswahl, in: Hermann J. Vogt/Clemens Steiling (Hg.), Kirche in der Zeit. Walter Kasper zur Bischofsweihe. Gabe der Katholisch-Theologischen Fakultät Tübingen, München 1990, 68-90; 87-90; ders., Exegese in Tübingen: Paul Schanz und Paul Wilhelm Keppler. Ein Brief Anton Henles an Herman Schell (1886), in: RoJKG 10 (1991) 197-202; Karl Josef Rivinius, Keppler, Paul Wilhelm von, in: BBKL III 1379-1383; Hubert Wolf, "Hätte ich Stenogramme lesen können ...". Keppler-Briefe aus den Jahren 1911-1913 zum "Fall Wilhelm Koch", in: Volker Schäfer (Hg.), Bausteine zur Tübinger Universitätsgeschichte, F. 6, Tübingen 1992, 91-108; Elke Rentschler, Paul Wilhelm von Keppler (1852-1926). Der sechste Bischof von Rottenburg im Urteil der Zeitgenossen, in: RoJKG 12 (1993) 247-255; Wolfgang Weiß, "Unsere Herrn Reformler ... sind nicht kuriert" - Briefe des Würzburger Dompfarrers Karl Braun an den Rottenburger Bischof Keppler aus dem Jahre 1903, in: WDGB 57 (1995) 389-406; Rudolf Reinhardt, Keppler, Paul Wilhelm von, in: LThK[3] V 1400f. - Nachfolgend verwendete Archiv-Siglen sowie bei Siegfried M. Schwertner nicht verzeichnete Abkürzungen: AES = Archivio della Sacra Congregazione degli Affari Ecclesiastici Straordinari; ANM = Archivio della Nunziatura di Monaco; ASV = Archivio Segreto Vaticano; N. Jh. = Das Neue Jahrhundert. Wochenschrift für religiöse Kultur; PAAB = Politisches Archiv des Auswärtigen Amtes, Bonn; SdS = Segreteria di Stato; XX. Jh. = Das zwanzigste Jahrhundert. Wochenschrift für Politik, Wissenschaft und Kunst.

[2] So Guido Haßl, Paul Wilhelm v. Keppler, Rottenburgs großer Bischof. Ecce sacerdos magnus, Stuttgart 1927, 10.

des katholischen Volkes hätte dieser gottgesandte Anführer hinter sich"[3]. Im gleichen Kontext erschien in der Beilage zur *Allgemeinen Zeitung* ein Artikel *Von einem katholischen Theologen*, vermutlich verfaßt von dem mit den Rottenburger Verhältnissen vertrauten Würzburger Kirchenhistoriker Sebastian Merkle[4], der anhebt mit der sarkastischen Feststellung: "Bischof Paul Wilhelm von Keppler hat mit dem berühmten altchristlichen Träger seines ersten Vornamens den seelsorglichen Eifer, mit dem heutigen kaiserlichen Inhaber seines zweiten die Freude an öffentlichen Reden gemein, zu denen er wohl Gelegenheiten im weitesten Sinn des Wortes ergreift. In dieser Hinsicht unterscheidet er sich von seinen sämtlichen deutschen Kollegen"[5].

Auch Joseph Bernhart erinnert sich in seinen Memoiren des sechsten Rottenburger Bischofs und konstatiert zu Kepplers Amtsführung in den kritischen Jahren der innerkirchlichen Auseinandersetzung: "Immerhin, seine Eingriffe ins geistliche Leben der geistlichen Lehrer reichten hin, um den alten Ruhm der Freiheitlichkeit dieser Tübinger theologischen Fakultät aus der Welt zu schaffen. In der byzantinischen Stickluft, die sich um seine Person und von seiner Kurie aus verbreitete, welkte eine große Tradition. Daß Keppler in den Wirren des 'Reformkatholizismus' auch Volk und Gasse mit Schlag- und Schimpfwörtern versorgt hat, ist eine trübe Erinnerung an den Agitator, dem sich im Angesicht der aufkommenden Zeitenwende alle Gaben eines Sehers versagten. In seiner Schrift 'Wahre und falsche Reform' (1903) nennt er das, was ihm an seiner Gegenwart nicht gefällt, in Bausch und Bogen 'Margarinekatholizismus', und ohne Männer wie Schell und Ehrhard auszunehmen, schilt er auf die 'Reformsimpel', die unter Gefahr der römischen Verurteilung schon gewünscht und gesagt hatten, was im Vaticanum II als neue Freiheit der beratenden und diskutierenden Kirche Wirklichkeit werden sollte"[6].

Zuletzt ein Urteil des suspendierten Münchener Dogmenhistorikers Joseph Schnitzer aus dem Jahre 1910, voller Ironie niedergeschrieben in einer Glosse, die sich mit der Vergangenheit und Zukunft des Modernismus beschäftigt: "Wäre der Modernismus eine äußere Gesellschaft, ein großer internationaler Verein, der Ehren und Würden zu verleihen hätte, so hätte er allen Grund, Pius X. zu seinem Ehrenpräsidenten, die Bischöfe von Rottenburg und Würzburg zu Ehrenmitgliedern zu ernennen; denn gerade sie haben dem Modernismus mit ihrem schroffen, rücksichtslosen Vorgehen seine tüchtigsten Streiter verschafft"[7].

Genug der Zitate, die sich mühelos fortsetzen ließen und von denen ein jedes auf seine Weise auch dafür steht, daß wir Bischof Keppler nicht zu Unrecht als Protagonisten des Antimodernismus im deutschen Episkopat ansprechen. Denn der ihm zuletzt von Schnitzer

---

3 Zit. bei August Hagen, Der Reformkatholizismus in der Diözese Rottenburg (1902-1920), Stuttgart 1962, 36; siehe zu Theodor Geiger (1863-1960), 1896-1911 Regens in Bamberg, auch Weiß, Briefe (wie Anm. 1), 390, 400.

4 Zu Sebastian Merkle (1862-1945): Christian Uhlig, in: TRE XXII 603-605.

5 Zit. bei Hagen, Reformkatholizismus (wie Anm. 3), 32; zur vermuteten Verfasserschaft Merkles vgl. auch Theobald Freudenberger (Hg.), Sebastian Merkle. Ausgewählte Reden und Aufsätze (QFGBW 17), Würzburg 1965, 38.

6 Joseph Bernhart, Erinnerungen 1881-1930, hg. von Manfred Weitlauff, 2 T., Weißenhorn 1992, 672f. - Zu Bernhart (1881-1969): Manfred Weitlauff, Die "Erinnerungen" Joseph Bernharts als autobiographisches und zeitgeschichtliches Dokument, in: MThZ 44 (1993) 161-185.

7 Albert Schäffler [Pseudonym für Joseph Schnitzer], Vergangenheit und Zukunft des Modernismus, in: N. Jh. 2 (1910) 121-124; 123. - Zu Schnitzer (1859-1939): Raimund Lachner, in: BBKL IX 582-588; Otto Weiß, Der Modernismus in Deutschland. Ein Beitrag zur Theologiegeschichte, Regensburg 1995, 315-336.

gleichgestellte Würzburger Oberhirte Schlör[8] ist ihm in Charakter und Amtsführung gänzlich unähnlich, und dessen gewiß heftige antimodernistische Aktionen gegen Männer wie Schell und Engert erweisen sich bei näherem Hinsehen nicht als eigene Taten, sondern als Machenschaften seiner engstirnigen Mitarbeiter an der Würzburger Kurie[9]. Insofern kann man den "frommen" Schlör einer aus theologischer Unbedarftheit gespeisten überstarken Abhängigkeit von seiner Umgebung zeihen, nicht aber der wissentlich-willentlichen Scharfmacherei. Völlig anders ist die Situation bei Keppler, der seinem Wahlspruch "Non recuso laborem" auch auf dem modernistischen Kampffeld nichts schuldig blieb.

Da Kepplers wenig rühmliche, mehrere "Fälle" provozierende Rolle in den Auseinandersetzungen um den "Modernismus" an der Universität Tübingen in jüngster Zeit wiederholt eine eingehendere Darstellung erfuhr,[10] beschränke ich mich im Folgenden darauf, seine Position im Kampf gegen den sog. Reformkatholizismus zu skizzieren, und zwar zum einen anhand seiner bekannten Rede über *Wahre und falsche Reform* vom Dezember 1902 und zum anderen aufgrund eines bislang unbekannten Dokuments vom Frühjahr 1903, mit dem der Rottenburger Bischof den Hl. Stuhl zum Einschreiten gegen den *Catholicismus reformatorius* bewegen wollte. Woraus sich Kepplers damalige Kampfbereitschaft, die nachgerade kompromißlos war, speiste, soll dann in einem weiteren Schritt beleuchtet werden. Zuvor aber gilt es, einen Blick auf Kepplers Lebensweg und Wirken bis 1902 zu werfen, um augenscheinlich zu machen, daß solche Kampfbereitschaft vom sechsten Rottenburger Bischof keineswegs zu erwarten stand.

I. Streiflichter auf Kepplers Lebensweg und Wirken bis 1902

Geboren am 28. September 1852 in Schwäbisch Gmünd, wurde Keppler nach dem Studium der Theologie in Tübingen (1870-1874) am 2. August 1875 in Rottenburg zum Priester geweiht und wirkte zunächst ein knappes Jahr als Vikar in seiner Heimatstadt, sodann vier Jahre als Repetent am Tübinger Wilhelmsstift und schließlich ab 1880 drei Jahre als Stadtpfarrer von Bad Cannstatt. 1883 erfolgte seine Ernennung zum Ordinarius für neutestamentliche Ex-

[8] Zu Ferdinand Schlör (1839-1924), 1898-1924 Bischof von Würzburg: Klaus Wittstadt, in: Gatz, Bischöfe (wie Anm. 1), 658-660.

[9] Belege hierfür werde ich in meiner in Vorbereitung befindlichen Studie über Herman Schell (1850-1906) liefern. Einstweilen soll der Hinweis genügen, daß der eigentliche antimodernistische Drahtzieher an der Würzburger Kurie der Dompfarrer Karl Guido Braun (1841-1909) war. Näheres zu seinem Kampf gegen den sog. Reformkatholizismus bei Weiß, Briefe (wie Anm. 1). - Zu Schell siehe vorerst: Raimund Lachner, in: BBKL IX 88-99; Karl Hausberger, Anton von Henle und Herman Schell. Ein Briefwechsel im Vorfeld der "Modernismus"-Kontroverse, in: Manfred Weitlauff/Karl Hausberger (Hg.), Papsttum und Kirchenreform. Historische Beiträge (FS Georg Schwaiger), St. Ottilien 1990, 699-743. - Zu Engert: Karl Hausberger, Thaddäus Engert (1875-1945). Leben und Streben eines deutschen "Modernisten" (Quellen und Studien zur neueren Theologiegeschichte 1), Regensburg 1996.

[10] Näheres bei: Max Seckler, Theologie vor Gericht. Der Fall Wilhelm Koch - ein Bericht (Contubernium 3), Tübingen 1972; Rudolf Reinhardt, Zu den Auseinandersetzungen um den "Modernismus" an der Universität Tübingen, in: ders. (Hg.), Tübinger Theologen und ihre Theologie. Quellen und Forschungen zur Geschichte der Katholisch-Theologischen Fakultät Tübingen (Contubernium 16), Tübingen 1977, 271-352; Joachim Köhler, Heinrich Günters Legendenstudien. Ein Beitrag zur Erforschung historischer Methoden, in: Georg Schwaiger (Hg.), Historische Kritik in der Theologie. Beiträge zu ihrer Geschichte (SThGG 32), Göttingen 1980, 307-337; Wolf, Stenogramme (wie Anm. 1).

egese an der Katholisch-Theologischen Fakultät Tübingen, die ihn 1884 auch zum Doktor der Theologie promovierte, nachdem sein Promotionsversuch an der Universität Freiburg im Breisgau zwei Jahre zuvor fehlgeschlagen war. Neben exegetischen Vorlesungen hielt Keppler von Anfang an auch solche über Kunst und gab zudem homiletische Einführungen. Schon diese ungewöhnliche Fächerkombination macht deutlich, was auch die Besucher seiner Lehrveranstaltungen bestätigen: Kepplers Stärke war die im Dienst der Homilie stehende Bibelmystik, nicht die kritische Exegese, wie er denn in allen Belangen mehr die Belletristik und Rhetorik denn eine strenge Wissenschaftlichkeit kultivierte[11]. Von daher überrascht es nicht, daß sich Keppler über den Hörsaal hinaus als gefeierter Festredner und Festprediger einen Namen schuf und daß er einer breiten Öffentlichkeit vor allem als Verfasser von "Erbauungsliteratur" im weitesten Sinne bekannt wurde[12].

Nachdem Keppler 1887 einen Ruf nach Bonn abgelehnt hatte, übernahm er zwei Jahre später als Nachfolger Linsenmanns[13] den Lehrstuhl für Moral- und Pastoraltheologie, bis er im Herbst 1894 nach längeren Auseinandersetzungen die Professur für Moraltheologie in Freiburg erhielt. Bei der dann 1896 und wieder 1898 eintretenden Vakanz der Freiburger Bischofskathedra wurde er von der Regierung jedesmal als Anwärter in Betracht gezogen, kam aber auf Betreiben des strengkirchlich ausgerichteten Metropolitankapitels nicht auf die Besetzungsliste. Anders war die Situation in seinem Heimatbistum Rottenburg, wo ihn die dortigen Domherren nach dem frühen Tode Linsenmanns am 11. November 1898 einstimmig zum Bischof wählten. Diese Elektion kam insofern überraschend, als Keppler wenige Monate zuvor, bei Linsenmanns Wahl am 20. Juli, nicht einmal als Kandidat im Gespräch gewesen war. Interessant auch, daß ihn die Stuttgarter Regierung zunächst ganz anders eingeschätzt hatte als das Freiburger Domkapitel, nämlich als "Ultramontanen" und verkappten "Jesuiten". Ihre anfänglichen Bedenken zerstreute jedoch ein von Kepplers Freund Gustav Wahl inspirierter Bericht des Katholischen Kirchenrates, in dem es hieß: "Was seine kirchenpolitische Richtung betrifft, so wird sie wohl als eine korrekt-kirchliche bezeichnet werden dürfen, vor Einseitigkeiten müßte ihn aber schon der weitere Gesichtskreis seines Wissens bewahren; um extrem zu sein, ist er entschieden zu klug, für Politik scheint er überhaupt keine Ader zu besitzen"[14].

In der Tat steuerte Keppler in den Anfangsjahren seines Episkopats alles andere denn einen extremen kirchenpolitischen Kurs. Einen ersten sprechenden Beleg dafür bietet das kurz vor der Bischofsweihe (18. Januar 1899) in der klösterlichen Stille Beurons abgefaßte Antwortschreiben an den intransigenten Münchener Nuntius Benedetto Lorenzelli[15], der ihm mit den Glückwünschen zum Neuen Jahr nicht nur die finanziellen Schwierigkeiten des Hl. Stuhls ans

---

[11] Vgl. Reinhardt, Exegese (wie Anm. 1), 197; Rentschler, Keppler (wie Anm. 1), 251.

[12] So beispielsweise zeugt sein erster Bestseller *Wanderfahrten und Wallfahrten im Orient* (Freiburg i. Br. 1894), der zehn Auflagen erlebte und selbst an den Höfen zu Stuttgart und Karlsruhe gelesen wurde, von brillanter Beherrschung des literarischen Genres der Reisebeschreibung, während man nach einer fundierten wissenschaftlichen Studie im Schriftenverzeichnis des auch noch als Bischof literarisch ungemein produktiven Mannes vergeblich fahndet.

[13] Zu Franz Xaver Linsenmann (1835-1898), 1898 Bischof von Rottenburg: Rudolf Reinhardt, in: Gatz, Bischöfe (wie Anm. 1), 451-453; ders. (Hg.), Franz Xaver Linsenmann. Sein Leben, Bd. 1: Lebenserinnerungen. Mit einer Einführung in die Theologie von Alfons Auer, Sigmaringen 1987.

[14] Zit. bei Reinhardt, Tübinger Professoren (wie Anm. 1), 88f.

[15] Zu Benedetto Lorenzelli (1853-1915): Giuseppe de Marchi, Le Nunziature Apostoliche dal 1800 al 1956 (SusEr 13), Roma 1957, 58, 129, 169; La Pontificia Università Lateranense, Roma 1963, 127f; Egon Johannes Greipl, Die Bestände des Archivs der Münchner Nuntiatur in der Zeit von 1877 bis 1904, in: RQ 78 (1983) 192-269; 247; Christoph Weber (Hg.), Die römische Kurie um 1900. Ausgewählte Aufsätze von Paul M. Baumgarten (KVRG 10), Köln-Wien 1986, 118-120.

Herz gelegt, sondern ihn auch gebeten hatte, er solle der Tübinger Theologischen Fakultät ein öffentliches Bekenntnis zum Dogma der päpstlichen Unfehlbarkeit abverlangen[16]. Indem Keppler ersterem Anliegen durch einen eindringlichen Spendenaufruf in seinem Antrittshirtenbrief gerecht zu werden versuchte, wies er letzteres geschickt zurück: Ein solches Verlangen würde für alle Zukunft sein Verhältnis zu den ehemaligen Kollegen belasten und überdies im ganzen Bistum öffentliches Ärgernis erregen, weil die Gläubigen daraus die Überzeugung schöpfen müßten, die Tübinger Fakultät habe sich erst jetzt zur Annahme des Unfehlbarkeitsdogmas verstanden; im übrigen sei die Orthodoxie aller Fakultätsmitglieder in diesem Punkte über jeden Zweifel erhaben[17].

Auch in der Causa des Würzburger Apologeten Schell, dessen Hauptwerke just zum selben Zeitpunkt auf den Index kamen, als Keppler Bischof wurde, scheint dieser zunächst für Schell eingetreten zu sein und soll nach einer "ganz vertraulichen" Mitteilung Rotenhans, des stets gut unterrichteten preußischen Gesandten beim Hl. Stuhl, den Münchener Nuntius gelegentlich des Informativprozesses sogar "gewarnt" haben, "die Schell günstige Stimmung der deutschen Katholiken zu verletzen"[18]. Rotenhans ungenannter Informant verdient durchaus Glaubwürdigkeit, denn als Keppler ein Jahr später nach Rom reiste, um persönlich 35 000 Mark Peterspfennig abzuführen, ließ er sich ausgerechnet von einem Mann der vermeintlich "freien Richtung" begleiten, vom Münchener Kirchenhistoriker Alois Knöpfler[19], der wiederholt öffentlich für Schell Partei ergriffen hatte. Auf der Rückreise passierte der Bischof München und erzählte dem dortigen württembergischen Gesandten ganz ungeniert, daß sich die maßgeblichen Prälaten in Rom - ganz anders als der Papst selbst - seinem Begleiter gegenüber

---

[16] Die Kath.-Theol. Fakultät Tübingen hatte 1870 das Infallibilitätsdogma als nicht akzeptable Neuerung zwar geschlossen abgelehnt, sich aber mit öffentlichen Äußerungen aus Rücksicht auf den ehemaligen Kollegen und nunmehrigen Oberhirten Karl Joseph Hefele (1809-1893, 1869 Bischof von Rottenburg) weitgehend zurückgehalten. Näheres bei Hubert Wolf, Ketzer oder Kirchenlehrer? Der Tübinger Theologe Johannes von Kuhn (1806-1887) (VKZG.F 58), Mainz 1992, 334-361.

[17] "Was die Tübinger Fakultät anlangt, so würde ich gerne dem von Euer Exzellenz geäußerten Wunsche entsprechen. Wenn ich aber jetzt ein derartiges Ansinnen an dieselbe stellen würde, so würde ich damit nicht nur die Fakultät abstoßen, sondern geradezu ein öffentliches Ärgernis in der Diözese hervorrufen. Die Gläubigen würden meinen, die Fakultät habe erst jetzt nach 28 Jahren sich zur Annahme des Dogmas der Infallibilität verstanden. Ich kann ferner Euer Exzellenz mitteilen, daß die Fakultät bereits vor mehreren Jahren, als ich noch ihr angehörte, zur Feier der Sekundiz Sr. Heiligkeit eine solenne Adresse an den heiligen Vater gesendet hat, in welcher ihm auch gehuldigt wird als 'infallibili Ecclesiae Doctori'; diese Adresse wird wohl noch in Rom sich vorfinden. An der Rechtgläubigkeit aller Mitglieder der Fakultät in diesem Punkte wird in der Diözese kaum von jemand gezweifelt werden können; aber die Forderung, diese Rechtgläubigkeit ausdrücklich jetzt noch zu bezeugen, käme einem beleidigenden Zweifel von meiner Seite gleich, welchen die Fakultät mir nie verzeihen würde. Das Verhältnis zwischen mir und der Fakultät wäre damit für alle Zukunft gestört, was viele schlimme Folgen hätte. Darum bitte ich Euer Exzellenz inständig, jetzt von einer derartigen Adresse der Fakultät absehen zu wollen." Keppler an Lorenzelli, Beuron, 12. Jan. 1899 (ASV ANM 188).

[18] Wolfram Freiherr von Rotenhan an den Ministerpräsidenten Chlodwig Fürst zu Hohenlohe-Schillingsfürst, Rom, 27. Febr. 1899 (PAAB R 9359, Nr. 45).

[19] Zu Alois Knöpfler (1847-1921): Gabriele Lautenschläger, in: BBKL IV 152-154. - Belege für Knöpflers anfängliche Nähe zum Reformkatholizismus und sein literarisches Eintreten für Schell bei Christoph Weber, Kirchengeschichte, Zensur und Selbstzensur. Ungeschriebene, ungedruckte und verschollene Werke vorwiegend liberal-katholischer Kirchenhistoriker aus der Epoche 1860-1914 (KVRG 4), Köln-Wien 1984, 80f; seine nachmalige Kursänderung dokumentieren u. a. Schnitzers Tagebuch (Norbert Trippen [Hg.], Aus dem Tagebuch eines deutschen Modernisten. Aufzeichnungen des Münchener Dogmenhistorikers Joseph Schnitzer aus den Jahren 1901-1913, in: Georg Schwaiger [Hg.], Aufbruch ins 20. Jahrhundert. Zum Streit um Reformkatholizismus und Modernismus [SThGG 23], Göttingen 1976, 139-222) und die Rektoratsrede von 1911 (siehe hierzu Hausberger, Engert [wie Anm. 9], 145-148).

"kühl und abweisend" verhalten hätten, daß überhaupt keine deutschfreundliche Stimmung in Rom herrsche, weil Lorenzelli über die Zustände hierzulande und insbesondere die theologischen Universitätsfakultäten "sehr gehässig" dorthin berichtet habe, und daß er, Keppler, sich diesbezüglich auch vom neuen Nuntius Sambucetti[20], der in vatikanischen Kreisen "als ziemliche Null" gelte und "überhaupt eine passive, zur Indolenz neigende Persönlichkeit" sei, nicht viel verspreche[21].

Daß Keppler der Münchener Nuntiatur anfänglich eher reserviert gegenüberstand, mochte diese sich intransigent oder indolent gebärden, zeigt auch seine Reaktion auf eine Umfrage im deutschen Episkopat, die im Kontext der Verhandlungen über die Errichtung einer theologischen Fakultät an der Universität Straßburg stand und durch einen Bericht Lorenzellis vom Februar 1899 initiiert wurde, der die Kurie massivst vor den von den theologischen Universitätsfakultäten Deutschlands ausgehenden Gefahren gewarnt hatte[22]. Unter den sieben eingeforderten Stellungnahmen zur angeblichen Krisensituation im deutschen Katholizismus und insbesondere in der Ausbildung des Klerus trägt gerade diejenige Kepplers als ausführlichste von allen auch das freimütigste und positivste Gepräge. Gestützt auf ein Gutachten des Dogmatikers Paul Schanz[23], betonte der Rottenburger Bischof gleich eingangs, daß die gegenwärtige Lage der deutschen Kirche von den Informanten der Nuntiatur offenbar in allzu düsteren Farben gemalt wurde, denn weit davon entfernt, sich zu verschlechtern, verbessere sie sich vielmehr von Tag zu Tag. Zu keinem Zeitpunkt dieses Jahrhunderts sei bei Klerus und Volk eine größere Liebe zur kirchlichen Wahrheit, ein glühenderer Religionseifer und eine stärkere Anhänglichkeit an den Hl. Stuhl lebendig gewesen. Sodann auf die theologischen Fakultäten zu sprechen kommend, sieht Keppler wiederum keinerlei Anzeichen für die insinuierte Verschlechterung der Ausbildung des Klerus in Verbindung mit liberalistischen Tendenzen. Diejenigen, die solches nach Rom meldeten, haben seiner Ansicht nach den Stellenwert nicht erkannt, den die theologischen Fakultäten im Gesamtgefüge der Universitäten als Verkünder des christlichen Glaubens und Verteidiger der katholischen Kirche einnehmen. Und selbst die Tübinger Professoren Franz Xaver Funk und Anton Koch[24], die das Anschreiben des Nuntius seiner besonderen Wachsamkeit empfohlen hatte, nahm Keppler vor dem Vorwurf des Liberalismus und Neologismus in Schutz, wie er sich denn auch nicht dazu hinreißen ließ, gegen Schell und Kraus, die den meisten der befragten Amtsbrüder als *novateurs et libéraux* par excellence galten, vom Leder zu ziehen.

Zum Kirchenhistoriker Franz Xaver Kraus[25], dem damaligen Wortführer des "liberalen Katholizismus" und Verfasser der bissigen *Spektatorbriefe* in der Beilage zur *Allgemeinen Zeitung*, stand Keppler während seiner Freiburger Zeit sogar in freundschaftlicher Beziehung.

---

20 Zu Cesare Sambucetti (1838-1911), 1900/01 Nuntius in München: De Marchi, Nunziature (wie Anm. 15), 58, 69, 78, 111, 203; Greipl, Bestände (wie Anm. 15), 257f.

21 Anton Graf von Monts, preußischer Gesandter in München, an Hohenlohe-Schillingsfürst (PAAB R 2783, Nr. 44).

22 Näheres hierzu und zum Folgenden bei Karl Hausberger, Sieben oberhirtliche Stellungnahmen zur Ausbildung des Klerus an den staatlichen Universitätsfakultäten Deutschlands aus dem Jahr 1899, in: Winfried Becker/Werner Chrobak (Hg.), Staat, Kultur, Politik. Beiträge zur Geschichte Bayerns und des Katholizismus (FS Dieter Albrecht), Kallmünz 1992, 273-285; Kepplers Stellungnahme ebd., 281-283.

23 Zu Paul Schanz (1841-1905): Raimund Lachner, in: BBKL VIII 1589-1593.

24 Zum Kirchenhistoriker Franz Xaver Funk (1840-1907) und Moraltheologen Anton Koch (1859-1915): Reinhardt, Auseinandersetzungen (wie Anm. 10), 281f (Lit.).

25 Zu Franz Xaver Kraus (1840-1901): Martin Persch, in: BBKL IV 616-620.

Ob es sich dabei tatsächlich um eine "recht herzliche" oder gar "intime" Freundschaft[26] handelte, bedarf noch der näheren Untersuchung[27]. Aber daß der Rottenburger Bischof mit dem Programm der reformkatholischen Bewegung anfänglich durchaus sympathisierte, steht außer Zweifel. So mahnte er kurz nach seinem Amtsantritt bei einer Abendveranstaltung im Katholischen Vereinshaus zu Stuttgart gleich den "Reformern" zur Verinnerlichung der Religion und warnte vor einem "Parade- und Vergnügungskatholizismus", vor einem "Geschäfts- und Wirtshauskatholizismus", vor einem "Catholicismus saltatorius", wie er sich in immer neuen Wortschöpfungen ausdrückte[28]. Und in die gleiche Kerbe schlug er in einer weites Echo findenden Rede auf der Generalversammlung der Görres-Gesellschaft zu Ravensburg im August 1899, wenn er das katholische Bildungsdefizit beklagte und sich gegen "einen trägen, denkfaulen Konservatismus" wandte, "welcher ohne selbständiges geistiges Arbeiten eigentlich nur vom Geisteserbe der Vorzeit zehren möchte und viel Zeit und Kraft verschwendet an thörichte Versuche, Leichen zu galvanisieren"[29].

Nimmt man solche Äußerungen zusammen mit der skizzierten Stellung zu Kraus und Schell, so überrascht es keineswegs, daß der Rottenburger Bischof auch dem gemeinhin als dritten Hauptvertreter der reformkatholischen Bewegung bezeichneten Patristiker Albert Ehrhard[30], damals Ordinarius in Wien, zunächst positiv gegenüberstand. Im Spätjahr 1901 brachte Ehrhard bei der Rothschen Verlagsbuchhandlung in Stuttgart und damit hinsichtlich der kirchlichen Approbation in Kepplers Zuständigkeitsbereich seine viel zitierte Programmschrift *Der Katholizismus und das zwanzigste Jahrhundert*[31] heraus, die binnen Jahresfrist zwölf Auflagen erlebte und weithin begeisterte Zustimmung erfuhr, aus dem extrem ultramontanen Lager aber auch heftig angefeindet wurde. Er vertrat in dem 400 Seiten starken Werk die These, daß eine Überwindung des unleugbaren Konflikts zwischen dem Katholizismus und der modernen Gedankenwelt nur möglich sei, wenn auf der einen Seite das moderne Denken seine antichristlichen Vorurteile abbaue, auf der anderen Seite die Kirche darauf verzichte, das Mittelalter absolut zu setzen. Der Rottenburger Bischof hatte Ehrhards Schrift am 21. November 1901 mehr oder minder bereitwillig mit dem Imprimatur bedacht, wenn auch in

---

26 So Rentschler, Keppler (wie Anm. 1), 253 bzw. Paul Unverzagt [Pseudonym], Glossen zur Rottenburger Bischofsrede, in: XX. Jh. 3 (1903) 41-45; 42.

27 Siehe zu dieser "Freundschaft" vorerst Hubert Schiel, Briefe Freiburger Theologen an Franz Xaver Kraus, in: FDA 97 (1977) 279-379, 99 (1979) 376-498, 101 (1981) 140-230; 99 (1979) 441-464.

28 Vgl. Hagen, Reformkatholizismus (wie Anm. 3), 28.

29 JGG f. 1899, Köln 1900, 11; ebd., 8-13 "im ungefähren Wortlaute" die "hochbedeutsame programmatische" Ansprache des Bischofs beim Eröffnungsabend der Generalversammlung am 15. Aug. 1899 im Ravensburger Konzerthaus, die Keppler als "schlichte Randnoten und Anmerkungen" verstanden wissen wollte zur soeben erschienenen Schrift *Das Prinzip des Katholicismus und die Wissenschaft. Grundsätzliche Erörterungen aus Anlaß einer Tagesfrage* (Freiburg i. Br. [1-4]1899) von Georg Freiherrn von Hertling, dem damaligen Präsidenten der Gesellschaft; vgl. zum Ganzen auch Wilhelm Spael, Die Görres-Gesellschaft 1876-1941. Grundlegung, Chronik, Leistungen, Paderborn 1957, 30.

30 Zu Albert Ehrhard (1862-1940) und seiner Position in der "Modernismus"-Kontroverse siehe neben der in Anm. 33 aufgeführten Literatur: Norbert Trippen, Albert Ehrhard - ein "Reformkatholik"? Briefe deutscher und österreichischer Bischöfe und Theologen an den Präfekten der Indexkongregation, Andreas Kardinal Steinhuber SJ, in den Jahren 1902/03, in: RQ 71 (1976) 199-230; ders., Theologie und Lehramt im Konflikt. Die kirchlichen Maßnahmen gegen den Modernismus im Jahre 1907 und ihre Auswirkungen in Deutschland, Freiburg-Basel-Wien 1977, 110-182; Klaus Ganzer, Albert Ehrhard und Herman Schell - Gemeinsamkeit und Widerspruch. Eine Stellungnahme Ehrhards zu Schells Denkschrift "Der Katholizismus als Prinzip des Fortschritts" aus dem Jahre 1897, in: WDGB 45 (1983) 165-218.

31 Albert Ehrhard, Der Katholizismus und das zwanzigste Jahrhundert im Lichte der kirchlichen Entwicklung der Neuzeit, Stuttgart-Wien 1901, [2-12]1902.

der gewundenen Form: "Wiewohl in manchen Punkten anderer Anschauung als der Verfasser nehme ich doch keinen Anstand, dem Buche [...] die kirchliche Druckgenehmigung zu erteilen, da es mit dem Stempel hohen sittlichen Ernstes und warmer Liebe zur heiligen Kirche gezeichnet ist"[32]. Damit sind wir bereits bei der Vorgeschichte von Kepplers berühmt-berüchtigter "Reformrede" angelangt, die aller Welt den Bruch des als liberal eingestuften Bischofs mit seinen bisherigen Anschauungen kundtat.

II. Kepplers Rede über *Wahre und falsche Reform* (1902)

Mag sein, daß auch manch heftige Reaktion in der ultramontanen Presse und die vereinzelte sachliche Kritik von Fachkollegen[33] dazu beitrugen, daß Keppler alsbald die Ehrhards Buch erteilte Druckerlaubnis bedauerte. Den entscheidenden Ausschlag für die überraschende Sinnesänderung des fremden Einflüssen höchst zugänglichen Bischofs, die den Zeitgenossen geradezu als "Umfall"[34] erschien, gab jedoch eine Persönlichkeit, auf die wir später zu sprechen kommen müssen. Jedenfalls bezog Keppler seit Frühjahr 1902 wiederholt öffentlich gegen Ehrhards Schrift Stellung, erstmals gelegentlich eines Firmungsbanketts im Katholischen Vereinshaus zu Schwäbisch Gmünd am 30. April mit der unzweideutigen Feststellung: "Ich habe das Buch approbiert, weil der Bischof die Approbation nicht verweigert, wo kein Verstoß *contra fidem et mores* vorliegt; ich stehe aber nicht an zu erklären, daß diese Bedenken sich nicht etwa nur auf einzelne Aufstellungen und Behauptungen im Buch beziehen, sondern auch auf dessen Grundlage und Grundrichtung. Ich halte diese für verfehlt, wiewohl ich die

---

32 Am 9. Jan. 1902 informierte der Geschäftsträger der Münchener Nuntiatur den Kardinalstaatssekretär unter anderem über die reformkatholischen Publikationsorgane (*Freie Deutsche Blätter*, *Renaissance*) und führte sodann zu Ehrhards Buch aus: "Anche quest'opera, che del resto ha molti pregi, contiene in diversi punti delle teorie liberali, insiste su certe riforme necessarie, a suo modo di vedere, perchè la Chiesa Cattolica si conformi ai nuovi tempi; una di queste reforme sarebbe che si dia nella Chiesa una parte maggiore d'influenza al Laicato. Come per incidente a due riprese parla il Rev. Ehrhard nella predetta opera del Potere temporale del Papa, e, senza dirlo chiaramente, fa ben travedere la sua idea che questo Potere temporale non è più compatibile con i nuovi tempi. L'opera dell'Ehrhard ha avuto grande diffusione e quel ch'è più, è stata elogiata da quasi tutti i giornali cattolici della Germania. Monsignor Keppler, Vescovo di Rottenburgo, in una lettera indirizzata all'autore, e ch'è stampata al principio dell'opera stessa, fa l'elogio della medesima; però dice espressamente che in alcuni punti non può condividere le idee dell'autore." Nicotra an Rampolla, München, 9. Jan. 1902 (AES Austria-Ungheria, fasc. 403, fol. 75-78). - Zu Sebastiano Nicotra (1855-1929): Greipl, Bestände (wie Anm. 15), 247; Weber, Kurie (wie Anm. 15), 122.

33 Siehe beispielsweise die kleinlich-spitze Rezension des Bonner Kirchenhistorikers Heinrich Schrörs, in: ThRv 1 (1902) 57-62. - Zu den Auseinandersetzungen über Ehrhards Programmschrift im Jahr 1902: Alois Dempf, Albert Ehrhard. Der Mann und sein Werk in der Geistesgeschichte um die Jahrhundertwende, Kolmar o. J. [1944], 111-127; Hagen, Reformkatholizismus (wie Anm. 3), 21-31; Oskar Schroeder, Aufbruch und Mißverständnis. Zur Geschichte der reformkatholischen Bewegung, Graz-Wien-Köln 1969, 403-407; Herbert Dachs, Albert Ehrhard - Vermittler oder Verräter?, in: Erika Weinzierl (Hg.), Der Modernismus. Beiträge zu seiner Erforschung, Graz-Wien-Köln 1974, 213-233; 221-227. - Zu Schrörs: Herman H. Schwedt, Heinrich Schrörs (1852-1928), Kirchenhistoriker, in: Karl Schein (Hg.), Christen zwischen Niederrhein und Eifel - Lebensbilder aus zwei Jahrhunderten, Bd. 3, Aachen-Mönchengladbach 1993, 31-52.

34 So der nachmalige Freiburger Archäologe und Kunsthistoriker Joseph Sauer (1872-1949) in einem Brief an Ehrhard vom 30. Juni 1902, zit. bei Trippen, Theologie und Lehramt (wie Anm. 30), 118. - Zu Sauer, über den Claus Arnold demnächst eine Monographie vorlegen wird, siehe vorerst Karl Hausberger, in: BBKL VIII 1419-1422.

bona fides und die gute Absicht des Verfassers nicht bezweifle. Der Grundfehler liegt nach meiner Überzeugung darin, daß er eine Versöhnung zwischen dem Katholizismus und der modernen Wissenschaft für möglich erklärt, anstrebt und einleiten will, ohne daß er vorher mit dieser modernen Kultur und Wissenschaft gründlich abgerechnet hat, ohne daß er klar und bestimmt ausgeschieden, zurückgewiesen, verurteilt hat, was an dieser Kultur und Wissenschaft nicht probehaltig, nicht lebensfähig, nicht gesund, nicht haltbar, sondern vielmehr falsch, verlogen, verdorben, vergiftet und faul ist"[35].

Die Gmünder Festversammlung wird ob des Bischofs Äußerungen nicht wenig verwundert aufgehorcht haben. Doch war keineswegs von ungefähr auch ein Stenograph des ultramontanen *Deutschen Volksblattes* unter der Zuhörerschaft, so daß das katholische Deutschland alsbald "die drohenden Klänge der Kepplerschen Sturmfanfare gegen den Modernismus hören konnte"[36]. Selbst bis nach Italien war diese vernehmbar, denn bereits am 17. Mai schrieb der zum engeren Kreis der italienischen Reformer zählende Bischof Bonomelli von Cremona an seinen gleichgestimmten deutschen Freund Otto Rudolphi: "Der Bischof von Rottenburg, der mir als sehr gelehrter Herr geschildert wird, kann unmöglich jene Äußerung über das Buch Ehrhards getan haben, die man ihm zuschreibt, das wäre doch lächerlich"[37]. Aber der Rottenburger Oberhirte hatte diese unglaubliche Äußerung getan und setzte, nachdem Ehrhard in einer eigenen Schrift[38], die gleichfalls das Kepplersche Imprimatur trug, die Angriffe seiner Gegner zurückgewiesen hatte, auch noch eins drauf. Am 9. Juni 1902 hielt er im Katholischen Kasino zu Heilbronn eine weitere pressewirksame Rede, in der er mit den Bildungsbestrebungen der Moderne zugleich ein Hauptanliegen der reformkatholischen Bewegung in Bausch und Bogen verurteilte. "Nur der naivste, blödeste Kulturphilister, nur wer selbst schon ganz dem Schwindelgeist anheimgefallen", könne sich der Einsicht verschließen, "daß vieles an unserer modernen Kultur schwindelhaft, erlogen, verfälscht, darum gesundheitsschädlich und todbringend" sei. Seit neuester Zeit meldeten sich immer wieder "Bildungskatholiken" zu Wort, "seltsame Geschöpfe, Zwitterwesen", die unmögliche Kompromisse schließen wollten und haltlos hin- und herschwankten "zwischen Glauben und Unglauben". Und diese Leute seien unreife Neuerer, welche nicht eine Kirchenreform erstrebten, sondern eine Reformkirche nach ihren Köpfen und Grundsätzen[39].

---

35 Zit. bei Hagen, Reformkatholizismus (wie Anm. 3), 24.

36 Spectator novus [Pseudonym für Philipp Funk], Kirchenpolitische Briefe. Württemberg, in: Süddeutsche Monatshefte 7 (1910) 262-272; 266. - Daß Keppler seine Rede für eine breite Öffentlichkeit bestimmt hatte, läßt sich auch daran ablesen, daß die Münchener Nuntiatur unverzüglich eine Abschrift derselben erhielt, die Geschäftsträger Nicotra mit einem lobenden Begleitschreiben nach Rom sandte, wo sie vom Kardinalstaatssekretär "con piacere" und vom Papst "degno di lode" aufgenommen wurde. Nicotra an Rampolla, München, 13. Mai 1902; Rampolla an Nicotra, Rom, 17. Mai 1902 (AES Austria-Ungheria, fasc. 403, fol. 103-105).

37 [Otto Rudolphi], Briefe von Bischof Bonomelli von Cremona, in: Freie Deutsche Blätter 15 (1915) 322-330, 429-444, 498-516, 570-587, 657-673; 434. - Der Brief, mit dem Rudolphi den Bischof am 26. Dez. 1902 über die Kepplersche Rede ausführlich unterrichtet hatte, ist in vollem Wortlaut abgedruckt bei Giuseppe Gallina, Il problema religioso nel Risorgimento e il pensiero di Geremia Bonomelli (MHP 35), Roma 1974, 450f. - Zu Geremia Bonomelli (1831-1914), seit 1871 Bischof von Cremona, der einer der geistigen Führer des fortschrittlich gesinnten Katholizismus in Italien war und unter anderem leidenschaftlich für die Idee der Aussöhnung des Papstes mit dem italienischen Staat eintrat, wie sie nachmals in den Lateranverträgen verwirklicht wurde: Michael F. Feldkamp, in: $LThK^3$ II 588. - Zu Otto Rudolphi (1862-1925), ab 1898 lebenslang Pfarrer der kleinen allgäuischen Voralpengemeinde Gestraz: Otto Weiß, in: BBKL VIII 929-931; ders., Modernismus (wie Anm. 7), 209-225.

38 Albert Ehrhard, Liberaler Katholizismus?, Stuttgart-Wien 1902.

39 Hagen, Reformkatholizismus (wie Anm. 3), 25f.

In seinem Kampfesmut bestärkt durch zahlreiche anerkennende Zuschriften, die er auf die Gmünder und Heilbronner Rede hin erhalten hatte, holte Keppler ein halbes Jahr später zum entscheidenden öffentlichen Schlag gegen die Reformer aus. Den eigentlichen Anlaß hierzu bot ihm vermutlich die viel zitierte Versammlung der *Freunde des 20. Jahrhunderts* in der Gastwirtschaft "Isarlust" auf der Münchener Kohleninsel am 20. Oktober 1902, deren Tragweite von der liberalen Presse schon deshalb ungeheuer aufgebauscht wurde, weil der indizierte Würzburger Professor Schell Hauptredner der Versammlung war[40]. In Wirklichkeit stellte die "Isarlustversammlung" lediglich einen ersten Schritt zur Kontaktnahme unter den deutschen Reformkatholiken dar, hinter dem die Absicht stand, die Kräfte stärker zu bündeln und der Bewegung durch die Herausgabe einer Tageszeitung ein wirksameres Sprachrohr zu geben. Ein Hauptgrund, weshalb dann beide Ziele scheiterten, war der plötzliche Tod von Dr. Franz Klasen[41], des journalistischen Kopfes der Münchener Reformer, der wenige Wochen nach der Versammlung einem Herzschlag erlag; ein anderer, noch ausschlaggebender aber war die heftige Reaktion des gegnerischen Lagers, näherhin die von der Münchener Nuntiatur wider die geistlichen Mitglieder des Komitees der *Freunde des 20. Jahrhunderts* ins Werk gesetzte Diffamierungskampagne, sodann der Sturmlauf ultramontaner Presseorgane und *last not least* Kepplers scharf verurteilende Rede über *Wahre und falsche Reform.*

Ohne jeden erkennbaren Anlaß versammelte der Bischof am 1. Dezember 1902 die Geistlichen der Dekanate Rottenburg und Horb, das Domkapitel und die Priesteramtskandidaten im Rottenburger Klerikalseminar zu einer freien Konferenz, um dort seine berühmteste Rede, gewissermaßen die "Thronrede seiner antireformerischen Regierung"[42], zu halten, in der er den Vertretern des sog. Reformkatholizismus eine harsche Abfuhr erteilte. Daß diese Rede keineswegs nur für die versammelte Zuhörerschaft bestimmt war, sondern *urbi et orbi* galt, war von vornherein unzweifelhaft. Denn bereits am folgenden Tag konnte man sie nicht bloß im *Deutschen Volksblatt*, sondern auch in der *Augsburger Postzeitung* und in der *Kölnischen Volkszeitung* im vollen Wortlaut nachlesen; außerdem gab sie der Bischof schon vorher beim Verlag Herder in Druck[43] und sandte sie noch am Tag, da er sie hielt, mit einem jeweils kurzen Begleitschreiben an die Münchener Nuntiatur und das päpstliche Staatssekretariat[44]. Auf-

---

[40] Zur "Isarlustversammlung" und ihrer Tragweite: [N. N.], Vor zehn Jahren, in: N. Jh. 4 (1912) 507-509; Weiß, Modernismus (wie Anm. 7), 226-230.

[41] Zu Franz Klasen (1852-1902): Weiß, Modernismus (wie Anm. 7), 238-245.

[42] So Spectator novus, Briefe (wie Anm. 36), 266.

[43] Paul Wilhelm v. Keppler, Wahre und falsche Reform. Rede ... gehalten auf der freien Konferenz des Kapitels Rottenburg am 1. Dezember 1902, Freiburg i. Br. 1902, [2-3]1903. In der dritten "durchgesehenen und vermehrten" Auflage, nach der hier zitiert wird, hat Keppler einige Passagen abgeschwächt und beispielsweise das Schlagwort "Margarinekatholizismus" durch "Zwischenkatholizismus" ersetzt, womit er jenen Katholizismus bezeichnete, "der sich zwischen zwei Stühle setzen will: zwischen Autorität und 'Bildung', zwischen Gott und Welt, zwischen Petri Stuhl und den Logenstuhl" (34). - Der Bischof sorgte für eine weitestgehende Verbreitung seiner Rede, indem er zunächst Sonderabzüge des *Deutschen Volksblatts*, später die Broschüre selbst an sämtliche deutsche Bischöfe sowie an zahlreiche Äbte, Domkapitulare, Professoren, Abgeordnete, Adelige und sonstige Persönlichkeiten des öffentlichen Lebens sandte. Vgl. Hagen, Reformkatholizismus (wie Anm. 3), 34. - Bemerkenswert auch, daß Keppler unter seine Rede den Datumsvermerk "am Tage der hl. Katharina von Alexandrien 1902" (25. Nov.) setzte, sie also unter das Patronat der für Bildung und Wissenschaft zuständigen Heiligen stellte, und daß er ihr die Propositio 80 des berüchtigten *Syllabus errorum* von 1864 vorausschickte, die jeden mit dem Anathem belegt, der behauptet, der Papst könne und müsse sich mit dem Fortschritt, dem Liberalismus und der modernen Zivilisation aussöhnen und arrangieren.

[44] "Illustrissime ac reverendissime Domine! Audeo Amplitudini Vestrae offerre textum sermonis, quem habui ad clerum meum de falsa et vera reformatione contra pseudoreformatores, qui hisce diebus inter nos exstitere et in Germania ac praesertim in Bavaria animos excitant. Salus et ecclesiae et animarum in Germania id mihi

horchen aber ließ die Kepplersche Rede hauptsächlich wegen ihres aggressiven Tons, der alles in den Schatten stellte, was man bislang aus dem Munde des Rottenburger Oberhirten an Negativem über die "Reformer" vernehmen konnte. Etikettierungen für sie wie "hochmütige Pharisäer", "Wölfe im Schafskleide", "unklare Köpfe", "Reformsimpel", "Verräter", "Lügner" oder "Phrasenhelden" sind nur eine kleine Blütenlese von Liebenswürdigkeiten, die aus dem Sprachschatz Kepplers erflossen; und mochten Wortprägungen wie "Salonkatholizismus", "Kompromißkatholizismus" oder "Margarinekatholizismus" auch geistreich klingen, so waren sie gleichwohl eines Bischofs unwürdig und für einen Gelehrten beschämend. Geradezu peinlich aber wird es, wenn man sich auf eine inhaltliche Analyse der "Reformrede" einläßt, denn dann springt die mangelnde Geistesschärfe ihres Verfassers schier auf jeder Seite ins Auge. Keppler, der unentwegt mit dem rhetorischen Stilmittel der Antithetik arbeitet, stellt nur Behauptungen in den Raum, ohne den leisesten Versuch, seine exorbitanten Vorwürfe zu belegen, etwa aus den Schriften der "Reformer", und der bischöfliche Redner, der "gründliche Beweisführung" für sich in Anspruch nimmt, läßt hiervon keine Spur entdecken. Gleichgültig, ob es sich um das Hauptthema "Reform" oder um den konstruierten Gegensatz von "Verstandesbildung" und "Charakterbildung" handelt: Stetsfort ergeht sich der Rottenburger Diözesanherr in bloßen Kraftausdrücken, leeren Behauptungen und mehr oder minder klingenden Wortspielen, so daß der an die gegnerische Adresse gerichtete Vorwurf des "planlosen Herumfahrens im Nebel" und "widerwärtigen Phrasentums" ihn zuallererst trifft. Zum Beleg nur ein paar Kostproben Kepplerschen Scharfsinns!

"Äußerlich grob, innerlich edel ist der Geist des Mittelalters; äußerlich kultiviert, innerlich gemein der Geist der 'Moderne'. Die Katholiken fahren also immer noch besser, wenn sie sich an jenen, statt an diesen halten. Wer den Lockungen der 'Moderne' folgt, gerät in äußerste Seelengefahr. Gibt man dem Teufel den kleinen Finger, so nimmt er die ganze Hand." (10f) - Oder zur Überlegenheit des Katholizismus gegenüber der Moderne: "Man sieht den Katholizismus für veraltet an und sieht nicht, wie senil die moderne Kultur und Menschheit ist und wie dringend sie einer Verjüngung bedarf, die niemand anders ihr bringen kann als Christentum und Kirche [...] Reformieren heißt verjüngen; aber das Christentum kann nicht durch die 'Moderne' verjüngt werden. Bloßes Wissen ist und macht alt; Glaube ist und macht jung. Jugend glaubt, Alter zweifelt." (12) - Und schließlich weiter unten Äußerungen zum Thema "Volksreform" contra "Bildungsreform", die zugleich ein bezeichnendes Licht auf den Neutestamentler Keppler werfen: "Wahre Reform ist ferner immer Volksreform; sie fängt beim Volk an und geht von unten nach oben, nicht von oben nach unten. Diesen Gang nahm Jesu Wirken selbst und nahm die ganze Entwicklung des Christentums [...] Den Armen im Geist hat Jesus das Himmelreich versprochen, nicht den Gelehrten [...] Jesus arbeitete für das Volk und gegen die Pharisäer. Auch heute noch haben wir darin ihm zu folgen. Den modernen Reformatoren fehlt es an Nachfolge Christi. Man kann auch sagen: eine echt katholische Reform muß im Zeichen Mariä stehen, der heiligen Gottesmutter, die voll Einfalt und Weisheit war [...] Jede echt katholische Reform wiederholt von neuem das himmlische Drama von Bethle-

flagitare videbatur, ut illis novandarum rerum consiliis constantiam et severitatem auctoritatis ecclesiasticae objicerem. Sperans, Amplitudinem Vestram illustrissimam meam hac in re operam non esse improbaturam persevero in omni humilitate Excellentiae Vestrae obsequissimus famulus + Paulus Gulielmus de Keppler, Episcopus Rottenburgen.[sis]." Keppler an Macchi, Rottenburg, 1. Dez. 1902 (ASV ANM 200). - Mit einem gleichlautenden Begleitschreiben sandte Keppler seine Rede am 1. Dez. 1902 auch an den Kardinalstaatssekretär Rampolla (AES Austria-Ungheria, fasc. 404, fol. 23). - Zu Giuseppe Macchi (1845-1906), 1902-1904 Nuntius in München: Greipl, Bestände (wie Anm. 15), 262f.

hem: ein Kindlein in der Wiege, umgeben von Männern des Volkes, geboren aus dem Schoße der Heiligkeit und umjubelt von den Chören der Engel. Fiat lux!" (19-26)

In der Tat, "es werde Licht", mochte sich da mancher der Betroffenen gesagt haben. Aber selbst der an der päpstlichen Kurie weilende Historiker Paul Maria Baumgarten, der weit davon entfernt war, ein "liberaler Katholik" zu sein - Christoph Weber charakterisiert seinen kirchenpolitischen Standort als "reformbereiten Ultramontanismus"[45] -, konnte über so manche Passage von Kepplers Rede nur den Kopf schütteln. Baumgartens anonym in den *Grenzboten* veröffentlichte Rezension[46] ist hier aus zweierlei Gründen von besonderem Interesse: Zum einen, weil sie nach der Besprechung der Kepplerschen Rede ein Loblied auf Schells soeben erschienenes *Christus*-Buch[47] anstimmt, was insofern nicht der Pikanterie entbehrt, als ursprünglich Keppler die Bearbeitung dieses Stoffes für das historische Sammelwerk *Weltgeschichte in Karakterbildern* übernommen hatte;[48] zum anderen, weil man später im Lager Kepplers mit Stolz behauptete, selbst die *Grenzboten* hätten zugestanden, daß seit Diepenbrocks und Kettelers Tagen kein deutscher Bischof mehr eine so kräftige katholische Geistestat vollbracht habe wie jetzt der Rottenburger[49]. Doch wer solches in die Welt setzte, hatte nicht einmal den ersten Absatz von Baumgartens Besprechung zu Ende gelesen, geschweige denn verstanden. Zwar zog der Rezensent die Parallele zu Diepenbrock und Ketteler, aber lediglich im Hinblick darauf, daß Kepplers Rede, anders als gemeinhin bischöfliche Verlautbarungen, "ein ganz persönliches Gepräge" trage und sie "von Anfang bis zu Ende temperamentvoll und originell" sei, um dann gleich nachdrücklich hinzuzufügen: "Nur darin vergleichen wir sie den Kundgebungen der beiden genannten bedeutenden Männer; in Gedankenfülle, Verstandesschärfe und Stil steht sie ihnen weit nach. In vielem hat Keppler Recht; manches können sich außer den katholischen Reformern auch andere Leute hinter die Ohren schreiben, aber in den entscheidenden Punkten beurteilt er die Weltlage falsch; eben das, was ihm imponierende Entschiedenheit und Kraft verleiht, seine strenge Orthodoxie, verengt ihm den Gesichtskreis." Und dann weist Baumgarten über mehrere Druckseiten hin ebenso scharfsinnig wie überzeugend auf, daß der Bischof fortwährend "im Zickzack" argumentiert und daß er seine im Namen echter religiöser Reform ausgesprochene Polemik in vielen Punkten an andere Kräfte und Mächte im deutschen Katholizismus hätte adressieren sollen, insbesondere an die Zentrumsmänner, anstatt die "Reformer" zu zausen. Bei alledem geht es dem Rezen-

---

45 Näheres bei Weber, Kurie (wie Anm. 15), 20-23.

46 [Paul Maria Baumgarten], Schells Christus und der Bischof von Rottenburg, in: Die Grenzboten 62 (1903) 117-126; zur Verfasserschaft der nicht gezeichneten Besprechung siehe Weber, Kurie (wie Anm. 15), 207.

47 Herman Schell, Christus. Das Evangelium und seine weltgeschichtliche Bedeutung. Mit Buchschmuck und 89 Abbildungen, Mainz 1903.

48 Bischof Keppler hatte nach Erhalt des gedruckten Prospekts seine Bereitschaft zur Mitarbeit an dem Sammelwerk am 6. Sept. 1902 gekündigt, auf Bitten des Verlegers Kirchheim aber darauf verzichtet, seinen Rückzug öffentlich bekanntzugeben. Allerdings war dieser Rückzug keineswegs freiwillig erfolgt; vielmehr sah sich Keppler aufgrund einer Intervention der preußischen Bischofskonferenz, die den Titel der ihm zugedachten Monographie beanstandet hatte, hierzu gezwungen. Näheres zu den merkwürdigen Umständen von Kepplers Kündigung bei Anton Philipp Brück, Friedrich Schneider (1836-1907). Ein Beitrag zur deutschen Geistesgeschichte des 19. Jahrhunderts, in: AMRhKG 9 (1957) 166-192; 188; vgl. auch Weber, Kirchengeschichte (wie Anm. 19), 78.

49 So Benedikt Momme Nissen, Der Rembrandtdeutsche Julius Langbehn, Freiburg i. Br. 1926, 305. - Zu Melchior von Diepenbrock (1798-1853), 1845-1853 Fürstbischof von Breslau, 1850 Kardinal: Bernhard Stasiewski, in: Gatz, Bischöfe (wie Anm. 1), 126-130; zu Wilhelm Emmanuel Freiherrn von Ketteler (1811-1877), 1850-1877 Bischof von Mainz: Erwin Gatz, in: ebd., 376-380.

senten jedoch keineswegs um den bloßen Widerspruch. Im Gegenteil! Er findet auch immer wieder anerkennende Worte für diesen oder jenen Grundgedanken der Kepplerschen Rede[50].

Der wohl hervorstechendste Grundzug in Kepplers ständig globalisierender und pauschalisierender Rede ist ein ausgesprochener Kultur- und Bildungspessimismus, gepaart mit strikter Wissenschaftsfeindlichkeit und seltsamer Romantisierung des einfachen Volkes. Die moderne Kultur mit ihrer Bildungseuphorie trägt für ihn die Merkmale der Dekadenz und Senilität; sie schreit förmlich nach einer Verjüngung durch ursprüngliche schöpferische Lebenskraft, wie sie dem an Landschaft und Heimat gebundenen und durch Natur und Geschichte bestimmten einfachen Volk zu eigen ist. Darum stellt er die "Vernunftkatholiken" den "Glaubenskatholiken" polarisierend gegenüber und warnt die "Volksseele" vor den Lockungen der degenerierten, "seelenlosen" Moderne. Woher der Bischof seine konservative Kulturkritik bezog, soll später zur Sprache kommen. Hier sei nur angemerkt, daß sich in Kepplers Rede auch Passagen nationaler Tümelei finden, die das klare deutsche Wesen gegen die Dekadenz der Franzosen ausspielen, beispielsweise der Satz: "Solche Reformkatholiken mögen jenseits der Vogesen sich ansiedeln. In Frankreich herrscht die Phrase; in Deutschland herrsche das Wort - Gottes!" Als dann im März 1903 beim Canisius-Verlag zu Freiburg in der Schweiz eine autorisierte französische Übersetzung der Rottenburger Rede erschien, ließ Keppler diese und ähnliche Äußerungen einfach unterschlagen, was seine Kritiker[51] nicht ohne Häme ausmünzten, hatte doch der Bischof Charakterschwäche als "die eigentliche Krankheit unserer Zeit" bezeichnet.

Es ist hier nicht der Ort, die vielfältigen Reaktionen auf Kepplers rasch der Öffentlichkeit zugänglich gemachte "Reformrede" nachzuzeichnen[52]. Abgesehen von einigen Beifallsadressen aus dem extrem konservativen Lager herrschte in der Presse allgemeines Kopfschütteln vor, und selbst von seinen Amtsbrüdern erhielt Keppler neben überschwenglichem Lob für sein "mutiges Zeugnis" auch Zuschriften, die Kritik äußerten. So bemerkte der mit Schell be-

---

[50] An einer Stelle aber mußte der Historiker dem Bischof im vollen Brustton der Überzeugung widersprechen, nämlich dort, wo Keppler behauptet, Franziskus, "der bisher beste Reformator", würde heute die Frage stellen, "ob die Katholiken auch katholisch genug seien". Dazu Baumgarten: "Nein, hochwürdigster Bischof, so würde der heilige Franziskus nicht fragen, denn *die* Frage ist ihm sein Lebtag nicht in den Sinn gekommen. Sondern er würde fragen, ob die Katholiken und namentlich die Bischöfe, z. B. ein gewisser Kohn, alle Reichtümer und Ehren verschmähen, ob sie bereit sind, jedem Bettler und Vagabunden die Füße zu waschen, ob sie jedes Geschöpf Gottes, jeden Menschen und jedes Tierlein lieben und ihm Erbarmen erweisen, und ob sie Gott aus tiefstem Herzensgrunde danken und einen Lobgesang anstimmen, wenn sie Prügel kriegen und bei Wasser und Brot ins Hundeloch gesperrt werden [...] Es gehört sehr viel Naivität dazu, die Forderung aufzustellen, jede echte Reform müsse die Katholiken katholischer machen. Da müßte doch zu allererst angegeben werden, welche Art von Katholizismus gemeint ist. Der Katholizismus der Wreschener, die überzeugt sind, daß unser Herrgott zu Adam und Eva polnisch gesprochen hat? Oder der Katholizismus der Abruzzenräuber, die der Madonna eine Kerze geloben, um sich ihren Beistand zu einem Meuchelmorde zu sichern? Oder der Katholizismus Torquemadas? Oder der Albas, der sagte, er wolle lieber sein bestes Regiment missen, als den Hurentroß in seinem Heer? Oder der des Papstes Leo des Zehnten, oder der des Bischofs Sailer, dem die Wiedergeburt des halbtoten Katholizismus in Deutschland zu einem großen Teile zu danken ist, und der die heutigen deutschen Reformer segnen würde, wenn er noch lebte? Oder endlich der Katholizismus des heiligen Franziskus, dem das Leben mancher heutigen Kirchenfürsten und mancher heutigen katholischen Kirchenpolitiker ein Greuel sein würde? Der Katholizismus - und das gereicht ihm wahrlich nicht zur Schande - ist eben nicht so arm und klein, wie sich ihn Bischof Keppler vorzustellen scheint, nicht so arm und klein, daß er in den Hirnkasten eines schwäbischen Bäuerleins eingesperrt werden könnte."

[51] Siehe z. B. Paul Unverzagt [Pseudonym], Die Keppler'sche Rede in französischer Übersetzung, in: XX. Jh. 3 (1903) 165f.

[52] Zum "Echo" der Rede: Hagen, Reformkatholizismus (wie Anm. 3), 31-42; siehe auch Weiß, Briefe (wie Anm. 1), 390f.

freundete Bischof Henle von Passau, daß Ehrhard, den Keppler ohne ausdrückliche Namensnennung angegriffen hatte, "von durchaus kirchlicher und hochidealer Gesinnung" sei, und der Erzbischof Nörber von Freiburg meinte, Ehrhard stehe "um Montblanc-Höhe über Kraus und Konsorten" und solle "nicht in die Verbitterung getrieben" werden[53]. In den Kreisen der "Reformer" stieß die Rottenburger Rede selbstredend einhellig auf Ablehnung,[54] allein schon, weil sie alle Bestrebungen in einen Topf warf, aber auch ob der pietätlosen Äußerung über den ehemaligen Freund Franz Xaver Kraus, dem der Bischof Steine auf das frische Grab geworfen hatte mit dem Bemerken: "Er mag ungenannt bleiben, da er jahrelang namenlos oder unter Decknamen mit seiner Feder der Kirche namenlos geschadet hat." Daß Keppler mit seiner Kampfrede selbst bei der Stuttgarter Landesregierung Mißtrauen gegen sich wachrief, darf nicht überraschen, boten doch die Verhältnisse in Württemberg keinerlei Anlaß für das schroffe Auftreten des Bischofs, den man fortan im Bunde mit den Jesuiten wähnte[55]. Überhaupt herrschte in den Pressekommentaren ein allgemeines Rätselraten bezüglich der Motive des Kepplerschen Handelns, das zu phantasiereichen Spekulationen führte, von denen die Vermutung, der "Bischof Rhetoricus"[56], wie man Keppler spöttisch nannte, habe für seine frühere Gemeinschaft mit den "Reformsimpeln" und die Approbation des Ehrhardschen Buches Buße tun und sich in den Augen des Hl. Stuhles rehabilitieren wollen, noch am plausibelsten erschien. Hingegen versuchten manche katholische Blätter Kepplers überraschende Sinnesänderung dadurch zu bemänteln, daß sie den Reformern eine Kursänderung zur Last legten, während einige liberale Gazetten gar mutmaßten, der Rottenburger Oberhirte strebe nach einer primatialen Stellung unter den deutschen Bischöfen und wolle sich zu deren Sprecher aufwerfen[57].

Von besonderem Interesse für den weiteren Gang der Dinge ist die Frage nach Kepplers Selbsteinschätzung und Roms Reaktion. Bei der Neujahrsansprache 1903 bezeichnete der Bischof seine Rede ungeachtet aller widerfahrenen Angriffe und Beleidigungen "als eines der wichtigsten Ereignisse des vergangenen Jahres in der Diözese", habe ihn doch Gott dadurch "zu seinem schwachen und unwürdigen Werkzeug berufen und befähigt"[58]. Zu dieser persönlichen Überzeugung trat alsbald die stärkende Gewißheit, daß seine Rede an der römischen Kurie die beabsichtigte Rehabilitierung vollauf bezweckt hatte. Denn Keppler, der, wie er beteuerte, aus Sorge um das "Heil der Kirche und der Seelen in Deutschland" gegen die

---

53 Hagen, Reformkatholizismus (wie Anm. 3), 35. - Zu Antonius Henle (1851-1927), 1901-1906 Bischof von Passau, dann von Regensburg: Karl Hausberger, Geschichte des Bistums Regensburg, Bd. II, Regensburg 1989, 210-225, 305f; zu Thomas Nörber (1846-1920), 1898-1920 Erzbischof von Freiburg: Erwin Gatz, in: ders., Bischöfe (wie Anm. 1), 536f.

54 Siehe hierzu vor allem folgende Beiträge: Catholicus [Pseudonym], "Reform"katholisch oder wahrhaft katholisch? Ein Wort zur Rede Bischof Kepplers, in: XX. Jh. 2 (1902) 589-592; ders., "Wirkung der Rottenburger Bischofsrede" [eine Auseinandersetzung mit dem so betitelten Artikel der Augsburger Postzeitung 1902, Nr. 287], in: ebd., 3 (1903) 1-4; Otto Sickenberger, Falsche Reform? Offener Brief an Seine Gnaden Herrn Dr. Paul Wilhelm von Keppler, Bischof von Rottenburg. Als Antwort auf seine am 1. Dezember 1902 gehaltene Rede: "Wahre und falsche Reform", Augsburg 1903; ders., Veritas et Justitia? Ein letztes Wort zur 3. Auflage der Reformrede Bischof Kepplers von Rottenburg, Augsburg 1903; Verus [Pseudonym], Dr. Otto Sickenbergers "offener Brief an Seine Gnaden Bischof von Keppler" und das Deutsche Volksblatt, in: XX. Jh. 3 (1903) 17-19; Paul Unverzagt [Pseudonym], Glossen zur Rottenburger Bischofsrede, in: ebd., 3 (1903) 41-45.

55 Vgl. Hagen, Reformkatholizismus (wie Anm. 3), 29.

56 [Johann Buck?], Eine Legende, in: XX. Jh. 8 (1908) 140f.

57 Vgl. Hagen, Reformkatholizismus (wie Anm. 3), 29f.

58 Ebd., 34.

"Pseudoreformatoren" vorgegangen war,[59] erhielt am 2. Januar 1903 vom Kardinalstaatssekretär Rampolla ein Belobigungsschreiben, in dem es hieß: "Ich habe Deine Rede in einer Übersetzung genau durchgelesen und nicht verfehlt, sie dem Heiligen Vater einzuhändigen, und beeile mich nun, Dir mitzuteilen, daß Seine Heiligkeit von dem Inhalt Deiner Ausführungen mit der größten Freude Kenntnis genommen hat und über die gründliche Beweisführung, mit der Du den Kunstgriffen und der Kühnheit der Neuerer entgegengetreten bist, hoch erfreut war. Darum glaubt der Heilige Vater Deinen Eifer mit der gebührenden Anerkennung auszeichnen und Dich durch Seine Autorität ermuntern zu sollen, in der begonnenen Arbeit fortzufahren"[60]. Dieses Breve zeitigte in zweierlei Hinsicht beträchtliche Wirkung. Zum einen hatte Kepplers Stellungnahme jetzt die höchsten kirchlichen Weihen, was in den Kreisen der Reformer nicht wenig Irritation auslöste, und zum anderen war der Bischof nun kraft päpstlicher Autorität aufgefordert, "ut incoeptis laboribus insistas", was sich ein Mann von Kepplers Zuschnitt nicht zweimal sagen ließ. Unverzüglich und "summa cum laetitia" bedankte er sich bei Rampolla "pro Litteris benignissimis" und bat darum, der Kardinalstaatssekretär möge ihm möglichst per Telegraph mitteilen, ob er das "überaus herrliche Schreiben" in die Presse geben dürfe, wovon er sich "viel Gutes" erhoffe, zumal im Hinblick auf das neuerdings so kecke Verhalten der Reformer[61]. Selbstredend wurde diese Erlaubnis erteilt und zeitigte sofort auch einen "effetto immediato", wie Nuntius Macchi in seiner Depesche vom 13. Januar berichten konnte,[62] denn kaum daß die Zeitungen das besagte Belobigungsbreve publiziert hatten, erklärten Herman Schell, Joseph Schnitzer, Otto Rudolphi und Hugo Koch[63] ihren Austritt aus dem *Komitee der Freunde des 20. Jahrhunderts*. Parallel dazu erschien in Würzburg ein bischöflicher Erlaß, der es den Geistlichen unter Einforderung des kanonischen Gehorsams verbot, an Zusammenschlüssen oder Veranstaltungen der Reformbewegung teilzunehmen und ihre Zeitschriften zu unterstützen[64]. Und zur Demonstration der Solidarität mit dieser Maßnahme berief der scharfmacherische Dompfarrer Karl Braun eine Klerusversammlung nach Würzburg ein, die eine Huldigungsadresse für die Bischöfe Keppler und Schlör beschloß[65]. Keppler selbst zog es nun vor, seinen Kampf gegen die Reformer nicht mehr *coram publico* zu führen, sondern diesen auf geheimen Kanälen und in direktem Verkehr mit dem Hl. Stuhl fortzusetzen. Quellenmäßig wird die Fortsetzung kundbar in einem Brief an Rampolla vom 3. März 1903, der auf eine antireformerische Aktion des Wiener Fürsterzbischofs und Kardinals Gruscha[66] Bezug nimmt und zugleich den Auftakt zu Kepplers zweiter markanter "Reformtat" bildet.

---

59 Siehe Anm. 44.

60 Rampolla an Keppler, Rom, 2. Jan. 1903 (AES Austria-Ungheria, fasc. 404, fol. 25); das Schreiben ist in lat. und dt. Sprache vollständig wiedergegeben in der dritten Auflage von Kepplers "Reformrede" (3f).

61 Keppler an Rampolla, Rottenburg, 5. Jan. 1903 (AES Austria-Ungheria, fasc. 404, fol. 27); der Brief trägt den Vermerk, daß dem Rottenburger Bischof am 7. Jan. per Telegraph mitgeteilt wurde, einer Veröffentlichung des Belobigungsschreibens in der Presse, "in Bavaria praesertim", stehe nichts im Wege.

62 Macchi an Rampolla, München, 13. Jan. 1903 (ebd., fol. 29).

63 Zum Patristiker Hugo Koch (1869-1940), damals Stadtpfarrer von Reutlingen: Klaus-Gunther Wesseling, in: BBKL IV 210-215; Weiß, Modernismus (wie Anm. 7), 336-343.

64 Würzburger Diöcesan-Blatt 49 (1903) 11f.

65 Näheres bei Weiß, Briefe (wie Anm. 1), 394, 402f.

66 Zu Anton Joseph Gruscha (1820-1911), 1890-1911 Fürsterzbischof von Wien, 1891 Kardinal: Maximilian Liebmann, in: Gatz, Bischöfe (wie Anm. 1), 269-272.

III. KEPPLERS PROMEMORIA *DE CATHOLICISMO REFORMATORIO* (1903)

Den Anlaß für Kepplers neuerliches Aktivwerden wider die "Reformisten" oder "Pseudoreformatoren" gab, wie gesagt, eine Maßnahme des Wiener Oberhirten, die es kurz vorzustellen gilt. Gelegentlich einer Romreise Ende Februar 1903 hatte Kardinal Gruscha dem Papst eine "Denkschrift" überreicht, die vom 19. des Monats datiert und über mehrere Seiten hin in grellen Farben das gefährliche Treiben der Reformer, namentlich in Österreich, sowie die Ohnmacht der Bischöfe ihnen gegenüber schildert[67]. Welche Klagen er diesbezüglich führte und welche konkreten Beschuldigungen er gegen wen erhob, ist hier nicht von Belang. Doch was der Kardinal mit seinem "Lagebericht" bezwecken wollte, wird gleich einleitend deutlich, wenn er nach Bezugnahme auf das an Keppler ergangene Belobigungsbreve schreibt: Er habe den Kampf gegen die Reformer zwar schon vor Keppler aufgenommen, doch dauerten deren Machenschaften immer noch fort, und um sie gänzlich abstellen zu können, brauche man unbedingt die Hilfe Roms. Über die wirksamste Art solcher Hilfe gibt dann der abschließende Passus Auskunft, in dem Gruscha den Papst bittet, er solle dem österreichischen Episkopat durch ein Apostolisches Schreiben Beistand leisten, genauso wie er vor wenigen Jahren vermittels des an Kardinal Gibbons von Baltimore adressierten Schreibens[68] die katholische Sache gegen den sog. Amerikanismus unterstützt habe.

Bischof Keppler erhielt, auf welchen Wegen auch immer, von diesem Schritt Gruschas alsbald Kenntnis und fühlte sich sofort aufgerufen, kräftig zu sekundieren. Mit Schreiben vom 3. März ersuchte er den Kardinalstaatssekretär inständig, dem Wunsch des Wiener Erzbischofs zu willfahren, und zwar aus zweierlei sehr ernsten Gründen, deren einer sich auf Deutschland, der andere auf Österreich beziehe. In Deutschland sei es zwar - nicht zuletzt durch die seiner Rede zuteil gewordene päpstliche Belobigung - zu einer Scheidung der Geister gekommen; seither hätten sich viele von den Reformern abgewandt und könnten diese nicht mehr öffentlich agieren. Doch ausgelöscht sei die gefährliche Bewegung mitnichten. Vielmehr betreibe sie jetzt ihre Sache "in abscondito" und versuche, klammheimlich ihre Kräfte wieder zu sammeln und neue Anhänger zu gewinnen, namentlich aus dem Kreis der Alumnen und jüngeren Priester. Zudem konzentriere sich die Bewegung im Augenblick vor allem darauf, ihn, den Rottenburger Bischof, auf jede nur erdenkliche Weise anzugreifen und zu verleumden. Wenn daher der Hl. Stuhl sein "judicium de hoc catholicismo reformatorio" noch einmal ausspräche, wäre dies auch in Deutschland von größtem Nutzen und würde den Pseudoreformatoren eine nochmalige und zweifelsohne die todbringende Wunde zufügen. Daß aber eine solche Erklärung der höchsten kirchlichen Autorität für Österreich doppelt notwendig ist, werde die Wiener Eminenz bereits hinlänglich dargelegt haben. Seinerseits wolle er lediglich noch anfügen, daß Ehrhards Einfluß auch jetzt noch "satis multa damna" in Österreich und Deutschland anrichte, und daß er, Keppler, aufgrund dessen, was er jüngsthin über Ehrhard erfahren habe, nun nicht mehr so günstig über ihn urteilen könne wie ehedem. Sodann beschwört der Bischof zur Bekräftigung seiner eingangs gestellten Bitte noch einmal die Gefährlichkeit der Bewegung und schließt mit der Bemerkung: "Ich weiß nicht, ob es mir erlaubt sein wird, hierüber

---

67 Gruscha an Leo XIII., Wien, 19. Febr. 1903 (AES Austria-Ungheria, fasc. 404, fol. 32-35).

68 Gemeint ist das Breve *Testem benevolentiae* vom 22. Jan. 1899, in: ASS 31 (1898/99) 470-477; zum "Amerikanismus" siehe den Beitrag von Herman H. Schwedt in diesem Buch und: ders., Amerikanismus, in: LThK^3 I 526f.

vollständig zu berichten, wenn ich, so Gott es zuläßt, nach dem Osterfest nach Rom kommen werde"[69].

Und "Deo permittente" kam der Rottenburger Bischof Ende April oder Anfang Mai[70] in die Ewige Stadt, "de ea re plena proferre", obschon das Antwortschreiben Rampollas diesbezüglich keinerlei Äußerung oder gar Einladung enthielt[71]. In seinem Reisegepäck führte er ein 29 Seiten umfassendes Manuskript im Folioformat mit, betitelt *De catholicismo reformatorio*[72], das er bei einer Audienz dem Kardinalstaatssekretär überreichte, der es zur weiteren Behandlung der Kongregation für die außerordentlichen kirchlichen Angelegenheiten zuleitete. Das besagte Schriftstück gliedert sich in zwei Hauptteile, deren erster von der Entstehung und Entwicklung des Reformkatholizismus handelt, und deren zweiter den Fragen gewidmet ist: "Quid in futurum de catholicismo reformatorio sit sentiendum, quid ab eo timendum, quid praecavendum".

Was zunächst den Ursprung des Reformkatholizismus angeht, der sich allmählich zu einem Krebsgeschwür im Schoß der Kirche entwickle, so kommt es für Keppler nicht von ungefähr, daß diese Bewegung vornehmlich in Österreich und Süddeutschland Wurzeln gefaßt habe, seien doch in ihr die ungesunden Lehren des Josephinismus und Wessenbergianismus wieder aufgekeimt. Die besondere Gefährlichkeit der Bewegung aber liege darin, daß sie im Unterschied zu der inzwischen wohlfeil gewordenen "Sekte der Altkatholiken" nicht die Trennung suche, sondern innerhalb der Kirche bleiben wolle. Sodann geht der Rottenburger Bischof über mehrere Passagen hin mit Franz Xaver Kraus ins Gericht, der ihm mit seinem "liberalen Katholizismus", welcher ein Gemisch aus freimaurerischen, amerikanistischen und jansenistischen Ideen darstelle, als der Ahnherr der Bewegung gilt und von dem er behauptet, daß er für seine berühmt-berüchtigten *Spektatorbriefe* in der *Allgemeinen Zeitung* ein Honorar von 12 000 Mark kassiert habe.

In Krausens Fußstapfen traten nach Keppler alsbald Priester wie Josef Müller und Otto Sickenberger, Johannes Bumüller und Franz Klasen mit den von ihnen verantworteten, höchst schädlichen Zeitschriften *Renaissance* und *Das zwanzigste Jahrhundert*[73]. "Caput et dux" und "nomen et omen" der ganzen Bewegung aber ist ihm Schell, "notissimus ille professor in universitate Herbipolensi", der sich zwar dem Urteil der Indexkongregation unterworfen habe, aber gleichwohl nicht aufhöre, seine theologischen Sonderlehren zu verbreiten und wider die kirchliche Autorität anzukämpfen. Überhaupt wollten die Reformkatholiken nichts anderes bezwecken, als daß sich "die gebildeten Menschen gegen die Autorität, die Schule gegen die Kirche, die Professoren gegen die Bischöfe" auflehnten. Daß Schell für die Bewegung gewissermaßen die Funktion eines "advocatus diaboli" übernommen habe, bestätige unter anderem sein jüngst erschienenes "Christus"-Buch. Darin vergleiche er die Person des Heilandes mit einem Menschen dieses Äons und unterziehe sie in unwürdiger Weise einer Art "Vivisektion"; zudem vernachlässige er in dieser Schrift die Kirche, deren Angelegenheiten er "quasi parlamentario modo" geregelt wissen wolle, strebe danach, die Frohbotschaft dem heutigen Menschen mundgerecht zu machen, und fordere für die Gebildeten besondere Rechte

---

69 Keppler an Rampolla, Rottenburg, 3. März 1903 (AES Austria-Ungheria, fasc. 404, fol. 36f).

70 Kepplers Rombesuch im Frühjahr 1903 ist unter anderem belegt durch Pastors Tagebucheintrag vom 10. Mai (Ludwig Freiherr von Pastor, 1854-1928. Tagebücher - Briefe - Erinnerungen, hg. von Wilhelm Wühr, Heidelberg 1950, 412f).

71 Rampolla an Keppler, Rom, 9. März 1903 (AES, Austria-Ungheria, fasc. 404, fol. 42).

72 Ebd., fol. 43-57; das lat. abgefaßte Promemoria werde ich demnächst in vollem Wortlaut veröffentlichen.

73 Näheres zu den genannten Persönlichkeiten und Organen bei Weiß, Modernismus (wie Anm. 7), 181-196, 230-245, 251-266.

in Dingen des Glaubens und Gehorsams. Und mit alledem arbeite Schell zum Schaden der Kirche den Freimaurern in die Hände, die ihn in ihren Publikationen bereits als "zweiten Luther" feierten.

Nicht ganz so harsch wie mit Schell geht Keppler mit Ehrhard um. Doch trifft auch ihn das Verdikt, daß er durch seine Programmschrift der gefährlichen Bewegung größtmögliche Schützenhilfe geleistet hat, denn fortan konnten sich die Reformer auf eine zweite professorale Autorität berufen und "summa cum voluptate" vor sich her posaunen, was Ehrhard "temere" über die Aussöhnung des Katholizismus mit der modernen Kultur und über die Beseitigung der nicht zum Wesen der Kirche gehörenden Relikte aus dem Mittelalter schrieb. "Deshalb", so Keppler nun zu seinem eigenen Tun, "hat es mich, als ich sah, daß mit diesem Buch aller Erwartung nach größere Schäden angerichtet werden, heftig geschmerzt, daß ich es, wenn auch nicht ohne Einschränkungen, approbiert hatte, und ich bestrebte mich, dies dadurch zu kompensieren, daß ich durch zwei öffentliche Reden darlegte, 'quam falsa esset totius libri compositio et consilium'. Kaum hatte ich dies getan, da richtete sich plötzlich der Haß aller Reformer und ihrer Gönner gegen mich."

Die Schilderung der weiteren Ereignisse, insbesondere der "Isarlustversammlung", gibt Keppler dann noch einmal Gelegenheit, massiv über deren Hauptredner Schell herzuziehen, aber auch an seinen deutschen Amtsbrüdern Kritik zu üben, weil sie sich weder für eine außerordentliche Bischofskonferenz haben gewinnen lassen noch Interesse daran zeigten, die gefährlichen Pläne der Reformer vermittels eines gemeinsamen Hirtenbriefs zu durchkreuzen und "gleichsam mit einem Schlag zu vernichten". Darum habe der Rottenburger Bischof - "nicht voreilig noch unüberlegt, sondern nach sorgfältiger Erwägung und wohl wissend, was ihm selbst hieraus an Üblem erwachsen werde" - beschlossen, diese Reformer durch seine Rede vom 1. Dezember zu bekämpfen, eine Rede, die zwischenzeitlich in 12 000 Exemplaren verbreitet und ins Französische, Englische und Italienische übersetzt worden sei.

Der zweite Teil des *Promemoria* ist laut Überschrift den Zukunftsperspektiven gewidmet: Welche Entwicklung wird der Reformkatholizismus nehmen, was steht von ihm zu befürchten und wie kann man sich gegen ihn vorsehen? Doch anders als angekündigt, gilt Kepplers Hauptaugenmerk im Folgenden der Situationsbeschreibung. Über mehrere Seiten hin zeichnet der Rottenburger Bischof ein düsteres Bild vom Geisteszustand und von der Seelenverfassung der Reformer, das schon deshalb besondere Aufmerksamkeit verdient, weil es in nicht wenigen Schattierungen jenem Zerrbild ähnelt, wie es vier Jahre später der zehnte Pius in der Enzyklika *Pascendi* von den "Modernisten" und ihrem ausgeklügelten "System" entwerfen sollte. Auch in diesem gewissermaßen "systematischen" Teil kommt der Bischof erneut auf die beiden derzeitigen Häupter der Bewegung, auf Schell und Ehrhard zu sprechen, von denen ein jeder auf seine Weise dafür stehe, daß sich der Reformkatholizismus augenblicklich wie "eine Schlange im Gras" versteckt halte: Schell, weil er sich ungeachtet seines Austritts aus dem Kuratorium des *Zwanzigsten Jahrhunderts* nach wie vor den Neuerern zugehörig fühle; Ehrhard, weil er das ihm, Keppler, gegebene Versprechen, sich öffentlich von den Reformern zu distanzieren, nicht eingelöst habe. Und dann arbeitet Keppler mit ähnlichen Phrasen und Schablonen wie in seiner Dezember-Rede: "Der Reformkatholizismus [...] ist ein illegitimer Sproß aus einer unerlaubten Mischehe zwischen dem Katholizismus und der falschen Wissenschaft. Denn seiner ganzen Art nach ist er Lüge und Verwirrung. Die Reformer sind hinsichtlich des Verstandes verwirrt, hinsichtlich der Sitten Lügner. Wie sie selbst Wirrköpfe sind, so suchen sie auch die jungen Menschen zu verwirren. Denn es ist immerhin Zeichen eines verwirrten Menschen zu meinen, es könne jemals geschehen, daß sich die katholische Kirche und dieses Jahrhundert, daß sich Gott und Belial miteinander aussöhnten; verwirrt auch zu meinen, dies sei nützlich und katholisch. Und wenn es Leute gibt, die die Partei des katholischen Zentrums in Deutschland für überflüssig halten, so sehen diese immerhin nicht viel im Staat. Und wenn katholische Professoren hoffen, die katholische Kirche unter Geringachtung der Bischöfe und Verachtung des katholischen Volkes reformieren zu können, so kann ihre Verwirrung kaum größer gedacht werden [...] Und wenn Schell die Kirche durch den Reformkatholizismus retten zu können glaubt, sieht er nicht klarer als Mommsen[74], der den Staat durch die Sozialisten gerettet wissen will: Ein jeder von ihnen verhält sich nicht klüger denn einer, der seine Hennen den Füchsen zur Beaufsichtigung übergibt. Wenn aber die Reformer jene langen und obskuren Umwege der Schellschen Art zu schreiben und die doppelsinnigen Aussprüche eines Ehrhard für die wahre Weisheit halten, urteilen sie nicht weniger konfus und flüchtig als diejenigen, welche den Glanz des unechten Goldes hochschätzen [...]"

Seitenweise geht es in solchem Jargon weiter, so daß man im nachhinein geradezu dankbar dafür ist, daß Keppler die für ihn zentralen Stichworte durch Unterstreichung hervorgehoben hat. Es sind dies die Begriffspaare "confusio et mendacium" und "inscitia aut perfidia". In intellektueller Hinsicht sind die Reformer entweder Wirrköpfe oder Unwissende, unter moralischem Betracht Lügner und Betrüger, durch und durch perfide Menschen, was man allein schon daran ablesen kann, daß sie "mit den Freimaurern, Juden und anderen Feinden der Kirche gemeinsame Sache machen", aber auch an der "betrügerischen und heimtückischen Art", mit der sie gegen die Rede des Rottenburger Bischofs angekämpft haben. Und noch ein fünftes Charakteristikum bringt Keppler ins Spiel, die "superbia". "Fons et origo, nervus ac robur" des Reformkatholizismus ist ihm der Stolz, "und zwar ein gelehrter Stolz, ein Hochmut der Wissenschaft, welcher es verschmäht, sich der Niedrigkeit des Glaubens und des göttlichen Wunders zu unterwerfen". Wie aber soll man mit solchen Menschen verfahren? Und wie kann die Kirche ihren verderblichen Einflüssen wehren?

Eine Therapie der Milde oder Schonung, so Keppler, ist nicht angezeigt, wenn das Heil vieler Seelen in Gefahr schwebt und das Wohlergehen der Kirche auf dem Spiele steht. Hier gilt vielmehr die Devise: "quod medicina non sanat, ferrum sanat, quod ferrum non sanat, ignis sanat". Aber wie läßt sich solches Schneiden und Brennen bewerkstelligen angesichts der Tatsache, daß die Pseudoreformatoren ihre gefährlichen Ideen unter dem Deckmantel der Liebe zur Kirche vorbringen und sie sich im Unterschied zu den Ketzern von ehedem hüten, von der Orthodoxie abzuweichen? Auch hierauf weiß der Bischof eine Antwort: nicht anklagen und überführen, sondern die Hüllen ihrer Verstellung entfernen! Daher erbitte er von Gott, "daß der Heilige Vater, wenn es geschehen kann, unter Anrufung des Heiligen Geistes eine feierliche Erklärung gegen die Pseudoreformisten gleichsam ex cathedra zu verkünden sich würdigt". Wenn aber solch eine Deklaration "weniger opportun" erscheine, wäre ein vertrauliches Apostolisches Schreiben an alle Bischöfe, vor allem diejenigen Deutschlands und Österreichs, wünschenswert, das zur besonderen Wachsamkeit gegenüber dem Reformkatholizismus ermahne, oder wenigstens ein Brief an Kardinal Gruscha in Wien ähnlich dem an den Rottenburger Bischof ergangenen.

Zumindest die ersten beiden von Keppler vorgeschlagenen Maßnahmen hat Rom nicht getätigt. Ob Gruschas Bitte erfüllt wurde, entzieht sich meiner Kenntnis. Über die Gründe, weshalb sich die Kurie einer Verurteilung des Reformkatholizismus enthielt, kann man nur mutmaßen. Mag sein, daß sie die keineswegs nur vorteilhaften Erfahrungen mit der lehramtlichen Stellungnahme gegen den Amerikanismus und mit der Indizierung Schells davon abhielten.

---

74 Zum Juristen und Althistoriker Theodor Mommsen (1817-1903): Marco Frenschkowski, in: BBKL VI 54-58.

Mehr Wahrscheinlichkeit darf wohl die Annahme beanspruchen, daß die Beschäftigung mit den präsentierten Dokumenten durch den Pontifikatswechsel im Sommer 1903 zunächst zum Erliegen kam. Unter Pius X. hat dann die Aufgabenstellung der Kongregation für außerordentliche kirchliche Angelegenheiten ohnedies einen bedeutsamen Wandel erfahren. Insofern bleibt es auch fraglich, ob man von einem direkten Einfluß der Kepplerschen Denkschrift auf die Enzyklika *Pascendi* sprechen kann. Aber völlig in der Versenkung verschwand das *Promemoria* wohl nicht, denn zumindest die Instruktion für den Münchener Nuntius Andreas Frühwirth vom Dezember 1907 enthält im Abschnitt IV über den Reformkatholizismus mancherlei Anklänge an die Ausführungen des Rottenburger Bischofs[75]. Doch wie es auch immer um die Abhängigkeiten und Einflußnahmen bestellt sein mag: Was der Biograph von Julius Langbehn für Kepplers "Reformrede" konstatiert, gilt auch für seine Denkschrift, daß sie nämlich "wie ein Vorspiel" zur päpstlichen Enzyklika *Pascendi* vom September 1907 erscheine, welche letztere freilich "in noch mächtigerem apostolischen Geiste so nachdrücklich und mit so klarer Begründung auf den christlichen Glaubensgrund verwiesen" habe[76]. Mit Langbehn aber ist zugleich der Koautor von Kepplers Dezember-Rede beim Namen genannt.

IV. Keppler und Langbehn - ein Freundschaftsbund gegen die "Reformer"

Um die letzte Jahrhundertwende zählte Julius Langbehn[77] zweifellos zu den Hauptvertretern einer spezifisch deutschen und mit dem Gestus des Propheten vorgetragenen Version konservativer Kulturkritik. Bereits 1890 hatte der beruflich gescheiterte Intellektuelle aus Nordschleswig mit seinem Buch *Rembrandt als Erzieher. Von einem Deutschen*[78] Furore gemacht, welches, obschon rhapsodisch, desorganisiert und wenig argumentativ, zu einem Bestseller wurde und in zwei Jahren vierzig Auflagen erlebte. Langbehn, der sich dann selbst als "Rembrandtdeutschen" stilisierte, ging es darin um die Kritik der Moderne, deren "modesüchtiger" Kulturbetrieb alle Anzeichen der Dekadenz und einer "täglich zunehmenden inneren Fäulnis" an sich trage, wobei er seine Kritik in besonderer Weise gegen die intellektualisierte Zivilisation zuspitzte und ihr das Postulat einer Erneuerung der elementaren Lebenskraft durch die Kunst entgegenstellte. Kunst gilt ihm als der Ort der Wahrheit und Ursprünglichkeit, weil sie gebunden ist an Landschaft und Heimat und damit auch an das durch Natur und Geschichte bestimmte einfache Volk. Wirkliche Individualität als höchster Wert des Menschseins ist seiner Ansicht nach nämlich nur möglich in bezug zum Volk, und zwar zum betont national verstandenen Volk. Es geht bei der Kulturkritik Langbehns, der Rembrandt, den "Niederdeutschen", den Maler des Hell-Dunkel, zum Gegensymbol gegen die eigene Zeit konstruiert, also

---

[75] ASV ANM 224, p 15-20. - Zu (Franz) Andreas Frühwirth (1845-1933), OP (1863), 1907-1916 Nuntius in München, 1915 Kardinal: Isnard Wilhelm Frank, in: LThK^3 IV 211.

[76] Nissen, Langbehn (wie Anm. 49), 305f.

[77] Zu August Julius Langbehn (1851-1907): Helmut Ibach, in: NDB XIII 544-546; Martin Schewe, in: BBKL IV 1084f.

[78] Rembrandt als Erzieher. Von einem Deutschen, Leipzig 1890; das Werk erlebte über achtzig Auflagen (z. B. ^{39}1891, ^{85}1936), wurde namentlich in der Jugendbewegung zu einem Kultbuch und wirkte seit den zwanziger Jahren wegen seiner undeutlichen Grenzen zwischen Kulturkritik und völkischer Ideologie zunehmend auch auf die germanomanen Randgruppen.

stets um das Deutsche, das Germanische; "die Modernität zerstört nicht nur die Seele, sondern insonderheit die germanische Seele (das scheint die Höchstform von Seele)"[79].

Keppler widmete dem anonym erschienenen Hauptwerk des "Rembrandtdeutschen" eine ausführliche Besprechung, in der er es "namentlich wegen seines hohen sittlichen Ernstes als eine der wohltuendsten Erscheinungen der Zeit" würdigte, und erhielt daraufhin, wie er im Geleitwort zu Momme Nissens Langbehn-Biographie berichtet, vom Verfasser "einige freundliche Briefe", ohne daß dieser sein Inkognito lüftete[80]. Hierzu entschloß sich Langbehn erst, als sein wohlwollender Rezensent die Bischofsmitra erlangt hatte. Anfang März 1899 teilte er Keppler unter Angabe seines damaligen Aufenthaltsortes Lübeck mit, er habe den Weg zur katholischen Kirche gefunden und werde demnächst konvertieren[81]. Daraufhin entwickelte sich ein lebhafter Briefwechsel, wobei sich der Bischof, der manch äußere Schwierigkeiten des Konfessionswechsels überwinden half, in dem als "lichtreich und gewinnbringend" empfundenen geistigen Austausch schon bald mehr als "der empfangende" denn "der gebende Teil" erachtete,[82] was er unter anderem dadurch zum Ausdruck brachte, daß er bereits im Sommer 1899 bei der Generalversammlung der Görres-Gesellschaft nachdrücklich auf die "gesunde und ernste ethische Grundtendenz" des "Rembrandtdeutschen" hinwies[83]. Gleichwohl konnte zum damaligen Zeitpunkt noch kein Außenstehender die Tragweite des Freundschaftsbundes der beiden "Geistesmänner" erahnen, und auch nicht, daß dieser Bund sich unversehens zu einer Kampfgemeinschaft gegen den "Bildungskatholizismus" schmieden würde.

Letzteres begann sich anzubahnen, als Langbehn, der am 26. Februar 1900 in Rotterdam zum katholischen Glauben übergetreten war, im Juni des Jahres nach Süddeutschland kam und zunächst in Würzburg seine Zelte aufschlug. Denn hier, wo er sich Bischof Schlör zu seinem Beichtvater erkor, kam er in persönlichen Kontakt mit einem der schärfsten Gegner der Reformkatholiken, mit dem Dompfarrer Braun, der kurz zuvor in zwei Broschüren gegen Schell das Wort ergriffen hatte und bald auch gegen Ehrhard literarisch zu Felde zog[84]. Die tiefgreifende Wirkung dieser Begegnung auf das übersteigerte Sendungsbewußtsein Langbehns kann man dem jetzt immer lebhafter werdenden Briefwechsel mit Keppler entnehmen. So schrieb er am 4. Oktober 1900 aus Lohr am Main: "Ich bin weder Priester noch Levit, ich bin Samariter. Ich möchte Öl in die Wunden der kranken Zeit gießen, aber nicht, ohne einige vorher auszubrennen. Sonst gibt es Fäulnis [...] Genau gesagt, fühle ich mich wie die Peitsche in der Hand des Fuhrmanns, die Pferd und Wagen treibt, sie knallt, sie schnalzt nicht nur; sie schlägt auch. Die Pferde sind die Katholiken; der Wagen ist die Kirche; der Fuhrmann ist - Gott"[85].

Es dauerte nicht lange, da ließ sich auch der Rottenburger Oberhirte von dieser "Peitsche in der Hand des Fuhrmanns" treiben. Als ihn Langbehn aufforderte, ein "Bauernbischof" zu werden, weil man sich bei Bauern in besserer Gesellschaft befinde als unter Gelehrten, schrieb ihm der lenksame Keppler zurück: "Sie können nicht mehr davon überzeugt sein als ich, daß Gelehrsamkeit in Verwaltung des Bischofsamtes nicht viel zu bedeuten habe. Ich wollte nie etwas anderes sein und war nie etwas anderes als ein 'Bauernbischof', und jede Firmungsreise

[79] Thomas Nipperdey, Deutsche Geschichte 1866-1918, Bd. I, München 1990, 827.
[80] Keppler, Zum Geleit, in: Nissen, Langbehn (wie Anm. 49), 2f.
[81] Benedikt Momme Nissen (Hg.), Langbehn-Briefe an Bischof Keppler, Freiburg i. Br. 1937, 1f.
[82] Ebd., 4.
[83] JGG f. 1899, Köln 1900, 12f.
[84] Zu Brauns literarischem Kampf gegen die "Reformer" siehe Weiß, Briefe (wie Anm. 1), 392-394.
[85] Nissen, Langbehn-Briefe (wie Anm. 81), 23-25.

bestärkt mich noch mehr in dem tiefinnersten Bewußtsein, daß der Bischof im Volk die Wurzeln seiner Kraft hat, fürs Volk da ist, nur mit dem Volk etwas ist und kann. Noch nie habe ich freudiger einer von Ihnen kommenden Mahnung zugestimmt als in diesem Punkt"[86]. Etliche Monate danach, nämlich im Frühjahr 1902, kam es nach "wöchentlichem, mitunter täglichem Briefwechsel"[87] zur ersten persönlichen Begegnung des "Rembrandtdeutschen" mit dem Bischof, und weil "niederdeutsche Gradheit und schwäbische Gediegenheit" so gut zueinander paßten und so "heilsam zusammenwirken" konnten,[88] "folgten stunden- und tagelange Unterredungen in Stuttgart, Rottenburg, Sigmaringen, Beuron"[89]. Zwar fiel es Keppler nach eigenem Bekunden nicht immer leicht, die "ungemein impulsive Natur" und den "überhitzten Reformeifer" seines Gesprächspartners einzudämmen, doch daß "unter den Laien" niemand die "Gefährlichkeit" der rasch um sich greifenden reformkatholischen Bewegung "so bald und so klar durchschaut" hat wie Langbehn, davon war er vollauf überzeugt[90]. "So gingen wir 1902 vereint ans Werk, nämlich an die Festsetzung einer Rede über wahre und falsche Reform, die der Bischof so bald als möglich halten wollte. Ein Entwurf des Bischofs bildete die Grundlage zu schriftlichen und mündlichen Erörterungen. In den Grundsätzen und Hauptgedanken herrschte bald volle Übereinstimmung; über Form und Ton gingen die Ansichten auseinander; nur um zu einem Ergebnis zu kommen, willigte ich schließlich in die Aufnahme einiger von der andern Seite hartnäckig geforderten Ausdrücke und Wendungen, die ich heute noch lieber nicht in der Rede sehen möchte"[91].

Solches bekannte Keppler an Ostern 1926, wenige Monate vor seinem Tod. Bleibt noch zu erwähnen, daß des Bischofs Freundschaft mit dem "Rembrandtdeutschen" bereits "binnen Jahresfrist nach der Reformtat" in die Brüche ging[92]. "Eine Auseinandersetzung in einer rein taktischen Frage gab den Anlaß zum Auseinandergehen", schreibt Keppler und fügt hinzu: "Prinzipielle Differenzen, persönliche Antipathien kamen dabei nicht in Frage. Es war ein friedliches, wenn auch nicht schmerzloses Auseinandergehen, vergleichbar der Trennung des Paulus von Barnabas und Johannes Markus (Apg. 15,39). Von nun an arbeitete jeder für sich weiter in dem Geist, der sie einst beide zusammenführte"[93]. Und daß Keppler auch ohne die Langbehnsche "Peitsche" die eingeschlagene Richtung beibehielt und seine Ablehnung des Reformkatholizismus keine Episode blieb, stellte er im Pontifikat Pius' X. nicht nur einmal unter Beweis. Die Aktionen gegen den Historiker Heinrich Günter, das Lehrzuchtverfahren gegen den Dogmatiker Wilhelm Koch, Kepplers unduldsame Rolle in den Auseinandersetzungen um den Antimodernisteneid, die mit seinem Namen sich verbindenden neuen *Rottenburger Wirren* und der von ihm kräftig geschürte Antagonismus zwischen dem Wilhelmsstift in Tübingen und dem Priesterseminar in Rottenburg sind hierfür nur die wichtigsten Beispiele[94]. All dieses und manches andere hatte der davon in eigener Person schmerzlich betroffene Philipp Funk im Blick, wenn er 1910 schrieb: "Das ist die 'wahre Reform', wie sie Keppler in seiner Diözese verwirklicht. Die früher so günstigen kirchlichen Verhältnisse Württembergs

[86] Ebd., 38.
[87] Keppler, Zum Geleit (wie Anm. 80), 3.
[88] Nissen, Langbehn (wie Anm. 49), 294.
[89] Keppler, Zum Geleit (wie Anm. 80), 3.
[90] Ebd., 5f.
[91] Ebd., 6. - Langbehns Grundsätze und Hauptgedanken zur "Reformrede" sind unter dem Stichwort "Tempelreinigung" ausführlich dargelegt bei Nissen, Langbehn (wie Anm. 49), 298-302.
[92] Ebd., 306.
[93] Keppler, Zum Geleit (wie Anm. 80), 7.
[94] Siehe hierzu die unter Anm. 10 genannte Literatur.

haben ein jähes Ende gefunden. Das gute Einvernehmen mit der Regierung, das dem Lande den Kulturkampf erspart hatte, und die wissenschaftliche Blüte der theologischen Fakultät, beides der alte Stolz der Diözese [...] sind geschwunden. Woran drei Menschenalter mit treuem Fleiß gebaut, ein kleines Jahrzehnt Kepplerscher Politik hat es über den Haufen geworfen"[95].

Daß die antimodernistischen Aktionen Kepplers vom konservativen Flügel der Tübinger Fakultät, insbesondere von den Professoren Belser und Sägmüller[96], kräftig unterstützt wurden, soll nicht verschwiegen werden. Aber gerade dabei tritt etwas Ähnliches zutage wie beim Zusammenwirken mit Langbehn, nämlich daß der sechste Rottenburger Oberhirte, der nach außen hin so souverän aufzutreten verstand, nicht selten bis zur Hörigkeit unselbständig agierte, was wohl nicht allein in seinem Charakter, sondern auch in seiner geringen theologischen Kompetenz begründet lag. Damit sollen Kepplers hohe Verdienste um den Ausbau der Seelsorge in der württembergischen Diaspora und um die homiletische Fortbildung des Klerus keineswegs geschmälert werden. Aber daß bei der Beschäftigung mit den innerkirchlichen Auseinandersetzungen nach der letzten Jahrhundertwende ein anderes Keppler-Bild aus den Quellen ersteht als das von seinen Biographen Haßl, Willburger oder Donders[97] gezeichnete, kann nicht nachdrücklich genug betont werden.

---

[95] Spectator novus, Briefe (wie Anm. 36), 272. - Zu Philipp Funk: Roland Engelhart, "Wir schlugen unter Kämpfen und Opfern dem Neuen Bresche". Philipp Funk (1884-1937) - Leben und Werk (EHS.G 695), Frankfurt a. M. u. a. 1995.

[96] Näheres zum Neutestamentler Johannes Belser (1850-1916) und zum Kirchenrechtler Johann Baptist Sägmüller (1860-1942) bei Reinhardt, Auseinandersetzungen (wie Anm. 10), passim, bes. 283f.

[97] Haßl, Keppler (wie Anm. 2); August Willburger, Bischof Paul Wilhelm von Keppler, in: Franz Stärk (Hg.), Die Diözese Rottenburg und ihre Bischöfe 1828-1928. Ein Festbuch ..., Stuttgart 1928, 223-239; Adolf Donders, Paul Wilhelm von Keppler, Bischof von Rottenburg, ein Künder des katholischen Glaubens, Freiburg i. Br. 1935.

Frauen und "Modernisten"

Ein Kreis um Augusta von Eichthal

Von Claus Arnold

"Madame, [...] Der Friede den meine Zurückgezogenheit mir verschafft, macht mich den Geschehnissen draußen gegenüber nicht gleichgültig; noch viel weniger läßt sie mich die Personen vergessen, die mich zu anderen Zeiten mit ihrer wohlwollenden Sympathie ermutigt haben". Alfred Loisy (1857-1940) antwortete so im September 1905 aus seinem Exil in Garnay auf einen Brief der Augusta von Eichthal und schilderte ihr vertrauensvoll seine schwierige Lage[1]. Loisy hat die Briefe der Baronin nicht aufbewahrt[2], in seinen *Choses passés* und seinen Memoiren kommt sie nicht vor[3]. Die große Ereignisgeschichte der Modernismuskrise konnte er offensichtlich ohne ihren Namen schreiben. So hat es, was das Thema Frauen und Modernisten angeht, zum großen Teil auch die spätere Historiographie gehalten[4]. Ausnahmen bildeten dabei Maude Petre (1863-1942)[5], die Vertraute und Nachlaßverwalterin George Tyrrells (1861-1909)[6], oder Enrica von Handel-Mazzetti (1871-1955)[7], die mit ihrem *Jesse und Maria* in den Streit um den *Modernismus litterarius* geriet[8]. Die Hauptakteure in den geschichtlichen Darstellungen blieben aber Päpste, Bischöfe, Theologen und ein paar Laien wie Friedrich von

---

Benutzte Archive: Bayerisches Hauptstaatsarchiv, Abt. V, Nachlaß Augusta von Eichthal (NIE); Universitätsarchiv Freiburg i. Br., Nachlaß Joseph Sauer (von mir noch vor allem im Institut für Christliche Archäologie der Universität Freiburg benutzt) (NIS); Fürstlich Waldburg-Zeil'sches Gesamtarchiv, Schloß Zeil bei Leutkirch, Nachlässe Gräfin Marie Waldburg-Wurzach und Gräfin Sophie Waldburg-Syrgenstein (NZA); Bayerische Staatsbibliothek, Handschriftenabteilung, Doellingeriana II; Abtei St. Bonifaz, München, Nachlaß P. Odilo Rottmanner (NIR).

1 Alfred Loisy an Augusta von Eichthal, Garnay 1905 Sep 04; NIE. "Madame, [...] la paix que ma retraite me procure ne me rend pas indifférent à ce qui se passe au dehors; bien moins encore me fait-elle oublier les personnes qui en d'autres temps m'ont encouragé de leur bienviellante sympathie."; über ihn: Peter Neuner, in: TRE XXI 453-456 (Lit.). Das Schreiben Loisys von 1905 ist als einziges im NIE erhalten geblieben. Daß die Korrespondenz wohl ausgedehnter war, läßt sich an den Briefen Sauers an von Eichthal ablesen, in denen er mehrfach für interne Nachrichten über den Stand des "Falles" Loisy dankt; vgl. z.B. Sauer an von Eichthal, 1902 Okt 11; NIE.

2 Dies ergab eine Durchsicht des Fonds Loisy in der Bibliothèque Nationale in Paris. Auch in den Fonds Duchesne und Houtin sind keine Briefe der Baronesse erhalten.

3 Alfred Loisy, Mémoires pour servir à l'histoire religieux de notre temps, 3 Bde., Paris 1930-1931.

4 Das Thema fehlt auch in der neueren historischen Frauenforschung: Vgl. Irmtraud Götz von Olenhusen (Hg.), Frauen unter dem Patriarchat der Kirchen. Katholikinnen und Protestantinnen im 19. und 20. Jahrhundert (Religion und Gesellschaft 7), Stuttgart 1995; dies. (Hg.), Wunderbare Erscheinungen. Frauen und katholische Frömmigkeit im 19. und 20. Jahrhundert, Paderborn 1995. - Neuerdings wurde auf die Gestalt der Louise von Leon-Hunoltstein (1846-1912), Mitarbeiterin am *Neuen Jahrhundert*, aufmerksam gemacht: Otto Weiß, Der Modernismus in Deutschland. Ein Beitrag zur Theologiegeschichte, Regensburg 1995, 384-394.

5 Über sie: Clyde F. Crews, English Catholic Modernism. Maude Petre's way of Faith, Notre Dame 1984.

6 Über ihn: Nicholas Sagovsky, "On God's side". A life of George Tyrrell, Oxford 1990.

7 Vgl. Karl Hausberger, "Dolorosissimamente agitata nel mio cuore cattolico". Vatikanische Quellen zum "Fall" Handel-Mazzetti (1910) und zur Indizierung der Kulturzeitschrift "Hochland" (1911), in: Rudolf Zinnhobler u.a. (Hg.), Kirche in bewegter Zeit (FS Maximilian Liebmann), Graz 1994, 189-220.

8 Vgl. Manfred Weitlauff, "Modernismus litterarius". Der "Katholische Literaturstreit", die Zeitschrift "Hochland" und die Enzyklika "Pascendi dominici gregis" Pius' X. vom 8. September 1907, in: BABKG 37 (1988) 97-175.

Hügel (1852-1925)[9] oder Karl Muth (1867-1944)[10]. Wenn hier nach neuen Einsichten zum Thema "Frauen und Modernisten" gesucht wird, richtet sich der Blick also gezwungenermaßen auf den Hintergrund, genauer: den gesellschaftlichen *background*, vor dem sich sogenannte Modernisten[11] bewegten. Mit einiger Vorsicht könnte man vom Versuch einer "Milieu-Studie" sprechen[12]. Zwar kann in diesem Rahmen von einer erschöpfenden Behandlung der Frage nicht die Rede sein, aber der hier zum ersten Male ausgewertete Nachlaß der Baronesse von Eichthal sowie der Nachlaß Joseph Sauer (1872-1949)[13] machen es möglich, wenigstens ein Beziehungsgeflecht zu würdigen, nämlich die römischen und süddeutsch-östereichischen Kontakte der Augusta von Eichthal. Dennoch stellt sich auch dabei die grundsätzliche Frage, welche Funktionen Frauen im Zusammenhang der Modernismuskrise erfüllt haben. Ihr wird in einer abschließenden Analyse nachgegangen. Zuvor kommen im ersten, darstellenden Teil die Quellen selbst ausführlich zu Wort, zum einen, weil sie bisher weitgehend unbekannt sind, zum anderen, weil nur so Milieukolorit und Mentalität aufscheinen können, deren atmosphärische Gehalte sich in der Paraphrase leicht verflüchtigen.

I. Augusta von Eichthal im Salon und anderswo

1. Die amerikanisch-deutsche Kombination

Franz Xaver Kraus (1840-1901)[14] wollte wieder einmal ins Bild gesetzt werden:

"Was hören Sie denn von den Damen von Schleinitz[15]? Ich weiß seit Monaten nichts mehr von ihnen. Wo sind die Hügel[16]? Kommen sie diesen Winter nach Rom? Und Duchesne[17]? Ist

---

9 Über ihn: Manfred Weitlauff, Friedrich von Hügel (1852-1925), in: TRE XV 614-618; Giuseppe Zorzi, Auf der Suche nach der verlorenen Katholizität. Die Briefe Friedrich von Hügels an Giovanni Semeria, 2 Bde. (Tübinger Studien zur Theologie und Philosophie 3), Mainz 1991.

10 Über ihn zuletzt: Weiß, Modernismus (wie Anm. 4), 458-473.

11 "Modernist" ist ein polemischer Begriff, der seine inhaltliche Füllung durch die Enzyklika *Pascendi* erhielt, auf Grund derer *jeder* über eine strikt neuscholastische Position hinausgehende Ansatz in Theologie und Philosophie als "Modernismus" verfolgt werden konnte. Im Sinne einer "Fremddefinition" werden hier damit die nicht streng neuscholastischen Theologen in den Jahren nach 1900 verstanden, denen diese Bezeichnung tatsächlich angehängt wurde oder worden wäre, wenn ihr Denken und Wirken öffentlich bekannt gewesen wäre. Zur Problematik des Begriffs: Thomas Michael Loome, Liberal Catholicism - Reform Catholicism - Modernism. A Contribution to a New Orientation in Modernist Research (TTS 14), Mainz 1979, 23-82; vgl. dazu Manfred Weitlauff, "Modernismus" als Forschungsproblem. Ein Bericht, in: ZKG 93 (1982) 312-344; Herman H. Schwedt, Rez. Norbert Trippen, Theologie und Lehramt im Konflikt, Freiburg i. Br. 1977, in: RQ 73 (1978) 271-275.

12 Der Begriff wird dabei in seiner offenen Form verwendet wie bei Karl August Fink, Kardinal Hohenlohe und das römische Milieu in der zweiten Hälfte des 19. Jahrhunderts, in: Martin Schmidt/Georg Schwaiger (Hg.), Kirchen und Liberalismus im 19. Jahrhundert (SThGG 19) Göttingen 1976, 164-172. Vgl. unten Anm. 182.

13 Über ihn: Karl Hausberger, in: BBKL VIII 1288-1291 (Lit.). - Eine theologisch und kirchenpolitisch akzentuierte Biographie Sauers wird von mir vorbereitet.

14 Über ihn: Christoph Weber (Hg.), Liberaler Katholizismus. Biographische und kirchenhistorische Essays von Franz Xaver Kraus (BDHIR 57), Tübingen 1983 (Lit.); Weiß, Modernismus (wie Anm. 4), 123-133.

15 Alexandra von Schleinitz (1842-1901), Dichterin, und Adele von Schleinitz (*1845); Franz Xaver Kraus, Tagebücher, hg. von Hubert Schiel Köln 1957, 686; Anton Mayer-Pfannholz, Alexandra von Schleinitz, in: LThK[1] IX 270.

16 Friedrich von Hügel und seine Gattin Lady Mary Herbert (1849-1935).

er und seine Katze munter? Ist Keane[18] wieder zurückgekehrt? Ich werde mich überaus freuen, ihn und M. O'Connell[19] kennenzulernen." - Die wenigen Zeilen, die Franz Xaver Kraus im November 1897 an Augusta von Eichthal richtete[20], genügen schon, um vor dem geistigen Auge das rege gesellschaftliche Leben um diese adelige Dame erstehen zu lassen. Kraus nennt Namen aus zwei Personengruppen: zum einen aus der zur Überwinterung in Rom versammelten besseren, meist adligen und katholischen europäischen Gesellschaft, zum anderen die Namen katholischer Theologen, die später als "Amerikanisten" oder "Modernisten" verdächtigt wurden, weil sie nicht zur streng neuscholastischen Partei gehörten. Einer, Baron Friedrich von Hügel, gehört zu beiden Gruppen.

Das Kraus-Zitat führt mitten hinein in das eine kirchenpolitische Aktionsfeld der Baronin, das der Forschung nicht unbekannt geblieben ist. Richard Ayers hat aufgrund des Kraus-Nachlasses eine deutsch-amerikanische liberalkatholische Kombination in den Jahren 1897-98 beschrieben[21], in der Augusta von Eichthal eine Schlüsselposition einnahm: Sie brachte die vorher eher nach Frankreich orientierten "Amerikanisten" Denis O'Connell (von ihr liebevoll "Propeler"[22] genannt), John Ireland (1838-1918)[23], John Keane und Charles Grannan (1846-1924)[24] mit Franz Xaver Kraus zusammen. Kraus half mit seinen Spektatorbriefen den Amerikanern, den ultramontanen Joseph Schröder (1849-1903)[25] in der theologischen Fakultät der *Catholic University of America* (Washington D.C.) auszuschalten. Das wichtigere Ziel der "Kombination" war es aber, den "liberalen" Kardinal Serafino Vannutelli (1834-1915), der mit seinem Bruder Vincenzo (1836-1930)[26] oft im Salon der "Augusta Baronessa di Ripetta"[27] - verkehrte, im nächsten Konklave durchzusetzen. Das Vannutelli-Programm[28] sollte den wissenschaftlichen und nationalen Fortschritt Deutschlands wie der Vereinigten Staaten begünstigen und damit den - so von Eichthal - "energetischen teutonischen Rassen"[29] stärker als unter Leo XIII. und dessen *ralliement* mit Frankreich entgegenkommen. Die Segnungen der modernen Wissenschaft hätten dabei nach den Vorstellungen der Baronesse auch den Frauen per Universitätsstudium zuteil werden sollen. Das Ende der Kombination kam, als Erzbischof

---

17 Über ihn: Brigitte Waché, Monseigneur Louis Duchesne (1843-1922). Historien de l'Eglise, Directeur de l'Ecole Française de Rome (Collection de l'Ecole Française de Rome, Bd. 167), Rom 1992.

18 John J. Keane (1839-1918); über ihn: Gerald P. Fogarty, The Vatican and the American Hierarchy from 1870 to 1965 (Päpste und Papsttum, Bd. 21), Stuttgart 1982 (Reg.).

19 Denis O'Connell (1849-1927); Gerald P. Fogarty, The Vatican and the Americanist Crisis: Denis J. O'Connell, American Agent in Rome, 1885-1903 (MHP 36), Rom 1974.

20 Kraus an von Eichthal, Freiburg 1897 Nov 20; NlE Nr. 48.

21 Robert C. Ayers, The Americanists and Franz Xaver Kraus: an historical Analysis of an international Liberal Catholic Combination, 1897-1898, Phil.Diss. Syracuse University, New York 1981 (Mikrofiche); vgl. Weber, Liberaler Katholizismus (wie Anm. 14), 75f.

22 Vgl. die Briefe in NlE Nr. 12; z.B. O'Connell an von Eichthal, Rom, 1900 Oktober 21: "My dear friend, [...] I was hoping you could come soon to Rome so that we could chat and chat and chat, [...] Propeler."

23 Über ihn: Fogarty, Vatican (wie Anm. 19) (Reg.).

24 Über ihn: Ebd. (Reg.).

25 Ayers, Combination (wie Anm. 21). Über ihn Herman H. Schwedt, in: BBKL IX 984-988.

26 Über sie: Christoph Weber, Quellen und Studien zur Kurie und zur Vatikanischen Politik unter Leo XIII. Mit Berücksichtigung der Beziehungen des Hl. Stuhles zu den Dreibundmächten (BDHIR 45), Tübingen 1973 (Reg.).

27 So die scherzhafte Anrede auf den zahlreichen Karten im NlE Nr. 105. Die römische Wohnung der Baronin befand sich in der Via Ripetta.

28 Karl Alexander von Müller (Hg.), Fürst Chlodwig zu Hohenlohe-Schillingsfürst. Die Denkwürdigkeiten der Reichskanzlerzeit, Stuttgart 1931, 467f.

29 Zit. nach Ayers, Combination (wie Anm. 21), 256. Die Originale der Briefe von Eichthals an Kraus sind im NL Kraus in der Stadtbibliothek Trier derzeit nicht auffindbar.

Ireland sich von Kraus abwandte, weil er das Mißfallen des Kardinalstaatssekretärs Mariano Rampolla (1843-1913)[30] nicht auf sich ziehen wollte. Lag die amerikanisch-deutsche Kombination in den Händen von Eichthals, so vermittelte die Gräfin Sabina di Parravicino Revel (1865-1944) die Kontakte der "Amerikanisten" in Italien. Die *presenza femminile* war in diesem Zusammenhang wirklich unübersehbar[31].

Kraus hielt weiterhin engen Kontakt zur Baronin: Sie sorgte in Rom für seine Hotel-Unterbringung und besuchte ihn in Freiburg zusammen mit Denis O'Connell und Felix Klein (1862-1953)[32], dem Übersetzer der Hecker-Biographie: "diese guten Menschen, welche so sehr mit mir übereinstimmen"[33]. Gesprächsthema war dabei auch der französische Exeget Alfred Loisy, dessentwegen Kraus laut Eichthal eigens Paris besuchen wollte[34]. Daneben scheint die Baronesse das römische Presseecho auf Kraus' *Spektatorbriefe* organisiert zu haben[35].

Diese vor allem "amerikanistische" Einzelaktion der Baronin soll nun hier in ihren Zusammenhang gesetzt werden. Dabei richtet sich der Blick - nach einer biographischen Grundorientierung - zurück auf das I. Vatikanum und nach vorn zur "heißen Phase" der Modernismuskrise nach dem Tode von Kraus.

2. Biographische Grunddaten

Augusta Henriette von Eichthal entstammte einer ursprünglich in Leimen bei Mannheim ansässigen jüdischen Familie[36]. Ihr Großvater, der Königlich bayerische Hofbankier Aaron Elias Seligmann, wurde 1814 als Freiherr von Eichthal in den bayerischen Adelstand erhoben und ließ sich 1819 in München katholisch taufen. Seine Söhne begründeten die verschiedenen Linien der Familie, die es vor allem in Frankreich zu großem Erfolg brachte. Augusta wurde am 26. September (oder 22. März?) 1835 als erstes Kind des Schriftstellers und späteren Leuchtgasfabrikanten August von Eichthal (1795-1875) und seiner Frau Elise Krings (+1860), Tochter eines Heidelberger Universitätspedellen, in Triest geboren; sie starb fast 100 Jahre später, am 2. April 1932 in München[37]. Der von ihr gepflegte Lebensstil wird nach der europäischen Katastrophe von 1914 erst heute langsam wieder denkbar und beruhte auf ihrem ererbten Privatvermögen: Den Winter verbrachte sie spätestens seit 1870 jeweils in Rom, der Sommer sah sie in München bzw. in Wörrishofen oder auf dem Feldberg im Schwarzwald, den später auch der überreizte Joseph Sauer zu seinem *Tusculum* machte. Abstecher nach Pa-

---

30 Über ihn: Weber, Quellen und Studien (wie Anm. 26) (Reg.).

31 Dazu: Ornella Confessore, L'Americanismo cattolico in Italia (Religione e società 10), Rom 1984, 33 und passim.

32 Über ihn: Paul Duclos, in: BBKL III 1590f.

33 Kraus, Tagebücher (wie Anm. 15), 711; Weber, Liberaler Katholizismus (wie Anm. 14), 76.

34 Von Eichthal an Sophie von Waldburg-Syrgenstein, Rom 1902 Feb 04; NZA 789/39.

35 Kraus an von Eichthal, Freiburg, 1898 Mai 29; NlE Nr. 48: "Haben Sie Schells neueste Broschüre gelesen? Der neueste [...] Sp. Brief soll von ihm handeln, wie man mir zuverlässig mitteilt; sehen Sie, wie Sie sich damit zurechtfinden und machen Sie kurz darauf aufmerksam."

36 Vgl. zum Folgenden Genealogisches Handbuch des in Bayern immatrikulierten Adels, Bd. 11, Neustadt an der Aisch 1975, 204-213.

37 Vgl. dazu Sauer an Marie Waldburg-Wurzach 1937 Jul 31: "Unsere Freundin, Baronin von Eichthal, hat das Diesseits noch gerade im richtigen Augenblick verlassen können. Sie war auch darin ein richtiges Glückskind. Den nach ihrem Scheiden eingetretenen Wandel hätte sie bei Ihrem Deutschempfinden kaum mehr ertragen können."

ris und Amsterdam waren nicht ausgeschlossen. Familiäre Rücksichten brauchte die unverheiratete Baronin dabei nicht zu nehmen; ihre beiden Geschwister blieben ebenfalls kinderlos.

3. Im Zeichen des Vatikanums

In Rom finden wir Augusta von Eichthal bereits zur Zeit des I. Vatikanums. Der junge Graf Hermann Stainlein von Saalenstein (1850-1882) berichtet pikiert von einer römischen *Soirée* bei der Malerin Wilhelmine von Stein (*1825)[38] am 15. März 1870: "Ich sprach über das Konzil mit der Baronin von Eichthal und stieß auf sehr eigentümliche Ideen. Fräulein von Eichthal würde freilich an und für sich keine Autorität sein, aber sie ist in ihren Anschauungsweisen das Echo einer mächtigen katholischen Fraktion, in deren Mitte sie lebt. [...] Frl. v. Eichthal äußerte [...], die Unfehlbarkeit werde nur mit Fälschungen nachgewiesen und aufrechterhalten. Es sei ja doch nur jener Teil des Klerus für die Unfehlbarkeit, welcher sich in der Hand der Jesuiten befinde; [...] die neue Geschäftsordnung sei ausschließlich darauf berechnet, die Minorität noch mehr niederzustimmen, u.s.w."[39].

Tatsächlich gehörte Augusta von Eichthal mitten hinein in das Milieu um Gustav Adolf Kardinal Hohenlohe (1823-1896), das Karl August Fink beschrieben hat[40]. Mit Franz Liszt (1811-1886) waren sie und ihre Freundin, die Malerin Wilhelmine von Stein, freundschaftlich verbunden[41], der Graf Arthur de Gobineau (1816-1882)[42] oder P. Hyacinthe Loyson (1827-1912)[43] zählten zu ihren Gesprächspartnern. Der eigene Salon der Baronesse scheint während des Konzils noch nicht konstituiert, oder zumindest dem der sogenannten Matriarchen, Marquise de Forbin-d'Oppède (1822-1884), Pauline Craven (1808-1891) und Caroline Fürstin Sayn-Wittgenstein (1819-1887)[44], an Bedeutung nachgestanden zu haben. Sie verkehrte aber eng mit Bischof Ludwig Haynald (1816-1891)[45], einem der Hauptgegner der Unfehlbarkeitsdefinition, und betätigte sich von 1871 bis 1889 als Informantin Ignaz von Döllingers (1799-1890)[46], der ihr im Januar 1872 für ihre Mitteilungen dankte: "[...] Ich weiß ja, Sie sind eine treffliche Beobachterin, klaren, unbefangenen Geistes, eine Menschenkennerin; Sie kennen

---

[38] Über sie: Friedrich Noack, Das Deutschtum in Rom, 2 Bde., Berlin 1927; II, 573. - Die enge Freundschaft von Eichthals und von Steins dokumentiert u.a. eine Photographie der beiden, auf dem sie gemeinsam ein Bild Liszts halten; NlE Nr. 59.

[39] Emile Witmeur (Hg.), Auszüge aus dem Tagebuch des Grafen Hermann Stainlein von Saalenstein, Leipzig 1909, 212.

[40] Über ihn: Fink, Milieu (wie Anm. 12); Christoph Weber, in: DHGE XXIV 804-811; Hubert Wolf, Gustav Adolf zu Hohenlohe-Schillingsfürst. Kurienkardinal und Mäzen, in: Gerhard Taddey/Joachim Fischer (Hg.), Lebensbilder aus Baden-Württemberg, Bd. 18, Stuttgart 1994; vgl. die Briefe Hohenlohes in NlE Nr. 40.

[41] Vgl. die Briefe Liszts in NlE Nr. 59.

[42] Vgl. Adelheid von Schorn, Zwei Menschenalter. Erinnerungen und Briefe aus Weimar und Rom, eingeleitet von Friedrich Lienhard, Stuttgart ^{4}1923, 289f. - Auf die Gobineau-Begeisterung "reformkatholischer" Kreise, die auch Paul Wilhelm Keppler teilte, möchte ich in meiner Biographie Josef Sauers näher eingehen. Vgl. vorerst z.B. Luzian Pfleger, Gobineau, in: StL^5 II 773-776.

[43] Über ihn: M. Bécamel, in: Cath. VII 1206-1208; NlE Nr. 61.

[44] Vgl. Klaus Schatz, Vaticanum I 1869-1870, Bd. 2: Von der Eröffnung bis zur Konstitution "Dei Filius" (Konziliengeschichte, Reihe A), Paderborn 1993, 222-225 ("Römische Salons und 'Matriarchen'").

[45] NlE Nr. 33; über ihn: Gabriel Adriányi, Ungarn und das I. Vatikanum (BoBKG 5), Köln 1975, 64-73 und passim.

[46] Staatsbibliothek München, Döllingeriana II; 17 Briefe der Augusta von Eichthal. Über ihn: Georg Denzler/Ernst L. Grasmück (Hg.), Geschichtlichkeit und Glaube. Gedenkschrift zum 100. Todestag Ignaz von Döllingers, München 1990.

auch eine ganz absonderliche Menschengattung, gemeint Römische Prälaten; Sie durchschauen das Italienische, so wie das typisch Römische Wesen; ich kenne beides mehr aus Büchern als aus dem Leben; ich habe nur fünf Wochen in Rom zugebracht. Um so größeren Wert setze ich auf Ihr Urtheil"[47]. Freilich konnte von Eichthal nie so vertraut mit Döllinger werden wie die ihr ebenfalls bekannte Lady Blennerhassett (1843-1917)[48], der sie ein wenig freundliches Andenken bewahrte[49].

Die von Döllinger gerühmte Beobachtungsgabe machte von Eichthal sich auch literarisch zu Nutze: vor allem in den 1870er und 80er Jahren versorgte sie die *Neue Zürcher Zeitung* und andere Journale - unter Pseudonym - mit Reisefeuilletons aus Italien und Spanien[50]. Spätestens seit 1886 war ihr eigener Salon am Ripetta-Ufer fest etabliert. Von ihm soll nun eine Innenansicht gegeben werden.

4. Das Leben nach Kraus

Am 28.12.1901 war es schon 11 Uhr nachts geworden, als der junge Dr. Joseph Sauer in seinem Zimmer am *Campo Santo Teutonico* eine kurze Notiz über den Tod von Franz Xaver Kraus - wie an so viele in dieser Nacht - auch an Augusta von Eichthal richtete[51]. Der Kraus-Schüler Sauer, der nach der Promotion ein Reisestipendium des Archäologischen Instituts des Deutschen Reiches erhalten hatte, verkehrte - wie sein Mit-Camposantiner Emil Göller (1874-1933)[52] und zuvor schon Alexander Hoch (1868-1922)[53] - häufig im Salon in der Via Ripetta.

[47] Döllinger an von Eichthal, München 1872 Jan 09; NlE Nr. 15.

[48] Über sie: Victor Conzemius (Bearb.), Ignaz von Döllinger - Charlotte Lady Blennerhassett. Briefwechsel 1865-1886 (Ignaz Döllinger. Briefwechsel 1820-1890, Bd. 4), München 1981; ders., in: LThK³ II 525f. - Eine erste Würdigung der "liberalkatholischen Kontakte" Lady Blennerhassetts im Vorfeld der Modernismuskrise bei Loome, Liberal Catholicism (wie Anm. 11), 76-82.

[49] Von Eichthal an Sauer, München 1917 März 05; NlS: "[...] Inzwischen hat auch Charlotte Blennerhassett hier die Ruhe im ewigen Schlafe gefunden, die ihrem Leben nicht beschieden gewesen ist. Näherstehenden mag sie sympathischer gewesen sein als jenen, die ihr apodiktisches Wesen vor intimeren Verkehr abschreckte. Sie war der dogmatisch veranlagte Bücherwurm. Die zusammengetragenen Wissensschätze umwallten sie gleich einer Bastion. Als Wimpel flatterten darüber in bezeichnender Schwerfälligkeit die endlosen Doppelkonsonanten von ihres deutschgehässigen Gemahls Familiennamen. Sie selbst hat bei dem Tode dieses unliebsamen Mannes - dessen Göttin sie mit wenig Ausnahmen die längste Zeit und zwar bis zum Ende nur aus der Ferne gewesen - an Marie Waldburg versichert: ihr Teuerstes habe sie mit ihm verloren! Zu dieser hysterischen Verrücktheit stimmt der Ausdruck (den *ich* Ihnen glaube geschrieben zu haben), ihr zu Kriegsbeginn entfahren: Jetzt werden die Engländer hoffentlich bald die Deutschen schlagen! - Mochten Sie sie eigentlich? Insbesondere habe ich ihr den Nachruf verübelt, den sie - sichtlich allein des Erwerbes wegen - F.X. Kraus in der Rundschau geliefert. *Wie* lau, wie vorsichtig! Salvare voleva il cavolo e la capra! wie die Italiener das aus eigener Naturanlage so richtig bezeichnen. -"

[50] NlE Nr. 122: Monte Cassino, in: Wochenausgabe der Augsburger Allgemeinen Zeitung 1868, Nr. 29-33; Portugals Glück und Ende in Südostafrika, in: Neue Zürcher Zeitung, Beilage zu Nr. 321, 1891 Nov 17; R. v. Windeck, Vor dem Friedensrichter in Rom, in: Neue Zürcher Zeitung Nr. 170² 1885 Jun 19 und Nr. 171² 1885 Jun 20; Erich Altjung, Römische Ausgrabungen, in: Die Gegenwart. Wochenschrift für Literatur, Kunst und öffentliches Leben Nr. 43f 1875 Okt; ders., Die Ruinen von Canossa, in: ebd. Nr. 49 1876 Dez.

[51] NlE Nr. 45; hier auch die Karte Friedrich von Hügels an von Eichthal vom "Silvesterabend" 1901: "Baron von Hügel schreibt in Eile gleich diese wenigen schwachen Worte, um Baronin von Eichthal gegenüber seinen tief-innigen Schmerz über auch seinen, wie in der ganzen Kirche und Katholischen Wissenschaft traurigst grossen Verlust zu beklagen [...]".

[52] Über ihn: Remigius Bäumer, in: Berndt Ottnad (Hg.), Badische Biographien Neue Folge, Bd. 4, Stuttgart 1996, S. 100-102.

Dort fand der junge Doktor die Freiheit im Gedankenaustausch und den "kleinen Kreis edler und gutgesinnter Menschen"[54], die er im *Campo* unter der Ägide von Anton de Waal (1837-1917)[55] so sehr vermißte. Sauer hatte die Baronin schon bei seinem ersten Romaufenthalt im Frühjahr 1901 kennengelernt und von ihren Kontakten profitiert[56]. Eine kleine Auswahl der Tagebuchnotizen seines zweiten Aufenthaltes spricht für sich selbst:[57]

[9] 10. Januar 1902: Zu Baronesse d'Eichthal noch gegangen, wo ich Schulte[58] traf und zwei Nekrologe [auf Kraus]von de Cesare[59] und aus dem Journale d'Italia[60] erhielt. [...] Baronesse erzählte mir die Geschichte Genocchis[61], der Exeget am Apollinare ist und eine zeitlang suspendiert war, ganz ohne Grund, Anhänger Loisys.

[11] 13. Januar 1902: Um 6 Uhr war ich bei Baronesse Eichthal, die mir Rudolphis[62] Brief zeigt, der sie als Berichterstatterin über römische Verhältnisse und Fragen engagiert.

[18] 24. Januar: Heute mittag teilgenommen an den Sitzungen des Archäologischen Institutes auf dem Kapitol. [...] Anwesend war Duchesne, Wilpert[63], Eichthal etc. Mit letzterer und Göller nachher in ein Konzert vom Bachverein [...].

---

53 Vgl. von Eichthal an Sauer, München 1917 Mär 05; NlS. Hoch war 1894/95 für kirchengeschichtliche Studien im Campo Santo Teutonico; Erwin Gatz, Rom als Studienplatz deutscher Kleriker im 19. Jahrhundert, in: RQ 86 (1991) 160-201; 175; vgl. Weiß, Modernismus (wie Anm. 4), passim.

54 Sauer an Friedrich Schneider, Rom 1902 März 17; NlS.

55 Über ihn: Erwin Gatz, Anton de Waal (1837-1917) und der Campo Santo Teutonico (RQ.S 38), Freiburg 1980.

56 Dazu Hubert Schiel, Briefe Joseph Sauers an Franz Xaver Kraus, in: RQ 68 (1973) 147-206. - Sauer lernte durch von Eichthal u.a. den irischen Politiker und Freund George Tyrrells William Gibson (1862-1942), Lord Ashbourne, kennen; über ihn: Emile Poulat (Hg.), Alfred Loisy. Sa vie - son oeuvre, par Albert Houtin et Félix Sartiaux. Manuscrit annoté et publié avec une Bibliographie Loisy et un Index Bio-Bibliographique, Paris 1960, 356.

57 Tagebuch Joseph Sauer 1901-1916; jetzt NlS (C 67-15). In [] die Seitenzahlen des Typoskripts. Sauer erwähnt in der Zeit zwischen dem 10. Januar und dem 12. Juni 1902 nicht weniger als 31 Treffen mit der Baronin. - Herrn Dr. Herman H. Schwedt, Limburg, bin ich für seine wertvollen Hinweise zur Kommentierung sehr zu Dank verpflichtet.

58 Aloys Schulte (1857-1941), Historiker; über ihn: Max Braubach, in: LThK^2 IX 515f.

59 Raffaele De Cesare (1845-1918), Senator, Historiker; über ihn: Christoph Weber, Liberaler Katholizismus (wie Anm. 14) (Reg.); ders., Quellen und Studien (wie Anm. 26) (Reg.). Einer der Nachrufe erschien im Corriere di Napoli Nr. 8, 1902 Jan 09; Kraus, Tagebücher (wie Anm. 15), 783.

60 Giacomo Barzellotti, Per Francesco Saverio Kraus, in: Il Giornale d'Italia, Nr. 5 1902 Jan 05; Kraus, Tagebücher (wie Anm. 15), 782.

61 P. Giovanni Genocchi MSC (1860-1926); über ihn: Franceso Turvasi, Giovanni Genocchi e la controversia modernista (Uomini e dottrine 20), Rom 1974; ders. (Hg.), Giovanni Genocchi. Carteggio I (1877-1900), Rom 1978; vgl. dazu die Rez. von Herman H. Schwedt, in: RQ 74 (1979) 282-284. Briefe Genocchis an von Eichthal in NlE Nr. 26. - Die Originale der erhaltenen Korrespondenz von Genocchi sind nach dem Tod von P. Turvasi (11. Juni 1992) verschollen. Im Archiv des Generalates der Missionare vom Hl. Herzen Jesu in Rom befinden sich lediglich die druckfertigen Typoskripte "Carteggio II (1901-1910)" und "Carteggio III (1911-1912)". In allen genannten Arbeiten kommt von Eichthal *nicht* vor.

62 Otto Rudolphi (1862-1925), Pfarrer in Gestraz/Allgäu; über ihn: Otto Weiß, in: BBKL VIII 854f.

63 Joseph Wilpert (1857-1944), Christlicher Archäologe; über ihn: Engelbert Kirschbaum, in: LThK^2 X 1170f. - Die Autobiographie: Josef Wilpert, Erlebnisse und Ergebnisse im Dienste der christlichen Archäologie. Rückblick auf eine 45jährige wissenschaftliche Tätigkeit in Rom, Freiburg 1930, beschäftigt sich nur mit dem eigenen Lebenswerk.

[23] 2. Februar: Nachher zu O'Connell, der voller Pessimismus über die gegenwärtige kirchliche Lage ist. [...] Ähnliche Gespräche bei von Eichthal, jedoch mehr im Anschluß an Kraus. Sie ist sehr erbost über die Fr. deutschen Blätter und über Rudolphi[64]: Mangel an Lebensmut und Freiheit der Gesinnung.

[25] 12. Februar: Heute nach elend verlebtem Tag abends bei Bar. Eichthal. Große Soirée, unterhielt mich viel mit Richard Voß[65], der über den Unwert, leere Öde der Gesellschaften klagte, über seine kostbare Zeit sprach. Abgeklärter, resignierter Kopf mit Stich ins Blasierte. [...] Mit Frl. Hertz[66] sprach ich über Duchesnes Kirchenstaatsideen. Mit Legationsrat von Flotow[67] über Ehrhards Buch[68]; für das er sich interessiert wie überhaupt für alle entsprechenden Fragen. Auch H. von Zwehl[69] sprach lange mit mir über Schulte und dessen Stellung; seine Frau, gemütliche Österreicherin, Schwester der Gräfin Losser, die mich, bezeichnend, fragte, ob ich schon Monsignore sei [...] Rotenhan[70] sprach über die neueste Knutung der christlichen Demokratie.

[26] 14. Februar: Abends rasch bei Baronin von Eichthal, wo ich auch O'Connell traf. Beide sehr pessimistisch; Bibelfrage wird als eingeschlafen betrachtet. Baronin berichtet, daß Kraus ihr erzählte, die Spektatorbriefe hätte er eingestellt, nachdem der Erzbischof kurz nach

---

64 Vgl. unten Anm. 101.

65 Richard Voß (1851-1918), Schriftsteller; sein Roman *Zwei Menschen* erlebte Dutzende von Auflagen; Noack, Deutschtum (wie Anm. 38), 621; DBA NF 1350, 104-133. - Vgl. seine Charakteristik des Eichthalschen Salons in: Richard Voß, Aus einem phantastischen Leben. Erinnerungen, Stuttgart 1923, 237f: "Ein Salon, der diesen Namen im besten Sinne des Wortes verdiente, war der Salon der Baronin Eichthal in Via Ripetta. Es war eine seltsame Frau: herb bis zur scheinbaren Härte, dabei von erstaunlichem Wissen, bekannt und befreundet mit den bedeutendsten Männern aller Herren Länder, überall in Beziehungen stehend zur vornehmen und geistigen Welt. Wer sie in ihrer wahren Wesenheit kennen lernte, mußte diese häufig verkannte Frau nicht nur hochhalten, sondern sie auch bewundern! Ihre Klugheit war Weisheit und ihre Schärfe die Folge bitterster Erfahrungen, die sie bereits in früher Jugend gemacht. Es waren diese Erfahrungen, die es zustande gebracht, sie gegen alles Unwahre, gegen jeden Schein mit tiefer Verachtung zu erfüllen. Mir war sie eine Freundin in des Wortes schönster Bedeutung und ich allein weiß, wie viel ich ihr danke; sie hat mein Leben reicher gemacht und mir Kraft gegeben, den Kampf des Lebens weiter zu führen. - Im Salon dieser merkwürdigen Frau versammelte sich also damals alles, was Rom an geistiger Bedeutung besaß. Die hohe katholische Geistlichkeit besuchte ihr Haus; und die Diplomaten aller Herren Länder unterhielten mit ihr Verkehr. Mit ihrem scharfen Verstand die Gäste beobachtend, empfing sie alle, um alsdann ihre Auswahl zu treffen, so daß zu ihrer nächsten Umgebung nur solche gehörten, die sie als echt erkannt zu haben glaubte [...]".

66 Henriette Hertz (1846-1913), Kunstsammlerin, Mäzenin; über sie: Florens Deuchler, in: NDB VIII 714f.

67 Hans von Flotow (*1862), 1900-1904 Sekretär der preußischen Gesandtschaft in Rom; Noack, Deutschtum (wie Anm. 38) II, 179; DBA NF 380, 21.

68 Albert Ehrhard, Der Katholizismus und das zwanzigste Jahrhundert im Lichte der kirchlichen Entwicklung der Neuzeit, Stuttgart-Wien 1901, $^{2-12}$1902. - Albert Ehrhard (1862-1940), Kirchenhistoriker; über ihn: Norbert Trippen, Theologie und Lehramt im Konflikt. Die kirchlichen Maßnahmen gegen den Modernismus im Jahre 1907 und ihre Auswirkungen in Deutschland, Freiburg 1977.

69 Hans Karl von Zwehl (*1845), Magistralsekretär des Malteserordens; Noack, Deutschtum (wie Anm. 38), II, 667.

70 Wolfram Freiherr von Rotenhan (1845-1912), 1898-1908 preußischer Gesandter beim Vatikan, Habitué im Eichthal'schen Salon; Noack, Deutschtum (wie Anm 38) II, 499; Kraus, Tagebücher (wie Anm. 15) (Reg.); DBA NF 1099, 57-59. Franciscus Hanus, Die preussische Vatikangesandtschaft 1747-1920, München 1954, 390-397.

der Heimkehr von Rom ihn zu sich beschieden und gebeten habe, diese Briefe aufzugeben, da er sonst in höherem Auftrage unangenehme Schritte tun müsse[71].

[28] 18. Februar: Heute bei Baronesse Eichthal, die sehr verdrießlich und spitz aufgelegt. Sie ist entsetzt natürlich über den Hirtenbrief Korums[72], das klassische Denkmal von Geistesunkultur. Solch ein schmähliches Auftreten!

[46] 25. März: Abends noch bei Baronesse Eichthal, wo Rotenhan, Prof. Schulte, Hn und Frau Zwehl, Hn und Frau Hülsen[73] und eine Dänin, mit der ich mich zumeist unterhielt. Sie hat den Standpunkt O'Connells, den sie sehr verehrt; versteht viel von Geschichte, lehnt Grisars Werk[74] ab, weil es zu sehr apologetisch und dogmatische Tendenzen hervorkehre.

[50] 2. April: Mittags bin ich nach Frascati gefahren, wohin mich Frau Voß[75] zur Enthüllung des Medaillons ihres Mannes eingeladen. [...] Zahlreicher Besuch ist da, meist mir unbekannt. Ich werde von Voß einer Fürstin Urusoff vorgestellt, die den scharf zugeschnittenen russischen Typus und die harte russische Aussprache hat. Kraus ist das Bindeglied bei uns. Alles ißt, verschlingt die köstlich zubereiteten Gerichte, meist stehend oder perambulando. Kopf[76] ist da, schlicht und einfach auftretend; Bar. Eichthal huscht schäkernd und schreiend durch die Menge. Fraknoí[77] macht ersichtlich Eindruck. [...] Man wandelte nach dem Teich, wo Eis verabreicht wurde, und den schönen Zypressen. Fürstin Urusoff ließ sich von mir Kraus' letzte Tage erzählen; zeigte sich sehr entrüstet über die Jesuiten, die durch ihr Gebaren ganz dem Geiste Christi, dessen Namen sie trügen, widersprächen, es stecke ein Stück orientalischer Brutalität darin. Oft habe der Prinzessin Max von Baden[78], bei dem sie oft sich aufhalte, gesagt, wenn sie über den ganzen Katholizismus sich heftig ausließ: "Es sind nicht alle so, sie müßten erst mal den Kraus kennen lernen." [...] Sie scheint eine geistvolle, gescheite Frau, derb und rücksichtslos; von Siegfried Wagner[79] sagte sie, es interessiere sie weniger ihn

---

71 Vgl. Kraus, Tagebücher (wie Anm. 15), 722; Weber, Liberaler Katholizismus (wie Anm. 14), 22.

72 Michael Felix Korum (1840-1921), Bischof von Trier; über ihn: Martin Persch, in: BBKL IV 528-535. - Michael Felix Korum, Die religiösen "Reformbestrebungen" in der Gegenwart innerhalb der katholischen Kirche. Hirtenbrief vom 28.1.1902, Trier [1-3]1902; Korum wandte sich darin u.a. gegen Kraus und seinen "Cavour".

73 Christian Hülsen (1858-1935), 2. Sekretär des Deutschen Archäologischen Instituts in Rom, und Elisabeth Hülsen, geb. Frommel (1858-1919); über ihn: Christoph Börker, in: NDB IX 736.

74 Hartmann Grisar, Geschichte Roms und der Päpste im Mittelalter. Mit besonderer Berücksichtigung von Cultur und Kunst, Bd. 1: Rom beim Ausgang der antiken Welt. Nach den schriftlichen Quellen und Monumenten, Freiburg 1901. - P. Hartmann Grisar SJ (1845-1932), Kirchenhistoriker; vgl. zum Ganzen Christoph Weber, Kirchengeschichte, Zensur und Selbstzensur (Kölner Veröffentlichungen zur Religionsgeschichte 4), Köln 1984 (Reg.).

75 Melanie Voß, geb. von Glenck, seit 1878 vermählt mit Richard Voß.

76 Josef von Kopf (1827-1903), Bildhauer, "Leibporträtist" Kaiser Wilhelms I.; vgl. Kraus, Tagebücher (wie Anm. 15), 465; Regina Kratt, Ein "kaiserlicher Künstler" - Josef von Kopf, in: Konrad Krimm/ Wilfried Rößling (Bearb.), Residenz im Kaiserreich. Karlsruhe um 1890, hg. vom Generallandesarchiv Karlsruhe, Karlsruhe 1990, 52-55.

77 Vilmos Fraknói (1843-1913), Titularbischof, Leiter des Ungarischen Historischen Instituts in Rom; Kraus, Tagebücher (wie Anm. 15), 718.

78 Prinz Max von Baden (1867-1929), Neffe des Großherzogs Friedrich I. von Baden, enger Vertrauter von Kraus; über ihn: Gerhard Schulz, in: NDB XVI 475-477; vgl. Kraus, Tagebücher (wie Anm. 15) (Reg.).

79 Siegfried Wagner (1869-1930), Sohn Richard Wagners, Komponist; Kraus, Tagebücher (wie Anm. 15), 735.

kennenzulernen, als eine Herde Tiere. Sie hat zwei ganz hübsche, nicht so schöne Töchter bei sich; sie raucht unablässig Cigaretten.

[54] 5. April: Cercle bei Baronin Eichthal. Große und elegante Gesellschaft, Frl. Hertz und Mond[80], Schultes, Pogatscher[81], Vitali[82], Gräfin Haugwitz[83], Frau Voß, Baronin Worms[84] u.a.m. Es kamen noch Kardinal Macchi[85] und Seraf[ino] Vannutelli. Ließ mich letzterem vorstellen. Sprach mit Wohlwollen von Kraus, stellenweise auch mit Jovialität. Als von A. Tosti[86] die Rede war, rief er emphatisch aus: Ecco, è il nostro Kraus.

[55] 10. April: Nachher zu Baronin Eichthal, die Cartwright[87] bei sich hatte: alter Mann, schlecht sehend und gehend, aber geistvoll, bes. mit geistvollen Witzen im Augenblick einer brenzligen Frage alles Aufmerken ablenkend, eminent unterrichtet über deutsche Verhältnisse, sprach viel von Kraus und seinem Nachlaß; hoffte davon noch was zu sehen; dann über Aussichten seiner Schule, ob etwas zu hoffen sei? Er ist pessimistisch. Als Eichthal die ständige Frage O'Connells berührte, weshalb die Deutschen, die doch als Kritiker und Denker kat'exochen bekannt seien, so wenig den kirchlichen Fortschritt förderten, sagte er scherzend: das ist ein Wunder Gottes.

[67] 8. Mai: Lerne diese Tage durch Baronin von Eichthal Gräfin La Tour[88] und Gobineaus Tochter kennen, ebenso wie Lovatelli[89], die bei diesem Anlaß unsterblich langweilig war und kaum fünf Worte mit mir redete: mich aber 8 Tage später offenbar zu entschädigen müssen

---

80 Frida Mond, geb. Loewenthal, verheiratet mit dem Chemiker Ludwig Mond (1839-1909), Freundin von Henriette Hertz; DBA NF 908, 234-239.

81 Heinrich Pogatscher (1864-1937), Bibliothekar des Österreichischen Historischen Instituts; Noack, Deutschtum (wie Anm. 38), II, 457; Ludwig Freiherr von Pastor. Tagebücher - Briefe - Erinnerungen, hg. von Wilhelm Wühr, Heidelberg 1950, 389.

82 Luigi Vitali (1836-1919), Schriftsteller, Priester, Anhänger Rosminis, Direktor des Blindeninstituts in Mailand; Kraus, Tagebücher (wie Anm. 15), 607.

83 Kathinka Gräfin von Haugwitz (1859-1906), Dichterin; DBA NF 534, 116.

84 Wahrscheinlich: Gabriele Gräfin von Spiegel zum Diesenberg-Hanxleden (1854-1936), 1873 Heirat mit Heribert Kämmerer von Worms (1849-1920); Genealogisches Handbuch des Adels, Bd. 30, Limburg 1962, 37.

85 Luigi Macchi (1832-1907), Kardinal, Sekretär der Breven; Weber, Quellen (wie Anm. 26), 297.

86 Antonio Tosti (1776-1866), 1839 Kardinal, 1854-1866 Bibliothekar der heiligen römischen Kirche; Christoph Weber, Kardinäle und Prälaten in den letzten Jahrzehnten des Kirchenstaats. Elite-Rekrutierung, Karriere-Muster und soziale Zusammensetzung der kurialen Führungsschicht zur Zeit Pius' IX (1846-1878), Bd. 2 (Päpste und Papsttum 13,2), Stuttgart 1978, 524f; Herman H. Schwedt, Das Römische Urteil über Georg Hermes (1775-1831). Ein Beitrag zur Geschichte der Inquisition im 19. Jahrhundert (RQS 37), Rom 1980, 344f.

87 William Cornwallis Cartwright (1826-1915), 1868-1885 Parlamentsmitglied für Oxfordshire, befreundet mit Lord Acton, Döllinger, Lady Blennerhassett und Kraus; Kraus, Tagebücher (wie Anm. 15) (Reg.); Conzemius, Briefwechsel Döllinger-Blennerhassett (wie Anm. 48) (Reg.); Michael Stenton (Hg.), Who's Who of British Members of Parliament, Bd. 1: 1832-1885, Hassocks 1976, 68. - Während des I. Vatikanums betätigte sich Cartwright als römischer Korrespondent der "Times"; Barbara Schüler, Hefele im Urteil der nichtkirchlichen Presse (1863-1893), in: Hubert Wolf (Hg.), Zwischen Wahrheit und Gehorsam. Carl Joseph von Hefele (1809-1893), Ostfildern 1994, 102-223, hier 170.

88 Elvine Freiin von Záhony, geb. Görz, (*1840); vermählt mit Theodor Graf de La Tour en Voivre (1845-1894); Gothaisches Genealogisches Taschenbuch der Gräflichen Häuser, Gotha 1902, 472.

89 Gräfin Ersilia Caetani-Lovatelli (1840-1925); Kraus, Tagebücher (wie Anm. 15), 414 und passim (Reg.)

glaubte, dadurch daß sie mich zu Tisch lud: ich saß ihr zur Rechten und hatte andererseits ihre Tochter: es wurde meist gescherzt, viel über eine junge Katze von Duchesne (20. Mai).

[68] Bei O'Connell sah ich einmal, ich glaube 1. Juni, die Gräfin Pasolini[90], die mich gleich bei Harnack[91] packte und ein philosophisch-dogmatisches Gespräch entrefilierte über die Notwendigkeit von Dogmen, über die Gewissensbedeutung bei den Protestanten und die Autoritätsverehrung [69] bei den Katholiken; schließlich wurde einstimmig betont, daß ersteres den neuzeitlichen Anforderungen allein entspreche und in richtiger Form auch Programm der Katholiken werden müsse. Eine Frau, die viel weiß und scharf denkt in solchen Fragen.

[70] 6./7. Juni: von Eichth. erzählte mir heute, daß Lepidi[92] die italienische Übersetzung von Ehrhards Buch[93] nur unter der Bedingung die Übersetzung [sic] geben wollte, wenn er manches änderte [...].

[73] 12. Juni: Ich habe mich im Campo Santo nicht verabschiedet von der fanatischen Partei[94].

[77] Freiburg, 1. Juli. [...] Es ist traurig, wie das Andenken von Kraus beschimpft wird durch allerlei Weiberanekdoten; bes. Heiner[95] sieht es darauf ab. [...]

[78] Domkapitular Schmitt[96] warnte mich vor den Damen, die mit Kraus Umgang gehabt; namentlich auch keinerlei Unterstützung von ihnen anzunehmen.

Sauers Tagebuch illustriert die Initiation eines jungen deutschen Geistlichen in die liberale Welt des Eichthalschen Salons und des gesellschaftlichen Lebens um ihn herum. Die dort herrschende Atmosphäre ist wohl deutlich geworden: gebildete Damen, Künstler wie Richard Voß, Diplomaten wie der preußische Vatikangesandte Rotenhan und vor ihm schon Curd von Schlözer[97], Wissenschaftler wie Louis Duchesne und römische Prälaten wie die Vannutelli plaudern über Politik, Kunst und kirchlich-theologische Themen und schaffen so zugleich eine kirchenpolitische Öffentlichkeit. Wohl zurecht nannte Sauer den Eichthalschen Salon "den geistig bedeutendsten" in der deutsch-römischen Gesellschaft[98]. Die Definition, nach der

90 Gräfin Maria Pasolini, geb. Ponti (1856-1938), Mitglied der "commissione permanente per gli Istituti femminili", verdient um die Frauenbildung in Italien; Archivio Biografico Italiano II 447, 52-54.

91 Adolf von Harnack (1851-1930), Dogmenhistoriker; über ihn: Friedrich Wilhelm Kantzenbach, in: TRE XIV 450-458.

92 Alberto Lepidi (1838-1925), Magister S. Palatii; über ihn: H.D. Saffrey, in: Cath. VII 405.

93 Zur geplanten italienischen Übersetzung Trippen, Theologie (wie Anm. 68), 120f.

94 Eine Fotographie Anton de Waals mit den Mitgliedern des Priesterkollegs am 15. April 1902 findet sich in: Erwin Gatz, Anton de Waal (1837-1917) und der Campo Santo Teutonico (RQ.S 38), Rom 1980, Tafel 15. Es handelte sich um Emil Göller, Paul Maria Baumgarten, Stegensek, Hasenstab, Revermann, Herrmann Joseph Schuhmacher, Anton Baumstark (Laie), Malone, Laughran, Viktor Wagner, Emmerich Herzig, Karl Bossart. Personennachweise teilweise bei Gatz, Rom als Studienplatz (wie Anm. 53). Sicher nicht zur von Sauer gemeinten "Partei" gehörten Göller und Herzig.

95 Franz Xaver Heiner (1849-1919), Kanonist in Freiburg; Kraus, Tagebücher (wie Anm. 15) (Reg.).

96 Jakob Schmitt (1834-1915); über ihn: Gatz, Rom als Studienplatz (wie Anm. 53), 197.

97 NlE Nr. 90.

98 Sauer an Friedrich Schneider, Freiburg 1906 Jul 17; NlS.

ein Salon "eine zweckfreie, zwanglose Geselligkeitsform" darstellt, "deren Kristallisationspunkt eine Frau bildet"[99], trifft hier allerdings nur teilweise zu, denn der Eichthalsche Salon war, wie schon Friedrich Noack erkannte, ein "kirchenpolitischer"[100].

Der elitäre Zug des Ganzen bleibt dabei unverkennbar. Den Pfarrer Otto Rudolphi im fernen Gestratz versorgte von Eichthal zwar mit der Liste der Mitglieder der 1902 neu ernannten päpstlichen Bibelkommission; er konnte letztlich aber ihren Ansprüchen nicht genügen, und zwar weniger aus inhaltlich theologischen oder kirchenpolitischen Gründen, sondern weil er mit den von Joseph Sauer verachteten Mitgliedern der Münchener Krausgesellschaft zusammenarbeitete. Zudem störte sich die Baronin an den vielen Druckfehlern in Rudolphis Artikeln in den *Freien Deutschen Blättern*[101]. Zu oberflächlich und zu "links" war ihr der Krausbiograph Ernst Hauviller (*1866), der sich herbeiließ, in Freiburg in der anti-ultramontanen Vereinigung zu sprechen[102]. Auch der Kirchenhistoriker Sebastian Merkle (1862-1945) war ihr zu ungeschliffen[103]. Als begabt und gesellschaftsgängig galten ihr hingegen der römische Exeget und Loisy-Anhänger Giovanni Genocchi, den sie bei jeder sich bietenden Gelegenheit pries, und eben Joseph Sauer. Diese persönlichen Schutzbefohlenen unterstützte sie auch in praktischer Weise. Den jungen Sauer, dessen Briefe an sie bis ins Jahr 1932 erhalten sind, hat sie mindestens bis 1914 mit jährlichen Zahlungen von maximal 2000 Reichsmark finanziell

---

99 Verena von der Heyden-Rynsch, Europäische Salons. Höhepunkte einer versunkenen weiblichen Kultur, München 1992, 16.

100 Noack, Deutschtum (wie Anm. 38), I, 693: "Vorwiegend, wenn nicht ausschließlich, katholische Gäste gingen [...] bei der Baronesse Augusta von Eichthal [ein und aus], die aus einer Münchener Bankierfamilie stammte, schon während des ökumenischen Konzils eine Art von kirchenpolitischem Salon hielt [?] und noch bis ins 20. Jahrhundert römische Prälaten in ihrer Wohnung am ehemaligen Ripettahafen versammelte."

101 Von Eichthal an Sophie von Waldburg-Syrgenstein, Rom 1902 Feb 04; NZA 789/39: "[...] Dem Pf[arrer] R[udolphi] bitte ich mich zu empfehlen und zu entschuldigen, daß ich im Drang der traurigsten Geschäfte unmöglich auch nur einen Brief für ihn zu Wege bringen könne, nicht wahr? Ich war einfach über die Unmasse Druckfehler in seiner Kraus-Nummer *entsetzt*. Sogar Papst Jul*ian* II.!!! war da zu sehen! Unerlaubte Nachlässigkeit. - " Gemeint ist: Freie deutsche Blätter Nr. 3, 1902 Jan 18. Gedenknummer für Kraus mit Beiträgen von Ernst Hauviller, Karl Bill und einer Besprechung des Kraus'schen Cavour durch Rudolphi (Papst Julian II. ebd., 36; vgl. "Card. Maning" 38). Der Beitrag Rudolphis ist tatsächlich schon rein optisch (viel Fett- und Sperrdruck) und auch sprachlich teilweise grob. Vgl. aber Rudolphi an Sauer, Gestratz 1902 Feb 10; NlS: "Dr. Bumüller [Hg. der FDB] ist arg unvorsichtig. Er nimmt kritiklos alles, was geschrieben wird und das bringt das Blatt um. Corrigirt wird gar nichts - Dutzende von Druckfehlern bleiben stehen - besonders in meinen Artikeln."

102 Ernst Hauviller, Über den Werdegang von Franz Xaver Kraus. Als Vortrag gehalten in der Kraus-Gesellschaft zu München am 4. Mai und in der Antiultramontanen Vereinigung in Freiburg am 24. Mai 1905, in: Das 20. Jahrhundert 5 (1905) 281-284, 292-295, 302-306, 319-323; über ihn: Jean-Luc Eichenlaub, in: Nouveau dictionnaire de biographie alsacienne, Bd. 15, Straßburg 1989, 1459. - Vgl. zur Beurteilung Sauer an von Eichthal, Freiburg 1903 März 22; NlE Nr. 86: "Ihr Urteil über Hauvillers Aufsätze in der "AZ" trifft auch mit dem meinigen zusammen. In allem Anlehnung an den Meister, nur nicht im Geist und im gediegenen belehrenden Inhalt. Denn tatsächlich sind diese Pellegrino-Briefe ungeheuer inhaltsarm; bis die Ähnlichkeit mit den Spektatorbriefen erzielt ist, hat sich der positive Gehalt verflüchtigt." - Vgl. zur Problematik: Norbert Schloßmacher, Antiultramontanismus im katholischen Deutschland. Ein Versuch, in: Wilfried Loth (Hg.), Deutscher Katholizismus im Umbruch zur Moderne (Konfession und Gesellschaft 3), Stuttgart 1991, 164-198.

103 Vgl. das Echo auf dieses Urteil im Brief Sauers an von Eichthal, Freiburg, 1908 April 17; NlE Nr. 86: "Merkle schickte mir jüngst von Rom einen Kartengruß; er ist allerdings recht ungeschlacht und paßt in die feinere Gesellschaft Roms wenig hinein, aber er ist eine ehrliche, anständige Natur und das ist heute, wo man seinem besten Freund kaum trauen darf, viel schon wert." - Über Merkle: Weiß, Modernismus (wie Anm. 4), 440-456.

über Wasser gehalten[104]. Daneben ergoß sich ein steter Strom von italienischen Zeitungen und Kunstzeitschriften von Rom nach Freiburg.

Andere hielten sich übrigens von Augusta von Eichthal und ihresgleichen bewußt fern. Der Papsthistoriker und Antimodernist Ludwig Pastor (1854-1928) befand, daß er als Wissenschaftler keine Zeit für die römische *Salon-médisance* habe[105].

Neben den "Amerikanisten" und Kraus, der als jüngst Verstorbener noch deutlich das Salon-Gespräch im Jahre 1902 beherrschte und auf dessen posthume Verehrung noch näher einzugehen sein wird, spielten im römischen Winterleben der Baronesse von Eichthal vor allem zwei Personen eine wichtige Rolle: Louis Duchesne, Leiter des französischen historischen Instituts und Liebling der gebildeten Damenwelt[106], sowie Friedrich von Hügel, der "Laienbischof der Modernisten", wie ihn Eichthals Bekannter Paul Sabatier (1858-1928)[107] nannte. Diesen beiden hat sie in einem bisher unveröffentlichten Manuskript von ca. 1912 ein literarisches Denkmal gesetzt, das sie zugleich als Feuilletonistin der Modernismuskrise erscheinen läßt. Sie schildert ihre erste Begegnung mit Duchesne bei von Hügel:

"Die bewegliche kleine Gestalt in der schwarzen Soutane, damals noch schmächtig, vom embonpoint des späteren Prälaten vor allem entfernt, verstand mit ihren in gedämpfter Stimme gegebenen Randglossen zu den Äußerungen der anwesenden irischen Bischöfe und römischen Tischgenossen die Unterhaltung steigend zu beleben. Die kleinen dunklen Augen scharf beobachtend ringsum, entfielen seinen fast unbeweglichen Lippen in rascher Folge, bald ernste, bald witzige zugespitzte Bemerkungen, die alles immer in heiterste Stimmung versetzten. Als man sich trennte, waren die violetten Ornate und goldenen Ketten vor dem Sprühfeuer des kleinen, schmächtigen Abbé verblaßt."

Diesen "Voltaire in der Soutane" kontrastiert von Eichthal mit dem Gastgeber von Hügel:

"Das weltfremde gütige Lächeln, das aus den dunklen Augen, dem feinen Munde, diesen kränklichen, blassen Denkerkopf erhellte, hatte mich sofort angezogen. Die gedämpfte wohlklingende Stimme, im phrasenlos inhaltsvollen Gespräch den ersten Eindruck vervollständigt. In der Folge lernte ich an diesem seltenen Manne eine Mischung frommsten Kinderglaubens mit unbeirrbarer Kritik kennen[108], wie ich sie in dieser Individualität nicht nur nie erlebt, sondern für unvereinbar gehalten haben würde. - Das erstaunlichste trat an diesem kränklichen Stubengelehrten zutage, sobald es galt, sich Verfolgter [...] anzunehmen und das vollends im Vatikan. Da offenbarte sich in ihm die reinliche Scheidung von Glauben und Wissen. Hatte er sich bereits des frommen Bischofs von Albi, Msgr. Mignot lebhaft angenommen, als er ob zu freisinniger Richtung bei Leo XIII. in Ungnade gefallen gewesen, besann er sich keinen Augenblick für den in der Folge mit Skorpionen aus der Kirche hinausgegeißelten berühmten Bibelforscher Abbé Loisy einzutreten. Als aufrechter, mutiger Anwalt für die Freiheit der Forschung, dies unveräußerliche Recht des menschlichen Geistes, trat er damals dem allmächtigen Staatssekretär Rampolla entgegen. Es geschah mit solcher Überlegenheit, daß der

---

[104] Sauer an von Eichthal, Freiburg, 1914 Mär 14; NlE Nr. 86: "Sie bieten mir an, mir auch dieses Jahr finanziell unter die Arme greifen zu wollen." NlE Nr. 86.

[105] Pastor, Tagebücher (wie Anm. 81), 483.

[106] Vgl. besonders seine Kontakte zu Augustine Bulteau (1860-1922), die in Paris einen bedeutenden Salon führte; Bruno Neveu, Mgr Duchesne et Madame Bulteau: une amitié (1902-1922), in: Monseigneur Duchesne et son temps. Actes du Colloque organisé par l'Ecole Française de Rome (Collection de l'Ecole Française de Rome 23), Rom 1975, 271-303.

[107] Paul Sabatier, Les modernistes. Notes d'histoire religieuse contemporaine, Paris ^{4}1909, LI; über ihn: Helmut Feld, in: BBKL VIII 1041-1045.

[108] Auguste von Eichthal nimmt hier Loomes "ultramontan-modernistische" von Hügel-Deutung vorweg; Loome, Liberal Catholicism (wie Anm. 11), 123-192.

Kardinal diese innere Niederlage nie verwand. Als ich nach Jahren, da von Hügels längst in England weilten, zufällig gesprächsweise beim Kardinal Hügel erwähnte, veränderte sich sofort sein Gesichtsausdruck zu geringschätziger Abweisung 'Lo non conosco', sagte er kurz und spöttisch."

Nach dem Pontifikat Leo XIII. verfolgte Augusta von Eichthal auch die antimodernistischen Maßnahmen Pius X. mit wachem Interesse. Die Empörung in den Salons mochte dabei noch so groß sein[109], sie blieb ohne Folgen. Dem zensurierten Loisy, dessen *Autour d'un petit livre* sie besonders schätzte, konnte die Baronesse nur ihre Sympathie bekunden[110]. Albert Houtin (1867-1926)[111], mit dem sie gleichfalls korrespondierte, fühlte sich ihr sehr verpflichtet, auch wenn sie sein Buch über die biblische Frage im 20. Jahrhundert[112] kritisierte, weil es ihr nicht genügend im Geiste von Döllinger und Kraus geschrieben war[113]. Wie sie selbst die Lage empfand, davon legen ihre an Joseph Sauer gerichteten Karfreitagsbetrachtungen aus dem Jahr 1906 ein sprechendes Zeugnis ab:

"Rom, Charfreitag, 13.4.1906

Lieber Sauer, Frohe Ostern! Das Osterlamm hat diesmal als unblutiges Voropfer die Verdammung des "Santo"[114] gebracht und dazu Viollet[115] und Laberthonnière's[116] Schriften! Fogazzaro's unbezwingliche Antipathie gegen Pio X. (der ihm als Kardinal Sarto schon zuwider gewesen, weil er seine dogmatische Beschränktheit und Intoleranz durchschaute) hat ihre Bestätigung erhalten. Dem öden Roman mit seinen papier maché Figuren verhilft dies nur zu neuer Reclamé, löscht aber leider Gottes zugleich jede Illusion über Pius X. Toleranz. Seine tiefe Frömmigkeit, die anfangs so rührend auf den Evangelien fast ausschließlich zu fußen schien, zeigt sich immer erschreckender an - namens eines dogmatisch eingeengten Fanatismus, der aus bester Sorge um das Seelenheil seiner Schäflein jeden Windhauch strafend abzuhalten bedacht ist, der nicht in seiner Liturgie durch das Tridentiner Konzil ausnahmend da Berechtigung zum Wehen erhalten hat. In praktischen Dingen den Staupbesen schwingend,

---

109 Sauer an Loisy, Freiburg 1904 Jan 02; Bibliothèque Nationale de Paris, Fonds Loisy, NAF 15661, f. 360f: "Madame la baronne d'Eichthal m'a écrit de Rome qu'on a vraiment dévoré là votre 'Autour d'un petit livre' et que l'indignation du monde là contre la censure est des plus graves."

110 Vgl. Anm. 1.

111 Über ihn: Emile Poulat, in: DHGE XXIV 1284-1287; vgl. Albert Houtin, Mon expérience I: Une vie de prêtre 1867-1912, Paris 1928, 346f, wo Houtin berichtet, daß er vor seiner Romreise 1905 von P. Hyacinthe Loyson und Mgr. Lacroix mit Empfehlungsbriefen versehen wurde für Mgr. Guthlin, Duchesne, Genocchi und auch "la baronne Augusta d'Eichthal, une amie de Doellinger et de Kraus, qui recevait quelquefois des cardinaux."

112 La question biblique au XXe siècle, Paris 1906.

113 Houtin an Eichthal, Paris 1906 Juli 22; NlE Nr. 42.

114 Antonio Fogazzaro, Il Santo. Romanzo, Mailand 1905; indiziert 5. April 1906; ASS 39 (1906) 96f. - Antonio Fogazzaro (1842-1911), Dichter und Schriftsteller; über ihn: Pietro Scoppola, in: DHGE XVII 696-700; zu seinen modernistischen Kontakten zuletzt Lorenzo Bedeschi, Fogazzaro e il Modernismo, in: Humanitas 47 (1992) 704-715.

115 Paul Viollet, L'Infaillibilité du Pape et le Syllabus. Etude historique et théologique, Besançon-Paris 1904, indiziert 5. April 1906; ASS 39 (1906), 96f. - Paul Marie Viollet (1840-1914), seit 1890 Professor beider Rechte an der Ecole des Chartes. Der liberale, aber durchaus orthodoxe Katholik Viollet hatte in seinem Werk eine gemäßigte Interpretation des *Syllabus* von 1864 gegeben; Poulat (Hg.), Loisy (wie Anm. 56), 408f.

116 Lucien Laberthonnière, Essais de philosophie religieuse, Paris 1903; Le réalisme chrétien et l'idéalisme grec, Paris 1904; indiziert 5. April 1906; ASS 39 (1906) 96f. - Lucien Laberthonnière (1860-1932), Oratorianer, Philosoph; über ihn: Paul Beillevert, in: Cath. VI 1526-1531.

wo es Not tut, ist sein geistlich' Regiment das eines Todtengräbers, wie sich's unwiderruflich zeigt. Seine politische Unerfahrenheit hat Merry del Val[117] zu einer anfangs zwar unsicheren, seitdem aber immer gefesteteren Stellung verholfen: Der Jesuitengeneral Martín[118] soll zwar sterben. Auf ihn wird ein anderer folgen, dessen Einfluß diesen ersetzt. Es ist hoffnungslos, seit ich weiß, daß Pius X. alle Überredung vergebens nach seiner Erhebung daran setzte, Gotti[119], den Karmeliter, zum Staatssekretär zu gewinnen. Wie mich diese Enttäuschungen betrüben! Auf Leo XIII. starren Hochmut schien Pius X. gemütvolle Natur eine Erlösung; seine religiöse Auffassung seiner Mission eine Offenbarung. Und dies zeitigte so dürre Früchte. - Trostlos! - [...] Sahen Sie aus meinen Sendungen, wie die Götzenbilder beschwörend der Lava vorgehalten wurden? Welch verlorene Gelegenheit, diese ganze verlotterte nap[olitanische] Bevölkerung in der Lava zu versteinern! Alles Herzliche!

AvE"

Dieser Brief gibt nicht nur eine Vorstellung von dem mitunter kaustischen Witz der Baronin, er verweist auch - trotz ihres abfälligen Urteils über *Il Santo* auf ihr enges Verhältnis zu Fogazzaro. Sauer hatte sich deshalb ihrer Mittlerdienste versichert, als er noch vor der ersten Hochlandausgabe für Karl Muth wegen einer deutschen Übersetzung eines Fogazzaro-Romanes Sondierungen machte[120]. Einen Monat nach dem obigen Brief mußte Sauer eine Adressenliste für Paul Sabatier an die Baronin schicken, die zur Organisation einer Solidaritätsaktion für Fogazzaro dienen sollte[121].

Der innerkirchlichen Trostlosigkeit der Zustände sollten bald auch die säkularen Umwälzungen folgen. Der Erste Weltkrieg brachte das Ende des Salons in der Via Ripetta. Die nationale Verengung - die Baronesse war eine Befürworterin des uneingeschränkten U-Bootkrieges - führte zum Abbruch der internationalen Kontakte[122]. Die Inflation und Erbstrei-

---

117 Raffaele Merry del Val (1865-1930), Kardinalstaatssekretär Pius' X.; über ihn: Norbert Miko, in: LThK² VII 312.

118 Luis Martin SJ (1846-1906), seit 1864 Ordensgeneral, starb fünf Tage später am 18. April; über ihn - auf der Grundlage seines Tagebuches: David G. Schultenover, A View from Rome. On the Eve of the Modernist Crisis, New York 1993.

119 Girolamo Maria Gotti OCarm (1834-1916), Kurienkardinal, Präfekt der Propagandakongregation, galt 1903 als papabile (Gegner Rampollas). Auch Kraus richtete gewisse Hoffnungen auf ihn; über ihn: Roger Aubert, in: DHGE XXI 918-921; Kraus, Tagebücher (wie Anm. 15) (Reg.).

120 Sauer an von Eichthal, Freiburg 1903 Mär 16; NlE 86: "Möchten Sie nicht die Güte haben, bei *Fogazzaro* anzufragen, welches sein nächster Roman sein wird und an wen man sich wenden müsse, um das Übersetzungsrecht zu erhalten. Es soll nämlich eine gute, katholische, aber echt liberale Zeitschrift gegründet werden, deren Leitung in besten Händen liegt. Der Redakteur, bekannt als Veremundus durch seine scharfe Kritik der katholischen Literaturzustände, möchte gerne sich mit Fogazzaro und diesen selbst mit einer trefflichen Würdigung einführen."

121 Sauer an von Eichthal, Freiburg, 1906 Mai 05; NlE 86. Sauer nennt die Adressen von Karl Muth, Georg Kaufmann (Breslau), Prof. Goetz (München), Prof. Dr. Holtzmann (Rastatt), Reichsrat Baron von Hertling (München), Prälat Schneider (Mainz), Präfekt Strehle (Neisse in Schlesien) und Prof. Schrörs (Bonn).

122 Vgl. von Eichthal an Sauer, München 1917 Mär 05; NlS: "Ihre Kriegsglossen unterschreibe ich durchweg. Wohl durfte man *bis zuletzt* vor der endgültigen Uboot-Entscheidung bangen, denn die heillosen Einflüsse von hohen Bürokraten und Großindustriellen waren stark am Werk und S.M. - leider Gottes - wenn auch nicht schwach wie sein geistreicher Großoheim Fr. W. IV ist ein bestimmbarer Phantast und als Menschenkenner der reine Säugling. Über Amerika und Wilson weiter ein Wort zu verlieren, hieße diesen Schachergestalten zu viel Ehre antun. Das jetzige Entrüstungsgeheul über die entdeckt und so *sauber* entdeckten Bündnisvorschläge an Mexiko mögen wir als schlau berechneten Bühneneffekt zur Beschleunigung der Vollmachten Wilsons gelassen hinnehmen [...]".

tigkeiten ließen das Vermögen zusammenschmelzen. In Rom hielt ihr lediglich Genocchi die Treue, den sie 1920 wieder besuchen konnte - nunmehr in einer eher ärmlichen Pension wohnend[123]. Ihr Aktionskreis blieb nun auf den deutschen Adel, vor allem in München beschränkt. Für Joseph Sauer war sie bis zum Tode eine Korrespondenzpartnerin, der er seine Nöte offen vortragen konnte. Rückblickend notierte er sich: "Eine fast männlich denkende und urteilende Frau von überreichen Interessen, oft verletzend scharf mit ihrer Zunge, in alles eindringend und alles aufspürend, für Kirche und deutsches Vaterland gleich temperamentvoll sich interessierend, von unerschütterlicher Treue und Herzensgüte für alle, die ihr Vertrauen genossen, allem Schein und Unehrlichkeit Todfeindin, in ihrer weltanschaulichen Einstellung kühl, freigeistig, skeptisch; mir in vielen Jahren von rührender Hilfsbereitwilligkeit, und Kraus treu und dankbar anhängend. Eine lebende Zeitchronik ist mit ihr abgeschlossen"[124].

Bevor wir aber Rom ganz verlassen, sei noch ein letzter kurzer Seitenblick auf eine weitere, diesmal protestantische Dame im Umkreis "AvE"'s gestattet, in deren Salon Joseph Sauer gleichermaßen oft verkehrte: die anmutige Sängerin und Literatin Olga von Gerstfeldt (1869-1910)[125], eine Frau "von bestrickender Liebenswürdigkeit und Vornehmheit, von einem hohen Maße geistiger Voraussetzungen", wie Sauer urteilte[126]. Ihr Ehemann, der Kunsthistoriker Ernst Steinmann (1866-1934)[127], hat uns in den von ihm 1911 aus den dem Nachlaß seiner Frau herausgegebenen *Stillen Gedanken einer Frühvollendeten*[128] auch ein Fragment zur Religion überliefert, das nichts anderes ist als ein Zeugnis für den überkonfessionell-modernistischen Zeitgeist unter den Deutschrömern: "Mehr und mehr lösen sich die Menschen in unseren Tagen innerlich von den Dogmen der Kirche los und können ihren logischen Verstand nicht vergewaltigen. Die Zeit ist aber noch nicht gekommen, wo die Quintessenz der christlichen Lehre in einem neuen Gefäß erstrahlen wird, kristallklar wie die Wahrheit selbst. Vielleicht aber ist auch dieser Tag nicht fern, vielleicht leuchtet der Glanz des Sonnenaufgangs noch über den letzten Jahren unseres Alters. Wohl unseren Kindern, wenn es ihnen zu teil werden sollte, auf Wegen zu wandeln, denen die Wahrheit leuchtet. Wir aber leben in der Dämmerstunde und suchen tastend umher."

II. Drei Freundinnen von Augusta von Eichthal und Joseph Sauer

1. Marie von Waldburg-Wurzach

"Kisslegg, 1. März 1904
[...]

[123] Von Eichthal an Sophie Waldburg-Syrgenstein, Rom, Albergo S. Chiara, 1920 Apr 04; NZA 789/39: "Geliebte, [...] Mein trefflicher P. Genocchi hat nach monatelanger Suche nur dies dunkle Verließ auftreiben können."

[124] Sauer, Tagebuch, 1932 Apr 11; NlS C67-31, 22.

[125] Über sie: DBA NF 443, 397. Vgl. Joseph Sauer, Rez. Olga von Gerstfeld, Führer zur Kunst, Bd. 6: Hochzeitsfeste der Renaissance in Italien, Esslingen 1906, in: Literarische Rundschau 33 (1907) 271f.

[126] Sauer an F. Schneider, Rom, 1902 März 17; NlS.

[127] Später Direktor der Bibliotheca Hertziana; DBA NF 1260, 434.

[128] Aus den nachgelassenen Papieren von Olga von Gerstfeldt, als Manuskript gedruckt; Exemplar im NlS.

Was neuestens aus dem Vatikan herüberkommt ist allerdings - wenig erfreulich: so z.B. auch die Encyklika vom 2. Februar[129] - zu der ich keine weiteren Randbemerkungen mache, der Fastenzeit wegen, in der man am besten seiner angeborenen Bosheit Abbruch thut!

Seit ich selbst wiederholt in Rom gewesen, leide ich eigentlich wenig mehr unter diesen Dingen. Für mich ist der Vorhang dort mit einemmal gerissen - ich versuche gar nicht mehr, ihn künstlich zusammenzuflicken. Ich suche die 'Kirche' - d.h. das, was der innere Mensch und Christ unter 'Kirche' versteht - nicht mehr in Rom. Den dortigen irdischen imposanten Riesenbau betrachte ich als eine naturgemäße Notwendigkeit und bemühe mich, ihn mit all seinen merkwürdigen Auswüchsen und Überbleibseln vergangener Zeiten - tant bien que mal - zu verstehen und pietätvoll zu achten.

[...]

Loisy habe ich vor wenigen Tagen vollendet und möchte Ihnen nun für das schöne Buch[130], das mir viel Freude und Trost bereitet, nochmals herzlichen Dank sagen.

Unverständlich ist mir, neben manchem Vorwurf seiner Gegner besonders derjenige, daß Loisy die Göttlichkeit der Person Christi anzweifle. Wo haben denn die Leute ihre Augen und ihre Gedanken?"

Gräfin Marie (1861-1941), unverheiratete Tochter des letzten Fürsten von Waldburg-Zeil-Wurzach[131] richtete diese Zeilen an Joseph Sauer. Er hatte ihr die von ihm betreute Übersetzung des Loisy'schen *Evangelium und Kirche* zugesandt. Die Gräfin schätzte Sauer als den authentischen Wahrer des Erbes von Franz Xaver Kraus, mit dem sie ein enges Vertrauensverhältnis verbunden hatte[132]. Die Freundschaft mit Augusta von Eichthal hatte sie wohl in München oder bei ihren früheren Italienaufenthalten geschlossen. Durch ihre zunehmende Sehschwäche war sie ab 1904 - von Aufenthalten im nahen München, wo sie Lady Blennerhassett und P. Odilo Rottmanner OSB (1841-1907)[133] besuchte, abgesehen - immer mehr an ihr heimisches Schloß Kisslegg gebunden. Der Schlüssel zur geistigen Haltung der Gräfin liegt bei ihrem väterlichen Freund und geistlichen Leiter P. Odilo. Der Benediktiner von St.

---

[129] Pius X., Enzyklika *Ad diem illum* vom 2. Februar 1904 zum 50. Jubiläum der Definition der *Immaculata Conceptio* Mariens durch Pius IX.; DH 3370 (Maria als Mittlerin aller Gnaden).

[130] Alfred Loisy, Evangelium und Kirche. Autorisierte Übersetzung nach der zweiten vermehrten, bisher unveröffentlichten Auflage des Originals von Joh. Grière-Becker, München 1904. - Die Übersetzung wurde von Joseph Sauer betreut, der über enge Beziehungen sowohl zu Loisy als auch zum Verlag Kirchheim in München verfügte; NlS.

[131] Eberhard II. (1828-1903), Fürst von Waldburg-Zeil-Wurzach, verheiratet mit Sophie Gräfin Dubsky (1835-1857) und nach deren Tod seit 1858 mit Julie Gräfin Dubsky (1841-1914). Gräfin Marie stammt aus der zweiten Ehe, ihre Schwester Sophie aus der ersten; Gothaischer Genealogischer Hofkalender, Gotha 1913, 241f.

[132] Kraus, Tagebücher (wie Anm. 15), 733 [Florenz, 1900 Apr 04]: "Innerlich mehr hat mich ein anderer Verkehr berührt: Es sind nun hier die Gräfin Maria von Waldburg, die jetzt zu ihrer Tante Frau von Ebner-Eschenbach nach Rom gereist ist, und ihre Schwester, die Gräfin Sophie, Witwe des Grafen von Waldburg-Zeil und getrennte Gattin des Freiherrn von Heidler, Herrin von Syrgenstein. Die Damen kommen häufig den Abend zu mir plaudern [...] Gräfin Maria, die mir früher schon durch P. Odilo [Rottmanner] zugeführt war, ist in dieser Zeit mir sehr nahe gerückt und hat mir tiefe Einblicke in ihr Seelenleben gewährt, für die ich sehr dankbar sein muß."

[133] Über ihn: Otto Weiß, in: BBKL VIII 753-757. - Zum engen Verhältnis der Gräfin Marie zu P. Odilo vgl. Hugo Lang, P. Odilo Rottmanner OSB in der Theologiegeschichte des 19. und 20. Jahrhunderts, in: Willibald Mathäser (Hg.), Aus dem literarischen Schaffen von Abt Hugo Lang (1892-1967), St. Ottilien 1973, 155-176; 169-171 (Abhandlungen über Theologie und Kirche [FS Karl Adam], Düsseldorf 1952, 295-318).

Bonifaz in München regte sie zur Lektüre von Deutingers *Reich Gottes*[134] an, diskutierte mit ihr die Exegese Loisys und versorgte sie mit Maximen wie der folgenden: "Wir brauchen: Weniger Frömmelei, aber mehr Frömmigkeit, weniger Andachten, aber mehr Andacht, weniger Erscheinungen, aber mehr Erleuchtung, weniger Weissagungen, aber mehr Weisheit, weniger Gründungen, aber mehr Gründlichkeit, weniger Kirchlichtun, aber mehr Christentum"[135]. An eigenen Aktivitäten der Gräfin ist zuerst ihre Sammlertätigkeit zu nennen. Die von ihr zusammengetragenen *Rottmanneriana* machen heute den aufschlußreichsten Teil von dessen Nachlaß in St. Bonifaz aus. Ihre umfangreiche Kollektion von *Krausiana* gelangte in den Nachlaß von Joseph Sauer. Daß die Gräfin auch in unangenehmerer Weise aktiv werden konnten, mußte die Freiburger Theologische Fakultät erfahren. Als diese zwar die Finanzierung eines Kraus-Grabmales mit Hilfe eines Aufrufes sicherstellte, bei der künstlerischen Gestaltung aber den Kraus-Freund von Kopf überging und die von Kraus kurz vor seinem Tode verfaßte antijesuitische Grabinschrift unterdrückte, begann Marie Waldburg-Wurzach zusammen mit Olga von Dungern (1845-1924)[136] eine "Damenintrigue", wie sich der Freiburger Alttestamentler Gottfried Hoberg (1857-1924) ausdrückte[137], die dazu führte, daß schließlich der badische Großherzog höchstselbst eine Entscheidung herbeiführen mußte. Dabei blieb es, gegen den Willen des Prinzen Max, bei der Weglassung der Inschrift[138]. Die treibende Kraft war Marie Waldburg-Wurzach auch bei den verschiedenen Versuchen, die *Spektatorbriefe* in Buchform wiederaufzulegen[139].

Wenn die Gräfin ihrer Freundin von Eichthal gegenüber auch die antimodernistischen Maßnahmen Pius' X. als "systematisches Niedermachen jedes freieren geistigen Lebens innerhalb der sogenannten 'Kirche'"[140] beklagte, so verurteilte sie doch zugleich das teilweise "geschmacklose 'Reformerwesen'" eines Ernst Hauviller sowie die Ungeschliffenheit des Pfarrers Rudolphi[141]. Hierin war sie sich mit P. Odilo einig, der meinte, daß Rudolphis Geist zwar zur "Gärung", aber nicht zur "Klärung" gekommen sei[142]. Der Einladung, der Krausgesell-

[134] Martin Deutinger, Das Reich Gottes nach dem Apostel Johannes, 3 Bde., Freiburg-Regensburg 1862-1867; Franz Wiedmann, Martin Deutinger (1815-1864), in: Heinrich Fries/Georg Schwaiger (Hg.), Katholische Theologen Deutschlands im 19. Jahrhundert, Bd. 2, München 1975, 269-292.

[135] "Aus Briefen von P. Odilo Rottmanner", Zettelsammlung von Marie Waldburg-Wurzach; NlR, Karton 1.

[136] Kraus, Tagebücher (wie Anm. 15), passim (Reg.).

[137] Sauer an von Eichthal, Freiburg 1902 Dez 28; NlE: "Weiterhin verlangten Prinz Max und der Großherzog, daß die selbstverfaßte Grabinschrift, die ich Ihnen geschickt (oder nicht?), ganz aufs Denkmal komme. Darob nun große Confusion und Aufregung, der Hoberg in meiner zufälligen Anwesenheit den denkbar schroffsten Ausdruck gab mit reichlichen Ausfällen gegen diese Damenintriguen (Baronin von Dungern und Gräfin Waldburg)." - Über Hoberg: Alfons Deissler, in: Ottnad (Hg.), Badische Biographien (wie Anm. 52), IV, 140f.

[138] Den Streit um das Kraus-Grabmal werde ich in meiner Biographie Joseph Sauers ausführlich darstellen; vgl. vorerst Ernst Hauviller, Franz Xaver Kraus. Ein Lebensbild aus der Zeit des Reformkatholizismus, Colmar 1904, 149-152.

[139] Dies ist das Thema zahlreicher Briefe an Joseph Sauer; NlS; vgl. Hubert Schiel, Familienbriefe von Franz Xaver Kraus, vorwiegend aus dem Nachlaß von Joseph Sauer, in: Kurtrierisches Jahrbuch 17 (1977) 67-94, hier 69.

[140] Marie Waldburg-Wurzach an von Eichthal, Brieffragment ca. 1906; NlE Nr. 109.

[141] Marie Waldburg-Wurzach an Paula von Coudenhove, Kisslegg 1904 Jun 18; NZA, Nl Sophie. - Schon die Broschüre von "Rhenanus" [Ernst Hauviller], F. X. Kraus und der Ultramontanismus, Berlin 1902, hatte ihr mißfallen; Marie Waldburg-Wurzach an Joseph Sauer, 1902 Sept 29: " [...] die Lecture seiner Schrift läßt ... gar zu viele peinliche Eindrücke persönlichen Unmutes und feindseliger Gereiztheit zurück. Ich kann mir nicht denken, daß auf *diese* Weise dem Andenken des edlen Dahingeschiedenen *wirklich* wohl getan werde. - Mich machen solche Dinge - d.h. derartige 'Verteidigungen' fast ebenso traurig wie die bösen *Angriffe*."

[142] Rottmanner an Marie Waldburg-Wurzach, 1902 Mär 05; NlR.

schaft beizutreten und dem *Zwanzigsten Jahrhundert* Kraus-Briefe zur Verfügung zu stellen, folgte sie nicht[143].

2. Zwei Dichterinnen: Sophie Waldburg und Paula von Coudenhove

In das Umfeld des bekannter gewordenen Falles der Enrica von Handel-Mazzetti führt die Betrachtung der beiden letzten Frauengestalten, die gleichermaßen Kontakt zu Augusta von Eichthal wie zu Joseph Sauer hielten.

Verglichen mit ihrer Halbschwester Marie führte die einmal verwitwete und von ihrem zweiten Mann getrennt lebende Sophie Waldburg (1857-1924)[144] - so ihr Dichtername - ein etwas unruhigeres Privatleben. Schon äußerlich bot die "Burgfrau" von Syrgenstein mit Kurzhaarfrisur und Zigarettenspitze[145] einen anderen Anblick als die dickbebrillte Marie. Sie betätigte sich in bescheidenem Umfang als Gönnerin des Pfarrers Rudolphi im nahen Gestraz und beherbergte Joseph Sauer in ihrem Schloß, wo er - wie schon sein Lehrer Kraus[146] - Verständnis und Ruhe fand und mit "Pater Odilo Rottmanner und einigen österreichischen Dichterinnen" zusammentreffen konnte[147]. Mit der Baronin Eichthal, die bei dem Treffen der Waldburgerinnen mit Kraus ebenfalls anwesend war, verband sie ein reger Briefwechsel[148].

Das dichterische Werk der Gräfin, die eine Nichte von Marie Ebner-Eschenbach (1830-1916) war[149], ist bisher gänzlich unbeachtet geblieben. Immerhin druckte die Beilage der *Allgemeinen Zeitung* ihr Gedächtnissonett auf Kraus[150], in dem sie endete: "Uns aber, die dein Lebensziel erkannt,/ und auf dein Wort gebaut, das Lug und Trug gebannt, Bleibst immer du der starke Wegbereiter" - wozu Duchesne der Baronin Eichthal gegenüber etwas maliziös kommentierte: "Il vaut la peine de mourir pour avoir un sonnet comme celui-là!"[151]. Viel auf-

---

143 Joseph Fischer, Krausgesellschaft, an Marie Waldburg-Wurzach, München 1904 Jul 03; Kraus-Gedenkbriefbuch der Gräfin im NlS. Auch Paula von Coudenhove und Sophie Waldburg-Syrgenstein zogen ihre anfangs zugesagte Mitarbeit auf Anraten Joseph Sauers zurück.

144 Gräfin Sophie stammt aus der zweiten Ehe des Fürsten Eberhard; 1882 verheiratet mit Karl Graf von Waldburg-Syrgenstein (+1890), 1891 mit Karl Freiherr Heidler von Egeregg, gerichtlich geschieden in Wien 1908; Gothaischer Genealogischer Hofkalender, Gotha 1913, 241f.

145 Bild im NlE Nr. 108.

146 Kraus, Tagebücher (wie Anm. 15), 755f.

147 Sauer an Friedrich Schneider, 1902 Sept 23; NlS. Gemeint ist sicher Paula von Coudenhove, wahrscheinlich auch Enrica Handel-Mazzetti und Marie von Ebner-Eschenbach.

148 NlE Nr. 108; NZA 789/39.

149 Marie von Ebner-Eschenbach, geb. Gräfin Dubsky, Schriftstellerin; über sie: Wilhelm Bietak, in: NDB IV 265-267. - Zu ihr und ihrem Umfeld vgl. auch Gisela Brinker-Gabler (Hg.), Deutsche Literatur von Frauen, Bd. 2: 19. und 20. Jahrhundert, München 1988 (Lit.).

150 Beilage 1902 Jan 7: "An Franz Xaver Kraus. Schon lag bereit der Gruß zum neuen Jahre,/Den ich dir senden wollt' aus deutschem Land/Zum sonnenwarmen, palmengrünen Strand;/Nun grüßt mein Wort dich auf der Totenbahre. Geschlossen ist dein Aug', das tiefe, klare,/das für sein Schauen keine Grenzen fand;/Erlahmt die nimmermüde, treue Hand,/Die Kraft, der Eins nur schaffenswert - das Wahre. Der große Geist, der einstens dich entsandt/als seines Wesens Teil, rief seinen Streiter;/Vom Kampfe ruhst du nun, du Gottgeweihter. Uns aber, die dein Lebensziel erkannt,/und auf dein Wort gebaut, das Lug und Trug gebannt, Bleibst immer du der starke Wegbereiter." Vgl. das Gedicht "An F.X. Kraus" zum Jahrtag in: Allgemeine Zeitung Beilage 1903 Jan 7: "[...] Noch lebt dein Geist, und kann uns Führer sein!".

151 Eichthal an Sophie Waldburg-Syrgenstein, Rom, 1902 Feb 04; NZA 789/39: "Was sagen Sie zu Duchesne's Trauerrede [auf Kraus]? So etwa langt eine Katze auf heißen Kohlen herum, meinen Sie nicht? Ich konnte es mir nicht versagen, ihm bei seinem letzten Besuche Samstag vor acht Tagen, vor jedermann, laut Ihr Sonnet vorzulesen. Beim Fortgehen sagte er mir unter der Thür: il vaut la peine de mourir pour avoir un sonnet comme celui-là! - Was wollen Sie machen? - Er aber kann 10 mal sterben, trotz all seinem Geist und und

schlußreicher ist aber ihr Paula Coudenhove zugeeigneter, über 250 Seiten starker Gedichtband *Erschautes und Erdachtes*, der 1904 in Dresden erschien[152]. Neben dem stark nationalen Grundzug[153] ("Ihr Nachbarn, drängt uns nicht zum Streit, Wir sind bereit! Wir sind bereit"; 49), überraschen darin "pantheistische" bis "agnostische" Töne, etwa im Gedicht *Zweifel*: "Dachte - neidenswerte Träumer, Jene, die noch beten können, Jene, die vertrauensselig In des Raumes ew'ge Fernen Ihre armen Wünsche rufen; Während dorten, ohne Ende, Welten werden und vergehen!" (197). Im Gedicht *Urschleim* wird der Evolutionstheorie Reverenz erwiesen: "Urschleim, aus dem Nichts entstanden, Urschleim, du des Weltalls Grund!" (201). Das Werk endet mit Aphorismen wie "Die Religionen sind die verzierten Laternen, darin die reine Flamme des Glaubens glüht; oft sieht man vor lauter Schnörkeln das Licht nicht mehr." (206) Wohl nur die geringe Verbreitung hat verhindert, daß dieser zeitgeistgesättigte Band - im Gegensatz zum *Jesse und Maria* der der Gräfin befreundeten Enrica von Handel-Mazzetti - offiziell Anstoß erregt hat.

Durch Sophie Waldburg lernte Sauer auch deren enge Dichterfreundin Paula von Coudenhove kennen, eine mit Enrica von Handel-Mazzetti verwandte österreichische Schriftstellerin, die neben dem Betrieb ihres Waisenhauses in Erla noch Zeit zum Verfassen religiöser Kinderbücher und historischer Dramen fand[154]. Sauer konfrontierte die Gräfin mit folgender harter Wahrheit: "Sie haben zwei Seelen in Ihrem Innern: eine, die die Natur, ihr eigenes moralisches und künstlerisches Empfinden in Ihnen geschaffen, und eine, die die Jesuiten aus hartem Holz in Ihnen gezimmert"[155]. Sauer hatte diese Einsicht bei einem längeren von den beiden Freundinnen Paula und Sophie gesponsorten Besuch in der Villa Coudenhove in Ischl gewonnen und dort auch das höhere österreichische *social life* kennengelernt. Sein Urteil teilte er Augusta von Eichthal mit: "Der Jesuit sitzt überhaupt als der tyrannisierende Götze in den führenden Familien; man wirft sich vor ihm auf den Bauch, und er drückt schmunzelnd die Augen über all die Gemeinheiten einer perversen Sittenlosigkeit zu. Aber nu ja still ruhig

---

seiner Gelehrsamkeit, kriegt er nie und nimmer solch einen Nachruf. Das blüht nur lauteren Herzen und hohem selbstlosen Geiste, nicht wahr? Wir wissen's."

152 Widmungsexemplar für Herzogin Vera von Württemberg im Deutschen Literaturarchiv in Marbach.

153 Schon 1888 hatte die Gräfin ein "begeistertes politisches Gedicht" zur Rede Bismarcks *Wir Deutsche fürchten Gott, aber sonst nichts in der Welt* an die Fürstin Bismarck gesandt, das Hoffnungen auf die "Gewinnung der katholischen Standesherren für die Reichssache" aufkeimen ließ; Rudolf Vierhaus (Hg.), Das Tagebuch der Baronin Spitzemberg, geb. Freiin von Varnbühler. Aufzeichnungen aus der Hofgesellschaft des Hohenzollernreiches (Deutsche Geschichtsquellen des 19. und 20. Jahrhunderts 43), Göttingen [4]1976, 241. - Zum 18. Oktober 1918, dem Jahrestag der Völkerschlacht, widmete sie "dem deutschen Volk!" u.a. folgende Zeilen "Die Welt weiß uns nur Hohn und Spott, Allein noch lebt der alte Gott; Noch lebt in uns des Glaubens Kraft, Die Segen bringt, die Wunder schafft; Ein Wort soll unser Leitstern sein: Wir fürchten nichts als Gott allein! Doch siegt in letzter Völkerschlacht Des Lügengeistes Übermacht Und müssen jetzt wir untergehn, Dann soll in Ehren es geschehn! Lieb Vaterland, dann trag dein Los, Bis unsre Söhne stark und groß." Zu singen zur Melodie der "Wacht am Rhein." Exemplar im NlS.

154 Paula Freiin von Handel, geboren am 6. 8. 1863 in Vöslau, gestorben am 21. 5. 1934 in Oberstdorf, seit dem 12. 11. 1883 vermählt mit Karl Graf Coudenhove, lebte auf dem Schloß Erla bei St. Valentin und in Wien. Werke: Die Adlernichte und andere gereimte Erzählungen, Paderborn 1900; Roter Mohn und andere Erzählungen in Versen, Paderborn 1901; 15 Legenden für Kinder. Mit Illustrationen von Alois Greil, Stuttgart 1901; Johannes der Täufer, Köln 1901; Ein Babenberger. Poetische Erzählung, Paderborn 1902; Die Götterhunde. Ein altes Märchen neu erzählt, Leutkirch 1904. Vgl. Gothaisches Genealogisches Taschenbuch der Gräflichen Häuser, Gotha 1905, 185; Wilhelm Kosch, Das katholische Deutschland. Biographisch-bibliographisches Kirchenlexikon, Augsburg 1933ff, 364; laut freundlicher Mitteilung der Enkelin Marie Sophie Schmuck, Sonthofen, liegt kein Nachlaß vor.

155 So berichtet Sauer an Sophie Waldburg-Syrgenstein, Freiburg, 1903 Juni 09; NZA 795/45.

sein und nicht reformieren wollen!"[156] Sauer setzte der Gräfin die Anwendung des Entwicklungsprinzips auf die Kirche auseinander, die sie an ihren begeisterten Sohn Rolo weitergab[157]. In der Folge gab Paula von Coudenhove dann ein "recht freisinniges"[158] *Zeitbild in fünf Akten* mit dem bezeichnenden Titel *Renaissance*[159] heraus, in dem sie im Stile von Gobineaus gleichnamigen Werk historische Szenen mit Julius II., Luther, Savonarola aneinanderreihte. Helene Riesch[160], der Rezensentin für die Müllersche[161] Zeitschrift *Renaissance* drängte sich bei der Lektüre folgender Passage die "Parallele mit der Jetztzeit" auf: "Harrt nicht der Staat, die Kirche und die Kunst [...] der großen Auferstehung [...] Der Lebensbrunnen, die ganze Leitung ist reformbedürftig [...] Die Kunst verbinde sich der heiligen Kirche, dann nimmt sie teil am höchsten Herrscheramte"[162]. Eine weniger positive Reaktion schilderte die Gräfin Coudenhove selbst Joseph Sauer[163]: "Man beschuldigt mich - bis jetzt nur in Privatbriefen: des Reformkatholizismus, des Protestantismus, des Akatholizismus! Von Pater Schweykart S.J.[164], mit dem ich sonst in keinerlei Verbindung mehr stehe, wurde mir das Stück, welches ihm zugegangen war, mit einem förmlichen Bannspruch retourniert - noch dazu ungelesen?! der Titel und der Verleger[165] genügten [...] Zum Glück ist meine Anstalt gesichert - denn sonst ginge dieses rein wohltätige Werk auch zu Grund. In Wien wurde die Parole ausgegeben, daß keine 'konkret katholische Aristokratin' das Haus unterstützen darf. Die Beichtväter verbieten es. Das Vermögen meiner Schwägerin[166], die ins Kloster ging und welches meinem Sohn bestimmt war, wurde aus 'Gewissensangst' frommen Zwecken zugeführt [...] Denken Sie, daß weil ich ja doch am klerikalen Index stehe, Rosegger[167] mir in seiner Presse die Wege bahnt!! Er ist so lieb zu uns." Wenn sich die Gräfin auch nach wie vor mit Loisy nicht anfreunden kann - weil es nicht eine theologische und eine historische, sondern nur eine Wahrheit gebe[168]

---

[156] Sauer an von Eichthal, Freiburg 1904, Oktober 25; NlE Nr. 86.

[157] Paula von Coudenhove an Sauer, Ischl, 1904 Oktober 24; NlS. - Karl-Kuno (Rolo) Graf Coudenhove (1887-1940).

[158] Vgl. Sauer an von Eichthal, Freiburg, 1904 März 11; NlE Nr. 86.

[159] Augsburg 1904. -Benutztes Exemplar: Bayerische Staatsbibliothek München.

[160] Helene Riesch (1879-1931), Schriftstellerin; über sie: Kosch, Das Katholische Deutschland (wie Anm. 154), 3974.

[161] Josef Müller (1855-1942), "Reform-Müller"; über ihn jetzt: Weiß, Modernismus (wie Anm. 4), 182-196.

[162] Helene Riesch, Rez. Renaissance. Zeitbild in fünf Akten von Gräfin P. Coudenhove. Augsburg, Verlag Theodor Lampart, in: Renaissance. Monatsschrift für Kulturgeschichte/Religion/schöne Literatur, hg. von Josef Müller, 5 (1904) 291-293.

[163] Paula von Coudenhove an Sauer, Erla 1904 März 24; NlS.

[164] Alois Schweykart SJ (1844-1922); Rufo Mendizabal, Catalogus Defunctorum in renata Societate Iesu ab a. 1814 ad a. 1970, Rom 1972, 285, Nr. 807. Vgl. seine Werke: An die Katholiken Österreichs! Ein Wort der Aufklärung und Abwehr gegen die Angriffe auf die katholische Ehe, Acht Vorträge, Wien 1906; Sieben Künste der christlichen Frau. Frauen-Vorträge, gehalten in der Schottenfelder Kirche zu Wien, 26.2.-3.3. 1898, Wien 1898; Die Verehrung der unbefleckten Empfängnis Mariä in der Geschichte der Kirche, Graz 1904; Neun Vorträge über Ehe und Familie, gehalten in der Jesuitenkirche zu Wien; Wien 1898.

[165] Bei Lampart in Augsburg publizierten auch Josph Schnitzer, Otto Sickenberger, Josef Müller, und die Brüder Franz Sales und Konstantin Wieland, Wilhelm Imkamp, Die Katholische Theologie in Bayern von der Jahrhundertwende bis zum Ende des Zweiten Weltkriegs, in: Walter Brandmüller (Hg.), Handbuch der Bayerischen Kirchengeschichte, Bd. 3, St. Ottilien 1991, 539-651; 544.

[166] Wahrscheinlich Elisabeth Gräfin Coudenhove (geb. 1860).

[167] Peter Rosegger (1843-1918), Schriftsteller; Maximilian Liebmann, Religion, Glauben, Kirchen. "Kirche ist mir Nebensache, das Christentum Hauptsache", in: Gerald Schöpfer (Hg.), Peter Rosegger 1843-1918, Graz 1993, 213-223. - Worin die Unterstützung Roseggers tatsächlich bestand, bleibt vorerst unklar. Eine Durchsicht der von ihm herausgegebenen Monatsschrift *Heimgarten* ergab nur die kurze Anzeige von: Paula von Coudenhove, Götterhunde, in: Heimgarten 28 (1904/05) 639.

[168] Paula von Coudenhove an Sauer, Erla 1904 März 24; NIS.

- war sie doch um einen hohen Preis in die Bahnen der, wie sie es nannte, "kirchentreuen" Reform eingeschwenkt.

III. VERSUCH EINER ANALYSE

Zu Beginn wurde nach den Funktionen gefragt, die Frauen im Zusammenhang mit der Modernismuskrise erfüllten. Man würde den hier vorgestellten Gestalten nicht gerecht werden, wenn man dabei vor allem nach einem theoretisch-theologischen Beitrag fragen würde. Auf der anderen Seite erschöpfte sich die Rolle der Baronin von Eichthal und ihrer Freundinnen nicht darin, "weibliche Gelegenheitsmacherinnen" für Männer zu sein[169].

Auf einer ersten Reflexionsebene läßt sich ihre Bedeutung vielmehr darin sehen, daß sie als gleichwertige Gesprächspartnerinnen geschätzt waren, denen gegenüber sich Kraus, Hügel[170], Loisy, Houtin und Sauer mit einer sonst kaum möglichen Offenheit aussprechen konnten. Das setzte auf Seiten der genannten Theologen zugleich eine Aufgeschlossenheit für den intellektuellen und religiösen Anspruch dieser Frauen voraus, die ihrerseits nicht selbstverständlich war. Man vergleiche etwa den Essay von Franz Xaver Kraus über die *Frauenarbeit in der Archäologie*[171] mit den Vorstellungen des Jesuiten Viktor Cathrein (1845-1931) zum *Frauenstudium*[172] oder der Biographie der Fürstin Sophie von Waldburg-Wolfegg, die der gleichfalls der Gesellschaft Jesu angehörende Carl Haggeney (1868-1945) herausgab. Hier wird in den Kapitelsüberschriften die "arbeitsame Hausfrau", "die begeisterte Anhängerin der hl. Religion und Kirche", "die Jüngerin des göttlichen Herzens" und "das Kind Mariens" gepriesen[173]. Das antijesuitische Ressentiment, das oben bei Frauen wie "Modernisten" oft an-

---

[169] Vgl. Michael Wildt, Morgenrouge des bürgerlichen Geistes. Weibliche Gelegenheitsmacherinnen für männliche Intellektuelle: Salons in Alteuropa (Rez.: Verena Heyden-Rynsch, Europäische Salons. Höhepunkte einer weiblichen Kultur, München 1992, in: FAZ, Nr. 39, 16. Februar 1993.

[170] Hier ist auch daran zu erinnern, daß sich Friedrich von Hügel seine Tochter Gertrud (1877-1915) so intensiv an seinen historisch-kritischen Studien teilnehmen ließ, daß die Zwanzigjährige in eine persönliche Krise geriet. Von Hügel suchte deshalb Rat und Hilfe bei dem Jesuiten George Tyrrell, womit beider Freundschaft begann, Michel de la Bedoyère, The Life of Baron von Hügel, London 1951, 100-103.

[171] In: Duetsche Rundschau 62 (1890) 388-403; wieder in: Essays I, Berlin 1896, 253-280. Kraus lehnt in der Einleitung zwar den Begriff der "Frauenemanzipation" ab, lenkt dann aber den Blick auf die "geistige Not" der Frauenwelt der "besseren Stände", die neben der "sattsam" bekannten Not der "niederen Klassen" vernachlässigt werde. Der gebildeten Schicht stellt er die Arbeit von Anne Jameson, Luisa Twingin und Ersilia Caetani-Lovatelli als Leitbild vor Augen. Vgl. zum Ganzen auch Hauviller, Kraus (wie Anm. 138), 44-50.

[172] Victor Cathrein, Frauenstudium, in: Stimmen aus Maria Laach 59 (1900) 369-382; 376: "Wie viele von unsern jungen Männern kommen von den Universitäten entweder als Ungläubige oder wenigstens als Skeptiker und Zweifler zurück! Die Freudigkeit des Glaubens ist verlorengegangen. Tatsachen reden. Was wird nun erst aus den Mädchen werden, die noch viel unselbständiger sind in ihrem Reden und Wollen? Wie viele werden als 'aufgeklärte, emanzipierte Damen' die Universitäten verlassen und ihre seichte Aufklärung in das Heiligtum der Familie hineintragen! Es ist nicht unwahrscheinlich, daß derlei Aussichten bei manchen der tiefere Grund ihrer leidenschaftlichen Propaganda für das Frauenstudium sind." - Über Cathrein jetzt: Kornelia Siedlaczek, Die Qualität des Sittlichen. Die neuscholastische Moraltheorie Victor Cathreins SJ in der Spannung von Natur und Norm (Frankfurter Theologische Studien 52), Frankfurt 1997.

[173] Carl Haggeney, Fürstin Sophie von Waldburg zu Wolfegg und Waldsee. Ein Lebensbild. Mit einem Vorwort von Dr. Paul Wilhelm Keppler, Bischof von Rottenburg, Mergentheim 1910. - Über ihn: Ludwig Koch, Jesuitenlexikon. Die Gesellschaft Jesu einst und jetzt, Paderborn 1934, 753; Mendizabal, Catalogus, 422 (wie Anm. 164), Nr. 391. - Zur ebenfalls eher "ultramontanen" Ausrichtung der Linie Waldburg-Zeil vgl. Heinz

klang, mag unter anderem bei solchen Positionen seinen Ursprung haben. Ohne selbst diesem Ressentiment zu verfallen, wird man festhalten können, daß sich die "Modernisten" nicht nur theologisch, sondern auch in Bezug auf die Frauenwelt in Konkurrenz zur Gesellschaft Jesu sahen[174], deren angeblich übergroßer Einfluß dort schon bei den Debatten zum Jesuitengesetz beklagt worden war[175].

Weiterhin: Wenn Augusta von Eichthal Kraus mit den "Amerikanisten" zusammenführte oder die Waldburgerinnen den Kontakt von Sauer zu Rottmanner herstellten, so ermöglichten sie historische Kombinationen, die sonst so nicht gegeben gewesen wären. Hierin glichen sie Friedrich von Hügel, der unter anderem Loisy und Tyrrell zusammenbrachte. Zugleich wirkten sie durch mündliche Kontakte wie auch literarisch im Sinne einer *haute vulgarisation* "modernistischen" Gedankenguts. Nicht geringgeschätzt werden darf auch die Tatsache, daß sie als gesellschaftlich höhergestellte Mäzeninnen ihren "Modernisten" nicht nur ideelle, sondern auch materielle Unterstützung gewährten[176]. Schließlich hielten sie das Andenken an Theologen wie Kraus wach, denen ein angemessenes kirchliches Gedenken versagt blieb[177].

Auf einer grundsätzlicheren Ebene ergeben sich Beobachtungen zur "Kulturgeschichte" der Modernismuskrise. Augusta von Eichthal und ihr Kreis, dem in dieser Hinsicht Friedrich von Hügel zuzurechnen ist, gehörten zu der meist adelig und zugleich international geprägten Infrastruktur, auf der die Anliegen eines Kraus[178] oder Loisy weitere gesellschaftliche Wirkung entfalten konnten. Hier war ein protestantische Sympathisanten wie Paul Sabatier einschließendes katholisches Publikum vorhanden, das die für solche Themen kaum vorhandene kirchliche Öffentlichkeit wenigstens teilweise ersetzte[179]. Gesellschaftliche Stellung und Wohlhabenheit gewährleistete für diesen Personenkreis auch eine gewisse innerkirchliche

Gollwitzer, Die Standesherren. Die politische und gesellschaftliche Stellung der Mediatisierten 1815-1918. Ein Beitrag zur deutschen Sozialgeschichte, Göttingen ^{2}1964, 233f.

174 Das Thema kann hier nur angerissen werden, sicherlich muß auch bei der Haltung der deutschsprachigen Jesuiten differenziert werden. - Ein weiteres, besonders drastisches Beispiel stellt der Brief des Innsbrucker Jesuiten P. Hättenschwiller an Enrica von Handel-Mazzetti vom 27. Januar 1910 dar, in dem er ihr tägliche Kommunion, Exerzitien, die Lektüre neuscholastischer Werke und "Direktiven" eines Geistlichen Leiters empfahl, damit sie "bessere" Bücher schreiben könne; vgl. dazu Bernhard Doppler, Katholische Literatur und Literarpolitik. Enrica von Handel-Mazzetti: eine Fallstudie (Literatur in der Geschichte. Geschichte in der Literatur 4), Königstein/Ts. 1980, 50.

175 Vgl. die Rede von Eduard Windthorst im Deutschen Reichstag, 22. Sitzung, 1872 Mai 15, in: Stenographische Berichte, III. Session, Bd. I, Berlin 1872, 384-392; 390.

176 Die Freundinnen Marie, Sophie, Paula und Auguste schenkten etwa Joseph Sauer zu Weihnachten 1905 eine Schreibmaschine, wofür ihnen auch an dieser Stelle gedankt sein soll.

177 In diese Richtung betätigte sich auch, aber nicht ausschließlich, die einzige exkommunizierte "Modernistin", Maude Petre, die Nachlaßverwalterin George Tyrrells. Vgl. vor allem ihre Werke: Autobiography and Life of George Tyrrell, 2 Bde., London 1912; George Tyrrell's Letters, London 1920.

178 Zu den weitreichenden gesellschaftlichen Kontakten Kraus' in Italien vgl. die exzellente Gesamtschau bei Christoph Weber, Franz Xaver Kraus und Italien, in: QFIAB 61 (1981) 168-190.

179 Vorbedingung für den Ruhm des Franziskus-Biographen und Modernisten-Freundes Sabatier in Italien war vor allem seine Rezeption bei den meinungsbildenden aristokratisch-großbürgerlichen Zirkeln; dazu Lorenzo Bedeschi, Modernismo a Milano (Documento per la storia 9), Mailand 1974, 13. Er nennt für Rom "i salotti della contessa Pasolini (palazzo Sciarra), della russa Helbig (villa al Gianicolo), dell'inglese Mund Howe Elliot (palazzo Rusticci), della tedesca Alice de Schlegel, della contessa Caetani Lovatelli, dell'inglese Edith Munro, delle signorine Mac Crackett, della baronessa D'Eichthal, dell'americana Margaret Chamber, dell'israelita Alice Franchetti, della contessa Spalletti, dei conti Morichelli d'Altemps, di Dora Melegari ecc. Non minori erano quelli in altre città a Firenze, a Milano e a Torino".

Unabhängigkeit. Die Kontinuität dieses nicht nur in Rom[180] angesiedelten Milieus wird in einzigartiger Weise an Augusta von Eichthal deutlich, die von Döllinger über Kraus zu den Modernisten Loisy und Genocchi kam. Auch die zu den mediatisierten Häusern zählenden Waldburgerinnen hatten ihre Vorläuferinnen, wenn wir z. B. an den engen Kontakt Bischof Hefeles (1809-1893) zur Gräfin Walburga Rechberg (1809-1903) denken[181]. Diese Personenkreise stellen ein Stück realer Verfaßtheit der Kirche dar, das bisher im Vergleich zum politischen Katholizismus oder dem "katholischen Milieu"[182] zu wenig gewürdigt worden ist[183]. Der spezifische Charakter dieses/r anderen katholischen "Milieus" konnte allerdings nur unter den Bedingungen des 19. Jahrhunderts fortbestehen, das im Jahr 1914 endgültig seinen Abschied nahm - und mit ihm auch die Welt der Salons. Schon deshalb mußte ein "Modernismus" nach der Modernismuskrise eine andere gesellschaftliche Ausprägung haben. Den ursprünglichen Protagonisten fehlte der frühere Bezugsrahmen, sie pflegten deshalb bestenfalls noch nostalgisch ihre Erinnerungen. Eine weitere Folge ergab sich für den Verlauf der Modernismuskrise selbst. Die konservativ-elitäre Haltung des Eichthalkreises, die sich auch für von Hügel konstatieren läßt[184], verhinderte etwa, daß es in Deutschland zu einer breiten Zusammenarbeit mit der Münchener Krausgesellschaft kam. Leute wie Hauviller und Rudolphi fielen letztlich durch, weil ihnen die *social graces* fehlten oder weil sie über den aristokratischen Zirkel hinaus zu sehr nach der "Masse" schielten[185]. Die Krausgesellschaft und ihr Organ, das *Zwanzigste Jahrhundert*, waren für Joseph Sauer und die ihm zugetanen Damen übrigens vollends gestorben, als dieser 1912 in Freiburg ein "knallrotes Flugblatt" der "Revolverbande in München" sah, "auf dem die Katholiken und 'Freunde unseres lieben Franz Xaver Kraus'" zur Wahl eines Linksliberalen aufgerufen wurden[186]. Hier liegt wohl ein Grund, warum es in

---

180 Zur römischen Situation: Lorenzo Bedeschi, Luoghi, persone e temi del riformismo religioso a Roma a cavallo del novecento, in: Ricerche per la storia religiosa di Roma 8 (1990) 171-201; Luigi Fiorani, Modernismo romano, 1900-1922, in: ebd., 75-170. Beide Beiträge bringen u.a. Informationen zur theologisch-gesellschaftlichen Rolle Genocchis und von Hügels. - Zu nennen wären in Italien noch Mailand, Florenz und Turin, in Deutschland auch München und Freiburg, wo jeweils große Kreise adeliger katholischer Damen bestanden; vgl. Kraus, Tagebücher (wie Anm. 15).

181 Vgl. Uwe Scharfenecker, Stationen einer Freundschaft. Hefele und die Grafen von Rechberg-Rothenlöwen, in: Hubert Wolf (Hg.), Zwischen Wahrheit und Gehorsam. Carl Joseph von Hefele (1809-1893), Ostfildern 1994, 18-49. Zu den "hochgemuten Freundschaften einzelner Standesherren oder standesherrlicher Familien mit Vertretern des geistigen Deutschland" vgl. Gollwitzer, Standesherren (wie Anm. 173), 312f.

182 Vgl. Arbeitskreis für kirchliche Zeitgeschichte (AKKZG), Münster, Katholiken zwischen Tradition und Moderne. Das katholische Milieu als Forschungsaufgabe, in: Westfälische Forschungen 43 (1993) 588-654.

183 Vgl. Conzemius, Briefwechsel Döllinger-Blennerhassett (wie Anm. 48), XXVIII: "[Lady Blennerhassett] in einer Historiographie, die nur den Institutions-, Verbands- und politischen Katholizismus gelten läßt, wird sie auch heute beharrlich totgeschwiegen."

184 Vgl. Peter Neuner, Religiöse Erfahrung und geschichtliche Erfahrung. Friedrich von Hügels Grundlegung der Theologie (BÖT 15), München 1977, 350f.

185 Vgl. als weiteren Beleg: Marie Gräfin Waldburg-Wurzach an Paula von Coudenhove, Kisslegg 1904 Jul 18; NZA: "Habt ihr [Paula und ihre Freundin Sophie] die neue von Hauviller verfaßte Biographie 'F.X. Kraus, ein Lebensbild aus der Zeit des *Reform*katholizismus' gelesen? 'Gott bewahre mich vor meinen Freunden!' Schade, daß der ja ganz feingebildete und Kraus so treu ergebene Hauviller sich zu manchen unsympathischen Gehässigkeiten gegen die andere Partei und durch ein so *geschmackloses* 'Reformerwesen' immer wieder den besten Teil seiner Arbeiten verdirbt. Die rote Sensationsbandage, durch welche das stumpfe Publikum offenbar angelockt werden soll, allein macht einen schon ganz ärgerlich. Wie wenig im Sinne von Kraus sind solche Unfeinheiten und Marktschreiereien! Vorgestern war Pf. Rudolphi bei uns zu Tisch. [...] Was mich mit allen äußeren und inneren Ungeschliffenheiten dieses Abbate bavarese immer wieder aussöhnt ist, daß man ihm stets unverblümt die Wahrheit sagen kann - *sogar* über seine eigenen schriftstellerischen Arbeiten! Im Grunde ist er doch ein recht gescheiter Mensch - ma un rusticane!"

186 Sauer an von Eichthal, Freiburg 1912 Jan 15; NlE Nr. 86.

Deutschland keine geschlossene "modernistische Bewegung" geben konnte[187]. Die Kombination gebildeter Damen und "modernistischer" Theologen blieb ein Solitär.

[187] Der Akzent liegt hier auf "Bewegung". Unbestritten bleibt, daß weite Teile des deutschen Katholizismus in der Sicht der Antimodernisten als ausgesprochen "modernistisch" gelten mußten.

Theologische Wahrnehmung von Kultur im ausgehenden Kaiserreich

Von Thomas Ruster

I. Wege aus dem Abseits

Die Enzyklika *Pascendi* hatte zuviel getan, als sie den Modernismus als ein verschwörerisch geheimgehaltenes System beschrieb, das aufzudecken der Stolz des Papstes war. Aber sie hatte richtig gesehen, daß in der Theologie um die Jahrhundertwende manches aufgebrochen war, was der gängigen lehramtlichen Doktrin und der herrschenden neuscholastischen Theologie nicht einfach kommensurabel war. In Deutschland gab es keine Modernisten, sagt man[1], aber diese Aussage verliert an Eindeutigkeit, wenn man bedenkt, daß es auch sonst nirgendwo einen Theologen gab, auf dessen Denken die Beschreibung der Enzyklika genau gepaßt hätte. Dennoch hat *Pascendi* einen heuristischen Wert. In dem Versuch, nicht nur irrige Sätze zu verwerfen, sondern ein zu verwerfendes theologisches System als Ganzes zu beschreiben, liefert sie wie aus der Vogelperspektive einen Blick auf die neuen Elemente des katholischen Denkens, das in England, Frankreich, Italien und auch Deutschland anzutreffen war. Pius X. hatte den Modernisten vor allem methodischen Agnostizismus (Verwendung säkularer wissenschaftlicher Methoden in der Theologie), vitalen Immanentismus (Religion eine Sache des Erlebnisses und der Erfahrung), Symbolismus (die Dogmen sind nur die Symbole des eigentlich gemeinten Glaubens) und Evolutionismus (es gibt in Sachen des Dogmas und des Amtes eine geschichtliche Entwicklung) vorzuwerfen gehabt; daraus lassen sich die neuen Antriebe des reformkatholischen Denkens im Rückschluß ablesen. Es ging um die Vermittlung von Offenbarung und Erfahrung, um einen Glauben, der den ganzen Menschen, nicht nur Verstand und Wille erfaßt, um das Ernstnehmen der Geschichtlichkeit und um den Gebrauch der Methoden der positiven Wissenschaften[2]. Alle diese Anliegen sind innerhalb der katholischen Theologie später zu ihrem Recht gekommen, wenn auch die strengen antimodernistischen Maßnahmen ihre Wirkungen und Folgen über mindestens 40 Jahre hinweg hatten. Theologische Voraussetzung für die schließliche Befreiung aus der antimodernistischen Zwangsjacke war die Überwindung des starren Zwei-Stockwerk-Schemas von Natur und Übernatur, das analog auch für das Verhältnis von Welt und Kirche, Kultur und Religion etc. leitend war und mit einem "instruktionstheoretischen", autoritätsfixierten Offenbarungsverständnis einherging. Henri de Lubac und Karl Rahner haben für diese Überwindung das meiste geleistet[3]. Die katholische Theologie des ausgehenden Kaiserreiches, von der im folgenden ausschnittweise die Rede sein soll, war von der grundsätzlichen Lösung dieses Erbproblems der Neuscholastik noch weit entfernt. Ihr Ausbruch aus der Enge des Katholizismus folgte zunächst außertheo-

---

1 Vgl. Norbert Trippen, Theologie und Lehramt im Konflikt. Die kirchlichen Maßnahmen gegen den Modernismus im Jahre 1907 und ihre Auswirkungen in Deutschland, Freiburg u. a. 1977, 32f.

2 Vgl. Franz Padinger, Zum Verständnis des Konflikts zwischen Glaube und Wissenschaft im Modernismusstreit, in: Erika Weinzierl (Hg.), Der Modernismus. Beiträge zu seiner Erforschung, Graz u. a. 1974, 43-56; Otto Weiß, Der Modernismus in Deutschland. Ein Beitrag zur Theologiegeschichte, Regensburg 1995.

3 Obwohl in diesem Zusammenhang auch Arnold Rademacher nicht vergessen werden sollte, vgl. ders., Der Einheitsgedanke in der Theologie und der Parallelismus von Natur und Gnade, Bonn-Berlin 1921.

logischen Motiven und wurde erst nachträglich theologisch zu legitimieren versucht. Julius Bachems Wort "Wir müssen aus dem Turm heraus", gesprochen im Zusammenhang des Gewerkschaftsstreits (1906), kann als symptomatisch gelten für einen Katholizismus, dem das im 19. Jahrhundert halb freiwillig, halb gezwungen bezogene Gehäuse zu eng geworden war. Die Abschließung gegenüber der nationalen, protestantischen und liberalen Kultur, die sich lange als förderlich für den Selbsterhalt des Katholizismus erwiesen hatte, wurde zunehmend als hinderlich für die Durchsetzung seiner Interessen empfunden. Der liberale Spott hatte zugenommen, die sog. Inferioritätsdebatte offenbarte den langfristigen Bedeutungsverlust der Katholiken in den Spitzenpositionen der Gesellschaft, die Gebildeten und die Arbeiterschaft drohten dem Einfluß der Kirche zu entgleiten. Der Katholizismus hatte sich im Zuge seiner effizienten Organisation innerhalb des Milieus wohl auch selbst zu sehr modernisiert, um die Opposition zur modernen Kultur durchgehend glaubwürdig behaupten zu können[4]. Schließlich übte die vom industriellen und wissenschaftlichen Fortschritt getragene bürgerliche Kultur des kaiserlichen, sich jetzt auch imperialistisch gebärdenden deutsches Reiches eine eigene Faszination aus, der gegenüber man nicht immer im Abseits bleiben wollte. Das Ende des Kulturkampfs und die auf Ausgleich mit der modernen Welt bedachte Politik Leos XIII. ließen die Chancen für eine Lockerung der Ghettomentalität günstig erscheinen. Es waren vor allem die Katholiken, die in den Überschneidungsbereichen zwischen Kirche und Gesellschaft wirkten - Politiker, Literaten, Universitätsprofessoren -, die merkten, daß der katholische "Turm" zunehmend isoliert in der Landschaft stand. Aber, um im Bild zu bleiben, sie hatten nicht vor, sich nach dem Verlassen des Turms unters Volk zu mischen. Als Karl Muth alias Veremundus 1898 seine *literarische Gewissensfrage* stellte: *Steht die katholische Belletristik auf der Höhe der Zeit?*[5], da ging es ihm nicht darum, "die katholische Literatur in die Nationalkultur zu überführen und so die Grenzen zwischen beiden aufzuheben"[6]. Das dogmatische Bewußtsein unüberbietbaren Wahrheitsbesitzes und weltanschaulicher Überlegenheit war für Katholiken zu stark, um einen solchen Gedanken auch nur zuzulassen. Dementsprechend wurde, nicht nur bei Muth, das Verhältnis zwischen Katholizismus und moderner Kultur in den Begriffen von Ebenbürtigkeit, Inferiorität oder Überlegenheit bedacht. Damit waren die Grenzen für eine katholische Annäherung an eine moderne, plurale Kultur, für ein, sagen wir, christliches Pluralismuskonzept, gesteckt[7]. Ein gewisser Antagonismus zwischen Religion und Kultur blieb somit auch für die reformkatholische Wahrnehmung der modernen Zeit grundlegend oder konnte nur in der Allmachtsphantasie der Rückführung aller Ungläubigen und Andersgläubigen in den Schoß der allein wahren Kirche überwunden werden. Theologen, die wie Albert Ehrhard nicht auf die "Bekehrung" der Vertreter der modernen Kultur abzielten, sondern diesen nur ermöglichen wollten, in "ein harmonisches Verhältnis zum Katholizismus" zu treten, mußten sich daher von ihren Kritikern den Vorwurf gefallen lassen, sie nähmen die Trennung der Welt in Gläubige und Ungläubige dauerhaft hin[8]. Der "anonyme Christ" war eben theologisch noch nicht geboren. Die Widersprüche im Reformkatholizismus traten indessen in der theologischen Bearbeitung besonders hervor, und die Theologen, die

---

4 Das ist die These von Urs Altermatt, Katholizismus und Moderne. Zur Sozial- und Mentalitätsgeschichte der Schweizer Katholiken im 19. und 20. Jahrhundert, Zürich 1989.

5 Mainz 1898.

6 Jutta Osinski, Katholizismus und deutsche Literatur im 19. Jahrhundert, Paderborn u. a. 1993, 341.

7 Wie sehr es daran auch heute noch hapert, belegt sehr gut Michael Welker, Kirche im Pluralismus, Gütersloh 1995.

8 So der Tenor einer starken Kritikerfraktion, von der Ehrhard selbst berichtet. Vgl. Albert Ehrhard, Liberaler Katholizismus? Ein Wort an meine Kritiker, Stuttgart-Wien 1902, 33.

berufsbedingt im Rampenlicht der lehramtlichen Aufmerksamkeit standen, hatten die Folgen am eigenen Leibe auszutragen. Im folgenden Überblick zeichne ich die Positionen von Albert Ehrhard und Herman Schell zum Verhältnis von Katholizismus und moderner Kultur in Umrissen nach. Ehrhard, dessen *Der Katholizismus und das 20. Jahrhundert* nach Schells reformkatholischen Programmschriften liegt, behandle ich dabei zuerst, weil er ein Gesamtpanorama bietet, in das die Standpunkte Schells wie leuchtende Punkte eingetragen werden können. Danach soll an Joseph Mausbach gezeigt werden, in welcher Weise und mit welchen theologischen Argumentationsfiguren ein damals offenbar weithin zustimmungsfähiges Verhältnismodell entwickelt werden konnte. Schließlich soll ein kurzer Blick in die katholische Theologie der Weimarer Zeit deutlich machen, daß die vor dem Krieg diskutierten Fragen aufgrund der neuen gesellschaftlichen Rolle des Katholizismus nach dem Krieg radikalisiert wurden und weitergehende Antworten verlangten.

II. Albert Ehrhard (1862-1940): Versöhnung mit der modernen Welt

Die Ausführungen von Ehrhards berühmter Reformschrift von 1901 laufen auf die These zu, "daß der tatsächlich bestehende intensive Gegensatz zwischen der katholischen Kirche und der modernen Welt nicht zugleich ein wesentlicher und absoluter ist"[9]. Dies hatte er einem Lesepublikum auszurichten, daß offenbar von einem solchen absoluten Gegensatz fraglos ausging. Wenn Ehrhard sich genötigt sah, die Selbstverständlichkeit einzuschärfen, daß sich "keine Zeit außerhalb der Bahnen der göttlichen Vorsehung bewegen kann" und somit wohl "auch die Neuzeit eine gottgewollte Aufgabe" erfüllt (336), dann ermißt man die Größe des Vorurteils, gegen das er anzukämpfen hatte. Trotz der von ihm durchgehend beobachteten Vorsicht und Behutsamkeit - aus den Auseinandersetzungen um seinen ehemaligen Würzburger Fakultätskollegen Schell hatte Ehrhard seine Lehren gezogen - erregte sein Buch ungeheures Aufsehen und rief heftige innerkirchliche Kritik hervor; nach zehn Tagen war die erste Auflage vergriffen, nach einem Jahr die vierzehnte[10]. Dabei ging auch Ehrhard vom intensiven Gegensatz zwischen katholischer Kirche und moderner Welt aus, ja dieser bildete eigentlich den Anlaß seines Buches. Die Neuzeit hatte der Kirche einen dreifachen Kampf aufgenötigt - den antikirchlichen, den antichristlichen und den antireligiösen (291f) - und am Ende dieses sich steigernden Kampfes war es dahin gekommen, daß die Kirche für eine Gegnerin der modernen Kultur gehalten wurde, daß sich gebildete Kreise unwiederbringlich von ihr abgewandt hatten und daß selbst aus gutgesinnten Kreisen zunehmende Kritik an innerkirchlichen Verhältnissen geäußert wurde (3-15). Das Krisenbewußtsein war bei Ehrhard so stark, daß er ernsthaft um den Fortbestand der katholischen Kirche fürchtete; er formulierte es so, "daß kein Land und kein Volk die Sicherheit beanspruchen könne, die Segnungen des katholischen Systems immerdar zu genießen" (2). Die Versöhnung mit der modernen Kultur war also eine Überlebensfrage der Kirche, die Ehrhard nachdrücklich im Hinblick auf das kommende Jahrhundert stellte. Das Mittel, das er zum Erweis der These vom nicht absoluten Gegensatz von

[9] Albert Ehrhard, Der Katholizismus und das zwanzigste Jahrhundert im Lichte der kirchlichen Entwicklung der Neuzeit, Stuttgart-Wien [2 u. 3] 1902, 335. Die folgenden Seitenangaben im Text beziehen sich auf dieses Werk.

[10] Zu Ehrhard und den Auseinandersetzungen um ihn vgl. Herbert Dachs, Albert Ehrhard - Vermittler oder Verräter, in: Weinzierl, Modernismus (wie Anm. 2), 213-234; Trippen, Theologie (wie Anm. 1), 110ff.

Kirche und Welt wählte, war eine *Relecture* der Geschichte der Kirche in der Neuzeit. Damit blieb er seinem Fach treu und umging die eingefahrenen, dogmatisch verminten apologetischen und kontroverstheologischen Gleise. Der Unterschied zu den üblichen, apologetisch verzweckten Darstellungen der Kirchengeschichte zum *Zeugnis ihrer höheren Sendung* ist deutlich[11]. Ehrhard bemühte sich um ein abgewogenes historisches Urteil, unterschied katholischerseits zwischen dem Unveränderlichen und dem Zeitbedingten, unterschlug kirchliche Mißstände nicht und versuchte, den neuzeitlichen emanzipatorischen Aufbrüchen Gerechtigkeit widerfahren zu lassen. Vielleicht kann man Ehrhards Schrift als einen ersten katholischen Schritt zur Anerkennung der *Legitimität der Neuzeit* bezeichnen. Da galt es aber zuerst, das eingefleischte katholische Vorurteil anzugreifen, das Mittelalter sei das goldene Zeitalter der Kirche gewesen und für alle späteren Zeiten normativ. Ehrhard ging dagegen mit historischen (auch im Mittelalter gab es Mängel, z. B. die Inquisition), geschichtsphilosophischen (die Neuzeit kann nicht nur Abstieg gewesen sein) und theologischen (die Offenbarung weiß nichts von einem Vorrang des Mittelalters) Argumenten an (46ff). Individualismus und Subjektivismus, das Schreckgespenst der katholischen Philosophie, haben für ihn eine historische Berechtigung: der noch wenig zur Persönlichkeit erwachte Mensch des Mittelalter habe sich aus seinem "Panzer" befreien müssen. Ehrhards Bewertung der Reformation ist immer noch ungerecht und katholisch verzerrt. Sie sei nur der Ausfluß der ungesunden Psyche ihrer Urheber gewesen, die "wahre Größe nicht hatten" (118) und deren Erfolg er nur auf ihren propagandistischen Elan zurückführte (166ff). Den Rückgang des kirchlichen Lebens im ausgehenden Mittelalter hatten aber die damaligen katholischen Persönlichkeiten zu verantworten (293f), und Ehrhard will nicht leugnen, daß auch der Protestantismus zur Quelle echten religiösen Lebens geworden ist und religiöse Bedürfnisse befriedigt hat. Die Mängel der katholischen Reform nach dem Trienter Konzil werden nicht verschwiegen, und ziemlich streng geht Ehrhard mit dem Jesuitenorden ins Gericht. Bei diesem wie auch beim Fall des *Syllabus errorum* und beim Unfehlbarkeitsdogma erklärt er anstößige katholische Erscheinungen aus der entschlossenen Feindschaft der Widersacher; was aber wie im Kriegszustand entstanden ist, dürfe nicht für den wahren Katholizismus gehalten werden (140ff, 256ff). Im übrigen ist er bemüht, den dogmatischen Gehalt von *Syllabus* und Unfehlbarkeitsdogma herunterzuinterpretieren. Die Verurteilung Galileis nennt er einen "wissenschaftlichen Irrtum" und eine "höchst beklagenswerte Tatsache", die nach Grundsätzen erfolgte, "die kein Katholik der Gegenwart zu verteidigen bereit sein wird, noch zu verteidigen verpflichtet ist" (151f). Die "unchristliche Aufklärung" brachte zwar die endgültige Zerstörung der Harmonie zwischen Religion und Vernunft, sie war aber durch zeitgeschichtliche Verhältnisse und auch durch kirchliche Entwicklungen, über die Ehrhard immer wieder ein "ungünstiges Urteil" ausstellen muß, mitverursacht (175ff). Schließlich fand sich auch kein großer christlicher Geist, der ihr entgegengetreten wäre (213) - eine abschätzige Haltung gegenüber der neuzeitlichen katholischen

[11] Vgl. etwa Johann-Peter Kirsch, Die Geschichte der Kirche, ein Zeugnis ihrer höheren Sendung, in: Gerhard Esser, Joseph Mausbach, Religion - Christentum - Kirche. Eine Apologetik für wissenschaftliche Gebildete, Bd. 3, Kempten-München 1912, 1-164. Für den Schweizer Theologen Kirsch erscheint die kath. Kirche im Licht ihrer Entwicklung seit dem 16. Jh. "als das einzige unerschütterliche Bollwerk für den Glauben an das Übernatürliche überhaupt, als die einzige Vertreterin der unversehrten christlichen Religion und Kultur, in der allein die Menschheit die richtigen, der menschlichen Natur völlig entsprechenden Normen religiösen Lebens findet und durch sie zugleich die von Gott selbst eingesetzten Mittel gewinnt, das ihr bestimmte ewige Ziel zu erreichen", ebd., 163. Die Geschichte erbringt hier nur, was dogmatisch schon feststeht.

Theologie ist bei Ehrhard durchgängig[12]. Ebenfalls sehr distanziert verhält sich Ehrhard zum Konfessionalismus (er "schwächte das Gefühl für das Gemeinsame und die Empfindung für die Notwendigkeit einer schließlichen Wiedervereinigung" [244]) und zum päpstlichen Zentralismus ("nicht durch die dogmatische Idee des Primates gefordert", mit der Gefahr, die bischöfliche Gewalt zu erdrücken [245]). So behutsam, ja betulich Ehrhards Kritik auch daherkam, sie forderte von Katholiken doch nicht weniger als die Infragestellung und Relativierung dessen, was sie für ihren teuersten Besitz halten mußten und was bisher stets als apologetischer Selbstausweis der Kirche fungiert hatte: die christliche Einheit des Mittelalters, die tridentinische Reform, die starke Stellung des Papsttums. Und festgefügte Feindbilder gerieten durch Ehrhards Sicht ins Wanken. Ja er forderte, die "Wahrheitselemente" im modernen Denken anzuerkennen (253) und die Versöhnung mit dem modernen Geist zu leisten. Denn keiner der Grundfaktoren der modernen Zeit stehe in einem "inneren und absoluten Gegensatz zur katholischen Kirche", wenn sie einerseits auf das Wesentliche des Katholizismus, andererseits auf die Grenzen ihrer inneren Berechtigung bezogen werden (323). Ehrhard führt den Nachweis detailliert für Humanismus, Geschichts- und Naturwissenschaft, Nationalismus, Individualismus, Fortschritt und Freiheit des Denkens aus (293ff). Und über diese Nichtausschließung im Grundsätzlichen hinaus habe die Kirche von der Moderne auch profitiert: Episkopat und Klerus sind nach dem Verlust der weltlichen Machtmittel für ihre geistlichen Aufgaben frei, die modernen Kommunikationsmittel können genutzt werden, die Theologie hat durch die neuen wissenschaftlichen Methoden einen Aufschwung genommen (331ff). Ehrhards Sicht der neueren Geschichte lief auf eine Revision der herrschenden katholischen Weltanschauung hinaus und mußte, ausweislich der heftigen kritischen Reaktionen gegen sie, eine gewaltige Erschütterung des katholisch-integralistischen Selbstbewußtsein bewirken. Sie wurde allerdings gemildert durch sein uneingeschränktes Bekenntnis zur katholischen Kirche als der einzig wahren und universalen, der allein seligmachenden, die die Ganzheit des Christentums in sich bewahrt habe (122ff). Für Ehrhard ließ sich der Anspruch der katholischen Kirche "auf göttliche Gründung und Führung" historisch rechtfertigen (124); der Protestantismus bot ihr in dieser Hinsicht nur die Gelegenheit, sich als eine "unsterbliche Institution" zu erweisen (128). Was an Mängeln im Katholizismus aufgewiesen wurde, geht auf das Konto der Umstände oder "menschlicher Unzulänglichkeiten" (153), betrifft aber nicht sein Wesen. Dieses beruht auf der objektiven Wahrheit der Offenbarung, die die Kirche weiterhin allem Subjektivismus entgegenhalten müsse (320f). In Bezug auf ihren antimetaphysischen Charakter kann es daher keine Verständigung mit der Neuzeit geben (344). Nur unter Voraussetzung einer objektiven Wahrheit kann die Kirche auch Denkfreiheit zulassen. Ehrhard sah nicht, daß eben diese Voraussetzung, so sehr er sie auch als Grundlage der Verständigung mit der modernen Kultur geltend machte, vom Denken der Neuzeit überholt war, und daß die Moderne keiner Institution den Anspruch auf absoluten Wahrheitsbesitz mehr abnehmen würde. Ehrhards Hoffnung auf Überwindung der Metaphysikfeindlichkeit, die er bei ihren Urhebern fälschlicherweise nur "psychologisch" motiviert sah, war vergeblich (344). Charakteristisch ist seine Bewertung der zeitgenössischen Literaturerzeugnisse: "[...] in dem, was wahr in ihnen ist, sind sie christlich, und in dem, was in ihnen nicht christlich ist, sind sie nicht wahr" (384). So mochte man eine Brücke für gelassene katholische Kulturfreundlichkeit

[12] "Man braucht nur den Kirchenlehrer des 18. Jahrhunderts, den hl. Alfons von Ligouri, mit den ältesten Kirchenlehrern zu vergleichen und den unendlichen Abstand zwischen ihrer Stellung in der ihnen gleichzeitigen Geistesentwicklung auf sich wirken zu lassen, um diesen Mangel empfindlich zu fühlen" (213).

schlagen können - Karl Muth hat aus diesem Geist 1903 das *Hochland* gegründet[13] - , aber die moderne Kultur konnte sich diesem Maßstab nicht unterwerfen. Anmerken möchte ich schließlich noch, worauf Ehrhard in diesem Buch nicht zu sprechen kommt: auf die Juden. Auch wo er der modernen Kultur Sittenverfall und Perversion der Werte vorzuwerfen hat (386ff), macht er dafür die Juden nicht verantwortlich. Das ist angesichts des Antisemitismus im Wien des ausgehenden 19. Jahrhunderts erstaunlich; es gehört zu den starken Seiten seiner Wahrnehmung der Kultur. Ein anderer Erfolgsautor der Zeit, der "Rembrandtdeutsche" Julius Langbehn, war 1900 zum Katholizismus konvertiert. Für ihn waren die Juden der Urheber allen kulturellen Verfalls. Sein Gönner, der Rottenburger Bischof Paul Wilhelm Keppler, der das Imprimatur für den *Katholizismus und das 20. Jahrhundert* bereits nur unter Vorbehalten erteilt hatte, wandelte sich schließlich zu einem der schärfsten Kritiker Ehrhards[14]. Aber noch 1927 steuerte Bischof Keppler einer Würdigung des Antisemiten Langbehn ein empfehlendes Vorwort an die katholische Leserschaft bei[15].

III. Herman Schell (1850-1906): Die Wahrheit macht frei

Schell hatte bereits in der Fassung des Gottesbegriffs als *causa sui*, die später zum Vorwand der Indizierung seiner Werke genommen wurde, dem neuzeitlichen Rationalitätsideal eine theologisch-systematische Reverenz erwiesen: das allem vernünftigen Denken zugrundeliegende Kausalitätsprinzip sollte nicht vor Gott Halt machen, sondern an ihm seine erste Grundlegung und Anwendung finden[16]. Die Wahrheit des Gottesglaubens kann nicht bloß extrinsezistisch an die Vernunft herangetragen werden. Das ist auch der Grundgedanke seiner Reformschriften von 1897 und 1898. Wenn und solange sich der katholische Glaube als Wahrheit weiß und behauptet, muß er sich auch als Wahrheit beweisen können. Eben darin ist er "Princip des Fortschritts". Und je mehr die Ansprüche der Zeit auf Rationalität steigen, um so mehr muß sich der Katholizismus als fortschrittlich erweisen, denn nur die Begründung zählt[17]. "Die tiefste Ergründung ist die beste Verteidigung; das vollständigste und genaueste Erfassen ist die beste Rechtfertigung des Offenbarungswortes"[18]. So spricht der Theologe, der die Apologetik als Wissenschaft auffaßt. Aus dem Wahrheitsbesitz folgt nicht Fortschrittsfeindlichkeit, Angst vor neuen wissenschaftlichen Erkenntnissen und Autoritätsgebaren, sondern der Ansporn zu rationaler Durchdringung des Glaubens. Darum kann zwischen der Freiheit bzw. dem Fortschritt des Denkens und der kirchlichen Autorität sachlich kein Gegensatz bestehen; die Autorität hat vielmehr die Tätigkeit der Vernunft so zu fördern wie der Alpenverein die Alpinisten[19]. Die Vernunft muß der Wahrheit frei gegenüberstehen, so wie nur der

---

[13] Vgl. Osinski, Katholizismus (wie Anm. 6), 346ff.

[14] Vgl. Dachs, Albert Erhard (wie Anm. 10), 223f.

[15] Benedikt Momme Nissen, Der Rembrandtdeutsche Julius Langbehn. Mit einem Geleitbrief von Paul Wilhelm von Keppler, Freiburg i. Br. 1927.

[16] Vgl. zu Schell Günter Bleickert, Herman Schell (1850-1906), in: Heinrich Fries/Georg Schwaiger (Hg.), Katholische Theologen Deutschlands im 19. Jahrhundert, Bd. 3, München 1975, 300-327; zum Gottesbegriff ebd., 310ff.

[17] Hermann Schell, Die neue Zeit und der alte Glaube. Eine culturgeschichtliche Studie, Würzburg 1898, 27f.

[18] Hermann Schell, Der Katholizismus als Princip des Fortschritts, Würzburg ^{4}1897, 37.

[19] Ebd., 11.

freie Wille das Gute wollen kann[20]. Die Wissenschaft bedarf und nährt aber den Fortschritt, indem sie neue Erkenntnisse gewinnt, und dazu muß sie zuerst Hypothesen bilden, die richtig oder falsch sein können. Es kann sich nicht nur darum handeln, in der Theologie bereits geprüfte, gesicherte Erkenntnisse zu übernehmen. Damit gehörte sie nicht ins Haus der Wissenschaften. Wer hingegen nur auf die Autorität vertraut und meint, die Wahrheit sicherstellen zu müssen, der mißtraut den Menschen und glaubt nicht, daß sie mit ihren Überzeugungen innerlich verwachsen sind[21]. Ist nicht das der Autorität gegenüber geforderte *sacrificium intellectus* der Grund für die beklagte Inferiorität der Katholiken[22]? Und ist es nicht eine verhängnisvolle Folge der Trennung von Natur und Übernatur, daß die Katholiken die Kulturarbeit nicht dem Glauben zurechnen und darum, damit beschäftigt, gute Werke für das eigene Seelenheil zu erbringen, auf diesem Gebiet auch nichts leisten[23]? Diese Inferiorität zu bekämpfen und ihr den theologischen Boden zu entziehen, ist das Ziel von Schells Reformschriften. Seine Polemik gegen katholische Denklähmung, Servilität, "Byzantinismus", Zensurierung der Gedanken ist heftig und sicher auch der Grund für die Aufregung, die um seine Schriften entstand[24]. Schell fand die Ursachen der Inferiorität im Katholizismus selber und nicht nur in den äußeren Umständen. Und er forderte als Gegenmittel: Wissenschaftlichkeit in der Theologie, Heranziehung der Laien, Gewinnung der Gebildeten in einer Weise, "die minder vornehm und selbstgenügsam an den Errungenschaften des modernen Denkens vorübergeht"[25]; die Katholiken sollten Kulturleistungen erbringen und dabei an die erste Stelle zu kommen trachten.

Wichtiger noch als Schells Insistieren auf der Vernünftigkeit des Glaubens scheint mir die von ihm gesehene Übereinstimmung zwischen den Grundantrieben des neuzeitlichen Fortschritts und dem christlichen Glauben zu sein. In diesem Punkt seiner Wahrnehmung der Kultur ging er über Ehrhards Nachweis der Nichtausschließlichkeit noch hinaus. Nicht nur stellte Schell die Frage, warum es unkirchlich sein soll, die "fortgeschrittene, vertiefte und erweiterte Philosophie der Neuzeit mit dem Offenbarungsglauben in eine fruchtbare Bundesgenossenschaft zu bringen"[26], so wie es auch mit dem Aristotelismus gewesen sei, er zeigte auch auf, daß die drei Richtungen des Fortschritts in der Neuzeit - auf dem Gebiet der Wissenschaft, der Rechts- und Staatsentwicklung und der sozialen Gerechtigkeit - mit der Offenbarungslehre zusammenstimmen und von ihr gefördert werden. Dem Wissenschaftsideal entspricht christlich der Mensch als Ebenbild Gottes und Herrscher der Welt, der Spannung in der Rechtsentwicklung zwischen Legitimität und freiem Vernunftrecht entspricht die christliche Spannung zwischen höchsten Wahrheiten und der Freiheit und Geschichtlichkeit der Gnade, die soziale Frage nach der Verhinderung des Rechts des Stärkeren und der ethischen Verpflichtung finde im biblischen Ethos des Gesetzes und des Evangeliums ihre Antwort[27]. Das sind entwicklungsfähige Gedanken, die besonders im letzten Punkt auch Nähe zum alttestamentlich-jüdischen Denken zeigen. Zu erwähnen bleibt noch, daß der Systematiker Schell nicht darauf verzichtete, alle seine wichtigen Gedanken biblisch zu fundieren.

---

[20] Ebd., 28ff.

[21] Vgl. Schell, Die neue Zeit (wie Anm. 17), 19.

[22] Vgl. Schell, Der Katholicismus (wie Anm. 18), 11.

[23] Vgl. ebd., 13f.

[24] Die Aufdeckung des Taxil'schen Schwindels - der Freimaurer Leo Taxil hatte sich als konvertierter Katholik ausgegeben und angebliche Begegnungen der Freimaurer mit dem Satan enthüllt, wobei ihm die katholische, vor allem die jesuitische Presse so lange gefolgt war, bis er selber den Schwindel aufdeckte - gab Schell reichlich Stoff für seine Polemik.

[25] Schell, Der Katholicismus (wie Anm. 18), 91.

[26] Ebd., 58.

[27] Vgl. Schell, Die neue Zeit (wie Anm. 17), 30ff.

IV. Joseph Mausbach (1861-1931): Religion als Hochland der Kultur

1930, im Jahr vor seinem Tod, wurde der allseits beliebte und geehrte Joseph Mausbach, seit 1892 Professor für spezielle Moraltheologie und Apologetik in Münster[28], von der rheinischen Sektion der Augustinus-Gesellschaft zu einem Vortrag über ein brisantes Thema gebeten. Es ging um *Sittlichkeit und Badewesen*; den Anlaß hatte die Eröffnung einiger Strandbäder am Rhein, in denen Frauen und Männer gemeinsam badeten, sowie ein darauf bezogenes Hirtenwort des Kölner Kardinals Schulte geboten[29]. Mausbach sollte die katholische Haltung zu "gewissen Badeunsitten" grundsätzlich erörtern. Die Art, wie er das tat, ist bezeichnet für seine theologische Wahrnehmung der Kultur. Obwohl er die "beklagten Mißstände im Strandleben" nicht aus eigener Anschauung kannte - das wurde ihm aber "doppelt und dreifach aufgewogen durch die öffentlichen Kundgebungen und Weisungen der kirchlichen Oberhirten" - neigte er dazu, sie drastisch zu schildern: "vollkommen nackt in einem Boot fahren, dann schwimmen und an Land gehen"; "auf öffentlichen Wegen fast gänzlich entkleidete Frauen, Männer, Knaben und Mädchen" etc. Seine erste katholische Wahrnehmung war die Zuordnung zu den Geistesmächten der Neuzeit - "Naturalismus" und "Individualismus" sind hier am Werk - und schnell ist er bei der "Krisis unseres Volkslebens, ja einer Lebenskrisis des Abendlandes und der Weltkultur überhaupt". Bei der Erörterung der Möglichkeiten zur "Reinerhaltung des Stromgebietes" gelangt er bald zu der Erkenntnis: "Allein die katholische Kirche ist heute der ungeheuren Aufgabe gewachsen, die drohende Völkerkrise durch ihre sichere, hoheitsvolle Führung abzuwenden", vor allen dank ihrer Autorität. Im konkreten Fall verlangte die Autorität der Bischöfe "Trennung der Geschlechter, getrennte Aus- und Ankleideräume, anständige Badekleidung, Aufsicht". Interessant ist aber dann die moraltheologische Begründung für die Verurteilung der Badesitten: sie verstoßen gegen die Natur des Menschen, besonders der Frau; dieser Natur entspricht eine überzeitliche Sittlichkeit, und diese kommt zum Ausdruck im göttlichen Willen, dessen Sachwalterin die Kirche ist. Mausbach geht es also nicht um christlichen Rigorismus, sondern um die Rettung des *Humanum*. Nicht für katholische Sonderlehren (etwa über das Baden) bietet die Kirche ihren Einfluß in der Gesellschaft auf, sondern für das Edelste des Menschen. Dagegen drohen die Feinde des Christentums, der Atheismus, der Kulturbolschewismus und der "feinere" Sozialismus, die Menschlichkeit in den Schmutz zu ziehen[30]. Rein theologisch-dogmatisch ist übrigens zu sagen, daß die Kirche das Baden nicht verbieten kann, da auch Jesus gebadet hat; ebenso kann sie auch den Alkoholgenuß nicht verbieten, da Jesus selbst Wein getrunken hat und dies seinen Jüngern sogar aufgetragen hat. In ähnlicher Weise bestimmte Mausbach auch sonst das Verhältnis zu den kulturellen Erscheinungen seiner Zeit. Oft blieb er ihnen gegenüber in einer teils durch katholisch-konservatives Empfinden, teils durch echt christlich-soziale Motive begrün-

[28] Mausbachs Fakultätskollege Georg Schreiber nennt ihn in seinem Nachruf gar den "derzeit größten Gelehrten des katholischen Deutschland, [...] den führenden Theologen, dessen Namen die Weltwissenschaft ehrenvoll erwähnt": Joseph Mausbach (1861-1931). Sein Wirken für Kirche und Staat. Schlichte Gedächtnisblätter, Münster 1931, 7. Zu den biographischen Angaben ebd., 23 sowie Wilhelm Weber, Joseph Mausbach (1861-1931), in: Jürgen Aretz u. a. (Hg.), Zeitgeschichte in Lebensbildern. Aus dem deutschen Katholizismus des 19. und 20. Jahrhunderts, Bd. 3, Mainz 1979, 149-161.

[29] Joseph Mausbach, Sittlichkeit und Badewesen, Köln 1930. Daraus die folgenden Zitate im Text. Das Hirtenwort ist dort abgedruckt.

[30] Auch der Kölner Kardinal brachte die Badesitten in einen Zusammenhang mit "Rußlands Propaganda für Sittenlosigkeit".

deten Distanz. Hart und eindeutig war sein Urteil über den Sozialdarwinismus, Rassismus und Nationalismus der Vorkriegszeit[31]. Aber fundamental war es ihm darum zu tun, die Kulturzugewandtheit des Christentums und dessen Beitrag für die Herstellung der öffentlichen Ordnung und die Wahrung der Menschlichkeit zu erweisen. Keiner, dem es um das Wahre, Gute und Schöne geht, meinte der Goethe-Liebhaber Mausbach, könne am Christentum vorbeigehen. In seiner Rektoratsrede von 1897 rekurrierte er auf die Antike, um zu zeigen, daß das Christentum die Kultur der alten Heiden nicht ausgelöscht, sondern sie in ihren besten Elementen aufgenommen und vollendet habe. Charakteristischerweise beruft er sich besonders auf Clemens von Alexandrien und auf die *logos-spermatikos*-Lehre. "Alle jene Gedanken, die sich bei den Alten als zerstreute Anklänge an die Urwahrheit vorfanden [...] erscheinen im Christentum nicht als vereinzelte fremdartige Töne, sondern als voller Akkord, als naturgemäße Entfaltung seiner Grundlehre: der Erlösung durch den Gottmenschen"[32]. Zwar hatte das Christentum in der Antike auch gegen eine feindliche und götzendienerische Kultur zu kämpfen, aber alle Weltfremdheit und aller Asketismus wurden immer wieder überboten durch den Einsatz der Kirche für die Erhaltung der natürlichen Ordnung, für Arbeit und den Fortschritt von Wissenschaft und Kunst[33]. Mausbach sieht sich in diesem Standpunkt durch eine breite und breit referierte katholische Tradition (Augustinus, Thomas) gedeckt. In einer Rede zur Feier des Kaisergeburtstages 1897 kann er deshalb hervorheben, daß die Katholiken eine sittliche Verantwortung zur Mitwirkung am Geschick der Welt haben und bei der gesellschaftlichen und politischen Entwicklung nicht abseits stehen müssen. Sie können sich vielmehr zusammen mit den anderen Staatsbürgern "vertrauensvoll unter der Fahne unseres jugendmutigen Herrschers" um den "nationalen Mittelpunkt" scharen und sich dort einsetzen für "den Sieg des Heiligen, Wahren und Guten"[34]. Wie ernst es Mausbach persönlich mit dieser Mitverantwortung auch unter veränderten Bedingungen war, belegt seine Mitgliedschaft in der Weimarer Nationalversammlung 1919 und seine Beteiligung an der Formulierung der Reichsverfassung[35]. Zusammenfassend heißt es bei Mausbach zur Stellung der Religion zur weltlichen Kultur: diese sei nicht "der höchste Menschheitszweck, auch nicht der Gradmesser des echten Christentums. Sie ist aber an sich gut, mit der Religion nicht nur vereinbar, sondern in etwa für sie Bedingung; sie empfängt sodann von der christlichen Religion eine Läuterung und Weihe, die auch ihrer natürlichen Entfaltung und Blüte zugute kommt"[36]. Überblickt man Mausbachs zahlreiche Äußerungen zu diesem Thema, so treten vier Argumentationsfiguren hervor, mit denen er die Kulturzugewandtheit des Christentums und seinen Beitrag für das Wohlergehen der Gesellschaft demonstriert:

---

[31] Vgl. seine Aufsätze Die moderne Moral der Lebenssteigerung vom Standpunkt christlicher Ethik und Pädagogik [1913], in: Joseph Mausbach, Aus katholischer Ideenwelt. Ges. Aufsätze und Vorträge, Münster 1921, 296-339; Nationalismus und christlicher Individualismus [1912], in: ebd., 391-445. - Auf Mausbachs im Rahmen der damaligen katholischen Diskussion fortschrittliche Haltung zur Frauen(bildungs-)frage kann ich aus Platzgründen nur verweisen, vgl. Joseph Mausbach, Frauenbildung und Frauenstudium im Lichte der Zeitbedürfnisse und Zeitgegensätze, Münster 1910.

[32] Das Verhältnis der altchristlichen Moral zur ausgehenden antiken Ehtik, in: Joseph Mausbach, Christentum und Weltmoral, Münster 1897, 7-35; 30.

[33] Vgl. Der Wert der weltlichen Cultur vom Standpunkte der christlichen Sittenlehre, in: Mausbach, Christentum (wie Anm. 32), 36-61.

[34] Ebd., 61.

[35] Vgl. dazu Schreiber, Nachruf (wie Anm. 28), 9ff.

[36] Die Kirche und die moderne Kultur, in: Esser/Mausbach, Religion - Christentum - Kirche (wie Anm. 11), 165-391; 182f.

Das Christentum war immer kultur- und weltzugewandt, das belegen seine Geschichte und die theologischen Autoritäten[37].

Die Welt ist von Gott gut geschaffen und fordert deshalb zur tätigen Mitarbeit heraus[38].

Nur die Unterscheidung von Gott und Welt, von Transzendenz und Immanenz läßt Ordnung in der Welt sichtbar werden, ermöglicht die Unterscheidung von Höherem und Niederem und wehrt somit der Konfusion aller Werte und Seinsstufen. Nur der Glaube an einen überweltlichen und vollkommenen Gott setzt Weltlichkeit in ihrer positiven Fülle und Vielfalt und in ihrem Geordnetsein frei[39].

Das Leben, sowohl das des einzelnen wie das der Gesellschaft, braucht zu seiner Entfaltung die Ausrichtung auf Gott bzw. auf objektive Wahrheit, auf überindividuelle Werte, auf Transzendenz und auf höchste Ideen[40].

Besonders die letzten beiden Gesichtspunkte sind Mausbach für seine Auseinandersetzung mit der modernen Kultur wichtig. Er entfaltet sie in der Systematik einer Ordnung von Höherem und Niedrigem, deren Evidenz er bevorzugt in Naturmetaphern darlegt: nur von den Berggipfeln aus ist das ganze Land übersehbar, nur durch das Sonnenlicht von oben entsteht Leben und Wachstum. Das Sittlich-Religiöse ist das höchste in der Kultur; und wenn auch die Kultur der Zeit "Grund zu kühnem Selbstvertrauen" hat, so ist sie der Kirche als der Sachwalterin des Höchsten doch "nicht ebenbürtig"[41]. Das Christentum schenkt durch die Ausrichtung auf die höchsten Ideen Entschlossenheit, Sicherheit, Kraft, "wie sie keine Philosophie, kein kategorischer Imperativ verleihen können"[42]. Es war schon der antiken Kultur wie auch der modernen überlegen durch den Umfang seiner Erkenntnis, die höhere Gewißheit und Autorität und seine göttliche Kraft[43]. Im Rahmen dieser Ordnungsvorstellung erfaßt Mausbach das Defizit der modernen Kultur in ihrer selbstgewählten Beschränkung auf die Immanenz. Monistisch und pantheistisch nennt er jene gefährliche Geisteshaltung, die Gott nicht mehr nötig zu haben scheint, die das Absolute in sich aufgesogen hat und die ihr einziges Ziel in der Entfaltung der immanenten Kräfte, im Fortschritt und in der Persönlichkeitsentwicklung sieht[44]. Wie ungesund und unheilvoll diese Auffassungen sind, zeigt Mausbach immer wieder an zahlreichen lebenspraktischen Beispielen und an Analogien aus der Natur. Der Anspruch des Christentums, die natürliche Ordnung und das *Humanum* zu fördern, wird auf diese Weise von ihm unterstrichen. Die moderne Kultur bedarf der Religion, um zu ihrer angemessenen und natürlichen Entwicklung zu kommen, um wahren Fortschritt zu erreichen[45].

---

37 Vgl. Mausbach, Christentum und Weltmoral (wie Anm. 32).

38 Vgl. Mausbach, Der Wert der weltlichen Cultur (wie Anm. 33), 53ff.

39 Vgl. Die Bedeutung der Ideen für die sittliche Kultur [1904], in: Joseph Mausbach, Aus kath. Ideenwelt (wie Anm. 31), 7-30; Das Christentum als Religion der Gnade und Tatkraft [1909], in: ebd., 120-143.

40 Ein durchgehender Gesichtspunkt bei Mausbach, exemplarisch durchgeführt in Die moderne Moral der Lebenssteigerung vom Standpunkt christlicher Ethik [1913], in: Joseph Mausbach, Aus kath. Ideenwelt (wie Anm. 31), 332f.

41 Vgl. Mausbach, Die Kirche und die moderne Kultur (wie Anm. 36), 172ff.

42 Mausbach, Das Christentum als Religion der Gnade und Tatkraft (wie Anm. 39), 140.

43 Vgl. Mausbach, Das Verhältnis der altchristlichen Moral (wie Anm. 32), 27ff.

44 Vgl. Mausbach, Die Kirche und die moderne Kultur (wie Anm. 36), 189ff; Die Bedeutung der Ideen für die sittliche Kultur (wie Anm. 39); Die moderne Moral der Lebenssteigerung, in: Aus kath. Ideenwelt (wie Anm. 31) u.ö.

45 Angesichts seiner Bemühungen um die Harmonie von Religion und Kultur mußte Mausbach den päpstlichen Antimodernismus als Diskreditierung und Schwächung seiner Position fürchten. Geschickt entgeht er aber dem Konflikt: in einer an außerkirchliches Publikum gerichteten Stellungnahme zu *Pascendi* interpretiert er deren Aussagen auf ein erträgliches Normalmaß herunter (Die Enzyklika Pascendi und das kirchliche Gei-

Der Überzeugungskraft von Mausbachs menschenfreundlicher Ordnungsphilosophie kann man sich beim Lesen seiner Schriften schwer entziehen. An einem Punkt aber geriet sein System an seine Grenzen: bei der Frage nach der Autonomie des Subjekts. Sie begegnete ihm im Form von allerhand Strömungen, die die freie Entfaltung der Persönlichkeit im Namen des autonomen Willens, ohne Unterwerfung unter die Normen der Sittlichkeit und der Autorität propagierten. "Eine moderne Antwort auf die erste Frage im Katechismus [...] lautet: 'Die Entfaltung der Persönlichkeit'", merkt er etwas bitter an[46]. Insofern hier die objektive Einbindung der einzelnen in die überpersönliche, transzendent begründete Ordnung beiseite geschoben wird, mußte Mausbach darin 'Monismus' und Subjektivismus erkennen, mit all den verhängnisvollen Folgen der Dominanz der Sinnlichkeit über den Geist, die er - wie im Fall des Badewesens - verurteilte. Mausbach wollte der Persönlichkeit ihr Recht widerfahren lassen, forderte aber die "Unterordnung" unter die "Ideenwelt", die kein "Hemmnis, sondern die eigentliche Bürgschaft für die Entwicklung der Persönlichkeit" sei[47]. Er verwies auf den Fluß, der in seinen Uferwehren bleiben muß, um nicht zerstörerisch zu werden, und kam schließlich auf die Formel hinaus: "Es besteht also kein wirklicher Gegensatz zwischen der Ideenwelt der objektiven Wahrheit und des verpflichtenden Gesetzes auf der einen Seite, den Entwicklungsbedürfnissen der Persönlichkeit auf der anderen Seite. [...] es gibt keinen sicheren Weg zur Größe als den, ein Größeres über sich anzuerkennen"[48]. Damit war für ihn die Harmonie wieder hergestellt. Mausbach war hier aber auf ein für den Katholizismus in der Moderne fundamentales Problem gestoßen, das sich mit seiner Formel allein nicht befriedigend lösen ließ. Die Anerkennung der objektiven Wahrheit und des verpflichtenden Gesetzes hing an Voraussetzungen, die von der Moderne nicht mehr geteilt wurden. Wie sich eine Gesellschaft ohne Rekurs auf eine transzendent fundierte Ordnung nur als Vereinigung freier und mündiger Subjekte zusammensetzen sollte, konnte der katholische Theologe Mausbach von seinem Standpunkt aus nicht mehr angeben.

V. Ausblick: Katholizismus und Kultur nach dem Ersten Weltkrieg

Wilhelm II. kannte bei Kriegsausbruch bekanntlich keine Parteien mehr, sondern nur noch Deutsche. Die Kriegsbegeisterung der Katholiken hatte der ihrer Landsleute um nichts nachgestanden, um so nachhaltiger vollzog sich ihre Integration in die Nation. Eine entsprechende katholische und theologische Kriegsliteratur wirkte daran mit[49]. Nach dem Krieg war die gerade vom Reformkatholizismus stets beklagte Abseitsstellung der Katholiken überwunden,

---

stesleben, in: Aus katholischer Ideenwelt [wie Anm. 31], 194-208, zuerst in der Internationalen Wochenschrift 1908), was ihm von Seiten J. Schnitzers den Titel "Beschwichtigungshofrat" einbrachte (Zusammenhänge bei Trippen, Theologie [wie Anm.1], 86f, 93f); gegenüber katholischen Hörern trat er entschlossen die Flucht nach vorne an und deutete die Modernisten als seine eigenen Gegner (Der Modernismus als Gegensatz zum christlichen Denken und Glauben [1908], in: ebd., 208-229).

46 Die Persönlichkeit und ihre Stellung zur Ideenwelt [1907], in: Joseph Mausbach, Aus kath. Ideenwelt (wie Anm. 31), 31-64; 31.

47 Ebd., 49.

48 Ebd., 62.

49 Vgl. etwa von Engelbert Krebs, Die Stunde unserer Heimsuchung, Freiburg 1915; Am Bau der Zukunft, ebd. 1916; Das Geheimnis unserer Stärke, ebd. 1916; Der ruhige Gott, ebd. 1917; oder die Kriegspredigten Kardinal Faulhabers, Waffen des Lichts. Gesammelte Kriegsreden, München [5]1918.

die "Rückkehr aus dem Exil" (Peter Wust) vollzogen. Ja noch mehr: es schien, als hätten die Katholiken jetzt die Spitzenstellung erreicht, die ihnen Schell und Ehrhard zur Aufgabe gestellt hatten - wenn auch nicht durch eigene Leistung, sondern durch die kriegsbedingte Demontage der Institutionen, die bislang an der Spitze der deutschen Gesellschaft gestanden hatten[50]. Der Eindruck, der Katholizismus sei zur Einigung und Führung des Volkes berufen, beherrschte viele katholische Meinungsführer in jenem *ver sacrum catholicum* der ersten Jahre der Weimarer Republik[51]. Das veränderte den theologischen Diskurs gerade zum Thema Religion und Kultur bzw. Kirche und Welt. Ein gemessenes Abwägen zweier sich gegenüberstehender Größen wie noch bei Mausbach war nicht mehr gut möglich: die katholische Sonderwelt hatte ihre Isolation aufgegeben, der Katholizismus war involviert[52]. Als sich Romano Guardini oder Erich Przywara zum Thema Religion bzw. Christentum und Kultur äußerten, da zeigte sich, daß die Positionen der Vorkriegstheologie nicht mehr hinreichten. Das Denken der beiden war verwickelter, komplexer, von einfachem Gegenüberstellen weit entfernt[53]. Und jene Probleme, die noch im Reformkatholizismus durch den Verweis auf die objektive Wahrheit des katholischen Glaubens nur eine Scheinlösung erfahren hatten, sie bildeten von nun an das intensive Arbeitsfeld einer katholischen Theologie, die durch die gesellschaftlichen Verhältnisse einem weiteren Modernisierungsschub ausgesetzt war: die Frage nach dem *Sinn des*

---

50 Zusammenhänge bei Heinrich Lutz, Demokratie im Zwielicht. Der Weg der deutschen Katholiken aus dem Kaiserreich in die Republik 1914-1925, München 1963; Karl-Egon Lönne, Politischer Katholizismus im 19. und 20. Jahrhundert, Frankfurt am Main 1986; Osinski, Katholizismus (wie Anm. 6), 395ff. Ich halte es allerdings für verfehlt, Schells Betonung des germanischen Geistes in der Kirche mit der nationalen Begeisterung der Katholiken in der Kriegszeit in einen Zusammenhang zu bringen, wie Osinski es tut.

51 Belege bei Thomas Ruster, Die verlorene Nützlichkeit der Religion. Katholizismus und Moderne in der Weimarer Republik, Paderborn u. a. 1994, 72ff.

52 Mausbach bemerkte 1912 selbst einmal, daß das Begriffspaar Religion und Kultur falsch sei, da die Religion Teil der Kultur ist, er zog aber aus dieser Einsicht keine systematischen Konsequenzen; vgl. Mausbach, Die Kirche und die moderne Kultur (wie Anm. 36), 176.

53 Romano Guardini, Gedanken über das Verhältnis von Christentum und Kultur [1926], in: Unterscheidung des Christlichen. Ges. Studien 1923-1935, hg. von Heinrich Kahlefeld, Mainz 1935, 177-221; Erich Przywara, Zwischen Religion und Kultur [1925], in: Ringen der Gegenwart. Ges. Aufsätze 1922-1927, Augsburg 1929, 502-522; dazu Ruster, Nützlichkeit (wie Anm. 51), 158ff.

Gehorchens (Guardini[54]), nach *Freiheit und Unabänderlichkeit* (Guardini[55]), nach dem *vernünftigen Glauben* (Arnold Rademacher[56]), insgesamt die nach *katholischem Autoritätswesen und moderner Denkfreiheit* (Max Pribilla[57]).

[54] In: Auf dem Wege. Versuche, Mainz 1923, 19-32.

[55] In: Schildgenossen 7 (1927) 257-271.

[56] Vernünftiger Glaube. Altes und Neues zu religiösen Zeitfragen, Freiburg i. Br. 1923.

[57] In: StZ 104 (1923) 96-104, 430-444.

V. (Anti-) Modernismus in Deutschland nach 1918

Zwischen Literaturstreit und Osterstimmung
Katholische Belletristik nach der Modernismuskrise

Von Markus Ries

Mitten im 19. Jahrhundert wies Joseph von Eichendorff in seiner *Geschichte der poetischen Literatur Deutschlands* 1846 katholisch orientierter Dichtkunst optimistisch einen Weg in die Zukunft: "Alle guten Geister loben Gott den Herrn. Mit diesem einfach kräftigen Exorzismus haben unsere frommen Vorfahren von jeher allen bösen Spuk gebannt und sind unangefochten hindurchgegangen. So wollen wir denn, auch in der Poesie, desgleichen tun gegen den lärmenden Hexensabbat unserer neuesten unschönen Literatur". So forderte er eine "wahrhafte Poesie", nicht verstanden als einfache Repristinierung der Romantik, sondern in neuer Ausrichtung erbauend "einzig durch die stille, schlichte, allmächtige Gewalt der Wahrheit und unbefleckten Schönheit, durch jene religiös begeisterte Anschauung und Betrachtung der Welt und der menschlichen Dinge, wo aller Zwiespalt verschwindet und Moral, Schönheit, Tugend und Poesie eins werden. [...] Es sei keine Propaganda des Katholizismus; aber eine allem Unkirchlichen durchaus fremde Gesinnung, die alles Leben nur an dem mißt, das allein des Lebens wert ist, und die wir heutzutage getrost eine katholische nennen dürfen; das Ganze umgebend, wie die unsichtbare Luft, die jeder atmet, ohne es zu merken"[1].

Eichendorffs Zukunftsvorstellung fand in der zweiten Hälfte des 19. Jahrhunderts ihre Verwirklichung nicht. Im Gegenteil: Ins Kraut schoß in den nachfolgenden Jahrzehnten vielmehr das, was er verächtlich qualifizierte als "absichtsvolle Kontrovers- und Tendenznovelle", Dichtung nach innen, verfaßt in gezielt propagandistischer Absicht und gefördert durch eigens dafür geschaffene Institutionen[2]. Daß dies ein Mangel war, trat erst kurz vor der Jahrhundertwende im Zuge des *katholischen Literaturstreites* ins Bewußtsein, und von da bis zur Verwirklichung der Eichendorffschen Vorstellung dauerte es unter anderem wegen der Modernismuskrise noch einmal gut zwei Jahrzehnte. Erst in den zwanziger Jahren kam es zu einem neuen Erwachen, und es entwickelte sich eine eigenständige "katholische Literatur" im Sinne einer belletristische Richtung, die im katholischen Lebensumfeld als autochthon anerkannt und auch von außerhalb entsprechend wahrgenommen wurde; sie umfaßte eine Reihe im Katholizismus breit rezipierter Autorinnen und Autoren, deren Werke an katholischen Bildungsinstitutionen gelesen, von Laienspielbühnen gespielt, in Kulturzeitschriften besprochen und in Pfarrei-Bibliotheken geführt wurden[3]. Diese Strömung war Teil eines kulturellen Auf-

---

1 Joseph von Eichendorff, Geschichte der poetischen Literatur Deutschlands, in: Joseph von Eichendorff. Ausgewählte Werke, hg. v. Hans A. Neunzig, München 1987, 7-484; 403.

2 Vgl. Jutta Osinski, Katholizismus und deutsche Literatur im 19. Jahrhundert, Paderborn u. a. 1993, bes. 253-337.

3 Zur Abgrenzung "katholischer Literatur" vgl. Susanna Schmidt, "Handlanger der Vergänglichkeit". Zur Literatur des katholischen Milieus 1800-1950, Paderborn-München-Wien-Zürich 1994, 9-17. - Zur gleichen Fragestellung: Theoderich Kampmann, Dichtung als Zeugnis, Warendorf 1958, 28-48; Wilhelm Grenzmann, Dichtung und Glaube. Probleme und Gestalten der deutschen Gegenwartsliteratur, Frankfurt am Main-Bonn ^{6}1967, 11-35; Charles Moeller, Der Mensch vor dem Heil. Eine Untersuchung moderner Literatur, Salzburg 1967, 11-79; Gisbert Kranz, Europas christliche Literatur von 1500 bis heute, München-Paderborn-Wien 1968, 8-12, 201-203, 341-344; Karl-Josef Kuschel (Hg.), Weil wir uns auf dieser Erde nicht ganz zu Hause fühlen. 12 Schriftsteller über Religion und Literatur, München 1985; Josef Imbach, Schriftsteller und Schriftgelehrte vor der Sinnfrage, in: Joseph Bättig/Stephan Leimgruber (Hg.), Grenzfall Literatur. Die Sinn-

bruches, der vor und nach dem Zweiten Weltkrieg markante Höhepunkte erreichte. Im Bereich der Literatur ging er einher mit einer inneren Erneuerung und wird deshalb - in Anlehnung das französisches Vorbild und mangels eines eigenen Begriffes - als "deutscher *renouveau catholique*" bezeichnet[4]. Die Bewegung gewann Kraft und Kontur, und gut ein Jahrhundert nach Eichendorff konnte Elisabeth Langgässer als eine ihrer Vertreterinnen wieder überaus zuversichtlich von christlicher Dichtung sprechen. In einem 1949 in Hamburg gehaltenen Vortrag erklärte sie: "Wo immer aber christliche Dichtung mit dem Anspruch einer gültigen Aussage ihres Weltbildes auftritt, tut sie es in der Gewißheit, zur Zeugenschaft für diese Welt aufgerufen zu sein"[5]. Bedingt durch die Zeitumstände sah Langgässer die "furchtbare Wirklichkeit der religiösen Sphäre" besonders in ihrer Negation aufscheinen, doch stellte dies die von ihr hochgehaltene, noch an der Jahrhundertwende kaum vorstellbare Zuversicht zum Verhältnis von Religion und Ästhetik keineswegs in Frage. Der Weg von Eichendorff zu Langgässer war kompliziert und klippenreich, er führte durch die Dornen des Modernismuskampfes, war beeinflußt durch den französischen *renouveau catholique* und mündete schließlich in den zwanziger Jahren in das Gesamt einer aufblühenden katholischen Kulturwelt.

I. Im Schatten von Bildungsdefizit und Inferioritätsbewußtsein

Das Selbstverständnis katholischer Intellektueller nach dem traumatisierenden, in gesellschaftlicher und rechtlicher Hinsicht eine längere Phase offener Zurücksetzung begründenden Kulturkampf war gekennzeichnet durch das Bewußtsein eigener sozialer Randständigkeit und kultureller Inferiorität. Belastend wirkte insbesondere das katholische Bildungsdefizit, d.h. die Untervertretung katholischer Gelehrter an den Universitäten, wie sie der Zentrumspolitiker und Philosoph Georg Freiherr von Hertling in seiner 1896 in Konstanz auf der Generalversammlung der Görres-Gesellschaft gehaltenen Rede eindringlich ins Bewußtsein rief[6]. Von

frage in der modernen Literatur der viersprachigen Schweiz, Freiburg/Schweiz 1993, 15-25; Paul Konrad Kurz, Gott in der modernen Literatur, München 1996, 229-262.

4 Albert Fuß, Der Renouveau catholique und seine Rezeption in Deutschland, in: Anton Rauscher (Hg.), Religiös-kulturelle Bewegungen im deutschen Katholizismus seit 1800 (BKathF), Paderborn-München-Wien-Zürich 1986, 137-167; Wolfgang Frühwald, Katholische Literatur im 19. und 20. Jahrhundert in Deutschland, ebd., 9-26; Lothar Bossle/Joel Pottier, Christliche Literatur im Aufbruch. Im Zeichen Gertrud von Le Forts, Würzburg 1988; dies. (Hg.), Deutsche christliche Dichterinnen des 20. Jahrhunderts: Gertrud von Le Fort, Ruth Schaumann, Elisabeth Langgässer (FS Friedrich Kienecker), Würzburg-Paderborn 1990.

5 Elisabeth Langgässer, Grenzen und Möglichkeiten christlicher Dichtung, in: dies., Das Christliche in der christlichen Dichtung. Vorträge und Briefe, Olten-Freiburg i. Br. 1961, 28-45; 37.

6 Georg Freiherr von Hertling, Der deutsche Katholicismus und die Wissenschaft, in: Jahresbericht der Görres-Gesellschaft zur Pflege der Wissenschaft im katholischen Deutschland für das Jahr 1896, Köln 1897, 11-26. - Zur Inferioritätsdiskussion und Bildungsdefizit siehe: Manfred Weitlauff, "Modernismus litterarius". Der "Katholische Literaturstreit", die Zeitschrift "Hochland" und die Enzyklika "Pascendi dominici gregis" Pius' X. vom 8. September 1907, in: BABKG 37 (1988) 97-175, bes. 120-124; Martin Baumeister, Parität und katholische Inferiorität. Untersuchungen zur Stellung des Katholizismus im Deutschen Kaiserreich (Politik- und Kommunikationswissenschaftliche Veröffentlichungen der Görres-Gesellschaft 3), Paderborn 1987; Michael Klöcker, Katholizismus und Bildungsbürgertum. Hinweise zur Erforschung vernachlässigter Bereiche der deutschen Bildungsgeschichte im 19. Jahrhundert, in: Reinhart Koselleck [Hg.], Bildungsbürgertum im 19. Jahrhundert II (Industrielle Welt. Schriftenreihe des Arbeitskreises für moderne Sozialgeschichte 41), Stuttgart 1990, 117-138; Christoph Weber, Der deutsche Katholizismus und die Herausforderung des protestantischen Bildungsanspruchs, ebd., 139-167; Frühwald, Katholische Literatur (wie Anm. 4), 12-17.

Hertling charakterisierte diesen Mangel als Spätfolge der Säkularisation, welche den deutschen Katholiken die angestammten Bildungseinrichtungen geraubt hatte. Die Theologen Herman Schell in Würzburg und Franz Xaver Kraus in Freiburg griffen die Diskussion auf, führten das *Malaise* aber zurück auf die Behinderung der freien Wissenschaft durch die ultramontane Orientierung des Katholizismus und dessen Reserve gegenüber den Theologischen Fakultäten, die an staatlichen Universitäten errichtet waren[7]. Als Ursache außerdem von Bedeutung war - wie Christoph Weber nachgewiesen hat - eine verhängnisvolle Identifikation von "Bildung" und "Preußentum", gegen welche in Deutschland die katholischen Politiker vergeblich ankämpften[8]. Eine solche Defizitwahrnehmung bestand im 19. Jahrhundert auch in der Schweiz, wo sie im Kulturkampf für die Katholiken eine wichtige Mobilisierungskraft bildete. Auch hier war der Mangel katholischer Gelehrter an Universitäten auffallend. Wie in Deutschland hatte er bereits seit der Jahrhundertmitte das Bestreben nach einer eigenen katholischen Hochschule geweckt, das dann 1889 unter abenteuerlichen Umständen mit der Gründung der Universität Freiburg im Üchtland in Erfüllung ging[9]. In der Schweiz reichte das Mangelbewußtsein zurück bis ins 17. Jahrhundert. Seit der Reformation bestand hier keine einzige Hochschule im katholischen Gebiet, weshalb man für Jahrhunderte auf ausländische Universitäten verwiesen war oder sich - was die Theologie betraf - mit Jesuitenkollegien und Priesterseminarien begnügen mußte. Immer wieder hatte es Pläne gegeben, um dieser beklagten Lage abzuhelfen: Entweder dachte man an die Gründung einer neuen katholischen Hochschulinstitution oder man plante den Ausbau bestehender Lyzeen zu selbständigen Akademien, doch über ihre Anfänge kamen all diese Projekte nicht hinaus. Obwohl somit die Voraussetzungen verschieden waren, trat am Ende des 19. Jahrhunderts das katholische Bildungsdefizit in Deutschland und der Schweiz nahezu gleichzeitig ins Bewußtsein.

Die Frage nach der Bildung berührte die Kultur allgemein. Rasch richtete sich deshalb das Augenmerk auch auf die Stellung der Katholiken im Kunstbetrieb - unter anderem auf das Literaturschaffen. Selbst in diesem Bereich gab es eine Art Rückständigkeitsbewußtsein. Thematisiert wurde es 1898 durch den Schweizer Geistlichen und später meist gelesenen katholischen Autor Heinrich Federer (1866-1928), einen Priester des Bistums St. Gallen, der damals als Kaplan in der Ostschweizer Landpfarrei Jonschwil tätig war[10]. Federer traf das christliche Literaturschaffen im deutschsprachigen Bereich an empfindlicher Stelle, wenn er ihm vorwarf, es sei gefangen in einem "mittelalterlichen oder antikisierenden Gehäuse" und wage es nicht, sich moderner literarischer Mittel zu bedienen. Engagiert forderte er die Hin-

---

7 Herman Schell, Der Katholicismus als Princip des Fortschritts, Würzburg 1897; ders., Die neue Zeit und der alte Glaube. Eine culturgeschichtliche Studie, Würzburg 1898.

8 Weber, Der deutsche Katholizismus (wie Anm. 6), 161; Wilfried Loth, Integration und Erosion: Wandlungen des katholischen Milieus in Deutschland, in: ders. (Hg.), Deutscher Katholizismus im Umbruch zur Moderne (Konfession und Gesellschaft. Beiträge zur Zeitgeschichte 3), Stuttgart-Berlin-Köln 1991, 266-281.

9 Albert Büchi, Gründung und Anfänge der Universität Freiburg i. Ü. Erinnerungen und Dokumente, hg. von Iso Baumer-Müller, Freiburg Schweiz 1987; Alois Steiner, Die Idee der katholischen Universität in der Schweiz im 19. Jahrhundert. Ihr Scheitern in Luzern und ihre Realisierung in Freiburg, in: ZSKG 83 (1989) 39-82; Heribert Raab, Vorgeschichte und Gründung, in: Roland Ruffieux (Hg.), Histoire de l'Université de Fribourg Suisse 1889-1989. Geschichte der Universität Freiburg Schweiz I, Freiburg 1991, 4-74; Urs Altermatt, Anfänge, Krise und Konsolidierung (1889-1914), ebd., 75-140.

10 Sigisbert Frick, Heinrich Federer. Leben und Dichtung, Luzern 1963; Charles Linsmayer, Heinrich Federer - Dichter, Priester und Kämpfer für soziale Gerechtigkeit, in: Heinrich Federer, Gerechtigkeit muß anders kommen! Meistererzählungen, hg. von Charles Linsmayer, Zürich 1981, 356-381; Agnes Aregger, Heinrich Federer (1866-1928). "Als das Höchste im Vaterland steht mir das Gewissen", in: Bättig-Leimgruber, Grenzfall (wie Anm. 3), 54-74. - Zum Folgenden siehe: Weitlauff, Modernismus litterarius (wie Anm. 6), 124-126.

wendung zu den "poetischen Auskunftsmitteln der Neuzeit"[11]. In der Tat war die damalige katholische Dichtung gekennzeichnet durch eine enge Fixierung auf den kirchlichen Innenraum; in weiten Teilen handelte es sich um Tendenzschriftstellerei, die Belehrungs- und Bekehrungsschriften hervorbrachte, geboren im Spätschein der Romantik, sie aber nicht mehr erreichend, sondern nur mehr epigonenhaft reproduzierend[12]. Auffälligstes Beispiel dieser Literaturrichtung war in Deutschland Ida Gräfin Hahn-Hahn (1805-1880), die zuerst als Reise- und Romanschriftstellerin für ein liberales Publikum geschrieben hatte, um dann, nach der 1850 erfolgten Konversion zum Katholizismus, sich der kirchlichen Schriftstellerei zu widmen und darin ihre Erfüllung zu suchen[13]. Auch persönlich wandte sie sich mit ihrer ganzen Person der Kirche zu, indem sie in Mainz auf eigene Kosten für die "Schwestern vom Guten Hirten" ein Kloster bauen ließ und selbst dort Wohnsitz nahm. Von ihrem Weg überzeugt, trug sie ihre Frömmigkeit öffentlich zur Schau und ließ sich dabei auch von Kritik nicht beirren. Im übrigen wurde das Feld der im katholischen Innenbereich empfohlenen und gelesenen Autoren überproportional dominiert von Geistlichen - von den 1535 Schriftstellern Deutschlands, die Heinrich Keiters *Katholischer Literaturkalender* für 1892 verzeichnete, machten sie mit 778 Nennungen mehr als die Hälfte aus[14].

Verstärkung erfuhr diese Richtung durch eine Literaturkritik, die ebenfalls mehr kerygmatisch als ästhetisch orientiert war. Der Jesuit Alexander Baumgartner (1841-1910) etwa, ein Schweizer aus bedeutender St. Galler Familie, vertrat mit viel Kenntnis und Wissen die Ansicht, deutsche Klassik und katholische Weltanschauung seien nicht miteinander vereinbar. Diese These legte er in einer umfangreichen, drei Bände umfassenden Darstellung über *Göthe* in aller Breite dar[15]. Zusätzlich unterstützt wurde solche Tendenzarbeit durch jene kirchlichen

---

[11] Philalethes [= Heinrich Federer], Klassische und moderne Dichter. Literarische Wahrheiten, in: Vaterland. Beilagen 67 (24. März 1898), 68 (25. März 1898), 73 (1. April 1898), 74 (2. April 1898), 94 (28. April 1898), 95 (29. April 1898), 108 (14. Mai 1898); 68 und 73.

[12] Siehe: Schmidt, Handlanger (wie Anm. 3), 149-161; Osinski, Katholizismus (wie Anm. 2), 253-337.

[13] Gert Oberembt, Ida Gräfin von Hahn-Hahn. Weltschmerz und Ultramontanismus. Studien zum Unterhaltungsroman im 19. Jahrhundert (Abhandlungen zur Kunst-, Musik- und Theaterwissenschaft 302), Bonn 1980; Eda Sagarra, Gegen den Zeit- und Revolutionsgeist. Ida Gräfin Hahn-Hahn und die christliche Tendenzliteratur im Deutschland des 19. Jahrhunderts, in: Gisela Brinker-Gabler, Deutsche Literatur von Frauen II, München 1988, 62-70; Schmidt, Handlanger (wie Anm. 3), 286-293.

[14] Olaf Blaschke, Die Kolonialisierung der Laienwelt. Priester als Milieumanager und die Kanäle klerikaler Kuratel, in: Olaf Blaschke/Frank-Michael Kuhlemann (Hg.), Religion im Kaiserreich. Milieus - Mentalitäten - Krisen (Religiöse Kulturen der Moderne 2), Gütersloh 1996, 93-135, hier 118-125.

[15] Alexander Baumgartner, Göthe. Sein Leben und seine Werke I-III, Freiburg i. Br. 1879-1885. - "Was Göthe gelegentlich über katholische Dinge schrieb, wie über die sieben Sacramente, über Philipp Neri, über Kirchen und katholische Kunst in Italien, über die mittelalterliche Kunst am Rhein und Main, über das Gnadenbild zu Einsiedeln, über katholische Gebräuche bei Mignons Tod, über das Rochusfest, die Krippendarstellung und die gothische Kapelle in den Wahlverwandtschaften, - vor Allem aber die katholischen Elemente der Gretchen-Scenen im Faust und die Schlußscene dieser seiner größten Dichtung, war nicht nur in duldsamem, sondern geradezu gemüthlichem Ton gehalten. Durch irgend eine feine Ironie oder freisinnige Wendung wahrte er sich seinen ungläubigen freien Standpunkt, aber die katholische Kunst und den damit zusammenhängenden Cultus behandelte er schonend, oft fast liebevoll. Denn die schöne Erscheinung gefiel ihm. Er stand eben hierdurch im scharfen Gegensatz zu den gläubigen Protestanten, welche sich vor der Marienverehrung, der Heiligenverehrung und der Bilderverehrung noch immer standhaft entsetzen zu müssen glaubten. In katholischen Kreisen nahm man ihn deßhalb freundlich auf, bewunderte ihn als Dichter, entschuldigte ihn als Menschen, und der Chorherr Zauper schrieb noch zu seinen Lebzeiten Schriften zu seinem Lob und seiner Vertheidigung. Er wurde vielfach als ein Mann betrachtet, der durch seine freisinnigen, genialen Anschauungen dem Katholicismus näher stände, als die gläubigen Protestanten.

Institutionen, die im 19. Jahrhundert gegen die anschwellende Produktion kostengünstiger Unterhaltungsliteratur ins Leben gerufen worden waren, in Deutschland durch den 1844 entstandenen "Borromäusverein zur Verbreitung guter Bücher", in der Schweiz durch den "Ingenbohler Bücherverein". Der letztere verdankte seine Entstehung im Jahr 1859 dem überaus rührigen Sozialpolitiker und Ordensgründer Theodosius Florentini (1808-1865)[16]. Beide Unternehmungen dienten der Popularisierung guter Bücher, die sie als Vereinsgaben unter ihre Mitglieder verteilten und durch Publikation von Empfehlungslisten für die Pfarreibibliotheken bekanntmachten. Der Borromäusverein verstand sich geradezu als katholisches Literaturgewissen: Auf seinen Listen fehlten Werke, die nicht streng kirchlich ausgerichtet waren, selbst wenn anerkannte katholische Romantiker wie Annette von Droste-Hülshoff, Joseph von Eichendorff oder Adalbert Stifter ihre Verfasser waren. Mit gleicher Ausrichtung und ebenfalls mit Distanz zur deutschen Klassik arbeitete der Ingenbohler Bücherverein; allerdings orientierte sich dieser noch stärker patriotisch und übernahm etwa aus dem Werk der Gräfin Hahn-Hahn lediglich einen einzigen Roman in den eigenen Verlag (*Doralice*), obwohl zur gleichen Zeit die *Schweizerische Kirchen-Zeitung* die Lektüre dieser Dichterin wiederholt warm empfahl. Diese Beschränkung wurde unter anderem mit dem Argument begründet, daß Schriften, die nicht zum Bereich des Erbaulichen gehörten und sich an eine gebildete Leserschaft richteten, kaum verkäuflich seien[17].

Heinrich Federers Kritik erhielt Gewicht, als im gleichen Jahr Karl Muth (1867-1944), damals Chefredaktor der Familienzeitschrift *Alte und neue Welt*, das Thema aufgriff und sich in einer pseudonym publizierten Broschüre mit dem Titel *Steht die Katholische Belletristik auf der Höhe der Zeit? Eine literarische Gewissensfrage von Veremundus* (Mainz 1898) zum kulturellen Defizit im Bereich des deutschen katholischen Literaturschaffens zu Wort meldete. Beredt führte er Klage gegen das tiefe Niveau und sprach energisch einer christlichen Dichtkunst das Wort, die nicht schon der Anlage nach Tendenzwerk sei, sondern sich viel-

---

Das war nun gewiß nicht der Fall. Er stand mit seinen heidnischen Anschauungen der katholischen Kirche ebenso fern, ja weit ferner, als jene. Friedrich von Schlegel hatte Recht, wenn er seine Richtung mit jener Voltaire's verglich, und Sophie von Stolberg, die Gemahlin Friedrich Leopolds, sagte mit gutem Grunde: Göthe habe Deutschland mehr geschadet, als Napoleon. Denn Göthe verneinte praktisch die Grundlagen jedes positiven Christenthums, jeder übernatürlichen Offenbarung, jedes Glaubens. Wissenschaft und Literatur haben sich seither wesentlich in seinem Sinn und Geist entwickelt. Wir stehen heute vor der Saat, die er ausgestreut. Die kümmerliche Duldung, welche er den Katholiken gewährte, ist fast völlig verschwunden, der anscheinend milde, aber unerbittliche, unversöhnliche Protest des alten Heiden gegen das Christenthum beherrscht Literatur und Leben." Ebd., III, 432.

16 Wilhelm Spael, Das Buch im Geisteskampf. 100 Jahre Borromäus-Verein, Bonn 1950; Leo Koep/Alfons Vordermayer, Die katholischen Volksbüchereien in Deutschland, in: Johannes Langefeldt (Hg.), Handbuch des Büchereiweseens II, Wiesbaden 1965, 387-420; Marie-Claire Berkemeier-Favre, Die Geschichte des Borromäus-Vereins in Deutschland, in: Bernhard Anderes u. a. (Hg.), Kunst um Karl Borromäus, Luzern o.J., 203-208; Alois Steiner, Der Piusverein der Schweiz von seiner Gründung bis zum Vorabend des Kulturkampfes (Beiheft Nr. 4 zum Geschichtsfreund), Stans 1961, 91-107; Regula Gerspacher, Der Ingenbohler Bücherverein für die katholische Schweiz 1859-1902. Studie zum katholischen Volksschriftenwesen der Schweiz im 19. Jahrhundert (1994) (ungedr. Mskr. Staatsarchiv Luzern C.z 188); Ursula Brunold-Bigler, Das Lektüreangebot für Katholiken des 19. Jahrhunderts dargestellt am Beispiel der Schweizersichen Kirchenzeitung, in: Jahrbuch für Volkskunde 5 (1982) 169-212, bes. 187-191; Rudolf Schenda, Volk ohne Buch. Studien zur Sozialgeschichte der populären Lesestoffe 1770-1910, Frankfurt am Main [3]1988, 221-227.

17 Vgl. Gerspacher, Der Ingenbohler Bücherverein (wie Anm. 16). - Beliebteste Lesestoffe waren bis weit in das 19. Jahrhundert hinein die Volkskalender, sie bildeten "in den Unterschichten die dominante säkulare Lektüre". Ursula Brunold-Bigler, Populäre Lesestoffe und populäres Leseverhalten in der Schweiz des 19. Jahrhunderts, in: Paul Hugger (Hg.), Handbuch der schweizerischen Volkskultur III, Zürich 1992, 1307-1320; 1316.

mehr nach ästhetisch-literarischen Kriterien um Rang und Gewicht bemühe. Als Grund für den Mißstand nannte Muth unter anderem die gesellschaftlich-kulturelle, nach dem Kulturkampf verschärfte Isolation der Katholiken, mithin letztlich jene Inferiorität, die bereits von Hertling ins Feld geführte hatte. Ferner sprach er von Engherzigkeit, Prüderie und Dilettantismus. Sein Hilferuf wurde Ausgangspunkt einer eindrücklichen kulturellen Initiative: 1903 gründete Muth die Kulturzeitschrift *Hochland* als zukunftsgewandtes Forum für Kunst und Geisteswissenschaft[18]. Er wurde in den nachfolgenden Jahrzehnten für gebildete Katholiken zur Orientierung, welche die Enge zu überwinden half und den Erneuerungsbewegungen der zwanziger Jahre vorarbeitete. Zum Erfolg wurde das Unternehmen nicht allein wegen des angestrebten anspruchsvollen Niveaus und wegen der Zeitumstände, aus denen es geboren war, sondern vor allem auch wegen der als befreiend empfundenen Weite, die allein schon der große Autorenkreis eindrücklich unter Beweis stellte: Versammelt waren Beiträge in einer überaus breiten Fächerung, aus der Theologie und der Philosophie ebenso wie aus der Geschichte, der Medizin, der Kunstkritik und der Literatur.

Mit seinem Vorstoß rief Karl Muth auch Gegenkräfte auf den Plan: Sie bestritten die Randständigkeit des katholischen Kulturbetriebes und höhnten über den "Inferioritätsjammer"[19]. Ihre Vertreter scharten sich als *Gralbund* um Richard Kralik Ritter von Meyerswalden (1852-1934), einen österreichischen Dichter böhmischer Abstammung. Er trat Muth und dessen auf kulturelle Öffnung hin angelegter Konzeption mit Schärfe entgegen und entfachte damit den *katholischen Literaturstreit*. Dieser beschränkte sich zunächst auf die Frage nach einer prinzipiellen oder nur scheinbaren kulturellen Rückständigkeit der Katholiken *in litterariis* sowie auf die Suche nach der Prioritätenordnung zwischen weltanschaulicher Zwecksetzung und Ästhetik. Geführt wurde die Auseinandersetzung in Zeitschriften und Broschüren, und wiederholt boten Romane, welche das *Hochland* publizierte, die gesuchten Reibungsflächen. Im Jahr 1910 gewann der Konflikt eine merkwürdige, nur durch die kirchliche Zeitgeschichte erklärbare Richtung, gewiesen durch die 1907 veröffentlichte Enzyklika *Pascendi dominici gregis* und den mit ihr durch Pius X. in die kirchliche Amtssprache eingeführten Kampfbegriff des "Modernismus". Zu ihm griffen Gralbund-Sympathisanten auch in der Literaturfrage: Caspar Decurtins (1855-1916), Professor für Kulturgeschichte und Mitbegründer der Universität Freiburg in der Schweiz, konstruierte die Idee, wonach der Modernismus nicht nur eine Erscheinung der Theologie sei, sondern sich auch in anderen Bereichen des geistigen Lebens manifestierte. Dazu gehörte nach Decurtins unter anderem die Dichtkunst. Als Beleg führte er den im *Hochland* publizierten Roman *Jesse und Maria* der österreichischen Dichterin Enrica von Handel-Mazzetti (1871-1955) an: Dieser, so legte Decurtins

---

[18] Franz J. Rappmannsberger, Karl Muth und seine Zeitschrift Hochland als Vorkämpfer für die innere Erneuerung Deutschlands, München 1952; E. Neuts, Karl Muth und seine Zeitschrift Hochland, Löwen 1943; Konrad Ackermann, Der Widerstand der Monatsschrift Hochland gegen den Nationalsozialismus, München 1965; Wulfried C. Muth, Carl Muth und das Mittelalterbild des Hochland (MBMo 43), München 1974; ders., Carl Muth (1867-1944), in: Georg Schwaiger (Hg.), Christenleben im Wandel der Zeit. Bd. II: Lebensbilder aus der Geschichte des Erzbistums München und Freising, München 1987, 247-264; Otto Weiß, Der Modernismus in Deutschland. Ein Beitrag zur Theologiegeschichte, Regensburg 1995, 461-463.

[19] Zum Folgenden siehe: Ernst Hanisch, Der katholische Literaturstreit, in: Erika Weinzierl (Hg.), Der Modernismus. Beiträge zu seiner Erforschung, Graz-Wien-Köln 1974, 125-160; Bernhard Doppler, Katholische Literatur und Literaturpolitik. Enrica von Handel-Mazzetti. Eine Fallstudie (Literatur in der Geschichte - Geschichte in der Literatur 4), Königstein 1980; Thomas Nipperdey, Religion im Umbruch. Deutschland 1870-1918 (Beck'sche Reihe 363), München 1988, 36-38; Weitlauff, Modernismus litterarius (wie Anm. 6), 139-146; Weiß, Der Modernismus (wie Anm. 18), 463-470.

dar, lasse einen bedenklichen religiösen Relativismus und Subjektivismus erkennen - er sei modernistisch[20].

Einmal geboren, gab die Vorstellung, daß auch literarische Werke modernistisch affiziert sein können, dem Literaturstreit eine neue Ausrichtung; denn nun ließ dieser sich auf den Kampfplatz des Modernismus führen. Durch seine Verbindung mit dem römischen Unterstaatssekretär Umberto Benigni (1862-1934) und dessen Geheimorganisation *Sodalitium Pianum* erreichte Decurtins, daß Pius X. sich 1910 in einem Breve den Begriff *modernismus litterarius* und indirekt die damit verbundene Kunstauffassung ausdrücklich zu eigen machte[21]. Getroffen war damit die ganze Bewegung und insbesondere das *Hochland.* Die Römische Indexkongregation führte gegen die Zeitschrift ein Verfahren durch und erließ Ende Juni des gleichen Jahres ein Verbot gegen sie. Zur Publikation und zur Rechtswirksamkeit allerdings gelangte dieses nicht; denn der Münchener Nuntius Andreas Frühwirth kam einer Veröffentlichung zuvor[22]. Daß unter solchen Umständen vorerst eine Ausrichtung des katholischen Literaturschaffens im Sinne Karl Muths kaum möglich war, liegt auf der Hand. Für eine Neuorientierung war zuerst die tiefgreifenden Umgestaltung der kulturellen Lebensbedingungen notwendig - eine solche führte rascher als erwartet der Erste Weltkrieg herbei.

II. DER FRANZÖSISCHE *RENOUVEAU CATHOLIQUE*

In Frankreich entstand vor dem Hintergrund der bedrückten Stimmung des *fin-de-siècle* bereits an der Wende zum 20. Jahrhundert eine Bewegung zur inneren kulturellen Erneuerung. Genährt von einer allgemein depressiven Stimmung, die politisch durch die Kriegsniederlage gegen Deutschland und sozial durch verschiedene innere Spannungen bedingt war, erfolgte seit den neunziger Jahren eine Rückbesinnung auf die französische Vergangenheit. Sie trug deutlich nationalistische, anti-republikanische, aber auch antisemitische Züge[23]. Zu den Profi-

---

[20] Caspar Decurtins, Zweiter Brief an einen jungen Freund, in: Monatsschrift für christliche Sozialreform 31 (1909) 689-703. - Zum Ganzen: Karl Fry, Kaspar Decurtins. Der Löwe von Truns, Bd. 2, Zürich 1952, 297-334; Weitlauff, Modernismus litterarius (wie Anm. 6), 142-145; Karl Hausberger, "Dolorosissimamente agitata nel mio cuore cattolico". Vatikanische Quellen zum "Fall" Handel-Mazzetti (1910) und zur Indizierung der Kulturzeitschrift "Hochland" (1911), in: Rudolf Zinnhobler u. a. (Hg.), Kirche in bewegter Zeit (FS Maximilian Liebmann), Graz 1994, 189-220, bes. 190-194.

[21] "Tuum opus de modernismo litterario, firmissimis argumentis et magna disserendi subtilitate conscriptum, haud studiose minimum quam iucunde perlegimus". Pius X. an Decurtins, Rom, 15. September 1910, in: AAS 2 (1910) 738-740; 738. - Später bedauerte man es in Rom, daß das Breve an Decurtins und nicht an Kralik adressiert worden war. In diesem Sinne äußerte sich Mitte Dezember 1910 Ludwig Freiherr von Pastor dem Papst gegenüber. Pius X. machte sich die Ansicht zu eigen, wie der Sekretär der Römischen Indexkongregation, Thomas Esser OP, in einem Brief an den in Wien lehrenden deutschen Theologen Ernst Commer bestätigte: "Daß jener Brief an Decurtins an eine andere Adresse hätte gerichtet werden sollen, hat der hl. Vater mir selbst eingestanden. Es ist zu verwundern, wie dieser Mann es verstanden hat, sowohl vom jetzigen hl. Vater als auch von P. Leo XIII. mehrere Schreiben zu erlangen." Zit. bei: Hausberger, Dolorosissimamente agitata (wie Anm. 20), 203. - Vgl. Wilhelm Wühr (Hg.), Ludwig Freiherr von Pastor 1854-1928. Tagebücher - Briefe - Erinnerungen, Heidelberg 1950, 521f.

[22] Ebd., 203-209.

[23] Eugen Weber, Fin de siècle. La France à la fin du XIXe siècle (Nouvelles études historiques), Paris 1986; ders., L'Action française, Paris ^{2}1985; Pascal Ory/Jean-François Sirinelli, Les intellectuels en France, de l'affaire Dreyfus à nos jours, Paris ^{2}1992.

tierenden gehörte neben anderen die katholische Kirche; denn sie galt den literarischen Vordenkern der Bewegung wie Maurice Barrès (1862-1923) und Charles Maurras (1868-1952) als Teil des französisch-nationalen Kulturerbes, dem selbst für nicht praktizierende Katholiken eine legitimierende Funktion zukam. Die Bewegung trat in dramatischer Weise nach 1894 ins Bewußtsein, als ihre Träger sich im Streit um den zu unrecht wegen Spionage verurteilten jüdischen Hauptmann Alfred Dreyfus in den Dienst einer überzogen verstandenen Staatsräson stellten und ihr alle anderen Gesichtspunkte unterordneten. Während sich die Dreyfus-Sympathisanten rückhaltlose Gerechtigkeitssuche auf die Fahne schrieben, waren es auf Seiten ihrer Gegner die nationale Ehre und das gemeinschaftliche Selbstbewußtsein. Als die Stellung der *Anti-Dreyfusards* unhaltbar wurde, geriet auch die mit ihnen sympathisierende Kirche unter Druck. Antiklerikale Kräfte nützten die hochgehenden Wogen, gingen gegen sie vor und setzten 1905 im Zusammenwirken mit Republikanern und Sozialisten die Trennung von Kirche und Staat durch. Dies änderte die religiös-pastoralen Lebensbedingungen radikal, zwang die Kirche zur Armut und nahm ihr den offiziellen Status im öffentlichen Leben. Verstanden wurde der Bruch indes nicht nur als äußerlich-organisatorische Veränderung, sondern ebenso sehr als geistige Gewichtsverlagerung: Der Katholizismus hatte seinen gesellschaftlichen Rang eingebüßt, seine Zurückdrängung aus den angestammten Positionen, welche bereits mit der Ausweisung der Jesuiten 1880 eingesetzt hatte, kam zu einem äußeren Abschluß[24].

Die Betroffenen nahmen diese Zurücksetzung nicht nur als Belastung hin, sondern sie suchten sie als Chance zur verstärkten inneren Solidarisierung und zur Schließung der eigenen Reihen zu nutzen. Gegen die Depression, aber auch gegen das Erbe der großen Vordenker des Rationalismus wie Ernest Renan (1823-1892) und Auguste Comte (1798-1857), deren zukunftsoptimistische Visionen als gescheitert galten, formierte sich eine religiöse Gegenbewegung, welche auch in das Gebiet von Kunst und Literatur ausstrahlte - es erwachte eine Art zweite Romantik. Mehreren Vertretern dieses literarischen Neuaufbruches, der als *renouveau catholique* bezeichnet wird, ist gemeinsam, daß sie nicht auf gerader Linie zu religiös-kirchlicher Bindung fanden, sondern auf Umwegen, und daß sie sich danach um so entschlossener für die unter Druck geratene Kirche einsetzten. Trotz der deutlich auf das positiv Christliche gerichteten Tendenz fanden ihre Werke später breite Anerkennung. Als Wegbereiter dieser Bewegung im Bereich des Literaturschaffens gilt der aus Périgeux stammende Schriftsteller Léon Bloy (1846-1917)[25]. Zelotenhaft und kompromißlos widersetzte er sich allem Bestreben, das kirchliche Leben dem Zeitgeist zu öffnen. Wie einst der leidenschaftliche Revolutionsfeind Joseph de Maistre (1753-1821) wollte er den Glauben beschränken auf seine übernatürliche Seite. Seine literarische Arbeit verstand Bloy als Glaubenszeugnis, die Geschichte deutete er als nach göttlich vorherbestimmten Plan ablaufend, als Aktualisierung der Heilsgeschichte. Kulturellen Wandel beklagte er als Zeichen der Dekadenz, weshalb er für die Lösung der Kirche aus allen bürgerlich-gesellschaftlichen Verflechtungen eintrat. Endzeitlich gerichtetes Denken führte ihn zu einer Beschäftigung mit der historischen Bestimmung des jüdischen Volkes und schließlich mit der Erscheinung der Muttergottes in La Salette (1846). Der erste äußere Konvertit des *renouveau catholique* war Paul Claudel (1868-1955)[26]; er führte seinen Bekenntniswechsel später zurück auf eine Erfahrung anläßlich des

---

[24] Fuß, Der Renouveau (wie Anm. 4), 141-143.

[25] Michel Aubry (Hg.), Léon Bloy (Les dossiers H), Lausanne 1990.

[26] Paul-André Lesort, Paul Claudel in Selbstzeugnissen und Bilddokumenten (RoMo 95), Reinbek bei Hamburg 1964; Albert Fuß, Paul Claudel (EdF 131), Darmstadt 1980; Ludger Zinke, Paul Claudel. Ansätze indi-

Weihnachtsgottesdienstes im Jahr 1886 in der Pariser Kathedrale Notre Dame. Seit 1890 stand Claudel als Diplomat im Staatsdienst und trat als Schriftsteller hervor mit einer explizit dogmatischen, streng kirchlichen Orientierung, die sich zuweilen zur Unduldsamkeit steigerte. Seine Arbeit führte zu widersprüchlichen Reaktionen, in einer italienischen Zeitung soll er seines kompromißlosen Stiles wegen als "katholischer Gorilla" bezeichnet worden sein. Themen seines Werkes sind die von der Sünde gezeichnete Welt, die Auseinandersetzung mit dem Materialismus und mit neuen Gesellschaftsordnungen (*Le repos du septième jour*), die religiöse Berufung (*Partage de midi*) und die Sendung der Heiligen (*Jeanne d`Arc au bûcher*). Nach 1930 wandte Claudel sich der Bibelinterpretation zu und kämpfte mit großem Sendungsbewußtsein gegen die historisch-kritische Exegese. Mit Francis Jammes (1868-1938)[27], einem Basken, war im religiös orientierten Literatenkreis auch die Natur- und Bauerndichtung vertreten; seine Erzählungen spielen vornehmlich in ländlicher Idylle. Die gleichzeitige Hinwendung zu Natur und Religion war verbunden mit bewußter Distanzierung von Zivilisation und Moderne. Nachdem Jammes 1906 zur Kirche zurückgekehrt war, erhielten in seinem Werk die Thematik des Kreuzes und die Marienerscheinungen von Lourdes (1858) eine beherrschende Rolle. Der ebenfalls in seiner Jugend der Kirche entfremdete Charles Péguy (1873-1914)[28] war zunächst glühender Sozialist und wandte sich erst 1908, nach einer Auseinandersetzung mit der Philosophie Henri Bergsons, wieder dem positiven Christentum zu. Er wurde zum entschiedenen Verteidiger der Kirche und bekämpfte in polemischen Schriften die modernisierte Welt. Sein Hauptwerk *Eve* stellt in 2000 Versen die Menschheitsgeschichte dar als Heilsgeschichte, die ihren Höhepunkt mit der Menschwerdung Christi erreichte. Der für das deutschsprachige Gebiet bedeutendste Autor des *renouveau catholique* war Georges Bernanos (1888-1948)[29]. Er gehörte bis 1923 der rechts-nationalen *Action Française* des Charles Maurras an. Seine Priesterromane, besonders *Sous le soleil du satan* und *Journal d'un curé de campagne* erreichten eine breite Leserschaft. Die geistlichen Hauptfiguren treffen darin auf eine Welt, in der das Böse dominiert, doch gelingt es ihnen mit göttlicher Hilfe, auch vor den Abgründen des Lebens ihre Berufung zu erfüllen. Für Bernanos war die Frage nach der Heilsmöglichkeit in der belasteten Welt zentral, seine Werke haben das Streben nach göttlicher Gnade und Heiligkeit zum Gegenstand.

Die Rezeption der Werke dieser christlich und streng kirchlich ausgerichteten Autoren erfolgte erst mit Verzögerung; mit Ausnahme Claudels profitierten sie selbst nicht davon und lebten in bedrängten Verhältnissen[30]. Die anfänglich schwache Resonanz zeigt sich allein schon darin, daß die von Péguy begründeten *Cahiers de la quinzaine* nie über 2000 Leser erreichten. Nach 1910 wurden die ersten Dramen aufgeführt, und lediglich die beiden genannten Bernanos-Romane waren wirklich erfolgreich. Das Verbindende dieser Dichtung war die Tatsache, daß sie die Inspiration durch den Glauben offen zu erkennen gab, was mitunter auch zu apologetischer Vereinnahmung führte. Gleichwohl entsprach sie dem Empfinden einer Zeit,

---

rekter Verkündigung (SRPK 5), Würzburg 1968; Gisbert Kranz, Claudel, Paul, in: TRE VIII 92-95; Volker Kapp, Claudel, Paul, in: LThK^3 II 1213f.

27 Christine Andreucci/Yves-Alain Favre (Hg.), Francis Jammes, poète. Actes du colloque du cinquantenaire, Paris 1989.

28 Elsbeth Gremminger, Charles Péguy. Vom Sozialismus zur christlichen Weltschau, Olten 1949; Bernard Guyon, Péguy devant Dieu (Les ecrivains devant Dieu), Paris 1974.

29 Hans Urs von Balthasar, Bernanos, Köln-Olten 1954 (Einsiedeln ^{3}1988); Monique Gosselin/Max Milner (Hg.), Bernanos et le monde moderne. Colloque organisé pour le centenaire de la naissance de Bernanos 1888-1988, Lille 1989.

30 Siehe: Fuß, Der Renouveau (wie Anm. 4), 156-162.

für die Claude Savart für das universitäre und literarische Milieu einen eigentlichen *réveil spirituel* konstatiert[31]. Der Erste Weltkrieg brachte eine Zäsur, und als später eine Anknüpfung versucht wurde, trat die explizit kirchliche Ausrichtung in den Hintergrund.

III. Neubesinnung im deutschsprachigen Raum

Der Aufschwung katholisch orientierten Literaturschaffens in Frankreich seit der Jahrhundertwende fand - bedingt durch Krieg und nationale Gegensätze - erst verzögert auch in Deutschland Beachtung. Voraussetzung dafür war unter anderem das Abebben der Modernismus-Ängste innerhalb der Kirche nach 1914. In ihrem kulturellen Engagement öffneten sich die Katholiken der vom *Hochland* gewiesenen Richtung. Seit 1912 wurden Claudels Stücke auf deutsch übersetzt und in Deutschland aufgeführt, bald war er der am stärksten ausstrahlende Autor des französischen *renouveau catholique*[32]. Mit Hinweisen im *Hochland* und in den *Stimmen der Zeit* setzte 1922 auch die Rezeption der Werke des Georges Bernanos ein. Sowohl mit Claudel als auch mit Bernanos begann eine eingehende literarische Beschäftigung, für letzteren sollte sie mit der umfassenden theologischen und literarischen Analyse durch Hans Urs von Balthasar 1954 einen Höhepunkt erreichen[33].

Eine eigenständige Neubesinnung im Bereich der katholisch ausgerichteten Dichtung wurde im deutschen Sprachgebiet durch Kulturkampf, Modernismuskrise und Ersten Weltkrieg stark verzögert. Erst in den zwanziger Jahren zeigten sich auch hier Erneuerungsbestrebungen, die mit jenen des *renouveau catholique* in Frankreich vergleichbar waren[34]. Wie dort standen sie unter dem Eindruck der politischen Niederlage und der gesellschaftlichen Depression. Unter anderem dank dieser Voraussetzungen sprengte das katholische Literaturschaffen in seiner Wirkung die engen Grenzen des eigenen konfessionellen Milieus und fand auch außerhalb ein Echo. Die Anfänge dieser Bewegung waren geprägt durch kirchenverbundene, in den zwanziger Jahren in ihrem regionalen Umfeld stark beachtete Dichter, etwa den aus Schwaben stammenden Priester Peter Dörfler (1878-1955), den Kunstkritiker und Poeten Konrad Weiß (1880-1940) oder den genannten Schweizer Heinrich Federer; mit ihren historischen Erzählungen und Romanen erreichten sie einen bedeutenden Leserkreis. In die Breite wuchs dieser Anfang noch in den dreißiger Jahren durch Gertrud von Le Fort (1876-1971) und Werner Bergengruen (1892-1964). Für die erstere, die 1926 zur katholischen Konfession konvertierte, war der Einfluß des *Hochland*-Kreises von Bedeutung, wie sie in ihren Erinnerungen festhielt. Den Eindruck, den die Zeitschrift beim ersten zufälligen Durchlesen auf sie machte, beschrieb sie im Rückblick wie folgt: "Ich befand mich da im geistigen Raum einer katholischen Zeitschrift, aber gleichzeitig doch in meiner eigensten Heimat, weil die ganze Haltung dieser Zeitschrift meine teuersten Besitztümer, das Erbe meines frommen, protestantischen Elternhauses,

---

31 Claude Savart, Vie intellectuelle et vie spirituelle, in: Jean-Marie Mayeur (Hg.), L´Histoire religieuse de la France 19e-20e siècle, Paris 1975, 73-108, 95-97.

32 Fuß, Der Renouveau (wie Anm. 4), 162-167; Zinke, Paul Claudel (wie Anm. 26), 32f.

33 Balthasar, Bernanos (wie Anm. 29). - Balthasar war befreundet mit Bernanos aufgrund einer Bekanntschaft, die durch den französischen Literaturwissenschaftler Albert Béguin vermittelt worden war. Vgl. Elio Guerriero, Hans Urs von Balthasar. Eine Monographie, Einsiedeln 1993, 185-196.

34 Siehe: Bossle-Pottier, Christliche Literatur (wie Anm 4); Heinz Hürten, Deutsche Katholiken 1918-1945, Paderborn-München-Wien-Zürich 1992, 145-147.

gleichsam mit einzuschließen schien. Ja gerade dieser Eindruck des Einschließenden - ich entsinne mich dessen genau - war das eigentliche Wesen dieser unvergeßlichen Begegnung! Ich erlebte damals zum ersten Mal mit vollem Bewußtsein, daß es trotz aller schmerzlichen Spannungen und Spaltungen innerhalb des Christentums den gemeinsamen Besitz einer christlichen Kultur gibt, ich erlebte die geistige Haltung einer katholischen Zeitschrift als universale, christliche Geistes- und Liebeshaltung, ich erlebte die umfangende, die mütterliche Gebärde des Katholischen - ich erlebte also damals das Wesen des wahrhaft Katholischen überhaupt"[35]. Die hier angedeutete vielfache Wende des Lebens spiegelte sich im ersten Teil des 1927 erschienen Romans *Das Schweißtuch der Veronika*, der - als Hinweis auf die örtlichen Umstände der Konversion - überschrieben war mit *Der Römische Brunnen*. In ihrer Dichtung thematisierte Le Fort wiederholt die Kirche, welcher sie in ihren *Hymnen an die Kirche* emphatisch das Prädikat "Mutter aller Kinder dieser Erde" zusprach. Ebenfalls bereits in der Frühzeit der Erneuerung trat als weiterer christlich orientierter Dichter Werner Bergengruen hervor, Konvertit auch er. Mit historischen Stoffen (*Herzog Karl der Kühne*, *Der Großtyrann und das Gericht*) thematisierte er in den zwanziger und dreißiger Jahren das Problem von Macht und Unterdrückung, das er in christlich-mythischen Kategorien zu deuten suchte. Mehr der weltlichen Unzulänglichkeit des Menschen zugewandt war die Dichtung der katholischen Lehrerin Elisabeth Langgässer (1899-1950), die sich oft um die *condition humaine* bewegt, d.h. um den Menschen, dessen Leben sich in dramatischer Weise zwischen widersprüchlichen Mächten abspielt. Daß in diesen Jahren definitiv eine Wende im Sinne Karl Muths eingetreten war, zeigte nicht nur die Verbreitung der Werke der genannten Autoren, sondern auch die inhaltliche Neuausrichtung des kirchlichen Borromäusvereins: In den zwanziger Jahren ging dieser ab von der einst streng beobachteten katholischen Binnenorientierung und nahm auch Schriften von Autoren in sein Programm auf, die den traditionellen Konformitätsvorstellungen nicht entsprachen.

Die neue Literaturströmung war zwar religiös ausgerichtet, ließ aber die unmittelbare Zwecksetzung des kulturkämpferischen Tendenzromans hinter sich zurück. Sie gewann damit literarisches Eigengewicht und erreichte eine Leserschaft, die erstmals den kirchlichen Innenbereich übertraf. Kaum richtig ins Bewußtsein getreten, wurde sie in den dreißiger Jahren zunehmend an den Rand, später in den Untergrund und in die innere Emigration abgedrängt[36]. Zu voller Blüte und breiter Anerkennung gelangte die Richtung nach 1945, als es erneut galt, die niederdrückende Erfahrung einer Niederlage zu verarbeiten. Für diese Phase stehen wiederum Gertrud von Le Fort und Elisabeth Langgässer, aber auch Stefan Anders (1906-1970) und besonders Reinhold Schneider (1903-1958)[37]. Der letztere, aus Baden stammende Autor

---

[35] Gertrud von Le Fort, Aufzeichnungen und Erinnerungen, Zürich 1951, 87f. - Vgl. Nicolas J. Meyerhofer, Gertrud von Le Fort (Köpfe des 20. Jahrhunderts 119), Berlin 1993, 32-40.

[36] Zu den Auswirkungen auf das katholische Literaturschaffen siehe: Anthony W. Riley, "Alles Außen ist innen". Zu Leben und Werk Elisabeth Langgässers unter der Hitler-Diktatur, in: Wolfgang Frühwald/Heinz Hürten (Hg.), Christliches Exil und christlicher Widerstand. Ein Symposion an der Katholischen Universität Eichstätt 1985 (Eichstätter Beiträge 22), Regensburg 1987, 186-224; Günter Niggl, Antwort auf das Inferno der Zeit: Das Spätwerk Alfred Döblins, ebd., 263-274; Werner Stauffacher, Zwischen äußerer und innerer Emigration: Las Casas als Figur des Widerstands bei Alfred Döblin und Reinhold Schneider, ebd., 394-406; Karlheinz Müller, Elisabeth Langgässer. Eine biographische Skizze (Hessische Beiträge zur deutschen Literatur), Darmstadt 1990.

[37] Ingo Zimmermann, Reinhold Schneider, Weg eines Schriftstellers. Stuttgart 1983; Pirmin A. Meier, Form und Dissonanz. Reinhold Schneider als historiographischer Schriftsteller (Europäische Hochschulschriften 1/256), Bern-Frankfurt am Main 1977; Cordula Koepcke, Reinhold Schneider. Eine Biographie, Würzburg 1993.

hatte sich vor dem Krieg als Historiograph betätigt und sich 1938 dem positiven Christentum zugewandt. Als Nicht-Emigrierter wurde er zum viel beachteten Mahner in belasteter Zeit, für die er den Satz prägte: "Allein den Betern kann es noch gelingen, das Schwert ob unsern Häuptern aufzuhalten". Sein dichterisches Schaffen hatte Bedeutung bei der Bewältigung der von Grauen gezeichneten Zeit, und Schneider wurde zu einem der meist gelesenen deutschen Schriftsteller. Trotz des 1941 verhängten Publikationsverbotes fanden Gedichte aus seiner Feder weite Verbreitung, indem sie vervielfältigt von Hand zu Hand weitergereicht wurden. Zu Irritationen gab nach dem Krieg Schneiders pazifistisches Engagement gegen die Wiederbewaffnung 1951 Anlaß, als er sich im *Aufbau*, dem Organ des kommunistischen Kulturbundes, mit einen Aufsatz zu Wort meldete[38]. In der nachfolgenden Zeit vollzog der Dichter eine Wandlung zum Düsteren und Bedrückten, mehr und mehr gewannen seine Werke einen schwerblütigen Zug. In den Vordergrund traten Verzicht, Demut, Unterwerfung und Tod, was schließlich im *Winter in Wien* seinen erschütternden Ausdruck fand. Im Lebensbericht, der unter dem Titel *Verhüllter Tag* verfaßt ist, heißt es am Schluß: "Ich hatte von Anfang an das Gefühl, tief ins Dunkel zu gehen. Wolle es Gott, daß es ein winziger Anteil ist an der heiligen Finsternis des Nicolaus von Cues und des Johannes vom Kreuz, der Karfreitagsnacht auf dem Grabe! Es geht nicht mehr um den Glauben, nur ums Gebet, um das Wort 'ohne Unterlaß'. Mit ihm würde das Seil zerrissen, das gerade noch trägt. Wir können nur bitten, daß uns Christus nicht verläßt im Sterben. Aber auch das kann ja geschehen - wie Er verlassen wurde am Ende, die Liebe von der Liebe um der Liebe willen. Wir können nur bitten, daß er uns, nach schrecklicher Überfahrt, erwartet am anderen Ufer - Freund und Feind, uns Alle, Alle"[39].

IV. Die Bedeutung innerhalb des Katholizismus

Das neue Erblühen deutschsprachiger katholischer Dichtung nach dem Ersten Weltkrieg ist einzuordnen in den größeren Zusammenhang einer umfassenden kulturellen Neufindung im katholischen Lebensumfeld. Sie wurde mit Optimismus wahrgenommen und freudig begrüßt, wie unter anderem die 1927 erschienene Festschrift zu Karl Muths 60. Geburtstag erkennen läßt. Diese trug den zuversichtlichen Titel: *Wiederbegegnung von Kirche und Kultur in Deutschland*[40]. Jene Gruppen im Katholizismus, welche das kulturelle Leben prägten, sahen sich in einer Phase der überwundenen Depression und der geistigen Neubesinnung, und mit Freude konstatierte man, daß Religion und Kirche zu neuer gesellschaftlicher Bedeutung gelangt waren. Diesen Wandel führte in der genannten Festschrift der katholische Historiker Philipp Funk (1884-1937) in seinem Ursprung zurück auf die Erfahrung des Ersten Weltkrieges. Entscheidend war in seinen Augen "das innerlichste Erleben der Kirche als einer letzten seelischen Heimat, eines sicheren Hortes für innerste geistige Werte, als mütterlicher Begleiterin in Elend und Tod. [...] In der Freude des religiösen Besitzes und einer erhebenden österlichen Hochstimmung [...] erblickten viele auch das weite Feld der kirchlichen Kulturleistun-

---

38 Ekkehard Blattmann/Klaus Mönig (Hg.), Über den "Fall Reinhold Schneider" (Schriftenreihe der Katholischen Akademie der Erzdiözese Freiburg), München-Zürich 1990.

39 Reinhold Schneider, Verhüllter Tag, in: Ders., Die Zeit in uns. Zwei autobiographische Werke (ders., Gesammelte Werke, hg. von Edwin Maria Landau 10), Frankfurt am Main 1976, 8-173; 173.

40 Wiederbegegnung von Kirche und Kultur in Deutschland. Eine Gabe für Karl Muth, München 1927.

gen sozusagen zum erstenmal, wie wenn es erst wieder zu entdecken wäre"[41]. Im kirchlichen Leben zeigten sich frische Lebenskräfte: Inspiriert unter anderem von einstigen Schülern Herman Schells wie Romano Guardini (1885-1968) und Hermann Platz (1880-1945) nahmen die katholische Jugendbewegung und die liturgische Erneuerung ihren Anfang und gewannen rasch an Kraft. Zugleich verstärkten sich im Katholizismus die sozialen und politischen Initiativen in einem solchen Maße, daß ihnen im Rückblick eine wichtige Funktion bei der Stabilisierung der Weimarer Republik zuerkannt wurde. Nicht mehr geeint durch die Abwehr eines äußeren Feindes oder durch ultramontanes Heimweh, bildete nun ein neues kulturelles Bewußtsein die äußere Klammer[42]. Ein gewandeltes Selbstverständnis griff Platz, das auch auf künstlerischem Gebiet nicht mehr zwangsläufig nach innen gerichtet war. Dies galt auch für die bildende Kunst: Im Pariser Vorort Le Raincy hatte 1923 der Architekt Auguste Perret mit dem Bau der Kirche Notre-Dame das *Neue Bauen* in die Kirchenarchitektur eingeführt. Seither war es möglich, moderne Stilelemente und Baumaterialien auch in der sakralen Baukunst wirkungsvoll zu kombinieren[43]. Zwischen den verschiedenen Erneuerungsbewegungen bestanden schon in den zwanziger Jahren Beziehungen und Querverbindungen; Elisabeth Langgässer beispielsweise publizierte ihre ersten literarischen Beiträge in der Zeitschrift *Das Heilige Feuer*, welche der Jugendbewegung nahestand.

Eine vielfältig ausgerichtete kulturelle Hochstimmung zeigte sich in den zwanziger Jahren nicht nur im deutschen, sondern zugleich im schweizerischen Katholizismus. Auch hier hatten Inferioritätsdiskussion und Modernismuskämpfe für die kulturellen Defizite sensibilisiert. Der Schweizerische Katholische Volksverein, der seit 1905 erstmals die Stammland- und die Diasporakatholiken unter einem organisatorischen Dach vereinigte, bemühte sich mit einer eigenen "literarisch-belletristischen Sektion" um katholische Literatur[44]. Schon am Tage ihrer Gründung nahm sie den Freiburger Dichterpfarrer Heinrich Hansjakob (1837-1916) und den Literaturkritiker Alexander Baumgartner SJ als Ehrenmitglieder in ihre Reihen auf. In der Folge bemühte sie sich - ähnlich wie Karl Muth in Deutschland und nachweislich von diesem inspiriert - um die Förderung und Hebung des literarischen Schaffens, allerdings anfänglich noch weniger im ästhetischen Interesse als vielmehr in ängstlicher Abwehr gegen die hereinflutende "Schundliteratur"[45]. Die dem Kreis nahestehende, schon 1900 gegründete katholische

---

41 Philipp Funk, Der Gang des geistigen Lebens im katholischen Deutschland unserer Generation. Ebd., 77-126; 110-112.

42 Vincent Berning, Geistig-kulturelle Neubesinnung im deutschen Katholizismus vor und nach dem Ersten Weltkrieg, in: Rauscher, Religiös-kulturelle Bewegungen (wie Anm. 4), 47-98.

43 Hugo Schnell, Der Kirchenbau des 20. Jahrhunderts in Deutschland, München-Zürich 1973, 10f; Fabrizio Brentini, Bauen für die Kirche. Katholischer Kirchenbau des 20. Jahrhunderts in der Schweiz (Brückenschlag zwischen Kunst und Kirche 4), Luzern 1994, 51-56.

44 Josef Meier, Der Schweizerische Katholische Volksverein in seinem Werden und Wirken. Eine geschichtliche Skizze zum 50 jährigen Bestehen des SKVV, Luzern 1954; Alfred Stoecklin, Schweizer Katholizismus. Eine Geschichte der Jahre 1925-1975 zwischen Ghetto und konziliarer Öffnung, Einsiedeln 1978. - Die Gründungsversammlung der "Belletristisch-künstlerischen Sektion" fand am 28. September 1903 mit 74 Teilnehmenden statt; 1911 erfolgte die Umbenennung in "Literarisch-belletristische Sektion". Jahrbuch des Schweizerischen Katholischen Volksvereins 1 (1907) 282 und 3 (1911) 98.

45 Auf dem 2. Schweizerischen Katholikentag 1906 in Freiburg sprach Albert Kuhn zum Thema: "Wie pflegen wir im Volke den Sinn für Kunst und Literatur?". Er beklagte Erscheinungen wie "Kunstschwärmerei", "Lesewut" und "Schundliteratur", zugleich bekannte er, "daß Unterhaltungsschriften, Unterhaltungsblätter der verschiedensten Art, darunter viele akatholische, selbst anrüchigster Sorte, bis in die entferntesten Häuser abgelegener Gebirgsdörfer versandt, kolportiert und bestellt werden, - in einem Umfang, wie ich nicht glaubte". Der zweite Schweizerische Katholikentag in Freiburg 1906. Offizieller Bericht, Luzern 1906, 84-92.

Kulturzeitschrift *Schweizerische Rundschau* öffnete ihre Spalten immer wieder dichterischen Versuchen, blieb dabei jedoch meist auf Autoren der engeren Heimat fixiert. Der über Jahrzehnte hin wichtigste Dichter von Rang, der aus diesem Raum hervorging, war Heinrich Federer. Er fand zwar Beachtung, mußte seine Werke aber beim Berliner Grote-Verlag publizieren. Trotz teilweise vorsichtiger geistiger Distanz partizipierte der Schweizer Katholizismus am künstlerischen Neuerwachen in Deutschland, und auch hier ist von einer eigentlichen kulturellen Euphorie in der Kirche gesprochen worden. Der 1924 in Basel gehaltene VI. Schweizerische Katholikentag machte den "Kulturauftrag der Katholiken" zu seinem Hauptthema, und seit 1927 entstanden in verschiedenen Städten "Vereine für christliche Kultur"[46]. Im Jahresleitartikel der *Schweizerischen Rundschau* hieß es 1926 emphatisch: "Es herrscht eine Art Osterstimmung in der Weltkirche, das intellektuelle Leben in ihr ist erstarkt"[47].

Seinen Höhepunkt erreichte das katholisch orientierte Literaturschaffen in den fünfziger Jahren, die wiederum im Schatten einer niederdrückenden geschichtlichen Erfahrung standen. Erneut resultierte daraus in Teilen eine verstärkte Vitalität des religiösen Lebens. Die Kirchen verstanden sich als Teil jener Gruppen, die dem Nationalsozialismus widerstanden hatten, weshalb in der unmittelbaren Nachkriegszeit die Idee der christlichen Erneuerung der Gesellschaft entstand[48]. Zwar wurde diese bald durch die eher ernüchternde Zahl der Wiedereintritte in die Kirche gebremst, doch kehrte gleichwohl in den fünfziger Jahren ein eigentliches kirchliches Hochgefühl zurück. Der kulturelle Aufschwung ging so weit, daß sogar Klagen darüber laut wurden: Die Schriftstellerin Ida Friederike Görres kritisierte den triumphalistischen Kulturkatholizismus und verlangte angesichts der neu gewonnenen Gesellschaftsfähigkeit von der Kirche, sie habe sich auf ihr spirituelles Wesen zu besinnen[49]. In den Zusammenhang dieses Aufschwungs gehörte auch die Resonanz der katholischen Literaturschaffenden, die beachtlich blieb, auch wenn sie sich - wie Reinhold Schneider - in politische Auseinandersetzungen hineinziehen ließen. Auf der anderen Seite wurden lange nicht alle religiös ausgerichteten oder mit christlichem Gedankengut sich auseinandersetzenden Schriftsteller auch als katholische Autoren rezipiert: Alfred Döblin (1878-1957) etwa, der nach seiner Konversion 1940 sich mit explizit theologischen Fragestellungen auseinandersetzte, fand im kirchlichen Bereich kaum ein Echo[50]. Um so stärker kam die Verbreitung der Autoren der zwanziger und

---

[46] Stoecklin, Schweizer Katholizismus (wie Anm. 44), 62-64; Armin Imstepf, Die schweizerischen Katholikentage 1903-1954. Geschichte, Organisation, Programmatik und Sozialstruktur (Religion - Politik - Gesellschaft in der Schweiz 1), Freiburg Schweiz 1987, 74-78.

[47] Schweizer. Rundschau 25 (1925/26) 2.

[48] Klaus Schatz, Zwischen Säkularisation und Zweitem Vatikanum. Der Weg des deutschen Katholizismus im 19. und 20. Jahrhundert, Frankfurt am Main 1986, 284-311; Adolf M. Birke. Katholische Kirche und Politik in der Phase des Neubeginns 1945-1949, in: Victor Conzemius/Martin Greschat/Hermann Kocher (Hg.), Die Zeit nach 1945 als Thema kirchlicher Zeitgeschichte, Göttingen 1988, 180-193, bes. 184f; Konrad Repgen, Die Erfahrung des Dritten Reiches und das Selbstverständnis der deutschen Katholiken nach 1945, ebd., 127-179; Wolfgang Löhr, Rechristianisierungsvorstellungen im deutschen Katholizismus 1945-1948, in: Jochen-Christoph Kaiser/Anselm Doering-Manteuffel (Hg.), Christentum und politische Verantwortung. Kirchen im Nachkriegsdeutschland (Konfession und Gesellschaft 2), Stuttgart-Berlin-Köln 1990, 25-41; Ulrich von Hehl, Der deutsche Katholizismus nach 1945 in der zeitgeschichtlichen Forschung, ebd., 146-175; Heinz Hürten, Deutscher Katholizismus unter Pius XII.: Stagnation oder Erneuerung?, in: Franz-Xaver Kaufmann/Arnold Zingerle (Hg.), Vatikanum II und Modernisierung. Historische, theologische und soziologische Perspektiven, Paderborn-München-Wien-Zürich 1996, 53-65; Karl Gabriel, Katholizismus und katholisches Milieu in den fünziger Jahren der Bundesrepublik: Restauration, Modernisierung und beginnende Auflösung, ebd., 66-83.

[49] Ida-Friederike Görres, Brief über die Kirche, in: Frankfurter Hefte 1 (1946) 715-733.

[50] Frühwald, Katholische Literatur (wie Anm. 4), 26; Schmidt, Handlanger (wie Anm. 3), 199-206.

dreißiger Jahre in Schwung: In der Schweiz erwarb der Luzerner Rex Verlag für teures Geld die Rechte am Werk Federers und legte bis 1957 sämtliche Schriften neu auf[51]. Auch in diesem Land war die Blütezeit durch den Weltkrieg unterbrochen: Obwohl selbst nicht Kampfplatz, erlebte es zwischen 1933 und 1945 schwerwiegende geistig-kulturelle Verengungen. Sie schlugen sich auch im Literaturschaffen nieder und bewirkten - zusammen mit einer äußerst restriktiven Flüchtlingspolitik -, daß eine christlich orientierte Widerstandsliteratur über Ansätze nicht hinauskam[52].

Zu Beginn der sechziger Jahre ging die Zeit der erklärt katholisch oder auch christlich ausgerichteten Literatur zu Ende. Sie wurde abgelöst durch die aufkommende Gesellschaftskritik mit ihrer in Teilen antikirchlichen Tendenz. Jene Autoren, die ihre Arbeit als positiv religiös verstanden, zogen sich wieder zurück auf eine Art Sonderdasein. Dieser neuerliche Wandel ging einher mit der Veränderung des katholischen Lebensraumes insgesamt, mit der Aufweichung katholisch-konfessioneller Milieu-Grenzen und mit gesellschaftlicher Modernisierung[53]. Wie in den zwanziger Jahren oder nach dem Zweiten Weltkrieg war auch diese Entwicklung begleitet von einer Veränderung des kirchlichen Selbstbewußtseins, eine Tatsache, die einen engen Zusammenhang zwischen gesellschaftlicher Stellung der Kirche und religiösem Literaturschaffen vermuten läßt. Darauf deutet auch eine Bemerkung, welche der selbst als kirchlicher Schriftsteller tätige reformierte Schweizer Pfarrer Kurt Marti schon 1963 in seinem *Versuch einer theologischen Definition der Literatur* machte. Nüchtern stellte er fest: "Der Autor, der Christ ist, wird sich heute sehr hüten vor allem, was nach christlicher Rhetorik aussieht oder auch nur aussehen könnte". Hingegen sei damit zu rechnen, daß "wahrhaftiges und vollmächtiges Lob Gottes auch mitten aus der zweideutigen 'Welt' der kirchenfernen Literatur ertönen kann". Und: "Das dürfte vor allem dann der Fall sein, wenn das Gotteslob der christlichen Gemeinde zu verstummen droht, wenn sich die einzelnen Christen seiner entwöhnt haben"[54].

---

[51] Alois Steiner, Der Rex-Verlag in Luzern, in: Urs Altermatt (Hg.), Schweizer Katholizismus im Umbruch 1945-1990 (Religion - Politik - Gesellschaft in der Schweiz 7), 213-235, bes. 227f.

[52] Victor Conzemius, Christliche Widerstandsliteratur in der Schweiz 1933-1945, in: Frühwald/Hürten, Christliches Exil (wie Anm. 36), 225-262; Charles Linsmayer, Die Krise der Demokratie als Krise ihrer Literatur. Die Literatur der deutschen Schweiz im Zeitalter der geistigen Landesverteidigung, in: Charles Linsmayer/Andrea Pfeifer (Hg.), Erzählungen III (Frühling der Gegenwart. Der Schweizer Roman 1890-1950, Bd. 30), Zürich 1983, 436-493.

[53] Urs Altermatt, Katholizismus und Moderne. Zur Sozial- und Mentalitätsgeschichte der Schweizer Katholiken im 19. und 20. Jahrhundert, Freiburg Schweiz ^{2}1991, 343-390; Thomas M. Gauly, Katholiken. Machtanspruch und Machtverlust, Bonn-Berlin 1992, 181-225; Karel Dobbelaere und Liliane Voyé, Europäische Katholiken und die katholische Kirche nach dem Zweiten Vatikanischen Konzil, in: Kaufmann/Zingerle, Vatikanum II (wie Anm. 48), 209-232. - Vgl. auch: Carl Amery, Die Kapitulation oder Deutscher Katholizismus heute, Reinbek bei Hamburg 1963.

[54] Kurt Marti, Moderne Literatur, in: Kurt Marti/Kurt Lüthi/Kurt von Fischer, Moderne Literatur, Malerei und Musik. Drei Entwürfe zu einer Begegnung zwischen Glaube und Kunst, Zürich-Stuttgart 1963, 13-165; 155f. - Martis Feststellung war bereits zu Beginn der 50er Jahre in einem literaturkritischen Beitrag des *Hochland* angeklungen: "Hinter all diesen Büchern und Problemen steht die Frage, ob es in Europa und Amerika wieder möglich wird, religiöse Fragen auf hohem Niveau zu erörtern; ob der Christ in dieser Welt als ein Einheimischer gezeigt oder nur als Sonderling behandelt werden kann. Diese Fragen hängen mit unserem Leben zusammen. Sobald das Christentum eine wirkliche Macht ist, gelebt und gelitten wird, kann es auch, das lehren Greene, Waugh, Langgässer und Bernanos, Gegenstand wahrhaft künstlerischer Durchdringung sein. Wo es nur intellektuelles Spiel ist, wo es ein Stoff wie andere Stoffe für den Autor ist, da unterliegt es gleich einer übertriebenen Abwertung. Seine Themen sind so empfindlich und zugleich so anspruchsvoll, daß ihre Behandlung auf das Alles-oder-Nichts hinausläuft, auf die Frage Christi selber an die Welt". Curt Hohoff, Das religiöse Problem in der erzählenden Literatur, in: Hochland 42 (1949/50) 178-187; 187.

Der "Fall" Joseph Wittig (1879-1949)

Von Karl Hausberger

"Es war eine der aufregendsten Szenen des ganzen Konzils", schreibt Hubert Jedin in seinem *Lebensbericht*[1], als der fast erblindete Kölner Erzbischof Josef Kardinal Frings in der Generalkongregation vom 8. November 1963 "mit einer bisher unbekannten Schärfe"[2] an den Methoden des Hl. Offiziums Kritik übte und forderte, "daß jeder, der beim Offizium verklagt werde, die Möglichkeit haben müsse, sich zu verteidigen, daß auch der Ortsordinarius befragt werden müsse, was er über den betreffenden Geistlichen oder sein Buch zu sagen habe, und daß dem Angeklagten die Möglichkeit gegeben werde, seine Ansicht zu revidieren oder seine Handlungsweise zu korrigieren"[3]. Seine nur zehnminütige Rede hatte nach Frings eigenen Worten "einen ganz unerwarteten und beinahe unheimlichen Widerhall",[4] und ungeachtet des heftigen "Protestor", das Kardinal Ottaviani in die Konzilsaula rief, gab sie den Anstoß zur Umgestaltung der höchsten Glaubensbehörde und zur gänzlichen Abschaffung des römischen "Index der verbotenen Bücher" im Jahr 1966, der nach Herman H. Schwedt "vier Jahrhunderte lang eine der schärfsten Waffen des kirchlichen Lehramtes im Kampf gegen verschiedene Gegner oder in der Abwehr von Gefahren" darstellte[5].

I. Ein verfemter Vorläufer des Konzils?

Zweifelsohne hatte Kardinal Frings auch den "Fall" Joseph Wittig im Auge, als er sein Votum formulierte, galt dieser doch als einer der spektakulärsten Indizierungsfälle neueren Datums, der mit der Exkommunikation des Breslauer Universitätsprofessors für Patrologie 1926 seinen Höhepunkt erreichte[6]. "Heute", so urteilt Wittigs Landsmann Franz Scholz, "erscheint die

---

1 Hubert Jedin, Lebensbericht. Mit einem Dokumentenanhang hg. von Konrad Repgen (VKZG.Q 35), Mainz 1984, 212. - Zu Jedin: Konrad Repgen, Hubert Jedin (1900-1980), in: ZLB 7 (1994) 175-191, 301f.

2 So Joseph Ratzinger, Stimme des Vertrauens. Kardinal Josef Frings auf dem Zweiten Vaticanum, in: Norbert Trippen/Wilhelm Mogge (Hg.), Ortskirche im Dienst der Weltkirche. Das Erzbistum Köln seit seiner Wiedererrichtung im Jahre 1825 (FG f. die Kölner Kardinäle Erzbischof Joseph Höffner und Alt-Erzbischof Josef Frings), Köln 1976, 183-190; 190.

3 Für die Menschen bestellt. Erinnerungen des Alterzbischofs von Köln Josef Kardinal Frings, Köln 1973, 273. - Über Frings zuletzt: Norbert Trippen, Josef Kardinal Frings (1887-1978), in: ZLB 7 (1994) 143-160, 299f; ders., in: LThK³ IV 159.

4 Frings, Erinnerungen (wie Anm. 3), 274; siehe zur Reaktion auch Hubert Jedin, Kardinal Frings auf dem Zweiten Vatikanischen Konzil, in: Gabriel Adriányi (Hg.), FG f. Bernhard Stasiewski, Leverkusen-Bonn 1980, 7-16; 12f.

5 Herman H. Schwedt, Der römische Index der verbotenen Bücher, in: HJ 107 (1987) 296-314; 296.

6 Ein vollständiges Werkverzeichnis bietet Hans-Ludwig Abmeier, Verzeichnis der Veröffentlichungen von Joseph Wittig (+ 1949), in: ASKG 34 (1976) 93-122. - Nachfolgend wiederholt genannte Schriften Wittigs: Herrgottswissen von Wegrain und Straße. Geschichten von Webern, Zimmerleuten und Dorfjungen, Freiburg i. Br. 1922 (Gotha 1928); Die Erlösten, in: Hochland 19/2 (1922) 1-26; Meine "Erlösten" in Buße, Kampf und Wehr, Habelschwerdt 1923 (²1924, ³1925); Leben Jesu in Palästina, Schlesien und anderswo, 2 Bde., München 1925 (Gotha und Heilbronn 1926, ebd., 1929, Heilbronn 1958, Stuttgart 1966, Moers 1991);

Angelegenheit als verhältnismäßig harmlos. Wahrscheinlich würde man Wittig in unseren Tagen völlig unbehelligt gewähren lassen und ihn als einen Partner des innerkirchlichen Dialogs zu schätzen wissen. Doch er kam für seine Zeit zu früh und teilte das Schicksal solcher Männer. Er mußte Ächtung und gar Verbannung auf sich nehmen, weil sich bei ihm bereits Ansätze zeigten, die erst das letzte Konzil entfaltet hat"[7].

War Wittig also ein verfemter Vorläufer des Konzils? Der schon genannte Kirchenhistoriker Jedin, dem Wittig für etliche Jahre akademischer Lehrer war, gewichtet anders, was nicht heißen muß zutreffender: "Für uns war die Tragödie Wittig ein harter Schlag, denn wir hatten ihn geliebt; ich kann jedoch nicht sagen, daß ich durch sie in ernste Gewissenskonflikte geriet. Aber ich war glücklich, als ich nach dem Zweiten Weltkrieg die Nachricht erhielt, er sei zur Kirche zurückgekehrt. Als ich ihn dazu beglückwünschte, erhielt ich von ihm die Antwort: 'Von Rückkehr kann keine Rede sein, ich habe die Kirche nie verlassen.' Für ihn war die Kirche zeitlebens nur die Ecclesia Spiritualis, daß sie eben auch eine echte sichtbare und eine Rechtskirche ist und sein muß, hat er nie verstanden"[8].

Lassen wir, bevor wir uns dem Fall als solchem zuwenden, noch einen anderen Zeitzeugen zu Worte kommen, den Priesterdichter Peter Dörfler, der in seinem Nachruf auf Wittig schrieb: "Es war zu Anfang der zwanziger Jahre, als Joseph Wittig mit seinen ersten Büchern auftauchte und nicht nur ungewöhnlich rasch eine große Gemeinde gewann, sondern auf das lebhafteste diskutiert wurde. Er brachte 'Geschichten', Skizzen, aber alles, was er schrieb, sollte nicht Erzählung schlechthin sein, sondern es war befrachtet, und schwer befrachtet, mit den Absichten und Lehren eines religiösen Volkserziehers, ja eines Volkspredigers [...] Es gab junge Leute, die geradezu hochsprangen, weil sie in einem Wittigbuch ihr überkommenes Glaubensgut neu gedeutet fanden. Er strich nichts vom Glauben weg, aber er beleuchtete, was ihnen bisher im Schatten gelegen war"[9].

Genug der Zitate, die sich mühelos fortsetzen ließen und von denen ein jedes auf seine Weise auch dafür steht, daß sich Wittigs Werk weder in theologischer noch in schriftstellerischer Hinsicht auf einen eindeutigen Nenner bringen läßt. Wer Wittig mit dem Etikett eines frommen Volksdichters versieht, der treffliche Loblieder auf seine schlesische Heimat zu singen verstand, läuft Gefahr, den Theologen zu verkennen, dessen Theologie allerdings mehr bieten wollte als dogmatische Korrektheit, die vielmehr unter dem Postulat stand, die Menschen durch das Erzählen von Geschichten in das Mysterium des Glaubens hineinzuführen -

---

Eugen Rosenstock/Joseph Wittig, Das Alter der Kirche. Kapitel und Akten, I/II: Feier- und Jubeltag, Berlin 1927/28, III: Alltag. Die Akten und theologisch-kanonistische Gutachten zum Schrifttum Joseph Wittigs, ebd., 1927 [Rosenstock-Wittig]; Höregott, ein Buch vom Geiste und vom Glauben, Gotha 1929; Roman mit Gott. Tagebuchblätter der Anfechtung, Stuttgart 1950 (Reprint mit einem Vorwort von Eugen Drewermann und einem Nachwort von Horst-Klaus Hofmann, Moers 1990); Kraft in der Schwachheit. Briefe an Freunde, hg. von Gerhard Pachnicke, Moers 1993. - Mehrmals zitierte Abhandlungen über Wittig: Ludwig Wolf (Hg.), Joseph Wittig. Sein Leben, Wesen und Wirken, Habelschwerdt 1925; Fritz Schmidt-Clausing, Der Fall Wittig im Lichte des Zweiten Vatikanischen Konzils, in: Ref. 15 (1966) 461-476; Theoderich Kampmann/Rudolf Padberg (Hg.), Der Fall Josef Wittig fünfzig Jahre danach (SPK 25), Paderborn 1975; Joachim Köhler (Hg.), Joseph Wittig-Briefe, in: ASKG 37 (1979) 65-105 [Köhler, Wittig-Briefe]; ders. (Hg.), Joseph Wittig. Historiker - Theologe - Dichter (Silesia 27), München 1980 [Köhler, Wittig]; Helmut Tschöpe, Zwischen Argument und Sakrament. Die mystagogische Theologie Joseph Wittigs und ihre Bedeutung für Theologie, Kirche und Gottesdienst (EHS.T 490), Frankfurt a. M. u. a. 1993.

7 Franz Scholz, Die vergessene Sprache des Glaubens. Joseph Wittigs Ostergeschichte "Die Erlösten", in: Kampmann/Padberg, Wittig (wie Anm. 6), 9-17; 9.

8 Jedin, Lebensbericht (wie Anm. 1), 33.

9 Peter Dörfler, Joseph Wittig, in: Hochland 42 (1949/50) 198-200; 198. - Zu Peter Dörfler (1878-1955): Hans Pörnbacher, in: LThK[3] III 344f.

und zwar aus einer Erkenntnis heraus, die Wittig selbst umschrieben hat mit den Worten: "Die Theologen haben nur noch recht, das aber genügt nicht zum Leben"[10]. Von daher trifft Helmut Tschöpe wohl ins Schwarze, wenn er Wittigs Theologie mit ihren narrativen Strukturen und ihrem Impetus zu ganzheitlicher Glaubensvermittlung das Prädikat "mystagogisch" zuweist und sein literarisches Werk in Anspielung auf den Titel eines seiner bekanntesten Bücher "zwischen wissenschaftlicher Theologie und anderswo" ansiedelt, wie denn auch das nun zu skizzierende Leben Wittigs in "Zwischenräumen" verlaufen ist, "zwischen Amtskirche und Laien, zwischen Katheder und Armeleuteviertel, zwischen Leiden und der Gewißheit der Nähe Gottes"[11].

II. Berufung zum Gottesgelehrten und Dichter

Joseph Wittig wurde am 22. Januar 1879 zu Neusorge in der Grafschaft Glatz (Mittelschlesien) als sechstes Kind einer einfachen Handwerkerfamilie geboren. Ersten Lateinunterricht erhielt der begabte Bub bei Pfarrer Heinrich May[12] in Neugersdorf, ehe er im April 1893 die Aufnahmeprüfung für die Untertertia am St.-Matthias-Gymnasium in Breslau ablegte. Nach dem Abitur im Frühjahr 1899 widmete sich der Zwanzigjährige dem philosophisch-theologischen Studiengang an der Breslauer Universität, promovierte 1902 mit einer vom Kirchenhistoriker Max Sdralek[13] betreuten Arbeit über Papst Damasus I.[14] *summa cum laude* zum Doktor der Theologie und empfing am 22. Juni des darauffolgenden Jahres die Priesterweihe. Anschließend erhielt Wittig eine erste Anstellung als Kaplan im "Leineweberstädtchen" Lauban, ehe er 1904 zu weiterführenden Studien in Rom freigestellt wurde, wo er bis 1906 eine Kaplanstelle im Priesterkolleg am *Campo Santo Teutonico* innehatte und eine Schrift über die altchristlichen Skulpturen[15] dieser deutschen Nationalstiftung verfaßte. Obschon damals die Modernismuskampagne Pius' X. (1903-1914) ihrem Höhepunkt zuzutreiben begann, scheint ihn der zweijährige Studienaufenthalt im Schatten von St. Peter keineswegs in eine kritische Richtung gedrängt zu haben. Im Gegenteil! Sowohl in *Höregott* als auch in *Roman mit Gott*, den zwei am stärksten autobiographisch geprägten Büchern, versichert Wittig, daß ihm die beiden Jahre im deutschen Priesterkolleg "ein reiner, ungetrübter Himmel" waren,[16] weil er in dieser Zeit "das an Geist, Schönheit und Jugendlust reiche Leben eines jungen Gelehrten" leben konnte. Der Rektor des Kollegs, Prälat Anton de Waal[17], der übrigens als

---

[10] Wittig, Höregott (wie Anm. 6), 328.

[11] Tschöpe, Argument (wie Anm. 6), 5f.

[12] Heinrich May (1860-1942) weckte in Wittig den Priesterberuf, "ermöglichte ihm Schulbesuch und Studium" und war nachmals sein "ältester und bester Freund". Wittig, Kraft in der Schwachheit (wie Anm. 6), 178f; vgl. auch den Abschnitt "Der Pater May" bei Wittig, Roman mit Gott (wie Anm. 6), 34-41.

[13] Zu Max Sdralek (1855-1913): Karl Hausberger, in: BBKL IX 1264-1267.

[14] Joseph Wittig, Papst Damasus I. Quellenkritische Studien zu seiner Geschichte und Charakteristik (RQ.S 14), Freiburg-Rom 1902.

[15] Joseph Wittig, Die altchristlichen Skulpturen im Museum der deutschen Nationalstiftung am Campo Santo in Rom (RQ.S 15), Freiburg-Rom 1906.

[16] Wittig, Höregott (wie Anm. 6), 226; vgl. die eindrucksvolle Schilderung des "Campo Santo" ebd., 218-226.

[17] Zu de Waal: Erwin Gatz, Anton de Waal (1837-1917) und der Campo Santo Teutonico (RQ.S 38), Rom-Freiburg-Wien 1980.

erster die poetische Begabung des jungen Theologen erkannt hat,[18] wollte ihn unter Bestellung zum Vizerektor gerne "noch länger in Rom halten", aber Wittig "zog es mit Allgewalt nach der schlesischen Heimat"[19].

Da nach der Rückkunft der Plan seines Lehrers, ihn zu habilitieren und auf eine außerordentliche Professur zu bringen, an den "Intrigen einer dem Professor Sdralek feindlichen Partei" scheiterte,[20] kehrte Wittig für weitere drei Jahre in die Seelsorge zurück und war kurzzeitig Kaplan in Patschkau, dann ab März 1907 bei St. Maria auf dem Sande in Breslau. Die Gelegenheit zur Habilitation eröffnete sich ihm erst durch die Erkrankung Sdraleks und dessen ausdrücklichen Wunsch, daß Wittig ihn vertreten solle. Nach der Verleihung der *Venia legendi* am 3. November 1909 übernahm Wittig Sdraleks Hauptvorlesung vorerst als unbesoldeter Privatdozent. Im Sommer 1911 wurde er zum außerordentlichen Professor für Kirchengeschichte befördert, und mit Wirkung vom 1. Januar 1915 erfolgte seine Ernennung zum Ordinarius für Alte Kirchengeschichte, Patrologie und altchristliche Kunstgeschichte.

Als akademischer Lehrer war Wittig sehr beliebt[21] und als Wissenschaftler erwarb er sich bald Gelehrtenruhm durch die Neubearbeitung der Patrologie von Gerhard Rauschen[22]. Fromme Kirchenchristen konnten sich zudem erbauen an seinem Buch *Das Papsttum*, das mit reichem Bilderschmuck 1913 in Hamburg herauskam[23]. So hätte wohl niemand an dem früh verdienstvollen Mann Anstoß genommen, wäre da nicht ein aus anderen Quellgründen als nur aus der Wissenschaft lebender Wittig auf den Plan getreten: der tief im Boden des Volkstums verwurzelte Schriftsteller. Bereits 1914 erschien seine erste Geschichte *Der schwarze, der braune und der weiße König. Ein religiöses Erlebnis* in der Jugendzeitschrift *Heliand*,[24] der bis 1917 weitere folgen sollten,[25] allerdings in Bangnis um seinen Ruf als Gelehrter vorerst unter dem Pseudonym Dr. Johannes Strangfeld. 1922 kamen diese Geschichten zusammengefaßt und um neue Erzählungen bereichert unter Wittigs Namen als Buch mit dem Titel *Herrgottswissen von Wegrain und Straße* bei Herder in Freiburg heraus. Diesem dichterischen Erstlingswerk war ein ungewöhnlicher Erfolg beschieden, namentlich bei der katholischen Jugendbewegung, weil es weitab von einer papierenen Theologensprache vermittelte, was christliches Leben im Alltag bedeutet, und dabei selbst vor schwierigsten theologischen Fragestellungen nicht kapitulierte, wie vor allem die tiefgründige Plauderei über *Das Mysterium der menschlichen Handlungen und Geschehnisse*,[26] eine der Schlüsselerzählungen zu Wittigs Theologie, deutlich macht.

Nun stand für Wittig endgültig fest, daß sich sein Leben fortan zwischen Wissenschaft und Dichtung bewegen und daß der Ernst des theologisch verantwortlichen Redens von Gott zusammengehen sollte "mit dem poetischen Versuch, die Menschheit mit dieser Rede auch zu erreichen, ihr Leben weiter, ihr Leiden erträglicher zu machen, ohne jedoch in billige Ver-

---

[18] Vgl. Wittig, Höregott (wie Anm. 6), 226.

[19] Alle Zitate: Wittig, Roman mit Gott (wie Anm. 6), 46.

[20] Ebd., 47.

[21] Näheres bei Erich Kleineidam, Die katholisch-theologische Fakultät der Universität Breslau 1811-1945, Köln 1961, 100.

[22] Gerhard Rauschen, Grundriß der Patrologie mit besonderer Berücksichtigung des Lehrgehalts der Väterschriften, 6./7. Aufl., neu bearb. von Joseph Wittig, Freiburg i. Br. 1921; bei der 1926 erschienenen 8./9. Aufl. fehlt der Name des mittlerweile exkommunizierten Neubearbeiters im Buchtitel.

[23] Joseph Wittig, Das Papsttum. Seine weltgeschichtliche Entwicklung und Bedeutung in Wort und Bild dargestellt, Hamburg 1913.

[24] Heliand 6 (1914/15) 76-80.

[25] Siehe Abmeier, Verzeichnis (wie Anm. 6), 97f.

[26] Wittig, Herrgottswissen (wie Anm. 6), 180-222; zuerst erschienen in: Heliand 10 (1919/20) 161-186.

tröstung abzugleiten"[27]. Der sich nach dem Erscheinen von *Herrgottswissen* "merkwürdig schnell und weit" verbreitende Ruf, er sei "einer der besten Volksschriftsteller des religiösen Deutschland",[28] bestärkte Wittig in der Überzeugung, jetzt seine eigentliche Berufung in der Kirche und für die Kirche gefunden zu haben: "Da ich mich als Diener der katholischen Kirche fühlte und ihr wirklich mit meinem Besten dienen wollte, gedachte ich das Schönste zu schreiben, was man von einer Kirche schreiben kann, nämlich daß sie mit dem Schatz ihrer alten Lehren aus unserem Volke ein wahrhaft frommes und erlöstes Volk schaffen kann. Damals schrieb ich jene Aufsehen erregende Osterbotschaft 'Die Erlösten', die zu Ostern 1922 in der angesehensten Zeitschrift des katholischen Deutschland, im 'Hochland' des großen und edlen Reformators der katholischen Literatur, Carl Muth[29], erschien"[30].

Aber gerade diese "Osterbotschaft", niedergeschrieben in einer Hochstimmung ohnegleichen, sollte dem Breslauer Kirchenhistoriker zum Verhängnis werden, weil sie besonders deutlich hervortreten ließ, daß sein theologischer Denk- und Schreibstil erheblich abwich von der rationalistischen Art und Weise, in der die mit allen amtskirchlichen Weihen ausgestattete Neuscholastik ihre Lehrsatz- und Katechismuswahrheiten vortrug.

III. Wittigs Osterbotschaft *Die Erlösten*

Den Ausgangspunkt der Ostergeschichte bildet eine Frage, die Wittig seit seiner Kindheit beschäftigte und, wie er später als Seelsorger und namentlich als Beichtvater erfuhr, auch viele andere nicht zur Ruhe kommen ließ: Wie wirkt sich die unbezweifelbare Tatsache der Erlösung durch Christi Kreuzestod in meinem Leben aus? Wie werde ich selbst der Erlösung froh und beglückend inne? Und Wittig stellt solche Fragen vor dem Hintergrund der kirchlichen Bußpraxis, die ebenso seine Kritik erfährt wie das gängige Verständnis von Sünde, weil die beständige Angst vor der Beichte und der fortwährende quälende Kampf mit der Sünde die Lebenskräfte von Millionen Katholiken lähmten, anstatt sie zu beflügeln: "Der Katholik treibt sich sein Leben lang [...] in den Grenzgebieten des Reiches Gottes herum und fühlt sich stets von Strafen für Grenzüberschreitungen bedroht. Er hat gar keine Zeit, etwas nach der Mitte des Gottesreiches zu wandern, wo es eigentlich erst schön zu werden beginnt. Er muß fortwährend an der Grenze Grenzverletzungsprozesse mit seiner Seele, mit seinem Beichtva-

---

27 Tschöpe, Argument (wie Anm. 6), 15. - Wittig selbst schreibt über dieses sein "Turmerlebnis": "Da sprach der liebe Herrgott zu mir: 'Dort zwischen dem Professorenacker und der Dichterwiese ist noch ein Rand, da kannst du grasen gehen.' Ich habe mich, da ich es in der Sanftmut nicht bis zu dem Grade der Vollkommenheit brachte, erst ein wenig um den Professorenstuhl gerauft, bin aber dann an jenen Rand zwischen Wiese und Acker gegangen, habe dort Geschichten geschrieben, die halb Wissenschaft, halb Dichtung waren, und bin dabei in eine solche Freude geraten, daß ich meinen guten Teil am Besitz des Erdreiches habe." Wittig, Leben Jesu II, 49f.

28 Wittig, Roman mit Gott (wie Anm. 6), 49.

29 Zu Carl Muth (1867-1944) und seiner "Monatsschrift für alle Gebiete des Wissens, der Literatur und Kunst" zuletzt: Manfred Weitlauff, "Modernismus litterarius". Der "Katholische Literaturstreit", die Zeitschrift "Hochland" und die Enzyklika "Pascendi dominici gregis" Pius' X. vom 8. September 1907, in: BABKG 37 (1988) 97-175; Karl Hausberger, "Dolorosissimamente agitata nel mio cuore cattolico". Vatikanische Quellen zum "Fall" Handel-Mazzetti (1910) und zur Indizierung der Kulturzeitschrift "Hochland" (1911), in: Rudolf Zinnhobler u. a. (Hg.), Kirche in bewegter Zeit. Beiträge zur Geschichte der Kirche in der Reformation und des 20. Jahrhunderts (FS Maximilian Liebmann), Graz 1994, 189-220.

30 Wittig, Roman mit Gott (wie Anm. 6), 50.

ter, mit seinem Herrgott durchfechten"[31]. Freilich, nicht von Anfang an sei es um den Christenmenschen so bestellt gewesen, und für die gegenwärtige Situation trage die Schultheologie, die man den angehenden Priestern mit auf den Weg gebe, ein gerüttelt Maß an Verantwortung: "O ihr Dogmatiker, zeigt mir das erlöste Volk! [...] Könnet ihr eure Erlösungslehre nicht so verkünden, daß das katholische Volk wirklich sich von der Sünde erlöst fühlt [...] Seht doch noch einmal nach in den Schatzkammern unserer heiligen katholischen Kirche! Da ist gewiß noch manches vorhanden, was das Volk erfreuen kann. Da ist sicher eine wahre Erlösung. Manche von euch haben sich in der Tür verirrt und sind statt in die Schatzkammer vielmehr in die Folterkammer geraten"[32].

Im Anschluß an die solchermaßen gestellte Diagnose entwickelt Wittigs Ostergeschichte gleichsam als Therapie eine Reihe von Trostgedanken, die vom drückenden Joch der Sünde befreien und das Vertrauen auf das Erlöstsein in und durch Christus festigen wollen. Eine erste Überlegung versichert dem gläubigen Sünder für sein Versagen sofortige Vergebung gemäß der Verheißung des Herrn: "Wer glaubt, der hat das ewige Leben"[33]. Tröstlich sei es ferner zu wissen, daß nicht alles, was vor den Menschen wie Sünde aussieht, Schuld vor Gott ist, weil sich Schuld nicht vom Urteil des Milieus, sondern von der Gesinnung her bestimmt. Ins Zentrum stößt Wittigs Osterbotschaft sodann vor mit den Trostmotiven, daß wahrer Glaube Heilszuversicht schenke und daß jedem der Weg zu Gott offen stehe, der guten Willens ist: "Die Erlösung besteht darin, daß man guten Willen hat, nicht den heroisch starken Willen, sondern den einfachen, menschlich schlichten, aber auf Gott gerichteten guten Willen; alles andere tut die Gnade Gottes, die uns Christus als Gottes Sohn und unser Mitmensch verdient hat [...]"[34] Indem Wittig so das unübersichtliche, die Gefahr der Selbsterlösung in sich bergende Dickicht von Heilsbedingungen zerreißt und den Blick auf das Wesentliche, die liebende Hingabe an Gott, lenkt, wird ihm das augustinische "Ama, et fac quod vis!" wie von selber zu einer "vergessene[n] Sprache christlicher Tiefgläubigkeit",[35] und schließlich erhält auch die *felix culpa* des österlichen *Exsultet* beinahe eine Art Heilsfunktion: In seinem unermeßlichen Erbarmen füge es Gott, daß die Sünde, sobald man sie bereue, zur "seligen Schuld" werde: "Es führen viele Wege zu Gott, einer auch durch die Sünde, und das ist vielleicht gar der kürzeste"[36].

Bei näherer Beschäftigung entpuppt sich Wittigs Ostergeschichte als Konkretisierung und Vertiefung seiner schon zwei Jahre zuvor veröffentlichten Überlegungen über *Das Mysterium der menschlichen Handlungen und Geschehnisse*,[37] und hier wie dort bildet den theologischen Angelpunkt die seit dem Ausgang des 16. Jahrhunderts heftig umstrittene Lehre vom *Concursus divinus*, die Frage also nach dem Wie des Zusammenwirkens von göttlicher Mitursächlichkeit und geschöpflicher Willensfreiheit beim bewußten menschlichen Handeln, zumal beim "sündigen" Handeln. Seine Antwort auf diese Frage holt sich Wittig nicht in erster Linie aus dem Arsenal des gewaltigen Geisteskampfes zwischen den von den spanischen Theologen Domingo Bañez (1528-1604) und Luis de Molina (1535-1600) begründeten Systemen; als Patristiker findet er sie vielmehr bei den Kirchenvätern und hier zuvorderst bei Augustinus (354-430) und dessen Kampf gegen den Pelagianismus. Er habe diesen ersten großen Streit

---

[31] Wittig, Die Erlösten (wie Anm. 6), 7.
[32] Ebd., 9f.
[33] Ebd., 19f.
[34] Ebd., 12.
[35] Ebd., 19.
[36] Ebd., 15.
[37] Wie Anm. 26.

um den göttlichen und geschöpflichen Anteil beim Handeln des Menschen "mit vielem Fleiß" studiert,[38] schreibt er in der Ostergeschichte, und sei zu der Überzeugung gekommen, daß die menschlichen Handlungen und Geschehnisse "zum überwiegenden Teile Gotteswerk" sind, "auch jene, welche durch sündhafte Absicht des Menschen den Charakter der Sünde und des Verbrechens erlangen", und daß der Mensch bloß "den Charakter der Handlung" bestimmt[39].

Mit den Augen eines Neuscholastikers besehen, trat in Joseph Wittig ein Vertreter des "extremen Thomismus" auf den Plan, dessen mit betörender Freudigkeit herausgesungenes Osterlied der Liebenden wie eine Fanfare wirken mußte, viele zu hochgestimmter Freude mitreißend, nicht wenige auch zum Gegenstoß weckend, denn zweifelsohne nahm sich der Gesang dieses Troubadours in den Ohren von Molinisten, die "im Denken und Leben der Katholiken deutscher Zunge [...] seit Jahrzehnten in geradezu unbestrittenem 'Besitzstand'" waren, "wie ein Angriff auf 'ersessene' Rechte aus"[40]. Dabei bot Wittigs Osterbetrachtung, die er übrigens, wohl wissend, daß sie ein heißes Eisen anfaßte, vor der Veröffentlichung nach eventuellen Abweichungen von fachkundigen Theologen hatte überprüfen lassen,[41] in der Tat diverse Angriffsflächen. So, wenn sie betont, ohne Sünde gäbe es keine Erlösung, oder wenn sie in der bohrenden Frage nach der Erst- und Zweitursächlichkeit menschlicher Handlungen kontrapunktierend anstatt komplementär auf den göttlichen Part setzt und damit in die Nähe der "jansenistischen Häresie" gerät, welche "alles Menschenwirken im Sinne einer absoluten Prädestination notwendig von Gott verursacht" sein läßt[42]. Doch kann im Blick auf die bald einsetzende Kritik nicht nachdrücklich genug betont werden, daß es Wittig gar nicht um jene subtilen Fragen ging, wie sie die mit Distinktionen bewaffnete Theologie gleich welcher Schule traktierte. Er stand vielmehr an einem anderen Ufer, bei den einfachen Menschen, und wollte ihnen in der Sprache der ihm gegebenen volkstümlichen Poesie davon künden, "was das Evangelium wieder zu einer Frohbotschaft macht"[43].

Insofern ist dem Münchener Benediktiner Hugo Lang[44] vollauf zuzustimmen, wenn er dem Vorwurf, Wittig habe die kirchliche Forderung der *sana loquendi forma* verletzt, entgegenhält, man müsse "dem Dichter einige terminologische Freiheit zugestehen, der doch nicht hinter jedes seiner Worte in Klammern den entsprechenden lateinischen Fachausdruck und die Nummer der Denzingerschen Sammlung kirchlicher Lehrentscheidungen setzen" könne. Zu-

---

38 Wittig, Die Erlösten (wie Anm. 6), 12.

39 Ebd., 13.

40 Hugo Lang, Zur Theologie der "Erlösten", in: Wolf, Wittig (wie Anm. 6), 147-162; 154. - Siehe zum Ganzen auch: ders., Joseph Wittig, in: BenM 7 (1925) 259-276; Franz Scholz, Joseph Wittigs Ostergeschichte 1922 "Die Erlösten" heute betrachtet, in: SPJ 7-9 (1969) 108-130; ders., Das Geheimnis der menschlichen Handlungen in der Darstellung Joseph Wittigs (+ 1949), in: Sapienter ordinare. FG f. Erich Kleineidam (EThS 24), Leipzig 1969, 307-318.

41 Siehe hierzu die Briefe an Carl Muth Nr. 5-7 bei Wittig, Kraft in der Schwachheit (wie Anm. 6), 24-29; vgl. auch Wittig, Meine "Erlösten (wie Anm. 6), 68-70.

42 Otto Weiß, Der Modernismus in Deutschland. Ein Beitrag zur Theologiegeschichte, Regensburg 1995, 517. - Seine extrem thomistische Rollenverteilung in der Lehre vom *Concursus divinus* war Wittig nach eigenem Bekunden eine Art Erbstück vom Vater her. Dieser schlichte Handwerker sei immer vorbehaltlos "auf die Seite Gottes getreten". Ohne an der menschlichen Willensfreiheit zu zweifeln, habe er stetsfort auf das "Hätte ich doch" oder "Hättest Du doch" der Mutter geantwortet: "Das hat alles so kommen müssen." Und schalkhaft fährt Wittig fort: "Mein Vater war eben Thomist, meine Mutter Molinistin." Wittig, Herrgottswissen (wie Anm. 6), 196; vgl. auch Franz Scholz, "Das Geheimnis der menschlichen Handlungen" in der Darstellung Joseph Wittigs, in: Kampmann/Padberg, Wittig (wie Anm. 6), 62-72; 64.

43 Wittig, Die Erlösten (wie Anm. 6), 10.

44 Zu Hugo Lang (1892-1967), 1911 OSB, 1951 Abt von St. Bonifaz in München: Ina-Ulrike Paul, in: Karl Bosl (Hg.), Bosls Bayerische Biographie, Regensburg 1983, 462.

dem sei es nicht Wittigs Schuld, daß die Verwendung von Begriffen wie "Freiheit", "Gerechtigkeit" oder "Glaube" "nur zu leicht ein lutherisches 'Rüchlein'" mit sich führe, denn die Gegenreformation habe "eben leider kein sprachformendes Genie von der nachhaltigen Kraft Luthers aufgebracht". Und noch etwas anderes gibt Lang Wittigs Gegnern aus dem neuscholastischen Lager zu bedenken, nämlich daß "das eigentliche Quellgebiet seiner theologischen Auffassungen", auch und gerade "für die Begründung seines 'Thomismus'", weniger die Spätscholastiker vom Schlage eines Bañez sind, als vielmehr "die verwandten Anschauungen der Väter": "Wittig ist ebensoviel Dichter, als er Schlesier ist; er ist auch soviel Theologe, als er Patristiker ist"[45].

Aus alledem wird deutlich, wie sehr es Wittig drängte, mit seiner Ostergeschichte verschüttete Schätze christlichen Glaubens vom Staub der Jahrhunderte zu befreien und in neuem Licht erstrahlen zu lassen. Daß er dies nicht im Stil der theologischen Schulen tat, sondern seine Worte frei von aller systematisierenden Verkrustung und ohne Rücksicht auf getroffene Sprachregelungen sprudeln ließ, erklärt sowohl die begeisterte Zustimmung, die er erhielt, als auch das energische Veto, das ihm zuteil wurde. Dabei muß seine Art, die Zeitgenossen so lebens- und wirklichkeitsnah wie nur möglich anzusprechen, auch aus der Situation der nach dem Ersten Weltkrieg frei aufbrechenden katholischen Jugendbewegung verstanden werden. Sie fand bei ihrem Verlangen nach Unmittelbarkeit und Echtheit schnell zu Wittig, weil er ihre Anliegen existentiell vertrat und in der Sprache des persönlich Engagierten und zutiefst von Gott Berührten vortrug, um auf diese Weise die Werbetrommel für eine lebendige Kirche zu rühren. Im Zusammenhang damit will es mehr als ein bloßer Zufall erscheinen, daß der Aufsatz *Die Erlösten* in dem gleichen *Hochland*-Heft erschien, in dem Romano Guardinis vielzitiertes Wort vom *Erwachen der Kirche in den Seelen* steht[46]. Indes, Wittigs schlichte Gedanken sollten rasch auch andere Zeitgenossen wachrufen, die amtlichen Hüter des Glaubens, die auf ihren Bischofsstühlen und Lehrkanzeln fast ausschließlich der Neuscholastik verpflichtet waren und ihren Widerspruch gegen die als Provokation empfundene Ostergeschichte alsbald zum Vorwurf der Häresie verdichteten.

IV. Zwischen Zustimmung, Widerspruch und Verketzerung

Wie schon angedeutet, löste die Ostergeschichte eine explosionsartige Welle der Begeisterung aus, namentlich bei der katholischen Jugend. An die fünfzig Dankesschreiben von Priestern und Laien erhielt der Autor,[47] und selbst ein Prediger aus dem Jesuitenorden äußerte: "Das haben wir schon lange mit uns herumgetragen. Jetzt hat endlich einer den Mut gefunden, es zu sagen. Wenn dies Ärgernis ist, dann ist Ärgernis Pflicht"[48]. Aber es fehlte, wie gesagt, von Anfang an auch nicht an Kritik. Sie kam ausschließlich von Geistlichen und reichte vom "mitbrüderlichen" Rat, Wittig "soll lieber mehr studieren, als in Belletristik machen", bis hin zu der massiven Drohung, es sei "höchste Zeit" für ihn, "vom Lehrstuhl zu verschwinden", denn "die ganzen westdeutschen Bischöfe" seien gegen ihn aufgebracht, "und das Absetzung-

---

45 Lang, Theologie (wie Anm. 40), 160.

46 Romano Guardini, Das Erwachen der Kirche in der Seele, in: Hochland 19/2 (1922) 257-267.

47 Siehe Joseph Wittig, Meine Geschichte von den Erlösten. Eine Selbstverteidigung und Selbstkritik, in: Hochland 19/2 (1922) 585-597; 590-593.

48 Wittig an Kardinal Bertram, 20. April 1922 (Rosenstock-Wittig III, 5).

stelegramm aus Rom müsse nur irgendwo hängen geblieben sein"[49]. Der erste öffentliche Angriff erfolgte sodann im Aprilheft des *Gral* durch den Jesuiten Friedrich Muckermann[50]. Er tat dies im Gewande einer Rezension des vom Laientheologen Ernst Michel verantworteten Sammelbandes *Kirche und Wirklichkeit*[51], für den Wittig zwei Beiträge beigesteuert hatte, die zuvor schon beide unbeanstandet in den katholischen Sonderheften der evangelischen Zeitschrift *Die Tat* erschienen waren,[52] darunter die Abhandlung *Kirche als Auswirkung und Selbstverwirklichung der christlichen Seele*. Muckermann bescheinigte ihrem Verfasser nicht nur eine "starke Anlehnung an bekannte französische Aktivisten" und deren "Einseitigkeiten", sondern sprach auch von dogmatischen "Gewagtheiten", ja "Irrtümern", "die dem Bereich des Protestantismus angehören"[53]. Als ihn Wittig daraufhin aufforderte, diese Irrtümer "unter genauer Bezeichnung der verletzten kirchlichen Glaubenssätze" zu benennen, erhielt er zur Antwort, sein ekklesiologischer Beitrag sei gar nicht gemeint gewesen, vielmehr die Ostergeschichte mit ihrer Schmälerung der menschlichen Freiheit[54].

Daß der zuständige Fürstbischof von Breslau, Adolf Kardinal Bertram[55], in dem so sich anbahnenden "Fall" zumindest anfänglich zurückhaltend agierte, kann nicht überraschen, weil er von Wittigs literarischem Schaffen durchaus angetan war. Nicht nur der Neubearbeitung von Rauschens Patrologie, sondern auch dem poetischen Erstlingswerk *Herrgottswissen* hatte er hohes Lob gezollt[56]. Und als dann der Pfarrer Hauptfleisch von St. Bonifaz in Breslau gleich nach dem Erscheinen der Ostergeschichte "in sehr scharfer Weise" Einspruch bei ihm einlegte, riet er Wittig in einem milde gehaltenen Brief "zu größerer Vorsicht", meinte auch, der Beschwerdeführer habe die Intention des Beitrags "nicht in allem ganz richtig verstanden", gab aber zugleich der Überzeugung Ausdruck, daß er selbst die darin gezeichnete Sünden- und Beichtangst als eine "Karikatur" oder doch als unzulässige Verallgemeinerung er-

---

49 Wittig an Muth, Christi Himmelfahrt 1922 (Wittig, Kraft in der Schwachheit [wie Anm. 6], 33).

50 Zu Muckermann: Hubert Gruber, Friedrich Muckermann S.J., 1883-1946. Ein katholischer Publizist in der Auseinandersetzung mit dem Zeitgeist (VKZG.F 61), Mainz 1993.

51 Ernst Michel (Hg.), Kirche und Wirklichkeit. Ein Zeitbuch, Jena 1923 (hier 21-23 bzw. 189-210 Wittigs Beiträge "Das allgemeine Priestertum" und "Die Kirche als Auswirkung und Selbstverwirklichung der christlichen Seele"). - Zu Michel: Weiß, Modernismus (wie Anm. 42), 527-542; Arnulf Groß/Josef Hainz/Franz Josef Klehr/Christoph Michel (Hg.), Weltverantwortung des Christen. Zum Gedenken an Ernst Michel (1889-1964), Frankfurt a. M. u. a. 1996.

52 Joseph Wittig, Die Kirche als Auswirkung und Selbstverwirklichung der christlichen Seele, in: Die Tat 14 (1922/23) 13-33; ders., Das allgemeine Priestertum, in: ebd., 15 (1923/24) 42-60.

53 Friedrich Muckermann, Auf der Gralwarte, in: Der Gral 16 (1922) 364f; 364.

54 Vgl. Wittig, Meine "Erlösten (wie Anm. 6), 79f. - Gegenüber Muth äußerte Wittig diesbezüglich am 6. Juni 1922: "Ich quäle gegenwärtig den Fr. Muckermann vom Gral mit der Forderung, mir die dogmatischen Irrtümer, deren er mich als erster öffentlich zu zeihen gewagt, namentlich zu nennen. Der Kerl geht um diese Forderung herum wie die Katze um den heißen Brei. Aber er muß daran, ich lasse nicht locker und begnüge mich nicht mit konzilianten Redensarten." (Wittig, Kraft in der Schwachheit [wie Anm. 6], 35f). - Nach Muckermann löste Wittigs Gegenwehr "eine unerfreuliche Polemik" aus, in deren Verlauf sich der Angegriffene "nicht sehr vornehm in seiner Art", ja "sehr persönlich, gehässig sogar", gezeigt habe. Friedrich Mukkermann, Im Kampf zwischen zwei Epochen. Lebenserinnerungen, bearb. u. eingel. von Nikolaus Junk (VKZG.Q 15), Mainz 1973, 212.

55 Zu Adolf Bertram (1859-1945), 1905-1914 Bischof von Hildesheim, 1914-1945 Fürstbischof bzw. Erzbischof von Breslau, 1919 Kardinal: Bernhard Stasiewski (Hg.), Adolf Kardinal Bertram. Sein Leben und Wirken auf dem Hintergrund der Geschichte seiner Zeit, Köln-Weimar-Wien 1992; Erwin Gatz, in: LThK[3] II 294f.

56 Siehe Rostenstock-Wittig III, 3f.

achte[57]. Wittig antwortete in aller Ehrerbietung, aber mit der ihm eigenen Direktheit: Durch fünfzehnjährigen, sehr vertrauten Umgang mit der studentischen Jugend glaube er, "befähigt zu sein, Karikatur und Wirklichkeit zu unterscheiden"; auch die zahlreichen Zuschriften bewiesen ihm die tatsächlich vorhandene Not, und im übrigen sei ihm die Angelegenheit "viel zu heilig, um aus ihr eine Karikatur zu machen"[58]. Nun ersuchte ihn der Kardinal, auf die im Dezember des Vorjahres übernommene Leitung der akademischen "Congregatio Mariana" zu verzichten, worauf Wittig das Amt unverzüglich niederlegte. Eine Woche später, am 1. Mai 1922, setzte Bertram gleichwohl die Breslauer Seelsorger und auch Fakultätskollegen Wittigs per Rundschreiben von diesen Maßregeln in Kenntnis, sein Vorgehen damit begründend, daß Wittigs "Entgleisung in voller Öffentlichkeit und weit über die Diözesangrenzen hinaus ernstesten Widerspruch" hervorgerufen habe[59]. Wittig reagierte mit der Übersendung eines Bündels von anonymisierten Zuschriften katholischer Priester und Laien und ließ seinerseits unverhohlen, daß er diese und andere Urteile veröffentlichen werde, "wenn unter Berufung auf die Stellungnahme Ew. Eminenz die Lieblosigkeit und Verketzerungssucht des Klerus noch weiter wächst"[60].

Wenn sich von jetzt ab das Verhältnis zur oberhirtlichen Behörde mehr und mehr abkühlte, so hatte einen erheblichen Anteil daran Wittig selbst, dem sogar ein enger Freund wie Viktor von Weizsäcker einen "ungemein bockbeinigen Charakter" bescheinigt, jedoch nicht ohne im gleichen Atemzug dem Breslauer Kardinal für den weiteren Gang der Dinge als "Kardinalfehler" anzukreiden, "daß er niemals mit Wittig sprach"[61]. Letzteres wurde erstmals Anfang Juni 1922 deutlich, als Bertram sich einer Mittelsperson, des Dompropsts und Fakultätsdekans Johannes Nikel, bediente, um Wittig das Mißtrauen gegen seine "religiös-pädagogische Betätigung" zu bekunden und ihn aufzufordern, sowohl "das Amt als Universitätsprediger freiwillig niederzulegen" als auch Selbstkritik dergestalt zu üben, daß er sich in der Ostergeschichte "in der Form vergriffen" und es ihm ferngelegen habe, "den Wert der kirchlichen Bußdisziplin oder die Autorität des kirchlichen Lehramtes anzugreifen"[62]. Nach intensivem Gedankenaustausch mit Nikel und dessen Versicherung, der Kardinal wolle nur deshalb eine schriftliche Erklärung in Händen haben, um ihn schützen zu können,[63] gab Wittig am 16. Juni "von Herzen gern und ganz aufrichtig und ohne Einschränkung" die gewünschte Deklaration bezüglich Inhalt und Form seiner "Erlösten" ab und fügte noch hinzu, daß er bereit sei, "jeden katholischen Glaubenssatz zu unterschreiben und jeden nachweisbar irrigen Satz zu verwerfen"[64]. Und obschon er hierauf keine Antwort erhielt, übte er dann auch noch öffentliche Selbstkritik oder, besser gesagt, Selbstverteidigung im Augustheft des *Hochland*, indem er

---

57 Bertram an Wittig, 18. April 1922 (Rosenstock-Wittig III, 4f). - Daß der in Bertrams Brief nicht genannte Beschwerdeführer Hauptfleisch war, erwähnt Heinrich Förster, Lebensbild, in: Wolf, Wittig (wie Anm. 6), 7-61; 56.

58 Wittig an Bertram, 20. April 1922 (Rosenstock-Wittig III, 5f).

59 Amtliches Zirkular, 1. Mai 1922 (Rosenstock-Wittig III, 6f).

60 Wittig an Bertram, 16. Mai 1922 (Rosenstock-Wittig III, 7).

61 Viktor von Weizsäcker, Begegnungen und Entscheidungen, Stuttgart 1949, 28. - Zum Arzt und Philosophen Viktor von Weizsäcker (1886-1957): Martin Wein, Die Weizsäckers. Geschichte einer deutschen Familie, Stuttgart 1988, 341-410.

62 Nikel an Wittig, 6. Juni 1922 (Rosenstock-Wittig III, 7f). - Zum Alttestamentler Johannes Nikel (1863-1924): Kleineidam, Fakultät (wie Anm. 21), 143f.

63 Korrespondenz zwischen Wittig und Nikel, 8.-16. Juni 1922 (Rosenstock-Wittig III, 8-13).

64 Wittig an Bertram, 16. Juni 1922 (Rosenstock-Wittig III, 13f).

ohne Abstriche an der Substanz der Ostergeschichte Mißverständnisse aus dem Weg zu räumen suchte[65].

Die Hoffnung des Breslauer Patrologen, damit die Wogen definitiv geglättet zu haben, sollte jedoch trügen. Vielmehr erwies sich die vorerst eingekehrte Ruhe als die sprichwörtliche "Ruhe vor dem Sturm", als im Spätjahr 1922 in der Person des Churer Dogmatikers Anton Gisler ein sattsam bekannter "Modernistengeisttöter"[66] auf den Plan trat, der, so Wittig, "den traurigen Beruf in sich spürt[e], auf jede Wendung eines Schriftstellers zu achten, die irgendwie häretisch gedeutet werden könnte"[67]. Gisler stellte in der *Schweizerischen Rundschau* mit "bündnerischer Bündigkeit"[68] die Frage *Luther redivivus?*, suchte sodann auf wenigen Druckseiten den Nachweis zu führen, "daß Herrn [!] Wittigs Ideen ebenso wesentlich im Widerspruch stehen mit dem Evangelium als im Einklang mit der Rechtfertigungslehre Luthers", spürte danach in Wittigs Ostergeschichte noch eine Reihe anderer "Irrtümer und Schiefheiten" auf und schloß mit der Feststellung: "Wir bedauern, daß einen solchen Artikel ein katholischer Professor schrieb, und eine katholische Zeitschrift vom Range des 'Hochland' aufnahm. Gedeihlich für Kirche und Welt sind nicht bequeme und vergnügte Dogmen, sondern stahlfeste katholische Wahrheit"[69].

Es sollte Wittig keinen Vorteil bringen, daß er in Reaktion auf Gislers Angriff seine arg befehdete Geschichte noch einmal vorlegte und ihr alles beifügte, was er zu seiner Verteidigung sagen konnte. Denn durch diese Apologie mit dem Titel *Meine 'Erlösten' in Buße, Kampf und Wehr* sah sich der Glaubenswächter am Churer Priesterseminar herausgefordert, Wittigs Theologie vor dem großen Leserkreis der Wochenschrift *Das Neue Reich* jetzt um so erbarmungsloser auf ihre Rechtgläubigkeit zu sezieren[70]. Bleibt noch hinzuzufügen, daß zwischenzeitlich auch einige andere Neuscholastiker gegen Wittig Einspruch erhoben hatten, mit besonderem Nachdruck sein schlesischer Landsmann Erich Przywara aus dem Jesuitenorden. Zwar tue es ihm "aufrichtig leid um dieses köstlich sprudelnde Dichtertalent", schrieb Przywara in den *Stimmen der Zeit*, doch könne er nicht umhin, Wittig neben einem "fast fatalistischen Prädestinationsethos" immanentistische Tendenzen in Sachen des Glaubens zu bescheinigen, wodurch er Gefahr laufe, einen der beiden unverzichtbaren Pole im Mysterium des "Gott in uns und Gott über uns" durch die Verabsolutierung des anderen aufzulösen[71].

Bereits wenige Wochen nach dem Erscheinen von Gislers *Luther redivivus?* hatte der Breslauer Kardinal in der Mutmaßung, daß dieser Artikel "beim Heiligen Stuhle wahrscheinlich sehr ernste Erwägungen hervorrufen" werde, Wittig durch den Dekan auffordern lassen, er solle seine Ostergeschichte "in einer unzweideutigen Erklärung" öffentlich bedauern und zugleich "seine volle Unterwerfung unter der Lehre der heiligen katholischen Kirche" bekun-

---

65 Wie Anm. 47.

66 Wittig, Höregott (wie Anm. 6), 91. - Zu Anton Gisler (1863-1922): Erwin Gatz, in: ders., Die Bischöfe der deutschsprachigen Länder 1785/1803 bis 1945, Berlin 1983, 248f. - Näheres zum Folgenden bei Albert Gasser, Die Kontroverse Anton Gisler/Joseph Wittig im Jahr 1922, in: ZSKG 85 (1991) 107-117.

67 Wittig, Meine "Erlösten (wie Anm. 6), 12.

68 So trefflich Lang, Theologie (wie Anm. 40), 156, wobei sich diese Formulierung auf das Wirkungsfeld, nicht auf die Herkunft bezieht, denn Gisler war kein gebürtiger Graubündner, sondern stammte aus Bürglen im Kanton Uri.

69 Anton Gisler, Luther redivivus?, in: SchwRd 22 (1922) 161-180; 167, 180.

70 Anton Gisler, Probleme der christlichen Erlösungslehre, in: Das Neue Reich 6 (1923/24) 555-557, 575-577, 697-701, 813-816.

71 Erich Przywara, Gott in uns oder Gott über uns? Immanenz und Transzendenz im heutigen Geistesleben, in: StZ 105 (1923) 343-362; 359-362; vgl. auch Weiß, Modernismus (wie Anm. 42), 523-525. - Zu Przywara (1889-1972): Erich Naab, in: BBKL VII 1014-1017.

den[72]. In der anschließenden Unterredung mit Nikel machte Wittig zunächst vor allem seiner Verärgerung über den Ausdruck "unzweideutig" Luft und schrieb ihm dann zurück, daß es ihm "auf ein bissel Bedauern nicht ankäme", doch müsse man ihm hierfür "einen geeigneteren Stoff bieten", denn er könne nicht bedauern, "was mich erfreut und seit einiger Zeit sogar vergnügt"[73]. Daraufhin gab sich Bertram mit einer neuen Erklärung folgenden Wortlauts zufrieden: "Mit den von Dr. A. Gisler angegriffenen Sätzen meines 'Hochland'-Aufsatzes 'Die Erlösten' habe ich nichts anderes sagen wollen, als was die katholische Dogmatik in ihrer Lehre vom Concursus divinus und von der rechtfertigenden Kraft der Fides formata sagt. Wenn dies nicht so klar zum Ausdruck gekommen ist, wie es die Kirche wünscht, so bedaure ich es. Daß einige meine Absichten mißverstanden haben, findet seinen Grund darin, daß der Artikel nicht eine erschöpfende wissenschaftliche Abhandlung, sondern eine auf Stimmungs- und Auffassungsbilder ausgehende Zeichnung sein sollte, weil so weiteren Kreisen leichter seelsorglich nahezukommen war. Ich bin und bleibe katholisch"[74].

Da ungeachtet dieser neuerlichen Beteuerungen der von Gisler losgetretene Häresievorwurf weitere Kreise zog, dauerte auch das Mißtrauen an der Breslauer Kurie fort. Bertrams Hirtenbrief zur Fastenzeit 1923 wurde allgemein als gegen Wittigs Ostergeschichte gerichtet aufgefaßt, und im Herbst des Jahres erklärte der Kardinal den Veranstaltern der Neißer Hochschulwoche, daß er das Protektorat nur dann übernehme, wenn Wittig als Referent ausgeschlossen werde[75]. Kurz darauf erfolgte die erste Intervention des Hl. Stuhls. Mit Schreiben vom 17. Oktober 1923 ließ der Kardinalstaatssekretär Gasparri[76] dem Breslauer Kirchenhistoriker durch Bertram *una grave ammonizione* erteilen, weil er das Buch *Kirche und Wirklichkeit* entgegen can. 1386 CIC ohne kirchliche Druckerlaubnis in einem protestantischen Verlag ediert habe. Unverzüglich sprach Bertram diese "ernste Mahnung" aus, obwohl sie auf einem Irrtum beruhte, da der beanstandete Sammelband nicht von Wittig, sondern von Ernst Michel herausgegeben worden war, was "dem hohen Amte schon ein Blick auf das Titelblatt hätte sagen können", wie Wittig in seiner Gegenvorstellung sarkastisch bemerkte. Eine förmliche Zurücknahme des Verweises erfolgte gleichwohl nicht, und auch die über Bertram an das päpstliche Staatssekretariat adressierte Berichtigung Wittigs blieb ohne Antwort[77].

Daß sich seit geraumer Zeit nicht allein der Breslauer Oberhirte, sondern die überwiegende Mehrheit der deutschen Bischöfe von Wittig wie von einem Aussätzigen fernhielt, machen Vorgänge augenscheinlich, der hier nur angedeutet werden können[78]. Gemeint sind die unsäglichen Schwierigkeiten, welche man der Drucklegung des *Leben-Jesu*-Buches bereitete, das bereits im März 1922 begonnen wurde, aber wegen wiederholter Verweigerung des Imprimatur durch die zuständigen Ordinariate erst zwei Jahre später erscheinen konnte. Zuletzt stand der Verlag Kösel & Pustet vor der Alternative, das fertiggedruckte Werk entweder einzustampfen oder in der Sparte der "schöngeistigen" Literatur herauszubringen, für die eine

---

72 Bertram an Nikel, 8. Febr. 1923 (Rosenstock-Wittig III, 15f).

73 Aus einem undatierten Brief Wittigs an Nikel (Rosenstock-Wittig III, 16).

74 Wittig an Bertram, 21. Febr. 1923 (Rosenstock-Wittig III, 17).

75 So Wittig an Bertram, 25. Jan. 1925 (Rosenstock-Wittig III, 76); vgl. auch Förster, Lebensbild (wie Anm. 57), 58.

76 Zu Pietro Gasparri (1852-1934), 1914-1930 Kardinalstaatssekretär: Remigius Bäumer, in: LThK[3] IV 297.

77 Siehe zum Ganzen den Abschnitt "III. Die 'grave ammonizione' des Kardinalstaatssekretärs" bei Rosenstock-Wittig III, 18-22. - Daß Bertram Wittigs Richtigstellung tatsächlich an den Hl. Stuhl weitergeleitet hat, und zwar ohne Stellungnahme seinerseits, erfuhr Wittig erst aus einem Brief des Kardinals vom 9. Febr. 1925 (Rosenstock-Wittig III, 83-85; 84).

78 Näheres zu diesen Vorgängen bei Rosenstock-Wittig III, 22-50; vgl. auch Förster, Lebensbild (wie Anm. 57), 53-59.

kirchliche Genehmigung gewohnheitsrechtlich nicht erforderlich war. Er entschloß sich zu letzterem und lieferte das *Leben Jesu* Anfang Februar 1925 aus. Binnen sechs Wochen habe sich die erste Auflage von 4000 Exemplaren verkauft, konnte Wittig seinem Freund Muth am 13. März mitteilen, gestand ihm aber zugleich ein, daß bei ihm echte Freude darüber nicht aufkommen wolle. Denn in den zurückliegenden Monaten habe er erneut einen unerquicklichen Schriftwechsel mit Kardinal Bertram führen müssen, und die Zukunftsaussichten seien alles andere denn rosig: "Ich selbst bin nun richtig müde von Arbeit und Kampf, höre von weitem, daß in Rom ein Verfahren gegen mich schwebt wegen der Aufsätze über Kirche und Seele und über das Allgemeine Priestertum, merke auch, wie man mein sittliches Wohlverhalten prüft, besonders mein[en] Verkehr mit Personen des anderen Geschlechts umspioniert [...]"[79].

V. Indizierung, Emeritierung und Exkommunikation

Die erwähnte Korrespondenz mit Bertram wurde dadurch veranlaßt, daß dieser, offenbar um römischen Maßnahmen zuvorzukommen,[80] den Freiburger Dogmatiker Engelbert Krebs[81] um ein Gutachten über Wittig gebeten hatte. Krebs, den Wittig selbst in seinem von Emotionen überquellenden Buch *Höregott* als "einen im Glanz der christlichen Liebe wie der wissenschaftlichen Ausrüstung glänzenden Heerführer des wissenschaftlich-theologischen Geistes" würdigte,[82] erschien dem Kardinal hierfür nicht zuletzt deshalb prädestiniert, weil sein im Sommer 1924 erschienenes Buch *Die Kirche und das neue Europa*[83] auf weiten Strecken eine Auseinandersetzung mit Wittig war. In dem Anfang Dezember erstellten Gutachten[84] konstatierte der Freiburger Theologe "unter reichlichem Gebrauch von Denzingers Enchiridion"[85] drei "Hauptirrtümer oder mindestens Mißverständlichkeiten im religiösen Schrifttum Wittigs", nämlich seine Auffassung von der menschlichen Freiheit, sein Verständnis von Rechtfertigung und Sünde sowie seinen nur eine indirekte Gründung der Kirche durch Christus implizierenden und ihre juridische Gestalt schmälernden Kirchenbegriff. Im zweiten Teil des Gutachtens unterbreitete Krebs dem Kardinal Formulierungsvorschläge für eine Wittig abzuverlangende Deklaration, die gipfelten in der Empfehlung, "Professor Wittig möge seinem Ordinarius erklären, daß er die tatsächlich bestehende Verwirrung als solche anerkenne,

---

79 Wittig an Muth, 13. März 1925 (Wittig, Kraft in der Schwachheit [wie Anm. 6], 73f; 74).

80 Spätestens hier muß angemerkt werden, daß die Quellen des Vatikans (Archive des päpstlichen Staatssekretariates und des Sanctum Officium) zum "Fall" Wittig der Forschung noch nicht zugänglich sind. Sobald dies gegeben ist, beabsichtige ich, sie im Verein mit den einschlägigen Akten im Archiv des Erzbistums Breslau, die für vorliegenden Beitrag nicht eingesehen wurden, auszuwerten und zu veröffentlichen.

81 Zu Engelbert Krebs (1881-1950): Hubert Schiel, Briefe Freiburger Theologen an Franz Xaver Kraus. Ein Beitrag zur Geschichte der Freiburger Theologischen Fakultät, in: FDA 97 (1977) 279-379, 99 (1979) 376-498, 101 (1981) 140-230; 99 (1979) 473-481.

82 Wittig, Höregott (wie Anm. 6), 91.

83 Engelbert Krebs, Die Kirche und das neue Europa, Freiburg i. Br. 1924.

84 "Gutachten vom dogmatischen Standpunkt aus auf Anfrage Sr. Eminenz des Herrn Kardinal von Breslau, erstattet von Engelbert Krebs, Prof. d. kath. Dogmatik", Freiburg, 3. Dez. 1924 (Rosenstock-Wittig III, 53-73).

85 So Wittig, Höregott (wie Anm. 6), 92.

wenngleich er sie nicht bewußt angerichtet habe, sondern sie nur durch Mißverständnisse seiner Worte entstanden glaubt"[86].

Von Bertram hierzu mit Schreiben vom 14. Januar 1925 aufgefordert,[87] listete Wittig in seiner Antwort zunächst alle seit April 1922 getroffenen kirchenamtlichen Maßregeln wider ihn auf, beteuerte danach, daß er "im schärfsten Gegensatz zum Modernismus" stehe und die Menschen nichts anderes lehren wolle, als daß sie wieder glauben, um schließlich unter Bezugnahme auf die Krebsschen Beanstandungen seine Orthodoxie zu bekennen. Dabei hielt er sich keineswegs streng an die Formulierungen des Gutachters, setzte sich vielmehr in einigen das Kirchenverständnis betreffenden Punkten deutlich von ihnen ab, so wenn er betonte, "daß Christus die Kirche nicht begründet hat, wie man einen Verein begründet, sondern vielmehr so, wie eine Mutter das Dasein ihres Kindes begründet, und noch in viel tieferem Sinne". Oder wenn er schrieb: "Ich anerkenne die Unfehlbarkeit des päpstlichen Lehramtes in den Grenzen, die das Vaticanum gesetzt hat. Aber ich halte die Ausübung dieses Lehramtes 'durch die von den Päpsten gesandten Priester und Lehrer' keineswegs für unfehlbar. Auch verweigere ich die Unterschrift des Satzes, daß nie eine Wahrheit oder eine Einrichtung im Verlauf der Zeit in den Hintergrund getreten ist und dann von einem Prediger oder Schriftsteller wieder wie eine neue und wahrhaft erlösende aus dem alten Glaubensschatz der Kirche hervorgehoben werden konnte"[88].

Angesichts solch dezidierter Äußerungen muß es mehr als überraschen, daß sich der Breslauer Oberhirte mit dieser Erklärung zufrieden gab. Er wertete sie als blanke Unterwerfung unter das kirchliche Lehramt und schrieb Wittig zurück, daß er an der Ehrlichkeit seiner Erklärung ebensowenig einen Zweifel hege wie an der pastoralen Intention seiner Schriften[89]. Damit verdient Bertrams wiederholte Versicherung, die eingeforderten Orthodoxiebeteuerungen dienten lediglich Wittigs Schutz, durchaus Glaubwürdigkeit. Nur ließ sich das Damoklesschwert der Indizierung mit einer Erklärung, wie sie zuletzt vorgelegt wurde, beim besten Willen nicht abwenden. Und auch Wittigs Ansicht, "es genüge ein ehrlicher Bericht aus befreundeter Feder",[90] um das Eingreifen Roms zu verhindern, erwies sich als falsch. Denn offenbar stand das dort anhängige Verfahren schon kurz vor dem Abschluß, als sich im Frühjahr 1925 einige profilierte Männer des katholischen Geisteslebens, dazu eine Vertreterin der "neuen Jugend", Wittigs spätere Frau Bianca Geisler, zusammentaten, um unter je verschiedenem Blickwinkel öffentliche Bekenntnisse zu Wittig abzulegen, die einer seiner Verleger als Buch herausbrachte[91]. Das Inhaltsverzeichnis des Sammelbandes trug dann nicht von ungefähr den Vermerk: "Sämtliche Beiträge wurden vor dem 1. August 1925 verfaßt." Wenige Tage vor diesem Stichdatum hatte nämlich den, von dessen *Leben, Wesen und Wirken* sie handelten, die römische Inquisition eingeholt.

In der Generalkongregation vom 22. Juli 1925 setzte das *Sanctum Officium* je drei Aufsätze und Bücher Wittigs auf den Index, nämlich seine Ostererzählung, die beiden Beiträge in Michels Sammelband sowie die Werke *Herrgottswissen*, *Meine 'Erlösten'* und *Leben Jesu*. Das Dekret vom 29. Juli beschuldigte Wittig, daß seine darin enthaltenen Irrtümer "die göttlich-katholische Lehre von Grund aus" zerstörten, und forderte ihn auf, erneut die tridentinische *Professio fidei* und den Antimodernisteneid abzulegen. Wittig, der hiervon am 3. August

---

86 Rosenstock-Wittig III, 71.
87 Bertram an Wittig, 14. Jan. 1925 (Rosenstock-Wittig III, 50-52).
88 Wittig an Bertram, 25. Jan. 1925 (Rosenstock-Wittig III, 74-82; 81f).
89 Bertram an Wittig, 9. Febr. 1925 (Rosenstock-Wittig III, 83-85).
90 Wittig, Höregott (wie Anm. 6), 59.
91 Wolf, Wittig (wie Anm. 6).

durch Bertram benachrichtigt wurde mit der Maßgabe, die genannte Auflage bis zum 15. Oktober vor dem Breslauer Generalvikar zu erfüllen,[92] nutzte die folgenden Wochen der Semesterferien zur Beratung "mit einer Anzahl geistlicher und weltlicher Freunde in Bayern und Schlesien", ehe er dem Kardinal am 4. Oktober antwortete, er verlange von Rom "zum mindesten das, was jedem Verbrecher zugestanden wird: Genaue Angabe der Gründe und Ermöglichung der Verbesserung". Das Vorgehen des Hl. Offiziums müsse er als "unsittlich" brandmarken, weil ihm die Indizierung "schon in den ersten zwei Monaten schweren moralischen und materiellen Schaden gebracht" habe. Auch hege er berechtigte Zweifel an der "Gewissenhaftigkeit" dieser Behörde, da er von ihr im Herbst 1923 irrtümlich wegen der Herausgabe eines Buches diszipliniert worden sei, von dem sie "nicht einmal die Titelseite kannte". Besonders schmerze ihn die eine "krasse Unwahrheit" darstellende Begründung, er habe mit seinen Büchern den Glauben zerstört, wo es doch "viele Hundert Zeugnisse" dafür gebe, "daß meine Bücher viele Menschen zum Glauben zurückgeführt und im Glauben bestärkt und auferbaut haben". Was die verlangten Eide betreffe, so habe er diese bereits vor Jahren geleistet, und da er kein Eidbrüchiger sei, lasse er sich auch nicht als solchen behandeln, sehe also keinen Grund für einen erneuten Schwur[93].

Schon seit Anfang August war Wittig in der deutschen Öffentlichkeit zum "Fall" geworden. Seine Freunde wurden nicht müde zu betonen, daß die Indizierung nicht einer Verurteilung gleichkomme und daß man sich von den Wittig zur Last gelegten Irrtümern nur distanzieren könne, wenn Rom sie bekanntgebe[94]. Da Wittig selbst die katholische Presse verschlossen war, erbot sich der protestantische Herausgeber der Zeitschrift *Una Sancta*, die wichtigsten Dokumente zu veröffentlichen,[95] wobei allerdings einige Abschnitte aus Platzgründen gestrichen und etliche Stellen von Wittig mit Rücksicht auf Bertram weggelassen wurden, was ihm gleichwohl und gerade deswegen entrüstete Proteste eintrug wie: "In einer protestantischen Zeitung geht er gegen seinen Bischof vor!" - "Dem heiligen Amte in Rom wagt er öffentlich Gewissenlosigkeit vorzuwerfen." - "Die Veröffentlichung ist eine ganz einseitige, eine unvollständige"[96]. In solchermaßen aufgeheizter Stimmung griff Wittigs innigster Breslauer Freund, der vom Judentum zum Protestantismus konvertierte Soziologe und Sprachdenker Eugen Rosenstock[97], zur Feder und schrieb seinen 1926 erschienenen Warnruf *Religio depopulata*[98] - ein Schriftchen von nur knapp 40 Druckseiten, das mit einem wahrhaft prophetischen Impetus an Wittigs Ächtung deutlich zu machen versucht, "wohin es führt, wenn das lebendige Glaubensleben in der Kirche durch den Machtmißbrauch der verweltlichten Kirchenbehörde geknechtet wird"[99].

---

92 Bertram an Wittig (mit dem Indexdekret und dem Verzeichnis der davon betroffenen Schriften als Anlagen), 3. Aug. 1925 (Rosenstock-Wittig III, 85f).

93 Wittig an Bertram, 4. Okt. 1925 (Rosenstock-Wittig III, 86-88); siehe hierzu auch Wittig, Höregott (wie Anm. 6), 63f und Wittig, Roman mit Gott (wie Anm. 6), 50.

94 Belege bei Weiß, Modernismus (wie Anm. 42), 522.

95 Siehe Una Sancta [hg. von Alfred von Martin] 2/2 (1926) 208-213.

96 Wittig, Höregott (wie Anm. 6), 64f.

97 Zu Eugen Rosenstock (1888-1973), der sich später nach dem Namen seiner Schweizer Frau Rosenstock-Huessy nannte und im amerikanischen Exil starb: M. Darrol Bryant/Hans R. Huessy (Hg.), Eugen Rosenstock Huessy. Studies in His Life and Thought (TST 28), Lewiston/Queenston 1986; Lothar Bossle (Hg.), Eugen Rosenstock-Huessy - Denker und Gestalter (Neue WSS 14), Forchheim 1989.

98 Eugen Rosenstock, Religio depopulata. Zu Josef Wittigs Ächtung, Berlin 1926 [Wiederabdruck in: Rosenstock-Wittig III, 103-132].

99 Weiß, Modernismus (wie Anm. 45), 522.

Natürlich wurde diese Stimme im gegnerischen Lager sofort als die eines Erzketzers geschmäht. Rosenstock, mit dem Wittig später das Riesenwerk *Das Alter der Kirche* herausgab,[100] sei sein "Verderber", raunte man allerwärts[101]. Aber immerhin hatte es Wittig, nachdem er auf seinen Wunsch hin für das Wintersemester 1925/26 beurlaubt worden war,[102] hauptsächlich diesem Verbündeten zu verdanken, daß seine Verabschiedung von der Breslauer Lehrkanzel im Frühjahr 1926 nicht auf eine unbesoldete Quieszierung hinauslief[103]. Denn sein Bittgesuch an das preußische Kultusministerium um Emeritierung unter Weitergewährung der Bezüge wurde zunächst als "nachgesuchte Entlassung" aus dem Staatsdienst ab 1. April beschieden. Erst unter Inanspruchnahme von Rosenstocks "größere[r] Erfahrung, Gewandtheit und Kraft in den Dingen dieser Welt" annullierte der Minister dieses angebliche "Versehen eines Unterbeamten" und teilte Wittig mit, daß ihm fortan die Bezüge eines emeritierten Professors zustehen.

Bereits Ende Januar 1926 hatte sich dem Indizierten der wiederholt genannte Freiburger Kollege Krebs als Vermittler sowohl bei der Breslauer Kurie als auch in Rom angeboten und sich in den folgenden Wochen auch sichtlich bemüht, einerseits Bertram zur Weiterleitung der Wittigschen Erklärung vom Vorjahr an den Hl. Stuhl zu bewegen und andererseits durch den Kurienkardinal Andreas Frühwirth[104] den Boden dafür bereiten zu lassen, daß Rom aufgrund dieser Erklärung seine Forderungen als "im voraus erfüllt" ansehe[105]. Allerdings befand sich der Freiburger Dogmatiker im Irrtum, wenn er annahm, Wittig habe den von ihm formulierten Lehrsätzen *expressis verbis* zugestimmt, und so war auch der Rat Frühwirths, der Breslauer Oberhirte solle doch Wittigs Bekenntnis zu den Krebsschen Aufstellungen an die Kurie senden, schwerlich geeignet, dem Verfahren eine positive Wendung zu geben. Hingegen entschloß sich Bertram, dem man römischerseits sein zögerliches Vorgehen verübelte,[106] Mitte Mai persönlich in Rom vorstellig zu werden. Wahrscheinlich hat er jetzt erst die beiden Erklärungen Wittigs vorgelegt und damit nur bezweckt, daß dieser nun voll in die Mühlen des *Sanctum Officium* geriet.

Wieder in Breslau, teilte Bertram Wittig am 22. Mai mit, der Hl. Stuhl erachte seine Erklärungen und sein Ausscheiden aus der akademischen Lehrtätigkeit nicht für ausreichend zur

---

[100] Friedrich Heer apostrophiert die mit "Feier- und Jubeltag" untertitelten und aus einer Sammlung von Traktaten, Homilien und Aufsätzen bestehenden ersten beiden Bände von *Das Alter der Kirche* als "zwei erratische Blöcke, einsam, bis heute nicht rezipiert". Friedrich Heer, Joseph Wittig, Botschafter eines Evangeliums der Erlösung, in: Bruno Moser (Hg.), Große Gestalten des Glaubens. Leben, Werk und Wirkung, München 1982, 98-107; 103. - Zum hier ausgiebig herangezogenen dritten Band, der als *Anhang* die Akten und Gutachten zum "Fall" Wittig vorlegt, schrieb einer seiner Freunde: "Es entrollt sich ein Bild echtesten Mittelalters in unserer Zeit, tausendmal eindringlicher als alle Gotteslästerungsprozesse, weil es nämlich wirklich um Gott geht, der von dem zum Ketzer Gestempelten auf seine eigene Art und mit einer vielleicht noch nicht dagewesenen Ehrfurcht bekannt wird." Emanuel Bin Gorion, Ceterum recenseo. Kritische Aufsätze und Reden, Tübingen 1929, 115. - Zu Wittigs Verhältnis zu Emanuel Bin Gorion (1903-1987) siehe Wittig, Kraft in der Schwachheit (wie Anm. 6), 481.

[101] Wittig, Höregott (wie Anm. 6), 70.

[102] Näheres bei Rosenstock-Wittig III, 92-95.

[103] Die im Zusammenhang mit der Emeritierung entstandenen Schwierigkeiten sind dokumentiert bei Rosenstock-Wittig III, 132-138; zu Rosenstocks Hilfeleistung siehe Wittig, Höregott (wie Anm. 6), 70.

[104] Zum Dominikaner Andreas Frühwirth (1845-1933), 1907-1916 Nuntius in München, 1915 Kardinal und als solcher einer der einflußreichsten Männer deutscher Zunge an der römischen Kurie: Isnard Wilhelm Frank, in: $LThK^3$ IV 211.

[105] Siehe hierzu und zum Folgenden den Abschnitt "X. Vermittlung des Professors Krebs" bei Rosenstock-Wittig III, 95-103.

[106] So Wittig an Muth, 21. Mai 1926 (Wittig, Kraft in der Schwachheit [wie Anm. 6], 98).

Erledigung des anhängigen Verfahrens. Vielmehr müsse er innerhalb von zehn Tagen die verlangten Eide ablegen und alle vom *Sanctum Officium* "als errores" beurteilten Teile seiner Schriften zurücknehmen. Andernfalls verfalle er der Exkommunikation nach can. 2314 mit allen darin bezeichneten Straffolgen[107]. Wittig antwortete am 31. Mai, daß er selbstverständlich alle Irrtümer widerrufe, wenn man ihm sage, um welche es sich handle; die schon geleisteten Eide aber wiederhole er nicht: "Denn was geschworen ist, bleibt geschworen." Außerdem halte er sein gerechtes Verlangen nach Zurücknahme der *grave ammonizione* von 1923 aufrecht[108]. Daraufhin erfolgte am 12. Juni die Bekanntgabe von Wittigs Exkommunikation im Breslauer Amtsblatt "wegen Ungehorsams" gegenüber dem höchsten kirchlichen Lehramt[109]. Diese Begründung, so Wittig voll bitterer Ironie in *Höregott*, müsse sich der römische Geist ausgeheckt haben, "während sein Kirchenrecht Siesta hielt: Wegen 'Ungehorsams' wurde ein Canon auf mich losgelassen, der sich gegen Apostaten, Häretiker und Schismatiker richtete! Meine juristischen Kollegen in Breslau lachten. Wahrscheinlich war dieser kirchenrechtliche Bock auch das 'Versehen eines Unterbeamten'." Unmittelbar daran fügt sich der für die seelische Befindlichkeit des damals knapp Fünfzigjährigen bezeichnende Satz: "Es bedeutet aber die Exkommunikation den Ausschluß aus dem Gnadenleben der Kirche"[110].

VI. "ICH BLEIBE NACH WIE VOR KATHOLISCH ..."

Die Exkommunikation hatte den mit Leib und Seele in den Katholizismus seiner Glatzer Heimat Eingewurzelten der innersten Bindung beraubt. Doch bei aller Herzensnot eines aus der Bahn Geworfenen hörte Wittig nicht auf, sich als Anwalt der katholischen Kirche zu begreifen, weil er in ihrem Boden aufgewachsen, weil auch Vater und Mutter katholisch waren[111]. Aus dieser insoweit zutiefst konservativen Einstellung heraus läßt es sich auch verstehen, daß er den Häresie- und Modernismusvorwurf weit von sich wies und glaubte, jetzt gegenüber seiner Kirche die Rolle des Propheten einnehmen zu müssen,[112] so als sei es ihm vergönnt, besser zu wissen, was Katholischsein heiße, denn die Kirche in den beamteten Vertretern ihres unfehlbaren Lehramtes. "Das wirkliche Leben wächst über die Kirche hinaus",[113] verkündete er im letzten Absatz seines Buchs *Höregott*, das ganz aus dieser Prophetenrolle heraus geschrieben ist und auf schier jeder Seite "die Gefahr eines überstarken religiösen Subjektivismus" erkennen läßt - eine Gefahr, der Wittig aber auf Dauer deshalb nicht erlegen

---

107 Bertram an Wittig, 22. Mai 1926 (Rosenstock-Wittig III, 138-140).

108 Wittig an Bertram, 31. Mai 1926 (Rosenstock-Wittig III, 140).

109 Exkommunikationsdekret des Ordinariats Breslau vom 12. Juni 1926 "kraft Auftrages der Hl. Kongregation des Hl. Officiums" vom 14. Mai mit Erläuterungen zu can. 2314 (Rosenstock-Wittig III, 141). - Wittig erhielt von diesem Dekret, das die Presse unverzüglich "bis in die letzten Winkel Deutschlands" trug, keine amtliche Mitteilung. Er reagierte darauf am 20. Juni 1926 mit einer öffentlichen Erklärung an die Zeitungen seiner Glatzer Heimat, in der er kurz darlegte, was es mit dem ihm vorgeworfenen "Ungehorsam gegen das römische Amt" auf sich habe, und abschließend seine Glaubenstreue beteuerte: "Ich bleibe nach wie vor katholisch und bewahre den Glauben meiner Väter, der auch der Glaube des ganzen Grafschafter Volkes ist." (Rosenstock-Wittig III, 142f).

110 Wittig, Höregott (wie Anm. 6), 72.

111 Vgl. Eugen Drewermann im Vorwort zur Neuauflage von *Roman mit Gott* (Moers 1990, wie Anm. 6), VIII.

112 Näheres hierzu bei Wittig, Höregott (wie Anm. 6), 50f.

113 Wittig, Höregott (wie Anm. 6), 415.

ist, weil sein den Poeten mit dem Propheten vertauschender Aufschrei nur "eine Folge des Versuchs der Mächtigen" war, "diesen Mann zu entwurzeln", was ihnen gleichfalls auf Dauer nicht gelingen sollte[114].

Als Wittig an *Höregott* schrieb, war er schon seit einem Jahr vermählt mit Bianca (Anka) Geisler, der zwanzig Jahre jüngeren Tochter des Habelschwerdter Bürgermeisters. Er hatte sie als Führerin eines Jugendbundes kennengelernt, und diese mutige Frau, die bereits 1925 wegen ihrer Skizze *Wittig und die neue Jugend* in sein Schicksal hineingezerrt worden war,[115] nahm dann lieber die Verwerfung durch die eigenen Angehörigen in Kauf, als dem verworfenen Geliebten nicht angehören zu dürfen[116]. Nach dem Umzug in dessen neuerbautes Haus in seinem Geburtsort Neusorge gab sie ihm gegen mancherlei Widerstände am 22. Juni 1927, dem Jahrestag von Wittigs feierlicher Primiz,[117] das Jawort. Im Mai 1928 wurde dem Ehepaar das erste Kind geschenkt, das es nach dem Familiennamen der Vorfahren Ankas "Höregott" nannte. Leider starb das Büblein, dem der Vater mit dem gleichnamigen Buch ein literarisches Denkmal setzte, bereits nach wenigen Tagen[118]. Später wurden den Wittigs noch zwei Söhne und eine Tochter geboren: Johannes Raphael (1929), Bianca Maria (1931) und Christoph Michael (1937).

Es erübrigt sich schier anzumerken, daß Wittigs Heirat vielen seiner katholischen Mitstreiter nicht verstehbar war und so mancher retrospektiv deutelte: *inde illae lacrimae*![119] Wittig selbst aber baute sich, als ihm "die Flammen über dem Kopf zusammenschlugen",[120] in Ehe und Familie eine neue innere Mitte auf. Daneben war es der zwar kleiner gewordene, aber um so fester zusammengeschmiedete Freundeskreis, der Wittig durchhalten half und zu weiterem literarischen Schaffen beflügelte. Zu ihm gehörten nach wie vor Persönlichkeiten wie Eugen Rosenstock und Viktor von Weizsäcker, Ernst Michel und Carl Muth; zu ihm gesellten sich jetzt, um nur ein paar Namen zu nennen, die protestantischen Theologen Martin Rade und Hermann Mulert sowie mit Martin Buber einer der größten jüdischen Denker des Jahrhunderts[121]. Gemeinsam mit Buber und Weizsäcker rief Wittig 1926 die Zeitschrift *Die*

---

[114] Weiß, Modernismus (wie Anm. 42), 525. - Veranlaßt wurde das 1928 geschriebene Buch *Höregott* nach Wittig, Roman mit Gott (wie Anm. 6), 52, dadurch, daß der Dogmatiker Krebs "durch Städte und Dörfer zog, um Reden gegen mich zu halten", und auch andere Gegner "ihr böses Maul nicht halten" konnten: "Da mußte ich mir und den Meinigen mit einigen scharfen Federzügen Ruhe schaffen. Und es gelang." Wittig verarbeitet in *Höregott* auf sehr persönliche Weise seine Erlebnisse und Leiden nach der Exkommunikation und läßt den Leser wie in keiner anderen Schrift teilhaben an seinen intimsten Gedanken und Empfindungen. "Es ist eine Biographie in der Mitte seines Lebens, wie der 'Roman mit Gott' es am Ende ist." Tschöpe, Argument (wie Anm. 6), 47.

[115] Bianca Geisler, Wittig und die neue Jugend, in: Wolf, Wittig (wie Anm. 6), 227-293.

[116] Siehe Wittig, Roman mit Gott (wie Anm. 6), 51.

[117] Vgl. Wittig, Höregott (wie Anm. 6), 75f.

[118] Nach Wittig, Roman mit Gott (wie Anm. 6), 52, mußte das Büblein "nach vier Tagen" sterben, weil "der Arzt bei der Geburt die Zange falsch geführt" hatte. Seine Frau erinnert sich jedoch folgender schlimmer Erfahrung: "Als im Mai 1928 unser Sohn Höregott zur Welt kam, weigerte sich der katholische Arzt der nahen Stadt, in das Haus eines Exkommunizierten zur Hilfe zu kommen. Ein entfernter Arzt kam zu spät. Das Kind starb nach drei Tagen." Zitiert bei Weiß, Modernismus (wie Anm. 42), 525 mit Quellenangabe.

[119] Vgl. Weizsäcker, Begegnungen (wie Anm. 61), 29.

[120] Wittig, Roman mit Gott (wie Anm. 6), 51.

[121] Einen hochinteressanten Einblick in Wittigs Freundeskreis gewähren die 1993 von Gerhard Pachnicke herausgegebenen "Briefe an Freunde" (zit.: Wittig, Kraft in der Schwachheit [wie Anm. 6]). Das angefügte "Verzeichnis der Briefempfänger" (481-490) bietet die wichtigsten Lebensdaten der Adressaten und informiert jeweils über ihr Verhältnis zu Wittig, so auch für die oben genannten Persönlichkeiten Martin Buber (1878-1965), Hermann Mulert (1879-1950) und Martin Rade (1857-1940).

Kreatur ins Leben, die bis 1930 Bestand hatte,[122] und das von Rade, später von Mulert redigierte evangelische Gemeindeblatt *Die christliche Welt* konnte er bald als sein "ureigenes Publikationsorgan" erachten[123]. Damit ist bereits angedeutet, daß der aus seiner geistigen Heimat Vertriebene seinen Ort mehr und mehr im Rahmen der ökumenischen Bewegung fand, wobei er allerdings schon damals eine Ökumene postulierte, wie sie katholischerseits erstmals im Ökumenismusdekret des Zweiten Vatikanums ihren Niederschlag fand, nämlich unter Einbeziehung des Judentums[124]. Die neue Standortbestimmung macht es auch verständlich, daß sich Wittig allen Beitrittseinladungen, die von verschiedenen religiösen Gemeinschaften unter Zusicherung ehrenvoller Wirksamkeit an ihn kamen, versagte. Nicht wenigen sei diese Zurückhaltung unbegreiflich gewesen, berichtet er; nur auf evangelischer Seite habe man sie verstanden und sogar öffentlich geäußert, "es sei gut, daß ich mich nicht an ihre Kirche bände, um frei zu sein für die große 'Una Sancta'"[125].

Was Wittigs schriftstellerische Tätigkeit angeht, so waren die ersten Jahre nach der Exkommunikation ebenso fruchtbar wie die vorausgegangenen; nur wurden seine Bücher jetzt notgedrungen von nichtkatholischen Verlagen herausgebracht und vor allem in evangelischen Kreisen gelesen. Mitte der dreißiger Jahre verlegte er den Schwerpunkt seiner literarischen Arbeit auf die Heimatgeschichte und verfaßte zunächst eine *Chronik der Stadt Neurode*[126], die ihm die Neuroder Ehrenbürgerschaft eintrug[127]. Aber obschon man hätte annehmen können, die Beschäftigung mit der Lokalgeschichte wäre den Interessen des gelernten Historikers entgegengekommen, war sie mehr Verlegenheitslösung als wirkliche Neigung, vermutlich deshalb, weil dabei die sonst sein Werk auszeichnende Verknüpfung von Wirklichkeit und religiöser Wahrnehmung ausgespart werden mußte[128]. "Mir selbst unverständlich, bin ich in einen seltsamen Bann der alten Neuroder Urkunden und Akten geraten, schier als müßte ich mein ewiges Heil in ihnen suchen und finden", schrieb Wittig 1935 an Rade und fuhr fort: "Ich hätte ja auch sonst nicht weiter leben können. Denn meine bisherige Arbeit wird von niemand mehr begehrt"[129]. Vor diesem Hintergrund erscheint auch der "Zeichenlehr-Fernkursus", an dem Wittig von 1930 bis 1932 teilnahm, "um dereinst meinem großen Jungen die Kunst des Zeichnens beibringen zu können", nur als Bekräftigung seiner resignierten Feststellung: "Aber genau besehen war ich aus der Bahn geschleudert; die römische Kirche hat mich als Schriftsteller wirklich tot gekriegt"[130].

Ab 1937 wurde Wittig von seinen protestantischen Freunden verstärkt zu Vorträgen und Dichterlesungen eingeladen[131]. Von der letzten dieser Vortragsreisen kehrte er im Dezember 1943 krank heim, und nun begann für ihn eine Lebensphase zwischen Familie und Sanatorien, in der der Wunsch nach Gemeinschaft mit der sichtbaren Kirche an Bedeutung gewann wie

---

[122] Vgl. Tschöpe, Argument (wie Anm. 6), 16.

[123] Wittig, Kraft in der Schwachheit (wie Anm. 6), 486.

[124] Vgl. Weiß, Modernismus (wie Anm. 42), 526.

[125] Wittig, Höregott (wie Anm. 6), 340.

[126] Chronik der Stadt Neurode. Archivalische Vorarbeiten von Emanuel Zimmer und Udo Lincke. Durchgesehen, ergänzt und geformt von Joseph Wittig, Neurode 1937.

[127] Vgl. Köhler, Wittig-Briefe (wie Anm. 6), 70.

[128] Vgl. hierzu und zum Folgenden Tschöpe, Argument (wie Anm. 6), 26f.

[129] Wittig an Rade, 5. Okt. 1935 (Wittig, Kraft in der Schwachheit [wie Anm. 6], 250f).

[130] Beide Zitate: Wittig, Roman mit Gott (wie Anm. 6), 52.

[131] Siehe den Abschnitt *Reisender Handelsmann Gottes* bei Wittig, Roman mit Gott (wie Anm. 6), 53-57. - Hier sei wenigstens angedeutet, daß Wittig der NS-Ideologie für kurze Zeit eine gewisse Sympathie entgegengebracht hat, so vor allem in seinem 1938 beim Verlag Klambt in Neurode erschienenen Buch *Toll-Annele will nach Albendorf und andere Geschichten.* Näheres bei Tschöpe, Argument (wie Anm. 6), 27-30.

nie zuvor[132]. Aber dessen Erfüllung scheiterte bis zum Ende des Krieges jedesmal an der von Kardinal Bertram gestellten Bedingung, der Exkommunizierte müsse Frau und Familie verlassen. "Auf Joseph Wittig sehen zu viele Protestanten, deshalb muß die Kirche hier besonders scharf vorgehen",[133] argumentierte Bertrams Generalvikar Negwer[134] im April 1945 gegenüber Wittigs Frau, als sie ihn auf den von der Kirche gewährten Gnadenweg im ähnlich gelagerten "Fall" des katholischen Theologen und Kulturhistorikers Joseph Bernhart hinwies,[135] und bestand ungeachtet der schriftlich erklärten Bereitschaft zur "Cohabitatio fraterna" und anderer Zusicherungen[136] darauf, daß sich ihr Mann verpflichte, "auf die Dauer im Krankenhaus Wohnung zu nehmen"[137].

VII. Wiedergewinnung der kirchlichen, Verlust der irdischen Heimat

Ein Jahr später sollte es aber doch noch zum "Sieg des himmlischen Vaters über den heidnischen Gott in der Kirche" kommen, wie Wittig sich ausdrückt[138]. Mitten in der Hochspannung der bevorstehenden Vertreibung traf Anfang März 1946 in Neusorge ein Telegramm des polnischen Administrators von Breslau mit der Nachricht ein: "Joseph Wittig ist von der Exkommunikation befreit [...]"[139]. Als Vermittler dieser ohne vorausgehenden Antrag seinerseits und ohne Bedingung ergangenen Dispens des Hl. Stuhls vermutete man allgemein Augustin Kardinal Hlond, den Primas der polnischen Kirche; er habe sie in Rom "betrieben und erreicht zum Tort gegen die deutsche Geistlichkeit und den verstorbenen Kardinal Bertram"[140]. Der 9. März wurde den Wittigs im tiefsten äußeren Elend zum Tag der kirchlichen Heimkehr[141].

---

[132] Die allesamt gescheiterten Bemühungen in den Jahren 1944/45, eine Aussöhnung mit der Kirche herbeizuführen, sind ausführlich dargestellt und gründlich dokumentiert bei Wittig, Roman mit Gott (wie Anm. 6), 66-122.

[133] Wittag, Roman mit Gott (wie Anm. 6), 116.

[134] Zu Joseph Negwer (1882-1964), 1938-1945 Generalvikar in Breslau: Erwin Gatz, in: ders., Bischöfe (wie Anm. 66), 532.

[135] Joseph Bernhart (1881-1969) und seine Frau Elisabeth (1882-1943), geborene Nieland, erlangten Ende Sept. 1939 "auf dem Gnadenweg und lediglich 'pro sacramentali foro interno' die Wiederzulassung zu den Sakramenten und offensichtlich auch die 'sanatio' ihrer Ehe - dies alles nur mündlich und unter Auflage strengsten Stillschweigens aller an der Sache Beteiligten -, endlich am 21. Januar 1942 [...] durch die Pönitentiarie die formelle Aufhebung der Exkommunikation, verbunden mit der Laisierung Joseph Bernharts, aber ohne Dispens vom Zölibat, vielmehr mit der Auflage der 'cohabitatio fraterna', des Zusammenlebens wie Bruder und Schwester". Manfred Weitlauff, Die "Erinnerungen" Joseph Bernharts als autobiographisches und zeitgeschichtliches Dokument, in: MThZ 44 (1993) 161-185; 183f; zum ganzen Verfahren: Heribert Schmitz, Die Rekonziliation von Joseph Bernhart, in: ebd., 203-226.

[136] Näheres bei Wittig, Roman mit Gott (wie Anm. 6), 113.

[137] Ebd., 115f.

[138] Ebd., 221.

[139] Der Vorgang ist dokumentiert bei Köhler, Wittig-Briefe (wie Anm. 6), 89-91.

[140] Wittig, Roman mit Gott (wie Anm. 6), 220.

[141] Vgl. Franz Scholz, Der Pilgerweg eines ringenden und kämpfenden Gläubigen, in: Köhler, Wittig (wie Anm. 6), 73-87; 85. - Die nach dem Eindringen der Roten Armee und der Ankunft der Polen in Schlesien unter unvorstellbaren äußeren Verhältnissen erfolgte Rekonziliation mit der Kirche ist detailliert dargestellt bei Joseph Negwer, Geschichte des Breslauer Domkapitels im Rahmen der Diözesangeschichte vom Beginn des 19. Jahrhunderts bis zum Ende des Zweiten Weltkrieges, hg. von Kurt Engelbert, Hildesheim 1964, 261-266; siehe hierzu auch Wittig, Roman mit Gott (wie Anm. 6), 221. - Das im Herbst 1946 vom päpstlichen Staats-

Drei Wochen später traf die Familie nach vorausgegangener wiederholter Plünderung ihres Hauses durch die Rote Armee das Los der Vertreibung[142]. Nahezu ohne Hab und Gut erreichte sie in einem Viehwaggon am 10. April Altena in Westfalen, wo Wittig sofort ins Krankenhaus eingeliefert werden mußte. Nach einer schweren Gallenoperation fand er mit den Seinen Aufnahme in der Forstmeisterei Göhrde am Ostrand der Lüneburger Heide. Soweit es seine angeschlagene Gesundheit zuließ, war er auch hier wieder literarisch tätig und vollendete insbesondere seinen *Roman mit Gott*[143]. Zum 70. Geburtstag im Januar 1949, den der Westdeutsche Rundfunk mit einer eigenen Sendung würdigte, schlug ihm die Verehrung einer großen Lesergemeinde entgegen,[144] und damals schien es, als wäre ihm auch fern der Heimat noch ein sonnigerer Lebensabend beschieden, da sich durch die Hilfe von Freunden die Aussicht auf ein neues Heim im sauerländischen Städtchen Meschede eröffnet hatte. Doch am 22. August 1949, dem Vortag des Umzugs dorthin, starb Joseph Wittig an Herzversagen[145]. Am 26. August wurde er in Meschede, dem neuen Wohnort seiner Familie, beigesetzt. Auf seinem Grabkreuz ließ man jene Worte anbringen, die ihm zum persönlichen Schlüsselerlebnis und Verhängnis zugleich geworden sind: "Getröst, getröst, wir sind erlöst"[146].

VIII. "Mehr Theologe als Erzähler" - Versuch einer Bewertung des "Falls"

"Hatte der theologische Lehrer Joseph Wittig [...] überhaupt eine theologische Lehre?", räsoniert Christoph Hampe und verneint diese Frage[147]. Hingegen vertritt Joachim Köhler die Ansicht, daß im "Fall" Wittig zuvorderst theologische Kontroversen ausgetragen wurden, und mahnt eindringlich, bei aller berechtigten Begeisterung für den religiösen Schriftsteller den Theologen Wittig nicht zu verschweigen[148]. Und der Betroffene selbst äußerte auf dem Höhepunkt des "Erlöstenstreits", er sei "mehr Theologe als Erzähler, auch vielleicht mehr Dogma-

---

sekretariat in Aussicht gestellte Geldgeschenk Pius' XII. (1939-1958) in Höhe von 100 Dollar (siehe Köhler, Wittig-Briefe [wie Anm. 6], 91-93) hat die Familie Wittig nie erhalten (so nach Auskunft von Anka Wittig Tschöpe, Argument [wie Anm. 6], 26, wo allerdings irrtümlich von 200 Dollar die Rede ist).

142 Soweit nicht anders vermerkt, sind die folgenden Angaben den Abschnitten "Verlust der irdischen Heimat und Habe", "In westfälischen Krankenhäusern" und "In der Göhrde" bei Wittig, Roman mit Gott (wie Anm. 6), 218-229, entnommen.

143 Der 1950 posthum veröffentlichte *Roman mit Gott* bietet neben *Höregott* eine ausführliche Lebensbiographie und erweist zugleich Wittigs Theologie als persönlich durchlittene *theologia crucis*. "In diesen 'Tagebuchblättern der Anfechtung' spricht ein zeitgenössischer Hiob, der hungernd und frierend, an Leib und Leben tödlich bedroht, bis zum letzten Augenblick in der geliebten schlesischen Heimat ausharrt, um dann mit Weib und Kindern polnischerseits hinausgejagt zu werden." Theoderich Kampmann, Wittig als Seelsorger, in: Kampmann/Padberg, Wittig (wie Anm. 6), 73-83; 80

144 Siehe hierzu Wittigs Brief an seinen Freundeskreis vom 24. Febr. 1949 bei Köhler, Wittig-Briefe (wie Anm. 6), 86-89.

145 Nach dem in vollem Wortlaut bei Köhler, Wittig-Briefe (wie Anm. 6), 94f, abgedruckten "Totenzettel" waren seine letzten Worte: "Mein Jesus, mein Meister!"

146 Vgl. Tschöpe, Argument (wie Anm. 6), 33f.

147 Johann Christoph Hampe, Joseph Wittig, in: Hans Jürgen Schulz (Hg.), Tendenzen der Theologie im 20. Jahrhundert. Eine Geschichte in Porträts, Stuttgart u. a. [2]1967, 169-174; 169.

148 Joachim Köhler, Den Theologen nicht verschweigen. Ein Portrait von Professor Joseph Wittig zu dessen 30. Todestag, in: ders., Wittig (wie Anm. 6), 43-53; 51; siehe auch: ders., Das Joseph-Wittig-Gedenkjahr 1979, in: ebd., 7-10; 7f.

tiker als Historiker"[149]. Damit stellt sich abschließend die Frage nach den Inhalten der Wittigschen Theologie, näherhin nach deren das kirchliche Verdammungsurteil heraufbeschwörenden Spezifika. Ordnet man bei ihrer Beantwortung Einzelprobleme wie die schon dargelegte Interpretation der *Concursus-divinus*-Lehre dem größeren Ganzen unter, so sind es nach meinem Dafürhalten im wesentlichen zwei Komponenten, die der Theologie Wittigs ihr besonderes Gepräge geben: zum einen sein anders geartetes Reden von Gott und zum anderen sein aus frühchristlicher Überlieferung gewonnenes Kirchenbild.

Zwar war Joseph Wittig alles andere denn ein Theologe, der auf den steilen Graten kontroverser Spekulation einherschritt oder erlebnisfreudig in Gefilde der Ketzer eindrang. Aber gerade weil er nicht die vertraute Sprache der Theologenzunft sprach, vielmehr in seinen religiösen Erzählungen von der Unmittelbarkeit des Menschen zu Gott kündete, Evangelium und Gegenwart in Korrelation setzte und das Leben Jesu "erleben" ließ, "in Palästina, Schlesien und anderswo", mußte schier zwangsläufig der Konflikt über ihn hereinbrechen. Denn "hier stießen zwei verschiedene Welten innerhalb der Kirche aufeinander, ohne sich innerlich zu begegnen: die Vertreter der systematisch ausgereiften, terminologisch stark antiprotestantisch festgelegten Neuscholastik, hinter der die amtliche Kirche stand, einerseits und ein fast untheologischer [besser: untheologisch wirkender] Vertreter religiöser Unmittelbarkeit andererseits",[150] dem das "Mitleben mit Gott" wichtiger erschien als die Kunst des distinguierten Redens über ihn. Wenn man aber letzterer Welt die Prädikate "Subjektivismus" und "Immanentismus" zuweist, dann liegt der Modernismusvorwurf auf der Hand und erscheint die Forderung, ihr Vertreter solle den längst geleisteten Antimodernisteneid noch einmal schwören, nur folgerichtig. Allerdings muß sofort hinzugefügt werden, daß sich die erstere, die kirchenamtliche Welt den Blick für die religiösen Lebenswerte, um die es Wittig ging, selbst gründlich verstellt hat, weil sie seit Generationen ein mehr und mehr an Zeugnisfähigkeit einbüßendes Glaubensverständnis hegte und pflegte, dessen Ideal das Fürwahrhalten katechismusmäßig formulierter Lehrsätze war.

Wie erwähnt wurden 1925 neben drei Büchern auch drei Aufsätze Wittigs auf den Index gesetzt, von denen zwei, nämlich *Das allgemeine Priestertum* und *Die Kirche als Auswirkung und Selbstverwirklichung der christlichen Seele*, bezeichnenderweise ekklesiologische Fragen behandeln, freilich nicht so, wie wissenschaftliche Traktate dies tun, sondern in der unbekümmerten Art und Weise seines Erzählstils. In letzterem Aufsatz gibt der Patrologe Wittig unter anderem seiner Überzeugung Ausdruck, daß die Kirche nicht planmäßig von Christus gegründet worden sei, sondern ihr Entstehen dem neuen Leben der Jüngergemeinde verdanke, auch daß ihre juridische Gestalt nicht fertig vom Himmel gefallen sei, vielmehr ihr gegenwärtiges Erscheinungsbild aus dem Lebensgesetz des Wachstums beziehe. In ersterem Beitrag geht es Wittig um die Sendung der Kirche, und er gründet diese auf die biblische Wahrheit vom allgemeinen Priestertum der Gläubigen, eine Wahrheit, die man leider im Laufe der Geschichte zu einer rein akademischen Frage habe verkümmern lassen und die es für den christlichen Alltag wieder fruchtbar zu machen gelte. Da für ihn in dem durch die Taufe eingeborenen allgemeinen Priestertum "das tiefste Wesen jeglichen christlichen Seins und Tuns" geborgen lag,[151] ergab sich hieraus wie von selber die auch im Postulat der Unmittelbarkeit des Verhältnisses zu Gott verankerte Forderung nach Mündigkeit des Laien, die er bereits 1921 im *Hochland*-Aufsatz *Aedificabo ecclesiam* erhoben hatte, wenn er gegenüber dem Anspruch

---

149 Wittig an Muth, 6. März 1923 (Wittig, Kraft in der Schwachheit [wie Anm. 6], 43-47; 45).
150 Scholz, Pilgerweg (wie Anm. 141), 83.
151 Vgl. Köhler, Portrait (wie Anm. 148), 47.

der Hierarchie, daß Kirche nur sein könne, wo ein Bischof oder Papst sich befinde, meinte: "Solche Vorstellungen sind ja töricht und ließen sich jederzeit leicht aus den offiziellen Erklärungen der Kirche widerlegen, aber sie beherrschen doch die Stimmung, erregen Unlust an der Kirche, verhindern das frohe Bekenntnis: 'Wir sind die Kirche, und weil wir die Kirche sind, stehen wir freudig zu unseren Führern.'"[152]

Diese Äußerungen zeigen zumindest andeutungsweise, daß Wittigs Kirchenbild in entscheidenden Konturen dem des Zweiten Vatikanums ähnelt, ja daß seine Ekklesiologie, wie Johannes Kowarz überzeugend dargelegt hat,[153] voll und ganz im Einklang mit der Kirchenlehre des jüngsten Konzils steht, das *in summa* ein Konzil der Kirche über die Kirche war. Aber obschon man Wittig im Blick auf sein Kirchenbild mit Fug und Recht die Rolle eines Vorläufers und Wegbereiters zusprechen kann, scheint es mir gleichwohl außer Frage zu stehen, daß ihm in erster Linie seine Auffassung von Wesen, Gestalt und Sendung der Kirche das "Todesurteil" ebendieser Kirche eingetragen hat. Und zwar hauptsächlich deshalb, weil sich der Kirchenhistoriker Wittig dezidiert von all jenen Zunftgenossen absetzte, die nur "den Versuch machten, die ganze Vergangenheit zu rekonstruieren", und die "lieber alte Vasenscherben zusammenkleben als neue modellieren"[154]. Er stellte seine historischen Erkenntnisse vielmehr in den Dienst des Augenblicks, diagnostizierte an der Gegenwartskirche schonungslos Krankheiten wie Legalismus und Machthunger und verschrieb ihr zur Therapie Medikamente, die auf Hinführung zur Mündigkeit, offenen Dialog und stete Reformbereitschaft lauteten. Damit aber geriet er wie so viele in der Generation vor ihm in ein innerkirchliches Spannungsfeld, das sich seit der Mitte des 19. Jahrhunderts aufgebaut hatte und eine enorme, zuvorderst aus dem unvermittelten Nebeneinander von Dogma und Geschichte resultierende Sprengkraft in sich trug[155].

Neuscholastische Theologie war mehr oder minder identisch mit systematisch-dogmatischer Theologie, insofern sie eine metaphysische, zeitlos gültige Konzeption des Christentums darbot und das immer Gleiche und Unveränderliche zu erheben suchte. Von dieser Position her mußte ihr die historisch-kritische Forschung in Bibel, Patristik und Kirchengeschichte als das Bedrohliche und kaum Assimilierbare erscheinen, als eine Macht, die nahezu alles gefährdet oder zumindest in Frage stellt. In Reaktion darauf sahen sich die Vertreter der Neuscholastik veranlaßt, "den Glauben tunlichst dissoziierend von diesem infragestellenden und unruhigen Element abzutrennen und nun ihrerseits mehr und mehr von der Seite darzustellen, von der er sich als ein zeitloses System darbietet",[156] was umgekehrt zur Folge hatte, daß die Historie, insoweit sie sich mit dem Christentum beschäftigte und dieses selbst wesentlich als Geschichte begriff, nun als eigenständige und weithin unabhängige Größe neben die Dogma-

---

[152] Joseph Wittig, Aedificabo ecclesiam. Eine Studie über die Anfänge der katholischen Kirche, in: Hochland 18/2 (1921) 257-282; 279.

[153] Siehe Johannes Kowarz, Joseph Wittig und die Kirche, in: Kampmann/Padberg, Wittig (wie Anm. 6), 62-72; die "Anmerkungen" zu dieser grundlegenden Studie über Wittigs Ekklesiologie, die aus gestalterischen Gründen oder Raummangel entfielen, wurden später veröffentlicht in: Claus-Peter Klusman/Norbert Keller (Hg.), Joseph Wittig - Die Erlösten. Text und Dokumentation (AGP-Edition I), Dortmund 1978, 35-39.

[154] Wittig, Herrgottswissen (wie Anm. 6), 241.

[155] Näheres zum Folgenden bei: Bernhard Welte, Zum Strukturwandel der katholischen Theologie im 19. Jahrhundert, in: ders., Auf der Spur des Ewigen. Philosophische Abhandlungen über verschiedene Gegenstände der Religion und Theologie, Freiburg-Basel-Wien 1965, 380-409; Norbert Trippen, Wahrheit und Historie. Kirchliches Lehramt und Geschichtswissenschaft im 19. und 20. Jahrhundert, in: Urs Altermatt/Heinz Hürten/Nikolaus Lobkowicz (Hg.), Moderne als Problem des Katholizismus (Eichstätter Beitr. 28, Abt. Phil. und Theol. 6), Regensburg 1995, 204-221.

[156] Welte, Strukturwandel (wie Anm. 155), 402.

tik trat. So lud sich gerade durch die Dissoziation von Dogma und Geschichte die Luft um den geschlossenen Körper der theologischen Schule gleichsam überall elektrisch auf, um dann um die Jahrhundertwende in jenen heftigen Kämpfen zur Entladung zu kommen, die mit dem Schlagwort "Modernismuskontroverse" bezeichnet sind und deren integralistischer Nachhut Joseph Wittig zum Opfer gefallen ist. Daß im Zuge dieser Auseinandersetzungen das ganze Feld ungelöster Fragen, die sich von der Geschichte her gegenüber der Theologie erhoben, nur negativ stillgelegt wurde, indem man die Fragesteller aus der Glaubensgemeinschaft hinausdrängte oder zum Schweigen verurteilte, darin liegt eine Tragik großen Ausmaßes mit katastrophalen Folgen nicht nur für die unmittelbar Betroffenen, sondern auch für die so agierende Kirche selbst und ihre Theologie bis über die Mitte unseres Jahrhunderts herauf.

"Eine modernere Gestalt des Christentums kann für uns nur eine deutschere Gestalt sein ..."

Vom "artgemäßen" Christentum zum "deutschen Glauben"

Von Manfred Eder

I. Die Anfänge völkischer Religiosität im 19. Jahrhundert

Daß am deutschen Wesen die Welt genesen solle,[1] war bereits die Meinung Fichtes, der im Deutschen den neuen, vollkommeneren Menschen angelegt sah und im deutschen Volk das von den Römern undeformierte "Urvolk", das einen neuen und vollkommeneren Weltzustand heraufzuführen berufen sei. Die am Anfang des 19. Jahrhunderts aufkeimende völkische Bewegung, für die neben Fichte auch Herder oder der "Turnvater" Jahn stehen, suchte die dem Volk innewohnenden geistigen, seelischen und sittlichen Kräfte wie in einem Brennspiegel zusammenzufassen, um dadurch eine Erneuerung des Deutschtums und die Ausmerzung alles Fremden zu erreichen. Nachdrückliche Förderung erfuhr diese Bewegung durch die von einer Zuwendung zur Dichtung, Kunst und Geschichte des deutschen Volkes gekennzeichnete Romantik und durch den politischen Liberalismus mit dem Gedanken des Volkskönigstums. Auch der Protestantismus war nicht ohne Belang; aus der Lehre von der Gottgeschaffenheit der Völker, die jedes Volk in seiner je eigenen Art heilige und jedes Volksglied zur Volkstreue verpflichte, folgerte man nämlich ein gemeinsames Verantwortungsgefühl für das Volksganze und propagierte dies als Erziehungsziel und religiöse Pflicht für alle.

Was an der nationalen Bewegung in Deutschland bis 1871 Wunschdenken und Traumvorstellung gewesen war, konnte nach dem Wendepunkt der Reichsgründung in Angriff genommen werden; jetzt - so sagte Jacob Burckhardt - werde "die ganze Geschichte siegesdeutsch angestrichen"[2]. In der Tat wurde der Nationalismus nun zu einer Volksbewegung mit offiziösem Charakter und durch die Herrschaft der Nationalen zusehends zu einer Angelegenheit der "Rechten". Gleichzeitig gelangten neue Strömungen in den völkischen Bereich, die ihn zutiefst veränderten, nämlich der Pangermanismus, der Antisemitismus und ein immer gewichtiger werdender Sozialdarwinismus. Während der Pangermanismus, vor allem getragen durch den Alldeutschen Verband von 1891, eine möglichst weite territoriale Ausbreitung des Deutschtums anstrebte, indem er Deutschtum mit Germanentum gleichsetzte, war den antisemitisch gesinnten Kreisen der wirtschaftliche und geistige Einfluß des Judentums, dessen Assimilation an das Deutschtum als gescheitert erachtet wurde, ein Dorn im Auge; der Sozialdarwinismus schließlich ließ die Möglichkeit der Zucht - oder genauer Rückzucht - einer rei-

---

[1] Vgl. zu dem ursprünglich etwas anderen Sinn dieses Verses aus einem Gedicht von Emanuel Geibel (1861) Georg Büchmann, Geflügelte Worte. Der klassische Zitatenschatz, bearb. von Winfried Hofmann, Frankfurt am Main/Berlin [39]1993, 206. - Zum folgenden Thomas Nipperdey, Deutsche Geschichte 1800-1866. Bürgerwelt und starker Staat, München [5]1991, 303; Ekkehard Hieronimus, Zur Religiosität der völkischen Bewegung, in: Hubert Cancik (Hg.), Religions- und Geistesgeschichte der Weimarer Republik, Düsseldorf 1982, 159-175; 159f.

[2] Zit. nach Thomas Nipperdey, Deutsche Geschichte 1866-1918 II (Machtstaat vor der Demokratie), München [3]1995, 251.

nen germanisch-nordischen Rasse, die das Deutschtum künftig tragen sollte, als machbar erscheinen[3].

Da die völkische Bewegung inmitten einer weithin christlich bestimmten Umgebung existierte, fanden diese politischen Ansätze des Völkischen in abgestufter Form Echo und Stütze aus dem religiösen Bereich; sie erhielten von hier gleichsam ihre metaphysische Weihe. Während Jacob Grimm (1785-1863), der ältere der Gebrüder Grimm, oder August Vilmar (1800-1868)[4] noch die Ansicht vertraten, daß Christentum und Germanentum einander ergänzt und in fruchtbarer Weise durchdrungen hätten, sah Paul de Lagarde (1827-1891)[5] im Germanentum gleichsam einen Filter, der im überlieferten Christentum auch heute Gültiges von Ungültigem, ja Verderblichem, scheiden und so eine durch das deutsche Element von den Vorstellungen des Juden Paulus gereinigte Idealreligion hervorbringen könne. Als höchstes Vorbild erkannte er zwar Jesus an, warf ihm jedoch vor, übersehen zu haben, daß ethisches Leben nur über Geschlecht, Stamm und Volk zum Menschentum gelange. Bei dem evangelischen Pfarrer und Publizisten Arthur Bonus (1864-1941) schließlich,[6] der 1896 das Schlagwort von einer "Germanisierung des Christentums" prägte, war dies kein Begriff wissenschaftlicher Geschichtsdeutung, sondern weltanschaulicher Auseinandersetzung in seiner eigenen, der wilhelminischen Zeit. Nach Bonus' Meinung war das Christentum durch seine "schwächliche" Sünden- und Demutslehre matt geworden und bedürfe neuer Lebenskräfte, damit es zu einer "heldischen" Religion umgeschaffen werde. Auf dieser Stufe nun wird nicht mehr von einer Harmonie zwischen Germanentum und Christentum gesprochen; ersteres erscheint vielmehr als Korrektiv, um das Christentum von Überlebtem zu reinigen und zu aktualisieren. "Es ist

---

[3] Eine gute Übersicht zur Entwicklung des deutschen Nationalismus vom Ende des 18. Jahrhunderts bis 1918 bietet Nipperdey, Geschichte 1800 (wie Anm. 1), 300-313; Nipperdey, Geschichte 1866 II (wie Anm. 2), 250-265, 595-609; siehe außerdem Otto Dann, Nation und Nationalismus in Deutschland 1770-1990, München [3]1996. Wichtig ist es zu beachten, daß der Nationalismus im 19. Jahrhundert eine europäische Normalität war, ebenso wie seine Steigerung um die Jahrhundertwende (vgl. Nipperdey, Geschichte 1866 II, 250). - Zum folgenden siehe besonders Hermann Dörries, Zur Frage der Germanisierung des Christentums, in: ders., Wort und Stunde. Aufsätze zur Geschichte der Kirchen im Mittelalter II, Göttingen 1969, 190-209; 190-202; Hans-Jürgen Becker, Neuheidentum und Rechtsgeschichte, in: Joachim Rückert/Dietmar Willoweit (Hg.), Die Deutsche Rechtsgeschichte in der NS-Zeit. Ihre Vorgeschichte und ihre Nachwirkungen (Beiträge zur Rechtsgeschichte des 20. Jahrhunderts 12), Tübingen 1995, 7-29; 8-18.

[4] Näheres zum Germanisten Grimm bei Friedrich Neumann, Grimm, Brüder, in: NDB VII 76-79; 200 Jahre Brüder Grimm (Ausstellungskatalog), 3 Bde., Kassel 1985-1989. - Zum evangelischen Theologen Vilmar siehe Klaus Scholder, Vilmar, August Friedrich Christian, in: RGG[3] VI 1401-1403.

[5] Weiteres zu dem evangelischen Theologen und Orientalisten Lagarde bei Roman Heiligenthal, Lagarde, Paul Anton de, in: TRE XX 375-378; Armin Mohler, Die konservative Revolution in Deutschland 1918-1932. Ein Handbuch. Hauptband und Ergänzungsband, Darmstadt [4]1994; Erg.-bd. 49f. - In einem Atemzug mit Lagarde wird oft Julius Langbehn (1851-1907), "der Rembrandtdeutsche", genannt, der zweifellos einer der Protagonisten völkisch-rassischer Anschauungen war. Auf religiösem Gebiet spielte er jedoch keine Vorreiterrolle, was sich auch an seiner Konversion zum Katholizismus (1900) und dem seither durch ihn geführten Kampf gegen den "Modernismus" in der kath. Kirche zeigt. Zu Langbehn, dessen Hauptwerk *Rembrandt als Erzieher* (1890) über 80 Auflagen erlebte, siehe Nipperdey, Geschichte 1866 II (wie Anm. 2), 305, 606; Oskar Köhler, Langbehn, Julius, in: LThK[2] VI 783f; Martin Schewe, Langbehn, Julius, in: BBKL IV 1084f (Werke und Lit.).

[6] Näheres zu Bonus, den Paul Jaeger als einen "am Nietzsche-Studium gestählten, völlig untheologischen Theologen" bezeichnete (Germanisierung des Christentums, in: RGG[1] II 1336-1339; 1339), bei Heinrich Meyer-Benfey, Bonus, Arthur, in: RGG[1] I 1302-1305; ders., Bonus, Arthur, in: RGG[2] I 1198f (stark gekürzte Fassung). Von den neueren Standardlexika (RGG[3], EKL[3], LThK[2-3], NDB, StL[6-7], TRE, BBKL, DBE) berücksichtigen Bonus nur die beiden letztgenannten: Friedrich Wilhelm Bautz, Bonus, Arthur, in: BBKL I 698 (Lit.); Bonus, Arthur, in: DBE II 22. Vgl. außerdem Mohler, Die konservative Revolution (wie Anm. 5), 375.

gleichgültig, ob man formuliert: Modernisierung des Christentums oder Germanisierung. Eine modernere Gestalt des Christentums kann für uns nur eine deutschere Gestalt sein, eine deutschere Gestalt des Christentums wird von selbst eine modernere sein"[7]. Auf einen kurzen Nenner gebracht, könnte man die Worte von Arthur Bonus, in denen Germanentum und Deutschtum einfach in eins gesetzt werden, auch so ausmünzen: Am deutschen Wesen soll das Christentum genesen.

Wie diese wissenschaftlich nur unzulänglich abgesicherten Forderungen und Prognosen eines Bonus oder Lagarde aufgenommen wurden, zeigt der Artikel *Germanisierung des Christentums* in der frühesten, kurz vor dem Ersten Weltkrieg erschienenen Auflage des protestantischen Lexikons *Die Religion in Geschichte und Gegenwart* (RGG). Sein Verfasser Paul Jaeger, evangelischer Pfarrer in Freiburg i. Br., bezeichnete das Stichwort, das man in älteren Lexika vergeblich sucht, als "ein Kind des neuerwachten kritischen Geistes und der nationalen Selbstbesinnung" - wobei letzteres wohl weit eher zutraf - und begrüßte den Ansatz von Bonus, der die Forderung Lagardes wachhalte[8]. Anders als Lagarde meinte, habe jedoch bereits die Reformation Luthers den entscheidenden Durchbruch der Germanisierung gebracht, deren Fortführung der Gegenwart aufgetragen sei.

Eine Reihe von Wissenschaftlern wie der protestantische Dogmenhistoriker Reinhold Seeberg (*Christentum und Germanentum*, 1913) oder der renommierte Kirchenhistoriker Hans von Schubert in den zwanziger Jahren machten sich derartige Anschauungen zu eigen[9]. Da die vorgebrachten Thesen sich wesentlich auf historische Argumente stützten, war in Sonderheit die Kirchengeschichte gefordert, wobei vorab zu klären war, was denn als "wesenhaft germanisch" zu gelten habe. Dem Zeitgeist folgend, erblickte man die germanisch-deutsche Eigenart in einem ausgeprägten Freiheits- und Ehrgefühl, in Treue und Gefolgschaft, einem starken Persönlichkeitsbewußtsein und insbesondere in einer tiefen Innerlichkeit[10].

Von der Germanisierung des Christentums war es aber nur ein kleiner Schritt zu der These, die einstmals fruchtbare Verbindung von Germanentum und deutscher Religiosität sei dadurch wiederherzustellen, daß man die christliche Lehre sowohl von allen jüdischen Bestandteilen, die durch den Apostel Paulus hineingetragen worden seien, als auch von allen römi-

---

7 Arthur Bonus, Zur Germanisierung des Christentums (Zur religiösen Krisis I), Jena 1911, 12f.

8 Paul Jaeger, Germanisierung des Christentums, in: RGG[1] II 1336-1339; 1336 (gekürzte Fassung vom gleichen Autor in: RGG[2] II 1069-1071; jeweils mit Verweisen auf überaus tendenziöse Literatur!). - Vgl. dagegen die gleichnamigen Artikel von Kurt Dietrich Schmidt, in: RGG[3] II 1440-1442 und Knut Schäferdiek, in: TRE XII 521-524 (Lit.)!

9 Näheres zu Seeberg (1859-1935) und Schubert (1859-1931) bei Arnold Angenendt, Das Frühmittelalter. Die abendländische Christenheit von 400 bis 900, Stuttgart u. a. 1990, 33, 37-41; Gottfried Maron, Luther und die "Germanisierung des Christentums". Notizen zu einer fast vergessenen These, in: ders., Die ganze Christenheit auf Erden. Martin Luther und seine ökumenische Bedeutung, hg. von Gerhard Müller/Gottfried Seebaß (FS Gottfried Maron), Göttingen 1993, 259-283; 261f. - Zum folgenden Becker, Neuheidentum (wie Anm. 3), 10; Angenendt 37.

10 Siehe hierzu etwa Rudolf Eucken, Die Einheit der deutschen Weltanschauung, in: Friedrich Thimme (Hg.), Vom inneren Frieden des deutschen Volkes. Ein Buch des gegenseitigen Verstehens und Vertrauens, Leipzig 1916, 11-23, und die begeisterte Stellungnahme des damaligen Regensburger Domdekans und vormaligen Würzburger Dogmatikers Franz Xaver Kiefl (1869-1928) zu dieser "herrlichen Abhandlung" (Franz Xaver Kiefl, Katholische Weltanschauung und modernes Denken. Gesammelte Essays über die Hauptstationen der neueren Philosophie, Regensburg [3]1922, 510-520; 510 [erstmals veröffentlicht 1919 in der Zeitschrift *Hochland*]; zu Kiefl siehe: Herman H. Schwedt, Kiefl, Franz Xaver, in: LThK[3] V 1423). - Vgl. ferner die katholischen Ansätze zu einer "Reichsideologie", etwa bei bei dem Bonner Philosophen Alois Dempf (1891-1982); dazu ausführlich Klaus Breuning, Die Vision des Reiches. Deutscher Katholizismus zwischen Demokratie und Diktatur (1929-1934), München 1969.

schen Elementen reinige. Hierdurch sei eine neue germanisch-christliche Religion zu begründen. In einem weiteren Schritt gelangte man zur Behauptung, Christentum und germanisches Wesen seien prinzipiell unvereinbar, so daß erst nach Beseitigung der korrumpierenden christlichen Überlagerung ein germanischer Glaube entstehen könne, der dem deutschen Geist wirklich angemessen sei. Dieses Konstrukt bedeutete aber in der Praxis nichts anderes als die Ablehnung alles Christlichen und das Bekenntnis zu einem neuen Heidentum.

Das Neuheidentum wies damals bereits eine lange Tradition auf, die über die Romantik und Aufklärung bis zur Renaissance zurückreichte und von der Idealisierung der antiken Geisteswelt sowie der Ablehnung der als dekadent empfundenen Epoche des Christentums geprägt war. Zu Beginn des 20. Jahrhunderts meinte der Begriff des Neuheidentums jedoch etwas ganz anderes als zur Goethe-Zeit. Nun ging es um den Versuch, eine altgermanische Religion auf der Basis einer völkischen und antisemitisch bestimmten rassischen Ideologie zu schaffen, wobei sich diese Glaubensrichtung infolge der Nachwirkungen des verlorenen Ersten Weltkrieges bald in zahlreiche neugermanische Kirchen verzweigte, die sich zumindest in der Ablehnung des traditionellen Christentums einig waren.

II. Die deutschreligiöse Bewegung im Überblick

Eine Auflistung der vielen in der Weimarer Republik entstehenden oder bereits existierenden Gruppierungen würde nicht nur den Rahmen dieses Aufsatzes sprengen, sondern wäre auch kaum zu leisten, da ihr Erscheinungsbild bislang nur in groben Umrissen erforscht ist. Grundsätzlich lassen sich drei Großgruppen unterscheiden, die man schematisierend als christentumsnah, christentumsfern und christentumsfremd umschreiben könnte[11].

---

[11] Zu den verschiedenen Gruppierungen siehe die Übersichten bei Hieronimus, Zur Religiosität (wie Anm. 1); Kurt Hutten, Deutsch-christliche Bewegungen, in: RGG³ II 104-107; ders., Deutschgläubige Bewegungen, in: ebd., 108-112; Konrad Algermissen, Deutschreligiöse Bewegung, in: LThK² III 305-309; Kurt Meier, Deutsche Christen, in: TRE VIII 552-554; Kurt Nowak, Deutschgläubige Bewegungen, in: ebd., 554-559; Deutsch-christl. Bewegungen, in: Carl Andresen/Georg Denzler, dtv-Wörterbuch der Kirchengeschichte, München ²1984, 178f; Deutschgläubige Bewegungen, in: ebd., 181f; Klaus Tanner, Deutsch-christlich, in: Wörterbuch des Christentums, hg. von Volker Drehsen u. a., Gütersloh-Zürich 1988, 240; Ferdinand R. Gahbauer/Kurt Meier, Deutschreligiöse Bewegung, in: LThK³ III 168-170. Vgl. ferner Klaus Scholder, Die Kirchen und das Dritte Reich, 2 Bde., Frankfurt am Main u. a. 1977-1985; Hubert Cancik, 'Neuheiden' und totaler Staat. Völkische Religion am Ende der Weimarer Republik, in: Cancik, Religions- und Geistesgeschichte (wie Anm. 1), 176-212; Johann Neuhäusler, Kreuz und Hakenkreuz. Der Kampf des Nationalsozialismus gegen die katholische Kirche und der kirchliche Widerstand, 2 Tle., München 1946. - Eine gute Quellenauswahl zur deutschreligiösen Bewegung bieten Léon Poliakov/Joseph Wulf, Das Dritte Reich und seine Denker. Dokumente und Berichte, Berlin 1959 (ND Wiesbaden 1989), 165-262; eine Zusammenstellung zur schier unübersehbaren deutschreligiösen Literatur seit dem Anfang der dreißiger Jahre ist zu finden bei Otto Diehn, Bibliographie zur Geschichte des Kirchenkampfes 1933-1945 (AGK 1), Göttingen 1958, bes. 48-51, 60-73, 170-182, 193-197. Die wesentlichen Gestalten des Deutschchristentums und der Deutschgläubigen (mit Kurzbiographien und Werkverzeichnis) sind zu ersehen aus Mohler, Die konservative Revolution (wie Anm. 5), 371-396.

1. Christentumsnahe Gruppierungen

Ausgehend von Gedanken Fichtes behauptete die "Glaubensbewegung Deutsche Christen"[12], die bei den Kirchenwahlen vom 23. Juli 1933 die absolute Mehrheit in der Deutschen Evangelischen Kirche errang, eine gottgewollte Vorrangstellung des deutschen Volkes, das sich daher von allem Fremden, speziell vom Judentum[13], geistig und biologisch zu reinigen habe. Namentlich sei das Alte Testament abzuschaffen, denn "im Untergrund aller alttestamentlicher Frömmigkeit, auch der prophetischen, steht ein aus dem jüdischen Urschleim entstandenes Gottungetüm satanischer Art, das als verheerende Macht aus der Erde zu seiner Selbstverherrlichung ein Leichenfeld schaffen will und nur dem Judenvolk gnädig ist"[14]. Worum es statt dessen gehen sollte, ist den am 11. Dezember 1933 erlassenen Richtlinien dieser Vereinigung zu entnehmen: "Deutschland ist unsere Aufgabe, Christus ist unsere Kraft! [...] Wie jedem Volk, so hat auch unserem Volk der ewige Gott ein arteigenes Gesetz eingeschaffen. Es gewann Gestalt in dem Führer Adolf Hitler und in dem von ihm geformten nationalsozialistischen Staat. Dieses Gesetz spricht zu uns in der aus Blut und Boden erwachsenen Geschichte unseres Volkes. Die Treue zu diesem Gesetz fordert von uns den Kampf für Ehre und Freiheit [...]. Der Weg zur Erfüllung des deutschen Gesetzes ist die gläubige deutsche Gemeinde. In ihr regiert Christus der Herr, als Gnade und Vergebung. In ihr brennt das Feuer heiliger Opferbereitschaft. In ihr allein begegnet der Heiland dem deutschen Volke und schenkt ihm die Kraft des Glaubens. Aus dieser Gemeinde Deutscher Christen soll im nationalsozialistischen Staat Adolf Hitlers die das ganze Volk umfassende 'Deutsche christliche Nationalkirche' erwachsen: Ein Volk! - Ein Gott! - Ein Reich! - Eine Kirche!"[15] Eine der ersten Entschließungen der "Deutschen Christen" war denn auch die am 13. November 1933 im Berliner Sportpalast unter Anwesenheit von etwa 20 000 "Gläubigen" ergangene Aufforderung zur Verwirklichung des "Arierparagraphen". "Wir fordern, daß eine deutsche Volkskirche Ernst macht mit der Verkündigung der von aller orientalischen Entstellung gereinigten schlichten Frohbotschaft und einer heldischen Jesusgestalt als Grundlage des artgemäßen Christentums, in dem an die Stelle der zerbrechenden Knechtsseele der stolze Mensch tritt, der sich als Gotteskind dem Göttlichen in sich und seinem Volke verpflichtet fühlt"[16].

---

[12] Hinsichtlich der "Deutschen Christen" sind zwei Vereinigungen zu unterscheiden, nämlich die 1927 durch die Thüringer Pfarrer Leffler und Leutheuser gegründete "Kirchenbewegung Deutsche Christen", auch "Thüringer Deutsche Christen" genannt, und die fünf Jahre später durch den preußischen Pfarrer Hossenfelder initiierte, einflußreichere "Glaubensbewegung Deutsche Christen". Obgleich sich beide Gruppierungen nur kurzzeitig miteinander verbanden und ansonsten getrennte Wege gingen, standen sie sich ideologisch recht nahe. Vgl. Kurt Meier, Die Deutschen Christen. Das Bild einer Bewegung im Kirchenkampf des Dritten Reiches, Halle (Saale)/Göttingen [3]1967; Hutten, Deutsch-christliche Bewegungen (wie Anm. 11), 105f; Andresen/Denzler, Wörterbuch (wie Anm. 11), 178.

[13] Zu den Vorstellungen der Deutschreligiösen bezüglich des Judentums vgl. besonders Franz Heinrich Philipp, Protestantismus nach 1848, in: Karl Heinrich Rengstorf/Siegfried von Kortzfleisch (Hg.), Kirche und Synagoge. Handbuch zur Geschichte von Christen und Juden II, Stuttgart 1970 (ND München 1988), 280-357; 325-339.

[14] Immanuel B. Schairer, Das Gottgespenst des Alten Bundes (zit. nach Hutten, Deutsch-christliche Bewegungen [wie Anm. 11], 105).

[15] Joachim Beckmann (Hg.), Kirchliches Jahrbuch für die Evangelische Kirche in Deutschland 1933-1944, Gütersloh 1948, 32f (zit. nach Hermann Glaser, Das Dritte Reich. Anspruch und Wirklichkeit, Freiburg i. Br. u. a. 1961, 51).

[16] Zit. nach Glaser, Das Dritte Reich (wie Anm. 15), 51.

Des weiteren ist zu nennen der von Studienrat Dr. Kurd Niedlich (1884-1928) 1921 in Berlin gegründete "Bund für deutsche Kirche" (Deutschkirche), dessen Grundlage die 95 Leitsätze zum Reformationsfest 1917 waren, die unter dem Titel *Deutschchristentum auf rein-evangelischer Grundlage* veröffentlicht wurden. Unter Berufung auf die Rassenforschung und die von ihr angeblich bewiesenen "verderblichen Folgen der Blutmischung" (Leitsatz 6) strebte auch die Deutschkirche ein möglichst reines und in sich geschlossenes deutsches Volkstum an, wobei bezüglich der Religionen Christentum und Judentum gegeneinander ausgespielt werden: "Jede Religion ist eine für sich bestehende Größe und ist nur aus sich selbst und durch sich selber zu verstehen. Alttestamentlich-jüdische und neutestamentlich-christliche Religion sind zwei voneinander verschiedene und in den Hauptpunkten sogar einander entgegengesetzte Religionen. Sie haben einen verschiedenen Gottes-, Welt-, Menschen- und Geschichtsbegriff." (Leitsatz 34)[17] Einen engen Zusammenhang erblickte man dagegen zwischen Deutschtum und Christentum: "Wir sehen in den germanischen Überlieferungen die gewaltigen Bilder der Götterdämmerung und der Wiedergeburt der Götter und der Welt, und wir müssen, selbst wenn wir der Wissenschaft glauben wollten, daß diese Bilder durch das Christentum beeinflußt worden seien, in ihnen dennoch mehr als dies erkennen: nämlich den echten Sinn des uralten nordarischen Sonnenmythos, von welchem der Untergang und die Wiederkehr unzertrennlich ist; damit aber ist die Verwandtschaft der mythischen und der ethischen Lichtreligion, Deutschtum und Christentum, bereits tief und fest begründet, wie ihnen beiden der Heiland Jesus Christus das 'Licht der Welt' bedeutet." (Leitsatz 93)[18] Jesus ist hier also nicht das leidende Gotteslamm, das die Sünde der Welt trägt, sondern der arische Held und der Führer im Sinne des Heliand. Der Mensch kennt keine Erbsünde und ist vor Gott ohne Furcht - ein solches Christentum entspreche der aufrechten, nordischen Art und könne daher das Vertrauen der Deutschen gewinnen. Deutlich ist in diesem Konstrukt der Einfluß von Arthur Bonus zu spüren.

2. Christentumsferne Gruppierungen

Diese Gemeinschaften, die sich in weit größerer Distanz zum kirchlichen Christentum befanden als die vorgenannten, sahen Christentum und Kirche eigentlich im Gegensatz zum Deutschtum stehen; lediglich dort, wo es gelingt, das Christentum einzudeutschen oder umzudeuten, wird eine Möglichkeit zur Annäherung gesehen, wobei dies jedoch vollständig auf Kosten der Eigenständigkeit, ja der Identität des Christentums geht. Als Beispiele für diese Richtung seien genannt der "Bund für deutsche Weltanschauung", der "Nordische Kampfbund" oder der "Treubund für Aufsteigendes Leben". Großer Einfluß kam darüber hinaus Artur Dinter (1876-1948) und Herman Felix Wirth (1885-1981) zu. Dinter, der 1918 bis 1922 durch seine Roman-Trilogie *Die Sünden der Zeit* einen völkischen Bestseller gelandet hatte,[19]

---

[17] Zit. nach Hieronimus, Zur Religiosität (wie Anm. 1), 163. - Zu Niedlich siehe Mohler, Die konservative Revolution (wie Anm. 5), 372f.

[18] Zit. nach Hieronimus, Zur Religiosität (wie Anm. 1), 163f.

[19] Diese Trilogie, die H.G. Adler als "eine widerliche Mischung von Pornographie und Pseudotheosophie" bezeichnete (Die Juden in Deutschland. Von der Aufklärung bis zum Nationalsozialismus, München 1960 [ND München 1987], 142; vgl. auch Scholder, Die Kirchen [wie Anm. 11], I, 762, Anm. 10) besteht aus den Einzelwerken "Die Sünde wider das Blut" (1918), "Die Sünde wider den Geist" (1920) und "Die Sünde wider die Liebe" (1922). "Die Sünde wider das Blut" hat z. B. auch Himmler gelesen (vgl. Josef Ackermann, Heinrich Himmler als Ideologe, Göttingen 1970, 25f). - Zu Dinter siehe: Scholder, a.a.O., 118-123; Mohler,

war ein glühender Verehrer Hitlers und Gauleiter von Thüringen, ehe er bei seinem Idol in Ungnade fiel und nach dem im September 1927 erfolgten Verlust des Gauleiterpostens im Oktober 1928 sogar aus der Partei ausgestoßen wurde. Der Grund dafür war die mit großer Hartnäckigkeit vorgetragene These Dinters, "daß den epochemachenden politischen Umwälzungen die religiösen stets vorausgehen"[20]. Hitler vertrat in dieser Sache genau die gegenteilige Position: "Wenn heute von verschiedenen Seiten der Versuch unternommen wird, die völkische Bewegung in religiösen Belangen anzusetzen, so sehe ich darin den Beginn ihres Endes"[21]. Zwei Monate nach dem Rücktritt von der Gauleitung, wodurch er mehr Zeit hatte für seinen völkischen Propagandafeldzug und sein religiöses Schwärmertum, gründete Dinter die "Geistchristliche Religionsgemeinschaft, Kampfbund zur Vollendung der Reformation" (ab 1934 "Deutsche Volkskirche", 1937 von Himmler verboten). Auf diese Vereinigung gestützt, wollte er die nordische Urreligion wiederherstellen, die Luther zwar geahnt, aber wegen seiner Zeitbefangenheit nicht habe verwirklichen können. Die reine Lehre Jesu, die aus dem "judenchristlichen Schutt des NT immer noch hervorleuchtet",[22] hatte der selbst ernannte Religionsführer bereits 1923, "von allen Zutaten und Fälschungen befreit", veröffentlicht, wie er eingangs dieser Schrift behauptete[23]. In Wirklichkeit handelt es sich hierbei um eine Art von Evangelienharmonie auf der Basis eines verkürzten und umgearbeiteten Johannesevangeliums; er widmete seine Collage dem deutschen Volke, "in der Gewißheit, daß nur die reine unverfälschte Lehre des Heilandes uns wahrhaft völkisch erneuern und uns die Einigkeit und Kraft geben kann, die deutsche Ehre, Macht und Größe wiederherzustellen"[24].

Einen anderen Weg als Dinter mit seiner von Elementen einer verflachten Gnosis, einer Reinkarnationslehre und eines starken Antisemitismus durchsetzten Weltanschauung ging der Urgeschichtsforscher Herman Felix Wirth, für den das Christentum nur die Abwandlung einer nordischen Urreligion und deren Träger die deutsche Rasse bildet. Wer deutsch ist, trägt Gottes Licht in sich als Offenbarung der Ewigkeit, die durch das Volk weitergegeben wird. Darum kann sich der nordische Mensch nach Meinung Wirths selbst erlösen - allerdings nur unter Mitwirkung des weiblichen Elements in Gestalt der "Volksmütter" als "Hüterinnen der heiligen Werte"[25].

Die konservative Revolution (wie Anm. 5), 378f; Karl Hausberger, Thaddäus Engert (1875-1945). Leben und Streben eines deutschen "Modernisten" (Quellen und Studien zur neueren Theologiegeschichte 1), Regensburg 1996, 188-193 (Lit.).

[20] Artur Dinter, Politik, Religion und Rasse, in: Das Geistchristentum 1 (1928) 2-11; 9.

[21] Adolf Hitler, Zum Wiedererstehen der Bewegung, in: Nationalsozialistische Monatshefte 9 (1938) 647-649; 648.

[22] Zit. nach Hieronimus, Zur Religiosität (wie Anm. 1), 165.

[23] Artur Dinter, Das Evangelium unseres Herrn und Heilandes Jesus Christus nach den Berichten des Johannes, Markus, Lukas und Matthäus im Geiste der Wahrheit neu übersetzt und dargestellt, Langensalza 1923, 5.

[24] Ebd.

[25] Zit. nach Hieronimus, Zur Religiosität (wie Anm. 1), 168. - Näheres zu dem Holländer Wirth, der zur Gründung der Freilichtschau und Sammlung für Geistesurgeschichte und Volkstumskunde "Deutsches Ahnenerbe" 1933 eine außerplanmäßige Professur an der Universität Berlin erhielt, bei der SS aber nicht sonderlich geschätzt wurde und daher schon vor Kriegsausbruch die Leitung des "Deutschen Ahnenerbes" abgeben mußte, bei Poliakov/Wulf, Das Dritte Reich (wie Anm. 11), 243f; Mohler, Die konservative Revolution (wie Anm. 5), 347f, Erg.-bd. 12; Ackermann, Himmler (wie Anm. 19), 48f sowie in: Degeners Wer ist's?, hg. von Herrmann A.L. Degener, Berlin [10]1935, 1744.

3. Christentumsfremde Gruppierungen

Völlig vom Christentum und damit letztlich auch von der deutschen Geschichte abgelöst sind schließlich Vereinigungen, die sich ganz der Wiederherstellung der germanischen Religion verschworen haben oder deren Religiosität sich in nebelhaften mythischen Vorstellungen auflöst. Nach dem bereits 1894 durch den Journalisten Friedrich Lange (1852-1917) gegründeten "Deutschbund"[26] ist die älteste dieser meist unter dem Sammelbegriff "deutschgläubig" zusammengefaßten Gruppen die 1908 durch den Maler und Schriftsteller Ludwig Fahrenkrog (1867-1952) gebildete "Deutschreligiöse Gemeinde" - 1913 umbenannt in "Germanische Glaubensgemeinschaft" (GGG) -, die sich keineswegs die Erneuerung der erloschenen altgermanischen Religion auf die Fahnen geschrieben hatte, sondern die Bewährung des Menschen in dieser Welt und seine Höherentwicklung zu immer reineren und edleren Formen, wie es allen Germanen von Natur aus mitgegeben sei: "Gott in uns, das sittliche Gesetz in uns und die Selbsterlösung"[27].

Als eigenwilligster Gestalter völkischer Religiosität ist zweifellos der Leipziger Philosophieprofessor Ernst Bergmann (1881-1945) anzusehen, der die Bibel und jede übernatürliche Offenbarung ablehnt. Dem Christentum warf er die "Zerstörung des Körpers" vor und bezeichnete es als die "menschheitsfeindlichste unter allen Religionen"[28]. "Mache das Göttliche in dir glühend, deifiziere dich", war seine Maxime[29]. Der Wille, selbst ein Christus, ein vollkommener Mensch, zu werden und nicht bloß an Christus zu glauben, das sei "Gnade" im deutsch-religiösen Sinne. Hierdurch war die Forderung nach einer radikalen und rücksichtslosen Auslese derer, denen das Ideal des perfekten Menschen von vornherein unerreichbar war, und nach einer Propagierung der Menschenzüchtung bereits vorgegeben: "Hat der europäische Mensch nicht die Kraft zu einem Weltkrieg gegen die Idioten, Kretins, Schwachsinnigen, Gewohnheitsverbrecher und sonstwie Degenerierten und Verseuchten, gegen den Menschenkehricht der Großstädte, von dem getrost eine Million beiseite geschaufelt werden könnte?"[30] Sein Glaubensbekenntnis faßte Bergmann, der wie Wirth die Bedeutung des Weiblichen betonte,[31] so zusammen: "Ich glaube an die reine, göttliche Natur in mir und außer mir (Goethe), an das Sittengesetz in mir (Kant) und an meine Kraft des Glaubens, welche eins ist mit Gott (Luther). In diesem Zeichen werden wir - nein: könnten - wir siegen"[32].

---

26 Zu Friedrich Lange siehe: Hans Bohrmann, Lange, Friedrich in: NDB XIII 554f; Mohler, Die konservative Revolution (wie Anm. 5), 338.

27 Ludwig Fahrenkrog, zit. nach Hieronimus (wie Anm. 1), 169. Die Formel "Gott in uns" lehnt sich an den mißverstandenen Meister Eckhart an. - Näheres zu Fahrenkrog bei Oskar Beyer, Fahrenkrog, Ludwig, in: RGG^2 II 499; Mohler, Die konservative Revolution (wie Anm. 5), 377.

28 Zit. nach Poliakov/Wulf, Das Dritte Reich (wie Anm. 11), 177.

29 Zit. nach: Die "Dritte Konfession?" Materialsammlung über die nordisch-religiösen Bewegungen (Das Rüstzeug, Bd. 3), Berlin 1934, 31. - Näheres zu Bergmann bei Mohler, Die konservative Revolution (wie Anm. 5), 380f sowie in: Degeners Wer ist's? (wie Anm. 25), 102.

30 Ernst Bergmann, Erkenntnisgeist und Muttergeist. Eine Soziosophie der Geschlechter, Breslau 1932, 131.

31 So forderte Bergmann etwa die Rückkehr zum Leben bewahrenden Muttergeist und die Aufstellung mit Blumen und Lichtern geschmückter Bilder der "großen Mutter" - der Mutter Germania - in den Kirchen. "Allerdings sind für Bergmann solche Bilder nur Bilder der Subjektivität des Einzelnen, denn Gott ist und bleibt subjektiv, Gott existiert weder über noch außer dem Menschen und Christus ist nur die Verkörperung des sterbenden und wieder auferstehenden Lebens im Jahreslauf." (Hieronimus, Zur Religiosität [wie Anm. 1], 172)

32 Ernst Bergmann, Die Deutsche Nationalkirche, Breslau 1933, 220.

Der radikalste Versuch zur Durchsetzung eines deutschen Glaubens gegen die herrschende christliche Religion ist der durch den vormaligen General Erich Ludendorff und seine Ehefrau Mathilde 1937 ins Leben gerufene "Bund für Deutsche Gotterkenntnis (L)"[33]. Nach Ansicht des Ehepaars Ludendorff ist Jesus der einzige Religionsstifter, der nicht nach seiner Religion lebte, sondern vielmehr voller Angst, so daß er auch dem Kreuzestod aus dem Weg gegangen sei. Überdies trage er die Verantwortung für die Trunksucht und als Jude auch für alles übrige Unheil. Außerdem entwurzele er durch seine Lehre den Menschen aus Rasse, Volk und Sitte. Demgegenüber sei die (von Schopenhauer inspirierte) Gottesvorstellung der "Deutschen Gotterkenntnis" dem Deutschen rassegemäß: "Der Deutsche hat ein Gottdurchleuchtetes Erbgut in seiner Seele schlummern, und er kann gar nichts Heiligenderes tun als sich im Einklang mit diesem Erbgut zu verinnerlichen und hierdurch die Seele auszugestalten zu einem Bildgleichnis Gottes"[34]. Da der Mensch gottdurchwirkt und -durchwaltet ist, ist er auch unsterblich.

Aufs Ganze gesehen gewann die deutschreligiöse Bewegung also ihr Profil in der unaufhörlichen Auseinandersetzung mit dem kirchlichen Christentum, dessen Absolutheitsanspruch in seinem viele Jahrhunderte währenden Wirken andere Glaubensweisen und Religionen unnachsichtig zerstört habe, so daß Ernst Bergmann von einem "1000jährigen Versailles" sprach. Der eigentliche Vorwurf lautete hierbei: Das Christentum, dessen Hinwendung zum Schwachen und Kranken allen vernünftigen Geboten der Eugenik widerspreche, ist dem Deutschen artfremd. Insbesondere der Erlösungsgedanke durch den Opfertod Jesu sei ungermanisch, da die heldische Art des nordischen Menschen die Annahme eines fremden Opfers für die eigene Sünde verbiete.

Letztlich ist die deutsch-völkische Religiosität Ausdruck einer zunehmend entchristlichten Zeit und Ausfluß einer religiösen Haltung, der jede kirchliche Verankerung fehlt und die dadurch für Selbstoffenbarungen große Anfälligkeit zeigt.

III. Die "Gottgläubigkeit" des Nationalsozialismus und die Reaktion der Kirchen

Der Nationalsozialismus neigte anfänglich stark zu dem unter dem Namen "Deutscher Glaube" firmierenden Neuheidentum. Dies zeigte sich nicht nur daran, daß Adolf Hitler sich als

---

[33] Die deutschen Siege über die Russen bei Tannenberg und an den Masurischen Seen im Rahmen des Ersten Weltkrieges begründeten den Mythos um Erich Ludendorff (1865-1937) und seine steile Karriere zum Generalstabschef der 8. Armee unter Hindenburg. 1918 entlassen, setzte er seine Popularität gegen die junge Republik ein und nahm am Putsch Hitlers 1923 teil. Im Jahre 1928 wandte er sich endgültig vom Nationalsozialismus ab, blieb aber ob seines Ansehens in der Bevölkerung bis zu seinem Tode unbehelligt. Bereits 1925 hatte Ludendorff als völkische Kampforganisation gegen die "überstaatlichen Mächte" der Freimaurer, Juden, Jesuiten und Marxisten den "Tannenbergbund" begründet. Der im September 1933 verbotene Bund verlagerte unter dem Einfluß von Ludendorffs zweiter Frau Mathilde (1877-1966) seinen Schwerpunkt immer mehr auf das religiöse Gebiet und entwickelte sich zu einer bizarren Sekte, die 1937 nach der offiziellen "Aussöhnung" mit Hitler ihre Fortsetzung im "Bund für Deutsche Gotterkenntnis (L)" fand. Näheres zu Erich und Dr. med. Mathilde Ludendorff bei Bruno Thoß, Ludendorff, Erich, in: NDB XV 285-290; Rudolf Radler, Ludendorff, Mathilde, ebd., 290-292; Mohler, Die konservative Revolution (wie Anm. 5), 388-396 u.ö.; zu ihrem Bund bei Konrad Algermissen, Bund für Gotteserkenntnis, in: $LThK^2$ II 778f.

[34] Mathilde Ludendorff, Deutscher Gottglaube, München 1932, 20f.

neuer, deutscher Heiland feiern ließ, sondern z. B. auch an mancher Wahlkampfrede wie derjenigen eines Nationalsozialisten namens Dolle 1923 über den Sinn des Hakenkreuzes. Demnach sei das Sonnenrad, das religiöse Symbol der heidnischen Vorfahren der Deutschen, mit dem Untergang des germanischen Heidentums zum Hakenkreuz geworden. "Daraufhin sei das Judenchristentum stärker zu Einfluß gekommen und habe das deutsche Volk immer mehr verweichlicht und zur Feigheit erzogen und das Hakenkreuz hätte die Form des christlichen Kreuzes angenommen. Es sei dann der Untergang durch die Revolution gekommen. In der Erniedrigung sei wieder das Hakenkreuz erschienen, vertreten durch die nationalsozialistische Bewegung. Und wenn nunmehr diese nationalsozialistisch-völkische Bewegung gesiegt habe, dann werde sie das Hakenkreuz wieder auf seinen Ursprung zurückführen, und das künftige religiöse Zeichen des Deutschen sei dann wieder das Sonnenrad in seiner alten Form. Freilich werde die Vernichtung des Christentums und seine Ersetzung durch den altgermanischen Götterkult nur unter ungeheuren blutigen Kämpfen möglich sein. Es sei damit zu rechnen, daß von 70 Millionen Deutschen nur 7 Millionen Lebende aus der Walstatt hervorgehen würden. Diese 7 Millionen und ihre Nachkommen würden aber einst berufen sein, über die ganze Welt zu herrschen"[35].

1. Alfred Rosenberg und "Der Mythus des 20. Jahrhunderts"

Mit dem Jahre 1933 setzte eine neue Blüte völkischer Religiosität ein, denn der neue Staat ließ darauf hoffen, daß all die alten Sehnsüchte und Ansätze verwirklicht würden, und Hitler selbst äußerte nur im privaten Kreis, daß er eine deutsche Kirche und ein deutsches Christentum - gleich welcher Couleur - für einen "Krampf" hielt und man seiner Meinung nach nur entweder Christ oder Deutscher sein konnte[36]. Aufgrund des weltanschaulichen Exklusivitätsanspruches der NSDAP und auch aus Enttäuschung über die Erfolglosigkeit der im Juli 1933 von Jakob Wilhelm Hauer (1881-1962) und Ernst Graf von Reventlow (1869-1943) gegründeten "Deutschen Glaubensbewegung"[37] und der übrigen derartigen Bünde wurde deren Werbeaktivität durch einen Gestapo-Erlaß jedoch schon 1935 drastisch eingeschränkt und unter

[35] Erhard Schlund, Neugermanisches Heidentum im heutigen Deutschland, München 1924, 7 (zit. nach Becker, Neuheidentum [wie Anm. 3], 14). - Vgl. zum folgenden auch die Quellentexte bei Hermann Schuster u. a. (Hg.), Quellenbuch zur Kirchengeschichte III, Frankfurt am Main u. a. ^{4}1960, 95-102.

[36] "Eine deutsche Kirche, ein deutsches Christentum ist Krampf. Man ist entweder Christ oder Deutscher. Beides kann man nicht sein [...] Wozu eine Einheitskonfession, eine deutsche romfreie Kirche? Seht Ihr denn in Gottes Namen nicht, daß alles überholt ist? Deutsche Christen, Deutschkirche, romfreie Christen, altes Zeug." (Adolf Hitler, zit. nach Hermann Rauschning, Gespräche mit Hitler, Zürich u. a. 1940, 50, 52). Vgl. hierzu auch den Tagebucheintrag Alfred Rosenbergs vom 24. Februar 1935, wonach Hitler gesagt habe: "Die eine Konfession ist so schlecht wie die andere." (Hans-Günther Seraphim [Hg.], Das politische Tagebuch Alfred Rosenbergs 1934/35 und 1939/40, Göttingen 1956 [ND München 1964], 72) Siehe außerdem Friedrich Heer, Der Glaube des Adolf Hitler. Anatomie einer politischen Religiosität, München 1968, besonders 269-324.

[37] Näheres zur "Deutschen Glaubensbewegung", die als umfassende Plattform für die Vereinigung der deutschgläubigen Organisationen gedacht war, sich aber seit 1935 wegen innerer Zwistigkeiten zusehends aufspaltete, bei Cancik, 'Neuheiden' (wie Anm. 11); Hutten, Deutschgläubige Bewegungen (wie Anm. 11) 109; Nowak, Deutschgläubige Bewegungen (wie Anm. 11), 556. - Zum Tübinger Religionshistoriker Hauer, der 1936 zusammen mit Graf Reventlow aus der "Deutschen Glaubensbewegung" ausschied, ist grundlegend die detaillierte Biographie von Margarete Dierks, Jakob Wilhelm Hauer 1881-1962. Leben - Werk - Wirkung, Heidelberg 1986 (mit umfangreicher Bibliographie); zu dem Schriftsteller und Politiker Reventlow siehe: Mohler, Die Konservative Revolution (wie Anm. 5), 377f.

dem Etikett "Gottgläubigkeit" ein eigenes religiöses Sammelbecken geschaffen. Diese neue Konfession verdichtete sich zwar nicht zu einer organisierten Gemeinschaft, bildete aber mittels besonderen Brauchtums, Jahresfesten, Feierstätten, Ahnenhallen und "Lebenslauffeiern" deutliche Ansätze zu einem eigenen Kult, der von den nationalsozialistischen Gliederungen getragen war und ideologisch im wesentlichen auf Alfred Rosenberg (1893-1946) zurückging, einem "Mann von profunder Halbbildung"[38]. Rosenberg, seit 1923 Hauptschriftleiter des *Völkischen Beobachters*, hatte in den zwanziger Jahren an einer neuen deutschen Volksreligion gefeilt, deren Glaubenslehre er 1930 in seinem 700 Seiten starken Hauptwerk *Der Mythus des 20. Jahrhunderts. Eine Wertung der seelisch-geistigen Gestaltenkämpfe unserer Zeit* ausführlich darlegte[39]. Obwohl nur wenige Leser mit dem in einem abstrusen Stil verfaßten Gebräu aus Mystik, Pseudowissenschaft und Ideologie etwas anfangen konnten, überschritt die Zahl der verkauften Exemplare dieses Werkes, das nach Hitlers *Mein Kampf* zur zweiten "Bibel" der nationalsozialistischen Bewegung wurde, 1942 die Millionengrenze; dies veranlaßte Reichsjugendführer Baldur von Schirach (1907-1974) zur Bemerkung, daß Rosenberg mehr Exemplare eines von niemandem gelesenen Buches abgesetzt habe als jeder andere Schriftsteller. Stark beeinflußt durch die rassistischen Thesen von Joseph Arthur Graf Gobineau (1816-1882) und Houston Stewart Chamberlain (1855-1927),[40] vertrat Rosenberg im "Mythus" die Auffassung, daß alle kulturellen und zur Staatenbildung führenden Leistungen dem nordischen Blut zuzuschreiben seien - angefangen von den "Ariern" in Indien und im Iran über die Griechen und Römer bis hin zu den "germanischen" Völkern des Abendlandes. Kunst und Wissenschaft, Recht und Gesetz, Brauchtum, Wahrheit und Irrtum, alles hing nach seiner Anschauung von der rassischen Substanz jeder einzelnen Seele ab. Die Rassenseele der alten Germanen, die als beste Vertreter der "nordischen Rasse" zur Herrschaft über Europa be-

---

[38] Joachim Fest, Das Gesicht des Dritten Reiches. Profile einer totalitären Herrschaft, München 1963, 230.

[39] Näheres zu Leben und Werk Rosenbergs, dem sein Buch 1934 immerhin zum Posten eines "Beauftragten des Führers für die Überwachung der gesamten geistigen und weltanschaulichen Schulung und Erziehung der NSDAP" verhalf, bei Raimund Baumgärtner, Weltanschauungskampf im Dritten Reich. Die Auseinandersetzung der Kirchen mit Alfred Rosenberg (VKZG, Reihe B, 22), Mainz 1977, 6-137 (mit umfassender Bibliographie); ders., Das Amt Rosenberg und seine Gegner. Zum Machtkampf im nationalsozialistischen Herrschaftssystem, Stuttgart 1970; Reinhard Bollmus, Alfred Rosenberg - 'Chefideologe' des Nationalsozialismus?, in: Ronald Smelser/Rainer Zitelmann (Hg.), Die braune Elite. 22 biographische Skizzen, Darmstadt 1989, 223-235; Seraphim, Das politische Tagebuch (wie Anm. 36), 9-20; Neuhäusler, Kreuz und Hakenkreuz (wie Anm. 11), I, 257-288 ("Der Theologe der 'deutschen Heiden'"); Robert Wistrich, Wer war wer im Dritten Reich. Anhänger, Mitläufer, Gegner aus Politik, Wirtschaft, Militär, Kunst und Wissenschaft, München 1983, 229-231.

[40] Zu dem französischen Diplomaten und Schriftsteller Graf Gobineau und seinem Werk "Versuch über die Ungleichheit der Menschenrassen" (4 Bde., 1853-1855, dt. 1898-1901), in dem er die Überlegenheit der arischen "Hochrasse" zu beweisen suchte, siehe Jean Boissel, Gobineau (1816-1882). Un don Quichotte tragique, Paris 1981; Michel Crouzet, Arthur de Gobineau. Cent ans après 1882-1982, Paris 1990; Adolf Haas, Gobineau, Arthur de, in: LThK² IV 1033f; Christian Zentner/Friedemann Bedürftig (Hg.), Das große Lexikon des Dritten Reiches, München 1985, 218; Mohler, Die konservative Revolution (wie Anm. 5), passim. - Der britisch-deutsche Publizist Chamberlain, der als glühender Verehrer und Schwiegersohn Richard Wagners seinen Wohnsitz 1909 in Bayreuth aufschlug, griff die von Gobineau herrührenden rassentheoretischen Ansichten Wagners auf und baute sie in seinem Hauptwerk "Die Grundlagen des 19. Jahrhunderts" (2 Bde., 1899) zu einer "asemitischen" Kulturtheorie aus, wonach die Deutschen sich ihres "Rassegewissens" bewußt sein sollten und das Christentum von jüdischen Elementen zu reinigen sei. Weiteres zu Chamberlain, zu dessen Bewunderern Kaiser Wilhelm II. und Hitler gehörten, bei Geoffrey G. Field, Evangelist of Race. The Germanic Vision of Houston Stewart Chamberlain, New York 1981; Otto Graf zu Stolberg-Wernigerode, Chamberlain, Housten Stewart, in: NDB III 187-190; Mohler, Die konservative Revolution (wie Anm. 5), 341-343 u.ö.; Zentner/Bedürftig, a.a.O., 100.

stimmt gewesen seien, habe alle anderen überragt, was sich in ihren Wertvorstellungen von "Ehre", "Persönlichkeit", "Freiheit" und "Adel" widerspiegle. Unter dem Zeichen des Hakenkreuzes sei nun eine geistige Weltrevolution entfesselt worden, bei der es sich um das Erwachen dieser Rassenseele handle. Der Nationalsozialismus bekämpfe durch den "Mythus des Blutes" somit die "seelische Bastardisierung" der Deutschen, wobei er sich mit seiner germanischen Idee der Kameradschaft in einem naturgegebenen oder - in der Diktion Rosenbergs - "organischen" Widerspruch zur "christlich-syrisch-liberalen Weltanschauung" und dem "semitischen Geist" befinde, der sich in der katholischen Kirche manifestiere.

Judentum und Christentum bezeichnete Rosenberg - der übrigens ein Balte war und damit Angehöriger einer im NS-Sinn minderwertigen Rasse - als Todfeinde der germanischen Seele und ihres Ehrbegriffs und erklärte in Sonderheit dem Internationalismus der römisch-katholischen Kirche den Krieg, der seinen Ursprung bei den "orientalischen Rassen" in Judäa und Syrien habe und mithin bei Rassen, die ganz anders geartet seien als die nordische. Eine deutsche Volkskirche sei daher heute die Sehnsucht von Millionen. Um sie zu schaffen, sei nicht Wissenschaft notwendig, sondern der Sturz bzw. eine andere Rangordnung ihrer innersten Werte. Deshalb zielte das Neuheidentum, das Rosenberg predigte, darauf ab, den Einfluß des Alten wie des Neuen Testaments auszuschalten und damit auch die christlichen Ideale der Liebe, Güte, Demut und Barmherzigkeit. An die Stelle der christlichen Ethik solle die Idee der Nationalehre treten. Obgleich die bestehenden "germanischen Glaubensgenossenschaften" über theoretische Ansätze nicht hinausgekommen seien, würden "die Forschungen dieser Verbände auf dem Gebiet nordischer Religionsgeschichte doch den Sauerteig bilden, der die ehemaligen katholischen und ehemaligen lutherischen Bestandteile der Deutschen Kirche durchsetzen wird. Denn an Stelle der alttestamentlichen Zuhälter- und Viehhändlergeschichten werden die nordischen Sagen und Märchen treten, anfangs schlicht erzählt, später als Symbole begriffen [...]. *Der Sehnsucht der nordischen Rassenseele im Zeichen des Volksmythus ihre Form als Deutsche Kirche zu geben, das ist mit die größte Aufgabe unseres Jahrhunderts.* Wie der römische Mythus der Stellvertretung Gottes durch den Papst sehr verschiedene Völker und auseinanderstrebende Richtungen umschloß und band, so wird auch der Mythus des Blutes - einmal ergriffen - wie ein Magnet allen Persönlichkeiten und religiösen Gemeinschaften, ungeachtet ihrer Verschiedenheiten, eine klare architektonische Lagerung, Bezug auf ein Zentrum und somit lebenzeugende Eingliederung ins Volksganze bringen"[41]. In der Praxis empfahl Rosenberg als Ersatz für die überkommenen Glaubensvorstellungen und Gottesdienste den Kult der alten nordischen Götter und Runen, die Wotansverehrung, die Abhaltung von Sonnwendfeiern und als Glaubenszeichen das "lebendige Symbol von Blut und Rasse", das Hakenkreuz[42].

Obgleich Rosenbergs Buch in Parteikreisen gewissermaßen als Pflichtlektüre galt, zum Lehr- und Prüfungsprogramm sämtlicher Schulungseinrichtungen der NSDAP gehörte und von offizieller Seite verschenkt wurde, benutzten es allenfalls Parteiideologen der unteren Ränge als Fundus für markige Sprüche; ansonsten studierten es Regimegegner, die nach einem roten Faden in der nationalsozialistischen Weltanschauung suchten, meist sehr viel gründlicher, als es die NS-Führer selbst taten. So bewertete Göring die Schrift schlichtweg als "Schund" und Rosenbergs schärfster Konkurrent, Joseph Goebbels, gar als "philosophischen

---

41 Alfred Rosenberg, Der Mythus des 20. Jahrhunderts. Eine Wertung der seelisch-geistigen Gestaltenkämpfe unserer Zeit, München [247]1944, 614f.

42 Eine eingehende Analyse des "Mythus" bietet Baumgärtner, Weltanschauungskampf (wie Anm. 39), 42-73.

Rülpser"[43]. Auch Hitler äußerte sich wiederholt voller Spott über den "Mythus" und fand ihn zu unklar, um lesbar zu sein. Außerdem widersprach er der Taktik des "Führers", einer offenen, groß angelegten Konfrontation mit den christlichen Kirchen vorerst aus dem Weg zu gehen;[44] statt dessen zog man es vor, in Verschleierung der Realität immer wieder zu betonen, daß Christentum und Nationalsozialismus zusammengehörten,[45] und legte - auch wenn man sich intern als Heiden bezeichnete - nach außen hin großen Wert darauf, als "gottgläubig" zu erscheinen. So war es nur konsequent, daß durch Erlaß des Reichsinnenministeriums vom 26. November 1936 der Begriff "Gottgläubige" als offizielle Bezeichnung für alle Volksgenossen eingeführt wurde, die zwar den anerkannten Religionsgemeinschaften den Rücken gekehrt hatten, aber nicht als glaubenslos gelten sollten.

2. Stellungnahmen der katholischen Kirche und katholischer Theologen

Rosenbergs Werk, das trotz aller Unzulänglichkeiten den einzig nennenswerten Versuch bildet, eine systematische Darstellung der offiziellen NS-Philosophie aus nationalsozialistischer Sicht zu geben, rief nach der evangelischen nun auch die katholische Seite auf den Plan, die sich beim Thema Germanentum und Christentum bisher recht zurückhaltend gezeigt hatte. Neben einigen Andeutungen im sogenannten Amerikanismus Isaak Thomas Heckers (1819-1888) und im "Reformkatholizismus" Herman Schells (1858-1906)[46] waren es bisher vor allem liturgiewissenschaftliche Arbeiten - etwa von Ildefons Herwegen oder Josef Andreas Jungmann - gewesen, die das angeblich eigenständig Germanische in diesem Bereich zu erheben suchten[47]. Nun wurden in rascher Folge eine ganze Reihe von überraschend kämpferisch gehaltenen Gegenschriften publiziert, allen voran die *Studien zum Mythus des XX. Jahrhunderts*, die auf Initiative einer in der Erzdiözese Köln eingerichteten Abwehrstelle gegen die nationalsozialistische antichristliche Propaganda entstanden. Diese umfangreiche Gemein-

---

[43] Zit. nach Wistrich, Wer war wer (wie Anm. 39), 230.

[44] So sagte Hitler unverblümt schon in einem um 1933 geführten Privatgespräch: "Ich garantiere [...], wenn ich will, könnte ich die Kirche in wenigen Jahren vernichten [...] Ich gebe ihnen ein paar Jahre Galgenfrist [...] Das wird mich nicht abhalten, mit Stumpf und Stiel, mit allen seinen Wurzeln und Fasern das Christentum in Deutschland auszurotten." (Zit. nach Rauschning, Gespräche [wie Anm. 36], 53, 50) Allerdings setzte Hitler darauf, daß die Kirche sich ihm zuvor bereits selbst ausliefern würde: "Was werden soll, fragen Sie? Das will ich Ihnen sagen: verhindern, daß die Kirchen etwas anderes tun, als was sie jetzt tun. Nämlich Schritt für Schritt Raum verlieren. Was glauben Sie, werden die Massen jemals wieder christlich werden? Dummes Zeug. Nie wieder. Der Film ist abgespielt. Da geht niemand mehr herein. Aber nachhelfen werden wir. Die Pfaffen sollen sich selbst ihr Grab schaufeln. Sie werden ihren lieben Gott an uns verraten. Um ihr erbärmliches Gelumpe von Stellung und Einkommen werden sie alles preisgeben [...] Sie werden alles schlucken, um ihre materiellen Positionen halten zu können [...] Das war schon was, die Kirche. Jetzt sind wir die Erben. Wir sind auch eine Kirche. Der ihre Zeit ist abgetan. Sie werden nicht kämpfen. Mir kann es schon recht sein. Wenn ich schon die Jugend habe, die Alten sollen in die Beichtstühle hinken. Aber die Jugend, die wird anders. Dafür stehe ich." (Ebd., 51, 53f).

[45] So heißt es etwa in Punkt 24 des Parteiprogramms vom 24. Februar 1920: "Die Partei als solche vertritt den Standpunkt des positiven Christentums, ohne sich konfessionell an ein bestimmtes Bekenntnis zu binden." (Zit. nach Becker, Neuheidentum [wie Anm. 3], 13).

[46] Näheres zu Hecker und zum Amerikanismus bei Karl Suso Frank, Hecker, Isaac Thomas, in: LThK^3 IV1235; Herman H. Schwedt, Amerikanismus, in: LThK^3 II 526; zu Schell bei Raimund Lachner, Schell, Herman, in: BBKL IX 88-99; Otto Weiß, Der Modernismus in Deutschland. Ein Beitrag zur Theologiegeschichte, Regensburg 1995, 133-150 u.ö.

[47] Siehe hierzu: Maron, Luther (wie Anm. 9), 264f mit Anm. 34. - Zum Folgenden Baumgärtner, Weltanschauungskampf (wie Anm. 39), 263-265.

schaftsarbeit katholischer Gelehrter unter Federführung des Bonner Kirchenhistorikers Wilhelm Neuss erschien aus Gründen der Vorsicht anonym und war, da sie klugerweise als Beilage zu bischöflichen Amtsblättern veröffentlicht wurde, durch das Konkordat vor Beschlagnahmung geschützt. Über die Kritik der Rosenbergschen Quellen konnten durch dieses Werk die historische Unzulänglichkeit des "Mythus" nachgewiesen und die wissenschaftliche Legitimation des Autors in spektakulärer Weise zerstört werden. Mit dem entschlossenen Festhalten auch am Alten Testament, dem Bekenntnis zum Apostel Paulus und der Ablehnung jeder Art von Rassenvergötzung fielen dabei Wertentscheidungen grundsätzlicher Art[48]. Auch seitens des deutschen Episkopats erfolgte 1934/35 mit dem Flankenschutz vatikanischer Noten eine energische Reaktion, deren Wortführer der Münchener Erzbischof und Kardinal Michael von Faulhaber war[49]. Vorträge, Exerzitien und eine massive Kampagne von den Kanzeln folgten. Dies alles trieb zwar die Verkaufszahlen des Buches noch höher, bewirkte aber immerhin, daß man dem 1933 aus der evangelischen Kirche ausgetretenen Rosenberg fortan kritischer gegenüberstand. Überdies darf nicht vergessen werden, daß die Auseinandersetzung mit Rosenberg und dadurch mit den weltanschaulichen Grundlagen des Regimes zu einer Zeit geführt wurde, als bereits überall die öffentliche Debatte verstummt war. Die Kritik an der neuen Religion zeigte jedoch kaum Wirkung bei den Volksmassen. Dies lag zum einen an den effektvoll und in enger Anlehnung an traditionelle christliche Kultformen abgehaltenen "Volkskundgebungen" wie z. B. liturgischen Fahnenweihen, prozessionsartigen Aufmärschen und anderen Großveranstaltungen mit sakralem oder sakramentalem Charakter, also an einer neuerlichen Ausprägung der erwähnten Verschleierungstaktik. Zum anderen gründete es in der Hohlheit der Ideologie, die sich unter Ausblendung der gesamten europäischen Kulturentwicklung auf den Blutmythos konzentrierte, und in deren Konturlosigkeit, da es angesichts konkurrierender Weltanschauungsdogmatiker wie Rosenberg, den Reichsführer-SS Heinrich Himmler (1900-1945) oder den Kirchenminister Hanns Kerrl (1887-1941)[50] nie zu einer Ka-

---

[48] Vgl. zum kath. Schrifttum Baumgärtner, Weltanschaungskampf (wie Anm. 39), 154-190, speziell zu den "Studien" 154-165; ferner Wilhelm Neuss, Der Kampf gegen den Mythus des XX. Jahrhunderts, Köln 1947. - Zur evangelischen Reaktion siehe: Baumgärtner, 200-259 (Schrifttum: 206-227).

[49] Hierzu Baumgärtner, Weltanschaungskampf (wie Anm. 39), 148-154. - Erinnert sei in diesem Zusammenhang an die berühmten Adventspredigten, die Faulhaber 1933 in St. Michael zu München hielt und in denen er zentrale Aussagen der NS-Weltanschauung als mit dem katholischen Glauben unvereinbar brandmarkte (Michael Faulhaber, Judentum, Christentum, Germanentum, München 1934).

[50] Über Himmlers Weltanschauung informiert eingehend Ackermann, Himmler (wie Anm. 19), 40-96 ("Germanentum - Christentum"). Himmler, der bis zu seinem 24. Lebensjahr praktizierender Katholik gewesen war, bezeichnete das Christentum 1942 als die "größte Pest, die uns in der Geschichte anfallen konnte" (zit. nach Ackermann, a.a.O., 92), mußte aber 1944 eingestehen: "Wir hätten die Kirche nicht angreifen dürfen, denn sie ist stärker als wir." (zit. nach Ackermann, 96). Welche Blüten die Suche nach den Resten altgermanischen Volksglaubens und nach Munition für die antichristliche Propaganda bei Himmler trieb, zeigt die von ihm initiierte Einrichtung eines "Hexen-Sonderkommandos" zum Studium historischer Hexenprozesse und Folterprotokolle beim Sicherheitsdienst (ab 1939 beim Reichssicherheitsamt); siehe hierzu Dieter Harmening, Himmlers Hexenkartei. Ein Lagebericht zu ihrer Erforschung, in: ders., Zauberei im Abendland. Vom Anteil der Gelehrten am Wahn der Leute (Quellen und Forschungen zur europäischen Ethnologie 10), Würzburg 1991, 70-86. Zu Himmler allgemein siehe Peter Padfield, Himmler. Reichsführer-SS, London 1990; Josef Ackermann, Heinrich Himmler - 'Reichsführer-SS', in: Smelser/Zitelmann, Die braune Elite (wie Anm. 39), 115-133; Wistrich, Wer war wer (wie Anm. 39), 125-129; Harald Steffahn, Himmler, in: Zentner/Bedürftig, Lexikon des Dritten Reiches (wie Anm. 40), 254-256. - Kerrl, ein Sympathisant der "Deutschen Christen", erhielt 1935 das Amt eines Reichsministers für kirchliche Angelegenheiten, das er bis zu seinem Tode bekleidete (ohne Nachfolger). Hierbei oblag es ihm, die allgemeine Gleichschaltung auch im kirchlichen Bereich einzuführen. Seine Versuche, die evangelische Kirche in den Griff zu bekommen, brachten Kerrl in Gegensatz zu Himmler und Hitlers Sekretär Martin Bormann (1900-1945), die auf eine

nonisierung des Deutschen Glaubens kam. Vor diesem Hintergrund ist es sicher weder dem Zufall noch der Kriegsnot zuzuschreiben, daß die als Katechismus der NSDAP entworfene Schrift Rosenbergs von 1939 mit dem Titel *Thesen unserer Weltanschauung* bis zum Untergang des Dritten Reiches nicht in Druck ging[51].

Obwohl man - wie gesagt - die offene Auseinandersetzung scheute, reagierten die Machthaber 1937 auf die päpstliche Enzyklika *Mit brennender Sorge* (4. März 1937) mit verschärften Unterdrückungsmaßnahmen wie der Schließung der beteiligten Druckereien, der Veranstaltung von Schauprozessen gegen Geistliche und Ordensbrüder[52] sowie der Einlieferung kirchlicher Würdenträger in die Konzentrationslager. Denn unmißverständlich hatte Pius XI. (1922-1939) der nationalsozialistischen Weltanschauung eine Absage erteilt; die Vergötterung von Rasse, Volk und Staat wurden als Rückfall in das schlimmste Heidentum angeprangert und alle germanisch-völkischen wie deutsch-christlichen Glaubensvorstellungen als Irrlehren verworfen.

Die ablehnende kirchliche und theologische Front war jedoch auch auf katholischer Seite keineswegs geschlossen. Zwar standen Katholiken nicht an der Spitze deutschreligiöser Gruppierungen, doch wurde mancher Theologe von der Rassenideologie des Nationalsozialismus verblendet oder sprang aus Opportunismus auf den völkischen Zug auf. Zu nennen ist etwa der streitbare fränkische Priester Josef Müller (1855-1942), Verfasser des aufsehenerregenden Werkes *Der Reformkatholizismus, die Religion der Zukunft* (1898) und Chefredakteur der kurzlebigen Zeitschrift *Renaissance* (1901-1907), der sich im Alter als "nationaler Katholik" fühlte und - im Lager der Reformer bereits weithin vergessen und überholt - unter die Propheten des reinen Ariertums einreihte. Daher forderte er in seiner 1938 erschienenen Schrift *Die deutsche Ehe*: "Wähle als Deutscher nur einen Gatten gleichen oder Nordischen Blutes!" Denn: "Es gibt nichts Kostbareres in der Welt als die Keime edlen Blutes; verdorbene Keimmasse (!) kann keine Heilkunst in gute verwandeln"[53].

Bereits 1933 bekundete Michael Schmaus (1897-1993), Ordinarius für Dogmatik in Münster, seine Sympathie für die völkische Bewegung. In einem Vortrag mit dem Titel *Begegnungen zwischen katholischem Christentum und nationalsozialistischer Weltanschauung*, dessen Druckfassung im Rahmen der Schriftenreihe *Reich und Kirche* drei Auflagen erlebte (^{3}1934), konstatierte er: "Nur als Glied eines Volkes kommt der einzelne zur Entfaltung und Erfüllung seiner menschlichen Persönlichkeit. Ein Deutscher ist ein voller Mensch, indem er ein voller Deutscher ist [...]. Soll die Weltgeschichte nicht sinnlos sein, soll sie sich nicht jenseits des göttlichen Willens vollziehen, dann wird man der deutschen Nation einen anderen Rang zuweisen müssen als der Negerrepublik Liberia. Darum ist es fraglich, ob der Völkerbund der katholischen Idee gemäß ist. Mag seine Universalität einem oberflächlichen Auge eine äußere Verwandtschaft mit der universalen Kirche vortäuschen, so ist er, sofern er den

völlige Ausschaltung der Kirchen hinarbeiteten und christliche Infiltration argwöhnten. Weiteres bei Zentner/Bedürftig, 307f und Wistrich, 155.

51 Die "Weltanschaulichen Thesen" sind vollständig wiedergegeben bei Seraphim, Das politische Tagebuch (wie Anm. 36), 239-258. - Zum folgenden vgl. Glaser (wie Anm. 15), 49-53.

52 Näheres zu diesen Prozessen, bei denen es regelmäßig um Devisen- oder Sittlichkeitsdelikte ging, bei Petra Madeleine Rapp, Die Devisenprozesse gegen katholische Ordensangehörige und Geistliche im Dritten Reich. Eine Untersuchung zum Konflikt deutscher Orden und Klöster in wirtschaftlicher Notlage, totalitärer Machtausübung des nationalsozialistischen Regimes und im Kirchenkampf 1935/36, Bonn 1981 (Diss. masch.); Hans Günter Hockerts, Die Sittlichkeitsprozesse gegen katholische Ordensangehörige und Priester 1936/37. Eine Studie zur nationalsozialistischen Herrschaftstechnik und zum Kirchenkampf (VKZG, Reihe B, 6), Mainz 1971; Neuhäusler, Kreuz und Hakenkreuz (wie Anm. 11), I, 127-144.

53 Alle Zitate nach Weiß, Modernismus (wie Anm. 46), 196. - Zu Müller vgl. ebd., 181-196.

nationalen Liberalismus auf den Thron erhebt, doch kein geringerer Widerspruch zum katholischen Glauben als der individuelle Liberalismus"[54]. Mit dem Schlußsatz seiner Ausführungen leistete Schmaus "einen bedeutungsschweren Beitrag zur Reichsideologie"[55]: "Je tiefer alle Männer und Frauen des deutschen Volkes zu den Schächten des Volkstums und des Glaubens vorstoßen, um so zuversichtlicher können wir in die Dämmerungen der Zukunft blicken, um so zuversichtlicher können wir vertrauen, daß der Bau des Reiches gelingt, der in Angriff genommen ist, des Reiches, das sein wird eine Opfergemeinschaft von unerschütterlich in Gott gegründeten, aus dem deutschen Volkstum genährten, demütig auf Gott vertrauenden, ihrer Verantwortung bewußten, von Christus geformten deutschen Menschen"[56].

Ein weiteres typisches Beispiel für den Versuch des Brückenbaus zwischen Kirche und Nationalsozialismus bildet eine in der gleichen Reihe und im gleichen Jahr 1933 erschienene Schrift des Münsteraner Kirchenhistorikers Joseph Lortz (1887-1975), die den Titel trägt: *Katholischer Zugang zum Nationalsozialismus, kirchengeschichtlich gesehen.* Hier wird von "grundlegenden Verwandtschaften zwischen Nationalsozialismus und Katholizismus" gesprochen, "die nichts zu tun haben mit irgendeiner utilitaristischen Forderung [...], wohl aber solche, vor denen man beglückt empfindet, wie auf ungeahntem Wege vom früher vermeintlichen Gegner das Beste unserer alten katholischen Kraft aufgerufen ist zum Mitbau am neuen Fundament des *'Reiches'* [...]. Wir wissen nur zu gut, daß für sehr viele Nationalsozialisten das Bekenntnis zum Staat und die Opferbereitschaft für ihn diejenigen zur Kirche und für sie vollkommen überragt. Aber es bleibt doch dabei, daß der Nationalsozialismus im Tiefsten dem Gläubigsein den Weg bereitet und sogar die Idee der Kirche neu aufleben läßt"[57]. "Katholisch und doch nationalsozialistisch" sei die Parole, behauptete Lortz in drei Artikeln für die Tageszeitung *Germania*[58]. "Unser Volk, unser Reich, steht unter seinem Führer in einem entscheidenden Kampf. Die Sehnsucht von 1000 Jahren deutscher Geschichte will sich endlich zu einem wirklichen Volkwerden in Einheit vollenden [...]. 'Zu uns komme dein Reich!' Diese Bitte hat heute für uns einen besonderen Klang und eine bestimmte Verpflichtung; es geht darum, daß Gottes Reich mit seiner Ankunft unser Drittes Reich erfülle und heilige [...]. Wenn die berufenen Kinder des Reiches versagen, wird Gott andere Helfer finden"[59].

Daß Nationalismus und Katholizismus keine Gegensätze seien, sondern zusammengehören wie Natur und Übernatur,[60] meinte auch Schmaus' Fachkollege in Tübingen, Karl Adam

---

[54] Michael Schmaus, Begegnungen zwischen katholischem Christentum und nationalsozialistischer Weltanschauung, Münster 1933, 18 bzw. 30f. - Zu Schmaus siehe Breuning, Die Vision (wie Anm. 10), 193f; Manfred Eder, Schmaus, Michael, in: BBKL IX 322-327 (Werke und Lit.).

[55] Breuning, Die Vision (wie Anm. 10), 194.

[56] Schmaus, Begegnungen (wie Anm. 54), 46.

[57] Joseph Lortz, Katholischer Zugang zum Nationalsozialismus, Münster ^{2}1934, 9, 18. - Zu Lortz, der 1933 der NSDAP beitrat, jedoch ab 1934 unter dem Einfluß Bischof von Galens allmählich einen Kurswechsel vollzog (was sich z. B. in der Verteidigung der Indizierung von Rosenbergs "Mythus" zeigte), siehe Breuning, Die Vision (wie Anm. 10), 193-195; Gabriele Lautenschläger, Joseph Lortz (1887-1975). Weg, Umwelt und Werk eines katholischen Kirchenhistorikers (SKNZ 1), Würzburg 1987, bes. 236-403; dies., Lortz, Joseph, in: BBKL V 241-244; Wilhelm Braun, Lortz, Joseph, in: NDB XV 188f; Wolfgang Stump, Lortz, Joseph, in: Rüdeger vom Bruch/Rainer A. Müller (Hg.), Historikerlexikon. Von der Antike bis zum 20. Jahrhundert, München 1991, 188f; Erwin Iserloh, Lortz, Joseph, in: TRE XXI 466-468.

[58] Es handelte sich hierbei um folgende Beiträge: Katholisch und doch nationalsozialistisch, in: Germania vom 28. Januar 1934; Katholischer Zugang zum Nationalsozialismus, Ideologie - oder Wirklichkeit?, in: Germania vom 4. Februar 1934; Unser Kampf um das Reich, in: Germania vom 6. Mai 1934.

[59] Lortz, Kampf (wie Anm. 58; zit. nach Breuning, Die Vision [wie Anm. 10], 195).

[60] Vgl. Karl Adam, Deutsches Volkstum und katholisches Christentum, in: ThQ 114 (1933) 40-63; 59. Vgl. dazu Joachim Köhler, Vom "Geist des Christentums" und "dessen Anwendung auf die Gemüter", in: Verlei-

(1876-1966), und stimmte einen an die Sprache des Johannesprologs erinnernden Lobpreis auf Hitler an: "Ein solcher Mensch, der ganz und gar Volk und nichts als Volk war, ein Volkskanzler, mußte kommen, wenn anders das deutsche Volk in seinem Innersten berührt und zu neuem Lebenswillen erweckt werden sollte. Und er kam, Adolf Hitler. Aus dem Süden, aus dem katholischen Süden kam er, aber wir kannten ihn nicht. Denn durch Not und Gefahr war er hindurchgegangen, und gewaltige Blöcke deutschen Ingrimms hatte er gegen die geschleudert, die wir bislang unsere Führer genannt hatten. So züngelte der Haß um sein Bild und entstellte es. Aber es kam die Stunde, da wir ihn sahen und erkannten. Und nunmehr steht er vor uns als der, den die Stimmen unserer Dichter und Weisen gerufen, als der Befreier des deutschen Genius, der die Binden von unsern Augen nahm und uns durch alle politischen, wirtschaftlichen, gesellschaftlichen, konfessionellen Hüllen hindurch wieder das eine Wesenhafte sehen und lieben ließ: unsere bluthafte Einheit, unser deutsches Selbst, den homo Germanus"[61]. Im gleichen Aufsatz mit dem Titel *Deutsches Volkstum und katholisches Christentum* verteidigte Adam auch die Forderung nach Blutreinheit, die "in der Linie der alttestamentlichen Gottesoffenbarung" liege und deshalb "nicht ohne weiteres unchristlich oder widerchristlich" gescholten werden dürfe. "Es ist vielmehr Recht und Aufgabe des Staates, durch entsprechende Verfügungen die Blutreinheit seines Volkes zu wahren, sobald sie offensichtlich durch ungeregeltes, übermäßiges Einströmen artfremden Blutes bedroht wird"[62]. Im übrigen sei Jesus trotz seiner irdischen Abkunft nicht als "Juden-Stämmling" zu bezeichnen, sondern als "eine überjüdische Gestalt", die "in keinerlei physischem oder moralischem Zusammenhang mit jenen häßlichen Anlagen und Kräften stand, die wir am Vollblutjuden verurteilen"[63].

Mit Namen wie denjenigen des Osnabrücker Oberhirten Hermann Wilhelm Berning (1877-1955)[64], des Freiburger Pastoraltheologen Linus Bopp (1887-1971)[65], des in München, Prag und Bonn wirkenden Religionspädagogen Anton Stonner (1895-1973)[66] oder des Eichstätter

---

hung der Ehrendoktorwürde durch die Kath.-Theol. Fakultät der Universität Tübingen an Eduard Niedernhuber, München 1988, 27-56; 41-44. - Zu Adam, der seinen Lehrstuhl seit 1919 innehatte, siehe Weiß, Modernismus (wie Anm. 46), 492-502, bes. 494; Hans Küng, Das Judentum, München/Zürich 1991, 313f, 816f; Hans Kreidler, Adam, Karl, in: LThK³ I 141f.

61 Adam, Deutsches Volkstum (wie Anm. 60), 41f.

62 Alle Zitate nach Adam, ebd., 61.

63 Karl Adam, Jesus, der Christus, und wir Deutsche, in: Wissenschaft und Weisheit 10 (1943) 73-103; 11 (1944) 10-23; 10 (1943) 91.

64 Zu Bernings Vorstellungen über die Berufung des deutschen Volkes zur Weltherrschaft siehe Breuning, Die Vision (wie Anm. 10), 194. - Zur Biographie Bernings, der das Bischofsamt von 1914 bis zu seinem Tode bekleidete, Näheres bei Wolfgang Seegrün, Berning, Hermann Wilhelm, in: Erwin Gatz (Hg.), Die Bischöfe der deutschsprachigen Länder 1785/1803 bis 1945. Ein biographisches Lexikon, Berlin 1983, 40-43; ders., Berning, Hermann Wilhelm, in: LThK³ II 283f.

65 Nach Ansicht Bopps kam der Kirche die unerläßliche Funktion der Überhöhung des Völkischen zu: "Wie [...] die einzelnen Personen ihren Schutzengel haben, so besitzen [...] auch die Völker ihre *Schutzgeister*. Es ist höchst eigenartig, wie der heilige *Erzengel Michael*, der ursprünglich den Schutzgeist des Gottesreiches überhaupt darstellt, zum 'Engel des deutschen Volkes' geworden ist. Es äußert sich in diesem Werdegang die hohe Sondersendung, das 'Geschichtsprivileg' des deutschen Volkes für das Gottesreich überhaupt." (Linus Bopp, Liturgie und Lebensstil, Freiburg i. Br. 1936, 101f [zit. nach Franz-Josef Bäumer, "[...] weil Gesundheit, Rasse und Blut den 'Affekt des Herzens' der Zeit besitzen" (L. Bopp, 1937). Zur katholischen Pastoraltheologie im Nationalsozialismus, in: Kirche und Israel 11 (1996) 62-73; 67]). Näheres zu Bopp bei Ulrich Hemel, Bopp, Linus, in: LThK³ II 591. - Zur Michaelsverehrung vgl. auch Breuning, Die Vision (wie Anm. 10), 251f.

66 Vgl. von den Werken Stonners, der den Religionsunterricht ganz in den Dienst deutsch-völkischer Pädagogik stellen wollte, vor allem die beiden 1933 bzw. 1934 in Regensburg erschienenen Schriften "Germanen-

Hochschullehrers Rudolf Graber (1903-1992), nachmals Bischof von Regensburg (1962-1982)[67], ließe sich die Liste derer, die zumindest partiell oder zeitweise von deutschreligiösem Gedankengut infiltriert waren, durchaus noch verlängern, doch soll es mit den vorgelegten und ohnehin nur schwer verdaulichen Kostproben sein Bewenden haben. Zu vermerken ist allerdings, daß sich nach 1945 keiner der genannten Theologen und Kirchenmänner - deren berufliche Karriere im übrigen keineswegs beendet war - bemüßigt sah, seinen theologischen Irrweg einzugestehen oder gar zu bedauern, daß er die herrschende Ideologie und damit letztlich das NS-Regime selbst gestützt hatte.

3. Die evangelische Kirche zwischen Verführung und Widerstand

Die protestantische Kirche suchte man zunächst dadurch zu gewinnen, daß man schwelende Katholikenfeindschaft entfachte und ihr - bei überschwenglicher Verherrlichung des "Erzdeutschen Luther" - Aussichten auf eine Erhebung zur Staatsreligion machte. Zugleich aber war man bestrebt, Kräfte abzusplittern, die bereit waren, eine Kirche nach nationalsozialistischem Geschmack zu schaffen und zu fördern. "Bei uns ist das Christentum so tief gegangen", sagte der seit 1933 als bayerischer Staatsminister für Unterricht und Kultus amtierende Gauleiter Hans Schemm (1891-1935), "weil der innerste, seelische und charakterliche Gehalt der Heilandsgestalt sich mit dem Grundwesen des deutschen Menschen deckt. Es besteht ein innerlicher Wesenszusammenhang zwischen dem Christentum und dem Germanentum. Gott als das Heldische ist in der Siegfriedsgestalt, Gott als das Duldende ist in der Parsivalgestalt verkörpert. Es ist ein grundsätzlicher Fehler unserer christlichen Religionsdarstellungen, daß man dem Heiland einen femininen Zug aufträgt. Ich mache den Kirchen den Vorwurf, daß sie das Heldische, Männliche des Heilands in den Hintergrund treten lassen, den Heiland seines kämpferischen Charakters entkleiden und ihn verweichlichen. Es liegt darin geradezu eine deutschfeindliche Tendenz. Für uns ragt die Heilandsgestalt als das kämpferische Ideal auf. Er ist uns der Held, derjenige, der das größte Opfer gebracht hat"[68]. Solche und ähnliche Gedanken fanden erstaunlicherweise bei einer gar nicht so kleinen Gruppe protestantischer Geistlicher Anklang; so konstituierten sich die schon erwähnten "Deutschen Christen", die man zu Recht als "SA-Christi" bezeichnet hat[69].

---

tum und Christentum. Bilder aus der deutschen Frühzeit zur Erkenntnis deutschen Wesens" ([2]1934; siehe hierzu auch die positive Rezension des Augsburger Kirchenhistorikers Friedrich Zoepfl in der Theologischen Revue 33 [1934] 16) und "Nationale Erziehung und Religionsunterricht". Zu Stonners Biographie siehe: Kürschners Deutscher Gelehrten-Kalender 1970, Berlin [11]1970/71, 2960.

[67] Vgl. zu Grabers rassisch bestimmten reichsideologischen Anschauungen Breuning, Die Vision (wie Anm. 10), 249-251. - Zu Graber im allgemeinen siehe Karl Hausberger, Graber, Rudolf, in: LThK[3] IV 970f (Lit.).

[68] Hans Schemm spricht. Seine Reden und sein Werk, bearb. von Gertrud Kahl-Furthmann, Bayreuth [7]1936, 135f (vgl. auch den Abschnitt "Die nationalsozialistische Forderung des Bekenntnisses der Kirchen zu Volk und Rasse": 286f). - Näheres zu dem bei einem Flugzeugabsturz getöteten Schemm, der seit 1928 Gauleiter des Gaues Oberfranken (ab 1933 erweitert zum größten bayer. Gau "Bayer. Ostmark") und seit 1929 "Reichswalter" des NS-Lehrerbundes war, bei Franz Kühnel, Hans Schemm. Gauleiter und Kultusminister (1891-1935) (Nürnberger Werkstücke zur Stadt- und Landesgeschichte 37), Nürnberg 1985; Walter Ziegler, Die nationalsozialistischen Gauleiter in Bayern. Ein Beitrag zur Geschichte Bayerns im Dritten Reich, in: ZBLG 58 (1995) 427-460; 441f mit Anm. 49 (Lit.); Karl Höffkes, Hitlers politische Generale. Die Gauleiter des Dritten Reiches (Veröffentlichungen des Institutes für deutsche Nachkriegsgeschichte 13), Tübingen 1986, 292-296 (Abb.).

[69] Glaser, Das Dritte Reich (wie Anm. 15), 51. - An evangelischen Universitätstheologen, die zumindest partiell oder zeitweise unter dem Einfluß deutschreligiösen Gedankenguts standen, lassen sich etwa der Erlanger

Gegen die "Deutschen Christen", die trotz ihrer unbiblischen und unchristlichen Anschauungen innerhalb des kirchlichen Glaubensgebäudes verbleiben wollten, und gegen die nationalsozialistische Beeinflussung der protestantischen Kirche, für welche u. a. der willfährige und charakterlose Dr. Ludwig Müller (1883-1945) 1933 von Hitler als "Reichsbischof" eingesetzt worden war, sammelte sich Widerstand zunächst im "Pfarrer-Notbund", den Pastor Martin Niemöller (1892-1984) leitete. Aus ihm ging die "Bekennende Kirche" hervor, deren Kampf sich gleichermaßen gegen die staatlichen Übergriffe wie gegen die "völkisch-rassische Weltanschauung" des Dritten Reiches richtete[70]. Da die Bekennende Kirche ihre Position innerhalb der protestantischen Gemeinden rasch ausbauen konnte, und der Versuch, wesentliche Teile des Protestantismus abzuzweigen und für eine Deutsch-Christliche Kirche zu gewinnen, als gescheitert betrachtet werden mußte, fuhren die Nationalsozialisten 1937 auch gegen die evangelische Konfession schärferes Geschütz auf. In diesem Jahr kam es zum Verbot der Bekennenden Kirche, zur Schließung der freien theologischen Hochschulen, zur Verhaftung zahlreicher Pfarrer und ihrer Einlieferung in Konzentrationslager und Gefängnisse. Auch Pastor Niemöller mußte sein Amt aufgeben und blieb bis 1945 im KZ Buchenwald als "Schutzhäftling" interniert.

4. Die Vision des künftigen Glaubens im "Tausendjährigen Reich"

Der Kriegsausbruch bewirkte eine nur als zeitweilig gedachte Unterbrechung im Kampf gegen beide Konfessionen. Sofort nach dem Endsieg sollte die Liquidation der Kirchen wie des christlichen Glaubens in Deutschland und Europa vollzogen und an deren Stelle der nordisch orientierte "deutsche Gottglaube" gesetzt werden, der in dem schon genannten Ernst Bergmann seinen markantesten Verfechter hatte. In seinem 1936 erschienenen Buch *Deutschland - das Bildungsland der neuen Menschheit* gab Bergmann, der dem Führerrat der Deutschen Glaubensbewegung angehörte, einen Abriß der neuen Lehre: "Der erste Akt, um Deutschland zu einem Bildungsland der neuen Menschheit zu machen, hat im Frühjahr 1933 stattgefunden, nämlich die erste und gröbste Reinigung des Volkskörpers und seine Abriegelung gegen den Zustrom Erbminderwertiger von außen [...]. Zweitausend Jahre hat Germanien nach dem Süden geschaut und darüber Glück und Stern verloren. Die wenigen Jahre 'Aufbruch des Nordens', die wir hinter uns haben, fallen zusammen mit der Auferstehung der Nation aus der

---

Systematiker, Exeget und bedeutende Lutherforscher Paul Althaus (1888-1966), der Gießener Bibelwissenschaftler Georg Bertram (1896-1979), der Heidelberger Kirchenhistoriker Heinrich Bornkamm (1901-1977), der Erlanger Religionspädagoge Kurt Frör (1905-1980) und der Kieler Systematiker Martin Redeker (1900-1970) nennen. Vgl. hierzu Rolf Seeliger, Braune Universität. Deutsche Hochschullehrer gestern und heute II, München 1965, 17-20 (Bornkamm); III, München 1965, 7-15 (Althaus), 19-25 (Bertram), 54-57 (Frör), 73-78 (Redeker), jeweils mit (z.T. bedauernden) Stellungnahmen der Betroffenen.

70 Trotz ihres verdienstvollen Engagements wies Niemöller der "Bekennenden Kirche" im Rückblick "ein besonders großes Maß von Schuld" zu, "denn sie sah am klarsten, was vor sich ging und was sich entwickelte; sie hat sogar dazu gesprochen und ist dann doch müde geworden und hat sich vor Menschen mehr gefürchtet als vor dem lebendigen Gott. So ist die Katastrophe über uns alle hereingebrochen und hat uns mit in ihren Strudel gezogen. Wir aber, die Kirche, haben an unsere Brust zu schlagen und zu bekennen: meine Schuld, meine Schuld, meine übergroße Schuld!" (Rede Niemöllers auf der Kirchenversammlung in Treysa am 28. August 1945, zit. nach Martin Greschat [Hg.], Die Schuld der Kirche. Dokumente und Reflexionen zur Stuttgarter Schulderklärung vom 18./19. Oktober 1945, München 1982 [SKZG 4], 78-81; 79) - Näheres zu Niemöller bei Carsten Nicolaisen, Niemöller, Martin, in: BBKL VI 735-748; Zentner/Bedürftig, Lexikon des Dritten Reiches (wie Anm. 40), 418.

Seele heraus, mit jener Volkwerdung der Deutschen, wie unsere Geschichte sie noch nicht kennt [...]. Ein Staat, der eugenische Gesetze macht, der den deutschen Menschen heilen will, ehe er geboren wird, glaubt schon an den nordischen Heilbringer und hat den südlichen lebensfeindlichen Leidens- und Erlösungschristus schon verworfen. Er bekennt sich schon zu einem sonnigen und heroischen Christus der entschlossenen Menschentat und der nordischen Leistung. Zu dem die Arme hebenden Gott bekennt er sich, zum Wintersonnwendlichen, der das Leben erneuert, der die Nation aus dem Grabhaus führt, der sie verjüngt, der sie 'entkümmert'. Der sie aufartet und veredelt. Der Deutschland zum Bildungsland einer neuen Menschheit macht"[71]. Unschwer läßt sich entwerfen, wie die Religion des "Tausendjährigen Reiches" künftig ausgesehen hätte: "Aus einer Kombination von nordischer Mythologie, preußischer Geschichtstradition, nationalem 'Vorsehungs-Glauben', völkischer Vergötzung sollte ein 'Deutscher Glaube' erstehen, dessen NS-Oberpriester den 'Führer' und den Staat im Rahmen blasphemischer Parteiriten zu beweihräuchern und die Weltanschauung des Rassenhasses und der Unmenschlichkeit zu zelebrieren gehabt hätten - inmitten eines 'germanischen Staates deutscher Nation' (Mein Kampf)"[72].

IV. Fazit

Was nach 1871 und vor allem nach 1918 an deutschreligiösem Gedankengut entstanden war, kam auf dem günstigen Nährboden des Dritten Reiches zu einer kurzen, aber üppigen Blüte und erfaßte sowohl die evangelische als auch die katholische Kirche - erstere aufgrund ihrer offeneren Struktur in Form ganzer Gruppierungen, letztere in Gestalt einzelner, zum Teil recht bedeutender Persönlichkeiten. Wenn wir nochmals auf das eingangs zitierte Diktum "Am deutschen Wesen soll die Welt genesen" zurückgreifen, so läßt sich die geschilderte Entwicklung vereinfacht als Dreischritt beschreiben: Aus dem politischen Vers wird bei Bonus "Am deutschen Wesen soll das Christentum genesen"; und im Dritten Reich schließlich, wo man in der Endphase das Christentum nur mehr als lästigen Ballast sieht, an dem es nicht länger herumzukurieren lohnt, heißt es: "Am deutschen Wesen soll die deutsche Religion genesen."

Daß fast alle deutsch-christlichen und deutschgläubigen Bewegungen 1945 der Auflösung verfielen und seither nur mehr wenige nennenswerte Nachfolgeorganisationen entstanden, die allerdings dem harten Kern des politischen Rechtsradikalismus und Neonazismus zuzurech-

[71] Ernst Bergmann, Deutschland - das Bildungsland der neuen Menschheit, Breslau 1936, 23, 51, 126 (zit. nach Glaser, Das Dritte Reich [wie Anm. 15], 53).

[72] Glaser, Das Dritte Reich (wie Anm. 15), 53. - Prägnant formulierte 1940 Theodor Eicke (1892-1943), zunächst Kommandant des KZ Dachau und ab 1934 Inspekteur der deutschen Konzentrationslager sowie Leiter der SS-Totenkopfverbände, sein "Glaubensbekenntnis", das im KZ Auschwitz als Wandschmuck diente: "Gebetbücher sind Dinge für Weiber, auch für solche, die Hosen tragen. Wir hassen den Gestank des Weihrauchs, er verdirbt die deutsche Seele wie der Jude die Rasse. Wir glauben an Gott, aber nicht an seine Stellvertreter, das wäre Götzendienst und heidnisch. Wir glauben an unseren Führer und an die Größe unseres Vaterlandes. Für diese wollen wir kämpfen, für keinen anderen. Wenn wir daher sterben müssen, dann nicht mit: Maria bitt für uns. So frei wir lebten, so frei wollen wir abtreten. Unser letzter Hauch: Adolf Hitler!" (Zit. nach Poliakov/Wulf, Das Dritte Reich [wie Anm. 11] 262; zu Eicke Näheres bei Wistrich, Wer war wer, [wie Anm. 39], 64).

nen sind,[73] hat seine Ursache nicht nur im äußeren Zusammenbruch, sondern mehr noch in der inneren Bankrotterklärung; denn durch die im deutschen Namen verübten Verbrechen und Greuel der NS-Diktatur war die Höchstwertigkeit der nordischen Rasse diskreditiert und das deutsche Sendungsbewußtsein erschüttert. Damit war ein großer Teil des von hochgradiger Arroganz zeugenden Gedankengebäudes dieser Gruppen zum Einsturz gekommen[74]. Die "obdachlos" gewordenen Anhänger wandten sich - soweit sie sich nicht von allen religiösen Gemeinschaften distanzierten - zum überwiegenden Teil wieder einer der großen Kirchen zu oder siedelten in das freireligiöse Lager über.

Nimmt man abschließend den Kreis der zu den Modernisten gezählten Theologen in den Blick und fragt, inwieweit sie mit deutschreligiösen Gruppierungen und deren Gedankengut in Kontakt kamen, so springt vor allem der beiderseitige antirömische Affekt ins Auge, der unter den Deutschgläubigen allerdings rasch auf alles Jüdische übergriff und bald die gesamte christliche Substanz aushöhlte. Im übrigen waren die "modernistischen" Theologen - wie die meisten ihrer Zeitgenossen - einem patriotischen Nationalismus durchaus aufgeschlossen, mit wenigen Ausnahmen jedoch nicht dem Nationalsozialismus. Aufs ganze gesehen lassen sich somit zwar einige Berührungspunkte ausmachen, von einer wirklichen Infizierung des Modernismus durch die Hirngespinste von einem "artgemäßen" Christentum oder gar einem "deutschen Glauben" kann aber keine Rede sein.

---

73 Nur die "Germanische Glaubensgemeinschaft" überdauerte als exklusiver Club mit überwiegend ästhetisch-kultischer Ausrichtung den Zusammenbruch des Dritten Reiches. Von den heute existierenden Fortsetzungsgruppierungen seien genannt die "Deutschgläubige Gemeinschaft e.V.", die "Artgemeinschaft e.V./Glaubensbund wesensmäßiger Daseinsgestaltung" (gegr. 1951 von Wilhelm Kusserow), der "Goden-Orden" (gegr. 1957 von Franz H.R. Musfeldt) und die "Gylfiten" (gegr. 1976 von Wolfgang Kantelberg), die eine eigene Kultsprache entwickelt haben und Hitler als Halbgott verehren. Siehe hierzu Eckhard Türk, Neonazismus, in: Hans Gasper u. a. (Hg.), Lexikon der Sekten, Sondergruppen und Weltanschauungen. Fakten - Hintergründe - Klärungen, Freiburg i. Br. u. a. [2]1990, 710-712. - Auch die Ludendorffbewegung lebte 1946 wieder auf, wobei im Namen lediglich das Adjektiv "Deutsch" wegfiel und der Kurs völlig unverändert blieb. Die mit dem Anspruch absoluter Autorität angetretene Lehre von Mathilde Ludendorff duldete keine Korrektur und behielt daher auch die Rassendoktrin in vollem Umfang bei. Nach seinem Verbot 1961 wegen verfassungsfeindlicher Betätigung (Urteil 1976 letztinstanzlich aufgehoben) wurde der Bund für Gotterkenntnis (L) als "Bund Lebenskunde Dr. M. Ludendorff" wiedergegründet. Vgl. Radler, Ludendorff, Mathilde (wie Anm. 33), 291; Gahbauer/Meier, Deutschreligiöse Bewegung (wie Anm. 11), 169; Oswald Eggenberger, Die Kirchen, Sondergruppen und religiösen Vereinigungen. Ein Handbuch, Zürich [5]1990, 275.

74 "Die Frage der Germanisierung hat für uns ihren Kampfcharakter verloren, das Schlagwort regiert nicht mehr. Was sich an Wunschvorstellungen darin barg, hat sich als Wahn erwiesen." (Dörries, Zur Frage [wie Anm. 3], 202) - Zur Neuorientierung der diesbezüglichen Kirchengeschichtsforschung siehe Angenendt, Das Frühmittelalter (wie Anm. 9), 42-50; Maron, Luther (wie Anm. 9), 265.

Dr. Oskar Schroeder (1889-1974)

Inspirator, Organisator und Destruktor des Rheinischen Kreises der Reformfreunde[1]

Von Uwe Scharfenecker

Am 10. August 1941 beging der Aachener Diözesanpriester Josef Thomé[2] den "25. Gedächtnistag" seiner Priesterweihe. "Fünf oder sechs" Freunde besuchten ihn. Angesichts der Siege Hitlers und der der Kirche bevorstehenden schweren Zeit beschlossen sie, die Anliegen, die sie schon lange beschäftigten, künftig in organisierter Form zu besprechen. Sie gründeten den "Kreis der Freunde der kirchlichen Reform aus dem Geiste des Evangeliums heraus"[3]. Thomé bemerkt dazu in seinen Lebenserinnerungen:

"Es sollte ein privater Kreis sein. Wir wollten keine Reformer sein - dazu fühlten wir uns nicht berufen -, sondern nur Freunde einer kirchlichen Reform sammeln für den Augenblick, in dem der Geist Gottes eine solche Reform anregen werde"[4].

Die Ziele einer solchen Reform fanden die Freunde in zwei Büchern, die kurz zuvor erschienen und ebenso rasch indiziert worden waren: *Der Katholizismus. Sein Stirb und Werde* (1937) und *Der Katholizismus der Zukunft* (1940)[5]. Als Verfasser der anonymen Schriften waren den Reformfreunden zwei ihrer Mitglieder bekannt: der Kölner Philosophieprofessor Johannes Hessen[6] und der Duisburger Studienrat Oskar Schroeder. Letzterer erwies sich im Laufe der Zeit als die tragende Kraft des Kreises, verschreckte aber die anderen Mitglieder immer wieder durch seine Entschiedenheit und seinen intellektuellen Anspruch. Er sorgte für ein Arbeitsprogramm, für Richtlinien und bestimmte die theologische Ausrichtung, auch weil anders Orientierte sich früher oder später von der Arbeit des Kreises zurückzogen.

---

1 Der Aufsatz ging aus der Mitarbeit am Projekt "Kreis der Freunde der kirchlichen Reform aus dem Geiste des Evangeliums heraus" am Lehrstuhl für Kirchengeschichte an der Universität Frankfurt am Main hervor, das von der Fritz-Thyssen-Stiftung gefördert wird. Folgende archivalische Bestände wurden herangezogen: Nachlaß Schroeder im Institut für Ökumenische Forschung Tübingen (IÖFTü), Nachlaß Thomé im Kulturarchiv der Stadt Würselen (KAW), Nachlaß Lenzen und Sammlung Keuck beim Lehrstuhl für Kirchengeschichte, Frankfurt (LKF), Nachlaß Adam im Diözesanarchiv Rottenburg (DAR).

2 Josef Thomé (1891-1980), 1916 Priesterweihe in Köln, 1917 Kaplan in Krefeld/St. Josef, 1919 am Bonner Münster, 1926 in Köln/St. Ursula und 1928 am Münster in Mönchengladbach, 1936-75 Pfarrer in Würselen-Morsbach; August Brecher, Mündiges Christsein. Zwischen Gesetz und Freiheit. Pfarrer Dr. theol. h. c. Josef Thomé, Aachen 1991.

3 Vgl. dazu bisher Oskar Schroeder, Aufbruch und Mißverständnis. Zur Geschichte der reformkatholischen Bewegung, Graz 1969, 453-494; Otto Weiß, Der Modernismus in Deutschland. Ein Beitrag zur Theologiegeschichte, Regensburg 1995, 549-593.

4 Josef Thomé, Aus meinem Leben, in: Josef Thomé. Ich habe keine Angst. Eine Erinnerung zum hundertsten Geburtstag, Aachen 1990, 99-214; 167.

5 Gustav Mensching (Hg.), Der Katholizismus. Sein Stirb und Werde. Von katholischen Theologen und Laien, Leipzig 1937; Hermann Mulert (Hg.), Der Katholizismus der Zukunft. Aufbau und kritische Abwehr. Von katholischen Theologen und Laien, Leipzig 1940.

6 Johannes Hessen (1889-1971), 1914 Priesterweihe in Münster, 1916 Dr. theol. Münster, 1918 Dr. phil. Würzburg, 1920 Habilitation bei Max Scheler, 1927 außerordentlicher Professor für Philosophie an der Universität Köln; Christoph Weber, Der Religionsphilosoph Johannes Hessen (1889-1971). Ein Gelehrtenleben zwischen Modernismus und Linkskatholizismus (Beiträge zur Kirchen- und Kulturgeschichte 1), Frankfurt am Main 1994.

I. Zur Biographie Oskar Schroeders und zum Anliegen der beiden Katholizismus-Bücher

Oskar Schroeder wurde am 24. November 1889 in Aldekerk am Niederrhein als ältestes von fünf Kindern des Bezirksschornsteinfegermeisters Hermann Schroeder geboren, 1910 maturierte er in Kempen, um dann in Münster Theologie zu studieren[7]. 1915 zum Priester geweiht, legte er 1918 die Prüfung für das höhere Lehramt in den Fächern Religion, Hebräisch, Philosophie und Englisch ab. Vom Schuldienst beurlaubt, arbeitete er 1921/22 als Dezernent beim Volksverein für das katholische Deutschland in Mönchengladbach[8]. 1922 promovierte er bei Max Scheler[9] zum Doktor der Philosophie und wirkte fortan als Seminaroberlehrer an Lehrerseminarien und Studienrat an Gymnasien, seit 1936 in Duisburg. 1955 in den Ruhestand getreten, starb Schroeder am 16. August 1974[10].

Zuvor schriftstellerisch kaum hervorgetreten, beteiligte sich Schroeder an dem 1937 erschienenen Buch *Der Katholizismus. Sein Stirb und Werde*. Während Johannes Hessen den ersten Teil des Buches beisteuerte, der "Abbau" überschrieben war und für die Überwindung der bisherigen theologischen Denkformen eintrat, verfaßte Schroeder den zweiten Teil des Buches[11], in dem das neue theologische Denken vorgestellt wurde.

Im Vorwort nennen die Verfasser als ihre Absicht, "an das Felsgestein der katholischen Formenwelt [zu] schlagen, auf daß lebendige Wasser hervorbrechen"; ihr Ziel ist eine Reform der Kirche als Vorbereitung der 'Una sancta'[12]. An die Stelle von zeitgebundenen Auslegungen muß wieder der Kern der christlichen Botschaft treten[13]. Kennzeichen der katholischen Kirche sind "Starrheit und Unbeweglichkeit" der Formen, die Entwicklungen in Philosophie und Geschichtswissenschaft werden nicht zur Kenntnis genommen; man zieht sich ins Mittelalter zurück. Die "scholastische Philosophie" herrscht, als ob es keine Neuzeit gebe[14]. Das Buch will die Diastase zwischen Katholizismus und Moderne überwinden[15]. Die Kritik richtet sich vor allem gegen das Festhalten an der Scholastik als einzig möglicher Form des Theologietreibens und gegen die Ablehnung der modernen Bibelkritik. Das Beharren auf dogmatischen Formulierungen, die einer vergangenen Sprachwelt und Philosophie entstammten, verbaue den Gläubigen den Zugang zu den "Ewigkeitswerten des katholischen Dogmas". Schroeder vertritt die Ansicht, die verbale und die rationale Schicht des Dogmas seien austauschbar, erhalten werden müsse der religiöse Kern[16]. Neben diese "Forderungen aus der Ewigkeit" treten solche aus der Gegenwart, "die wichtigste von ihnen ist die stärkere Verwurzelung der

---

7 Oskar Schroeder, Aufstieg und Verfall der katholischen Sozialbewegung. Offener Brief an Ludwig Auerbach, in: Werkhefte. Zeitschrift für Probleme der Gesellschaft und des Katholizismus 13 (1959) 270-276; 272.

8 Dazu Gotthard Klein, Der Volksverein für das katholische Deutschland 1890-1933. Geschichte, Bedeutung, Untergang (VKZG.B 75), Paderborn 1996.

9 Max Scheler (1874-1928), 1919 Professor für Philosophie in Köln, 1928 in Frankfurt am Main, Begründer einer materialen Wertethik; Helmut Kuhn, Scheler, Max, in: LThK^2 IX 383f.

10 Vgl. Weiß, Modernismus (wie Anm. 3), 576-583.

11 Dazu Oskar Schroeder an Friedrich Heiler, Duisburg-Buchholz, 11. Mai 1958; IÖFTü NL Schroeder, Mappe 4,7.

12 Mensching (Hg.), Katholizismus (wie Anm. 5), 3.

13 Ebd., 13.

14 Ebd., 16 f.

15 Ebd., 29.

16 Ebd., 112.

Kirche im Volk"[17]. Erreicht werden soll dies durch ein Ernstnehmen des Volkstums, das mehr sei als gemeinsame Abstammung und Sprache, aber nicht "eine bloße Verabsolutierung von Blut und Boden" meine[18]. Als konkrete Reformforderungen ergeben sich für Schroeder[19]: die Muttersprache in der Liturgie, die Wortverkündigung als organischer Bestandteil der Mysterienfeier, die Schaffung einer Volksbibel, die Belebung des Sinnes für religiöses Brauchtum, die Mündigerklärung und Sendung des katholischen Laien, die Reform des Zölibats. Schroeder erklärt, trotz aller Kritik der Kirche verbunden bleiben zu wollen; denn sie ist die unerläßliche Form des Evangeliums, "religiöse Heimat" und "Mutter"[20]. Erstrebt wird eine "Synthese von 'katholisch' und 'protestantisch' in der gemeinsamen Orientierung am Evangelium"[21]. Der Protestantismus als solcher vermag in Schroeders Augen keine religiöse Beheimatung zu bieten. Den Zustand der evangelischen Kirche bezeichnet er als unerfreulich, ihre Theologen sieht er häufig in Rationalismus und Ethizismus verfangen und der "Enge und Einseitigkeit des Standpunkts" erlegen[22].

Das 1940 erschienene Buch *Der Katholizismus der Zukunft* wiederholte die Forderungen und reagierte auf Gegenstimmen. Die grundsätzliche Forderung lautete nach wie vor: "Das ganze kirchliche Lehrsystem muß vom Evangelium aus neu gesehen und durchdacht werden", auf der Ebene des Glaubens bedarf es der "Anbahnung einer religiösen Tiefenschau des Dogmas", im Bereich der Disziplin muß "die in der romanischen Geistesart begründete Statik des römischen Systems" aufgebrochen werden[23]. In der Auseinandersetzung mit der Rezension Karl Adams[24] zu *Der Katholizismus. Sein Stirb und Werde*[25] warf Schroeder ihm in scharfer Form vor, auf halbem Weg stehen geblieben zu sein[26]. Als Adam sich in den vierziger Jahren dem Reformkreis näherte und ihm so auch die Verfasser der Katholizismus-Bücher bekannt wurden, entschuldigte sich Schroeder für seine deutlichen Worte[27].

Der Einsatz für die "Ewigkeitswerte des Dogmas" verband Hessen und Schroeder mit anderen Mitgliedern des Reformkreises. Josef Thomé hatte in seinen Veröffentlichungen in dieselbe Kerbe geschlagen, indem er betonte: "Das Dogma ist uns die zeitgeschichtlich bedingte

---

17 Ebd., 197.

18 Ebd., 201.

19 Ebd., 207-235.

20 Ebd., 236.

21 Ebd., 241.

22 Ebd., 105 f.

23 Mulert (Hg.), Katholizismus (wie Anm. 5), 207.

24 Karl Adam (1876-1966), 1900 Priesterweihe in Regensburg, 1904 Promotion zum Dr. theol. bei Joseph Schnitzer in München, 1908 Habilitation, 1915 außerordentlicher Professor für Dogmengeschichte in München, 1917 Professor für Moraltheologie in Straßburg, 1919 für Dogmatik in Tübingen; Hans Kreidler, Eine Theologie des Lebens. Grundzüge im theologischen Denken Karl Adams (TTS 29), Mainz 1988.

25 Karl Adam, Rez. Der Katholizismus. Sein Stirb und Werde, in: ThQ 118 (1937) 513-519.

26 Mulert (Hg.), Katholizismus (wie Anm. 5), 111-123.

27 "Mein Freund Josef Thomé bestellte mir herzliche Grüße von Ihnen und erzählte mir von dem tiefen Verständnis, das Sie unseren Bestrebungen entgegenbringen. Beide Tatsachen haben feurige Kohlen auf mein Haupt gesammelt. Ich wurde daran erinnert, daß ich an Ihnen, sehr verehrter Herr Professor, etwas gut zu machen habe. Der "Offene Brief" (dessen Verf. ich bin, ebenso wie ich Kap. V, VI, VII, VIII, Teil B, Kap. II, III (teilweise), IV in *Der Katholizismus der Zukunft* geschrieben habe) bedrückt mich. Ich weiß von Josef Thomé, Sie haben ihn in Ihrer Hochherzigkeit ad acta gelegt." Oskar Schroeder an Karl Adam, Aldekerk, 30. April 1944; DAR N 67 Nr. 17, fol. 36. Schroeder ist damit der Verfasser des gesamten "Kritischen Teils" von *Der Katholizismus der Zukunft* (113-152: Antwort auf die Stellungnahmen Adams, von Jesuiten, der Paderborner Akademie und Rademachers) und der Abschnitte Kern und Schale der katholischen Religion (V), Die religiöse Schau des Dogmas (VI), Dogmenentwicklung oder katholischer Symbolismus? (VII), Die Ursachen des Zwiespaltes von Glaube und Leben (VIII) im "Aufbauenden Teil" (35-93).

Form für eine zeitlose Wahrheit [...] Wir wissen, daß die Form des Dogmas unzulänglich ist"[28]. Das Anliegen entstammte der Schule des Bonner Fundamentaltheologen Arnold Rademacher[29], der in seinem Buch zur Dogmenentwicklung[30] schon 1914 betonte, es gebe einen Fortschritt in der theologischen Erkenntnis. Dogmen sind damit "kein absoluter Stillstand des Erkennens"[31], sie behindern nicht das schrittweise Heraustreten und Deutlichwerden der offenbarten Wahrheit. Bei so großer Übereinstimmung unter den Mitgliedern wundert es nicht, daß der Gedanke Eingang in die von Schroeder verfaßten "Richtlinien" des Kreises fand[32].

II. Organisation und Richtlinien des Reformkreises

Zu einem ersten Treffen versammelten sich die Reformfreunde am 2. Januar 1942. Bis Mitte 1943 folgten noch vier weitere Treffen, jeweils in der Privatwohnung eines Mitglieds. Dabei spielte die Frage der grundsätzlichen Ausrichtung des Kreises eine zentrale Rolle. Mit der Einladung zum nächsten Treffen wurde ein Bericht über das vergangene versandt[33]. Nachdem anfangs Kaplan Wilhelm Lenzen[34], der als Sekretär des Kreises fungierte, und Oskar Schroeder Protokolle verfaßt hatten, bemühten sie sich in der Folgezeit um eine Absprache. Die eingeschränkten Fahrtmöglichkeiten der Kriegsjahre und die ständige Bedrohung durch Bombenangriffe zwangen im Spätjahr 1943, auf Zusammenkünfte zu verzichten. Über Zirkularmappen, die neben Referaten der Mitglieder auch Lesefrüchte u. ä. enthielten, wurde für den notwendigen Kontakt gesorgt. Ab Sommer 1946 wurden die Treffen wieder aufgenommen und in der üblichen Form fortgesetzt.

Den Mittelpunkt der Reformfreunde bildete ein Fünferkreis, zu dem neben Schroeder Pfarrer Josef Thomé, Kaplan Lenzen und Johannes Hessen auch der Siegburger Studienrat Wil-

---

28 Josef Thomé, Die Stellung der katholischen Jugendbewegung zum Religiösen, in: Jungsozialistische Blätter 4 (1925) 17-19; 18. Ebenso: [Ders.], Sind unsere Dogmen wandelbar?, in: Die Pfarrfamilie St. Balbina Würselen-Morsbach Nr. 15 vom 9. April 1967.

29 Arnold Rademacher (1873-1939), 1898 Priesterweihe in Köln, 1900 Dr. theol. Tübingen, 1907 Direktor des Collegium Leoninum in Bonn, 1912 außerordentlicher, 1917 ordentlicher Professor der Apologetik (seit 1923 Fundamentaltheologie) in Bonn; Arnold Rademacher, Aus meiner Jugendzeit, in: Adolf Kolping (Hg.), In memoriam Arnold Rademacher. Eine Theologie der Einheit, Bonn 1969, 63-91; Arnold Rademacher, Aus meiner Studienzeit, ebd., 92-117; Herbert Hammans, Arnold Rademacher 1873-1939. Religionslehrer, Professor, in: Karl Schein (Hg.), Christen zwischen Niederrhein und Eifel - Lebensbilder aus zwei Jahrhunderten, Bd. 2, Aachen 1993, 115-140.

30 Arnold Rademacher, Der Entwicklungsgedanke in Religion und Dogma (Rüstzeug der Gegenwart NF 2), Köln 1914.

31 Johannes Ries, Arnold Rademacher 1873-1939, in: Bonner Gelehrte. Beiträge zur Geschichte der Wissenschaften in Bonn. Katholische Theologie, Bonn 1968; 78-93; 85.

32 Zu Schroeders Verfasserschaft: Oskar Schroeder an Uta Ranke-Heinemann, Duisburg-Buchholz, 12. November 1964; IÖFTü NL Schroeder, Mappe 6,14. Vgl. auch LKF Slg. Keuck, fol. 40.

33 Da die Einladungen, Protokolle etc. demnächst durch Hubert Wolf im Rahmen des in Anm. 1 genannten Projekts ediert werden, wird auf Einzelnachweise verzichtet.

34 Wilhelm Lenzen (1903-1988), 1928 Priesterweihe in Köln, Kaplan in Köln-Lindenthal, daneben 1929 Promotion zum Dr. phil. bei Anton Dyroff in Bonn, 1930 in Herzogenrath-Afden, 1934 in Eilendorf, 1937-1945 in Aachen/Heilig Geist, seit 1946 im Schuldienst, 1965 Ausscheiden aus dem priesterlichen Dienst und Heirat; LKF NL Lenzen 6.

helm Wilbrand[35] gehörte. Seine beiden Bücher *Kritische Erörterungen über den katholischen Religionsunterricht an höheren Schulen* (1919) und *Im Kampf um meine "Kritischen Erörterungen"* (1920)[36], in denen er ähnliche Gedanken vertrat wie Schroeder, Hessen und Thomé, waren kurz nach Erscheinen indiziert worden. Auf eine weitere schriftstellerische Tätigkeit in kirchenreformerischem Sinne verzichtete er. Das Gedankengut dieser und der bereits zuvor genannten Bücher ist in breiter Form in die Arbeit des Kreises eingeflossen. Dies bestätigen die von Oskar Schroeder verfaßten *Richtlinien für die Freunde einer Erneuerung der Kirche in Deutschland* [37], die sozusagen das Statut des Freundeskreises darstellen. Sie dienten der Selbstvergewisserung und wurden Interessenten zugeschickt, um ihnen die Möglichkeit zu geben, sich für oder gegen einen "Beitritt zu entscheiden". Sie gliedern sich in 14 Punkte.

Zentrales Anliegen des Kreises ist es demnach, "vorbereitend und sammelnd zu wirken für die Stunde der Erneuerung, die Gott bestimmt". Eigene reformatorische Maßnahmen sollten ausgeschlossen sein (1). Neben dieser Absage an ein unkontrolliertes Reformieren tritt das eindeutige Bekenntnis zum Christentum als der höchsten Religionsform; Versuche, eine neue, "deutsche", Religion zu entwickeln, werden zurückgewiesen (2). Ebensowenig sucht man eine "Absonderung oder Abspaltung" von der katholischen Kirche. Ziel ist vielmehr die "Una Sancta" (3). Ausdruck der "Erneuerung" ist eine "christliche Gesamthaltung", zu der tägliche Schriftlesung und "tätige Bruderliebe" gehören (4). Überwunden werden sollen: der Sakramentalismus, der dem "Gewohnheitschristentum" Tür und Tor öffnet (5), die "Überspannung des hierarchischen Prinzips", besonders im Bereich der Glaubenslehre. Statt dessen sollen die Bischöfe "die Bedürfnisse der deutschen Frömmigkeit" ernstnehmen und zu "Reformen in Gottesdienst und Seelsorge schreiten" (6). Eine bloße intellektuelle Zustimmung zu den Dogmen ist kein wahrer Glaube, gefordert wird vielmehr ein "dankbar-gehorsames Aufnehmen der uns in Christus sichtbar gewordenen Liebestat Gottes, die in symbolhaft-gebrochener Weise in den Transparenten der Dogmen ihre Darstellung findet" (7). Daraus ergibt sich der Wunsch nach einer "größeren Bewegungsfreiheit der theologischen Wissenschaft, die um der Wahrhaftigkeit willen Raum läßt für die Anerkennung der gesicherten Ergebnisse der Bibelkritik und der Dogmengeschichte" (8). Doch geht es "letztlich nicht um eine neue Theologie, sondern um die Verkündigung der Frohbotschaft Jesu" (9). Um ihretwillen muß die historische Begrenztheit der platonischen und aristotelisch-thomistischen Philosophie anerkannt werden, die "der konkreten Begegnung des Menschen mit dem göttlichen Du" nicht im Weg stehen dürfen (10). "Das in zeitgeschichtliche Hüllen gekleidete Evangelium" fordert "immer wieder neue Darstellung"; denn es ist "erstlich zeugendes Leben und nicht Lehre" (11). Die zentrale Stellung des Evangeliums hat sich auch in der Predigt zu spiegeln, die sich nicht zunächst dogmatischen, moralischen oder liturgischen Themen zuwenden, sondern biblisch fundiert sein soll (12). Die Forderung nach einer muttersprachlichen Liturgie (13) dient demsel-

---

[35] Wilhelm Wilbrand (1880-1949), Germaniker, 1905 Priesterweihe in Rom, ab 1906 Studium der klassischen Philologie in Lausanne und Münster, 1909 Dr. phil., ab 1910 im Schuldienst, 1914-18 Feldgeistlicher, 1921 Studienrat in Emmerich, 1925 in Siegburg; Oskar Schroeder, Wilhelm Wilbrand (1880-1949), in: Gaesdoncker Blätter 21 (1968) 5-19; Karlheinz Ossendorf, Über 50 Jahre zu früh geboren? Das II. Vatikanische Konzil bestätigte einige Thesen von Dr. Wilhelm Wilbrand, in: Heimatblätter des Rhein-Sieg-Kreises 56 (1988) 111-122.

[36] Wilhelm Wilbrand, Kritische Erörterungen über den katholischen Religionsunterricht an höheren Schulen. Fragen religiöser Erziehung und wissenschaftlicher Belehrung, Tübingen 1919; ders., Im Kampf um meine "Kritischen Erörterungen". Grundsätzliche Auseinandersetzung mit Professor Dr. M. Meinertz, Tübingen 1920.

[37] LKF Slg. Keuck, fol. 25-28. Die Richtlinien entstanden im Gefolge des Pfingsttreffens 1942. Dazu Josef Thomé, Schlägt das Tor zu? 60; KAW NL Thomé.

ben Zweck, ebenso die Überwindung des "gesetzhaften, kirchenrechtlichen Charakters der Seelsorge". Die Richtlinien fordern ein neues Verständnis der Ehemoral und eine Reform der Beichtpraxis, die Platz schafft für die "Selbstverantwortlichkeit des katholischen Laien, dessen Gewissensentscheidung gewürdigt und dessen aufbauende Kritik gehört werden soll" (14).

In einigen Exemplaren der *Richtlinien*[38] findet sich ein zusätzlicher Punkt, der vor dem "Rückfall in den Geist der Synagoge" warnt und in der Botschaft Jesu "einen wesentlichen Fortschritt" zum Alten Testament erblickt - ein eindeutiges Zugeständnis an den Zeitgeist. Kontakte zum vor allem von evangelischen Theologen getragenen nazistischen "Institut zur Erforschung des jüdischen Einflusses auf das kirchliche Leben"[39] wurden auf Betreiben Schroeders allerdings nicht vertieft; man konnte sich mit der Ausrichtung des Instituts "nicht völlig oder nur wenig" identifizieren, weil dort "die Wahrheitsforschung durch andere Tendenzen durchkreuzt oder beeinträchtigt wurde"[40]. Karl Adam hatte für diese Position Schroeders wenig Verständnis. In einem Brief an Josef Thomé vom 7. Mai 1944 ließ er wissen, Schroeders "Ablehnung der antijüdischen Bestrebungen bzw. des antijüdischen Institutes" sei "mißdeutbar". "Wir berühren uns mit dem NS doch auch darin, daß wir als Christen das AT dem NT nicht gleichgeordnet haben wollen - es ist ja nur umbra et figura - und daß wir deshalb zumal in unserer Liturgie 'christlich' beten wollen [...] Warum sollen sich die deutschen Christen noch immer in der jüdischen Vorstellungswelt mit ihrer eudämonistischen Ethik, ihren Haßausbrüchen, ihren vorsintflutlichen Bildern und Wendungen bewegen, wo sie doch ein deutsches Herz und eine deutsche Zunge haben!" Bei einer damals geplanten Kontaktaufnahme mit einer Person im Umfeld von Goebbels sei zu betonen, "daß sich unsere Zielung auf das Eigentliche, Wesenhafte des Christentums von Anfang an mit gewissen Bestrebungen des NS deckt. Insofern beurteilte ich den NS von jeher (nach seiner weltanschaulichen Seite) als notwendige, ja als gesunde Reaktion gegen gewisse innerkirchliche bzw. innerchristliche Auswüchse. Ich denke dabei an seine Hochschätzung des 'Blutes', überhaupt des leiblich-sinnlichen Bereiches gegenüber der gnostisch-neuplatonischen Übersteigerung des rein Geistigen [...] Weiterhin berühren wir uns mit dem NS in der Zurückstellung eines 'negativen' und in der Pflege eines 'positiven' Christentums, wenn wir auch dieses positive Christentum tiefer fassen als z. B. Rosenberg. Wir wollen doch leidenschaftlich das Strahlende, Leuchtende, Heldische des Christentums in den Vordergrund gerückt haben, nicht das mea maxima culpa, wie wir ja auch die Tat des Erlösers nicht im Versinken in den Tod, sondern im Durchbruch zum ewigen Leben erblicken [...] Natürlich berühren wir uns auch im Formalen mit dem NS: in dem unbedingten Willen zur Wahrheit, in unserm Ideal der freien Forschung, in unserm fanatischen Widerstand gegen jegliche hierarchische Willkür"[41]. Adams Position konnte sich im Reformkreis nicht durchsetzen. Dort hatte man bald nach der Gründung andere Sorgen. Neue Mitglieder mußten mit den geistigen Grundlagen des Kreises vertraut gemacht werden; die Richtlinien allein konnten dies nicht leisten. In einem Rundbrief des Jahres 1943

[38] Vgl. z. B. LKF Slg. Keuck, fol. 36-40.

[39] Das Institut wurde 1939 durch mehrere evangelische Landeskirchen eingerichtet und gründete auf der These: "Das Christentum hat mit dem Judentum nichts gemein." "Die Entjudung von Kirche und Christentum" bezeichnete man als "die Voraussetzung für die Zukunft des Christentums". Vgl. Faltblatt "Das Institut zur Erforschung des jüdischen Einflusses auf das deutsche kirchliche Leben"; IÖFTü NL Schroeder, Mappe 26,2.

[40] Oskar Schroeder an Leo Poczatek, o.O., o.D.; LKF NL Lenzen 2, fol. 228.

[41] Karl Adam an Josef Thomé, Tübingen, 7. Mai 1944; KAW NL Thomé, Schachtel 4, Mappe "Tübingen". Vgl. auch Hans Kreidler, Karl Adam und der Nationalsozialismus, in: RoJKG 2 (1983) 129-140.

bemühte sich Oskar Schroeder, die "geistige Voraussetzung unserer Gemeinschaft, ihre Eigenart und Zielsetzung" darzustellen[42].

Die Quelle, aus der der Kreis lebt, ist demnach "ein religiöses Urerlebnis", das sich nur in seinen Wirkungen beschreiben läßt. Die "Krise der Zeit" ließ entdecken, wie weit sich die Kirche vom Kern des Christlichen entfernt hatte; man bekam nur noch "die Oberflächenschicht der Religion Jesu" in den Blick, die "Peripherie des Christentums". Es bedurfte einer "erneuten Hinwendung zur ursprünglichen Tiefe der christlichen Religion, zum Mysterium des Lebens in seiner ganzen Fülle und Spannweite". Dies gelang aber weder auf dem Weg über die Philosophie noch auf dem der historischen Kritik. Im Mittelpunkt mußte das trinitarische Geheimnis stehen. "Eine Theologie, die nicht von diesem göttlichen Mysterium ausgeht, kann nicht den Anspruch erheben, christliche Theologie zu sein. Allerdings ein Mysterium ist es und keine Doktrin", eine Offenbarung, die "im Symbol vermittelt" wird, weil die Sprache unfähig ist, sie ganz zu erfassen. Das Dogma ist folglich weit mehr als ein "theoretischer Lehrsatz über religiöse Dinge". Verzichtbar ist es keineswegs. Dogma und Sakrament machen die Gemeinschaft des Leibes Christi "konkret und verbindlich". Das Dogma bindet nicht, weil es intellektuell durchschaut wird, sondern durch "die Wertwirklichkeit des Heiligen", die es spiegelt. Hier zeigt sich, daß Schroeder ein Schüler Max Schelers ist. "Der Zugang zu diesen Werten ist [...] nicht durch das Denken, sondern durch die Akte des Wertefühlens, in Sonderheit durch das gläubige Schauen zu erreichen." Theologische Begriffe sind nur "nach außen hin" von Bedeutung, zur Abwehr der Häresie. Das Dogma will folglich nicht das Geheimnis dem Verstand näherbringen, wie die Scholastik meinte, im Gegenteil, es "stellt sich der 'Aufklärung' des Geheimnisses entgegen, bringt die verpflichtende Macht und Autorität des sich offenbarenden Gottes, die Vorrangstellung der heiligen Werte gegenüber allen anderen symbolhaft zum Ausdruck". Die Kirche bedarf somit dringend einer "Rückkehr zum Mysterium und Symbol", will sie ihres Wesentlichsten nicht verlustig gehen. Dabei ist an der Geschichtlichkeit der Offenbarung unverbrüchlich festzuhalten. Nur sie gewährleistet "eine geschichtlich konkrete Auswirkung" des Mysteriums: die Kirche. Diese kann ihren "Geltungsanspruch" nur im Rückgriff auf das Mysterium, "vom Pneumatischen her" begründen. Gegen eine rein kirchenpolitische Machtausübung der kirchlichen Autorität hat der Gläubige das Recht der Epikie, nicht aus purer Opposition, sondern als "prophetischer Protest gegen jegliche Vergötzung irgendeiner irdischen oder menschlichen Ordnung und Form". Aus dieser Haltung ergibt sich der Protest gegen den Zölibat, der, indem er die vitalen Kräfte vom Priestertum fernhält, an der Entstehung eines "Betriebs- und Schablonenkatholizismus" Schuld trägt, und die Forderung nach einer "Aufgliederung" in Volkskirchen - zur Überwindung des Zentralismus und um die "Anlehnung an die Seele des jeweiligen Volkstums" zu gewährleisten. Konkret heißt letzteres: "Wir müssen zu einer deutschen Theologie kommen." An die Stelle der Neuscholastik müssen die "Theologen der vielgeschmähten Romantik" treten. Da die "deutsche Seele" nach mehr verlangt, läßt sie sich durch eine großartige Fassade nicht zufriedenstellen. Das Wirken des Geistes darf daher weder auf das Sakramentale noch auf das hierarchische Lehramt eingeschränkt werden. "Wir spüren das Wehen des Heiligen Geistes nicht nur, wenn wir die sakramentale Gnade empfangen und das Wort des Priesters hören. Der Geist weht, wo er will!"

Die Forderung nach Orientierung an der Romantik erfüllte Schroeder unter anderem durch einen umfangreichen Essay über Johann Adam Möhler, der den Mitgliedern des Kreises 1944

---

42 Ein Exemplar des undatierten Rundbriefes in LKF Slg. Keuck, fol. 198-218.

in einer Zirkularmappe zuging[43]. Darüberhinaus machte er den Reformkreis vor allem mit Modernisten wie George Tyrrell[44] bekannt[45]. Der Plan eines großen, die gesamte Theologie abdeckenden Sammelwerks, zu dem alle Mitglieder des Kreises etwas beitragen sollten, scheiterte, weil die vorgesehenen Autoren schließlich doch nichts lieferten[46].

III. Die Stunde Null - Neubeginn des Kreises der Reformfreunde?

Der Umbruch des Jahres 1945 lenkte die Gedanken Oskar Schroeders in andere Bahnen. Für ihn waren binnentheologische Fragen jetzt obsolet. Die neue Gesellschaft bedurfte der Inspiration von christlicher Seite. Schon bevor der Reformkreis 1946 seine Treffen wieder aufnehmen konnte, veröffentlichte Schroeder eine Schrift zur Kulturpolitik. In Form von hektographierten Blättern ließ er sie verteilen, bis die Besatzungsmacht dagegen einschritt. Seine Gedanken zu einer Kulturpolitik im neuen Volksstaat sind vielleicht das bedeutendste Werk aus seiner Feder. Schroeder knüpfte damit an seine Dissertation an, in der er sich mit kulturphilosophischen Fragen beschäftigt hatte[47]. Auch das frühere Engagement im Volksverein für das katholische Deutschland dürfte im Hintergrund stehen. Die Schrift gewann großen Einfluß auf das kulturpolitische Programm der CDU[48].

Schroeder geht davon aus, daß die Besatzungsmächte den Deutschen bald die Gestaltung des neuen Staatswesens überlassen werden und es so wieder Parteien geben wird, die aber die Fehler der Weimarer Zeit vermeiden müssen. "Alle zukünftige Parteipolitik muß auf das Volksganze ausgerichtet sein, nicht nur auf eine noch so bedeutende Volksgruppe oder Schicht, sei sie nun sozialer oder religiöser Art"[49]. Das war eine deutliche Absage an ein Wiederaufleben des Zentrums. Ebenso wandte sich Schroeder gegen die Vielzahl von Parteien, die die Weimarer Republik prägten; zwei oder drei große Volksparteien nach englischem Muster betrachtete er als die beste Lösung. Neben einer sozialistischen Partei und einer Partei des Kapitals wird eine "Einheitsfront aller jener christlichen Kreise" entstehen, "die jeglichem Absolutismus und einem totalitären Staatssystem abhold, aus ihrem christlichen Glauben heraus eine Politik des demokratischen Aufbaues und des sozialen Ausgleiches treiben wollen, und zwar nicht ohne weiteres im Gegensatz zu einem gemäßigten Sozialismus"[50]. Schroeder will sich in seiner Schrift ausschließlich der Kulturpolitik zuwenden, obwohl sie angesichts

---

43 Oskar Schroeder, Johann Adam Möhler, 1944; LKF NL Lenzen 3.

44 George Tyrrell (1861-1909), 1881-1906 SJ, 1894-1896 Dozent für Philosophie am Jesuiten-Kolleg Stonyhurst/England, dann geistlicher Begleiter, Prediger, Mitarbeiter am "Month", befreundet mit Friedrich von Hügel, Henri Bremond und Alfred Loisy, 1907 als "Modernist" exkommuniziert; Nicholas Sagovsky, "On God's side". A life of George Tyrrell, Oxford 1990; Gabriel Daly, Tyrrell, George, in: D.S. XV 1372-1383.

45 Dies geschah bereits auf dem ersten Treffen des Kreises am 2. Januar 1942 in Köln-Marienburg bei Johannes Hessen. Vgl. Oskar Schroeder an Wilhelm Lenzen, Duisburg, 14. Dezember 1941 und 8. Januar 1942; LKF NL Lenzen 1, fol. 258f. und 250f.

46 Dazu Oskar Schroeder/Wilhelm Lenzen, Bericht über das Treffen am 13. August 1942, o.O., o.D.; LKF NL Lenzen 1, fol. 138-140.

47 Oskar Schroeder, Kulturphilosophie W. Wendls und W. Windelbands, dargestellt und gewürdigt, phil. Diss., Köln 1922.

48 Vgl. Werner Klein, Ansprache beim Requiem für Schroeder am 21. August 1974; KAW NL Thomé, Schachtel 7, Mappe "Ewig sei dem Haupte Ruhm".

49 Oskar Schroeder, Gedanken zu einer Kulturpolitik im neuen Volksstaat, Oberliblar 1945, 1.

50 Ebd., 2.

der Frage von Ernährung und Versorgung zweitrangig erscheint. Doch: "Es ist nun einmal so, daß dem Deutschen seine Schwungkraft von der Idee, von einer wahren oder falschen herkommt", daher auch die Begeisterungsfähigkeit für die NS-Ideologie. Daneben kann der Aufbau nur gelingen, wenn das Volk zur "Mitverantwortung" bewegt wird[51]. Eine oberflächliche Konfrontation mit den nationalsozialistischen Greueln ist unzureichend; man muß zu erklären suchen, "wie es zu einer derartigen Abstumpfung des Gewissens und der Verantwortung" kommen konnte. Ein Umdenken ist unerläßlich[52]. Eine konfessionelle Partei ist in den Augen Schroeders diesem Prozeß des Umdenkens nicht angemessen; auch die Benennung "christlich-demokratisch" lehnt Schroeder ab, da sie den Eindruck erwecken könnte, man wolle Mitgliedern anderer Parteien das Christsein absprechen. Das Christliche soll ausschließlich "die Inspirationsquelle des politischen Tuns" sein, nicht an dessen Stelle treten[53]. Nach diesen Überlegungen zur "neuen Demokratie" wandte sich Schroeder den "allgemeinen geistes- und kulturpolitischen Fragen" zu. Er sieht die NS-Ideologie keineswegs überwunden; viele hätten sich nur der militärischen Überlegenheit der Alliierten gebeugt, würden die Überlegenheit ihres politischen Systems aber nicht anerkennen[54]. Auch Nicht-Parteimitglieder sind schuldig geworden. "Wir haben im großen und ganzen, von wenigen, aber rühmlichen Ausnahmen abgesehen, schimpflich geschwiegen und uns verkrochen"[55]. Als Wegmarken dieses Versagens nennt Schroeder das Ermächtigungsgesetz, die unzureichende Auseinandersetzung mit der NS-Literatur, das Reichskonkordat von 1933[56]. Mancher kam aus Enttäuschung über die Kirche zum Nationalsozialismus. Auch jetzt gilt: "ein erstarrtes und um sich selber kreisendes Kirchentum wird dem weltanschaulichen und politischen Radikalismus Zutreiberdienste leisten". Schon deswegen muß eine völlige Trennung von Kirche und Staat vermieden werden. Beide müssen sich der Erwachsenenbildung zuwenden, so wie es früher der Volksverein für das katholische Deutschland tat; Volkshochschulen sind zu gründen[57]. Der politischen Radikalisierung Zukurzgekommener muß durch eine Wohlfahrts- und Sozialpolitik begegnet werden, die nur die sozialen Übel abstellen will und nicht wie die NS-Wohlfahrtspflege ideologische Ziele verfolgt. Dabei soll freien Wohlfahrtsträgern eine entscheidende Bedeutung zukommen[58]. Während der totale Staat die Lösung aller Probleme verspricht, muß die Demokratie den mühevollen Weg der Aufklärung gehen und darauf hinweisen, "daß es kein Paradies auf Erden gibt und eine vollkommene Lösung der sozialen und wirtschaftlichen Probleme nie möglich sein wird"[59]. Der Staat darf nicht nur der ausgleichenden Gerechtigkeit dienen. Die Demokratie muß vielmehr "über den Individuen thronen als ein übergeordneter sittlicher Wert, als eine heilige gottgewollte Aufgabe, als eine Art Vorform des Gottesreiches". Dieser Bedeutung entspricht am ehesten eine präsidiale Struktur[60]. Die Kirche kann der Demokratie dienen, indem sie die "innere Freiheit der Kinder Gottes" betont und hilft, "im Sinne einer christlichen Weltgestaltung [...] die Grundrechte des Menschen auf seine persönliche Freiheit und sein Eigentum sicherzustellen und damit die christliche Gesittung überhaupt zu

---

51 Ebd., 3.
52 Ebd., 4.
53 Ebd., 6.
54 Ebd., 7.
55 Ebd., 8.
56 Ebd., 8-10.
57 Ebd., 12.
58 Ebd., 16 f.
59 Ebd., 18.
60 Ebd., 19.

ermöglichen"[61]. Solidarität mit den Armen ist als christlicher Wert zu vermitteln[62]. Das Reich Gottes sollte darum als "das neue gottgeschenkte Leben" dargestellt werden, "das schon im Diesseits besessen und entfaltet werden kann und soll, als die Wiedergeburt des Menschen zur Gottes- und Bruderliebe"[63]. Hier kam auch Schroeders kirchenreformerisches Anliegen zum Zug; denn um die Glaubwürdigkeit ihres Engagements zu erweisen, soll die Kirche in ihrem eigenen Bereich den Absolutismus überwinden. Im kulturellen Bereich sollen katholische Laien in eigener Verantwortung wirken können[64].

Im folgenden wendet sich Schroeder der Neugestaltung des Schulwesens zu. Die Schule hat die Aufgabe, die Jugend "zu selbständigem politischen Denken und zu einer demokratischen Lebensform" zu erziehen. Zentrale Bedeutung kommt dabei einer "Durchdringung der Erziehung mit christlichem Geiste" zu[65]. "Es ist für die Zukunft von ausschlaggebender Bedeutung, ob es gelingen wird, den Geist der neuen Schule so zu beeinflussen, daß die Jugend von der Größe und Bedeutung des Christentums für das gesamte Leben erfüllt wird"[66]. Dabei spricht sich Schroeder gegen die Konfessionsschule aus, wollte aber den konfessionellen Religionsunterricht beibehalten wissen[67].

Generell tritt Schroeder gegen eine völlige Trennung von Kirche und Staat ein. Die katholische Kirche würde sich verengen. Der protestantische Volksteil wäre vom Nationalismus gefährdet; die ökumenische Bewegung muß darum gefördert werden[68]. "Völlige Trennung von Kirche und Staat würde den Staat leicht dazu veranlassen, einen neutralen Moral-Unterricht einzuführen, der dann die Färbung der jeweiligen führenden politischen Volksgruppen annähme"[69]. Nachdem die Gefahr des Nationalismus gebannt ist, können auch Katholiken der "Pflege des vaterländischen Sinnes" eine größere Bedeutung zumessen, dies "braucht keinen Gegensatz mehr zum Ideal der Völkerversöhnung" bieten. Gelingt hier keine Synthese, "werden die sozialistischen Parteien allein das Feld beherrschen"[70], mit der Folge, daß "die Eigenart einer echten deutschen Kultur, ja, alles, was überhaupt dem Abendländer das Leben lebenswert und sittlich wertvoll macht, einem System der Entpersönlichung und Vermassung" geopfert würde. Die Zukunft Europas ist aber nur gesichert, wenn der abendländische Mensch lernt, "seine Freiheit recht zu gebrauchen, d.h. sie selbstlos in den Dienst höherer Menschheitsaufgaben zu stellen [...] Europa hat nur zu wählen zwischen einer vom Geist des Christentums inspirierten Kultur einerseits und einer technischen Civilisation des ökonomischen Materialismus andererseits, in der die Massen durch ihre Funktion das gesamte Leben beherrschen und entpersönlichen. Christus oder der Großinquisitor: das ist das Entweder-Oder, dem sich Europa und insbesondere Deutschland gegenübergestellt sieht"[71].

Angesichts dieser Zuwendung zu gesellschaftspolitischen Fragen verwundert es nicht, daß Schroeder auch seine Freunde im Reformkreis für ein Verlassen des binnentheologischen Rahmens motivieren wollte. Dies geschah auf dem Treffen des Kreises in Mönchengladbach

---

[61] Ebd., 20.
[62] Ebd., 21.
[63] Ebd., 22.
[64] Ebd.
[65] Ebd.
[66] Ebd., 26.
[67] Ebd.
[68] Ebd., 28.
[69] Ebd., 29.
[70] Ebd., 32.
[71] Ebd., 33.

am 25. und 26. Juli 1946. Schroeder sprach über *Unsere christliche Verantwortung vor der Gegenwart* [72].

Ein Jahr nach Entstehen seiner Schrift zur Kulturpolitik bemächtigte sich seiner allerdings bereits eine große Ernüchterung. Die Hoffnungen auf gesellschaftliche Aufbrüche nach Ende des Krieges haben sich nicht erfüllt, das gesellschaftliche Klima ist geprägt von Resignation oder Opportunismus. Ein Engagement in der Kirche erfolgt oft nur, weil Vorteile damit verbunden sind. Für viele ist nach dem Zusammenbruch alles fragwürdig geworden, auch der Glaube. "Uns Christen erwächst eine verantwortungsvolle Aufgabe [...] Christ ist derjenige, der mit seinem ganzen Sein auf den persönlich erlebten Anruf Gottes antwortet oder sich wenigstens zu antworten bemüht." Antwort hängt aber mit Verantwortung zusammen. Es gilt, im Alltag den Glauben zu bezeugen; die Flucht in Scheinwelten und "Ismen" wird dem christlichen Auftrag nicht gerecht. "Ein christlicher Wirklichkeitssinn tut uns not, ein gläubiger Realismus."

Mit dieser Notwendigkeit läßt sich die Selbstsicherheit und der Triumphalismus nicht in Übereinstimmung bringen, den Schroeder für weite Kreise in Kirche und Klerus konstatiert. "Die katholische Weltanschauung (nicht bloß der Glaube!) wird als Allheilmittel hingestellt. Der Konfessionalismus blüht wieder." Die ökumenische Bewegung wird zurückgedrängt, der politische Katholizismus befindet sich im Aufwind. Das Auseinanderbrechen von deutscher Kultur und katholischem Glauben dauert fort. Die Romantik suchte es zu überwinden. "Eine Zeit lang 'katholisierte' die deutsche Kultur." Doch dies war nicht von Dauer. Auch der religiöse Katholizismus eines Franz Xaver Kraus[73] blieb "ohne wirksame Bedeutung". Im Kulturkampf zogen sich die Katholiken vollends ins Ghetto zurück. "Dann kam ein Ausbruch aus der Enge. Ich nenne Namen wie Muth[74] und Schell[75], Ehrhard[76], Merkle[77], die Görresgesellschaft[78]. Die Katholiken erlangten eine Art wissenschaftliche Gleichberechtigung, besonders auf historischem Gebiete. Der Volksverein führte die Katholiken in die Mitverantwortung für den Staat hinein." Doch auch diese Phase scheint vorüber. Man will wieder zurück. "Man fühlt sich in der Absonderung am stärksten, am geborgensten." Eine "Durchsäuerung der Welt" findet nicht statt. Die "katholische Weltanschauung" steht "beziehungslos neben der übrigen Wirklichkeit". Im Modernismus ging es um die Versöhnung von Glaube und Wissenschaft, jetzt ist die Frage grundsätzlicher, es geht um die "Auseinandersetzung mit der sozia-

---

[72] Oskar Schroeder, Unsere christliche Verantwortung für die Gegenwart; LKF Slg. Keuck, fol. 101-109 und 96f.

[73] Franz Xaver Kraus (1840-1901), 1864 Priesterweihe in Trier, 1872 außerordentlicher Professor für christliche Kunstgeschichte in Straßburg, 1878 ordentlicher Professor für Kirchengeschichte in Freiburg i. Br; Christoph Weber (Hg.), Liberaler Katholizismus. Biographische und kirchenhistorische Essays von Franz Xaver Kraus (BDHIR 57), Tübingen 1983.

[74] Carl Muth (1867-1944), 1895 Herausgeber der *Alten und Neuen Welt*, seit 1903 der katholischen Kulturzeitschrift *Hochland*; über ihn: Weiß, Modernismus (wie Anm. 3), 457-473.

[75] Herman Schell (1850-1906), 1884 Professor für Apologetik, christliche Kunstgeschichte und vergleichende Religionswissenschaft in Würzburg; Günter Bleickert, Herman Schell (1850-1906), in: Heinrich Fries/Georg Schwaiger (Hg.), Katholische Theologen Deutschlands im 19. Jahrhundert, Bd. 3, München 1975, 300-327; Weiß, Modernismus (wie Anm. 3), 134-150.

[76] Albert Ehrhard (1862-1940), 1889 Professor für Kirchengeschichte am Priesterseminar Straßburg, 1892 an der Universität Würzburg, 1898 in Wien, 1902 in Freiburg i. Br., 1903 an der neuerrichteten Katholisch-Theologischen Fakultät Straßburg, 1920-27 in Bonn; ebd., 170-180.

[77] Sebastian Merkle (1862-1945), 1898 Professor für Kirchengeschichte in Würzburg; Theobald Freudenberger (Hg.), Sebastian Merkle. Ausgewählte Reden und Aufsätze (Quellen und Forschungen zur Geschichte des Bistums und Hochstifts Würzburg 17), Würzburg 1965; Weiß, Modernismus (wie Anm. 3), 440-456.

[78] Dazu Rudolf Morsey, Görres-Gesellschaft, in: LThK^3 IV 843.

len und gesellschaftlichen Wirklichkeit". Hier ist auch das Engagement des Freundeskreises gefragt. Die Gesellschaft ist gekennzeichnet von einer zunehmenden "Verselbständigung der einzelnen Kulturgebiete". Aufgabe der Kirche ist es, dafür zu sorgen, daß die "minimale Einheit", die es im gesellschaftlich-kulturellen Bereich noch gibt", "ausgerichtet oder geöffnet bleibt für eine höhere, religiöse Einheit, das Reich Gottes". Durch Zwang wird dies nicht erreicht, erst recht nicht durch den Rückzug ins Ghetto. "Die Vermittlung des Religiösen" muß sich "von der Starre des Dogmatismus" lösen. Sie muß gekennzeichnet sein durch "Vertrauen auf die Selbstverantwortlichkeit des kulturschaffenden christlichen Laien, durch ein weitherziges Gewährenlassen des Laien auf seinem Gebiete, vor allem aber durch eine starke innerliche Fundierung des Laien im Geiste des Evangeliums".

Von diesen Voraussetzungen her ergeben sich für Schroeder verschiedene "Forderungen für die Zukunft", die wir zum Teil bereits aus den Katholizismus-Büchern kennen:

Die Wortverkündigung muß "ohne dogmatische Übermalung" auskommen und konkret sein.
Das "katholische Denken" muß sich von geschichtlich Bedingtem freimachen und das "Wesen des christlichen Glaubens" zum Zug kommen lassen.
Der Kreis soll an der Entwicklung einer Anthropologie, "welche die neuzeitlichen Erkenntnisse" der Humanwissenschaften verwertet, mitarbeiten.
Neu - im Vergleich zu den dreißiger Jahren - ist die Forderung, "insbesondere [...] den gesellschaftlichen-sozialen Problemen Aufmerksamkeit zu widmen und eine Begegnung mit dem gemäßigten Sozialisten zu suchen [...] Die Frage des religiösen Sozialismus ist ernstlich zu prüfen und nicht a limine abzuweisen."
Um diese Ziele zu erreichen, plant Schroeder die Errichtung eines "politischen Ordens", mit dem der katholischen Jugendbewegung entstammenden Motto "Treudeutsch". Hier sollten sich Laien auf ein politisches Wirken vorbereiten. Unter die prägenden Elemente dieses Ordens zählte Schroeder: das Vertrauen in die "Auferstehung des Abendlandes", das Engagement für "eine Politik aus dem Glauben" und "eine radikale Gesellschaftsreform", die Gegnerschaft zu jeder "Diktatur" und zur "Herrschaft der Masse", kein Rückzug ins Ghetto, sondern Zusammenarbeit "mit allen Gutwilligen", ein neues Politikverständnis: "ein heiliger Dienst am Volke" zur "Wiederherstellung der Menschenwürde und Menschenfreiheit gegenüber der Übergewalt der Technik und Allgewalt des Staates". Dabei sollte der Orden kein "Werkzeug für kirchliche oder Klasseninteressen" werden und mußte sich gegen den "Dogmatismus eines geschlossenen Systems" zur Wehr setzen.

So treffend Schroeders Analyse der gesellschaftlichen Situation in vielem sein mag, seine konkrete Therapie klingt realitätsfern. Die Mitglieder des Kreises konnte er jedenfalls nicht für seine Pläne gewinnen. Schroeder war enttäuscht und stand in der Folgezeit nicht mehr als Referent zur Verfügung. Wohl aber lieferte er eine scharfe Kritik, wenn andere Mitglieder des Kreises sich in Vorträgen versuchten. Die Stimmung auf den Treffen wurde immer angespannter.

Die große Unzufriedenheit einiger Mitglieder des Kreises brachte Walter Bertram[79] in einem Rundbrief im Anschluß an das Treffen in Mönchengladbach am 29./30. Oktober 1947

[79] Walter Bertram (1896-1974), 1922 Priesterweihe, 1927 Studienrat in Euskirchen, 1938 in Düsseldorf, am Beginn der vierziger Jahre aus dem priesterlichen Dienst ausgeschieden.

zum Ausdruck[80]. Oskar Schroeder versuchte in seiner Antwort vom 19. November 1947 "die Situation unseres Kreises zu prüfen"[81]. Im Gegensatz zu seinen Bemühungen, "den Kreis für die religiös-ethischen Fragen, insbesondere für die politische Ethik aus dem Geiste der Bergpredigt zu erwärmen", erwarteten vor allem neue (evangelische) Mitglieder eine eher "positiv-religiöse" Ausrichtung; sie lehnten auch die "wissenschaftlich-theologischen Anliegen des ursprünglichen Kreises (Bibelkritik und Religionsgeschichte) ab". Die Spannungen im Kreis spiegelten die Entwicklung der Kirchen überhaupt. Statt eines ökumenischen Aufbruchs kam es nach dem Krieg auf katholischer Seite wieder zur "Festigung der kirchlichen Front". Die Lage im protestantischen Lager ist komplizierter, eine "neue Verfestigung" spürt man bei den Anhängern der Theologie Karl Barths[82], zu denen auch "einige Freunde" gehören. Karl Barth ist für Schroeder ein rotes Tuch. Er umgehe alle Erkenntnisse der "bibelwissenschaftlichen und religionswissenschaftlichen Forschung des 19. Jahrhunderts". Entdeckte diese die tiefgreifende "Einbettung des ewiggültigen Wortes Gottes in das zeitgeschichtliche Weltbild", leugnet Barth jede Bindung des christlichen Glaubens an irgendein Weltbild. Was für die Katholiken das Dogma, ist für Protestanten im Gefolge Barths das Wort. Man sucht die Sicherheit des Objektiven. Der innere Christus ist nicht mehr gefragt.

Treffen wollte Schroeder mit seiner Kritik an Barth auch Walter Bertram, der gefordert hatte, im Kreis auf Kritik an der Kirche zu verzichten und kein neues theologisches Konzept zu entwickeln. In Christus hatte man seines Erachtens die Antwort auf die Fragen der Zeit.

Mit dieser Position konnte sich Schroeder nicht anfreunden. Er forderte:

"Aufbauende, von der Symptom- zur Wurzelbehandlung vordringende Kritik, aber eine solche, die immer zugleich unser eigenes Gewissen trifft, unsere eigene Existenz berührt."

"Saubere religionswissenschaftliche und bibelwissenschaftliche Arbeit nur in kleinem Studienzirkel, falls sich solche finden, die eine solche nüchterne Arbeit leisten wollen."

"Als Hauptsache für alle Freunde Konzentration auf den religiös-ethischen Gehalt der Botschaft Jesu und seine Verwirklichung im Diesseits durch Mitarbeit an praktischen Einzelaufgaben zur Läuterung und Verfeinerung des christlichen Ethos im Einzel-, Volks- und Völkerleben." Das Wort Christi "gibt uns den Geist, aus dem heraus wir zu suchen und zu wirken haben", die konkrete Antwort muß jeweils neu gesucht werden, sie ist nicht vorgegeben.

Nach dieser grundsätzlichen Kontroverse fand die Arbeit des Kreises zwar ihre Fortsetzung, ein einheitliches Zusammenwirken läßt sich aber nicht mehr feststellen. Die ausgeprägte Organisationskultur zerfiel; offensichtlich verzichtete man darauf, Protokolle zu verfassen. Immerhin gelang es, Friedrich Heiler[83] und Paul Tillich[84] als Gastreferenten zu gewinnen. An-

80 Rundbrief Walter Bertrams an den Freundeskreis, Düsseldorf, 9. November 1947; KAW NL Thomé, Schachtel 8, Mappe "Freunde der Reform".

81 Rundbrief Oskar Schroeders an den Freundeskreis, Duisburg-Buchholz, 19. November 1947; LKF Slg. Keuck, fol. 221-235.

82 Karl Barth (1886-1968), protestantischer Theologe, 1921 Professor in Göttingen, 1925 in München und 1930 in Bonn, 1935 entlassen wegen Verweigerung des Eides auf Hitler, 1935-62 in Basel; Wilfried Härle, Barth, Karl, in: LThK^3 II 35-37 (Lit.).

83 Friedrich Heiler (1892-1967), 1919 Übertritt zum Protestantismus, 1920 Professor für Religionsgeschichte in Marburg, zentrale Gestalt der "Hochkirchlichen Vereinigung"; Hans Hartog, Evangelische Katholizität. Weg und Vision Friedrich Heilers, Mainz ^{2}1996. Heiler sprach am 7. Januar 1952 über "Das christologische Problem im Lichte der historischen Kritik" (Oskar Schroeder an Friedrich Heiler, Duisburg-Buchholz, 28. No-

sonsten berichteten Mitglieder des Kreises aus ihrem Wirkungskreis. Schroeder verzichtete nach wie vor auf Referate, ebenso sein Antipode Walter Bertram. Die große Kontroverse des Jahres 1950, der Streit um die Definibilität der *Assumptio* schlug sich in den Treffen des Kreises nicht nieder, wohl aber in den Veröffentlichungen Oskar Schroeders.

IV. "EIN NEUES DOGMA?" OSKAR SCHROEDER UND DIE *ASSUMPTIO*

Während sich Josef Thomé mit einem unverbindlichen Aufsatz in seinem Pfarrblatt zur Dogmatisierung der Aufnahme Mariens in den Himmel äußerte[85], gehörte Oskar Schroeder zu den Hauptkombattanten. Unterstützung fand er dabei bei dem in Durach im Allgäu wirkenden Dekan Anton Fischer[86], den man als auswärtiges Mitglied des Kreises bezeichnen kann. Wie Schroeder veröffentlichte er Aufsätze gegen das Dogma und den ausgeprägten Marianismus der fünfziger Jahre[87].

Oskar Schroeder meldete sich zunächst in einem Beitrag zu der 1949 aus Anlaß von Johannes Hessens 60. Geburtstag erschienenen Festschrift zu Wort[88]. Eine Dogmatisierung der Aufnahme Mariens in den Himmel erklärte er dabei für unmöglich; der Lehre fehle die historische Grundlage[89], außerdem unterstütze sie polytheistische Tendenzen[90]. "Niemand - auch kein gläubiger Protestant - wird Anstoß daran nehmen, wenn das christliche Gemüt sich an frommen, sinnvollen Legenden erbaut und diese in der kirchlichen Kunst dargestellt wünscht, aber etwas anderes ist es, sie zum Glaubenssatz zu erheben und von der Annahme oder Ablehnung das Heil der Seele abhängig zu machen"[91]. Schroeder sprach von der "Gefahr der Mythologisierung"[92]. "Die uns von den Aposteln hinterlassene Offenbarung" ist kein "Wun-

---

vember 1951; IÖFTü NL Schroder, Mappe 4,2) und am 14. Juni 1954 über die "Anima naturaliter christiana" (Friedrich Heiler an Oskar Schroeder, Marburg, 15. Januar 1954; ebd.).

84 Paul Tillich (1886-1965), protestantischer Theologe, 1924 Professor für systematische Theologie in Marburg, 1925 in Dresden, 1929 für Philosophie und Soziologie in Frankfurt, 1933 entlassen, Emigration nach Amerika, bis 1955 am Union Theological Seminary in New York; Carl Heinz Ratschow, Tillich, Paul, in: Martin Greschat (Hg.), Gestalten der Kirchengeschichte, Bd. 10/2, Stuttgart 1986, 123-149. - Tillich sprach am 29. Juli 1952 zum Thema "Sinn der Offenbarung, insbesondere der endgültigen Offenbarung in Jesus Christus"; Josef Kirchhoff, Einladung zum Treffen am 29. Juli 1952, Köln-Mülheim, 24. Juli 1952; IÖFTü NL Schroeder, Mappe 2.

85 Josef Thomé, Vom neuen Dogma, in: Die Pfarrfamilie St. Balbina Würselen-Morsbach Nr. 52 vom 24./25.12.1950. Wieder in: ders., Frauen haben immer recht!, hg. von Friederike und Franz Griemens, Würselen 1995, 80-83.

86 Anton Fischer (1880-1952), 1905 Priesterweihe in Dillingen, Kaplan in Pfersee bei Augsburg, 1910 Pfarrer in Rieden an der Kötz, 1930 in Durach bei Kempten, 1945-50 Dekan des Landkapitels Kempten; Friedrich Heiler, Ein Heiliger unserer Tage. Dekan Anton Fischer + 16. Januar 1952, in: Ökumenische Einheit 2/3 (1952), 1-14.

87 P. Bernardus [= Anton Fischer], Katholische Kirche ... wohin gehst du?, in: Ökumenische Einheit 2/2 (1951) 88-105.; P. Bernardus [= Anton Fischer], Fatima- Wahrheit oder Täuschung? Ebd., 2/3 (1951) 255-271.

88 Oskar Schroeder, Ein neues Dogma? In: Willy Falkenhahn (Hg.), Veritati. Eine Sammlung geistesgeschichtlicher, philosophischer und theologischer Abhandlungen. Als Festgabe für Johannes Hessen zu seinem 60. Geburtstag dargebracht von Kollegen, Freunden und Schülern, München 1949, 141-155.

89 Ebd., 141.

90 Ebd., 145.

91 Ebd., 147.

92 Ebd., 151f.

derkästlein [...] aus dem mittels des Zauberstabes der Theologen immer neue Dinge hervorgezaubert werden können"[93]. Schroeder ging davon aus, daß der "geistig einflußreiche Teil" der Gläubigen im Gegensatz zur "Masse der naiv Gläubigen" in der Lehre von der *Assumptio* nur ein Symbol sehen werde, ohne es deshalb auf einen Bruch mit der Kirche ankommen zu lassen, die "Wahrhaftigkeit" werde auf der Strecke bleiben[94].

Die warnenden Stimmen konnten sich nicht durchsetzen. Pius XII. verkündete das neue Dogma am 1. November 1950[95]. Schroeders Kritik verstummte damit allerdings mitnichten. Unter dem Pseudonym "P. Anscharius" veröffentlichte er in der von Friedrich Heiler herausgegebenen Zeitschrift *Ökumenische Einheit* einem Aufsatz mit dem Titel *Quo Vadis, Petre? Das altkirchliche Traditionsprinzip und das neue Dogma* [96]. In beider Verhältnis liegt nach Schroeder die zentrale Frage. Schroeder warnte davor, das Traditionsprinzip aufzugeben, um das Dogma zu rechtfertigen. Tatsächlich aber kann "die römische Kirche für ihre Dogmen keine historische Tradition" fordern, wie Berthold Altaner[97] gezeigt habe[98]. "Sie spricht lediglich von einer dogmatischen Tradition, d.h. es genügt ihr die Feststellung, daß das Gesamtbewußtsein der Kirche eine Lehre enthält, um sie für definibel zu halten"[99]. Doch die Einmütigkeit der Gläubigen schließt Irrtümer nicht aus. Und auch die päpstliche Unfehlbarkeit greift nur, wenn der Papst nach sorgfältiger Prüfung der Tradition entscheidet. Im Rahmen des strengen tridentinischen Traditionsbegriffs kann nach Schroeder aber nicht davon die Rede sein, die *Assumptio* sei eine *traditio divina*; "denn in den ersten drei nachchristlichen Jahrhunderten wußte und sprach niemand in der Kirche von ihr"[100]. In Schroeders Augen liegt dem Dogma keine "schlüssige Conclusio theologica" zugrunde, nur "Angemessenheitsgründe" werden genannt[101]. Doch "im religiösen Bereich kann es letzten Endes nur der Offenbarungscharakter sein, der die göttliche Wahrheit verbürgt"[102]. Kontinuität, *Antiquitas* bzw. Apostolizität ist gefordert. "Der Heilige Geist kann nicht als Lückenbüßer für den Mangel einer solchen Kontinuität in Frage kommen." Durch die Definition der *Assumptio* hat sich Pius XII. in Widerspruch gesetzt zum Traditionsbegriff des Tridentinum, demzufolge eine Wahrheit von den Aposteln her "von Hand zu Hand übergeben" werden muß[103].

Was folgt aus dieser Einschätzung? Schroeder erklärt, mit dem neuen Dogma habe der Modernismus in die Kirche Einzug gehalten. Da keine durchgängige Tradition vorliegt, muß die Kirche mit Offenbarungen über den Tod des letzten Apostels hinaus rechnen und geht sogar noch über die als modernistisch verurteilte Lehre vom Dogmenwachstum hinaus. Die leibliche Aufnahme Mariens wird zu einer "Belastung unseres Glaubens, weil uns etwas als

---

93 Ebd., 153.

94 Ebd., 155.

95 Dazu Georg Söll, Mariologie (HDG III/4), Freiburg i. Br. 1978, 227.

96 P. Anscharius [= Oskar Schroeder], Quo Vadis, Petre? Das altkirchliche Traditionsprinzip und das neue Dogma, in: Ökumenische Einheit 2/2 (1951) 105-133.

97 Berthold Altaner (1885-1964), 1910 Priesterweihe in Breslau, 1911 Promotion zum Dr. theol., 1919 Habilitation, 1929 ordentlicher Professor für Alte Kirchengeschichte und Patrologie in Breslau, 1933 zwangsemeritiert, 1945-50 Professor für alte Kirchengeschichte und Patrologie in Würzburg; Johannes Gröger, Schlesische Priester auf deutschen Universitätslehrstühlen seit 1945 (ArbSKG 3), Sigmaringen 1989, 25f.

98 Vgl. Berthold Altaner, Zur Frage der Definibilität der Assumptio BMV, in: ThR 44 (1948) 129-140, 45 (1949) 129-142 und 46 (1950) 5-20.

99 P. Anscharius, Quo vadis (wie Anm. 96), 116f.

100 Ebd., 122.

101 Ebd., 123.

102 Ebd., 124.

103 Ebd., 125f.

Gottesoffenbarung aufgezwungen wird, was Menschenwerk ist"[104]. Der Glaubenssinn, "der im Grunde dasselbe ist, was die Modernisten den religiösen Instinkt nannten", reicht zur Begründung eines Dogmas nicht aus[105]. Schroeder macht sich zum Verteidiger des alten Modernismus, mit dessen Hilfe man den Widerspruch zwischen dem universalen Geltungsanspruch der Dogmen und der Relativität ihrer Denk- und Sprachfiguren zu lösen vermöge. Doch gerade diesen berechtigten Kern des Modernismus habe Pius XII. in der Enzyklika *Humani generis*[106] zurückgewiesen[107]. "Ohne Zweifel steht die Kirche am Scheidewege: Entweder rückt sie immer mehr ein Geflecht von Dogmen, die um des Heiles willen wie Gottes Offenbarung geglaubt werden müssen, in den Mittelpunkt oder sie sucht wieder das 'Eine Notwendige': das Leben aus dem Glauben, das Aufstrahlen des Antlitzes Christi im Menschen der Nachfolge"[108].

Schroeders ablehnende Haltung zum neuen Dogma blieb auch seinem Bischof nicht verborgen. Zwar gelang es nicht, das Pseudonym zu lüften, doch Schroeder scheint seine Kritik auch öffentlich geäußert zu haben. Sein Ordinarius, der Münsteraner Bischof Michael Keller[109], der Hardliner im Episkopat der jungen Bundesrepublik, forderte ihn in einem Gespräch am 29. Oktober 1951 auf, Farbe zu bekennen: "Glauben Sie an das Dogma von der Assumptio hundertprozentig und ohne jeden Vorbehalt? Antworten Sie mit Ja oder Nein." Schroeder: "Ich kann doch nicht so ohne weiteres alle theologischen Schwierigkeiten, mit denen die Begründung dieses Dogmas belastet ist, aus meiner Seele ausräumen, zumal diese Schwierigkeiten allenthalben im katholischen Raum geäußert worden sind, wie Sie wohl wissen. Ich nehme selbstverständlich an, daß Maria mit Leib und Seele im Himmel verklärt ist, aber das ist für mich eine Tatsache, die sich auf die Transzendenz bezieht, nicht auf ein Ereignis der diesseitigen geschichtlichen Ebene." Damit war Keller aber nicht zufrieden: "Die Aufnahme Marias ist aber doch ein geschichtliches Ereignis." Das Gespräch zog sich hin; eine zentrale Rolle spielte die Unterscheidung zwischen Wesensgehalt und Formulierung des Dogmas. Keller hielt seine Sicht der Dinge nicht hinter dem Berg: "Ich werde den Eindruck nicht los, daß Ihre Denkweise kein sentire cum ecclesia ist, sondern Modernismus"[110], Schroeder erbat sich Bedenkzeit und zog verschiedene Professoren zu Rate, die ihm wie der Münsteraner Dogmatiker Hermann Volk[111] versicherten, seine Position sei mit dem Dogma vereinbar. Allerdings kritisierte Volk Schroeders unzureichende Begrifflichkeit, die einen Gegensatz zwischen geschichtlichen und übernatürlichen Ereignissen postulierte, und mahnte diesen, der Kirche treu zu bleiben und sich nicht auf "randhafte Positionen" zu versteifen[112].

---

[104] Ebd., 129.

[105] Ebd.

[106] Pius XII., Enzyklika *Humani Generis* vom 12. August 1950; DH 3875-3899.

[107] P. Anscharius, Quo vadis (wie Anm. 96), 131f.

[108] Ebd., 133.

[109] Michael Keller (1896-1961), Offizier im Ersten Weltkrieg, theologische Studien in Paderborn und Innsbruck, 1921 Priesterweihe für die Diözese Osnabrück, 1924 Dr. theol. Rom, Kaplan und Pfarrer in Hamburg, 1939 Regens des Priesterseminars Osnabrück, 1947 Bischof von Münster; Heinz Hürten, Michael Keller (1896-1961), in: Rudolf Morsey (Hg.), Zeitgeschichte in Lebensbildern, Bd. 4, Mainz 1980, 208-224.

[110] Oskar Schroeder, "Mein Gespräch mit meinem Bischof M. Keller am 29. Oktober 1951", o.O., o.D.; IÖFTü NL Schroeder, Mappe 16,2.

[111] Hermann Volk (1903-1988), 1927 Priesterweihe in Mainz, 1946 Professor für Dogmatik in Münster, 1962-83 Bischof von Mainz, 1973 Kardinal; Augustinerstraße 34. 175 Jahre Bischöfliches Priesterseminar Mainz, Eltville 1980, 348. Vgl. Hermann Volk, Das neue Marien-Dogma. Inhalt, Begründung, Bedeutung, Münster 1951.

[112] Hermann Volk an Oskar Schroeder, Münster, 11. Dezember 1951; IÖFTü NL Schroeder, Mappe 7,9.

In der Folge entwickelte sich ein reicher Schriftverkehr mit Berthold Altaner, mit dem sich Schroeder in seiner Position zur *Assumptio* einig wußte[113]. Nach mehreren ruhigen Jahren brach die Frage 1956 wieder auf. Bischof Keller ließ Schroeder wissen, das Heilige Offizium betrachte ihn als Verfasser des Artikels *Katholische Kirche - wohin gehst du?*, der 1951 in der *Ökumenischen Einheit* unter dem Pseudonym "P. Anscharius" erschienen sei. In scharfer Form forderte Keller Schroeder auf, sich zu erklären, und drohte mit kirchlichen Zensuren[114]. Zwar verbarg sich Schroeder hinter dem Pseudonym "P. Anscharius"[115]; der inkriminierte Aufsatz stammte allerdings von "P. Bernardus", dem Duracher Pfarrer Anton Fischer. Die Verwechslung des Pseudonyms ermöglichte es Schroeder, sich von den Vorwürfen zu reinigen[116]. Keller zeigte sich erfreut, daß Schroeder nicht der Verfasser war, betonte jedoch, er erwarte von ihm jederzeit die Bereitschaft, den Antimodernisteneid zu erneuern[117]. Schroeder hielt Ausschau nach kirchenrechtlicher Beratung und erklärte dem Bischof schließlich, daß die Voraussetzungen, unter denen das Kirchenrecht die Wiederholung des Antimodernisteneides vorsehe, bei ihm nicht gegeben seien[118]. Damit endete der Briefwechsel. Schroeder entging der neuerlichen Ablegung des Antimodernisteneides. Andere Mitglieder des Reformkreises kamen nicht so glimpflich davon.

V. Vom Ende des Reformkreises bis zum Tod Oskar Schroeders

1950 konstatierte der Innsbrucker Jesuit Karl Rahner[119] *Gefahren im heutigen Katholizismus*. Das Schlimmste, was er dabei entdeckte, war eine "kryptogame Häresie in der Kirche", eine "esoterische Sekte innerhalb der großen Gemeinschaft"[120]. Damit meinte er den Kreis der Rheinischen Reformfreunde, den er bereits 1943 als "Restbestand aus der Zeit des alten Modernismus" verurteilt hatte[121]. In den fünfziger Jahren entschloß sich das Heilige Offizium, gegen die bekannten Mitglieder des Kreises vorzugehen. Josef Thomé und Wilhelm Lenzen

---

[113] Dazu Günter J. Ziebertz, Kritisch aber loyal. Die Stellung des schlesischen Patrologen Berthold Altaner zum Dogma der Aufnahme Mariens in den Himmel, in: ASKG 50 (1992) 153-167 (mit einer Teiledition des Briefwechsels).

[114] Bischof Michael Keller an Oskar Schroeder, Münster, 4. Juni 1956; IÖFTü NL Schroeder, Mappe 5,3.

[115] Vgl. Oskar Schroeder an Friedrich Heiler, Duisburg, 13. Mai 1956; ebd., Mappe 4,7.

[116] Oskar Schroeder an Bischof Michael Keller, Duisburg-Buchholz, 7. Juni 1956; ebd., Mappe 5,4. Bei Friedrich Heiler fragte er allerdings an: "Was raten Sie mir, wenn man auf den anderen Artikel von P. Anscharius zurückgreift?"; Oskar Schroeder an Friedrich Heiler, Duisburg-Buchholz, 5. Juni 1956; ebd., Mappe 4,7.

[117] Bischof Michael Keller an Oskar Schroeder, Münster, 9. Juni 1956; ebd., Mappe 5,5.

[118] Oskar Schroeder an Bischof Michael Keller, [Duisburg], 17. Juni 1956; ebd., Mappe 5,6.

[119] Karl Rahner (1904-1984), 1922 SJ, Noviziat in Feldkirch, 1924-27 Studium der Philosophie in Feldkirch und Pullach, 1929-33 Studium der Theologie an der Ordenshochschule in Valkenburg/Holland, 1932 ordiniert, 1934-36 Studium der Philosophie in Freiburg i. Br. als Doktorand bei Martin Honecker, die Promotion zum Dr. phil. scheitert, 1936 Studium der Theologie in Innsbruck, Promotion zum Dr. theol., 1937 Sammelhabilitation für das Fach Katholische Dogmatik und Privatdozent in Innsbruck, 1939-44 Dozent in Wien und Mitarbeiter am dortigen Seelsorgeamt, 1949 Professor in Innsbruck, 1964 in München, 1967 in Münster, 1971 emeritiert; Hubert Wolf (Hg.), Karl Rahner. Theologische und philosophische Zeitfragen im katholischen deutschen Raum (1943), Ostfildern 1994.

[120] Karl Rahner, Gefahren im heutigen Katholizismus, Einsiedeln 1950, 74f.

[121] Wolf (Hg.), Karl Rahner (wie Anm. 119), 177.

wurden vom Aachener Bischof Johannes Pohlschneider[122] vorgeladen und hatten, wie vom Heiligen Offizium gefordert, wegen ihrer Zugehörigkeit zum Kreis der Reformfreunde den Antimodernisteneid zu erneuern[123]. In den Verhören suchte man die Namen weiterer Mitglieder des Kreises zu erfahren. Dies gelang nicht, aber die Treffen hörten auf.

Tatsächlich aber trafen die Maßnahmen keine lebendige kirchliche Reformbewegung, sondern eine Gruppe, die in sich zerstritten war. Walter Bertram schrieb an Josef Thomé: "Daß 'der Kreis' aufgehört hat, ist gut; denn in dieser Form konnte er nicht mehr existieren. Ich habe Oskars Art seit Jahren schon als untragbar empfunden. Anderseits sind die Freunde jetzt alle isoliert. Man hört aus allen Schreiben die Einsamkeit heraus, in der sie sich befinden. Ich werde im Mai einen Teil einmal zu mir einladen, da Düsseldorf zentral liegt, aber ohne Oskar. Dann kann jeder mal reden, wie er denkt, ohne daß einer da ist, der stets das Gegenteil behauptet. Es war auf meinem Geburtstag im vergangenen Jahr fast unerträglich, wie er das Gespräch beherrschte"[124]. Was das Heilige Offizium von außen her zerstörte, war durch die Dominanz Schroeders innerlich bereits destruiert. Seinetwegen stand auch Johannes Hessen in zunehmender Distanz zum Kreis. Wilhelm Lenzen schrieb bereits 1946 an Thomé: "Einstmals hieß es von unserem Freundeskreis: 'Wir sind eine verschworene Gemeinschaft'. Man sprach von 'Brudertum' (den Gliedern) und ähnlichem. Zuletzt heißt es: 'Interessengemeinschaft' (siehe Oskar Schroeder). Spürst Du die Erblassung des Impulses?"[125]

Der Kreis hörte auf; Oskar Schroeder brauchte ihn nicht, um seine Anliegen zu verfolgen. Die Maßnahmen des Zweiten Vatikanums konnten dabei seinem theologischen Reformeifer nicht genügen. So trat er beispielsweise weiterhin entschieden gegen die Bekenntnisschule auf. In einer 1968 verfaßten Schrift *Zur Schulfrage* wiederholte er die Kirchen- und Dogmenkritik, die sich bereits in *Der Katholizismus. Sein Stirb und Werde* fand. Den Bischöfen ging es seines Erachtens in der Frage der Konfessionsschule vor allem darum, eine letzte Bastion ihrer Macht zu bewahren[126]. Generell beklagte Schroeder nach dem Zweiten Vatikanum "Lähmungserscheinungen im Kirchenvolk", die er durch die Verhinderung weiterer Reformen bedingt sah; er sprach von "einem Wettlauf zwischen dem Prozeß der Ausblutung und dem Prozeß der kirchlichen Reform von unten durch Solidaritätsbildung"[127]. Anfang der siebziger Jahre fühlte er sich durch die Unfehlbarkeitsdebatte zu einer Stellungnahme herausgefordert. Er setzte sich für Hans Küng[128] ein und bat Karl Rahner in einem angriffslustigen Brief um eine Präzisierung seiner Position. Obwohl der Brief veröffentlicht wurde[129], verzichtete Rah-

---

[122] Johannes Pohlschneider (1899-1981), 1924 Priesterweihe in Rom, 1925 Dr. theol., 1940 Offizial in Oldenburg, 1948 Generalvikar in Münster, 1954-74 Bischof von Aachen; Erwin Gatz, Pohlschneider, in: ders. (Hg.), Die Bischöfe der deutschsprachigen Länder 1785/1803 bis 1945. Ein biographisches Lexikon, Berlin 1983, 567 f.

[123] Josef Thomé an Oskar Schroeder, Würselen, 28. Oktober 1956; IÖFTü NL Schroeder, Mappe 5,1. Vgl. [Wilhelm Lenzen], Protokoll über meine Begegnung mit dem Hochwürdigsten Herrn Bischof Dr. Johannes Pohlschneider am Montag, dem 3. Dezember 1956; LKF NL Lenzen 2, fol. 65-70 und den Bericht Josef Thomés, Würselen-Morsbach, 28. Oktober 1956; IÖFTü NL Schroeder, Mappe 5,1.

[124] Walter Bertram an Josef Thomé, Düsseldorf, 20. März 1957; KAW NL Thomé, Schachtel 13, Mappe 57.

[125] Wilhelm Lenzen an Josef Thomé, Eschweiler, 18. April 1946 [Poststempel]; ebd., Schachtel 16, Mappe 38.

[126] [Oskar Schroeder], Zur Schulfrage [1968]; IÖFTü NL Schroeder, Mappe 18,1. Josef Thomé verteidigte die Konfessionsschule. Vgl. Was ist das nun wieder für ein Unsinn?, in: Die Pfarrfamilie St. Balbina Würselen-Morsbach Nr. 18 vom 4. Mai 1952.

[127] Oskar Schroeder, Über Lähmungserscheinungen im Kirchenvolk; IÖFTü NL Schroeder, Mappe 18,11.

[128] Hans Küng (geb. 1928), 1954 Priesterweihe, 1960 Professor für Fundamentaltheologie, 1963 für Dogmatische und Ökumenische Theologie in Tübingen, 1980 Entzug der kirchlichen Lehrerlaubnis.

[129] Oskar Schroeder, Offener Brief an Karl Rahner zum Fall Küng, in: Werkhefte 27 (1973) 248-251.

ner auf eine wirkliche Auseinandersetzung[130]; auch Küng schien nicht viel an Schroeders Unterstützung gelegen zu sein, erst nach langer Zeit beantwortete er seine Briefe[131].

Am 16. August 1974 starb Oskar Schroeder. In seinem Nachruf betonte Josef Thomé, Schroeder habe sein ganzes Leben "der Verlebendigung und Erneuerung der Kirche gewidmet". Thomé sah die Ziele des Kreises durch die Maßnahmen Johannes' XXIII. erfüllt. "Einige Monate des Konzils genügten, um uns zu Zeugen eines Klimawechsels in der Kirche zu machen, den der größte Optimist nicht zu hoffen gewagt hatte. Wie ist das möglich gewesen? Gewiß ist es unser Glaube, daß nur der Heilige Geist solche Wandlung schaffen kann, aber der Geist Gottes wirkt durch Menschen. So dürfen wir sagen: dieser Durchbruch war nur dadurch möglich, daß schon seit Jahrzehnten Männer und Frauen am Werke waren, die die Gegenreformation und den Antimodernismus in sich überwunden und in der Stille die Reform vorbereitet hatten. Was sie gedacht, erbetet, erkämpft und erlitten hatten, das strömte jetzt durch die weit geöffneten Tore der Kirche ein. Zu diesen Männern gehörte Oskar Schroeder. Ich bin Zeuge dafür, wie er unter den Verengungen und Erstarrungen in der Kirche gelitten hat. Ich bin Zeuge dafür, wie oft er von der Notwendigkeit einer tiefgehenden Reform der Kirche aus dem Geiste der Frohen Botschaft Christi gesprochen und sich nach einem neuen Pfingstfest in der Kirche gesehnt hat. Im Jahre 1941, also zwanzig Jahre vor dem Konzil, hat er mit einer Reihe von gleichgesinnten Freunden, Laien und Amtspriestern, einen Kreis der Freunde der kirchlichen Reform gegründet [...] Nun war es damals so, daß das Wort von einer kirchlichen Erneuerung nicht überall gern gehört wurde. Wer die Verengung und Erstarrung in der Kirche nicht sah, konnte natürlich auch eine Reform nicht für nötig halten; er sah in der Forderung nach ihr vielmehr eine Beleidigung der Kirche. So zog sich der Kreis die Beschattung des Hl. Offiziums zu. Da wollte es Gott, daß ein Papst gewählt wurde, der in seiner Jugend ebenfalls einmal vom Heiligen Offizium beschattet worden war, wie er selbst einem Kreis von Amtspriestern erzählt hat: er war des Modernismus verdächtigt worden! [...] Dieser Papst hatte dieselben Ideen wie unser heimgegangener Freund und sein Kreis. Welche Freude für ihn, als er den unerhörten Umbruch in der Kirche erleben durfte! Als er sah, wie so manches, das der Kreis ersehnt hatte, sich verwirklichte oder doch der Verwirklichung entgegenging!"[132]

Thomé zieht Parallelen zwischen Johannes XXIII. und Oskar Schroeder. In unserem Blick auf sein Leben haben wir gesehen, daß Schroeder kein Freund von Harmonisierungen war. Thomés Nachruf hätte - wie so vieles - seinen Widerspruch gefunden. Seine Wünsche wurden durch das Konzil mitnichten erfüllt. Schroeder war kein bloßer Vorläufer des Zweiten Vatikanums; er verstand sich als Nachfahre der Modernisten. Ihnen galt seine Liebe und sein Interesse. 1959 veröffentlichte er eine Übersetzung von Tyrrells *Christentum am Scheideweg*[133], in der er den englischen Modernisten als "anima naturaliter christiana" pries[134]. Tyrrell fand seines Erachtens die richtigen Antworten auf die Krise der Kirche, die in den Augen Schroeders auch in der Gegenwart fortdauerte[135]. 1969 erschien mit Schroeders Buch *Aufbruch und Miß-*

---

[130] Brief Karl Rahners an Oskar Schroeder vom 28. September 1973; IÖFTü NL Schroeder, Mappe 10,3.

[131] Schreiben Schroeders vom 19. Juni, 22. Oktober und 24. November 1973 sowie die Antwort Küngs vom 15. Dezember 1973; ebd., Mappe 11.

[132] Josef Thomé, Zum Gedächtnis Oskars Schroeder [sic]; KAW NL Thomé, Schachtel 7, Mappe "Ewig sei dem Haupte Ruhm".

[133] George Tyrrell, Das Christentum am Scheideweg, hg. von Ernst Erasmi [= Oskar Schroeder]. Mit einem Vorwort von Friedrich Heiler, München 1959.

[134] Ebd., 9.

[135] Ebd., 37.

verständnis eine engagierte Gesamtdarstellung des Modernismus[136]. Aus Schroeders Veröffentlichungen der frühen siebziger Jahre läßt sich nicht schließen, daß sich an seiner Einschätzung der kirchlichen Lage nach dem Zweiten Vatikanum etwas geändert hätte[137]. Schroeder blieb ein kirchlicher Randsiedler, der die Auseinandersetzung liebte. Er machte auf Gefahren aufmerksam, auf Zustände, die seines Erachtens der Reform bedurften, und blieb so den Richtlinien der Reformfreunde treu: "Wir wollen als Freunde einer Reform der Kirche der geistigen Not vieler einen bestimmteren Ausdruck verleihen, um so vorbereitend und sammelnd zu wirken für die Stunde der Erneuerung, die Gott bestimmt"[138].

---

[136] Schroeder, Aufbruch (wie Anm. 3).

[137] Vgl. Oskar Schroeder, "Abschreckende Barmherzigkeit". Zum Dekret über die Laisierung von Priestern, in: Werkhefte 25 (1971) 195f; ders., Auseinandersetzung zwischen Priestern und ihrem Bischof. Dokumentation über den Konflikt von Bischof Tenhumberg von Münster und dem "Freckenhorster Kreis", ebd., 26 (1972) 347-355; ders., Die Gewissenszweifel des Papstes, ebd., 27 (1973) 177f; ders., Roma locuta - causa turbata oder: Das Übel der Verwirrung kommt von hoch oben (Hadrian VI), ebd., 246-248.

[138] Richtlinien für die Freunde einer Erneuerung der Kirche in Deutschland, Nr. 1; LKF Slg. Keuck, fol. 25.

VI. Systematische Reflexion

Antimodernismus und Modernismus
Eine kritische Nachlese

Von Peter Hünermann

Die Lektüre des vorliegenden Bandes führt - im Rahmen des einleitend beschriebenen Projektes - sachlogisch vor zwei Fragen:

1. Wie kann der sogenannte Antimodernismus näher charakterisiert werden?
2. In welchem Verhältnis steht der damit gekennzeichnete Sachverhalt zum Konzil?

Die Fragen überraschen vielleicht. Sie bedürfen einer näheren Erläuterung. Überblickt man das reich ausgebreitete Material zu Reformansätzen der Theologie, das hier vorgestellt wird, die höchst unterschiedlichen Intentionen, methodischen Differenzen und Verschiedenheiten der Perspektiven, so erweist sich deutlich, daß sie in ihrer Vielfalt keinen inneren wissenschaftlichen Zusammenhang haben. Sie entspringen nicht einem "gemeinsamen Projekt", einer übereinstimmenden Auffassung von dem, was Moderne meint und wie dieser Moderne in der Kirche Heimatrecht gegeben werden soll. Zum Teil richten sich diese Bestrebungen ausdrücklich gegen moderne Positionen, die als Fehlentwicklungen charakterisiert werden. Sie handeln zwar insgesamt von neuen Fragestellungen in der Theologie, bieten aber hier ein so buntes, vielgestaltiges Bild wie ein Sommerblumenstrauß. Zusammengehalten werden die charakterisierten Ansätze lediglich dadurch, daß sie in Konflikt mit römischen, lehramtlichen Positionen gerieten bzw. sich gegen solche wandten. Nur von diesem, für sie gegenüberstehenden und so externen Bezugspunkt her ergibt sich eine gewisse Einheit und eine Zusammengehörigkeit. Die Rede von *einem* sich durchhaltenden Modernismus erscheint im Blick auf die charakterisierten Positionen somit - in dieser Perspektive - als unangebracht. Ebenso kann nicht unterstellt werden, daß die sogenannten modernistischen Positionen durchgängig modern sind, bemessen nach den Kriterien der verschiedenen Theorien der Moderne, noch kann davon ausgegangen werden, daß der Antimodernismus keine modernen Momente im Sinne dieser Theorien umschließt. Die reich dokumentierte Kritik, die Friedrich W. Graf in diesem Band an der Konzeption von Otto Weiß vorträgt, der seinerseits den von Herman Schwedt vertretenen "weiten" Modernismusbegriff vertritt und mit guten Gründen zu erhärten sucht, zwingt zum Versuch einer Neubestimmung sowohl des Modernismus- wie des Antimodernismusbegriffes. Dies dürfte um so notwendiger sein, als in der allgemeinen Diskussion sich fast so etwas wie Resignation breit macht, die Unübersichtlichkeit im Gebrauch der beiden Worte zu überwinden und ihnen ein klares Profil zu geben[1].

Aufgrund der gekennzeichneten Diskussionslage ist es angebracht, gleichsam schulmäßig *per modum exclusionis* vorzugehen, um zunächst notwendige Abgrenzungen zu erarbeiten und dann anschließend eine positive Bestimmung vorzulegen. Auszugehen ist dabei vom Versuch, den Antimodernismus zu bestimmen, weil er einheitlicher zu sein scheint als der sogenannte Modernismus, faßt man das Wort in einer weiten Weise.

Die erste Frage kann folglich nur lauten: Gibt es einen deutlich umrissenen, römischen Antimodernismus, von woher sich eine Einheit in bezug auf den Modernismus ergäbe? Wie

---

[1] Vgl. die Beiträge von Otto Weiß und Friedrich Wilhelm Graf in diesem Band sowie die Einleitung von Hubert Wolf mitsamt der dort jeweils verarbeiteten Literatur.

wäre dieser gegebenenfalls zu charakterisieren? Handelt es sich hier einfach um ein römisches Festhalten an vormodernen Positionen, um eine spezifische Art von Traditionalismus also? Angesichts des großen Zeitraumes, den die vorliegenden Beiträge umspannen, wäre weiter zu fragen, ob dieser Traditionalismus eventuell nochmals gewisse Wandlungen durchgemacht habe.

Greift man zunächst zu einer allgemeinen Kirchengeschichte, um sich über die Entwicklung der Kirche und die römische Kirchen- und Theologiepolitik allgemein zu informieren, so beeindruckt die Tiefe des Wandels und die Fülle an Innovationen, die in der Kirche im Verlauf des 19. und der ersten Hälfte des 20. Jahrhunderts stattgefunden haben. Es dokumentiert sich zugleich eine hohe Flexibilität der Kurie in der Reaktion auf jeweils neue Situationen und Fragen. Es sei hier beispielsweise auf die Reformen Pius' X. hingewiesen, der die römische Kurie reorganisiert, die Kodifizierung des Kanonischen Rechts einleitet, eine eucharistische und liturgische Erneuerung in Bewegung setzt und für eine Verbesserung der Pastoral sorgt. In Italien hat dieser Papst eine gründliche Reform der kleinen und großen Seminare durchgeführt. Er hat die Programme der Gymnasialbildung den staatlichen Einrichtungen angepaßt. Die Überprüfung der Kandidaten für das Bischofsamt wird intensiviert, die Katholische Aktion propagiert und gestrafft[2]. Modernisierungen finden unter diesem Papst, den man des Antimodernismus zeiht, in Fülle statt. Ähnliches gilt für die anderen Päpste im hier behandelten Zeitraum bis zum Beginn des II. Vatikanischen Konzils. Antimodernismus kann folglich nicht einfach eine Verweigerung gegenüber Veränderungen bezeichnen, er kann nicht irgend eine Form von simplem Traditionalismus darstellen.

Was aber dann? Ist Antimodernismus die kirchliche Spielart des Konservatismus? Der moderne Konservatismus und sein Gegenpart, der moderne Liberalismus, unterscheiden sich beide von einem einfachen Traditionalismus. Es handelt sich vielmehr um zwei Denk- und Verhaltensweisen vornehmlich politisch gesellschaftlicher Art im Umgang mit modernen Sachverhalten. Beide Denk- und Verhaltensformen sind typisch neuzeitliche Phänomene. Sie entstehen erst im Gefolge der Französischen Revolution und können nicht einfach durch inhaltliche Programmpunkte charakterisiert werden. Mannheim spricht vielmehr von einer spezifischen Logik, einer eigentümlichen Denk- und Erlebensweise, die den Zugang zu neu auftauchenden Problemen betrifft. Die verwendeten Kategorien zur Gegenwartsanalyse und zur Entwicklung von Perspektiven - etwa Grundworte wie Freiheit, Recht, Ordnung - erhalten im Konservatismus und Liberalismus jeweils eine ganz bestimmte Einfärbung und einen eindeutigen Stellenwert[3]. Wäre also der Antimodernismus der Konservatismus im kirchlichen Gewande?

Dafür scheint die Kirchengeschichte zunächst zu sprechen. In der Tat werden mit dem Ende der napoleonischen Zeit und dem Wiedererstarken des Papsttums im 19. Jahrhundert die Fragen der modernen Gesellschaft und Kultur von den Päpsten in einer ganz neuen Weise aufgegriffen. Es wird mit dem Typus der Enzykliken ein eigenes literarisches Genus von Lehrschreiben entwickelt. Man spricht von einer veränderten Ausübung des kirchlichen Lehramtes. Kann und muß man nicht in den Enzykliken Gregors XVI. *Mirari vos* (1832) und *Singulari nos* (1834) erste Ausdrucksformen eines römischen Konservatismus erblicken[4]?

---

[2] Vgl. Roger Aubert, Das Reformwerk Pius X., in: HKG VI/2, 406-434.

[3] Vgl. Karl Mannheim, Konservatismus. Ein Beitrag zur Soziologie des Wissens, (1925/1927), hg. von David Ketler/Volker Meja/Nico Stehr, Frankfurt 1984.

[4] In den beiden Enzykliken erfolgt die Verurteilung Felicité de Lamenais' und seiner Idee, die ihn schließlich zum Austritt aus der Kirche veranlaßt. Aubert führt den Bruch Lamennais' mit der Kirche auf folgende Gründe zurück: "Es ist wahrscheinlich, [...] daß das Breve vom Juni 1832 an die polnischen Bischöfe, das die

Es besteht zweifellos zwischen dem römischen Antimodernismus und dem öffentlichen Konservatismus eine *formale* Analogie, da es sich um eine moderne, seit dem Fall des *Ancien Regime* sich ausbildende Verhaltens- und Denkweise handelt. Gleichwohl kann der Antimodernismus mit dieser Strömung im gesellschaftlich-politischen Bereich nicht einfach identifiziert werden. Er kann auch nicht kurzer Hand zur spezifisch kirchlichen Spielart des Konservatismus erklärt werden. Warum nicht? Es mag zwar auf den ersten Blick scheinen, als sei der römische Antimodernismus dem Liberalismus diametral entgegengesetzt und deshalb mit dem Konservatismus ineins zu setzen. Schließlich verteidigt Gregor XVI. in den erwähnten beiden Enzykliken das traditionelle Legitimitätsprinzip. Im *Syllabus* Pius' IX. werden Kernsätze des Liberalismus strikt zurückgewiesen. Die Verwerfungen lassen an Deutlichkeit nichts zu wünschen übrig:

> "77. In dieser unserer Zeit ist es nicht weiter dienlich, die katholische Religion als die einzige Staatsreligion zu haben und alle übrigen Formen der Gottesverehrung auszuschließen.
> 78. Daher wurde in bestimmten Gebieten katholischen Namens lobenswerter Weise gesetzlich Vorsorge getroffen, daß es Menschen, die dorthin einwandern, erlaubt sei, ihren eigenen jeweiligen Kult öffentlich auszuüben.
> 79. Es ist nämlich falsch, daß die bürgerliche Freiheit für jeden Kult und desgleichen die allen zugestandene Vollmacht, alle beliebigen Meinungen und Gedanken in aller Öffentlichkeit kundzutun, dazu beitrage, die Sitten und Herzen der Völker leichter zu verderben und die Pest des Indifferentismus zu verbreiten.
> 80. Der römische Bischof kann und soll sich mit dem Fortschritt, mit dem Liberalismus der modernen Kultur versöhnen und anfreunden"[5].

Dieser scharf ausgesprochene Gegensatz zum Liberalismus steht nun in einem denkwürdigen Kontrast zu einer Entsprechung struktureller Art zwischen dem politisch-gesellschaftlichen Liberalismus und der kirchlichen Lehre, die sich allerdings auf einer tiefer gelegenen Ebene zeigt. Entgegen dem Konservatismus, der vom geschichtlich Gewachsenen ausgehe und Probleme grundsätzlich als Einzelfragen angehe, behandle das liberale Denken die auftauchenden Probleme "vorwiegend auf der juristischen, und zwar auf der naturrechtlichen Ebene. Sinngenetische Konstruktionen immanent-ideologischer Art auf der juristischen Geltungsebene rechtfertigen hier das zu Beweisende: Die Gültigkeit einer Regierungsform." So die Analyse von Karl Mannheim[6]. Genau auf diese naturrechtliche Ebene greift die Lehre der Päpste zurück. Von Leo XIII. und seinen Enzykliken *Libertas praestantissimum* (1888) und *Rerum novarum* (1891)[7] an bildet die Naturrechtslehre die Argumentationsbasis, von der aus die gesellschaftlichen Verhältnisse sowie die Relation von Kirche und Staat beurteilt werden. Diese

---

nationale Erhebung verurteilte und die brutale Unterdrückung durch den Zaren im Namen des dem legitimen Herrscher schuldigen Gehorsams rechtfertigte, in Lamennais einen noch tieferen Eindruck hinterlassen hat als die Verurteilung des 'L'Avenir'. Der polnische Aufstand war für ihn nicht nur eine Bemühung zur Volksbefreiung, sondern auch eine religiöse Erhebung für die Verteidigung der von den russischen Schismatikern vergewaltigten Rechte der Katholiken. Nun, je mehr er in den folgenden Monaten reflektierte, um so mehr begann er sich zu fragen, was man einem Papst noch glauben könne, der so offenkundig seine geistliche Mission aus Gründen verrate, die ihm rein politischer Natur zu sein schienen, nämlich, daß man bei Rußland Unterstützung suchte, um der aufständischen Romagna besser widerstehen zu können" (in: HKG VI/2, 345).

[5] Zitiert nach DH 2977-2980.

[6] Vgl. Mannheim, Konservatismus (wie Anm. 3), 75.

[7] Vgl. DH 3245-3255 und 3265-3271.

formale Korrespondenz zwischen Liberalismus und kirchlicher Lehre umschließt aber zugleich auch eine Differenz. Leo XIII. orientiert sich - anders als die Vordenker des Liberalismus - an der Naturrechtslehre des Thomas. Der entscheidende Unterschied zur liberalen Naturrechtslehre liegt darin, daß für Leo - wie für Thomas - das Naturgesetz "das ewige Gesetz selbst ist, das denen eingepflanzt ist, die die Vernunft gebrauchen und sie auf das gebührende Ziel und Tun hinlenkt; und es ist dies die ewige Vernunft des Schöpfers selbst und des die gesamte Welt regierenden Gottes"[8].

Von dieser Basis eines in Gott verankerten Naturrechtsgedankens aus ergeben sich allerdings für Leo andere Konsequenzen, als sie aus dem liberalen Gedanken der menschlichen Natur und des Naturgesetzes hergeleitet werden. Für Leo folgt, "daß es keineswegs erlaubt ist, die Freiheit, zu denken, zu schreiben, zu lehren und desgleichen unterschiedslos Religionsfreiheit zu fordern, zu verteidigen oder zu gewähren, so als ob dies alles Rechte seien, die die Natur den Menschen verliehen habe. Denn wenn sie die Natur wirklich verliehen hätte, dann wäre es recht, der Herrschaft Gottes Abbruch zu tun und die menschliche Freiheit könnte durch kein Gesetz gezügelt werden"[9]. Hinsichtlich der politischen Konsequenzen unterscheidet sich die Position Leos XIII. folglich nicht grundsätzlich von der seines Vorgängers. Die Entwicklung von Leo bis zu Johannes XXIII. und dem II. Vatikanischen Konzil mit der ausdrücklichen Anerkennung der Menschenrechte und insbesondere der Religionsfreiheit[10], wird durch eine eigentümliche *Differenzierung* markiert. Festgehalten wird vom Papst wie von den Konzilsvätern der Begriff des von Gott her zu verstehenden Naturrechts. Eine Veränderung gegenüber dem leoninischen Begriff von der Natur des Menschen und dem Naturgesetz liegt allerdings darin, daß eine Unterscheidung hinsichtlich der Freiheit vorgenommen wird. Es werden die für das Menschsein konstitutive Freiheit und ihre fundamentale ethische Bestimmtheit auf der einen Seite und die Ausübung der Freiheit auf der anderen Seite auseinander gehalten. Die Menschenrechte, auch das Recht auf die Religionsfreiheit, beziehen sich auf die konstitutive Freiheit des Menschen, die vom Staat anerkannt und respektiert werden muß. Nur so kann sich der Mensch dann frei, entsprechend seinem Gewissen, für den rechten Glauben entscheiden[11].

Wie ist dieser Vorgang in bezug auf die gestellte Problematik des Antimodernismus zu beurteilen? Zweifellos findet hier ein, wenn auch langsam von statten gehender Modernisierungsprozeß statt. Herausgefordert durch liberale Positionen, die die bisherigen kirchlichen Lebensformen und theologischen Selbstverständlichkeiten in Frage stellen, erfolgt nicht einfach eine Anpassung an die neuen Gegebenheiten. Vielmehr wird auf die eigene Tradition zurückgegriffen, und zwar auf eine der zentralsten Aussagen der theologischen Anthropolo-

---

8 Leo XIII., Libertas praestantissimum, DH 3247.

9 DH 3252.

10 Vgl. Johannes XXIII., Pacem in terris (1963), DH 3955- 3997; Erklärung über die Religionsfreiheit des II. Vatikanischen Konzils, Dignitatis humanae, DH 4240-4245.

11 Vgl. Dignitatis humanae, DH 4241. "Weil die Menschen Personen sind, d.h. mit Vernunft und freiem Willen begabt und daher durch persönliche Verantwortung herausgehoben, werden alle ihrer Würde gemäß durch ihre eigene Natur gedrängt sowie durch eine moralische Verpflichtung gehalten, die Wahrheit zu suchen, vor allem jene Wahrheit, welche die Religion betrifft. [...] Dieser Verpflichtung aber können Menschen auf die ihrer eigenen Natur entsprechende Weise nicht nachkommen, wenn sie nicht im Genuß der psychologischen Freiheit und zugleich der Freiheit von äußerem Zwang stehen. Demnach gründet das Recht auf religiöse Freiheit nicht in einer subjektiven Verfassung der Person, sondern in ihrer Natur selbst. Deshalb bleibt das Recht auf diese Freiheit auch denjenigen erhalten, die der Verpflichtung, die Wahrheit zu suchen und an ihr festzuhalten, nicht nachkommen und ihre Ausübung darf nicht gehindert werden, solange die rechte öffentliche Ordnung gewahrt bleibt."

gie. Dieser Rückgriff steht in genauer Korrespondenz zu jener Legitimationsbasis, von der her die neuen liberalen Positionen gerechtfertigt werden. Dem liberalen Fundament wird so das kirchliche Fundament, formuliert in der Tradition, entgegengesetzt. In einem über Jahrzehnte sich hinziehenden Vertiefungsprozeß - er findet seinen Niederschlag in einer schrittweisen Transformation der politischen und gesellschaftlichen Konsequenzen - werden an diesen Fundamenten solche Differenzierungsmöglichkeiten entdeckt, die eine mit der eigenen Überlieferung im wesentlichen kompatible Ausarbeitung eines Verständnisses der neuen gesellschaftlich-politischen Positionen und ihrer plausiblen Begründung ermöglichen. Daß die Menschenrechte dabei zugleich auch eine spezifische Auslegung erfahren, liegt auf der Hand. Eine Identifizierung des kirchlichen Antimodernismus mit dem politisch-gesellschaftlichen Konservatismus und seinen Denkformen - wie auch mit dem Liberalismus - ist deswegen ausgeschlossen.

Das hier herausgegriffene Beispiel ist keineswegs singulär. Es lassen sich leicht parallele Entwicklungslinien etwa im Bereich der Exegese oder der Ökumene aufzeigen. Sollte man daher das Wort Antimodernismus nicht besser ganz fallen lassen? Besteht der sogenannte Antimodernismus Roms lediglich in der zugegebenermaßen langsamen Rezeption und theologischen Aufarbeitung von gravierenden neuen Problemlagen? Wiederholt sich hier lediglich das auch sonst zu beobachtende Spannungsverhältnis zwischen vorausdenkender Forschung bzw. entwerfendem und hellsichtigem politisch-gesellschaftlichen Denken und Handeln auf der einen Seite und öffentlicher, durch Autoritäten umgesetzter, institutionalisierter Rezeptionen? Zweifellos werden unter dem Etikett vom römischen Antimodernismus auch solche Vorgänge subsumiert. Man bringt mit diesem Sprachgebrauch allerdings die Problematik nicht auf den Punkt.

Nach diesen negativen Abgrenzungen - römischer Antimodernismus ist *nicht* einfach Traditionalismus, er ist auch *nicht* identisch mit dem modernen gesellschaftlich-politischen Konservatismus - soll im folgenden der Versuch einer begrifflichen Bestimmung unternommen werden. Das Ergebnis kann - vorweg - in einem zunächst hypothetischen Satz formuliert werden: *Antimodernismus ist eine Denk- und Verhaltensweise der römischen Kurie, die durch ein theologisches und kirchenpolitisch-pragmatisches Moment zu charakterisieren ist: das jeweilige theologische Moment besteht in der Nicht-Unterscheidung von Glauben und weltbildlicher Glaubensgestalt; das kirchenpolitisch-pragmatische Moment besteht in dem Versuch, eine unbedingte Anerkennung der weltbildlichen Glaubensgestalt mit kanonistischen Mitteln in der Kirche durchzusetzen. Aufgrund der gegebenen Leitungsstruktur begleitet diese Versuchung und Gefährdung die Kirche seit ihrem Eintritt in die Moderne.*

Daß der römische Antimodernismus eine Denk- und Verhaltensweise ist, wurde bereits oben insofern aufgezeigt, als es sich nicht um einen materialen Traditionalismus handelt, sondern um eine spezifisch moderne Umgangsweise mit neu sich stellenden theologischen und kirchenpolitischen Fragen. In der These wird nun behauptet, daß ein spezifisch theologisches Moment für den römischen Antimodernismus konstitutiv sei, und zwar ein formales, nicht ein materiales theologisches Moment. Daraus folgt, daß römischer Antimodernismus mit wechselnden inhaltlichen Momenten auftreten kann. Suchen wir diesen Teil der These zunächst durch eine knappe Analyse geschichtlichen Materials zu erhärten.

Man kann diesen Sachverhalt ebenso an den Ereignissen um Lamennais, L'Avenir und die freiheitliche belgische Verfassung studieren wie am Verhalten des Papstes und der Kurie im Modernismusstreit am Beginn dieses Jahrhunderts. Bleiben wir beim Beispiel des Modernismus um die Jahrhundertwende. Gegeben ist zweifellos eine gewichtige Glaubensproblematik: Die historisch-kritische Methode hat einen neuen Zugang zum Alten und Neuen Testament eröffnet. Der Name Loisy steht für die nun einsetzenden zahlreichen Bemühungen, theologisch vertretbare Antworten auf die neue Situation zu erarbeiten. Es ist selbstverständlich, daß in der *Scientific Community* Kreise entstehen, die im engen Austausch neue Paradigmen suchen. Vieles ist ungeklärt, es gibt durchaus Tendenzen, die kritikwürdig sind. Die Diskussion ist in vollem Gange, auch über die konfessionellen Grenzen hinweg.

In der Reaktion der Kurie und des Papstes entsteht rasch eine sich steigernde Hektik. Es regiert nicht die kühle Distanznahme, welche Probleme zu objektivieren und in ihren geschichtlichen Dimensionen zu situieren gestattet. Die schnelle Abfolge der Verlautbarungen zeigt, wie sich in den vatikanischen Kreisen eine vergröbernde Zusammenschau der Einzelansätze sogenannter Modernisten verbreitet. Dieses so entworfene Bild des Modernismus stellt in der Tat eine radikale Gefährdung des Glaubens der Kirche dar. Ermöglicht wird dieser Prozeß durch das Auswechseln von gebildeten Ratgebern, die mit der gegebenen Problemlage vertraut sind, durch Eiferer, deren Qualifikation vornehmlich in einer unbedingten Loyalität besteht. Durch massiven Einsatz juristischer und disziplinarischer Mittel - man denke an den Antimodernisteneid, die "Säuberungen" in den italienischen Seminaren, die Einführung von *consilia vigilantiae*, durch Informanten- und Denunziantentum - sucht man die Reinheit des Glaubens zu wahren.

Wie ist das theologische Moment in diesem Geschehen zu charakterisieren? Die inkriminierten Lehren werden unmittelbar als Ausdruck einer verzerrten Gesamtsicht des Glaubens und des gläubigen Wirklichkeitsverständnisses gesehen. Die Diagnose einer solchen, dem Glauben widersprechenden Konzeption impliziert, daß der Glaube selbst in weltbildlicher Vermittlung gesehen wird, d.h. er wird mit dem unbefragten, selbstverständlich hingenommenen, "gängigen" Glaubensverständnis identifiziert. So stehen dann jeweils Totalsichten gegeneinander. Eine Vermittlung scheint ausgeschlossen. Eine detaillierte Kenntnisnahme der suspekten Positionen, eine Aufarbeitung ihrer Einzelheiten, ihrer Kontextualität etc. würde auch zu einem differenzierenden Umgang mit der Glaubensüberlieferung, dem eigenen gläubigen "Weltbild" führen. Dabei würden durch die Beschäftigung mit den suspekten Lehren eventuell differenziertere Verständnismöglichkeiten der Glaubenshinterlassenschaft erwachsen, ebenso wie konkrete Widersprüchlichkeiten der neuen theologischen Lehren ansichtig würden[12]. Der Kern der theologischen Problematik liegt in der in der Nicht-Beachtung jener Unterscheidung, die die Väter des II. Vatikanischen Konzils in die Differenz von "Evangelium" und den unterschiedlichen geschichtlich-konkreten Niederschlägen des Evangeliums gekleidet haben[13].

Mit solcher Vorgehensweise verbindet sich zumeist ein Wechsel der Berater. Fachleute, die sich gerade auf diese Einzelheiten verstehen, werden ausgewechselt und ersetzt durch Mitarbeiter, die der "vorgegebenen Linie" entsprechen. Aufgrund der undifferenzierten Identifikation von Glauben und eigener weltbildhafter Auslegung des Glaubens fühlt man sich berechtigt, die Glaubenszustimmung des betreffenden angeklagten Autors und der kirchlichen Gemeinschaft im ganzen einzufordern.

---

[12] Maurice Blondel, selbst in den Verdacht des Modernismus geraten, hat in einer glänzenden Analyse die theologisch-systematischen Defizienzen des Ansatzes von Loisy in seinem Werk "Histoire et Dogme" (1904), deutsch: "Geschichte und Dogma", Mainz 1963, herausgearbeitet. Vgl. dazu Peter Henrici, Blondel und Loisy in der modernistischen Krise, in: IKaZ 16 (1987) 513-530. - Unter den französischen Bischöfen, die im Bezug auf die Thesen Loisys in ähnlicher Weise zu differenzieren wußten, ragt Mgr. Mignot von Albi hervor. Die Haltung Leos XIII. ist zugleich von Sorge und zurückhaltender Beobachtung bestimmt.

[13] Vgl. Dei verbum 7 (DH 4208).

Die mangelnde Achtsamkeit auf die Unterscheidung der beiden genannten Momente, des Evangeliums bzw. des Glaubens auf der einen Seite und des Glaubensverständnisses bzw. der weltbildlichen Gestalt des Glaubens auf der anderen Seite, kann in unterschiedlichen Ausprägungen auftreten. Hinsichtlich der Extensivität kann sich das Interesse auf das Verständnis des Glaubens im Ganzen beziehen oder auf mehr oder minder zentrale Sachverhalte des Glaubensverständnisses: etwa die Kirche, die Grundzüge der öffentlichen Ethik usw. Hinsichtlich der Intensität kann es sich um eine totale oder eine sehr gewichtige, aber gleichsam sektorale Bedrohung des Glaubens handeln.

Wie steht es mit dem kirchenpolitisch-pragmatischen Moment in diesem Kontext? Es wurde oben - am Beispiel des Modernismusstreites zu Beginn dieses Jahrhunderts - eine Reihe juristischer Maßnahmen genannt, mit denen die römische Kurie dem diagnostizierten Phänomen des Modernismus zu begegnen suchte. Diese juristischen Maßnahmen sind ermöglicht und sachlogisch begründet durch strukturelle, institutionelle Prinzipien, die die Politik und die Verwaltungsarbeit der römischen Kurie prägen. Veranschaulicht sei dies zunächst an den Grundzügen des Verfahrens der Glaubenskongregation gegen suspekte Autoren[14]. Bei diesen Prozessen gibt es, nicht - wie im modernen Rechtsstaat - ein Analogon zum Staatsanwalt auf der einen Seite, dem Rechtsanwalt des Beschuldigten auf der anderen Seite und dem unabhängigen Richter als dritter Instanz. Vielmehr bilden "Staatsanwaltschaft" und "richterliche Instanz" eine Einheit. Vorausgesetzt ist dabei, daß die römischen Organe Abweichungen vom Glauben eindeutig identifizieren können. Diese Abweichungen werden festgestellt. Dann wird der Betreffende zu einer Stellungnahme aufgefordert[15]. Abgesehen von den Fragen, wie die Menschenrechte des Angeklagten in solchen Prozessen zu respektieren sind und von dort her eine Veränderung der Grundzüge in den Verfahren erforderlich ist, wird übersehen, daß innovatorische, theologische Lehren eine Differenzierung bestehender und in der römischen Kurie vertretener Glaubensverständnisse umschließen können. Daß gerade in bezug auf solche Fälle die Verfahrensordnung einer grundsätzlichen Differenzierung bedarf und man nicht davon ausgehen kann, daß die römischen Behörden auch unabhängig von den Einlassungen des Autors und den Stellungnahmen unabhängiger Fachleute über die Glaubensverträglichkeit oder -unverträglichkeit solcher Aussagen entscheiden können, liegt eigentlich auf der Hand. Dem Typus des Verfahrens nach handelt es sich bei dem Verfahren der Glaubenskongregation um ein Vorgehen, bei dem ein Faktum, hier die vorliegende Lehre, unter ein bekanntes Gesetz bzw. eine Regel subsumiert wird. Nun gilt bereits für einfache richterliche Verfahren, daß der Spruch eines Richters immer ein kreativer Applikationsprozeß der bestehenden Rechtsregel ist und insofern immer eine gewisse Fortschreibung des Rechtes im Sinne der Rechtskultur erfolgt[16]. Dieser Sachverhalt ist im Bereich der hier anstehenden Fragen von besonderem Gewicht. Es geht um theologische Arbeiten, die *per definitionem* den Anspruch auf innovatorische Ergebnisse erheben. Damit stellt sich immer die Frage, ob das bestehende Glaubensverständnis in angemessener Form differenziert und fortgeschrieben oder verfälscht wird. Zur Abklärung bedarf es jeweils einer gewissen Zeit und damit eines institutionellen Freiraumes für die Fachdiskussion. Wenn sich der Verdacht einer Fehlinterpretation verdichten sollte, ist eine Verfahrensordnung erforderlich, welche den spezifischen Schwierigkeiten Rechnung

---

[14] Es wird im folgenden Bezug genommen auf die jüngste Verfahrensordnung der Glaubenskongregation, die sich zwar in manchen Details von den früheren Ordnungen unterscheidet, aber dieselben Grundzüge aufweist.

[15] Diese Grundzüge sind auch in der jüngsten Verfahrensordnung der Glaubenskongregation voll in Geltung.

[16] Vgl. dazu Hans Georg Gadamer, Wahrheit und Methode (Gesammelte Werke Bd. 1), Tübingen [6]1990, 330-345: Die exemplarische Bedeutung der juristischen Hermeneutik.

trägt, die bei solchen Sachentscheidungen auftreten können. Es bedarf insbesondere einer Abtrennung der richterlichen von der staatsanwaltlichen Instanz, der Einbeziehung unabhängiger Fachgutachter und der von Anfang an gegebenen Möglichkeit des Autors, seine Lehre zu erläutern. Die in diesem Jahrhundert immer wieder vorkommenden Rehabilitierungen verurteilter Autoren, ja die spätere Ernennung zum Kardinalat, demonstrieren die Unzuträglichkeit des angegebenen Organisationsprinzips.

Die gekennzeichnete Problematik hängt aufs Engste mit dem Regierungsstil zusammen, der sich in der katholischen Kirche im Verlaufe des 19. und 20. Jahrhunderts herausgebildet hat. Anders als in früheren Jahrhunderten, als die Bischöfe aufgrund ihrer Einbettung in die öffentlichen, staatlichen und gesellschaftlichen Ordnungen und Machtverhältnisse, eine starke Eingenposition besaßen, kirchliche Regierung von daher eine sehr viel pluralere Struktur aufwies, geschieht die Leitung der Gesamtkirche in der Moderne in sehr zentralistischer Weise durch den Papst, der sich der Kurie dabei bedient. Zwar sind aufgrund der Beschlüsse des II. Vatikanischen Konzils Beratungsstrukturen geschaffen worden, vornehmlich die Bischofssynoden, in denen die "Peripherie" der Kirche repräsentiert wird. Die Regierung der Kirche selbst aber erfolgt unabhängig davon. Diese Leitung der Kirche kennt eine funktionale Gewaltenteilung nur in sehr schwachen Ansätzen. In einer so strukturierten Institution stellt die Irruption des Antimodernismus eine ständige Gefährdung dar, da die "Sachlogik" der Institution impliziert, daß die Leitung ohne wesentliche Angewiesenheit auf die jeweils "anderen", die "Peripherie", die Bischöfe der Weltkirche auskommt.

Trifft diese Analyse zu, dann stellt der römische Antimodernismus eine moderne Denk- und Verhaltensweise sui generis dar, der nur eine entfernte Analogie im gesellschaftlich-politischen Konservatismus besitzt. Er ist eine wesentlich theologische und zugleich institutionell bedingte kirchliche Tendenz. Ihm kann wirksam nur begegnet werden durch eine Reform der Kirchenregierung, durch die an den weitreichenden kirchenpolitischen Entscheidungen des Papstes Bischöfe von der Peripherie der Kirche beteiligt werden, die Kurie selbst aber zum administrativen Instrument einer solchen breiter verankerten Kirchenregierung wird. Eine Internationalisierung der Kurie ohne solche weitergehenden strukturellen Umformungen kann dem Übel nicht wirksam steuern, da einzelne Prälaten, mögen sie auch aus sehr unterschiedlichen Milieus und Erfahrungsbereichen herkommen, sich der "institutionellen Logik" der Kurie kaum entziehen können.

Das Bild des römischen Antimodernismus wäre verzeichnet, wenn man nicht beachten würde, in welchem Ausmaß - zumal in Situationen, in denen diese Tendenz gewisse Intensitätsstufen erreicht - Bischöfe, Theologen, Ordensleute und Laien diese Bewegung unterstützen. Die vorliegenden Beiträge bieten ein breites Anschauungsmaterial. Hier kommt es oft zu wechselseitigen Bestätigungen und damit zu Intensivierungsprozessen des Antimodernismus. Das Wirken von Bischof Keppler etwa dürfte in dieser Hinsicht bezeichnend sein[17]. Auch für das Faktum, wie in solchen Situationen das Denunziantentum blüht, bieten die vorliegenden Beiträge mehr als ein Beispiel[18]. Diese Beteiligung weiterer Kreise in der Kirche an antimodernistischen Bewegungen steht der Bezeichnung "römischer Antimodernismus" nicht entgegen, insofern sich solche Kreise immer wieder an die Kurie zurückbinden und die Strukturen der Kurie den eigentlichen Herd für ein je erneuertes Aufflammen dieses Antimodernismus darstellen[19].

---

17 Vgl. die Ausführungen von Karl Hausberger (in diesem Band), 215-239.

18 Vgl. u.a. den Beitrag von Herman Schwedt (in diesem Band), 143-161.

19 Vgl. den Aufsatz von Anton Landersdorfer (in diesem Band), 195-216.

Von dem so charakterisierten römischen Antimodernismus her ergibt sich eine vertiefte Einsicht in die Zusammengehörigkeit der sogenannten modernistischen Ansätze. Es wurde eingangs betont, daß hier weder eine einheitliche Sicht der Moderne vorliege, noch die theologischen Entwürfe einem irgendwie gearteten gemeinsamen Projekt entstammten. Sie sind in sich als vielfältig zu charakterisieren[20]. Zugleich aber gilt, daß in den Konflikten, die sich aus solchen eigenständigen theologischen und kirchenpolitischen Ansätzen ergeben, gewisse konstante Problemlinien entstehen. Da es sich immer um das Anliegen handelt, neue Aspekte, Einsichten, Methoden, die sich im kulturellen Leben ergeben haben, theologisch aufzuarbeiten, solche Versuche aber unter der notorischen Gefahr stehen, durch den römischen Antimodernismus marginalisiert zu werden, so werden sie sich immer als Bemühungen präsentieren, zur Reform der Kirche beizutragen[21]. Zugleich ist es einsichtig, wenn in der akuten konfliktiven Situation dann jeweils ein starker Akzent auf die Betonung der Eigenständigkeit der Laien[22], der Theologen, der Ortskirchen, der eigenen kulturellen Werte usw. zu konstatieren sein wird. Es macht von diesem Verständnis des römischen Antimodernismus her einen Sinn, von modernistischen Ansätzen über die ganze Breite des 19. und 20. Jahrhunderts zu sprechen[23], wenngleich beachtet werden müßte, daß das Wort beim unreflektierten Gebrauch mehr falsche Vorstellungen erweckt, als daß es auf die richtige Fährte führt.

Es wird aus diesem eigentümlichen, katholischen Verhältnis von römischem Antimodernismus und Modernismus dann auch verständlich, warum etwa die deutschen Bischöfe oder amerikanische Prälaten erklären, das von Rom entworfene Bild eines Modernismus bzw. eines Amerikanismus gebe es bei ihnen gar nicht. Es handle sich um ein Phantom. Dieses Urteil ist insofern berechtigt, als es gerade zum Wesen des römischen Antimodernismus gehört, vergröbernde Gesamtbilder einer Gefährdung des Glaubens und der Kirche zu entwerfen, die so nicht vertreten werden. Wenn auf der anderen Seite[24] unterstrichen wird, daß Rom keineswegs gegen Phantome vorgeht, sondern real auf diesen und jenen Autor, diese und jene Lehre oder Publikation zielt, so bildet dies keinen Gegensatz. Es gehört zum Antimodernismus, daß er provokant erscheinende, neuerungsverdächtige Thesen als Ausdruck einer Totalsicht des Glaubens bzw. der Kirche interpretiert und sie von daher in Frage stellt.

Es wurde eingangs zweierlei gefragt: nach der Charakteristik des Antimodernismus und des Modernismus und danach, in welcher Beziehung beide Phänomene zum II. Vatikanischen Konzil stehen.

Johannes XXIII. hat durch das Programm, welches er dem II. Vatikanischen Konzil vorgab, das Verhältnis der Kirche zur Moderne und eine neue Identitätsbestimmung der Kirche in diesem Kontext zur zentralen Thematik gemacht. Fragen, die sich infolge dessen von der Vorgeschichte des Konzils her ergeben, betreffen zum einen die Aufarbeitung des möglicherweise vorhandenen Problemstaus, der sich in Kirche und Theologie in bezug auf die Auseinandersetzung mit der Moderne ergeben hat. Diese Frage umfaßt ebenso wichtige Sachfragen inhaltlicher Art wie die grundsätzliche Stellungnahme zur Moderne, verbunden mit einer Differenzierung dessen, was im Lichte des Evangeliums fruchtbar und förderlich und was dem Evangelium hinderlich ist. Beiden Fragen kann in der Kirche nur dann *sine ira et studio* nachgegangen werden, wo der drohende Schatten des Antimodernismus die Diskussion nicht

---

20 Dies wird im vorliegenden Band besonders deutlich, weil der Bogen auch die Ansätze einer Theologie "artgemäßen Christentums" umfaßt. Vgl. in diesem Band, 323-343.

21 Vgl. u.a. die Untersuchung von Uwe Scharfenecker (in diesem Band), 345-364.

22 Vgl. den Bericht über Edmund Bishop von Manfred Weitlauff (in diesem Band), 163-192.

23 Vgl. die Einleitung dieses Bandes von Hubert Wolf.

24 Vgl. Herman Schwedt (in diesem Band), 144.

überlagert und belastet. Bei der Beurteilung solcher Arbeit fragt es sich dann, inwieweit die ganze Breite der vorkonziliaren Diskussionen und Konflikte - gewertet zumindestens als Problemanzeigen - aufgegriffen und in den neuen Konsensbildungsprozeß einbezogen wird.

Da der römische Antimodernismus wesentlich mit der zentralen Leitungsstruktur und der römischen Administration der Kirche zusammenhängt, entsteht die Frage, inwieweit das Konzil diese Problematik erkannt und Weichenstellungen für eine Restrukturierung der Kirchenleitung getroffen hat, sei es durch grundsätzliche ekklesiologische Überlegungen, sei es hinsichtlich der Gewichtungen der verschiedenen Machtzentren in der Kirche, sei es in bezug auf grundsätzliche rechtliche Regelungen. Zu untersuchen ist auch, inwieweit das Konzil Impulse freigesetzt hat, die - in der Rezeption durch das Volk Gottes, den Klerus und die Ordensleute - in Richtung auf eine solche Restrukturierung drängen.

Autorenverzeichnis

Claus Arnold, geb. 1965 in Ravensburg, Theologiestudium in Tübingen und Oxford, Diplomtheologe, seit 1992 wiss. Mitarbeiter am Lehrstuhl für Kirchengeschichte (Prof. Dr. Hubert Wolf), Fachbereich Katholische Theologie der Johann Wolfgang Goethe-Universität in Frankfurt am Main, derzeit Abschluß des Dissertationsprojekts: Katholizismus als Kulturmacht. Der Freiburger Theologe Joseph Sauer (1872-1949) und das Erbe des "liberalen" Katholiken Franz Xaver Kraus.

Veröffentlichungen: "Nur ein Nachschlagewerk"? Zum kirchenhistorischen Profil der "Conciliengeschichte" Hefeles, in: Hubert Wolf (Hg.), Zwischen Wahrheit und Gehorsam. Carl Joseph von Hefele (1809-1893), Ostfildern 1994, 52-77.

Manfred Eder, geb. 1958 in Deggendorf/Donau. Studium der Klass. Philologie, Kath. Theologie und Geschichte an der Universität Regensburg. 1991 Promotion in Kirchengeschichte. Derzeit wiss. Assistent beim Lehrstuhl für Mittlere und Neue Kirchengeschichte (Prof. Dr. Karl Hausberger) an der Kath.-Theol. Fakultät der Universität Regensburg.

Veröffentlichungen (Auswahl): Die "Deggendorfer Gnad" - Entstehung und Entwicklung einer Hostienwallfahrt im Kontext von Theologie und Geschichte, Deggendorf/Passau 1992 (Deggendorf - Archäologie und Stadtgeschichte 3); Eucharistische Kirchen und Wallfahrten im Bistum Regensburg, in: Beiträge zur Geschichte des Bistums Regensburg 28 (1994) 97-172; Teufelsglaube, "Besessenheit" und Exorzismus in Deggendorf (1785-1791), in: Beiträge zur Geschichte des Bistums Regensburg 26 (1992) 295-321; Die Philosophisch-Theologische Hochschule, in: Universität Regensburg (Hg.), Gelehrtes Regensburg - Stadt der Wissenschaft. Stätten der Forschung im Wandel der Zeit (Ausstellungskatalog), Regensburg 1995, 199-211.

Friedrich Wilhelm Graf, geb. 1948 in Wuppertal, Historiker und Theologe, seit dem WS 1996/97 Inhaber des Lehrstuhls für Evangelische Theologie unter besonderer Berücksichtigung des Systematischen Theologie und theologischer Gegenwartsfragen an der Universität Augsburg; Präsident der Ernst-Troeltsch-Gesellschaft

Veröffentlichungen: Die Politisierung des religiösen Bewußtseins. Die bürgerlichen Religionsparteien im deutschen Vormärz: Das Beispiel des Deutschkatholizismus, Stuttgart-Bad Cannstadt 1978; Kritik und Pseudo-Spekulation. David Friedrich Strauß als Dogmatiker im Kontext der positionellen Theologie seiner Zeit, München 1982; Ernst Troeltsch Bibliographie, Tübingen 1982 (mit Hartmut Ruddies); Theonomie. Fallstudien zum Integrationsanspruch neuzeitlicher Theologie, Gütersloh 1987

Herausgeber: Die Flucht in den Begriff. Materialien zu Hegels Religionsphilosophie, Stuttgart 1982; Troeltsch-Studien, Band 1ff, Gütersloh 1982ff; Profile des neuzeitlichen Protestantismus, 2 Bde., Güztersloh 1990-1993; Zeitschrift für neuere Theologiegeschichte (mit Richard Crouter und Günter Meckenstock) 1, 1994ff; Der deutsche Protestantismus um 1900 (mit Hans Martin Müller), Gütersloh 1996; Religiöse Kulturen der Moderne (mit Gangolf Hübinger), Gütersloh 1996ff; Ernst Troeltsch - Kritische Gesamtausgabe (mit Volker Drehsen, Gangolf Hübinger und Trutz Rendtorff), 20 Bde., Berlin 1997ff.

Karl Hausberger, geb. 1944 in Bonbruck (Bayern), 1972 Abschluß des Studiums der Theologie an der Universität München mit der Promotion, nach mehreren Jahren seelsorgerlicher Tätigkeit ebendort 1981 Habilitation für das Fach Kirchengeschichte des Mittelalters und der Neuzeit, 1982 Annahme des Rufes auf den Lehrstuhl für Kirchengeschichte des Donauraumes an der Universität Regensburg, seit 1993 Ordinarius für Mittlere und Neue Kirchengeschichte an der gleichen Universität. Forschungsinteresse zunächst hauptsächlich an Themen der bayrischen Kirchen- und Landesgeschichte, in den letzten Jahren schwerpunktmäßig an der neueren Theologiegeschichte, insbesondere der sog. Modernismuskrise.

Veröffentlichungen (Auswahl): Gottfried Langwerth von Simmern (1669-1741), Bistumsadministrator und Weihbischof von Regensburg (1973); Staat und Kirche nach der Säkularisation. Zur bayrischen Konkordatspolitik im frühen 19. Jahrhundert (1983); Bayrische Kirchengeschichte (mit Benno Hubensteiner) (1985, 1987); Geschichte des Bistums Regensburg, 2 Bde. (1989); Das Bistum Regensburg, 3 Hefte (1991-1994); (Hg.), Carl von Dalberg - der letzte geistliche Reichsfürst (1995); Thaddäus Engert (1875-1945). Leben und Streben eines deutschen Modernisten (1996).

Peter Hünermann, geb. 1929 in Berlin, em. Professor für Dogmatik an der Kath-Theol. Fakultät der Universität Tübingen, Vorsitzender des "Stipendienwerks Lateinamerika", Präsident des Katholischen Akademischen Ausländerdienstes sowie Ehrenpräsident der "Europäischen Gesellschaft für Katholische Theologie"; Mitherausgeber der Reihe "Quaestiones disputatae". Arbeit in interdisziplinären und interkulturellen Dialogprogrammen.

Veröffentlichungen (Auswahl): Jesus Christus - Gottes Wort in der Zeit. Eine systematische Christologie, Münster 1994, ^{2}1996; Ekklesiologie im Präsens. Perspektiven, Münster 1995. Zahlreiche Beiträge zu Fragen der Ekklesiologie, Sakramentenlehre, Christologie und zur Theologie als Wissenschaft.

Anton Landersdorfer, geb. 1955 in Niedererlbach (Niederbayern); 1974-1980 Studium der katholischen Theologie an der Universität München; 1980-1982 nebenamtlicher Religionslehrer; 1982-1986 wiss. Assistent an der Universität Regensburg; 1985 Promotion zum Dr. theol. an der Universität München; 1987 Priesterweihe; 1987-1989 Kaplan in München/St. Lantpert; 1993 Habilitation im Fach Kirchengeschichte des Mittelalters und der Neuzeit an der Universität München; 1994 Ernennung zum Privatdozenten; 1996 Ordinarius für Kirchengeschichte an der Universität Passau.

Forschungsschwerpunkte: Kirchengeschichte des 16., 19. und 20. Jahrhunderts, insbesondere diözesangeschichtliche Themen.

Veröffentlichungen: neben Artikeln und Aufsätzen in Lexika und Sammelwerken die beiden Monographien: Das Bistum Freising in der bayrischen Visitation des Jahres 1560 (Münchener Theologische Studien, I. Historische Abteilung 26). St. Ottilien 1986; Gregor von Scherr (1804-1877) Erzbischof von München und Freising in der Zeit des Ersten Vatikanums und des Kulturkampfes (Studien zur altbayerischen Kirchengeschichte 9), München 1995.

Markus Ries, geb. 1959, 1986-90 wiss. Assistent an der Theologischen Fakultät der Universität München, Promotion zum Dr. theol., 1990-1994 Diözesanarchivar in Solothurn, seit 1994 Prof. für Kirchengeschichte an der Theologischen Fakultät der Hochschule Luzern.

Veröffentlichungen (Auswahl): Die Neuorganisation des Bistums Basel am Beginn des 19. Jahrhunderts (1815-1828) (Münchner Kirchenhistorische Studien 6), Stuttgart-Berlin-Köln 1992; Glauben und Denken nach Vatikanum II. Kurt Koch zur Bischofswahl, hg. mit Walter

Kirchschläger; Katholische Kultur im Schatten der Modernismuskrise, in: Aram Mattioli (Hg.), Die Krise des Fin de siècle (Clio lucernensis 4), Zürich 1997.

Thomas Ruster, geb. 1955 in Köln, Prof. für Systematische Theologie (kath.) an der Universität Dortmund

Veröffentlichungen (Auswahl): Die verlorenen Nützlichkeit der Religion. Katholizismus und Moderne in der Weimarer Republik, Paderborn u.a. 1994, ^{2}1997; Vom "Sinn der Kirche". Guardinis Reaktion auf den Bedeutungsverlust der römisch-katholischen Religion in der Moderne, in: Arno Schilson (Hg.), Konservativ mit Blick nach vorn. Versuche zu Romano Guardini, Würzburg 1994, 103-114; Hugo Balls "Byzantinisches Christentum" und der Weimarer Katholizismus, in: Bernd Wacker (Hg.), Dionysius DADA Areopagita. Hugo Ball und die Kritik der Moderne, Paderborn u.a. 1996, 183-206; Sind Christentum und Kirche pluralismusfähig?, in: M. Kessler u.a. (Hg.), Neonationalismus - Neokonservativismus. Sondierungen und Analysen, Tübingen 1997, 155-176; Die Lumpensammlerin. Zur Aufgabe der Fundamentaltheoloige nach der Entflechtung von Christentum und Religion, in: G. Risse u.a. (Hg.), Wege der Theologie. An der Schwelle zum dritten Jahrtausend (FS Hans Waldenfels), Paderborn 1996, 41-54.

Uwe Scharfenecker, geb. 1964, 1996 Promotion zum Dr. theol. an der Philosophisch-Theologischen Hochschule St. Georgen in Frankfurt am Main (in Zusammenarbeit mit dem Fachbereich Katholische Theologie der Universität Frankfurt), 1997 Pfarrer in Neckarsulm. Veröffentlichungen: Stationen einer Freundschaft. Hefele und die Grafen von Rechberg Rothenlöwen, in: Hubert Wolf (Hg.), Zwischen Wahrheit und Gehorsam. Carl Joseph von Hefele (1809-1893), Ostfildern 1994, 18-51; Die Katholisch-Theologische Fakultät Gießen (1830-1859). Ereignisse, Strukturen, Personen (erscheint 1997).

Herman H. Schwedt, geb. 1935 in Aachen, Studium der Philosophie, Theologie und Geschichte in Bonn und Rom, Promotion zum Dr. theol., seit 1977 Leiter des Diözesanarchivs Limburg an der Lahn.

Veröffentlichungen besonders zu kirchlicher Zensurpolitik und Lehrkonflikten (Auswahl):

Das römische Urteil über Georg Hermes (1775-1831), Freiburg 1980; Der römische Index der verbotenen Bücher, in: Historisches Jahrbuch 107 (1987) 296-314; Die Verurteilung der Werke Anton Günthers (1857) und seiner Schüler, in: Zeitschrift für Kirchengeschichte 101 (1990) 301-343; Die römischen Kongregationen der Inquisition und des Index und die Kirche im Reich (16. und 17. Jahrhundert): Römische Quartalschrift 90 (1995) 43-73.

Otto Weiß, geb. 1934 in Ulm, Studium der Philosophie, Theologie und Geschichte in Gars/Inn und München, Tätigkeit in Schuldienst und Erwachsenenbildung, 1976 Promotion zum Dr. phil. in München bei Karl Bosl. 1977-1980 Lehrauftrag für Geistesgeschichte an der Hochschule für Philosophie in München, 1981-1986 wiss. Assistent am Deutschen Historischen Institut in Rom, seit 1987 Mitglied des Historischen Instituts der Redemptoristen in Rom, Schriftleiter der internationalen historischen Zeitschrift "Spicilegium Historicum".

Veröffentlichungen: Die Redemptoristen in Bayern. Ein Beitrag zur Geschichte des Ultramontanismus, St. Ottilien 1983; Der selige Kaspar Stanggassinger (1871-1899) in Selbstzeugnissen und Berichten von Zeitgenossen (Bibliotheca Historica Congregationis Ssmi Redemptoris XVI), Rom 1995; Der Modernismus in Deutschland. Ein Beitrag zur Theologiegeschichte, Regensburg 1995; Modernismus und Antimodernismus im Dominikanerorden. Zugleich ein Beitrag zur Spionageorganisation des Monsignore Benigni (Quellen und Studien zur neueren Theologiegeschichte 2), Regensburg 1998

Manfred Weitlauff, geb. 1936 in Augsburg, Studium der Theologie an der Universität München, 1963 Priesterweihe und pastoraler Dienst im Bistum Augsburg. 1967 Wissenschaftlicher Assistent an der Universität München. 1970 Promotion, 1977 Habilitation für das Fach Kirchengeschichte. 1981 Ordinarius für Kirchengeschichte an der Theologischen Fakultät Luzern. 1986 Ordinarius für Bayerische Kirchengeschichte an der Universität München, seit 1993 ebenda Ordinarius für Kirchengeschichte des Mittelalters und der Neuzeit.

Forschungsschwerpunkte: Bayerische Kirchengeschichte, Geschichte der Reichskirche in der Neuzeit, Theologiegeschichte des 19. und 20. Jahrhunderts, Leben und Werk des Philosophen und Theologen Joseph Bernhart.

Veröffentlichungen (Auswahl): Kardinal Johann Theodor von Bayern. Ein Bischofsleben im Schatten der kurbayerischen Reichskirchenpolitik, Regensburg 1970; Die Reichskirchenpolitik des Hauses Bayern unter Kurfürst Max Immanuel, St. Ottilien 1985; Bischof Ulrich von Augsburg (890-973). Seine Zeit - sein Leben - seine Verehrung. Festschrift aus Anlaß des tausendjährigen Jubiläums seiner Kanonisation im Jahre 1933, hg. von Manfred Weitlauff, Weißenhorn 1993; Ignaz Heinrich Reichsfreiherr von Wessenberg. Briefwechsel mit dem Luzerner Stadtpfarrer und Bischöflichen Kommissar Thaddäus Müller 1801-1821, hg. von Manfred Weitlauff in Zusammenarbeit mit Markus Ries, 2 Bde., Basel 1994. -Edition von Werken Joseph Bernharts: Tragik im Weltlauf, Weißenhorn 1990; Erinnerungen 1881-1930, 2 Bde., Weißenhorn 1992; Sinn der Geschichte, Weißenhorn 1994; Tagebücher und Notizen 1935-1947, Weißenhorn 1997

Hubert Wolf, geb. 1959 in Wört, Studium der katholischen Theologie in Tübingen und München, 1985 Priesterweihe (Diözese Rottenburg-Stuttgart), nach pastoraler Tätigkeit 1990 Promotion und 1991 Habilitation in Tübingen, seit 1992 ordentlicher Professor für Kirchengeschichte am Fachbereich Katholische Theologie der Johann Wolfgang Goethe - Universität in Frankfurt/M.

Veröffentlichungen (Auswahl): Ketzer oder Kirchenlehrer? Der Tübinger Theologe Johannes von Kuhn (1806-1877) in den kirchenpolitischen Auseinandersetzungen seiner Zeit (VKSZG.B 58), Mainz 1992; Die Reichskirchenpolitik des Hauses Habsburg-Lothringen (1680-1715). Eine Habsburger Sekundogenitur im Reich? (Beiträge zur Geschichte der Reichskirche in der Neuzeit 15), Stuttgart 1994; Karl Rahner, Theologische und philosophische Zeitfragen im katholischen deutschen Raum (1943), hg., eingeleitet und kommentiert von Hubert Wolf, Ostfildern 1994; Zwischen Wahrheit und Gehorsam. Carl Joseph von Hefele (1809-1893), hg. von Hubert Wolf, Ostfildern 1994.

Personenregister

Abaelard, P. 214
Abercrombie, N. 163, 164, 165, 166, 167, 168, 172, 174, 178, 179, 184
Abmeier, H.-L. 299, 302
Ackermann, J. 328, 329, 336
Ackermann, K. 288
Acton, Sir J. 127, 166, 168, 169, 171, 174, 175, 178, 181, 250
Adam, K. 26, 128, 132, 184, 229, 257, 338, 339, 345, 347, 350, 351, 352
Adames, N. 200
Ahern, P.H. 147, 154
Alba, Herzog 48
Albrecht, D. 199, 222
Aletti, J.-N. 127
Altjung, E. 246
Ambrosius 189
Amendola, G. 121, 126
Anderes, B. 287
Andreucci, C. 291
Apfelbacher, K.E. 77
Aregger, A. 285
Argenta, C. 48
Arndt, M. 73
Arnold, C. 147, 224
Arnold, Claus 6, 9, 32, 241, 377
Arnold, M. 188
Aubert, R. 18, 27, 67, 167, 202, 255, 368
Aubry, M. 290
Auer, A. 220
Augustinus, A. 275, 304
Auw, L. 48
Ayers, R.C. 146, 147, 160, 243
Bachem, C. 128, 195, 202, 203, 205, 207, 208, 209, 211, 213
Bachem, F. X. 205
Bachem, J. 195, 268
Baden, F. von 249
Baden, M. von 249
Bahr, H. 114
Ball, H. 132, 379
Balthasar, H.U. von 165, 291, 292
Bandini, F. 49
Barbier, E. 144, 146
Barman, L.F. 50
Barrès, M. 290
Barry, C.J. 144, 158
Barth, K. 98, 102, 357
Barthélemy, D. 45, 111, 119, 138
Barzellotti, G. 247
Bassi, H. von 73
Bättig, J. 283
Bauch, B. 53, 260
Bauer, R. 114, 201
Baumeister, M. 129, 284
Bäumer, F. J. 339
Bäumer, R. 198, 246, 310
Bäumer, S. 163, 167, 168
Baumer-Müller, I. 201, 285
Baumgart, P. 184
Baumgarten, P.M. 73, 186, 202, 220, 228, 229, 251
Baumgartner, A. 286, 295
Baumgartner, C. 170
Baumstark, A. 251
Bécamel, M. 245
Beck, J. 78, 195, 288
Becker, G. 77
Becker, H.-J. 324, 332
Becker, W. 61, 62, 222
Bedeschi, L. 44, 47, 48, 49, 50, 55, 59, 79, 108, 121, 125, 126, 138, 254, 263, 264
Bedoyère, M. de la 262
Beillevert, P. 46, 254
Belser, J. 239
Benigni, U. 27, 42, 49, 59, 108, 111, 128, 209, 210, 212, 213, 289, 380
Benincasa, P. 145
Beretta, F. 46
Bergengruen, W. 292
Bergmann, E. 330, 331, 341, 342
Bergson, H. 46, 97

Berkemeier-Favre, M.C. 287
Berlière, U. 163
Bernanos, G. 33, 291, 292, 297
Bernhart, J. 97, 218, 318, 380
Berning, H. W. 295, 339
Bertram, A. 306, 307, 308, 310, 311, 312, 313, 314, 315, 318, 341, 356, 357, 358, 362
Beßmer, J. 109
Biederlack, J. 111
Bierganz, M. 206, 208
Bietak, W. 259
Bill, K. 252
Bin Gorion. E. 314
Birke, A.M. 296
Birkner, H.-J. 72
Birrot, L. 46
Birt, N. 163
Bischof, F.X. 169, 171, 369, 374
Biscione, M. 126
Biser, E. 77, 203
Bishop, A. 165
Bishop, E. 5, 32, 127, 163, 164, 165, 166, 167, 168, 169, 171, 177, 178, 179, 180, 190
Bishop, M. 165
Bishop, S. 165
Bismarck, O. von 260
Blaschke, O. 82, 92, 115, 130, 286
Blasina, P. 146
Blattmann, E. 294
Bleickert, G. 272, 355
Blennerhasset, C. 257, 264
Blennerhassett, C. 97, 127, 175, 246
Blondel, M. 46, 56, 117, 372
Bloy, L. 33, 290
Bo, C. 48, 172
Boeglin, E. 147
Böhmer, J.F. 182, 192
Boissel, J. 333
Bölsche, W. 114
Bonino, S.-T. 45
Bonomelli, G. 49, 112, 225
Bopp, L. 339
Borgese, G.A. 125
Börker, C. 249
Borromäus, K. 287
Bosl, K. 305, 379
Bossart, K. 251
Bossle, L. 284, 313
Botti, A. 55
Brack, R. 56, 206
Braig, C. 74, 75, 110
Brandi, S. 145, 153
Brandt, H.-J. 113, 171, 186, 197
Braubach, M. 247
Braun, K.G. 217, 219, 231, 237, 338
Bremond, H. 43, 44, 46, 52, 107, 120, 127, 131, 134, 352
Brentini, F. 295
Bressan, G. 59, 111
Breton, A. 76
Brinker-Gabler, G. 259, 286
Broglie, C. J. de 186, 188, 190
Browne, H.J. 151
Brownson, O. A. 150
Bruch, R. vom 33, 50, 86, 97, 98, 128, 224, 290, 338, 359, 368
Brück, A.P. 228
Brunetière, F. 146
Brunold-Bigler, U. 287
Brüsske, K. 72
Bryant, M.D. 313
Buber, M. 316
Büchi, A. 201, 285
Büchmann, G. 323
Buck, J. 230
Buckle, H.T. 189
Bulteau, A. 253
Bultmann, R. 98
Bumüller, J. 233, 252
Bumüller, Johannes 233
Buonaiuti, E. 43, 48, 50, 135, 138
Burckhardt, J. 323
Burke, R. 51, 53
Buschkühl, M. 59
Butterworth, R. 52, 53
Caetani-Lovatelli, E. 250, 262
Cahensly, P.P. 144, 158
Campannini, P. 157
Cancik, H. 323, 326, 332
Canet, L. 46
Capecelatro, A. 112
Capuro, R. 116

Cardauns, H. 128, 206, 208
Carey, P.W. 150
Carlyle, T. 165
Caron, J. 123
Cartwright, W.C. 250
Casel, O. 133
Cassirer, E. 113
Cathrein, V. 262
Caviezel, J. 158
Chabod, F. 129
Chadwick, O. 169
Chamber, M. 263
Charbonnel, V. 154
Chenu, M.-D. 62, 118, 134
Chinnici, J.P. 146
Christadler, M. 116, 117
Chrobak, W. 222
Cicognani, M. 153
Clairvaux, B.von 185
Clark, J.W. 182
Claudel, P. 290, 292
Clemens von Alexandrien 275
Colin, P. 46, 119
Commer, E. 59, 60, 187, 289
Comte, A. 290
Confessore, O. 147, 160, 244
Congar, Y. 134, 165
Contarino, R. 114
Conze, W. 127
Conzemius, V. 15, 166, 169, 171, 175, 181, 246, 250, 264, 296, 297
Cook, E.T. 74
Coreth, E. 46, 110
Cormier, H.-M. 45, 111, 206
Corrigan, M.A. 156
Coudenhove, E. 261
Coudenhove, K. 260
Coudenhove, P. 258, 259, 260, 261
Crackett, M. 263
Craven, P. 245
Creighton, M. 181
Crews, C.F. 241
Cross, R.D. 146, 152
Crouter, R.E. 78, 377
Crouzet, M. 333
Cues, N. von 294
Curran, R.E. 146, 156
Dachs, H. 224, 269, 272
Dalberg, J.E.E. 378
Daly, G. 51, 146, 352
Damasus I., Papst 301
Danksagmüller, F. 214
Dann, O. 17, 260, 324, 355, 362, 373
Darwin, Ch. 127, 153
De Cesare, R. 247
De Gaspari 47
De la Bedoyere, M. de la 50
De Lai, G. 59, 108
De Luca, G. 134
De Rosa, G. 134
Decker-Hauff, H. 57
Decurtins, C. 111, 210, 288, 289
Degener, H.A. 329
Deissler, A. 258
Del Chiaro, G. 145
Delassus, H. 144, 146
Delattre, A.J. 59, 115, 146
Dell, R. 179
Dempf, A. 60, 224, 325
Denzler, G. 69, 169, 245, 326, 327
Deshayes, F. 146
Deuchler, F. 248
Deuerlein, E. 206
Deutinger, M. 258
Di Bartolo, S. 157
Didio, C. 60
Diederichs, E. 88, 89, 90, 91, 92, 93, 94, 95, 97, 99, 100, 101, 103, 104, 130
Diehn, O. 326
Diekamp, W. 185
Diepenbrock, M. von 228
Dierks, M. 332
Dilthey, W. 113, 114, 131
Dinter, A. 328, 329
Dobbelaere, K. 297
Doering-Manteuffel, A. 296
Doerry, M. 98
Döllinger, J.J.I.von 54, 61, 111, 118, 124, 169, 171, 172, 175, 181, 183, 184, 185, 187, 188, 198, 246, 250, 254, 264
Donders, A. 239
Donini, A. 48
Donneaud, H. 45
Donovan, D.J. 24

Döpfner, J. 20, 23, 36
Doppler, B. 59, 263, 288
Dörfler, P. 292, 300
Dörries, H. 324, 343
Drehsen, V. 84, 326, 377
Drewermann, E. 300, 315
Drews, A. 90
Dreyfus, A. 289, 290
Drost, W. 114
Droste-Hülshoff, A. von 287
Droulers, P. 123, 128
Dubarle, D. 119, 134
Dubsky, F. 257, 259
Duchesne, L. 46, 167, 186, 241, 242, 243, 247, 251, 253, 254, 259
Duclos, P. 244
Duilhé de St. Projet, M.-A. 75, 110
Dungern, O. von 258
Dupanloup, F.-A.-P. 126
Dyroff, A. 199, 348
Ebner-Eschenbach, Marie von 257, 259
Eco, U. 116
Eder, M. 6, 33, 323, 338, 377
Eggenberger, O. 343
Eguillor, R. 155
Ehrhard, A. 57, 60, 67, 95, 117, 129, 166, 170, 172, 178, 186, 218, 223, 224, 225, 230, 234, 237, 248, 251, 268, 269, 270, 271, 272, 278, 355
Ehses, S. 212
Eichendorff, J. von 283, 284, 287
Eichenlaub, J.L. 252
Eichthal, A. von 6, 147, 154, 241, 242, 243, 244, 245, 246, 247, 248, 249, 250, 252, 253, 254, 255, 256, 257, 258, 259, 260, 261, 262, 263, 264
Eicke, T. 342
Eisenhofer, L. 165
Elliott, W. 150
Ellis, J.T. 144, 152
Engelbert, K. 195, 209, 247, 277, 311, 318
Engelhart, R. 58, 108, 132, 239
Engert, T. 29, 43, 58, 67, 68, 79, 89, 92, 93, 97, 219, 221, 329, 378
Erasmi, E. 112, 176, 363
Erasmus von Rotterdam 214
Eschweiler, K. 61, 362
Esser, G. 270, 275
Esser, P. 205, 208
Esser, T. 289
Estermann, M. 97
Eucken, R. 53, 95, 97, 105, 325
Ewald, P. 167
Fahrenkrog, L. 330
Falloux, A. de 191
Färber, K. 57
Farina, J. 44
Faulhaber, M. von 336
Faupel, B. 56
Favre, Y.-A. 291
Fazio, D.M. 114
Federer, H. 285, 286, 292, 296
Fei, R. 195
Feilchenfeldt, K. 92
Feld, H. 177, 186, 253, 286, 288, 294, 322, 354
Feldkamp, M.F. 225
Fendt, L. 43, 115
Fenton, C. 148
Fichte, J. G. 323
Field, G.G. 333
Fink, K.A. 242, 245
Finotti, F. 49
Finsterhölzl, J. 15
Fiorani, L. 48, 49, 126, 264
Fischer, A. 208, 210, 211, 212, 358, 361
Fischer, B. 165
Fischer, H. 72
Fischer, J. 245, 259
Fischer, K. 297
Flageot, J. 153
Flint, R. 189
Florentini, T. 287
Floß, H.J. 184
Flotow, H. von 248
Fogarty, G. 147, 151, 154, 243
Fogazzaro, A. 20, 49, 117, 120, 126, 254, 255
Fohlen, C. 146, 160
Fontaine, J. 44, 59, 119
Fornero, G. 116
Forni, G. 113
Förster, H. 308, 310
Fouilloux, E. 11, 12, 25

Fracassini, U. 48, 148
Fraknoí, V. 249
Franchetti, A. 263
Franzen, A. 184
Franziskus 206, 229, 263
Franz-Willing, G. 195
Frenschkowski, M. 235
Freudenberger, T. 218, 355
Freund, W. 71
Frick, S. 285
Friedrich der Große 165
Friedrich, J. 367
Fries, H. 15, 62, 77, 80, 118, 172, 184, 185, 195, 197, 203, 205, 258, 272, 355
Frings, J. 20, 36, 299
Froberger, J. 202, 208
Fröhlich, F. 144
Frohschammer, J. 197
Frör, K. 341
Frühwirth, A.F. 59, 202, 205, 206, 208, 212, 236, 289, 314
Fry, K. 210, 289
Fuchs, G. 9, 29, 31, 135
Fuhrmann, H. 182, 237
Funder, F. 201
Funk, F. X. 185, 222
Funk, P. 58, 108, 112, 128, 130, 131, 238, 239, 294
Fürst, J. 35, 155, 221, 243, 257
Fuß, A. 158, 203
Fussenegger, G. 138
Gabriel, K. 15, 16, 51, 146, 245, 296, 299, 352
Gadamer, H.-G. 61, 373
Gahbauer, F.R. 326, 343
Galasso, G. 114
Galavotti, P. 160
Galea, A. M. 153
Galilei, G. 153
Gallina, G. 49, 112, 225
Ganzer, K. 223
Garhammer, E. 197
Garrigou-Lagrange, R. 134
Gasparri, P. 151, 310
Gasper, H. 343
Gasser, A. 309
Gatz, E. 173, 195, 200, 201, 205, 208, 212, 217, 219, 220, 228, 230, 231, 247, 251, 301, 307, 309, 318, 339, 362
Gauly, T.M. 297
Gauthier, P. 46
Gebert, K. 94, 122, 124
Gebhardt, J. 143
Geerlings, W. 24
Geffroy, A. 186
Geibel, E. 323
Geiger, T. 217, 218
Geisler, B. 312, 316
Gelmi, J. 17
Genocchi, G. 48, 148, 247, 252, 254, 256, 264
Gentili, A. 48
Geppert, W. 18
Germains, M. 166
Gerrish, B.A. 113
Gerspacher, R. 287
Gerstfeldt, O. von 256
Giacomelli, A. 121, 126
Gibbons, J. 143, 144, 148, 152, 232
Gibson, W. Ashborne 190, 247
Gieraths, G. 201
Gilley, S. 168
Gilmore, G. 51, 53, 54
Gioberti, V. 125
Gisler, A. 55, 108, 123, 144, 309, 310
Gladstone, W.E. 181
Glaser, H. 327, 337, 340, 342
Gleason, P. 145, 146
Glossner, M. 59
Gobineau, A. 245, 333
Goebbels, J. 334, 350
Goethe, J.W. von 100, 330, 380
Goetz, W. 95, 100, 255
Gogarten, F. 98, 102
Göller, E. 246, 247, 251
Gollwitzer, H. 263, 264
Gonella, M.E. 171
Göring, H. 334
Görres, J.F. 296
Gosselin, M. 291
Götz von Olenhusen, J. 241
Graber, R. 340
Grabmann, M. 186

Graf, F.W. 5, 13, 16, 22, 26, 29, 31, 35, 54, 58, 67, 71, 72, 74, 78, 79, 82, 84, 85, 86, 88, 95, 97, 98, 99, 102, 111, 114, 122, 172, 197, 206, 222, 245, 250, 259, 260, 261, 332, 333, 367, 377
Grafe, E. 97
Grannan, C. 243
Grasmück, E.L. 112, 169, 245
Gratry, A. J. A. 126
Greene, G. 297
Greil, A. 260
Greinacher, N. 22
Greipl, E. J. 220, 222, 224, 227
Greisch, J. 46, 118
Gremminger, E. 291
Grenzmann, W. 283
Greschat, M. 17, 296, 341, 358
Greshake, G. 59
Griener, G. E. 53
Grière-Becker, J. 257
Grimm, J. 324
Grisar, H. 185, 249
Grohe, J. 211
Grosjean, J.-M. 44
Groß, A. 99, 307
Gruber, H. 307
Gruber, J. W. 153
Gründer, K. 158, 160
Gruscha, A. J. 201, 231, 232, 235
Guardini, R. 26, 101, 116, 133, 278, 295, 306, 379
Guasco, M. 48, 49, 62, 107, 111, 126
Guéranger, P.-L.-P. 188
Guerriero, E. 292
Guggenberger, A. 46
Guitton, J. 45
Gumbrecht, H.W. 71
Günter, H. 78, 117, 238, 272, 293, 337, 355, 361, 377
Gurian, W. 191
Guy, A. 46, 55
Guyon, B. 291
Habermas, J. 113, 116
Haering, S. 35, 205
Häfele, G.M. 195, 196
Hagemann, H. 184
Hagen, A. 55, 57, 218, 226
Hagen, K. 150
Haggeney, C. 262
Hahn-Hahn, I. von 286, 287
Hainz, J. 99, 307
Halfeld, V.F. 143
Hammerstein, N. 87
Hamp, V. 184, 319
Hampe, C. 319
Handel, P. von 260
Haneberg, D.B.von 184
Hanisch, E. 59, 114, 288
Hanke, E. 89, 99
Hansjakob, H. 295
Hanus, F. 248
Hardtwig, W. 113
Häring, A. 9, 62, 136
Häring, B. 9, 62, 136
Harmening, D. 336
Harnack, A. von 87, 95, 98, 183, 251
Hartmann, E. 75, 249
Hasenfuß, J. 24
Hasenstab, R. 251
Haßl, G. 217, 239
Hättenschwiller, J. 263
Hauer, J. W. 332
Haugwitz, K. von 250
Hausberger, K. 6, 24, 29, 32, 33, 46, 58, 59, 60, 68, 79, 92, 93, 172, 185, 217, 219, 221, 222, 224, 230, 241, 242, 289, 299, 301, 303, 329, 340, 374, 377, 378
Hausl, R. 197
Haustein, J. 60, 128
Hauviller, E. 60, 252, 258, 262, 264
Hayd, H. 199
Haynald, L. 245
Heany, J.J. 50
Hecker, I.T. 43, 44, 53, 125, 136, 150, 151, 155, 159, 335
Heer, F. 229, 314, 332
Hefele, C. J. 173, 184, 185, 264, 380
Hefele, H. 56, 99, 100, 103
Hefele, K. J. 173
Hegel, E. 208
Hegel, G. F.W. 20, 36, 377
Hehl, U. von 205, 211, 296
Heidegger, M. 24, 27
Heidler von Egeregg, K. von 259

Heiler, F. 43, 48, 56, 62, 112, 122, 124, 125, 132, 133, 346, 357, 358, 359, 361, 363
Heiligenthal, R. 324
Heiner, F.X. 109, 251
Heitzer, H. 206
Helbig, G. 263
Hemel, U. 339
Henle, F. A. von 219, 230
Hennemann, K. 61
Henrici, P. 36, 372
Hentrich, W. 36
Herbert, M. 242
Herder, B. 199
Herder, H. 195
Herder, J. G. 323
Hergenröther, J 118, 184
Hermes, G. 33, 250, 379
Herms, E. 12, 95
Hertling, G. von 61, 146, 179, 185, 223, 255, 284, 288
Hertling, L 61, 146, 179, 185, 223, 255, 284, 288
Hertz, H. 248, 250
Herwegen, I. 335
Herzfeld, M. 100
Herzig, E. 251
Hessen, J. 18, 26, 36, 46, 68, 120, 134, 345, 346, 347, 348, 352, 358, 362
Hettinger, F.S. 203
Heyden-Rynsch, V. von der 252, 262
Hieronimus, E. 323, 326, 328, 329, 330
Hilberath, B.J. 24
Hilgers, B.J. 183
Himmler, H. 328, 329, 336
Hiob 319
Hirsch, E. 98
Hirschberger, J. 199
Hitler, A. 98, 327, 329, 331, 332, 333, 335, 339, 341, 342, 343, 357
Hlond, A. 318
Hoch, A. 60, 246, 247
Hockerts, H.G. 337
Hoensbroech, P. von 122, 129
Hoeres, W. 138, 139
Höffkes, K. 340
Höffner, J. 299
Hofmann, H.-K. 300
Hofmann, W. 323
Hohenleutner, H. 181
Hohenlohe-Schillingfürst, C. von 155
Hohoff, C. 297
Holl, K. 55
Holtzmann, H.J. 72, 95, 255
Holzem, A. 192
Holzhey, C. 119
Horneffer, A. 131
Horneffer, E. 131
Höttinger, M. 60
Houtin, A. 42, 44, 47, 56, 76, 124, 132, 144, 176, 241, 247, 254, 262
Huber, M. 92
Hübinger, G. 86, 88, 89, 91, 97, 99, 114, 127, 130, 131, 132, 377
Huessy, H.R. 313
Hüffer, G. 185
Hügel, F. von 27, 48, 49, 50, 52, 56, 119, 166, 168, 170, 173, 174, 175, 176, 177, 179, 242, 246, 253, 262, 263, 264, 352
Hugger, P. 287
Hughes, J. J. 160, 168
Hughes, T. P. 143
Hülsen, C. 249
Hummelauer, F. von 119
Hünermann, P. 5, 9, 11, 17, 24, 29, 33, 36, 38, 129, 138, 367, 378
Hurley, M. 42, 137
Hürten, H. 292, 293, 296, 297, 321, 360
Hürth, F. 26
Hutten, U. von 326, 327, 332
Hutton, R.H. 189
Ibach, H. 236
Imhoff, G. 143
Imkamp, W. 28, 58, 78, 80, 109, 149, 261
Imstepf, A. 296
Ireland, J. 43, 119, 136, 148, 150, 152, 154, 155, 159, 160, 161, 243
Iserloh, E. 338
Jacquement, G. 146
Jaeger, P. 324, 325
Jahn, F. 323
Jameson, A. 262
Jammes, F. 291
Jannssen, Johannes 191

Janssen, J. 91, 191
Jaurauta, F. 55
Jedin, H. 299, 300
Jenisch, D. 72
Jenkins, A.H. 52
Jodock, D. 51
Johannes der Täufer 260
Johannes vom Kreuz 294
Johannes XXIII., Papst 13, 19, 22, 25, 36, 42, 363, 370, 375
Jordan, P. 143
Jossua, J.-P. 17
Julius II., Papst 261
Jungmann, A. 164, 335
Junk, N. 307
Kahlefeld, H. 278
Kahl-Furthmann, G. 340
Kaiser, J.-C. 249, 296, 333
Kampmann, T. 283, 300, 305, 319, 321
Kant, I. 36, 52, 53, 78, 97, 330
Kantzenbach, F.W. 251
Kapp, V. 291
Karady, V. 127
Kasper, Alfons 199
Kasper, Walter 217
Kaßner, R. 89
Katharina von Alexandrien 226
Kaufmann, F. 209
Kaufmann, F.-X. 15, 16, 135, 209, 255, 296, 297
Kaufmann, K. M. 209, 210
Kausen, A. 205, 208
Keane, J.J. 147, 152, 154, 161, 243
Keiters, H. 286
Keller, N. 321, 360, 361
Keppler, P.W. von 6, 32, 217, 218, 219, 220, 221, 222, 223, 224, 225, 226, 227, 228, 229, 230, 231, 232, 233, 234, 235, 236, 237, 238, 239, 245, 262, 272, 374
Kessler, M. 121, 379
Ketler, D. 82, 368
Ketteler, W.E. von 228
Kiedl, F. 163
Kiefl, F.X. 128, 325
Kienecker, F. 284
Kierkegaard, S. 89, 97, 103
Kirsch, J. P. 146, 270
Kirschbaum, E. 247
Kisky, W. 211
Klasen, F. 226, 233
Klauck, H.J. 35
Klee, P. 121
Klehr, F.J. 99, 307
Klein, F. 43, 144, 146, 148, 150, 154, 244
Klein, G. 346
Klein, W. 36, 352
Kleineidam, E. 302, 305, 308
Kleutgen, J. 187
Klöcker, M. 16, 284
Knoche, M. 97
Knoll, A.M. 195, 200
Knöpfler, A. 184, 221
Knopp, G. 35, 206
Koch, A. 222
Koch, H. 130, 133, 186, 231
Koch, K. 89, 378
Koch, L. 262
Koch, O. 46
Koch, W. 57, 238
Kochanek, H. 17
Kocher, H. 296
Kocka, J. 69, 127
Koepcke, C. 293
Köhler, J. 117, 219, 300, 319, 338
Köhler, O. 58, 146, 185, 202, 324
Köhler, W. 211
Kolakowski, L: 160
Komonchak, H. 336
Komonchak, J. 26
König, K. 88
Konstantin, Kaiser 213
Kopf, J. von 154, 155, 228, 248, 249, 258, 316
Kopp, G. 206
Koppes, J.J. 201
Kornacker, J. 59, 180
Kortzfleisch, S. von 327
Korum, M.F. 249
Kosch, W. 184, 195, 204, 205, 209, 260, 261
Koselleck, R. 284
Kowarz, J. 321
Kralik, R. von Meyerswalden 288, 289
Kranz, G. 283, 291

Kratt, R. 249
Kraus, F.X. 24, 32, 49, 53, 57, 58, 60, 61, 62, 68, 122, 129, 146, 147, 155, 157, 160, 180, 185, 222, 223, 230, 233, 242, 243, 244, 246, 247, 248, 249, 250, 251, 252, 253, 254, 255, 256, 257, 258, 259, 262, 263, 264, 285, 311, 355, 377
Krebs, E. 195, 199, 277, 311, 314, 316
Kreidler, H. 339, 347, 350
Kretschmar, G. 80, 172
Krimm, K. 249
Krings, E. 244
Kübel, J. 55
Kuhlemann, F.-M. 82, 92, 115, 130, 286
Kuhn, A. 295
Kuhn, H. 346
Kuhn, J. 187, 221, 380
Kühnel, F. 340
Küng, H. 22, 24, 33, 136, 339, 362
Kurz, P.C. 167, 188, 284, 310
Kuschel, K.J. 136, 283
Kusserow, W. 343
Kuyper, A. 73, 74, 110
Kuypers, B. 73, 167
Laberthonnière, L. 46, 127, 254
Lachner, R. 57, 197, 198, 218, 219, 222, 335
Lagarde, P. de 114, 324, 325
Lagrange, M.-J. 45, 119, 126, 133, 138
Lambert, A. 163, 165
Lambruschini, R. 125
Lamennais, H.-F.-R. 20, 110, 368, 371
Lampart, T. 261
Landau, E.M. 294
Landersdorfer, A. 6, 32, 171, 195, 197, 198, 374, 378
Lang, H. 197, 257, 305, 306, 309
Langbehn, J. 32, 114, 228, 236, 237, 238, 239, 272, 324
Lange, F. 330
Langefeldt, J. 287
Langen, J. 183
Langer, M. 195
Langewiesche, D. 92
Langgässer, E. 284, 293, 295, 297
Langlois, C. 127
Langner, A. 28, 60, 68
Laplanche, F. 127
Larcher, G. 46
Laros, M. 57
Las Casas, B. de 293
Lash, N. 51
Lauchert, F. 209
Lauer, G. 92
Lautenschläger, G. 221, 338
Layden, C. 158
Le Fort, G. von 284, 292, 293
Le Roy, E. 46, 109, 119, 127
Lease, G. 53
Lecanuet, E. 126, 146, 154
Leclercq, H. 166
Leflon, J. 191
Lehmann, K. 38, 138, 153
Leiber, R. 36, 177
Leimgruber, S. 283
Lémius, J.B. 149
Lent, J.von 72
Leo XIII., Papst 18, 19, 143, 144, 148, 149, 154, 155, 161, 201, 232, 243, 253, 254, 255, 289, 369, 370
Leonard, E. 52, 127, 137
Leon-Hunoltstein, L. von 241
Lepidi, A. 251
Lepp, C. 72
Lerchenfeld, H. von 143
Lerin, V. von 124
Leroy, E. 153
Leslie, S. 176
Lesort, P.-A. 290
Licata, G. 49, 111
Liebmann, M. 33, 59, 201, 231, 241, 261, 289, 303
Lienhard, F. 245
Ligouri, A. von 271
Lill, R. 67
Lincke, U. 317
Lingard, J. 180, 187
Link, J. 116
Linsenmann, F.X. 220
Linsmayer, C. 285, 297
Lippert, P. 26, 62
List, G. von 114
Liszt, F. 245
Lobkowicz, N. 321

Lochner, F.M. 204
Löhr, W. 296
Lohrum, M. 206
Loisy, A. 23, 24, 29, 32, 42, 44, 45, 48, 50, 51, 53, 54, 56, 57, 80, 90, 109, 115, 117, 119, 124, 125, 126, 131, 132, 134, 176, 241, 244, 247, 253, 254, 257, 261, 262, 263, 352, 372
Lönne, K.-E. 278
Loo, H. van der 115
Loome, T.M. 26, 27, 28, 35, 50, 51, 52, 54, 57, 58, 68, 76, 122, 125, 127, 147, 163, 166, 168, 169, 170, 172, 173, 174, 175, 176, 177, 178, 179, 180, 189, 242, 246, 253
Lorenzelli, B. 160, 220, 221, 222
Lortz, J. 338
Loth, W. 38, 58, 114, 132, 206, 252, 285
Loyola, I. von 160
Loyson, H. 123, 245, 254
Luard, H.R. 182
Lubac, H. de 134, 267
Lübbe, H. 38
Lüdemann, G. 91
Ludendorff, E. 331
Ludendorff, M. 331, 343
Luther, M. 20, 71, 102, 110, 196, 234, 261, 309, 325, 329, 330, 335, 340, 343
Lüthi, K. 297
Lutz, H. 278
Luzzatti, L. 121
Lyotard, J.-F. 116
Mabillons, J. 166
Macchi, G 227, 231, 250
Macdonald, F. 151
Maier, H. 123, 126
Maignen, C. 123, 125, 144, 159
Maistre, J. de 126, 290
Malgeri, F. 112
Mandonnet, P. 119
Mangoni, L. 134
Mannheim, K. 82, 244, 368, 369
Mansini, G. 46
Marchi, G. de 220, 222
Maréchal, J. 46
Maritain, J. 20, 138
Markus, Johannes 238
Marlé, R. 46
Maron, G. 325, 335, 343
Martène, E. 171
Marti, K. 297
Martin, A. 313
Mathäser, W. 257
Mattiussi, A. 59, 122
Mauch, J. 211
Maurenbrecher, M. 130
Maurras, C. 290, 291
Mausbach, J. 28, 32, 269, 270, 274, 275, 276, 277, 278
Mauß, A. 59, 111
May, H. 301
Mayer-Pfannholz, A. 242
Mayeur, J.-M. 25, 292
Mazzella, C. 144, 148
McDonnell, J.M. 150
McElroy, R.W. 136
McNamara, R.F. 147
Meckenstock, G. 78, 377
Meier, J. 295
Meier, K. 25, 326, 327, 343
Meier, P. A. 293
Meja, V. 82, 368
Melegari, D. 263
Mély, F.de 168
Mendelssohn, M. 77
Meng, J. 158
Menozzi, D. 17
Mensching, G. 56, 345, 346
Menzel, A. 183
Mercati, G. 166
Mercier, J. 59, 117, 119, 122, 124
Mergel, T. 91, 92
Merkle, S. 186, 218, 252, 355
Mermillod, G. 200
Merry del Val, R. 111, 149, 153, 160, 168, 205, 206, 211, 212, 255
Meulemeester, M. 150
Meyer, M.A. 77, 293
Meyer-Benfey, H. 324
Meyerhofer, N.J. 293
Miccoli, G. 49, 132
Michael, C. M. 316
Michael, E. 187
Michel, C. 307

Michel, E. 99, 100, 101, 102, 103, 104, 133, 307, 312, 316
Michelangelo 100
Mignot, E. J. 47, 253, 372
Miko, N. 201, 255
Miller, J.H. 136
Milner, M. 291
Minocchi, S. 119
Misner, P. 56, 62, 133
Mitterer, A. 27
Mivart, G.J. 153
Moeller, B. 183
Moeller, C. 283
Moes, K. 200
Mogge, W. 299
Mohlberg, C. 163, 164
Mohler, A. 324, 326, 328, 329, 330, 331, 332, 333
Möhler, J.A. 121, 351, 352
Molina, L. de 304
Molo, H.K. von 60
Mommsen, T. 235
Mommsen, W. J. 88
Mond, L. 144, 250
Monferrato, C. 49, 126, 157
Mönig, K. 294
Montagnes, B. 45, 119, 133, 138
Montalembert, C. 126
Monts, A. von 222
Moore, A. 176
Mooser, J. 92
Morin, G. 163
Mosdorf, S. 117
Moser, B. 314
Mourret, F. 110
Moynihan, J.J. 43, 119, 152
Muck, O. 46
Muckermann, F. 307
Mulert, H. 56, 316, 345, 347
Müller, A. von 155
Müller, G. 325
Müller, H. J. 377
Müller, H.-M. 99
Müller, J. 123, 195, 204, 205, 233, 261, 337
Müller, K. A von 243
Müller, L. 341
Müller, M. 185
Müller, R. A. 338
Müller, T. 380
Müller-Luckner, E. 88
Munro, E. 263
Murri, R. 48, 49, 90, 91, 126
Musfeldt, F.H.R. 343
Mussolini, B. 132
Muth, C. 33, 112, 303, 305, 307, 311, 314, 316, 320, 355
Muth, K. 242, 255, 268, 272, 287, 288, 289, 293, 294, 295
Muth, W. C. 288
Naab, E. 309
Napoleon Bonaparte 287
Nathusius, M. von 85
Negwer, J. 318
Neill, S. 168
Neri, P. 286
Neuendorf, K. 101
Neufeld, K. 118, 121
Neuhäusler, J. 326, 333, 337
Neumann, F. 324
Neuner, P. 21, 56, 58, 71, 80, 119, 127, 169, 176, 241, 264
Neunzig, H.A. 283
Neuss, W. 336
Neuts, E. 288
Neveu, B. 253
Newman, J.H. 46, 52, 53, 127, 169, 171, 174, 175, 177, 189, 190
Nicotra, S. 224, 225
Niedernhuber, E. 339
Niedlich, K. 328
Nieland, E. 318
Niemöller, M. 341
Nietzsche, F. 97, 114
Niewiadomski, J. 17
Niggl, G. 293
Nikel, J. 308, 310
Nipperdey, T. 97, 113, 115, 237, 288, 323, 324
Nissen, B.M. 228, 236, 237, 238, 272
Noack, F. 245, 248, 250, 252
Nörber, T. 230
Nowak, K. 115, 132, 326, 332
Oberembt, G. 286

Oberkofler, G. 59
Ockham, W.von 214
O'Connell, D. 147, 154, 155, 243, 244
O'Connell, D. J. 147
O'Connell, M. 53, 55, 243
O'Connell, M. R. 152
Oettingen, A.von 85
Offner, J. 152
Olivier, P. 53
Oppenheim, F. 165
Oppersdorff, H.G. Graf von 111, 205
Ordeix, P. 55
Ory, P. 289
Oschilewski, W.G. 88, 93
Osinski, J. von 84, 268, 272, 278, 283, 286
Oswald, J. 211, 343
Ottaviani, A. 18, 299
Ottnad, B. 246, 258
Otto, R. 131
Overbeck, F. 72
Pachnicke, G. 300, 316
Padberg, R. 300, 305, 319, 321
Padfield, P. 336
Padinger, F. 267
Pagano, S. 42, 49, 50
Paglia, V. 43
Palacios, X. 55
Pannenberg, W. 98
Papebroch, D. 172
Parravicino Revel, S. di 154, 244
Parravicino, E. di 154
Parravicino, S. 147
Pasolini, M. 251, 263
Pastor, L. von 111, 112, 191, 202, 233, 250, 253, 289, 341
Paul VI., Papst 20, 21
Paul, H. W. 127
Paul, S. 195
Paula Weiß, F. von 196
Péguy, C. 291
Périco, I. 46
Périn, C. 110
Perret, A. 295
Perrin, M.-T. 46
Perrod, M. 146
Persch, M. 222, 249
Pertz, G.H. 182
Pesch, O.H. 134, 136
Petau, D. (Petavius) 170
Petrarca, F. 100
Petri, H. 145, 151, 160, 185, 226
Petz, F.G. 74
Petzold, S. 163
Peukert, D.J.K. 99
Pfeifer, A. 297
Pfeilschifter, G. 186
Pfleger, K. 50
Pfleger, L. 245
Pfleiderer, O. 78
Pflug, G. 97
Philipp, F.H. 56, 58, 101, 108, 112, 128, 131, 225, 228, 238, 239, 286, 294, 295, 327
Photius, Patriarch von Konstantinopel 184
Piastrelli, L. 48
Pichetto, M.T. 49
Pierrefeu, G.de 146
Pilvousek, J. 29
Pitocchi, F. 49
Pius X., Papst 13, 16, 17, 18, 20, 21, 22, 24, 25, 32, 35, 38, 42, 53, 76, 108, 109, 111, 132, 148, 149, 161, 172, 195, 206, 218, 236, 254, 257, 267, 288, 289, 368
Pius XI., Papst 18, 19, 166, 337
Pogatscher, H. 250
Poliakov, L. 326, 329, 330, 342
Pörnbacher, H. 300
Porsch, F. 206, 209
Pottier, J. 284
Pottmeyer, H.-J. 16, 17, 24
Poulat, E. 24, 27, 44, 45, 48, 51, 52, 111, 117, 127, 128, 134, 135, 138, 139, 209, 247, 254
Preuß, A. 157
Prezzolini, G. 91
Pribilla, M. 279
Przywara, E. 26, 132, 278, 309
Puhle, H.-J. 92
Python, F. 200
Raab, H. 285
Radclife, T. 138
Rade, M. 87, 89, 316, 317
Rademacher, A. 62, 267, 279, 348

Radini Tedeschi, G. 43
Radler, R. 331, 343
Rahner, K. 24, 26, 33, 46, 120, 137, 267, 361, 362, 380
Ranfft, J. 146
Rapp, P.M. 337
Rappmannsberger, F.J. 288
Ratté, J. 51
Ratti, A. 166
Ratzinger, J. 38, 110, 299
Rauschen, G. 302
Rauschning, H. 332, 335
Reardon, B.M.G. 15, 71, 80
Rechberg, W. 264, 379
Redeker, M. 341
Reher, M.M. 146
Reijen, W. von 115
Reindel, K. 182
Reinhardt, R. 28, 57, 68, 123, 173, 185, 217, 219, 220, 222, 239
Reinkens, J.H. 183, 198
Reisach, K.A. von 54, 197
Reiter, J. 35
Reithmayr, F.X. 198
Rembrandt 236, 324
Renan, E. 290
Rengstorf, K.H. 327
Rentschler, E. 217, 220, 223
Renz, H. 13, 71, 95, 114
Repgen, K. 296, 299
Resasade, H. 115
Restaino, F. 116
Reusch, F.H. 183, 186, 188, 198
Reventlow, 'H. 172
Reventlow, E. von 332
Reventlow, H. 35
Revermann, B. 251
Revuelta, M. 155
Ries, M. 6, 33, 283, 348, 378, 380
Riesch, H. 261
Riggenbach, J. 73
Riley, A.W. 293
Ritter, E. 200
Ritthaler, A. 211
Riva, C. 23, 49, 135, 136, 137, 138
Rivière, J. 43, 55
Rocholl, R. 189
Rohls, J. 98
Rollmann, H. 51, 52, 53
Romanato, G. 111
Roncalli, A.G. 43, 49, 50
Roosevelt, T. 150
Root, J.D. 153
Rosa, E. 48, 134
Rosegger, P. 59, 261
Rosenberg, A. 332, 333, 334, 336, 350
Rosenkrantz, W. 199
Rosenstock, E. 101, 104, 300, 313, 314, 316
Rosenstock-Hussey, E. 101, 104, 300, 308, 310, 311, 313, 314, 316
Rosenzweig, F. 104
Rosmini, A. 112, 123, 125
Rössler, D. 81
Rößling, W. 249
Rotenhan, W. von 221, 248, 249, 251
Rottmanner, O. 166, 241, 257, 258, 259, 263
Rousseau, J.J. 20, 110
Rovalti, P.A. 116
Rückert, J. 324
Ruddies, H. 85, 377
Rudolphi, O. 128, 130, 225, 231, 247, 248, 252, 258, 259, 264
Ruffieux, R. 285
Rullmann, J.C. 73
Ruskin, J. 73, 74
Russo, A. 146
Ruster, T. 6, 32, 103, 132, 267, 278, 379
Ryan, T.R. 150
Sabatier, P. 54, 95, 114, 253, 255, 263
Saffrey, H.D. 251
Sagarra, E. 286
Sägmüller, J.B. 239
Sagovsky, N. 52, 53, 120, 124, 241, 352
Sailer, J.M. 229
Sales, F. von 261
Salinari, C. 114
Salvaterra, D.L. 146
Sambucetti, C. 222
Sandfuchs, W. 211
Sangnier, M. 18, 20, 44
Santeler, J. 27
Sanz de Diego, R.M. 155

Sarkowski, H. 97
Sartiaux, F. 44, 47, 247
Sauer, J. 186, 224, 241, 242, 244, 246, 247, 251, 252, 253, 254, 255, 256, 257, 258, 259, 260, 261, 262, 263, 264, 377
Savart, C. 127, 292
Savigny, F. von 205
Savoia, M. di 154
Savonarola, G. 261
Sayn-Wittgenstein, C. 245
Schaeffler, R. 12, 56, 76, 135
Schäfer, V. 217
Schäferdiek, K. 325
Schäffler, A. 218
Schairer, I.B. 327
Schanz, P. 205, 217, 222
Scharfenecker, U. 6, 26, 33, 264, 345, 375, 379
Schauf, H. 26
Schaumann, R. 284
Schäzler, K. von 187
Scheicher, J. 60
Schein, K. 12, 117, 224, 248, 256, 348
Scheler, M. 132, 345, 346
Schell, H. 23, 24, 32, 53, 56, 57, 60, 61, 95, 97, 117, 119, 123, 124, 129, 132, 138, 146, 147, 155, 185, 217, 218, 219, 221, 222, 223, 226, 228, 229, 231, 233, 234, 237, 269, 272, 273, 278, 285, 335, 355
Schemm, H. 340
Schenda, R. 287
Scherr, G. von 171, 197, 198, 199, 378
Schewe, M. 236, 324
Schieder, T. 165
Schieder, W. 82
Schiel, H. 147, 223, 242, 247, 258, 311
Schiller, F.von 100
Schilson, A. 29, 379
Schindler, F.M. 60
Schirach, B. von 333
Schlegel, A. de 263
Schlegel, F. von 287
Schleiermacher, F. D. E 75, 110, 113
Schleinitz, A. von 242
Schlereth, T.J. 153
Schlör, F. 219, 231, 237
Schloßmacher, N. 58, 61, 132, 252
Schlözer, C. von 251
Schlund, E. 332
Schlüter-Hermkes, M. 50
Schmaus, M. 337, 338
Schmid, A. 170
Schmid, J. 176
Schmidinger, H. 209
Schmidlin, J. 186
Schmidt, K. D. 325
Schmidt, M. 28, 68, 166, 168, 242
Schmidt, S. 283, 286, 296
Schmidt-Leukel, P. 180
Schmitt, A. 174, 181
Schmitt, C. 104
Schmitt, J. 251
Schmitz, H. 318
Schmitz-Moormann, K. 19
Schmuck, M. S. 260
Schneider, F. 228, 247, 251, 256, 259
Schneider, M. 206
Schneider, R. 293, 294, 296
Schnell, H. 295
Schnitzer, J. 42, 43, 55, 56, 57, 60, 67, 89, 93, 95, 99, 111, 119, 121, 128, 130, 131, 132, 148, 186, 207, 218, 221, 231, 261, 347
Schnürer, G. 206, 209
Scholder, K. 324, 326, 328
Schöllgen, G. 172
Schönborn, C. 201
Schopenhauer, A. 331
Schöpfer, G. 59, 261
Schorn, A. von 245
Schreiber, G. 208, 274, 275
Schrempfs, C. 99
Schröder, M. 56, 91, 144, 148, 157, 161, 243
Schroeder, O. 6, 33, 56, 68, 112, 133, 176, 207, 224, 345, 346, 347, 348, 349, 350, 351, 352, 354, 355, 356, 357, 358, 359, 360, 361, 362, 363, 364
Schrörs, H. 117, 184, 224, 255
Schubert, H. von 325
Schüler, B. 48, 97, 99, 127, 133, 157, 169, 192, 250, 351, 379
Schulte, A. 247

Schulte, J. F. von 183
Schulte, K. J. 205
Schulte, R. 59
Schultenover, D.G. 51, 52, 54, 116, 125, 127, 160, 255
Schulz, G. 249
Schulz, H. J. 319
Schurz, C. 150
Schuster, H. 332
Schutte, J. 73, 114
Schwaiger, G. 28, 35, 57, 68, 72, 117, 118, 166, 172, 184, 185, 195, 197, 203, 205, 219, 221, 242, 258, 272, 288, 355
Schwaiger, M. 67
Schwedt, H.H. 5, 19, 28, 29, 31, 36, 68, 117, 123, 143, 145, 147, 149, 157, 158, 159, 169, 224, 232, 242, 243, 247, 250, 299, 325, 335, 367, 374, 375, 379
Schwertner, S.M. 11, 217
Schweykart, A. 261
Scoppola Crisi, P. 47
Scott Appleby, R. 53, 54, 125, 146, 153
Sdralek, M. 301, 302
Seckler, M. 24, 37, 57, 121, 219
Seebaß, G. 325
Seeberg, R. 85, 325
Seegrün, W. 339
Seeliger, R. 341
Seewis, F.S. 153
Séjourné, P. 163
Seligmann, A.E. 244
Semeria, G. 48, 49, 119, 242
Seraphim, G. 332, 333, 337
Sertillanges, A.-D. 46
Sickel, T. von 185
Sickenberger, O. 89, 90, 117, 121, 230, 233, 261
Siedlaczek, K. 262
Sighele, S. 121
Simar, H. T. 184
Simon, R. 158, 172
Simon-Ritz, F. 114
Simons, E. 97
Simpson, R. 171, 174, 181
Sirinelli, J.-F. 289
Slattery, J.R. 54
Smelser, R. 333, 336
Söderblom, N. 56, 133
Spael, W. 185, 223, 287
Spalding, J. J. 72
Spörl, J. 101, 113
Sprengel, P. 114, 217
Stabile, F.M. 157
Stainlein, H. von Saalenstein 245
Stärk, F. 239
Stauffacher, W. 293
Stead, W.T. 143
Steffahn, H. 336
Stegmüller, F. 74
Stehkämper, H. 195
Stehr, N. 82, 368
Steichele, A. von 188
Steiling, C. 217
Steimer, B. 167
Stein, K. vom 182
Stein, W. von 245
Steiner, A. 285, 287, 297
Steiner, R. 114
Steinhuber, A. 157, 223
Steinmann, E. 256
Steinmetz, F.J. 36
Stendhal, F. de 103
Stenton, M. 250
Stern, F. 114, 341
Stifter, A. 287
Stoecklin, A. 295, 296
Stolberg, S. von 191, 287
Stolberg-Wernigerode, O. von 333
Stonner, A. 339
Strangfeld, J. 302
Strauß und Torney-Diederichs, L.von 89
Strauß, D.F. 75, 89, 377
Strehle, S. 255
Stubbs, W. 182
Stumpf, T. 198, 335
Sullivan, W.L. 51, 146
Suttner, E.C. 59
Sweeney, D.F. 146
Szabó, S. 59, 195
Taddey, G. 245
Tanner, K. 85, 326
Tappert, H. 157, 158
Tavard, G.H. 150
Taxil, L. 273

Teilhard de Chardin, P. 19, 20
Thalhofer, F.X. 97
Théobald, C. 118
Thimme, F. 325
Thomas von Aquin 36, 200
Thomassin d'Eynac, L. de 170
Thomé, J. 23, 68, 345, 347, 348, 349, 350, 352, 357, 358, 361, 362, 363
Thormann, W.R. 99, 101
Thoß, B. 331
Thurston, H. 53
Tillard, J.-M. 168
Tillich, P. 98, 132, 357, 358
Tomasi, S.M. 158
Tosti, A. 250
Tracy, D. 136
Traniello, F. 112, 157
Trippen, N. 15, 20, 27, 28, 29, 57, 60, 67, 68, 76, 149, 184, 221, 223, 224, 242, 248, 251, 267, 269, 277, 299, 321
Troeltsch, E. 53, 54, 69, 72, 73, 77, 85, 87, 95, 96, 97, 98, 121, 377
Trommler, F. 143
Tschöpe, H. 300, 301, 303, 316, 317, 319
Türcke, C. 160
Türk, E. 343
Turvasi, F. 48, 148, 247
Tyrell, G. 13, 29, 32, 33, 42, 50, 51, 52, 53, 54, 56, 57, 74, 76, 88, 89, 97, 105, 112, 113, 115, 117, 118, 119, 120, 121, 122, 123, 124, 125, 127, 129, 131, 133, 134, 135, 137, 138, 139, 163, 169, 174, 176, 178, 241, 262, 263, 352, 363
Uhlig, C. 218
Ullathorne, W. 174, 175
Unverzagt, P. 223, 229, 230
Uttenweiler, J. 163
Vaihinger, H. 52, 53
Vattimo, G. 116
Vaughan, H. 169
Vergote, A. 134
Verucci, G. 111
Vidler, A. R. 43, 50, 127, 168
Viehöfer, E. 88
Vierhaus, R. 260
Vilmar, A. 324
Viollet, P.M. 254
Virgoulay, H. 46
Vitali, L. 250
Vives y Tuto, J.C. 59, 108
Vogrinec, A. 59
Vogt, H.J. 217
Voltaire 253, 287
Vordermayer, A. 287
Voß, M. 249, 250
Voß, R. 248, 249, 251
Vosté, J. 133
Waal, A. de 247, 251, 301
Waché, B. 46, 243
Wacker, B. 29, 132, 379
Wagner, R. 249, 333
Wagner, S. 249
Wagner, V. 251
Wahl, G. 220, 264
Wahrmund, L. 60
Waitz, G. 182, 186
Waldburg zu Wolfegg und Waldsee, S. von 262
Waldburg-Syrgenstein, K. von 241, 244, 252, 256, 259, 260
Waldburg-Syrgenstein, S. von 241, 244, 252, 256, 259, 260
Waldburg-Wurzach, M. von 241, 244, 256, 258, 259, 264
Waldburg-Zeil-Wurzach, E. von 257
Walkenhorst, P. 130
Walter, P. 18, 28, 29, 35, 58, 78, 95, 100, 129, 130, 138, 139, 149, 150, 198, 214, 217, 261, 340, 356, 357, 358, 362, 378
Walz, A. 195, 202, 206
Wangler, T.E. 152, 161
Ward, W.P. 52, 54, 174, 176, 177
Waugh, E. 297
Weaver, M.J. 52, 54, 125
Weber, B. 199
Weber, C. 18, 22, 24, 26, 27, 29, 36, 38, 46, 54, 58, 116, 120, 134, 147, 155, 185, 202, 220, 221, 224, 228, 242, 243, 244, 245, 247, 249, 250, 263, 274, 284, 285, 345, 355
Weber, E. 289
Weber, R. E. 153
Wehler, H.-U. 81, 115, 159
Weigel, G.A. 145

Wein, M. 274, 308
Weininger, O. 114
Weinzierl, E. 57, 59, 67, 224, 267, 269, 288
Weiß, A. M. 6, 32, 59, 110, 111, 115, 118, 120, 195, 196, 197, 198, 199, 200, 201, 202, 203, 204, 205, 206, 207, 208, 209, 210, 213, 214
Weiß, O 69
Weiß, O. 5, 16, 22, 23, 27, 28, 29, 31, 42, 47, 58, 59, 60, 61, 68, 69, 70, 71, 79, 87, 92, 98, 103, 107, 108, 111, 113, 119, 122, 123, 126, 127, 128, 129, 130, 131, 132, 133, 147, 176, 218, 225, 226, 231, 233, 241, 242, 247, 252, 257, 261, 267, 305, 307, 309, 313, 316, 317, 335, 337, 339, 345, 346, 355
Weiß, Otto 367
Weiß, W. 36, 217, 218, 219, 229, 231, 237
Weitlauff, M. 5, 22, 28, 29, 32, 33, 51, 58, 59, 68, 69, 118, 122, 163, 166, 171, 180, 184, 218, 219, 241, 242, 284, 285, 288, 289, 303, 318, 375, 380
Weizsäcker, V. von 308, 316
Welker, M. 268
Wells, D.F. 137
Welsch, W. 116
Welte, B. 24, 321
Wenz, G. 98
Werner, M. G. 88
Wernz, F.X. 111
Werth, C.H. 100
Weß, P. 63, 120
Wesseling, K.-G. 231
Wieckenberg, E.-P. 77
Wiedmann, F. 258
Wiegand, F.D. 56, 128
Wieland, F. 119
Wieland, G. 214
Wieland, K. 131, 261
Wilbrand, W. 68, 349
Wildt, M. 262
Wilhelm II., Kaiser 277, 333
Willburger, A. 239
Wille, B. 103, 114, 267, 273, 330
Willging, E.P. 157
Willoweit, D. 324
Wilmart, A. 164
Wilpert, J. 247
Windeck, R. von 246
Windthorst, E. 263
Windthorst, L. 61
Winter, E. 59, 99, 195, 242, 244, 294
Wirth, H.F. 328, 329, 330
Wistrich, R. 333, 335, 336, 342
Witmeur, E. 245
Wittig, B. M. 316
Wittig, J. 6, 33, 61, 62, 101, 102, 132, 133, 299, 300, 301, 302, 303, 304, 305, 306, 307, 308, 309, 310, 311, 312, 313, 314, 315, 316, 317, 318, 319, 320, 321, 322
Wittig, J. R. 316
Wittstadt, K. 11, 22, 23, 26, 36, 219
Wolf, H. 5, 9, 15, 26, 27, 29, 35, 173, 187, 217, 219, 221, 245, 250, 264, 305, 308, 312, 316, 348, 361, 377, 379, 380
Wolf, L. 300
Wolff, E. 113, 114
Wolter, H. 187
Wühr, W. 111, 202, 233, 250
Wülfing, W. 116
Wunberg, G. 114
Württemberg, V. von 57, 225, 230, 260
Wust, P. 278
Zach, F. 129, 133
Zahm, J.A. 148, 153, 154
Zambarbieri, A. 48
Zapletal, V. 119
Zentner, C. 333, 336, 341
Zezschwitz, K.von 72
Ziegler, W. 340
Zimmer, E. 246, 317
Zimmermann, I. 111, 293
Zingerle, A. 15, 16, 135, 296, 297
Zinke, L. 290, 292
Zinnhobler, R. 33, 59, 241, 289, 303
Zitelmann, R. 333, 336
Zlabinger, E. 59
Zoepfl, F. 340
Zorzi, G. 49, 52, 55, 242
Zunz, L. 77
Zwehl, H.K. von 248, 249